Kommunikation ohne Verständigung

Hans-Jürgen Aretz

Kommunikation ohne Verständigung

Das Scheitern des öffentlichen Diskurses

über die Gentechnik und die Krise

des Technokorporatismus in der

Bundesrepublik Deutschland

PETER LANG

Frankfurt am Main · Berlin · Bern · New York · Paris · Wien

Die Deutsche Bibliothek - CIP-Einheitsaufnahme

Aretz, Hans-Jürgen:

Kommunikation ohne Verständigung : das Scheitern des
öffentlichen Diskurses über die Gentechnik und die Krise des
Technokorporatismus in der Bundesrepublik Deutschland /
Hans-Jürgen Aretz. - Frankfurt am Main ; Berlin ; Bern ; New
York ; Paris ; Wien : Lang, 1999
    Zugl.: Düsseldorf, Univ., Habil.-Schr., 1996
    ISBN 3-631-34856-8

Gedruckt auf alterungsbeständigem,
säurefreiem Papier.

ISBN 3-631-34856-8
© Peter Lang GmbH
Europäischer Verlag der Wissenschaften
Frankfurt am Main 1999
Alle Rechte vorbehalten.
Printed in Germany 1   3 4 5 6 7

INHALT

Abkürzungsverzeichnis

AbL	Arbeitsgemeinschaft bäuerliche Landwirtschaft
AGF	Arbeitsgemeinschaft der Großforschungseinrichtungen
ASF	Arbeitsgemeinschaft Sozialdemokratischer Frauen
BACDJ	Bundesarbeitskreis Christlich-Demokratischer Juristen
BAP	Programm Forschung und Ausbildung auf dem Gebiet der Biotechnologie
BBA	Biologische Bundesanstalt für Land- und Forstwirtschaft
BBU	Bundesverband Bürgerinitiativen Umweltschutz
BdWI	Bund demokratischer Wissenschaftlerinnen und Wissenschaftler
BEP	Programm Molekularbiologische Technik
BGA	Bundesgesundheitsamt
BMFT	Bundesministerium für Forschung und Technologie
BMJ	Bundesministerium für Justiz
BMJFFG	Bundesminister für Jugend, Familie, Frauen und Gesundheit
BRIDGE	Programm für die Förderung der biotechnologischen Forschung in der Gemeinschaft
BUND	Bund für Umwelt und Naturschutz Deutschland
CDC	Center for Desease Control
CEAT	Coordination Européenne des Amis de la Terre
CEFIC	Europäischer Rat der Chemischen Industrie
CLASB	Citizens´ League against the Sonic Boom
DAC	Director´s Advisory Committee
DECHEMA	Deutsche Gesellschaft für chemisches Apparatewesen
DFG	Deutsche Forschungsgemeinschaft
DGB	Deutscher Gewerkschaftsbund
DKFZ	Deutsches Krebsforschungszentrum
DNA	Desoxyribonukleinsäure
rDNA	rekombinante DNA
ECLAIR	Forschungsprogramm zur biotechnologischen Entwicklung der Agrarwirtschaft
EDF	Environmental Defense Fund

EEB	European Environmental Bureau
EGO	europäische Dachorganisation der Human Genom Organization
EKD	Evangelische Kirche in Deutschland
EMBC	Europäische Konferenz für Molekularbiologie
EMBL	Europäisches Laboratorium für Molekularbiologie in Heidelberg
EMBO	Kommission der europäischen Organisation für Molekularbiologie
EPA	Environmental Protection Agency
EPA	Europäischen Patentamt
FAS	Federation of American Scientists
FAV	Bundesforschungsanstalt für Viruserkrankungen der Tiere
FDA	Food and Drug Administration
FEDESA	Europäische Föderation für Tieregesundheit
FINRAGE	Feminist International Network of Resistance to Reproductive and Genetic Engineering
FINRET	Feminist International Network on the New Reproductive Technologies
FLAIR	Forschungsprogramm zur biotechnologischen Entwicklung der Lebensmitteltechnologie
FOE	Friends of the Earth
FUB	Freie Universität Berlin
GBF	Gesellschaft für Biotechnologische Forschung
GenTG	Gentechnikgesetz
GenTSV	Gentechnik-Sicherheits-Verordnung
GfH	Gesellschaft für Humangenetik
GIBP	Lobbyorganisation der Saatgutindustrie
GLF	Gewerkschaft Gartenbau, Land- und Forstwirtschaft
GVO	genetisch veränderte Organismen
HRK	Hochschulrektorenkonferenz
HUGO	Human-Genom-Organisation
IG CPK	Industriegewerkschaft Chemie-Papier-Keramik
IGF	Institut für Genbiologische Forschung Berlin GmbH
KLJB	Katholische Landjugendbewegung

KMU	kleine und mittelständische Unternehmen
MCHR	Medical Committee for Human Rights
MGH	Massachusetts General Hospital
MIT	Massachusetts Institute of Technology
MPG	Max-Planck-Gesellschaft
MPI	Max-Planck-Institut
NCI	National Cancer Institute
NIH	National Institutes of Health
NRDC	Natural Resources Defense Council
NSF	National Science Foundation
NUC	New University Conference
OTA	Office of Technology Assessment
PAN	Pestizid-Aktions-Netzwerk
PBE	Projektleitung „Biologie, Ökologie , Energie"
RAC	Recombinant DNA Advisory Committee
rBST	rekombinierte Bovine Somatotropin
RNA	Ribonukleinsäure
mRNA	Messenger-RNA
SAGB	Senior Advisory Group Biotechnology
SC	Sierra Club
SESPA	Scientists and Engineers for Social and Political Action
SIPI	Scientists Institute for Public Information
SSRS	Society for Social Responsibility in Science
TA	Technikfolgenabschätzung
TAB	Technikfolgen-Abschätzungsbüros
TOU	Technologie-Orientierte Unternehmensgründungen
TUB	Technische Universität Berlin
UBA	Umweltbundesamt
UBINIG	Forschungsgruppe für Entwicklungsalternativen aus Bangladesh
UPOV-Übereinkommen	Internationales Übereinkommen für den Schutz von Pflanzenzüchtungen
USDA	U.S. Department of Agriculture
VCI	Verband der Chemischen Industrie

VDPP	Verein demokratischer Pharmazeutinnen und Pharmazeuten e.V.
WFG	Wagnisfinanzierungsgesellschaft
ZKBS	Zentrale Kommission für die Biologische Sicherheit
ZMBH	Zentrum für Molekulare Biologie in Heidelberg

1 Vorbemerkung

Die vorliegende Studie ist aus einem sozialwissenschaftlichen Forschungsprojekt über den gentechnologischen Diskurs in der Bundesrepublik Deutschland entstanden, das vom Forschungsministerium gefördert wurde. Sie unternimmt den Versuch, die öffentliche Auseinandersetzung über die Gentechnik und ihre Einbettung in die weitere gesellschaftliche Umwelt zu analysieren. Wie bei jeder Innovation sind mit dieser neuen Technologie Chancen und Risiken, Hoffnungen auf bessere Lebensbedingungen wie auch Ängste und Unsicherheiten verbunden. Das Neue ist nicht schon deshalb gut, bloß weil es neu ist, sondern die positiven und negativen Aspekte von Innovationen und auch die damit verbundenen Konsequenzen müssen sorgsam bilanziert und beurteilt werden. Dabei muß man natürlich in pluralistischen Gesellschaften davon ausgehen, daß bei der Einschätzung einer neuen Technologie nicht nur unterschiedliche, sondern sogar konträre Meinungen und Perspektiven artikuliert werden. Damit rückt das Problem der sozialen Akzeptanz und der sozialen Konfliktaustragung bei der Einführung von Innovationen zunehmend in den Brennpunkt der gesellschaftlichen und wissenschaftlichen Aufmerksamkeit, zumal heute nicht mehr die Rede sein kann von einem ungebrochenen optimistischen Fortschrittkonsens, nach dem moderne Wissenschaft und Technik gewissermaßen „automatisch" schon zu einer Verbesserung unserer Gesellschaft führen.

Im Mittelpunkt dieser Studie stehen daher die von den Akteuren vorgenommenen „Definitionen" des Streitobjekts „Gentechnik", die aus der Perspektive gesellschaftlich ausdifferenzierter institutioneller Komplexe betrachtet werden. Dabei wird davon ausgegangen, daß – bedingt durch die zunehmende kommunikative Verflechtung gesellschaftlicher Handlungsbereiche – Technologie- und Risikopolitik immer mehr von diskursiven Verfahren abhängig sind und moderne Diskurse selbst Handlungszonen bilden, in die verschiedene soziale Handlungsorientierungen der Akteure eingehen. Solche Handlungszonen sind nun dadurch gekennzeichnet, daß sie einerseits den „Kampfplatz" für verschiedene Interessen der Akteure abgeben, andererseits aber die Einrichtung neuer Vermittlungsverfahren kontextübergreifender Verständigung erfordern, um Verständigungsbereitschaft und kooperatives Handeln der Akteure zu fördern. Öffentliche Diskurse finden nicht in einem „herrschaftsfreien" sozialen Raum statt, sondern hier werden neben rationaler Argumentation (im Sinne der Diskurstheorie) auch handfeste Interessen der verschiedenen Akteure in eine Konfliktarena eingebracht und artikuliert. Hinsichtlich der Durchsetzung der akteurspezifischen Interessen, Perspektiven und „Definitionen" des Konfliktgegenstandes „Gentechnik" zählt daher nicht einfach nur das „bessere Argument", sondern hier werden auch politische Macht und sozialer Einfluß sowie ökonomische Anreize mobilisiert, um eine breite gesellschaftliche Unterstützung und Akzeptanz zu erlangen. Wie solche symbolischen Deutungskämpfe nun zwischen den Akteuren ausgetragen werden, bleibt allerdings nicht der subjektiven Willkür der Beteiligten überlassen. Sie sind vielmehr in den grundlegenden kulturellen Codes einer Gesellschaft verankert, die als generelles Muster festlegen, wie Konflikte und deren Lösungen gesellschaftlich gehandhabt werden. Dabei stehen solche kulturellen Muster allerdings in einer Spannung zur Sozialstruktur, und je mehr sich hier Divergenzen zwischen den symbolischen und den strukturellen Arrangements einer Gesellschaft zeigen, um so mehr können die Konflikte nicht mehr in herkömmlicher Weise gelöst werden, sondern erfordern neue soziale Vermittlunginstanzen zwischen den verschiedenen Akteurinteressen. Wie in den nachfolgenden Kapiteln argumentiert wird, ist die Abwesenheit solcher neuen Mechanismen der Interessen- und Konfliktvermittlung in Deutschland dafür verantwortlich, daß der öffentliche Diskurs über die Gentechnik scheiterte und die Konfliktparteien nicht zu einer kommunikativen Verständigung gelangen konnten.

Dabei gilt natürlich zu berücksichtigen, daß die Art und Weise, wie die spezifischen Interessen gebildet und zum Ausdruck gebracht werden, auch in hohem Maße von den jeweiligen konkreten Handlungsbedingungen der Akteure abhängt. Dies betrifft nicht nur die allgemeinen strukturellen Bedingungen des Handelns, sondern auch die innerhalb solcher Strukturlagen ablaufenden Handlungsprozesse sozialer Akteure. Um daher die Art der gesellschaftlichen Auseinandersetzung und die Äußerungen der am Diskurs beteiligten Akteure besser nachvollziehen und erklären zu können, muß der jeweilige soziale Kontext mitberücksichtigt werden, also die ökonomischen, politischen, sozial-gemeinschaftlichen und kulturellen Einflußfaktoren des Handelns. Auf die Notwendigkeit einer solchen Einbeziehung des in der Terminologie herkömmlicher Policy-Analysen als extern bezeichneten gesellschaftlichen Kontextes weisen daher Policy-Studien in jüngerer Zeit verstärkt hin[1]. Diese Überlegungen haben zu dem Entschluß geführt, nicht nur ausschließlich die Auseinandersetzungen auf der kommunikativen Ebene des öffentlichen Diskurses zu fokussieren, sondern auch die Handlungsebene mit einzubeziehen und auf die gesamtgesellschaftlichen Rahmenbedingungen des Handelns sowie auf die konkreten Handlungsabläufe der wichtigsten beteiligten Akteure einzugehen. Hinsichtlich der Rahmenbedingungen geht es in erster Linie um die skizzenhafte Herausarbeitung
• der grundlegenden Struktur des Wissenschaftssystems und dessen Beziehung zur Industrie,

---

[1] Schumann, W., EG-Forschung und Policy-Analyse. Zur Notwendigkeit, den ganzen Elefanten zu erfassen. Politische Vierteljahresschrift 32,2, 1991, S. 232-257.

- der wirtschaftlichen Entwicklung, speziell der Wettbewerbsbedingungen der Bioindustrie,
- der politischen Förderung der Gentechnologie (Forschungspolitik),
- des gesellschaftlichen Strukturarrangements der Interessenabstimmung zwischen den Akteuren aus verschiedenen sozialen Handlungsfeldern,
- der kulturellen Rahmenbedingungen, insbesondere der kulturellen Codierung der gesellschaftlichen Konfliktlösung.

Innerhalb dieser gesellschaftlichen Rahmenbedingungen werden dann die Handlungsorientierungen (Rahmen) und deren situationsbezogene Artikulationen (Themen) der am Diskurs beteiligten Akteure sowie die relevanten Ereignisse bis zur Verabschiedung des Gentechnikgesetzes im Jahr 1990 herausgearbeitet. Dabei interessiert natürlich insbesondere, welche Akteure aufgrund welcher Bedingungen ihre Interessen erfolgreich bzw. weniger erfolgreich durchsetzen konnten, welche Koalitionen eingegangen und welche Fronten aufgebaut wurden und wie die Verständigungsprozesse zwischen den verschiedenen gesellschaftlichen Handlungsbereichen konfiguriert sind.

Der Aufbau der Studie gestaltet sich nun wie folgt: Zunächst wird der grundlegende handlungstheoretische Analyserahmen kurz vorgestellt (Kapitel 2). Daran anknüpfend werden die Konturen der Risikogesellschaft skizziert, grundlegende theoretische Risikomodelle besprochen und ein eigenes soziologisches Risikomodell erarbeitet (Kapitel 3). Im vierten Kapitel folgt einerseits eine kurze Beschreibung der „neuen Biotechnologie", andererseits wird hinsichtlich des themengeschichtlichen Kontextes auf die frühe Debatte um die Gentechnik in den USA und auf den „genetic engineering goldrush" in der US-amerikanischen Bioindustrie eingegangen. Gleichzeitig soll damit in äußerster Verkürzung ein Kontrast für die Auseinandersetzung in Deutschland gebildet werden. In Kapitel 5 wird dann genauer und ausführlich auf die Thematisierung des „issues" und auf die Konfliktaustragung in Deutschland sowie auf die strukturellen Rahmenbedingungen eingegangen. Dabei wird sowohl auf bereits vorhandene Fachliteratur zurückgegriffen als auch auf Medienartikel der überregionalen Tages- und Wochenpresse. Insbesondere aber wird das von den Akteuren zugesandte Informationsmaterial ausgewertet. Das abschließende 6. Kapitel zieht ein kurzes Resümee und hebt die Notwendigkeit der Implementation institutioneller Verfahren der Abstimmung von an sich inkommensurablen Handlungsrationalitäten und -eigenlogiken in der „Risikogesellschaft" hervor.

Vielfältige Anregungen bei der Durchführung dieser Studie verdanke ich neben *Richard Münch* insbesondere auch *Klaus Eder, Alois Huning, Uwe Schimank, Johannes Sigrist* und *Wolfgang van den Daele*. Allerdings wurde die Publikation durch kurzfristig sich ergebende neue Forschungsarbeiten – Medienanalyse zur FCKW/Ozon-Kontroverse in Deutschland und den USA; Studie über das Management innovativer Organisationen – immer wieder hinausgezögert. Nun, da diese Forschungsarbeiten abgeschlossen sind, habe ich die Zeit gefunden, das Manuskript zu überarbeiten, d.h. den Text zu straffen und auch selektiv noch neuere Literatur einzubeziehen.

2 Zur theoretischen Konzeption des Verhältnisses von Technik und Gesellschaft

2.1 Sozialwissenschaftliche Ansätze: Von der Eindimensionalität zur Mehrdimensionalität

Daß wissenschaftlich-technologische Entwicklungen und Anwendungen nicht unabhängig von sozialen und kulturellen Kontexten, in die sie eingebettet sind, stattfinden und umgekehrt auch wiederum einen dynamisierenden Einfluß auf diese Kontexte ausüben, ist in der – nicht nur sozialwissenschaftlichen – Technikforschung mittlerweile ein Truismus.[2] Innerhalb der sozialwissenschaftlichen Diskussion wurde daher die Vorstellung einer autonomen und nur ihrer Eigenlogik folgenden wissenschaftlich-technischen Entwicklung und damit einer – analytisch allerdings durchaus sinnvollen – Trennung von Technischem und Sozialem[3] durch eine Auffassung korrigiert, die das konkrete Muster solcher Entwicklungen und Anwendungen durch kulturelle Werte, gesellschaftliche Institutionen und soziale Interessenlagen vorgezeichnet sieht. Die Konzeption einer „inneren" Entwicklungslogik der Technikentwicklung wurde abgelöst durch eine „soziale" Logik, d.h. durch eine Logik der Vergesellschaftung. Diese hatte jedoch ihrerseits je nach theoretischer Ausrichtung den Nachteil, nur eine dominante soziale Logik in Anschlag zu bringen: eine Logik des wissenschaftlich-technischen Diskurses, eine Logik der ökonomischen Nutzenoptimierung oder eine Logik der politischen Machtakkumulation.

---

[2] Dazu bereits Sombart, W., Technik und Kultur. Archiv für Sozialwissenschaft 33, 1911, S. 305-347; Sombart, W., Der moderne Kapitalismus, Bd.I,2, München: Deutscher Taschenbuchverlag, 1987 (1916), insbesondere S. 463-488; Sombart, W., Der moderne Kapitalismus, Bd.III,1, München: Deutscher Taschenbuchverlag, 1987 (1927), S. 74-124. Vgl. ebenfalls Lutz, B., Technology research and technology policy. Impacts of a paradigm shift. In: Dierkes, M. & Hoffmann, U. (Hg.), New technology at the Outset. Social Forces in the Shaping of Technological Innovations, Frankfurt/New York: Campus, 1992, S. 14-27.

[3] Vgl. etwa Schelsky, H., Der Mensch in der wissenschaftlich-technischen Zivilisation, Köln: Westdeutscher Verlag, 1961; Ellul, J., The Technological Society, New York: Vintage, 1964 (1954); Freyer, H., Über das Dominantwerden technischer Kategorien in der Lebenswelt der industriellen Gesellschaft, Mainz: Steiner Verlag, 1961.

Natürlich gehören auch technologische Probleme und Problemsituationen in einem objektiven Sinne zu jener Sphäre, die *Popper* die „dritte Welt"[4] nennt. Diese Ebene ist jedoch immer auch vermittelt mit der Ebene der Subjekte und der Gesellschaft, auf der die Probleme und deren Lösungen bearbeitet werden. Technische Entwicklungen entspringen nicht nur einem gesellschaftlichen Zusammenhang, der konstitutiv in sie eingeht[5], sondern müssen sich auch umgekehrt hinsichtlich ihrer Anwendung in der Gesellschaft erst durchsetzen. Dies kann nun je nach den kulturellen und sozialstrukturellen Arrangements mehr beschleunigend oder mehr hemmend vor sich gehen oder vielleicht auch gar nicht. Eine Geschichte der Technik kann daher nicht nur als eine stetige Entfaltung technischer Entwicklungen rekonstruiert werden, sondern auch umgekehrt, als eine Geschichte der unterschiedlichen gesellschaftlichen Kontrollen von technischen Entwicklungen:

> Aber die Geschichte ist ebenso auch eine Abfolge unterschiedlicher kultureller Kontrollen technischer Entwicklung. Werte und normative Ordnungen haben Erfindungen beschränkt oder folgenlos gemacht und technische Innovationen kanalisiert oder auch einfach verboten.[6]

In diesem Zusammenhang ist nur daran zu erinnern, daß beispielsweise auf Anregung der Zünfte Textilmaschinen verboten, der Gebrauch der Bandmühle 1668 in Nürnberg und 1676 in Hamburg untersagt wurde und 1685 ein für das ganze Reich geltendes Verbot erging, das 1719 wiederholt wurde. Hierdurch sollten die Handwerker geschützt werden, deren Lebensunterhalt von den neuen Maschinen bedroht war. Aus den gleichen Gründen wurde etwa in Frankfurt der Gebrauch von Spinnrädern und Webstühlen untersagt. In Straßburg durfte kein Kran benutzt werden, weil er die Lastenträger brotlos machte und in Holland

---

[4] Popper, K.R., Objektive Erkenntnis, Hamburg: Hoffmann und Campe, 1974 (1972), S. 123-212.

[5] Dazu bereits schon Marcuse, H., Der eindimensionale Mensch, Neuwied und Berlin: Luchterhand, 1978 (1964), der allerdings den gesellschaftlichen Zusammenhang auf die Herrschaftsdimension reduziert. Zu einer Skizzierung aktueller Ansätze in England, Deutschland und Frankreich vgl. beispielsweise Williams, R. & Edge, D., The social shaping of technology: Research concepts and findings in Great Britain. In: Dierkes, M. & Hoffmann, U. (Hg.), New Technology at the Outset, op.cit., S. 31-61; Rammert, W., Research on the generation and development of technology: The state of art in Germany. In: Dierkes, M. & Hoffmann, U. (Hg.), New Technology at the Outset, op.cit., S. 62-89; Perrin, J., The „contextual" approach to technology in France. Dierkes, M. & Hoffmann, U. (Hg.), New Technology at the Outset, op.cit., S. 90-118.

[6] Daele, W. van den, Kulturelle Bedingungen der Technikkontrolle durch regulative Politik. In: Weingart, P. (Hg.), Technik als sozialer Prozeß, Frankfurt: Suhrkamp, 1989, S. 197-230, 199.

wurden 1633 Windsägemühlen untersagt, weil mit ihrer Hilfe nun zwei statt zwanzig Personen die Arbeit verrichten konnten.[7]

Geht man nun von einer funktional ausdifferenzierten Gesellschaft aus, deren „eigensinnige" Handlungsbereiche nicht nur in wechselseitigen Austauschbeziehungen stehen, sondern auch durch Prozesse der Interpenetration miteinander so vernetzt sind, daß sich komplexe, kontextübergreifende Handlungsfelder herausbilden, in denen die verschiedenen Handlungs- oder Soziallogiken gebündelt werden, bedeutet dies zunächst einmal eine theoretische Absage sowohl an die reduktionistische Konzeption einer reinen Eigenlogik der Technikentwicklung als auch an sozialwissenschaftliche Vergesellschaftungskonzepte, die eine technische Entwicklung auf eine einzige soziale Logik reduzieren. Es kann also nicht mehr ausschließlich darum gehen, eine Logik der wissenschaftlich-technischen Entwicklung zu unterstellen, nach der die moderne Technikentwicklung und die Prozesse der Verwissenschaftlichung eine Entindustrialisierung bzw. eine postindustrielle Gesellschaft herbeiführen[8] oder von einer Autonomie der Technikentwicklung zu sprechen, nach der die technische Entwicklung weder von ökonomischen, politischen und kulturellen Entscheidungen sowie von sozialen Protesten beeinflußt wird und als sich selbst-vermehrender und selbst-kontrollierender Prozeß immer weniger auf menschliche Interventionen angewiesen ist[9]. Ebenso eindimensional sind solche Ansätze, die entweder eine Logik der ökonomischen Entwicklung in Anschlag bringen und von einer zunehmenden Subsumtion der Wissenschaft und Technik unter das Kapital sprechen[10] oder aber eine Logik der Macht[11] postulieren, nach der die moderne Technologieentwicklung als eine verselbständigte Form von Klassenherrschaft aufgefaßt wird.[12.] Im „labor-control"-Ansatz wird die technisch-wissenschaftliche Entwicklung der Produktion als kontinuierlicher Prozeß der Ausweitung

---

[7]   Roßnagel, A., Auf der Suche nach einem zeitgemäßen Verhältnis von Recht und Technik. In: Roßnagel, A. (Hg.), Recht und Technik im Spannungsfeld der Kernenergiekontroverse, Opladen: Westdeutscher Verlag, 1984, S. 18.

[8]   Etwa Bell, D., Die nachindustrielle Gesellschaft, Frankfurt/New York: Campus, 1975. Kritisch dazu: Alemann, U. von, Gesellschaft und Technik. In: Alemann, U.v., Schatz, H. & Simonis, G. (Hg.), Gesellschaft-Technik-Politik. Perspektiven der Technikgesellschaft, Opladen: Leske + Budrich, 1989, S. 9-33.

[9]   Ellul, J., The Technological Society, op.cit.

[10]   Z.B. Schmiede, R., Rationalisierung und reelle Subsumtion. Leviathan 4,8, 1980, S. 472-497.

[11]   Ullrich, O., Technik und Herrschaft, Frankfurt: Suhrkamp, 1979 (1977).

[12]   Marcuse, H., Der eindimensionale Mensch, op.cit.; Nemitz, R., Technik als Ideologie. Das Argument 103, 1977, S. 360-381.

19

der kapitalistischen Kontrolle über die Arbeitskräfte rekonstruiert[13], und hinsichtlich der möglichen Technikwahlen wurde aufzuzeigen versucht, daß historische Herrschafts- und Kontrollinteressen für die Auswahl entscheidend sind.[14] Beide Formen des Reduktionismus, sowohl die „innere" Logik der Technikentwicklung als auch nur eine einzige Logik der Vergesellschaftung, greifen hinsichtlich eines Verständnisses des komplexen Wechselspiels zwischen Technik und Gesellschaft immer weniger. Solche perspektivischen Engführungen, die technische Entwicklungen und Anwendungen lediglich als Resultat ökonomischer Nutzenkalkulationen, wissenschaftlich-technischer Rationalität oder einer politischen Herrschafts- oder Entscheidungsrationalität sehen, werden angesichts der Vielfalt der beteiligten Akteure aus verschiedenen sozialen Handlungsbereichen, der konfligierenden Handlungsorientierungen und der unterschiedlichen Möglichkeiten der Einflußnahme auf die wissenschaftlich-technische Entwicklung und Anwendung den empirischen Sachverhalten immer unangemessener.

Mittlerweile wurde dies in der sozialwissenschaftlichen Forschung registriert in Form neuer Konzeptualisierungen, die nun die Ausbildung differenzierter und komplexer Orientierungsmuster, Soziallogiken und Handlungsstrategien in kontextübergreifenden Handlungsfeldern fokussieren.[15] Dabei ist für eine Soziologie der Technik schon auf der Ebene der Theoriekonstruktion impliziert, daß sie Technik und Gesellschaft nicht als disparate, sondern als sich gegenseitig beeinflussende Sphären begreift[16] und die Handlungen sozialer Akteure mit

---

[13] Braverman, H., Die Arbeit im modernen Produktionsprozeß, Frankfurt: Campus, 1977; Edwards, R., Herrschaft im modernen Produktionsprozeß, Frankfurt: Campus, 1981.

[14] Marglin, S.A., Was tun die Vorgesetzten? Ursprünge und Funktionen der Hierarchie in der kapitalistischen Produktion. Technologie und Politik, 8, Reinbek: Rowohlt, 1977, S. 148-203.

[15] Z.B. Krohn, W. & Rammert, W., Technologieentwicklung: Autonomer Prozeß und industrielle Strategie. In: Soziologie und gesellschaftliche Entwicklung. Verhandlungen des 22. Deutschen Soziologentages in Dortmund 1984, hrsg. im Auftrag der Deutschen Gesellschaft für Soziologie von B. Lutz, Frankfurt/New York: Campus, 1985; Weingart, P., Strukturen technologischen Wandels. Zu einer soziologischen Analyse der Technik. In: Jokisch, R. (Hg.), Techniksoziologie, Frankfurt: Suhrkamp, 1982; S. 112-141; Rammert, W., Wer oder was steuert den technischen Fortschritt? Soziale Welt 43,1, 1992, S. 7-25.

[16] Krohn, W., Die Verschiedenheit der Technik und die Einheit der Techniksoziologie. In: Weingart, P. (Hg.), Technik als sozialer Prozeß, Frankfurt: Suhrkamp, 1989, S. 15-43; Rammert, W., Technisierung und Medien in Sozialsystemen – Annäherungen an eine soziologische Theorie der Technik. In: Weingart, P. (Hg.), Technik als sozialer Prozeß, op.cit., S. 128-173; Weingart, P., „Großtechnische Systeme" – ein Paradigma der Verknüpfung von Technikentwicklung und sozialem Wandel? In: Weingart, P. (Hg.), Technik als sozialer Prozeß, op.cit., S. 174-196.

der Strukturebene konzeptuell integriert[17]. In dieser Studie über die gesellschaftliche Auseinandersetzung über die Gentechnik in der Bundesrepublik Deutschland soll nun beispielhaft untersucht werden, wie solche bereichsübergreifenden Handlungsfelder, in denen die verschiedenen Soziallogiken und Handlungsorientierungen sozialer Akteure zusammentreffen, empirisch konfiguriert sind, ob überhaupt und wie die Handlungslogiken vermittelt werden und wie über die gesellschaftliche Anwendung der Gentechnik bestimmt wird.

2.2 Der allgemeine theoretische Bezugsrahmen dieser Studie

Die Einsicht, daß moderne Gesellschaften über ausdifferenzierte Handlungsbereiche verfügen, stößt in keiner ernstzunehmenden sozialwissenschaftlichen Theorie auf Widerspruch. Die bloße Ausdifferenzierung eigenlogischer Handlungsfelder konstituiert jedoch noch keine moderne Gesellschaft. Eine Differenzierung von gesellschaftlichen Teilbereichen hat es – wie wir seit *Max Weber* wissen[18] – im alten Indien oder China auch gegeben. Entscheidend ist, in welcher Relation und Vernetzung diese ausdifferenzierten Handlungsbereiche zueinander stehen, eine Frage, die die Soziologie seit ihren Anfängen beschäftigt. Wie nun das Verhältnis solcher differenzierten Handlungsfelder und den jeweiligen Beziehungen zueinander innerhalb moderner Gesellschaften zu konzipieren ist, wird in der soziologischen Theoriediskussion kontrovers behandelt. Bei *Habermas* ist es die Gegenüberstellung von System und Lebenswelt, wobei die Lebenswelt vom ökonomischen und politischen System sowie einer instrumentellen Vernunft kolonialisiert wird. Sein diskurstheoretischer Ansatz legt jedoch nahe, mit Hilfe theoretischer und praktischer Diskurse wiederum die Systeme und auch die Lebenswelt zu kolonialisieren und seine Konzeption des kommunikativen Handelns faßt auf handlungstheoretischer Ebene das instrumentelle und strategische Handeln nicht als jeweils eigenständige Handlungstypen, sondern läßt sie allenfalls als Grenzfälle des kommunikativen Handelns zu.[19] Bei *Luhmann* ist es die Konzeption selbstreferentieller autopoietischer Systeme, die in ihrer Funktionsweise ausschließlich ihrer Eigenlogik mit eigener Codierung

[17] Rammert, W., Soziotechnische Evolution: Sozialstruktureller Wandel und Strategien der Technisierung. Analytische Perspektiven einer Soziologie der Technik. In: Jokisch, R., (Hg.), Techniksoziologie, op.cit., S. 32-81.

[18] Weber, M., Gesammelte Aufsätze zur Religionssoziologie, Bd.1, Tübingen: Mohr Siebeck, (1920) 1978.

[19] Habermas, J., Theorie des kommunikativen Handelns, 2 Bde., Frankfurt: Suhrkamp, 1981.

und entsprechenden Programmen gehorchen[20] und ihre Außenbeziehungen zu den Systemumwelten nur über Beobachtungen[21] abwickeln. Jedes Funktionssystem verfügt hier über eine jeweils eigene Spezialsemantik, so daß ein direkter Austausch bzw. eine Übertragung von Informationen und eine wechselseitige Beeinflussung von System und Systemumwelt konsequenterweise nicht stattfinden kann. Vielmehr sind Ereignisse in den Systemumwelten lediglich Anlässe für das System, um auf sich selbst einzuwirken: Autopoietische Systeme erzeugen und verändern ihre Operationsweisen wie auch ihre Strukturen fortlaufend selbst, wobei die erzeugten Strukturen die Prozesse ihrer Selbstorganisation und Selbstveränderung steuern. In dieser theoretischen Konzeption der operativen Geschlossenheit bei gleichzeitiger informationeller Offenheit der Systeme bleibt allerdings unterbelichtet, was immer mehr die Aufmerksamkeit der Technikforschung auf sich zieht: technologische Entwicklungen und Anwendungen werden in immer weiterem Umfang maßgeblich durch ökonomische Profitorientierung, politische Regulierung (Gesetzgebung) und andere rechtliche Regelungen (z.B. Patente), sozialen Protest, moralische Reflexion, wissenschaftliches Erkenntnisinteresse, technische Effizienz und kulturelle Wertstandards beeinflußt. Umgekehrt greifen technische Entwicklungen in immer weitere gesellschaftliche Handlungsbereiche konstitutiv (strukturbildend) ein, was beispielsweise *Ropohl* von der zunehmenden Verbreitung soziotechnischer Strukturen in der Gesellschaft sprechen läßt[22]. So werden insbesondere mit den Entwicklungen, die im Bereich der neuen Biotechnologie – speziell der Gentechnologie – stattfinden, nicht nur ökonomische, sondern auch tiefgreifende menschliche und gesellschaftliche Konsequenzen verbunden, wie der OECD-Report von 1989 ausführt:

> New biotechnology is distinguished from all other major technologies of the 20th century by the fact that its impacts on the quality of life – its human and social consequences, are arriving earlier and may go deeper than its economic impacts. It is one of the paradoxes of this technology that these qualitative impacts, which clearly have already begun, are difficult to analyse and measure, whereas the main-economic impacts which in principle, will be measurable, still lie many years ahead. Many discoveries of biotechnology affect human life and social relations more immediately and profoundly than the discoveries say, in materials or in

[20] Luhmann, N., Soziale Systeme, Frankfurt: Suhrkamp, 1984; Luhmann, N., Die Gesellschaft der Gesellschaft, Frankfurt: Suhrkamp, 1997.

[21] Luhmann, N., Systeme verstehen Systeme. In: Luhmann, N. & Schorr, K.E. (Hg.), Zwischen Intransparenz und Verstehen, Frankfurt: Suhrkamp, 1986, S. 72-117.

[22] Ropohl, G., Technologische Aufklärung, Frankfurt: Suhrkamp, 1991, insbesondere S. 183-197.

information technologies, which explains why biotechnology has met with so much public interest.[23]

Fokussiert man in empirischen Handlungsfeldern die Strukturen, sozialen Institutionen, Organisationen und Interaktionen der Akteure, lassen sich diese aus der Perspektive einer *parsonianischen Handlungstheorie* jeweils als Ergebnis von Verknüpfungen analytischer Handlungsprinzipien interpretieren. Unter Beibehaltung einer analytischen Perspektive kann man dann beobachten, aus welchen analytischen Elementen die konkreten sozialen Strukturen, Institutionen, Organisationen und Interaktionen der Akteure zusammengesetzt sind. Diese Bündelung von analytischen Handlungslogiken in empirischen Entitäten wird wiederum im Grenzverkehr zwischen den bereits gebündelten empirischen Handlungsfeldern auf einer höheren Ebene weiter fortgesetzt. Auf solchen verdichteten Bündelungsebenen mit ihren „hybriden Strukturen" wird dann beispielsweise nicht mehr eine funktionale Spezialisierung fokussiert, sondern auch die engere funktionale Verflechtung und funktionale Erweiterung. Entsprechend schwieriger wird es dann auch, bei solchen Arrangements eindeutige Zurechnungen im herkömmlichen Sinne zu machen: Politik, Ökonomie, soziale Vergemeinschaftung und kulturelle Kommunikation bewegen sich immer mehr aufeinander zu, gehen immer engere Verbindungen ein und konstituieren intermediäre Handlungsgeflechte, deren „Sinn", Reichweite und Wirksamkeit dann verschiedenen gebündelten Handlungsprinzipien zurechenbar gemacht werden können und keinesfalls mit gesellschaftlicher Entdifferenzierung zu verwechseln ist.[24] Insofern geht die expandierende gesellschaftliche Differenzierung einher mit einer Kontraktion durch Interpenetration auf höherer Ebene. Beide progressiven Erscheinungsformen werden hier als konstitutive Momente okzidentaler Modernisierungsprozesse betrachtet, die durchaus auch von temporären regressiven Strömungen begleitet sein können.[25] Man darf allerdings vermuten, daß diese fortgeschrittenen Bündelungsprozesse in den modernen Gesellschaften unterschiedlich weit entwickelt sind und sich eventuell auch innerhalb einer Gesellschaft durchaus strukturelle Ungleichzeitigkeiten aufweisen lassen. Weiterhin wird hinsichtlich der immer feineren Verflechtung der Handlungsfelder

---

[23]   OECD (Hg.), Biotechnology. Economic and Wider Impacts, Paris: OECD, 1989, S. 17.

[24]   Zur Konzeption von „Interpenetration" als gesellschaftliche Entdifferenzierung vgl. Buß, E. & Schöps, M., Die gesellschaftliche Entdifferenzierung. Zeitschrift für Soziologie 8,4, 1979, S. 315-329. Daß eine solche „scheinbare Rückbildung der Differenzierung ... thatsächlich eine Weiterentwicklung derselben" ist, zeigte bereits Simmel auf, vgl. Simmel, G., Über sociale Differenzierung. In: Simmel, G., Gesamtausgabe Bd. 2, Frankfurt: Suhrkamp, 1989, S. 109-295, 279.

[25]   Vgl. zu diesem Aspekt aus einer evolutionistischen Perspektive beispielsweise Spencer, H., First Principles, Osnabrück: Zeller, 1966 (1904); Tilly, Ch., Clio und Minerva. In: Wehler, H.-U. (Hg.), Geschichte und Soziologie, Köln: Kiepenheuer & Witsch, 1972, S. 97-131.

nicht behauptet, daß dies jeweils reibungslos oder ohne entsprechende Konflikte zwischen den Eigenlogiken des Handelns geschieht. Dagegen läßt sich aufzeigen, daß zu dieser Kompatibilisierung und Spannungsreduzierung neue Arten von gesellschaftlichen Strukturen und Institutionen erforderlich sind, die zwischen diesen verschiedenen Handlungslogiken vermitteln.

Innerhalb des hier verwendeten theoretischen Bezugsrahmens[26] lassen sich auf der Ebene des sozialen Handelns *analytisch vier Felder* unterscheiden (Diagramm 1), die sich – nach Analyseebenen gestaffelt – jeweils über bestimmte *Handlungsprinzipien bzw. „Soziallogiken"* (Nutzenprinzip, Effektivitätsprinzip, Solidaritätsprinzip und Integritätsprinzip), *Handlungselemente* (Mittel, Ziele, Normen und Werte), *soziale Interaktionen* (Tausch, Macht, Vergemeinschaftung und Kommunikation), *Organisationen* (ökonomische, politische, sozialgemeinnützige und kulturelle Organisationen) sowie *soziale Institutionen* (Markt, Herrschaft, Gemeinschaft und Diskurs) konstituieren. Bei der *Logik des ökonomischen Handelns* geht es um die optimale Allokation knapper Mittel zur Verfolgung konkurrierender Ziele. Austauschbeziehungen auf dem ökonomischen Markt als primäre soziale Institution finden dann statt, wenn die hier involvierten Akteure jeweils darin einen individuellen Nutzen sehen. Der Erfolg des Handelns bemißt sich an der Effizienz der Nutzenerzielung. Das soziale Interaktionsmedium ist *Geld*. Die über ein solches Handlungsprinzip ablaufenden sozialen Interaktionen der Akteure konstituieren das ökonomische Handlungsfeld, das dem Gesetz der ökonomischen Beschleunigung unterliegt. Dagegen steht bei der *Logik des politischen Handelns* die Durchsetzung von Handlungszielen unter Einsatz von Macht im Mittelpunkt. Es geht hier primär nicht um den optimalen Einsatz von Mitteln zur Erreichung beliebiger Ziele und um den Nutzen aller beteiligten Akteure, sondern um die effektive Durchsetzung von bestimmten Handlungszielen auch gegen den Widerstand anderer mit Hilfe von Macht. Das Handeln ist daher auf die Effektivität der Zieldurchsetzung und nicht auf die Effizienz der Mittel ausgerichtet. Das soziale Interaktionsmedium ist *Macht*, die primäre soziale Institution ist „Herrschaft". Die über ein solches Handlungsprinzip ablaufenden sozialen Interaktionen der Akteure konstituieren das politische Handlungsfeld, das dem Gesetz der Machtakkumulation unterliegt. Die *Logik der Vergemeinschaftung* wiederum bezieht sich auf die Solida-

---

[26] Parsons, T., The Structure of Social Action, 2 Bde., New York: Free Press, 1968 (1937); Parsons, T. The Social System, London & Henley: Routledge & Kegan Paul, 1979 (1951); Parsons, T., Social Systems and the Evolution of Action Theory, New York: Free Press, 1977. Zur Weiterentwicklung des Ansatzes von Parsons vgl. Alexander, J.C., Theoretical Logic in Sociology, 4 Bde., Los Angeles: University of California Press, 1982; Colomy, P. (Hg.), Neofunctional Sociology, Aldershot: Edward Elgar Publishing, 1990; Münch, R., Theorie des Handelns, Frankfurt: Suhrkamp, 1982; Münch, R., Die Struktur der Moderne, Frankfurt: Suhrkamp, 1984.

rität affektuell miteinander verbundener Akteure, deren Handeln durch gemeinsame, in der sozialen Gruppe verankerte Normen geleitet wird. Soziale Praktiken halten diese Normen im Bewußtsein der Akteure wach. Hier steht die Einhaltung gemeinsamer Normen als Ausdruck sozialer Gruppensolidarität und Gemeinschaftsverbundenheit im Vordergrund, das Handeln ist konformitätsorientiert. Das primäre soziale Interaktionsmedium ist *Einfluß*, verstanden als Fähigkeit, andere aufgrund der Gemeinschaftszugehörigkeit zu einer bestimmten Handlung im Sinne eben dieser Gemeinschaft zu „überreden". Die über ein solches Handlungsprinzip ablaufenden sozialen Interaktionen der Akteure konstituieren das Handlungsfeld der gesellschaftlichen Vergemeinschaftung, die primäre soziale Institution ist „Gemeinschaft", die dem Gesetz der sozialen Trägheit unterliegt. Die *Logik des sozial-kulturellen Handelns* bezieht sich dagegen auf solche Interaktionsprozesse, in denen kommunikativ geprüft wird, ob das Wissen und Handeln der Akteure jeweils im Einklang mit allgemeinen kulturellen Standards (Wahrheit, Gerechtigkeit, Freiheit, Gleichheit etc.) steht. Als primäre soziale Institution gilt hier der Diskurs, in dem idealiter nichts anderes gilt als der Zwang des besseren Arguments. Im Mittelpunkt steht dabei der Aspekt der symbolischen Generalisierung, d.h. partikulare Aussagen und Normen werden problematisiert und in Erklärungs- bzw. Begründungszusammenhängen auf universelle Aussagensysteme und Handlungsprinzipien zurückgeführt. Solche Prozesse fokussieren etwa neben den Wahrheitsansprüchen kognitiver Aussagen insbesondere die Legitimität gemeinschaftlich geteilter Normen, politischer Machtanwendung oder ökonomischer Transaktionen. Dabei werden die Interaktionen der Akteure nicht über egozentrische Erfolgskalküle, sondern primär über Akte der symbolischen Verständigung koordiniert. Das primäre soziale Interaktionsmedium ist *Wertcommitment*. Die über ein solches Handlungsprinzip ablaufenden sozialen Interaktionen der Akteure konstituieren das sozial-kulturelle Handlungsfeld, das dem Gesetz der diskursiven Generalisierung unterliegt.

Bei den Handlungsprinzipien oder „Soziallogiken" handelt es sich um *formale Prinzipien für die Bestimmungsgründe des Wollens*, die selbst wiederum mehrere konkrete symbolische Muster oder Regeln unter sich haben und einer Vielzahl und Vielfalt von Absichten und Handlungen ihren gemeinsamen Richtungssinn verleihen. Konkrete empirische Institutionen können nun durch eine spezifische Kombination solcher Handlungsprinzipien mit deren entsprechenden analytischen Gesetzmäßigkeiten gekennzeichnet sein, wobei jedoch eine bestimmte „Logik" als Leitprinzip fungiert und die anderen Soziallogiken sekundär unter sich einbindet. So ist beispielsweise das Handeln der Akteure innerhalb des „ökonomischen Komplexes" zwar primär durch das „Nutzenprinzip" geprägt, sekundär allerdings auch durch die „Machtlogik" (z.B. „imperialistische" Marktstrategien, Dominanzstreben in einem Marktsegment oder in einer Branche), durch die „Logik der Vergemeinschaftung" (z.B. Marktvergemeinschaftung) und auch durch die „kulturelle Logik" (Wirtschaftsethik). Daneben können sich allerdings solche Verknüpfungen auch strukturell verfestigen: so ist beispielsweise der moderne okzidentale „ökonomische Komplex" durch bestimmte kulturelle Werte, sozial-gemeinschaftliche Normen und politisch festgesetzte Rahmenbedingungen konfiguriert. Daher können solche Handlungsprinzipien/Soziallogiken in unterschiedlichster Weise mit kognitiven, expressiven, normativen oder existentiellen Orientierungen verknüpft sein und im Hinblick auf konkrete Situationen immer weiter spezifiziert werden. Nur ein kurzes Beispiel: das ökonomische Handeln ist am Nutzenprinzip orientiert, das auf den darunterliegenden Symbolebenen des Handelns mit einer kognitiv-instrumentellen („ökonomischen") Rationalität, einem „kaufmännischen Ethos", einer „gehemmten Begierde" oder einer „Heilserwartung" verknüpft sein kann und somit ein bestimmtes wirtschaftliches Handeln konfiguriert, das beispielsweise *Max Weber* dann in seiner Protestantismusstudie als Besonderheit des okzidentalen Kapitalismus herausstellt. Auf den noch tieferliegenden symbolischen Ebenen werden solche Spezifikationen dann wiederum enger gefaßt (z.B. die konkrete Ausprägung der ökonomischen Rationalität), so daß man beispielsweise von einem „amerikanischen", französischen", „englischen", „deutschen" etc. Kapitalismus sprechen kann. Diese Ebene der Symbolmuster wird weiter unten noch relevant im Zusammenhang mit gesellschaftstypischen Mustern sozialer Konfliktbearbeitung. Geht man die Symbolebenen noch weiter hinunter, läßt sich dann das ökonomische Handeln in bestimmten Wirtschaftsbranchen, Märkten, Organisationen und Unternehmen näher bestimmen. Solche Variationen der symbolischen Orientierungen sind aber nicht als permanente Emanation normativer Standards oder eines „spielerischen Geistes" aufzufassen, sondern ergeben sich aus dem Zusammenspiel mit den „materiellen" (situativen) Bedingungen des Handelns, auf die solche symbolischen Gehalte treffen. Erst aus der spezifischen Kombination solcher Bedingungsfaktoren mit den generellen symbolischen Orientierungsmustern[27] ergeben sich die konkreten Symbolorientierungen des Handelns sowie die strukturellen Merkmale und Operationsweisen eines institutionellen Komplexes, wobei hier allerdings wechselseitige Beeinflussungen und Begrenzungen stattfinden, die keinesfalls immer ohne Spannungen und Konflikte ablaufen. So können nicht nur die Prinzipien (Soziallogiken) und die darunterliegenden Symbolmuster das konkrete strukturelle Geflecht von Interaktionen nachhaltig prägen, sondern auch umkehrt können Veränderungen in den „materiellen" Bedingungen zu Modifikationen innerhalb der symboli-

[27] Parsons, T., An Approach to Psychological Theory in Terms of the Theory of Action. In: Koch, S. (Hg.), Psychology: A Study of a Science, Bd. 3, New York: McGraw Hill, 1959, S. 612-711.

schen Orientierung auf jeweils unterschiedlichen Ebenen führen.[28] Mit Hilfe einer solchen Konzeption lassen sich dann generelle Aussagen über institutionelle Komplexe und deren analytische Gesetzmäßigkeiten mit jeweils spezifisch historisch-sozialen Ausprägungen verknüpfen. Dieser allgemeine theoretische Bezugsrahmen wird in Kapitel 3 auf die konkreten Handlungsorientierungen der Akteure bei der Auseinandersetzung um die Gentechnik weiter spezifiziert.

---

[28] Vgl. zu einer solchen Konzeption auch Smelser, N.J., Theorien des kollektiven Verhaltens, Köln: Kiepenheuer & Witsch, 1972 (1963).

3 Differentielle Risiko-Definitionen, Kommunikation und Politik in der Risikogesellschaft

3.1 Moderne Hochtechnologien und soziale Akzeptanz

Die neue Biotechnologie (Gentechnologie) ist neben der Nukleartechnologie und der Informationstechnologie die dritte große technologische Revolution des 20. Jahrhunderts und wurzelt in den Fortschritten der biologischen Grundlagenforschung, die unser Verhältnis zum Lebendigen verändert haben: Leben selbst wird kontingent und mit Hilfe dieser neuen Technik ist dem Menschen die Chance gegeben, sich einerseits von seiner äußeren und inneren Natur in einem bisher nicht gekannten Ausmaß zu emanzipieren, andererseits haben sich dadurch aber auch die Möglichkeiten enorm erweitert, den Menschen durch den Menschen zu manipulieren. Seit 1944, als deutlich wurde, daß die Desoxyribonukleinsäure (DNA) die Erbinformation speichert und *Watson* und *Crick* 1953 den Aufbau der DNA als Doppelhelix aufklärten, setzte eine immer schneller werdende wissenschaftliche Entwicklung ein, die zu den heute vorhandenen genetischen Kenntnissen und dem zur Verfügung stehenden methodischen Instrumentarium führte. Als Basisinnovation ist die Gentechnik durch einen Querschnittsbezug und damit durch eine (potentielle) Universalität ihrer Anwendungsmöglichkeit gekennzeichnet. Mit Hilfe dieser Technik ist es nun möglich geworden, Eingriffe über die Artgrenzen hinweg vorzunehmen, systematisch in die Genotypen von Organismen einzugreifen und Faktoren zu verändern, die bislang als weitgehend unveränderbar galten. Dies bedeutet, daß „Gesellschaft" in immer weiteren Bereichen biologische Sachverhalte nicht einfach mehr als externe „givens" hinnehmen muß, sondern in biologische Gegebenheiten konstitutiv nach eigenen Erfordernissen eingreifen und modifizieren kann. Dabei werden mit dieser wissenschaftlich-technischen Entwicklung nicht nur Chancen einer Verbesserung der menschlichen Lebensverhältnisse, sondern auch Risiken[29] und Gefährdungen verbunden. Zum einen richtet sich bei dieser sehr for-

---

[29] „Risiko" meint eigentlich sowohl Erfolgs- als auch Mißerfolgsrisiko: einmal hat das Handeln positiv bewertete, zum anderen negativ bewertete Folgen, die mit einer gewissen Wahrscheinlichkeit eintreten können. Chancen gehören also konstitutiv mit zum Risiko. Es hat sich aber eingebürgert, nur die Erwartungswerte mit negativen Folgen als „Risiko", die Erwartungswerte mit positiven Folgen dagegen als „Chancen" zu bezeichnen. Etymologisch ent-

schungs- und kapitalintensiven Schlüsseltechnik mit ihren weitreichenden Konsequenzen für Mensch und Gesellschaft das öffentliche Interesse auf die *Sicherheit* dieser Technik, wobei dem Staat eine erhöhte Verantwortung bei der *Risikoregulierung* zugewiesen wird. Dessen Pflicht besteht nach den Abschätzungen der praktischen Vernunft, die dem jeweiligen Stand von Wissenschaft und Technik Rechnung tragen soll, darin, sich schützend vor die in Art.2 Abs.2 GG gewährten Rechtsgüter – Leben und Gesundheit – zu stellen und sie vor den rechtswidrigen Eingriffen Dritter zu bewahren.[30] Neben den Risiken für Leben und Gesundheit werden aber auch die *ökologischen Lebensgrundlagen*[31] des Menschen sowie die *sozialen und kulturellen Konsequenzen* dieser Technik bzw. ihre gesellschaftliche Verträglichkeit zum Gegenstand sozialer Auseinandersetzungen. So schätzt der OECD-Report von 1989 über die hauptsächlich ökonomischen Auswirkungen der Gentechnik die mit ihr verbundenen weiteren gesellschaftlichen Implikationen als eine der wahrscheinlich größten gesellschaftlichen Herausforderung in der nächsten Dekade ein:

> The *qualitative* and social changes associated with its diffusion are likely to be far more important and cannot be measured in such categories as GNP or industrial and agricultural production ... Its effects on health care are already profound and its influence on the entire culture and social fabric of OECD countries may be even more profound. These aspects of biotechnology raise fundamental philosophical and ethical problems (...) Although the economic effects of this new activity may be limited and it is likely to develop first as a „service" provided by specialised firms to government and other industries, it raises very fundamental issues of personal and social behaviour as well as legal issues. These *qualitative* implications of biotechnology are likely to be one of the biggest challenges over the next decade.[32]

---

stammt „Risiko" vielleicht dem griechischen „rhiza", nämlich Wurzel, auch Wurzel des Berges – und hier bedeutet er dann Klippe – oder dem arabischen „rizq", was mit einem von Gott und Schicksal abhängigen Lebensunterhalt zu übersetzen ist, vgl. Schüz, M., Werte und Wertwandel in der Risiko-Beurteilung. In: Schüz, M. (Hg.), Risiko und Wagnis. Die Herausforderung der industriellen Welt, Bd. 2, Pfullingen: Neske, 1990, S. 217-242, 218.

[30] Isensee, J., Das Grundrecht auf Sicherheit. Zu den Schutzpflichten des freiheitlichen Verfassungsstaates, Berlin/New York: de Gruyter, 1983; Benda, E., Technische Risiken und Grundgesetz. In: Blümel, W. & Wagner, H. (Hg.), Technische Risiken und Recht, Karlsruhe: Kernforschungszentrum Karlsruhe, 1981, S. 5-11.

[31] Mittlerweile verständigte sich die Verfassungskommission in einem neuen Artikel 20a auf den Umweltschutz als Staatszielbestimmung: „Der Staat schützt auch in Verantwortung für die künftigen Generationen die natürlichen Lebensgrundlagen im Rahmen der verfassungsmäßigen Ordnung durch die Gesetzgebung und nach Maßgabe von Gesetz und Recht durch die vollziehende Gewalt und die Rechtsprechung." FAZ vom 05.02.1994.

[32] OECD (Hg.), Biotechnology. Economic and wider Impacts, op.cit., S. 55.

Hinsichtlich der gesellschaftlichen Implikationen dieser neuen Technologie werden nicht nur divergierende soziale Interessen und politische Präferenzen geltend gemacht, sondern insbesondere auch entgegenstehende moralische Pflichten und kulturelle Vorstellungen. Technologische Entwicklungen und Anwendungen verändern nicht nur die sozialen Arrangements innerhalb einer Gesellschaft, sondern verändern auch unsere existentiellen und normativen Vorstellungen, die wir von uns und der Welt haben:

> Unsere Gesellschaften greifen durch ihre Technologie in die Produktion unserer Bilder von individuellem und kollektivem Leben ein, in unsere Vorstellungen von Körper und Gesundheit, von Gegenwartsgeschehen, von Unternehmensorganisation und in unser Wissen vom Menschen und von der Natur. Dieser Eingriff ist von besonderer Bedeutung deshalb, weil er den direkteren Zugriff auf Bereiche möglich macht, in denen Werturteile gelten.[33]

Die verschiedenen gesellschaftlichen, mehr oder weniger organisierten Akteure suchen daher über Parlament, Regierung, Parteien, Ministerialbürokratien, Kommissionen etc. und über die breite Öffentlichkeit Einfluß zu nehmen auf die staatliche Politik, welche die Risiken moderner Techniken durch rechtliche Normierung reguliert und einen bestimmten Gebrauch oder Nichtgebrauch der Gentechnik auch argumentativ unter Bezug auf kulturelle Werte rechtfertigen muß. Nimmt man die staatliche Politik als primären Bezugspunkt der gesellschaftlichen Steuerung technisch produzierter Risiken, dann steht das politische Handeln zwischen zwei Erfordernissen: einerseits muß es seine Effektivität hinsichtlich der Chancenwahrung und Regulierung von Risiken bewahren und entsprechende kollektiv verbindliche Entscheidungen produzieren, andererseits ist es im Hinblick auf eine Entscheidungsbildung und –durchsetzung auf entsprechende soziale Ressourcen aus Wissenschaft (Expertise), Wirtschaft (finanzielle Ressourcen), sozialer Gemeinschaft (politische Unterstützung) und aus dem öffentlichen Diskurs (gesellschaftliche Legitimation) angewiesen. Insbesondere die diskursiven Verfahren der Rechtfertigung politischen Handelns bilden allgemein insofern eine zunehmend wichtige Steuerungsressource, als politische Entscheidungen immer mehr in die öffentliche Auseinandersetzung hineingezogen werden und soziale Akzeptanz bei unterschiedlichen gesellschaftlichen Interessenlagen herstellen müssen.[34] Dies gilt ganz besonders für technologiepoli-

---

[33] Touraine, A., Krise und Wandel des sozialen Denkens. In: Berger, J. (Hg.), Die Moderne – Kontinuitäten und Zäsuren, Göttingen: Otto Schwarz & Co., 1986, S. 15-39, 25.

[34] Zur engen Verbindung von Demokratie und Öffentlichkeit vgl. Häberle, P., Struktur und Funktion der Öffentlichkeit im demokratischen Staat. Politische Bildung 3, 1970, S. 3-33; D´Agostino, F., The Idea and the Ideal of Public Justification. Social Theory and Practice 18,2, 1992, S. 143-164. Zur kommunikativen Durchdringung politischen Handelns vgl. Münch, R., Dialektik der Kommunikationsgesellschaft, Frankfurt: Suhrkamp, 1991, insbesondere S. 257-259; Bergsdorf, W., Öffentliche Meinung und politisches Argument: Zu Be-

tische Entscheidungen, die heute – mitbedingt durch die kommunikative Revolution moderner Gesellschaften[35] – hinsichtlich einer breiten sozialen Akzeptanz immer mehr auf öffentliche Verfahren kontextübergreifender Verständigung angewiesen sind. Legitimation und soziale Akzeptanz erweisen sich angesichts eines wachsenden Risikobewußtseins in der Bevölkerung, des Aufbrechens eines stillschweigenden Konsenses hinsichtlich einer naiven Gleichsetzung von technischem mit gesellschaftlichem Fortschritt sowie der zunehmenden sozialen Mobilisierung von Protest und der Politisierung technisch produzierter Risiken immer mehr als entscheidungsrelevante Faktoren, die bei der gesellschaftlichen Einführung neuer Technologien zu berücksichtigen sind[36]:

> Legitimität ist ein Engpaß staatlicher Steuerung geworden ... Auch Entscheidungen, die mit beträchtlichem Aufwand im politischen System als „richtig" und „vertretbar" begründet werden, lösen häufig chronischen Streit und sozialen Widerstand ... aus.[37]

Aber auch bei der „Standortfrage" für ökonomische Investitionen in innovative Hochtechnologien spielt die gesellschaftliche Akzeptanz als „weicher" Standortfaktor eine mitentscheidende Rolle: „The winner (in international competition) will be the one who can obtain informed public consent without delaying its industrial plans", so *Jørgen Mahler*, Leiter für regulatorische Angelegenheiten beim dänischen Pharmazeuten *Novo Industri AS* und Präsident der „Association of Microbial Food Enzyme Producers"[38]. Dies macht den öffentlichen Diskurs, in den zunehmend mehr Politik, Recht, Wirtschaft, Wissenschaft und Technik, sozialer Protest und kulturelle Sinnstiftung hineingezogen werden[39], zu einem strategisch wichtigen Handlungsfeld in der Gesellschaft, auf das die verschiede-

griff und Funktion der pluralistischen Kommunikation. In: Willke, J. (Hg.), Öffentliche Meinung. Theorie, Methoden, Befunde, Freiburg/München: Karl Alber, 1992, S. 41-50; Oberreuter, H., Legitimität und Kommunikation. In: Schreiber, E., Langenbucher, W.R. und Hömberg, W., (Hg.), Kommunikation im Wandel der Gesellschaft, Düsseldorf: Droste Verlag, 1980, S. 61-76.

[35] Damit ist nicht nur die Verbreitung der Kommunikationstechnologien gemeint, sondern vielmehr die kommunikative Durchdringung aller Gesellschaftsbereiche mit dem entsprechenden **Zwang zur Kommunikation**, vgl. Münch, R., Dialektik der Kommunikationsgesellschaft, Frankfurt: Suhrkamp, 1991.

[36] Petermann, Th., Zur Akzeptanz neuer Technologien in der BRD. In: Bechmann, G. & Meyer-Krahmer, F. (Hg.), Technologiepolitik und Sozialwissenschaft, Frankfurt/New York: Campus, 1986, S. 221-245.

[37] Daele, W. van den, Zum Forschungsprogramm der Abteilung „Normbildung und Umwelt". Wissenschaftszentrum für Sozialforschung Berlin, FS II 91-301, Berlin, 1991, S. 29.

[38] Zitiert in: Dickson, D., Europe Splits over Gene Regulation. Science 238, 1987, S. 18-19, 19.

[39] Münch, R., Dialektik der Kommunikationsgesellschaft, op.cit.

nen Interessengruppen hinsichtlich der Verfolgung ihrer Ziele nicht nur reagieren müssen, sondern auch aktiv versuchen, hier ein im ihrem Sinne positives Meinungsklima zu schaffen sowie politische Unterstützung zu gewinnen, um ihre Interessen reibungsfreier durchsetzen zu können.

3.2 Risiko und Moderne

Risikodiskurse bzw. Risikokommunikationen haben sich auch in Deutschland seit der Kernenergiedebatte nicht nur als thematischer Rahmen („framing issue") für kontroverse öffentliche Auseinandersetzungen über Umwelt- und Technologieprobleme etablieren können[40] und weite Teile der Gesellschaft für die sozialen Folgen bzw. Risiken technologischer Entwicklungen sensibilisiert, sondern die Risiken der technischen und gesellschaftlichen Entwicklung selbst sind mehr und mehr vorrangiges Thema sozialer Kommunikation geworden, so daß der Terminus „Risikogesellschaft" immer häufiger zur Beschreibung und Kennzeichnung moderner Gesellschaften verwendet wird. Nun sind Risiken seit Beginn der Zivilisation an die Gesellschaftlichkeit des Menschen gebunden,[41] und die Wahrnehmung von und der Umgang mit Risiken sind immer an kulturelle Werte geknüpft und sozial vermittelt. Aber erst der Entwicklungsverlauf moderner Gesellschaften hat den dialektischen Charakter bei der Realisierung ihrer Grundprinzipien deutlicher hervortreten lassen und gezeigt, daß die Risikothematik mit einer Theorie der Moderne verbunden werden muß. Dies heißt zunächst grundsätzlich, daß Risiken nicht auf die technische Entwicklung beschränkt, sondern in einem viel fundamentaleren und dialektischen Sinne mit den Wertprinzipien der okzidentalen Moderne selbst, des Rationalismus, Universalismus, Aktivismus und Individualismus und deren sozialer Verwirklichung eng verflochten sind.[42] Hier zeigt sich durch die Einbettung kultureller Ideen in verschiedene soziale Handlungsfelder mit ihrer jeweiligen Eigenge-

[40] Radkau, J. Technik in Deutschland. Vom 18. Jahrhundert bis zur Gegenwart, Frankfurt: Suhrkamp, 1989, S. 351.

[41] Elias, N., Über den Prozeß der Zivilisation, 2 Bde., Frankfurt: Suhrkamp, 1976; Lübbe, H., Sicherheit. Risikowahrnehmung im Zivilisationsprozeß. In: Bayerische Rück (Hg.), Risiko ist ein Konstrukt, München: Knesebeck, 1993, S. 23-41.

[42] Giddens, A., The Consequences of Modernity, Stanford: Stanford University Press, 1990; Loo, H. van der & Reijen, W. van, Modernisierung. Projekt und Paradox, München: Deutscher Taschenbuch Verlag, 1992 (1990); Berman, M., All That is Solid Melts into Air, London: Verso, 1991 (1983), insbesondere S. 15-36; Münch, R., Dialektik der Kommunikationsgesellschaft, op.cit., S. 27-45.

setzlichkeit die für die Moderne typische „Paradoxie der Wirkung gegenüber dem Wollen"[43]. So geht mit der Emanzipation des Subjekts von der Natur über die Objektivierung der Natur und der Befreiung von magischen Vorstellungen gleichzeitig die Gefahr der „entstellten menschlichen Instinkte und Leidenschaften"[44] und der Verdinglichung des Subjekts in einer instrumentellen Zivilisation einher, die den Menschen ebenso unter ihre Herrschaft bringt wie er die Natur mit ihrer Hilfe unter seine Herrschaft gebracht hat.[45] Mit unserer Art der rationalen Welterkenntnis und der immer schnelleren Produktion von neuem Wissen produzieren wir auch immer neue Wissenslücken, und die stetige Offenlegung unseres Nichtwissens und die prinzipiell immer mögliche weitere Hinterfragung grundlegender Annahmen kann zu kognitiver Orientierungslosigkeit und zu Sinnkrisen führen.[46] Die Realisierung universeller Vergemeinschaftung und Gleichheit hat als nicht beabsichtigte Folgen oft eine verstärkte politische Partikularisierung, lokale Vereinsamung, individuelle Benachteiligung und einen verschärften Wettbewerb zwischen den Gleichgemachten hervorgebracht. Das aktive Eingreifen in die Welt und deren Beherrschung hat als Risiko die Zerstörung eben dieser Welt und deren Unkontrollierbarkeit, und die Verwirklichung der Idee des Individualismus befreit den Menschen einerseits vom Zwang und Diktat geschlossener Gruppen und Gemeinschaften mit ihren „little worlds", macht ihn aber auch andererseits abhängig von anonymen „gesamtsystemischen" Zuständen, die er selbst nicht mehr unmittelbar kontrollieren kann.[47] Insofern kann es eine Moderne ohne jegliches Risiko nicht geben und das Problem ist, wie wir den Umgang mit den Risiken in einer sozial verantwortlichen Weise als eine „aktive Folgenbewältigung"[48] organisieren, obwohl wir die Folgen unseres Tuns niemals vollständig überblicken können.

Unter handlungstheoretischen Prämissen spricht man von „Risiko" bzw. riskantem Handeln dann, wenn sich dieses auf Entscheidungen des Akteurs zurückfüh-

[43] Schluchter, W., Die Entwicklung des okzidentalen Rationalismus, Tübingen: Mohr Siebeck, 1979, S. 212.

[44] Horkeimer, M., Interesse am Körper. In: Horkheimer, M., Gesammelte Schriften, Bd. 5, Frankfurt: Fischer, 1987, S. 263-268.

[45] Horkheimer, M. & Adorno, T.W., Dialektik der Aufklärung. In: Horkheimer, M., Gesammelte Schriften, Bd. 5, op.cit., S. 13-196.

[46] Popper, K.R., Auf der Suche nach einer besseren Welt, München: Piper, 1989 (1984), S. 41-54; Weber, M., Wissenschaft als Beruf. In: Gesammelte Aufsätze zur Wissenschaftslehre, Tübingen: Mohr Siebeck, 1985 (1922), S. 582-613.

[47] Simmel, G., Philosophie des Geldes, Frankfurt: Suhrkamp, 1989 (1900), insbesondere S. 375-481.

[48] Böhret, C., Folgen. Entwurf für eine aktive Politik gegen schleichende Katastrophen, Opladen: Leske & Budrich, 1990, insbesondere S. 207-257.

ren läßt, „Gefahr" ist das, was dem Handelnden widerfährt, was ihm äußerlich bzw. seiner Umwelt zuzurechnen ist.[49] Während bei „Gefahr" die Bedingungen des Handelns gesetzt sind, an die wir uns mehr oder weniger gut anpassen können oder auch nicht, entstehen Risiken durch Handeln und treten nur im Kontext von Handlungsabsichten und deren Umsetzung hervor.[50] Diese Differenzierung ist allerdings an das kulturelle Wertmuster der Moderne und an den neuzeitlichen Zweckbegriff, als eine vom Menschen gesetzte Intention, gebunden, im Unterschied zur antiken Einbettung des Wertbegriffs in eine teleologische Seinsordnung.[51] Aus dieser Perspektive läßt sich die Entwicklung moderner Gesellschaften als ein Prozeß der immer weiteren Ausdehnung des menschlichen Entscheidungs- und Handlungsspielraumes interpretieren, damit aber auch der immer weiteren Umwandlung von Gefahren in Risiken. Unter den enormen Kontingenzsteigerungen in allen menschlichen Lebensbereichen wird so *jegliches Handeln zum Risikohandeln* und die Frage kann dann nicht mehr sein, wie Risiken zu verhindern sind oder absolute Sicherheit herzustellen ist, sondern wie die Risiken moderner Gesellschaften mehr oder weniger gut zu bewältigen sind, wobei auch das Risikomanagement selbst zu einem riskantem Handeln wird. Bedenkt man, daß auch die Entscheidung, sich nicht zu entscheiden wiederum riskant ist und auch die Wahl des Zeitpunktes für eine riskante Entscheidung zu einer riskanten Entscheidung wird,[52] erscheint es konsequent, das Begriffspaar Risiko/Sicherheit durch Risiko/Gefahr zu ersetzen: der Gegenbegriff zu Risiko ist Gefahr, nicht Sicherheit, die es eh nicht geben kann und die daher eine „leere Kategorie" ist.[53]

Gleichwohl fungiert „Sicherheit" als regulative Idee des Handelns und die Gesellschaft hat immer schon mit der Herausbildung von sozialen Institutionen und rechtlichen Regelungen, Normen und Routinen versucht, Sicherheit herzustel-

---

[49] Hier wird die von Luhmann getroffene Unterscheidung zwischen Risiko und Gefahr aufgenommen, vgl. Luhmann, N., Risiko und Gefahr. In: Soziologische Aufklärung, Bd.5, Opladen: Westdeutscher Verlag, 1990, S. 131-169; Luhmann, N., Soziologie des Risikos, Berlin, New York: de Gruyter, 1991.

[50] Bonß, W., Zwischen Emanzipation und Entverantwortlichung – Zum Umgang mit den Risiken der Gentechnologie. In: Grosch, K., Hampe, P. & Schmidt, J. (Hg.), Herstellung der Natur? Stellungnahmen zum Bericht der Enquetekommission "Chancen und Risiken der Gentechnologie", Frankfurt: Campus, S. 183-205.

[51] Schütz, M., Werte und Wertwandel in der Risiko-Beurteilung, op.cit.

[52] Japp, K.P., Das Risiko der Rationalität für technisch-ökologische Systeme. In: Halfmann, J. & Japp, K.P. (Hg.), Riskante Entscheidungen und Katastrophenpotentiale: Elemente einer soziologischen Risikoforschung, Opladen: Westdeutscher Verlag, 1990, S. 34-60.

[53] Luhmann, N., Risiko und Gefahr, op.cit.; Luhmann, N., Soziologie des Risikos, op.cit.

len.[54] Insofern geht die Zunahme von Handlungsoptionen – und damit eine Öffnung von Freiheitsräumen – im Modernisierungsprozeß einher mit einer Zunahme an regulativen Mechanismen, die an Sicherheit – und damit an der Schließung von Freiheitsräumen – orientiert sind. Aber auch für „Sicherheit" gilt, daß sie selbst wiederum paradoxen Charakter hat: Trotz der Verbesserung des durchschnittlichen Lebensstandards, des zunehmenden Wohlstandes aller und des Anwachsens des gesellschaftlichen Reichtums geht dies nicht mit einem Anwachsen von Sicherheit einher, sondern mit dem Anwachsen einer ständigen Bedrohung und einer zunehmenden Unsicherheit, deren Kosten häufig als zu hoch empfunden werden und die das Bedürfnis nach Sicherheit immer weiter steigert. Mit dem Erreichen höherer gesellschaftlicher Sicherheitsniveaus wächst gleichzeitig auch die Unsicherheit und das Verlangen nach Sicherheit.[55] Hinzu kommt, daß in sozialen Institutionen (etwa der Wissenschaft), die ja durch Normierung des Handelns eine normative Erwartungssicherheit unter den hier involvierten Akteuren herstellen, eben durch das geregelte Verhalten selbst wiederum Risiken und Unsicherheiten für andere soziale Handlungsbereiche produziert werden.

Auf den technologischen Bereich bezogen beschreibt *Perrow* an den Beispielen von der Atom- bis zur Gentechnologie, daß es auf dem Gebiet der sogenannten „High-Risk-Technologies" keine absolute Sicherheit geben kann.[56] So sind Unfälle bei komplexen Technologien und engen Kopplungen der Systemteile weniger auf menschliches Versagen zurückzuführen als auf die Systemstruktur der Technologie selbst. Moderne Technologien sind komplexe Systeme, in denen nicht mehr lineare Prozesse und nur lose gekoppelte Verfahrensweisen ablaufen, die im Prinzip vollständig beschreibbar und in ihrem Ablauf weitgehend planbar sind. Aufgrund der systemischen Komplexität werden immer unvorhergesehene Prozesse und Ereignisse auftreten, die zu überraschenden Entscheidungen zwingen und deren Ausgang im Ungewissen bleibt. Insofern sind Risiken inhärente und konstitutive Bestandteile komplexer technischer und auch komplexer so-

---

[54] Grundsätzlich dazu: Gehlen, A. Urmensch und Spätkultur, Wiesbaden: AULA-Verlag, 1986; vgl. auch Evers, A., Umgang mit Unsicherheit. Zur sozialwissenschaftlichen Problematisierung einer sozialen Herausforderung. In: Bechmann, G. (Hg.), Risiko und Gesellschaft, Opladen: Westdeutscher Verlag, 1993, S. 339-374; Evers, A. & Nowotny, H., Über den Umgang mit Unsicherheit, Frankfurt: Suhrkamp, 1987. Für die Industriegesellschaft am Beispiel des Versicherungswesens: Ewald, F., Der Vorsorgestaat, Frankfurt: Suhrkamp, 1993.

[55] Ewald, F., Der Vorsorgestaat, op.cit., S. 15; Evers, A. & Nowotny, H., Über den Umgang mit Unsicherheit, op.cit., S. 59-67; Lübbe, H., Sicherheit. Risikowahrnehmung im Zivilisationsprozeß, op.cit.

[56] Perrow, Ch., Normale Katastrophen. Die unvermeidbaren Risiken der Großtechnik, Frankfurt/New York: Campus, 1989 (1984); Perrow, Ch., Lernen wir etwas aus den jüngsten Katastrophen? Soziale Welt 37, 1986, S. 390-401.

zialer Organisationen. Bei dem Versuch, die Sicherheit solcher Systeme zu steigern wird gleichzeitig auch ihre Komplexität mitgesteigert, sie werden störanfälliger und weniger kontrollierbar. Mit der Erweiterung der Sicherheit handelt man sich gleichzeitig auch eine Erweiterung der Unsicherheit ein. Allgemein läßt sich das Risikoprofil moderner Gesellschaften kennzeichnen durch[57]:

- eine Globalisierung der Risiken im Sinne der Risikointensität, wie beispielsweise *Beck*[58] sie beschreibt;
- eine Globalisierung der Risiken im Sinne einer Expansion von Handlungskontingenzen, eine immer weitere Dynamisierung von Handlungsbereichen in der Weltgesellschaft (etwa die mit der neuen Biotechnologie einhergehenden Veränderungen in der internationalen Arbeitsteilung);
- Risiken, die aus der vom Menschen geschaffenen „zweiten" Natur heraus entspringen (z.b. genetisch veränderte Organismen);
- Risiken, die aus institutionellen Kontexten heraus durch normativ geregelte Interaktionen entstehen (z.b. Aktionen auf dem Kapitalmarkt, große Bankgeschäfte, wissenschaftlich-technischer Erkenntnisfortschritt);
- ein Bewußtsein des Risikos als Risiko und nicht mehr als Gefahr;
- ein zunehmendes Risikobewußtsein weiter Teile der Bevölkerung;
- ein zunehmendes Bewußtsein der Begrenztheit professioneller Expertise.

Entsprechend den verschiedenen institutionellen Handlungskontexten setzt die „Risikogesellschaft", in der die Gleichsetzung von wissenschaftlich-technischem Fortschritt mit gesellschaftlichem Fortschritt nicht mehr gilt, mannigfaltige soziale Interessengegensätze frei, die über die jeweiligen Soziallogiken „gesteuert" werden und insgesamt eine zunehmende gesellschaftliche Problematisierung technischer Entwicklungen und Anwendungen sowie politische Kämpfe um die soziale Verteilung der Risikokosten in Gang setzen. Diese Verteilung ist wiederum an bestimmte normative Standards der Gesellschaft gebunden, nach denen sie legitimiert wird:

> Such developments have prompted a great deal of discussions as to whether, and to what extent, the technologies that contribute to their existence threaten the privacy, freedom, well-being, self-image, even the very existence of human beings, the well-being of non-humans, the stability of innumerable ecosystems, and the future of planet Earth. Such discussions involve concerns that are, at least

---

[57] Giddens, A., Consequences of Modernity, Stanford: Stanford University Press, 1990, S. 124-131.

[58] Beck, U., Risikogesellschaft, Frankfurt: Suhrkamp, 1986; Beck, U., Gegengifte, Frankfurt: Suhrkamp, 1988; Beck, U., Risikogesellschaft und Vorsorgestaat – Zwischenbilanz einer Diskussion. In: Ewald, F., der Vorsorgestaat, op.cit., S. 535-558; Beck, U., Die Erfindung des Politischen, Frankfurt: Suhrkamp, 1993; ebenfalls Bonß, W., Unsicherheit und Gesellschaft – Argumente für eine soziologische Risikoforschung. Soziale Welt 42,2, 1991, S. 258-277.

in part, moral in that they are relevant to whether certain actions (say, the release of genetically engineered bacteria in the environment) are wright or wrong, whether certain attitudes (say, pro-development) are good or bad or particular policies ... are justified or not. And moral concerns characteristically are just about such matters of right and wrong, good and bad, justified or unjustified.[59]

Die durch moderne technische Entwicklungen initiierten Veränderungen gesellschaftlicher Lebenszusammenhänge haben daher zunehmend mehr moralisch-diskursive Prozesse über die politische Gestaltung der sozialen Seinsverhältnisse ausgelöst[60], in denen es um die normative Rechtfertigung unseres Tuns, um die Erweiterung und auch Begrenzung von individuellen Rechten sowie um die normativ abgesicherte gesellschaftliche Verteilung und Legitimation der „Risikokosten" geht.

3.3 Risikopolitik: Zwischen Effektivität und Legitimation

Der gesellschaftliche Kontext der Risikopolitik ist heute dadurch gekennzeichnet, daß technische Entwicklungen und Anwendungen immer mehr politisiert und zu einem gesellschaftlichen Streitobjekt zwischen den verschiedenen sozialen Akteuren werden, die in der öffentlichen Arena („issue arena"[61]) um die politischen Rahmenbedingungen und um den gesellschaftlichen Umgang mit technologischen Anwendungen kämpfen. Anders als etwa *Beck*[62] verstehe ich diesen Prozeß nicht als eine Auslagerung aus dem Politischen und eine Hineinverlagerung in Bereiche der vormals unpolitischen „Subpolitik", sondern als eine Aus-

---

[59] Innanone, P., Technology, Ethics, Technology Ethics. In: Innanone, P. (Hg.), Contemporary Moral Controversies in Technology, New York, Oxford: Oxford University Press, 1987, S. 9-15, 9.

[60] Vgl. dazu auch Nelkin, D., Science Controversies. The Dynamics of Public Disputes in the United States. In: Jasanoff, S., Markle, G.E., Petersen, J.C. & Pinch, T. (Hg.), Handbook of Science and Technology Studies, Thousand Oaks: Sage, 1995, S. 444-456.

[61] Zum „Arena"-Konzept vgl. Lowi, Th.J., Ein neuer Bezugsrahmen für die Analyse von Machtstrukturen. In: Narr, W.-D. & Offe, C. (Hg.), Wohlfahrtsstaat und Massenloyalität, Köln: Kiepenheuer & Witsch, 1975, S. 133-143; Kitschelt, H., Kernenergiepolitik. Arena eines gesellschaftlichen Konflikts, Frankfurt: Campus, 1980; Kitschelt, H., New Social Movements in West Germany and the United States. Political Power and Social Theory 5, 1986, S. 286-324; Renn, O., The Social Arena Concept of Risk Debates. In: Krimsky, S. & Golding, D. (Hg.), Social Theories of Risk, Westport, Conn.: Praeger, 1992, S. 179-196.

[62] Beck, U., Risikogesellschaft, op.cit.; Beck, U., Gegengifte, op.cit.; Beck, U., Politik in der Risikogesellschaft, op.cit.; Beck, U., Die Erfindung des Politischen, op.cit.

dehnung aller gesellschaftlichen Handlungsbereiche in neue Handlungszonen, in denen dann die verschiedenen sozialen Handlungslogiken gebündelt werden.[63] Nicht nur werden vormals „politikfreie" Handlungsfelder zunehmend politisiert, sondern umgekehrt muß auch die Politik immer mehr das Kunststück fertig bringen, verschiedene Handlungsorientierungen für ihr Funktionieren zu berücksichtigen und in politische Entscheidungen umzusetzen, die zwar letztlich in der Funktionssphäre der Politik getroffen, jedoch zunehmend mehr in gesellschaftlichen „Verhandlungssystemen" geschmiedet werden. Dies macht einerseits die Zurechnung auf Einzelentscheidungen schwieriger oder nahezu unmöglich, andererseits ist der Staat immer noch die letzte Instanz der gesamtgesellschaftlichen Transformation von Gefahren in Risiken. Wie nun diese Interessenartikulation und Konfliktaustragung im Hinblick auf eine „Politikformulierung" innerhalb des Policy-Prozesses wiederum gesellschaftlich organisiert ist, hängt von den jeweiligen kulturellen und sozialstrukturellen Eigenheiten einer Gesellschaft ab. Dies wird im weiteren Verlauf der Argumentation noch schrittweise spezifiziert. Dabei muß bei einer regulativen Policy[64] hinsichtlich der Wahrnehmung von Chancen einer innovativen Technologie und der Vermeidung von Risiken aus der Vielfalt unterschiedlicher sozialer Kosten- und Nutzenerwägungen und Handlungsoptionen notwendigerweise eine Selektion getroffen und damit auch negiert werden. Die Auswahl aus verschiedenen Alternativen erfolgt innerhalb der Politik zwar primär nach der Logik der Macht, sekundär allerdings – durch das Hineingreifen der weiteren gesellschaftlichen Handlungsbereiche in die politische Sphäre – auch nach der Nutzenlogik, der Logik des Diskurses und der Gemeinschaftslogik, wobei unter prinzipiellen Handlungs- und Entscheidungsunsicherheiten selektiert werden muß.

Fokussiert man unter demokratietheoretischen Aspekten die hierfür relevanten Input und Output-Prozesse der Politik, so wird auf der Input-Seite einerseits die Einflußmobilisierung durch die gesellschaftlichen Interessengruppen und durch die breite Öffentlichkeit hinsichtlich der politischen Forderungen und der politischen Unterstützung relevant, andererseits aber auch die im öffentlichen Diskurs herzustellende Legitimation der Gentechnologiepolitik. Dabei geht es vor allem darum, welche Chancen die verschiedenen gesellschaftlichen Interessengruppen und die von einer Risikotechnik (potentiell) Betroffenen haben, ihre jeweiligen Interessen in der Öffentlichkeit zu artikulieren und auch in die politischen Instanzen einzubringen. Hier lassen sich aufgrund sozialstruktureller Eigenheiten

---

[63] Vgl. dazu auch Münch, R., Politik und Nichtpolitik. Politische Steuerung als schöpferischer Prozeß. Kölner Zeitschrift für Soziologie und Sozialpsychologie 3, 1994, S. 381-405.

[64] Vgl. dazu Lowi, Th.J., Ein neuer Bezugsrahmen für die Analyse von Machtstrukturen, op.cit., Windhoff-Héritier, A., Policy-Analyse, Frankfurt/New York: Campus, insbesondere S. 47-54, 74-85.

verschiedene gesellschaftstypische Mechanismen unterscheiden, wobei insbesondere interessiert, ob in einer Gesellschaft intermediäre Strukturen und Institutionen vorhanden sind, die zwischen konfligierenden Perspektiven und Interessen vermitteln können. Innerhalb der diskursiven Formationen geht es weiter darum, welche Akteure im öffentlichen Diskurs dominieren und auf welche kulturellen Werte in den Legitimationsprozessen rekurriert wird. Auf der Output-Seite der Politik steht dagegen die politische Verantwortlichkeit für kollektive Interessen sowie die Entscheidung für eine bestimmte Technologie- und Risikopolitik im Mittelpunkt. Auf welche Werte wird bei der Übernahme der operativen politischen Verantwortung für die Implementation kultureller Standards Bezug genommen und wie effektiv ist die staatliche Politik, die politischen Präferenzen der Bürger auch tatsächlich zu realisieren und die Entscheidungen verbindlich durchzusetzen? Sofern die Risikopolitik nicht in eine reine Machtpolitik ausartet, muß sie dabei eine politische Führungsveranwortung gegenüber der gesellschaftlichen Gemeinschaft und eine Gemeinwohlorientierung – im Sinne einer kollektiven Wohlfahrtssteigerung – einschließen. In dieser Studie wird nun hauptsächlich die in der breiteren Öffentlichkeit ausgetragene Kontroverse um die Gentechnik fokussiert, wobei allerdings die sozialen Kontextbedingungen dieser Auseinandersetzung, die „politischen Verhandlungssysteme" sowie die Input- und Output-Prozesse der staatlichen Politik mit einbezogen werden.

3.4 Die Logiken des öffentlichen Diskurses und kommunikative Aushandlungsprozesse

Nun ist der Ausgangspunkt einer politischen Auseinandersetzung immer ein gesellschaftliches Problem, an dessen Lösung politisch auftretende Akteure ein Interesse haben. Wie die soziologische Diskussion zur Analyse sozialer Probleme gezeigt hat, konstituieren sich Probleme in einer Gesellschaft nicht lediglich durch eine Diskrepanz zwischen gegebenen kulturellen „Soll"-Werten und faktischen „Ist"-Zuständen,[65] sondern die Festlegung des „Soll"-Zustandes selbst ist ein gesellschaftlicher Definitions- und Aushandlungsprozeß,[66] an dem Akteure

---

[65] Merton, R.K. & Nisbet, R. (Hg.), Contemporary Social Problems, New York: Harcourt, 1976 (4), S. 3-43.

[66] Insbesondere Kitsuse, J.I. & Spector, M., Toward a Sociology of Social Problems: Social Conditions, Value-Judgements, and Social Problems. Social Problems 20,4, 1973, S. 407-419;

aus verschiedenen sozialen Handlungsbereichen mit unterschiedlichen Interessen und kulturellen Vorstellungen oder „Ideologien" teilnehmen und auf diese Weise die konkreten Konturen der sozialen Wirklichkeit festlegen:

> Problems come into discourse and therefore into existence as reinforcements of ideologies, not simply because they are there or because they are important for wellbeing. They signify who are virtous and useful and who are dangerous or inadequate, which actions will be rewarded and which penalized ... They are critical in determining who exercise authority and who accept it. ... Like leaders and enemies, they define the contours of the social world, not in the same way for everyone, but in the light of the diverse situations from which people respond to the political spectacle.[67]

Gesellschaftliche Probleme konstituieren sich also nicht in einem automatistischen Sinne von selbst, sondern müssen erst als solche definiert und kommuniziert werden. Demnach gilt in voneinander differenzierten sozialen Einheiten: was in einem sozialen Handlungsbereich als Problem erscheint, muß für einen anderen Handlungsbereich noch lange keines sein. Daher versuchen die Akteure, eine bestimmte Problemsicht in der breiten Öffentlichkeit durchzusetzen und zu verankern. Allerdings geschieht eine solche Problemdefinition nicht völlig willkürlich und beliebig, sondern ist durch vorgegebene kulturelle Muster und sozialstrukturelle Arrangements bzw. Handlungskontexte einerseits und durch die objektive Realität andererseits begrenzt. Damit wird an die Einsicht von *Marx* angeknüpft, nach der die Menschen natürlich ihre gesellschaftlichen Verhältnisse definieren, sie aber in diesen Definitionen nicht frei sind.

Für politische Mobilisierung bedeutet dies generell, daß gesellschaftliche Probleme in politische Probleme transformiert werden müssen und die im öffentlichen Diskurs ablaufenden Definitions- und Aushandlungsprozesse politischer Probleme bzw. die über ein bestimmtes Thema öffentlich geführten kontroversen Auseinandersetzungen politisch interessierter Akteure immer auch eine handlungskonstituierende kulturelle Komponente haben. Diese involviert einen symbolischen Kampf, dessen zentraler Teil in der Konstruktion und Kontrolle spezifischer Deutungen oder der „Definition der Situation" liegt[68] – in der die

---

Spector, M. & Kitsuse, J.I., Constructing Social Problems, New York: de Gruyter, 1987 (1977).

[67] Edelman, M.J., Constructing the political spectacle, Chicago: The University of Chicago Press, 1988, S. 12-13.

[68] Touraine, A. et al., Die antinukleare Prophetie. Zukunftsentwürfe einer sozialen Bewegung, Frankfurt: Suhrkamp, 1982; Cohen, A., Two-Dimensional Man. An essay on the anthropology of power and symbolism in complex society, Berkeley und Los Angeles: University of California Press, 1974; Gerhards, J., Dimensionen und Strategien öffentlicher Diskurse. Journal für Sozialforschung 32, 3/4, 1992, S. 307-318.

jeweiligen „materiellen" Interessen eingebettet sind – und die eine unterschiedliche Distribution von Kosten und Nutzen eines „policy-outcomes" legitimieren. Es geht also nicht nur darum, soziale Verhaltensweisen und einen bestimmten gesellschaftlichen Umgang mit einer Technik nach bestimmten sozialen Interessenlagen einfach nur normativ zu regulieren, sondern in den formulierten Normen selbst sind auch spezifische kollektiv geteilte symbolische Vorstellungen aufgespeichert und ausgedrückt[69], die einen bestimmten gesellschaftlichen Umgang mit einer Technik auch „ideologisch" abstützen. In diesem Sinne manifestieren sich in konkreten soziotechnischen Systemen immer auch gesellschaftliche Machtverhältnisse und die Dominanz bestimmter normativer Haltungen:

> There is social power embedded in sociotechnical systems. The character of the prevalent systems facilitates certain actions and the implementation of some rules, and effectively precludes others. Sometimes the manifestation of this power cannot be predicted when a new technology is implemented ... But in other cases, there is considerable agency involved in technological choice, as when deskilling of jobs is implemented to enhance managerial control over workers.[70]

Die politischen Auseinandersetzungen über die Entwicklung und Anwendung der Gentechnologie sind daher auch symbolische Kämpfe zwischen kollektiven Akteuren aus den verschiedenen Handlungsbereichen um die Durchsetzung und Vorherrschaft von bestimmten Deutungen bzw. Definitionen der Situation hinsichtlich des gesellschaftlichen Umgangs mit einer Technik.

Zur Erfassung der symbolischen Dimension der Auseinandersetzung werden hier nun die Grundannahmen der Ansätze zur politischen Diskursanalyse, wie sie hauptsächlich von *Gamson*, *Modigliani*, *Snow* und *Benford* entwickelt wurden sowie die neueren Ansätze zur politischen Kulturforschung[71] für die weitere

---

[69] Vgl. dazu Gusfield, J.A., Moral Passage: The Symbolic Process in Public Designations of Deviance. Social Problems 15,2, 1967, S. 175-188; Gusfield, J.A., Symbolic Crusade, Urbana, Ill.: University of Illinois Press, 1969; Tenbruck, F.H., Der Traum der säkularen Ökumene. Sinn und Grenze der Entwicklungsvision. Annali di Sociologia/Soziologisches Jahrbuch 3,1, 1987, S. 11-36.

[70] Burns, T.R. & Dietz, Th., Technology, sociotechnical systems, technological development: An evolutionary perspective. In: Dierkes, M. & Hoffmann, U. (Hg.), New Technology at the Outset, op.cit., S. 206-238, 230-231.

[71] Gamson, W.A. & Lasch, K.E., The Political Culture of Social Welfare Policy. In: Spiro, S.E. & Yuchtman-Yaar (Hg.), Evaluating the Welfare State: Social and Political Perspectives, New York: Academic Press, 1983, S. 397-415; Gamson, W.A. & Modigliani, A., The Changing Culture of Affirmative Action. In: Braungart, R.D. (Hg.), Research in Political Sociology, vol.3, Greenwich, Conn.: JAI-Press, 1987, S. 137-177; Gamson, W.A., Political Discourse and Collective Action. International Social Movement Research, vol.1, 1988, S. 219-244; Gamson, W.A. & Modigliani, A., Media Discourse and Public Opinion on Nuclear Power: A Constructivist Approach. American Journal of Sociology, vol.5, Nr.1, 1989, S. 1-37; Snow,

Analyse mit einbezogen. Im Mittelpunkt der Diskursanalysen und der neueren politischen Kulturforschung steht eben jene Einsicht, daß kollektives Handeln konfligierender Akteure immer auch eine symbolische Dimension hat, in der es um die Definition und Durchsetzung spezifischer Bedeutungen eines sozialen Streitobjekts (z.B. Gentechnologie, soziale Armut, Lohnkämpfe, politische Reformen etc.) geht. Solche Bedeutungen bestimmen, was in einer Gesellschaft als soziale Wirklichkeit angesehen wird und sie legen den Rahmen dessen fest, was politisch getan werden kann: Sagbares und Machbares sind in diesem Sinne „untrennbar miteinander verknüpft"[72]. Diese „Sinnstiftung" beschränkt sich jedoch keinesfalls auf Erkenntnis, sondern umfaßt neben der kognitiven auch die affektive, evaluative und pragmatische Dimension der Produktion von Relationierungen zwischen Sachverhalten „in der Welt" bzw. dem „Hervorbringen" von Sachverhalten und der symbolischen Sinnstruktur.[73] Es gibt also hinsichtlich der sozial-kulturellen „Sinnstiftung" bzw. der politischen Deutungsleistungen nicht nur marktförmige Beziehungsgeflechte zwischen „Anbietern" und „Nachfragern" von „Sinn", sondern die Anbieter selbst tragen untereinander einen Kampf um die gesellschaftliche Definitionsmacht aus. Gesellschaftlich durchgesetzt sind die generierten Deutungsangebote erst dann, wenn sie den Bereich der diskursiven Auseinandersetzung wieder verlassen und sich in der „Alltagswelt" sozialer Akteure eingenistet haben, wenn sie gewissermaßen zur Doxa geworden sind und unser Denken und Handeln strukturieren. Die Durchsetzung von kulturellen Definitionen politischer Streitobjekte und ihre soziale Etablierung ist insofern politisch relevant, als hier nicht einfach nur sozial verbindliche Orientierungsmuster installiert und mehr oder weniger eine gesellschaftliche Selbstverständlichkeit werden, sondern daß hierdurch der Legitimationsrahmen politischer Entscheidungen abgesteckt wird und auf dieser Grundlage auch die nor-

---

D.A., Rochford, E.B. Jr., Worden, S.W. & Benford, R.D., Frame alignment processes, micromobilization, and movement participation. American Sociological Review 51, 1986, S. 464-481; Snow, D.A. & Benford, R.D., Ideology, Frame Resonance and Participant Mobilization. International Social Movement Research, vol.1, 1988, S. 197-217. Zu einer Besprechung der Ansätze zur politischen Kulturforschung vgl.: Iwand, W.M., Paradigma Politische Kultur. Konzepte, Methoden, Ergebnisse der Political-Culture-Forschung in der Bundesrepublik, Opladen: Leske & Budrich, 1985; Schirmer, D., Mythos – Heilshoffnung – Modernität. Politisch-kulturelle Deutungscodes in der Weimarer Republik, Opladen: Westdeutscher Verlag, 1992, S. 16-65.

[72] Dörner, A., Politische Sprache – Instrument und Institution der Politik. Aus Politik und Zeitgeschichte B17, 1991, S. 3-11, 6.

[73] Wegen dieser Einbeziehung der verschiedenen symbolischen Dimensionen in den öffentlichen Diskurs, der ja nur zum Teil durch rationale Argumentation geprägt ist, wurde vorgeschlagen, den Begriff der „politischen Deutungskultur" zur Beschreibung dieses Sachverhalts zu verwenden, vgl. Rohe, K., Politische Kultur und kulturelle Aspekte von politischer Wirklichkeit. In: Berg-Schlosser, D. & Schissler, H. (Hg.), Politische Kultur in Deutschland, PVS Sonderheft 18, Opladen: Westdeutscher Verlag, 1987, S. 39-48.

mativen Standards der Allokation von gesellschaftlichen Ressourcen und Präferenzen etabliert werden, z.B. wieviel Geld in die Genforschung oder Risikoforschung gesteckt werden soll, ob Staatsgelder für die Errichtung von Genzentren ausgegeben werden etc. An solche Standards ist auch die gesellschaftliche Verteilung von Chancen und Risiken, der Risikokosten und der Risikovermeidung gebunden. Allerdings muß der theoretische Analyserahmen solcher kulturellen Definitionen noch um einige Varianten erweitert werden: die Akteure befinden sich mit ihren mehr oder weniger festgelegten Sinndeutungen nicht ausschließlich in einem Kampf um die Vorherrschaft, sondern hier muß ebenfalls den Sachverhalten Rechnung getragen werden, daß (1) Akteure sich in ihren Definitionen auch den sich ändernden Handlungskontexten anpassen und mitunter erhebliche Modifikationen vornehmen, (2) in solchen Definitionen das kollektiv Selbstverständliche im Kontext einer gemeinsamen Lebenswelt ausgedrückt oder daran angeknüpft wird sowie (3) solche Definitionen auch den Prozessen der diskursiven Generalisierung unterliegen, denen jedermann zustimmen muß bzw. Definitionen im Hinblick auf eine universelle Zustimmung vorgenommen werden.

Natürlich ist der Erfolg solcher symbolischen Auseinandersetzungen nicht unabhängig von den sozialen Ressourcen der Akteure, wenngleich sich dieser Erfolg wegen der Eigenlogiken des Handelns nicht unmittelbar daraus ableiten oder darauf reduzieren läßt (z.B. kann nicht jeder, der über genügend „Geld" verfügt, auch schon entsprechenden sozialen „Einfluß" ausüben). Umgekehrt bilden solche kulturellen Deutungen aber selbst wichtige soziale Ressourcen, die von den kollektiven Akteuren in der Auseinandersetzung über die Gentechnologie genutzt werden. Ich habe daher den „political-opportunity"-Ansatz[74], der vornehmlich die Aktivierung und Nutzung unterschiedlicher politischer Ressourcen zur Interessendurchsetzung kollektiver Akteure fokussiert, um eine ökonomische, sozial-gemeinschaftliche und sozial-kulturelle Dimension ergänzt.[75] Kollektive Akteure müssen in einer Konfliktarena zur erfolgreichen Durchsetzung ihrer Interessen nicht nur politische Ressourcen (Macht) mobilisieren, sondern ebenfalls auf ökonomische (Geld), sozial-gemeinschaftliche (Einfluß) und kulturelle Ressourcen (Argumente, Ideen, Sinndeutungen) zurückgreifen und diese Ressourcen auch wechselseitig transformieren und in die Konfliktarena einbringen. Darüber hinaus ist kollektives Handeln der Akteure

[74] Vgl. dazu beispielsweise Tarrow, S., Kollektives Handeln und politische Gelegenheitsstruktur in Mobilisierungswellen. Kölner Zeitschrift für Soziologie und Sozialpsychologie 43,4, 1991, S. 647-670.

[75] Kurz skizziert bei Aretz, H.-J., Risikokommunikation, Wissenschaft und Politik. In: Meulemann, H. & Elting, A. (Hg.), Lebensverhältnisse und soziale Konflikte im neuen Europa. 26. Deutscher Soziologentag Düsseldorf, 1992, Tagungsband II, Opladen: Westdeutscher Verlag, 1993, S. 725-727.

natürlich nicht nur einer Rationalität der utilitaristischen Mobilisierung von Ressourcen entsprechend den spezifischen Interessenlagen unterworfen, sondern auch einer Rationalität der Identitäts- und Solidaritätserhaltung des Kollektivs.[76] Diese hat nämlich auch einen Einfluß darauf, wie und welche gesellschaftlichen Ressourcen von den Akteuren überhaupt selektiert und mobilisiert werden.

Nun ist aber nicht nur interessant, wie die unterschiedlichen Akteure ihre jeweilige „Definition der Situation" vornehmen, sondern wie die Prozesse solcher Auseinandersetzungen selbst wiederum sozialstrukturell konfiguriert sind. Gesellschaftliche Auseinandersetzungen, bei denen die akteurpezifischen Interessenlagen aufeinandertreffen und mehr oder weniger „vermittelt" werden, lassen sich in einem allgemeinen und weiten Sinne als *„Aushandlungsprozesse"* zwischen den jeweiligen Perspektiven sozialer Akteure begreifen. Der Begriff des „Aushandelns" soll aber hier nicht die Vorstellung eines planvollen intentionalen Handelns suggerieren, sondern vielmehr einen sozialen Prozeß bezeichnen, der grundsätzlich unabhängig von Einzelsubjekten und ihren jeweiligen Intentionen betrachtet werden kann. Solche Prozesse können *analytisch* wiederum einem besonderen kulturell codierten Muster folgen: *Wettbewerb* (nur diejenigen Akteure setzen sich mit ihrer Perspektive auf dem Markt der Deutungsangebote gesellschaftlich durch, die der Konkurrenz das Nachsehen geben und die meisten Nachfrager befriedigen können), *Macht* (nur diejenigen Akteure setzen sich mit ihrer Perspektive durch, die am meisten politische Macht akkumulieren können), *Kompromiß* (die partikularen akteurspezifischen Perspektiven werden im Rahmen traditionell eingespielter Statuspositionen in vorsichtigen und schrittweisen Verhandlungen zu einem Kompromiß zusammengeführt) und *Synthese* (die partikularen Akteurperspektiven werden in Großorganisationen gebündelt, und zwischen den Repräsentanten von „peak-organizations" wird ein übergreifender Konsens hergestellt, in dem die Einzelperspektiven „aufgehoben" sind). In empirischen Auseinandersetzungen sind mehr oder weniger alle vier analytischen Dimensionen vertreten, jedoch findet man hier häufig aufgrund eines internen gesellschaftlichen Konsistenzdrucks die *Dominanz eines Musters* institutionalisierter Aushandlungsprozesse vor. Welches dominante Muster empirisch zu finden ist, hängt von der besonderen kulturellen Codierung einer Gesellschaft ab. Die Bedeutung solcher kulturellen Codierungen liegt u.a. genau darin, daß sie die sozialen Bedingungen beeinflussen, unter denen Konflikte zum Ausdruck kommen und wie solche Konflikte gesellschaftlich ausgetragen

---

[76] Vgl. dazu Pizzorno, A., Interests and parties in pluralism. In: Berger, S. (Hg.), Organizing interests in Western Europe. Pluralism, corporatism, and the transformation of politics, Cambridge: Cambridge University Press, 1981, S. 249-284, 251-252.

und beigelegt werden.[77] Grundsätzlich gehe ich davon aus, daß zwischen dem strukturellen Arrangement einer Gesellschaft, den diskursiven Formationen und der Art, Konsens zu bilden, ein enger Zusammenhang besteht.[78]

Auf der Grundlage des bisher Erörterten läßt sich nun der öffentliche Diskurs über die Gentechnik als ein Handlungsgeflecht konzipieren, das analytisch in der Interpenetrationszone zwischen dem sozial-kulturellen Handlungsfeld und dem Feld der gesellschaftlichen Gemeinschaft lokalisiert und daher diesen Soziallogiken unterworfen ist, dabei allerdings auch die Logik des politischen und ökonomischen Handlungsfeldes einbindet.[79] Intern ist daher der öffentliche Diskurs in der hier vertretenen – von Habermas ausgehenden[80] sowie an unterschiedliche kulturelle Traditionen anknüpfenden – Konzeption so dimensioniert, daß er sowohl die Sphäre der bloßen Meinungen (kulturelle Selbstverständlichkeiten, normative Gesinnungen, kollektive Vorurteile und Wertungen) abdeckt wie auch die Sphäre der Vernunftkritik, die Sphäre der Interessenkonkurrenz und die Sphäre des symbolischen Machtkampfes[81]. Der öffentliche Diskurs und insbesondere die sich hier herausbildende öffentliche Meinung wird nun von einem rein wissenschaftlichen oder intellektuellen Diskurs dahingehend unterschieden, daß hier nicht alleine nach der „Logik der Argumentation" unter Verwendung des Interaktionsmediums „Wahrheit" entschieden wird, sondern auch nach der „Logik der Gemeinschaft" unter Verwendung des Interaktionsmediums „sozialer Einfluß". Während dort mehr das Moment der „Überzeugung durch Vernunft" im Vordergrund steht, ist hier mehr die „Überredung" das dominante Merkmal sozialer Interaktionsprozesse. Bei wissenschaftlichen oder intellektuellen Diskursen ist die Ebene der Aussage von der Ebene des Sprechers differenziert. Entscheidend ist hier primär, *was* gesagt wird, nicht *wer* etwas sagt, während dies im öffentlichen Diskurs eher umgekehrt der Fall ist, so daß die

---

[77] Eisenstadt, S.N., Tradition, Wandel und Modernität, Frankfurt: Suhrkamp, (1973) 1979, S. 10-15.

[78] Siehe dazu auch Etzioni, A., Die aktive Gesellschaft. Eine Theorie gesellschaftlicher und politischer Prozesse, Opladen: Westdeutscher Verlag, 1975 (1968), S. 477-510.

[79] Aretz, H.-J., Zur Konstitution gesellschaftlicher Diskurse. In: Nennen, H.-U. (Hg.), Diskurs. Annäherungen an einen Begriff, erscheint im Herbst 1999. Siehe auch Gerhards, J. & Neidhardt, F., Strukturen und Funktionen moderner Öffentlichkeit. Fragestellungen und Ansätze, FS III 90-101, Berlin: Wissenschaftszentrum Berlin für Sozialforschung, 1990.

[80] Habermas, J., Strukturwandel der Öffentlichkeit. Untersuchungen zu einer Kategorie der bürgerlichen Gesellschaft, Darmstadt und Neuwied: Luchterhand, 1978 (1962).

[81] Vgl. zum Machtaspekt beispielsweise Domenach, M., Le monde des intellectuels. In: Santoni, G. (Hg.), Société et culture de la France contemporaine, Albany: State University of New York Press, 1981, S. 321-372; Foucault, M., Die Ordnung des Diskurses, Frankfurt: Fischer, 1991.

soziale Position des Sprechers und der damit verbundene soziale Einfluß eine gesteigerte Bedeutung erhält. Soll sich im wissenschaftlichen oder rein intellektuellen Diskurs, die beide im Sinne des Kritischen Rationalismus primär auf *Dissens* ausgerichtet sind, das bessere, also wohlbegründete Argument durchsetzen, spielen im primär auf *Konsens* ausgerichteten öffentlichen Diskurs auch nicht-rationale Faktoren eine – vergleichsweise gewichtigere – Rolle, so daß gute Argumente alleine noch nicht darüber entscheiden, nach welcher Richtung die öffentliche Meinung ausschlägt. Ausschlaggebend ist hier vielmehr, inwieweit es den beteiligten Akteuren gelingt, bestimmte Interessen als die Interessen der umfassenden Gemeinschaft darzustellen. Natürlich finden hier auch sachliche Argumente Eingang, und soweit hier zumindest teilweise auch ein konstruktiver Diskurs initiiert wird und die Akteure nach einer verständigungsorientierten Logik handeln, sind die Interessendurchsetzungs- und –abstimmungsprozesse einer diskursiven Logik unterworfen, die über den Ansatz einer bloßen utilitaristischen Interessenabstimmung hinausgeht.[82] Daneben haben aber auch alltagsweltliche Vorstellungen, Meinungen, Ideologien, kollektive Gefühle und Vorurteile ebenso ihren Platz wie utilitaristische Nutzenkalküle und hegemoniale Machtinteressen im Sinne *Gramscis*[83]. Kurz: die sich über den öffentlichen Diskurs konstituierende öffentliche Meinung enthält das „Wahre und Erhabene" ebenso wie das „Falsche und Triviale"[84]. Diese Ambivalenz der öffentlichen Meinung hat bereits *Hegel* im Gegensatz zu *Kant* in besonderer Weise für die bürgerliche Gesellschaft herausgestellt und gerade deshalb verdient sie – insbesondere im Hinblick auf eine kluge politische Führung – gleichermaßen *geachtet* wie auch *verachtet* zu werden.[85]

Durch diese analytische Konstruktion wird der öffentliche Diskurs hier als ein intermediäres Feld gesellschaftlicher Kommunikation verstanden, in dem die verschiedenen Handlungslogiken und die unterschiedlichen „Definitionen der Situation" beteiligter Akteure aufeinandertreffen und eine Verständigung zwischen den verschiedenen Handlungsbereichen zumindest möglich ist. Diese Verständigung zwischen den verschiedenen Sozial logiken mit der jeweils eigenen „Spezialsemantik" kann dadurch zustande kommen, daß zunächst einmal in den verschiedenen institutionellen Handlungskomplexen die hier angesiedelten

---

[82] Einen solchen utilitaristischen Ansatz vertritt z.B. Schimank, U., Spezifische Interessenkonsense trotz generellem Orientierungsdissens. In: Giegel, H.-J. (Hg.), Kommunikation und Konsens in modernen Gesellschaften, op.cit., S. 236-275.

[83] Vgl. dazu Holub, R., Antonio Gramsci. Beyond Marxism and Postmodernism, London/New York: Routledge, 1992.

[84] Hegel, G.W.F., Grundlinien der Philosophie des Rechts. Theorie Werkausgabe, Werke in zwanzig Bänden, Bd.7, Frankfurt: Suhrkamp, 1982, § 316 und § 317.

[85] Ibid., §318.

spezifischen *Organisationen* (Unternehmen, Bürokratien, Verbände etc.) trotz ihrer Ausrichtung an einer Primärfunktion (ökonomisch, politisch etc.) *immer multifunktional* sind. Diese Multifunktionalität unterscheidet sie von den großen Funktionssystemen der Gesellschaft, die jeweils nur auf eine bestimmte Funktion hin spezialisiert sind.[86] Die in solchen Organisationen stattfindenden Kommunikationen sind daher immer auch „interfunktional", die Akteure kommen in der Regel nicht umhin, sich eine „multilinguale Kommunikationskompetenz" anzueignen.[87] Zum anderen ist in den institutionellen Komplexen die Umgangssprache installiert, die ebenfalls in und zwischen den ausdifferenzierten Handlungsfeldern zirkuliert und eine Brückenfunktion zwischen den jeweiligen Eigensinnigkeiten ausübt.[88] Die öffentlich geführten Kommunikationen, insbesondere die massenmedialen Kommunikationen der Gesellschaft, sind nun auf diese Umgangssprache und Allgemeinverständlichkeit einjustiert, so daß trotz der Differenzierung in verschiedene umgangssprachlich konstituierte Teilöffentlichkeiten diese doch miteinander verbunden und füreinander durchlässig bleiben. In einer so verstandenen Öffentlichkeit entstehen wiederum vom Einzelbewußtsein unabhängige öffentliche Meinungen mit mehr oder weniger allgemeinen Einstellungen zu einem bestimmten Thema, das die Meinungen zusammenhält und sie strukturiert. Öffentliche Meinung ist ein Thema, wenn es sich auf den politischen Kommunikationsprozeß bezieht und politische Streitobjekte auf die Tagesordnung setzt. Welche Themen Aufmerksamkeit gewinnen, bestimmt sich wiederum nach Aufmerksamkeitsregeln,[89] wobei derjenige, der Begriffe besetzt und die Auswahl der Themen bestimmt, größere Aussichten auf Erfolg hat. Unter „öffentlicher Meinung" wird nun eine solche Meinung verstanden, die in öffentlicher Kommunikation mit breiter Zustimmung rechnen kann, die sich in den Arenen öffentlicher Meinungsbildung durchgesetzt hat und insofern die „herrschende" Meinung innerhalb der gesellschaftlichen Gemeinschaft darstellt. Die sich so herausgebildete und verfestigte öffentliche Meinung wird analytisch dem Feld der gesellschaftlichen Gemeinschaft zugeordnet, entsprechend werden die Austauschbeziehungen zu den anderen gesellschaftlichen Handlungsbereichen über das Interaktionsmedium „Einfluß" abgewickelt. Dieser über die öffentliche Meinung vermittelte soziale Einfluß wird nun über soziale Austauschbeziehun-

---

[86] Vgl. dazu Parsons, T. & Smelser, N.J., Economy and Society, London: Routledge & Kegan Paul, 1966, S. 15.

[87] Scharpf, F.W., Politische Steuerung und politische Institutionen. Politische Vierteljahresschrift 30,1, 1989, S. 10-21.

[88] Habermas, J., Theorie des kommunikativen Handelns, op.cit., Bd.2, S. 571-575; Habermas, J., Faktizität und Geltung, Frankfurt: Suhrkamp, 1992, S. 427; Berger, P. & Luckmann, T.L., Die gesellschaftliche Konstruktion der Wirklichkeit, Frankfurt: Fischer, 1980 (1966).

[89] Vgl. Luhmann, N., Öffentliche Meinung. In: Politische Planung. Aufsätze zur Politik und Verwaltung, Opladen: Westdeutscher Verlag, 1975.

gen in die verschiedenen Handlungsfelder hineintransportiert und dringt hier gerade auf der Handlungsvollzugsebene ein „wie ein Nebel, der durch alle Ritzen kriecht"[90]. Daher müssen hinsichtlich der Verfolgung ihrer gesellschaftlich relevanten Handlungsziele die Akteure aus den verschiedensten gesellschaftlichen Bereichen die öffentliche Meinung einerseits als einen „sozialen Fakt", als Restriktionen ihres Handelns beachten. Dies macht die gesellschaftlichen Institutionen und insbesondere auch die Politik empfindlich gegenüber der öffentlichen Meinung und zwingt zu einer fortwährenden Beobachtung, zumal die institutionellen Komplexe und Organisationen hier beobachten können, wie sie selbst wahrgenommen werden.[91] Andererseits müssen die Akteure die öffentliche Meinung aber auch als etwas Formbares ansehen und ihre Ressourcen nutzen, um auf diese einzuwirken. Gerade bei kontroversen politischen Auseinandersetzungen wird von den verschiedensten gesellschaftlichen Akteuren versucht, hinsichtlich der Realisierung und Rechtfertigung ihrer Handlungsziele mit Hilfe von sozialem Einfluß auch die öffentliche Meinung zu ihren Gunsten zu beeinflussen.

Man kann davon ausgehen, daß die Bedeutung der Beeinflussung öffentlicher Meinung als Weg der Politikbeeinflussung und -vermittlung in modernen Gesellschaften zugenommen hat. Auf die Politik bezogen hat sich einerseits mit der wachsenden Staatstätigkeit, dem immer weiteren Eingreifen politischer Entscheidungen in gesellschaftliche Lebensbereiche und den wachsenden Transparenzansprüchen der Bürger der Akzeptanzbedarf für politisches Handeln erhöht.[92] Andererseits werden traditionelle soziale Milieus der politischen Willensbildung mobiler, Parteibindungen werden aufgeweicht und die politisch loyale „Stammkundschaft" schrumpft zusammen, eine häufig konstatierte „Politikverdrossenheit"[93] geht um und es entsteht zunehmend mehr ein komplexes Geflecht von politischen Initiativen und Bürgerbewegungen ohne generalisierte

---

[90] Diskutiert am Beispiel des Rechtssystems von: Roellcke, G., Zum Einfluß der öffentlichen Meinung auf die Rechtsanwendung. In: Baier, H., Kepplinger, H.M., Reumann, K. (Hg.), Öffentliche Meinung und sozialer Wandel. Für Elisabeth Noelle-Neumann, Opladen: Westdeutscher Verlag, 1981, S. 71-85, 73.

[91] Luhmann, N., Gesellschaftliche Komplexität und öffentliche Meinung. In: Soziologische Aufklärung, Bd. 5, Opladen: Westdeutscher Verlag, 1990, S. 170-182.

[92] Sarcinelli, U., Politikvermittlung und demokratische Kommunikationskultur. In: Sarcinelli, U. (Hg.), Politikvermittlung, Bonn: Bundeszentrale für politische Bildung, 1987, S. 19-45; Sarcinelli, U., Massenmedien und Politikvermittlung – Eine Problem- und Forschungsskizze. In: Wittkämper, G.W. (Hg.), Medien und Politik, Darmstadt: Wissenschaftliche Buchgesellschaft, 1992, S. 37-62.

[93] Hamm-Brücher, H., Wege in die und Wege aus der Politik(er)verdrossenheit. Aus Politik und Zeitgeschichte B31, 1993, S. 3-6.

Folgebereitschaft.[94] Die politischen Parteien scheinen ihre vermittelnde Funktion zwischen dem Bürger und dem politischen Entscheidungssystem weitgehend verloren zu haben[95] und soziale Bewegungen artikulieren immer häufiger – trotz zum Teil organisatorischer Verflechtungen mit den Parteien[96] – den Protest der Bürger und stellen eine Herausforderung traditioneller Politikstrukturen dar.[97] Das steigert den Begründungs- und Rechtfertigungsbedarf für politisches Handeln und erhöht die Notwendigkeit der Erzeugung von Zustimmung bzw. sozialer Akzeptanz,[98] die in verstärktem Maße organisiert und von einer entsprechenden Kommunikationspolitik flankiert werden muß; kurz: Öffentlichkeitsarbeit wird zu einer entscheidenden Determinante der Politik bzw. politisch auftretender Akteure.[99] Diese können immer weniger ausschließlich auf die Mittel des traditionellen Lobbyismus zurückgreifen, sondern es muß auch immer mehr sozialer Einfluß in Form von öffentlichen Kampagnen, Werbeaktionen, Beziehungspflege, Imageaufbau etc. mobilisiert werden, um politische Unterstützung für ihre Zielsetzungen in der Technologie- und Risikopolitik zu erhalten. Entscheidend dabei ist insbesondere der Zugang zum Mediensystem; hier korreliert die Chance einer öffentlichkeitswirksamen Agitation hoch positiv mit Professionalität und Etabliertheit des Akteurs.[100] Weniger etablierte Akteure oder Gruppen, die Medienaufmerksamkeit erzeugen und Multiplikatoreneffekte erzielen wollen, sind daher auf nicht-alltägliche Politikvermittlungsstrategien und Darstellungsformen angewiesen, um so die Medienbarrieren überspringen zu kön-

---

[94] Streeck, W., Vielfalt und Interdependenz. Überlegungen zur Rolle von intermediären Organisationen in sich ändernden Umwelten. Kölner Zeitschrift für Soziologie und Sozialpsychologie 39, 1987, S. 471-495.

[95] Nedelmann, B., New political movements and changes in process of intermediation. Social Science Information 23,6, 1984, S. 1029-1048.

[96] Beyme, K. von, Neue soziale Bewegungen und politische Parteien. Aus Politik und Zeitgeschichte B44, 1986, S. 30-39.

[97] Offe, C., New Social Movements: Challenging the Boundaries of Institutional Politics. Social Research 52, 1985, S. 817-868.

[98] Klingemann, H.-D. & Wattenberg, M.P., Zerfall und Entwicklung von Parteiensystemen: Ein Vergleich der Vorstellungsbilder von den politischen Parteien in den Vereinigten Staaten und der Bundesrepublik Deutschland. In: Kaase, M. & Klingemann, H.-D. (Hg.), Wahlen und Wähler. Analysen aus Anlaß der Bundestagswahl 1987, Opladen: Westdeutscher Verlag, 1990, S. 325-344.

[99] Baerns, B., Macht der Öffentlichkeit und Macht der Medien. In: Sarcinelli, U. (Hg.), Politikvermittlung, op.cit., S. 147-160.

[100] Sarcinelli, U., Massenmedien und Politikvermittlung – Eine Problem- und Forschungsskizze, op.cit., S. 44.

50

nen.[101] Neben der Mobilisierung von sozialem Einfluß müssen aber auch entsprechende kulturelle Deutungsangebote für die Wahrnehmung und Beurteilung von gesellschaftlichen Ereignissen und für die Rechtfertigung von Handlungen bereitgestellt werden. Die konkrete Deutungs- und Legitimierungsarbeit, die auf der Ebene öffentlicher Diskurse im Hinblick auf eine Risikopolitik zu leisten ist, läßt sich als symbolische Politik[102] bezeichnen, womit gemeint ist, daß konkretes politisches Handeln eben nicht nur von Effektivitätskriterien geleitet ist, sondern immer auch eine symbolische Ebene involviert, auf der kulturelle Deutungsangebote für dieses Handeln produziert werden. Der Zuwachs an „symbolischer Politik" ist mittlerweile in einer Vielzahl sozialwissenschaftlicher Arbeiten registriert worden, denen bei aller Unterschiedlichkeit der Bewertung eines gemeinsam ist: Alle gehen von einer „Doppelung der Realität" des Politischen aus,[103] unterscheiden zwischen einer „materiellen" und einer „symbolischen" Politik, wobei die symbolische Politik nicht nur ein Konstrukt eigenständiger Qualität ist, sondern auch ein Steuerungsinstrument zur Loyalitätsbeschaffung.

Die öffentlich geführten Debatten über Risiken erweisen sich so als ein neuer Typus politischer Interessenkonflikte, der neben der Mobilisierung von Geld und Macht auch in hohem Grade von sozialem Einfluß und kulturellen Ressourcen abhängig geworden ist und mit Hilfe von Kampagnen und wissenschaftlichen Daten, Interpretationen und Argumentationsstrategien sowie normativer und sinnhaft-konstitutiver Begründungen die gesellschaftliche Definition von Chancen und Risiken bzw. die Gestaltung der Lebensverhältnisse zu beeinflussen sucht. Die politischen Auseinandersetzungen über den gesellschaftlichen Umgang mit einer Hochtechnologie werden unter dem Begriff der „Risikokommunikation" rubriziert,[104] womit hier ausgedrückt werden soll, daß es dabei nicht nur um die wissenschaftlich-technischen Risiken im engeren Sinne geht, sondern auch um die gesellschaftlichen Implikationen, die mit der Einführung

---

[101] Roemheld, R., Politikvermittlung als Problem demokratischer Minderheiten. In: Sarcinelli, U. (Hg.), Politikvermittlung, op.cit., S. 219-231; zu den kennzeichnenden Merkmalen alternativer Öffentlichkeitsproduktion vgl. Stamm, K.-H., Alternative Öffentlichkeit. Die Erfahrungsproduktion neuer sozialer Bewegungen, Frankfurt/New York: Campus, 1988.

[102] Edelman, M., Politik als Ritual. Die symbolische Funktion staatlicher Institutionen und politischen Handelns, Frankfurt/New York: Campus, 1976.

[103] Offe, C., Editorial. In: Edelman, M., Politik als Ritual, op.cit., S. VII-X.

[104] Vgl. zur Entstehung der Risikokommunikation aus dem Kontext politischer Konflikte Plough, A. & Krimsky, S., The Emergence of Risk Communication Studies: Social and Political Context. Science, Technology and Human Values 12, 1987, S. 4-10; siehe ebenfalls Mazur, A., Gesellschaftliche und wissenschaftliche Ursachen der historischen Entwicklung der Risikoforschung. In: Conrad, J. (Hg.), Gesellschaft, Technik und Risikopolitik, Berlin, Heidelberg, New York: Springer Verlag, 1983, S. 141-146.

von solchen Technologien verbunden sind. Dies gilt besonders für die öffentliche Debatte um die Gentechnologie.[105] In solchen Risikodiskursen geht es nicht nur um die Sicherung von Chancen und um die Vermeidung von technologisch erzeugten Risiken, sondern dahinter stehen auch Probleme der gesellschaftlichen, räumlichen und zeitlichen Verteilung von Risiken und deren Folgen sowie der Verteilung der damit verbundenen Kosten,[106] kurz: es geht auch um die Verteilungskonflikte der mit den gesellschaftlichen „goods" miterzeugten „bads".[107]

3.5 Theoretische Modelle der Risikoforschung

Einhergehend mit der Risikokommunikation hat sich eine unter Beteiligung verschiedener Disziplinen entwickelnde und tiefgreifenden Veränderungen unterworfene Risikoforschung[108] – mittlerweile zum „big business" für die Wissenschaft avanciert[109] – explosionsartig vermehrt und die „Risikoliteratur" ist fast unüberschaubar geworden. Zwar kann Risikoforschung allgemein als Versuch angesehen werden, der sozialen Unsicherheit angesichts technologischer Risiken mit wissenschaftlichen Mitteln zu begegnen[110], jedoch ist es ihr seit der Veröf-

[105] Daele, W. van den, Risiko-Kommunikation: Gentechnologie. In: Jungermann, H., Rohrmann, B. & Wiedemann, P.M. (Hg.), Risiko-Konzepte, Risiko-Konflikte, Risiko-Kommunikation, Jülich: Forschungszentrum Jülich, 1990, S. 11-58, 25.

[106] Lau, Ch., Risikodiskurse: Gesellschaftliche Auseinandersetzungen um die Definition von Risiken. Soziale Welt 40,3, 1989, S. 418-436.

[107] Beck, U., Risikogesellschaft, op.cit.; Beck, U., Die Erfindung des Politischen, op.cit. S. 37.

[108] Zur Entwicklung der Risikoforschung und der Risikokonzeptionen vgl. Kretschmer, W., Soziale Konstruktion technischer Risiken. Bericht an das Wissenschaftszentrum Berlin (WZB), Forschungsschwerpunkt III, 1989; Conrad, J., Zum Stand der Risikoforschung. Kritische Analyse der theoretischen Ansätze im Bereich des Risk Assessment, Frankfurt: Battelle, 1978; Covello, V.T. & Mumpower, J., Risk Analysis and Risk Management: An Historical Perspective. Risk Analysis 5,2, 1985, S. 103-120; Nowitzki, K.-D., Konzepte zur Risiko-Abschätzung und -bewertung. In: Bechmann, G. (Hg.), Risiko und Gesellschaft, Opladen: Westdeutscher Verlag, 1993, S. 125-144; Otway, H. & Thomas, K., Reflections on Risk Perception and Policy. Risk Analysis 2,2, 1982, S. 69-82.

[109] Johnston, R., Charakteristische Merkmale der Risikoforschung. In: Conrad, J. (Hg.), Gesellschaft, Technik und Risikopolitik, op.cit., S. 101-116.

[110] Frederichs, G., Die „Problemgemeinschaft" der Risikoforschung und ihre gesellschaftliche Rolle. In: Conrad, J. (Hg.), Gesellschaft, Technik und Risikopolitik, op.cit., S. 117-123.

fentlichung von *Chauncey Starrs* mehr oder weniger paradigmatischem Artikel[111] nicht gelungen, einen einheitlichen Risikobegriff und eine zusammenhängende Risikotheorie zu entwickeln oder gar eine eigene „scientific community" aufzubauen. Grob skizziert lassen sich in den unterschiedlichen Arbeiten zur Risikoforschung drei Risikomodelle unterscheiden: das Modell des „objektiven" Risikos, das Modell des „subjektiven" Risikos und das Modell des „intersubjektiven" Risikos.[112]

3.5.1 Das Modell des „objektiven" Risikos

Das zunächst in der Risikoforschung dominante Modell des objektiven Risikos besteht einerseits aus der aus der Versicherungswirtschaft entnommenen Formel (R=WxS), wonach Risiko das Produkt aus Schadenserwartung und Eintrittswahrscheinlichkeit ist. Welcher Wahrscheinlichkeitsgrad maßgebend ist, richtet sich im allgemeinen Polizeirecht nach dem Ausmaß des möglichen Schadens: Je höher die Wertigkeit des Rechtsguts und größer das Schadensmaß, desto geringer muß die Eintrittswahrscheinlichkeit liegen.[113] Ist trotz eines hohen Schadensausmaßes die Eintrittswahrscheinlichkeit extrem gering, liegt keine „Gefahr" im juristischen Sinne vor, allenfalls – bei einer bestehenden Möglichkeit einer solchen Konstellation – ein Gefahrenverdacht, der aber zum Restrisiko zählt.[114] Neben solchen juristischen Gefahrenbestimmungen lieferte die ökonomische Entscheidungstheorie ein Modell für rationale Entscheidungen, welches ermöglichte, anhand einer Skala die Schadens- und Nutzenaspekte gleichzeitig zu berücksichtigen. Die Verfahrensweise nach diesem objektiven Modell besteht darin, sowohl den Schaden als auch die Wahrscheinlichkeit des Schadensereignisses quantitativ über die Wahrscheinlichkeitsrechnung und die ökonomischen „Nutzentheorien" zu bestimmen. Risiko muß hier also immer im Kontext der Entscheidungstheorie betrachtet werden und in diesem Kontext ist dann jenes

---

[111] Starr, C., Social Benefit versus Technological Risk. Science 165,19, 1969, S. 1232-1238.

[112] Vgl. dazu auch Bechmann, G., Einleitung: Risiko – ein neues Forschungsfeld? In: Bechmann, G. (Hg.), Risiko und Gesellschaft, op.cit., S. VII-XXIX. Bechmann unterscheidet zwischen einem formal-normativen Ansatz, einem psychologisch-kognitiven Ansatz und einem kulturell-soziologischen Ansatz; ebenfalls Renn, O., Concepts of Risk: A Classification. In: Krimsky, S. & Golding, D. (Hg.), Social Theories of Risk, op.cit., S. 53-79.

[113] Schattke, H., Wechselbeziehungen zwischen Recht, Technik und Wissenschaft – am Beispiel des Atomrechts. In: Roßnagel, A. (Hg.), Recht und Technik im Spannungsfeld der Kernenergiekontroverse, Opladen: Westdeutscher Verlag, 1984, S. 100-137, 104.

[114] Ibid.

Risiko akzeptabel, das mit der optimalen Entscheidungsoption einhergeht.[115] Hierdurch soll gewährleistet werden, unabhängig vom sozialen Kontext der Akteure rational und objektiv über technisch produzierte Risiken entscheiden zu können. Dabei ist jedoch zu beachten, daß eine instrumentelle Risikorationalität sich von Zweckrationalität insofern unterscheidet, als sie davon ausgeht, daß die Erreichbarkeit der Zwecke bei möglicherweise explosiven Nebenwirkungen unsicher ist, so daß nachträglich die Zweckmäßigkeit der Zwecke selbst in Zweifel gezogen werden muß.[116]

Gegen dieses Risikomodell läßt sich eine Reihe von Einwänden vortragen. Beispielsweise ist die eindeutige Quantifizierung der Nutzen- und Schadensaspekte innerhalb dieses Modells noch nicht gelungen: es fand sich bisher kein einheitliches Maß für die Nutzen- und Schadensaspekte und auch über die zu berücksichtigenden Schadensdimensionen konnte noch kein abschließender Konsens hergestellt werden.[117] Auch eine monetäre Umrechnung von Nutzen und Schaden konnte nur wenig für die angestrebte objektive Einschätzung des technischen Risikos beitragen. Weiterhin muß hinsichtlich der Risikoeinschätzung neuer Hochtechnologien – also gerade auch für die Gentechnik – konstatiert werden, daß hier oft keine geeigneten empirischen Daten der realen Welt zur Verfügung stehen und daher auf hypothetische Modelle rekurriert werden muß. Dies heißt, daß es sich dann nicht mehr um ein rein „statistisches Risiko" handelt, welches aufgrund einer langen Überprüfungserfahrung dem tatsächlichen Risiko nahekommt, sondern vielmehr um ein auf Vermutungen aufbauendes „prognostisches Risiko".[118] Neue Risiken können nur begrenzt in statistische Risiken überführt und nicht mit den üblichen trial-and-error-Verfahren vollständig gehandhabt werden.[119] Damit verschiebt sich einerseits das Risikomanagement stärker in den pre-event-Bereich[120] und fördert so den Ausbau expertokratischer und administrativ-elitärer Systeme der Informationsgewinnung und -

---

[115] Vgl. Kaplan, S. & Garrick, B.J., Die quantitative Bestimmung von Risiko. In: Bechmann, G. (Hg.), Risiko und Gesellschaft, op.cit., S. 91-123.

[116] Beck, U., Die Selbstwiderlegung der Bürokratie: Über Gefahrenverwaltung und Verwaltungsgefährdung. Merkur 42, 1988, S. 629-646; Luhmann, N., Soziologie des Risikos, op.cit., S. 204.

[117] Kritisch dazu: Meyer-Abich, K.M., Von der Wohlstandsgesellschaft zur Risikogesellschaft. Aus Politik und Zeitgeschichte B36, 1989, S. 31-42.

[118] Starr, Ch., Rudman, R. & Whipple, Ch., Philosophical Basis for Risk Analysis. Annual Review of Energy 1, 1976, S. 629-662.

[119] Beck, U., Risikogesellschaft, op.cit.

[120] Köck, W., Die rechtliche Bewältigung technischer Risiken. Kritische Justiz 26, 1993, S. 125-145.

verarbeitung.[121] Andererseits wird hier die Tür geöffnet für subjektive Elemente,[122] die nun Eingang in die Risikobewertungen finden:

> Selbst die Umrechnung der unterschiedlichsten Schäden in Geldeinheiten führte zu willkürlichen und stark umstrittenen Ergebnissen. Außerdem geriet man bei der Bestimmung der Wahrscheinlichkeiten an die Grenzen des objektiv Wißbaren, wie das Beispiel der Kernreaktorschmelze zeigt. Solange keine zureichenden empirischen Fälle vorliegen, kann man nur subjektive Wahrscheinlichkeiten angeben, die bei genauer Betrachtung nichts weiter als Wunschdenken des jeweiligen Schätzers sind.[123]

Bei einer solchen methodologischen Vorgehensweise beruhen die hypothetischen Ergebnisse, da keine Fakten zur Verfügung stehen, auf willkürlichen Annahmen des Analytikers, „und diese Annahmen spiegeln unweigerlich die vom Analytiker selbst bevorzugten Ergebnisse wider"[124]. Derartige Studien lassen sich dann auch sowohl von Proponenten wie von Opponenten einer neuen Technik beliebig für die jeweilige Zielsetzung verwenden und sind kaum geeignet, zur politischen Konfliktreduzierung beizutragen[125]: entweder man fokussiert – im Falle eines geringen Risikos – das Ergebnis und spielt die methodische Vorgehensweise herunter, oder man kritisiert die methodische Vorgehensweise und spielt das Ergebnis herunter, das ja wegen der unangemessenen Methode nicht richtig und objektiv sein kann. Hier bestimmen dann Risikobewertungen nicht mehr die Politik, sondern politische Präferenzen bestimmen die Risikobewertung. Dies hat weitreichende Implikationen, die insbesondere im Zusammenhang mit der Durchlässigkeit der Grenzen zwischen Wissenschaft und Nicht-Wissenschaft entstehen: da Akteure aus den verschiedenen gesellschaftlichen Bereichen ebenfalls auf dieses Wissen zugreifen und entsprechend ihren Interessen interpretieren, beteiligen sie sich auch an der sozial verbindlichen Definition von „Wahrheit" in öffentlichen Diskursen. Wissenschaftliche Akteure sind da-

---

[121] Dierkes, M. & Thienen, V. von, Strategien und Defizite bei der politischen Behandlung technischer Risiken. In: Becker, U. (Hg.), Staatliche Gefahrenabwehr in der Industriegesellschaft, Bonn: Deutsche Sektion des Internationalen Instituts für Verwaltungswissenschaften, 1982, S. 73-91.

[122] Vgl. dazu auch Rowe, W.D., Ansätze und Methoden der Risikoforschung. In: Conrad, J. (Hg.), Gesellschaft, Technik und Risikopolitik, op.cit., S. 15-38.

[123] Bechmann, G., Einleitung, op.cit., S. XI.

[124] Mazur, A., Gesellschaftliche und wissenschaftliche Ursachen der historischen Entwicklung der Risikoforschung. In: Conrad, J. (Hg), Gesellschaft, Technik und Risikopolitik, op.cit., S. 141-155, 145.

[125] Mulkay, M., Science and the Sociology of Knowldege, London: Allen & Unwin, 1979; Nelkin, D., Scientists in an environmental controversy. Science Studies 1, 1971, S. 245-261; Nelkin, D., The political impact of technical expertise. Social Studies of Science 5, 1975, S. 35-54.

her zunehmend mehr in solche externen gesellschaftliche Kämpfe einbezogen, in denen es um die sozial verbindliche Deutung wissenschaftlicher Ergebnisse geht. Dies wird bei der Darstellung der Gentechnikkontroverse in Kapitel 5 noch illustriert.

Als weiterhin entscheidend betrachte ich die im Zusammenhang mit dem „objektiv" rationalen Entscheidungsmodell vorgenommene Reduktion auf ein verengtes rationalistisches Akteurmodell, welches die gesellschaftlichen Rahmenbedingungen, die eine Wahl der Mittel und Ziele hinsichtlich der optimalen Entscheidung mitbeeinflussen, nicht hinreichend berücksichtigt. Diese Reduktion bedingt, daß die Orientierung des Akteurs ausschließlich in der kognitiven Dimension konzipiert wird und damit beispielsweise die sogenannte „Katastrophenschwelle"[126] und das unterschiedliche soziale „Empörungspotential"[127] keine hinreichende explanatorische Berücksichtigung findet. Ein solches Modell geht daher an der Risikobewertung einer differenzierten Öffentlichkeit vorbei: So wurde z.B. in der Kernenergiediskussion deutlich, daß in der Bevölkerung selbst bei sehr kleinen Wahrscheinlichkeiten des Schadenseintritts ein mögliches Unglück als Katastrophe empfunden wird. Was von sozialen Akteuren jeweils als Katastrophe angesehen wird, kommt nämlich nicht durch rein sachliche Kriterien zustande, so daß quantitative Risikoanalysen gerade dort irrelevant werden, wo Katastrophen zu befürchten sind. *Luhmann* schlägt deshalb vor, „von Katastrophen immer dann (zu) sprechen, wenn die Betroffenen sich weigern, sich von quantitativen Analysen überzeugen zu lassen"[128]. Weiterhin haben Risikostudien verdeutlichen können, daß die verschiedenen sozialen Akteure durchaus ein unterschiedliches „Empörungspotential" besitzen und Risikoeinschätzungen und -definitionen sozial variabel sind. Solche Phänomene lassen sich in diesem Modell nur als Abweichungen der objektiv-rationalen Entscheidungssituation fassen und führen zu der bekannten Dichotomisierung von „rational versus irrational". Der Nobelpreisträger *James D. Watson* kommentierte die in England begonnenen Bestrebungen hinsichtlich einer quantitativen Abschätzung der Risiken der Gentechnik mit dem Hinweis, daß dies dem Versuch entspräche, die Religion zu quantifizieren. Seiner Meinung nach könnten die Risikoeinschätzungen der Wissenschaftler uns allenfalls etwas über deren Neu-

---

[126] Auf die Bedeutung des Katastrophenpotentials einer Technik hinsichtlich der Risikoeinschätzung wiesen besonders hin: Slovic, P., Fischhoff, B. & Lichtenstein, S., Facts and Fears: Understanding Perceived Risk. In: Schwing, R.C. & Albers, W.A. Jr. (Hg.), Societal Risk Assessment. How Safe is Safe Enough?, New York/London: Plenum Press, 1980, S. 181-214.

[127] Fischer, K., Die Risiken des wissenschaftlichen und technischen Fortschritts. Aus Politik und Zeitgeschichte B15, 1992, S. 26-38.

[128] Luhmann, N., Soziologie des Risikos, op.cit., S. 159.

rosen sagen; jeder Experte hätte nun einmal seine eigenen Angstschwellen, seien sie rational oder irrational.[129]

3.5.2 Das Modell des „subjektiven" Risikos

An diese Diskrepanzen knüpft das subjektive Modell der psychologischen Risikoforschung an und fragt nach der subjektiven Einschätzung und dem wirklichen Entscheidungsverhalten der Akteure in Risikosituationen. Als Referenzmodell wird besonders bei den psychometrischen Ansätzen[130] der objektive Risikoansatz benutzt, dies jedoch mit dem Ziel, die subjektive Komponente der Risikowahrnehmung und Risikobewertung herauszuarbeiten bzw. die Differenzen zwischen „Experten" und „Laien" feststellen zu können. Innerhalb der breiteren psychologischen Forschung wurde eine Vielzahl von Faktoren analysiert, die einen Einfluß auf die Risikowahrnehmung und Risikobewertung haben, wie etwa daß freiwillige Risiken eher akzeptiert werden als unfreiwillige, kontrollierbare eher als unkontrollierbare, Risiken mit zeitlicher Verzögerung der Schäden eher als Risiken mit unmittelbarer Schädigung, Risiken mit reparablen Schäden eher als Risiken mit irreparablen Schäden und die Risiken neuer Technologien werden höher eingeschätzt und weniger akzeptiert als die Risiken bekannnter und erprobter Techniken.[131] Wie die psychologische Forschung u.a. herausstellt, erweist sich der Begriff der „Risikowahrnehmung" als ein multidimensionales Konzept, das auf einer Serie von Heuristiken und „biases" basiert und sich nicht auf die Dimension der formalen quantitativen Risikodefinition reduzieren läßt. Selbst die in Statistik ausgebildeten „Experten" unterliegen sol-

---

[129] FAZ vom 21.03.1979.

[130] Z.B. Slovic, P, Fischhoff, B. & Lichtenstein, S., Facts and Fears, op.cit.; Fischoff, B., Lichtenstein, S. Slovic, P., Derby, S.L. & Keeney, R.L., Acceptable Risk, New York: Cambridge University Press, 1981; Fischoff, B., Slovic, P. & Lichtenstein, S., The public vs. „the experts". In: Covello, V.T., Flamm, W.G., Rodricks, J.V. & Tardiff, R.G. (Hg.), The analysis of actual vs. perceived risks, New York: Plenum, 1983, S. 235-249.

[131] Covello, V.T., The Perception of Technological Risks: A Literature Review. Technological Forecasting and Social Change 23, 1983, S. 285-297; Philipson, L.L., Risk Evaluation. A Review of the Literature. In: Covello, V.T., Menkes, J. & Mumpower, J. (Hg.), Contemporary Issues in Risk Analysis 2. Risk Evaluation and Management, New York/London: Plenum Press, 1986, S. 319-333; Jungermann, H. & Slovic, P., Charakteristika individueller Risikowahrnehmung. In: Bayerische Rück (Hg.), Risiko ist ein Konstrukt, op.cit., S. 89-107; Wiedemann, P.M. & Hannen, L., Schwierigkeiten bei der Kommunikation über technische Risiken. Programmgruppe Mensch, Umwelt, Technik. Arbeiten zur Risiko-Kommunikation, Heft 9, Jülich: Forschungszentrum Jülich, 1989.

chen „biases", wenn sie intuitiv Einschätzungen vornehmen sollen.[132] Ebenso konnte aufgezeigt werden, daß „Risikoaversion" und „Risikofreudigkeit" sehr stark situationsabhängig sind, es also eine durchgängig und kontextunabhängige risikoaversive oder risikofreudige Persönlichkeit im Normalfall nicht gibt. Aber auch die Dimension des wahrgenommenen Nutzens muß multidimensional aufgefaßt werden, um die individuellen Entscheidungsprozesse für oder gegen ein bestimmtes Risiko im Hinblick auf das Akzeptanzproblem besser erfassen und voraussagen zu können.[133] Die stärker sozialpsychologisch orientierte Forschung befaßt sich mit allgemeinen Einstellungen, die das Urteil über technische Risiken beeinflussen. Grundannahme ist, daß jedes Individuum ein konsistentes System von relativ stabilen Einstellungen hat und neue Meinungen nach Möglichkeit in dieses System widerspruchsfrei integriert werden.[134] Bei der Bildung von Einstellungsmustern spielen auch soziale Faktoren wie beispielsweise Schulbildung, Berufstätigkeit, Gruppen- und Schichtzugehörigkeit eine wesentliche Rolle. Ein breiteres sozialstrukturelles Umfeld, in dem die Risikodefinitionen plaziert sind, wird jedoch von den psychologisch ausgerichteten Studien weitgehend ausgeblendet. Letztendlich ist jedoch bei den psychologischen Ansätzen immer das Einzel-Subjekt der Schiedsrichter, der über Risikoakzeptanz oder Risikovermeidung entscheidet.[135] Damit werden aber sozio-kulturell vermittelte kollektive Risikovorstellungen, die nicht einfach als Aggregat individueller Einstellungen und Empfindlichkeiten zu betrachten sind, systematisch ausgeblendet.

3.5.3 Risiken als sozial-kollektive Vorstellungen

Demgegenüber konzipiert eine soziologische Risikoforschung die Wahrnehmung und Bewertung von Risiken nicht so sehr als das Ergebnis subjektiver

---

[132] Kahneman, D. & Tversky, A., Subjective probability: A judgment of representativeness. Cognitive Psychology 3, 1972, S. 430-454; Tversky, A. & Kahneman, D., Judgment under uncertainty: Heuristics and Biases. Science 185, 1974, S. 1124-1131.

[133] Darauf weisen besonders hin: Cole, G.A., & Withey, S.B., Perspectives on Risk Perceptions. Risk Analysis 1,2, 1981, S. 143-163; Covello, V.T., Social and Behavioral Research on Risk: Its Use in Policy Formulation and Decision-Making. In: Homburger, F., (Hg.), Safety Evaluation and Regulation of Chemicals 2, Basel: Karger, 1985, S. 209-217.

[134] Otway, H.J., The Perception of Technological Risiks: A Psychological Perspective. In: Dierkes, M. et al. (Hg.), Technological Risk, Königstein/Ts.: Verlag Anton Hain, 1980, S. 35-44.

[135] Zur Kritik am psychologischen Ansatz der Risikoforschung vgl. auch Clarke, L., Explaining Choices Among Technological Risks. Social Problems 35,1, 1988, S. 22-35.

Faktoren (die ja wiederum durch soziale Faktoren mitgeprägt sind), sondern fragt vielmehr nach den gesellschaftlichen und kulturellen Faktoren, die ausschlaggebend dafür sind, daß innerhalb bestimmter sozialer Einheiten bestimmte Auffassungen zu technischen Risiken dominant werden und wodurch soziale Polarisierungen und Kontroversen entstehen. Soziale Einheiten können – je nach Analyseebene – ganze Gesellschaften, Teilsysteme einer Gesellschaft, verschiedene Gruppen innerhalb eines Teilsystems, Subgruppen innerhalb von Gruppen und so fort sein. Innerhalb eines solchen Bezugrahmens wird dann z.b. untersucht, aufgrund welcher sozialer und kultureller Bedingungen etwa die Durchsetzung der Kernenergiepolitik in der französischen Gesellschaft weitaus weniger konfliktreich war als in Deutschland, Akteure aus dem ökonomischen Handlungsfeld risikofreudiger sind als soziale Akteure aus einem egalitären Gemeinschaftsfeld, Buddhisten risikofreudiger sind als Hinduisten,[136] innerhalb der Molekularbiologie einige Gruppen die gentechnologischen Experimente stärker reguliert haben wollen als andere Gruppen, wie sich in der öffentlichen Meinung eine bestimmte Risikoperspektive durchsetzt und einen normativen Zwang ausüben kann etc. Ihren Ausgangspunkt nimmt eine soziologische Betrachtungsweise an der Tatsache, daß der Risikobegriff stets eine kognitive und eine normative Komponente enthält.[137] Auch in naturwissenschaftlich-technische „objektive" Risikodefinitionen gehen Prämissen und Werte ein, die dem weiteren sozialen und kulturellen Umfeld zuzurechnen sind. Was als Risiko definiert wird und was nicht, welche Aspekte des Risikos wahrgenommen werden und zu werten sind, läßt sich nicht ohne Rekurs auf gesellschaftliche Werte, Wertpräferenzen und Werthierarchien beantworten. Die Wertungen gehen allerdings – wie bei jeder sich auf die Erfahrung beziehenden Erkenntnis[138] – noch weiter: Selbst bei einem Konsens über die Bewertung bestimmter Fakten und Ereignisse läßt sich in der *Welt der Erscheinungen* die Unendlichkeit der Kausalkette nicht ohne normativen Eingriff unterbrechen, da jede Folge einer Ursache wiederum als eine Ursache weiterer Folgen gesehen werden kann und so fort.[139] Insofern erweisen sich also auch die „objektiven" Risiken als gesell-

[136] Vgl. dazu den interessanten Artikel von Thompson, M., Aesthetics of Risk: Culture or Context. In: Schwing, R.C. & W.A. Albers, Jr. (Hg.), Societal Risk Assessment. How Safe is Safe Enough?, New York/London: Plenum Press, 1980, S. 273-285.

[137] Conrad, J., Zum Stand der Risikoforschung, op.cit.; Conrad, J., Gesellschaft und Risikoforschung – Ein Interpretationsversuch. In: Ders. (Hg.), Gesellschaft, Technik und Risikopolitik, op.cit., S. 217-248.

[138] Kant, I., Kritik der reinen Vernunft, Werkausgabe Bd. III und IV, Frankfurt: Suhrkamp, 1982.

[139] Conrad, J., Gesellschaft und Risikoforschung – Ein Interpretationsversuch. In: Ders. (Hg.), Gesellschaft, Technik und Risikopolitik, op.cit., S. 225; Kaufmann, F.X., Sicherheit als soziologisches und sozialpolitisches System, Stuttgart: Enke, 1973, S. 266-267.

schaftsabhängig definiert und können ohne diesen Hintergrund nicht bestimmt werden.

Obwohl damit die Unterscheidung zwischen Tatsachen und Werten bzw. Risikoabschätzung (risk estimation) – die neutral und objektiv das Risiko identifiziert und dann quantifiziert – und Risikobewertung (risk evaluation) – die in einem zweiten, davon unabhängigen Schritt vorgenommen wird – obsolet geworden ist, heißt dies nicht, daß die Ergebnisse nur relativ gültig sind oder das Wertfreiheitspostulat verletzt ist. Trotz aller Einbindung in soziale Strukturen und kulturelle Wertmuster (Wertbeziehung) beziehen sich solche Risikoaussagen als Konditionalaussagen auf eine objektive Realität, an der sie prinzipiell auch scheitern können,[140] und trotz der sozialen Genese und menschlicher bzw. kollektiver Wahrnehmungskategorien, welche die objektive Wirklichkeit filtern, treten solche Aussagen mit dem *Anspruch* auf eine *objektive Gültigkeit* (Wahrheit) auf.[141] Dies heißt selbstverständlich nicht, daß diese Aussagen per se auch schon wahr sind oder sozial akzeptiert sein müssen und daß auch sämtliche Unsicherheiten bei der Folgenabschätzung ausgeräumt sind. Dies kann bei der prinzipiellen Unabgeschlossenheit des wissenschaftlichen Wissens eh nicht der Fall sein. Weiterhin impliziert diese Perspektive nicht, daß die gesellschaftliche Entscheidung für oder gegen eine Technologie nur auf der Grundlage von „objektiven" wissenschaftlichen Fakten vorgenommen wird: Da Naturwissenschaft und Technik die politischen Wertentscheidungen nicht ersetzen können, können sich umgekehrt auch Politik und Recht nicht gänzlich auf den Stand von Wissenschaft und Technik zurückziehen.[142]

Der soziale und kulturelle Einfluß auf das „risk assessment" zeigt sich auch darin, daß sich kulturell imprägnierte Präferenzen in der wissenschaftlichen Vorgehensweise in verschiedenen Gesellschaften aufweisen lassen, was *Jasa-*

---

[140] Wenn auch manchmal nur mit Hilfe von Simulationen, dies ändert aber nicht den grundsätzlichen Charakter einer Überprüfung, da die objektive Realität immer symbolisch vermittelt und auch in naturwissenschaftlichen Experimenten die „Natur" immer eine konstruierte ist.

[141] Grundsätzlich zu dieser Problematik: Weber, M., Die „Objektivität" sozialwissenschaftlicher und sozialpolitischer Erkenntnis; Weber, M., Der Sinn der „Wertfreiheit" der soziologischen und ökonomischen Wissenschaften, beide in: Weber, M., Gesammelte Aufsätze zur Wissenschaftslehre, Tübingen: Mohr Siebeck, (1922) 1985, S. 146-214 und 489-540.; Popper, K.R., Objektive Erkenntnis, op.cit.

[142] Dazu auch Bock, M., Vorüberlegungen zur rechtspolitischen Bewältigung der Risikogesellschaft. Zeitschrift für Rechtssoziologie 2, 1989, S. 255-264; Fischhoff, B., Watson, S.R. & Hope, C., Defining Risk. Policy Sciences 17, 1984, S. 123-139.

noff als „Paradox des risk assessments" bezeichnet.[143] Wie sie am Beispiel der Chemikalienkontrolle gesellschaftsvergleichend feststellt, bestehen hinsichtlich der wissenschaftlichen Vorgehensweise zur Bestimmung gefährlicher Chemikalien zwischen England, Frankreich, Deutschland und den USA zum Teil erhebliche Unterschiede.[144] Während man bei einem Gesellschaftsvergleich eine weitgehend identische „objektive" wissenschaftliche Vorgehensweise und lediglich Differenzen hinsichtlich der politischen Regulierung (Anerkennung gefährlicher Stoffe) erwarten würde, kommt Jasanoff eher zu einem umgekehrten Ergebnis, obwohl sich die Art der politischen Steuerung in den betreffenden Gesellschaften selbstverständlich unterscheidet. Insbesondere die kulturanthropologischen Studien von *Douglas, Wildavsky, Rayner* und *Thompson* haben deutlich gemacht, daß alle Risikowahrnehmungen und Risikobewertungen sozial und kulturell gefiltert und in die verschiedenen kulturellen Kontexte eingebettet sind.[145]

---

[143] Jasanoff, S., Cross-National Differences in Policy Implementation. Evaluation Review 15,1, 1991, S. 103-119.

[144] Vgl. auch Brickman, R., Jasanoff, S. & Ilgen Th., Controlling Chemicals. The Politics of Regulation in Europe and the United States, Ithaca und London: Cornell University Press, 1985; Jasanoff, S., Risk Management and Political Culture, New York: Russell Sage Foundation, 1986; Jasanoff, S., Cultural Aspects of Risk Assessment in Britain and the United States. In: Johnson, B.B. & Covello, V.T. (Hg.), The Social and Cultural Construction of Risk, Dordrecht: Reidel, 1987, S. 359-397; Jasanoff, S., American Exeptionalism and the Political Acknowledgement of Risk, in: Daedalus 119, 1990, S. 61-81.

[145] Douglas, M., (Hg.), Essays in the Sociology of Perception, London: Routledge & Kegan Paul, 1982; Douglas, M. & Wildavsky, A., Risk and Culture, Berkeley: University of California Press, 1983; Gross, J. & Rayner, St., Measuring Culture. A Paradigm for the Analysis of Social Organization, New York: Columbia University Press, 1985; Wildavsky, A., Frames of Reference Comes From Cultures: A Predictive Theory. In: Freilich, M. (Hg.), The Relevance of Culture, South Hadley: Bergin & Garvey, 1989, S. 58-74; Wildavsky, A., Vergleichende Untersuchung zur Risikowahrnehmung: Ein Anfang. In: Bayerische Rück (Hg.), Risiko ist ein Konstrukt, op.cit., S. 191-211; Rayner, St., Disagreeing about Risk: The Institutional Cultures of Risk Management and Planning for Future Generations. In: Hadden, S.G. (Hg.), Risk Analysis, Institutions and Public Policy, Washington, New York: Associated Faculty Press, 1984, S. 150-169; Rayner, St., Risk and Relativsm in Science for Policy. In: Johnson, B.B. & Covello, V.T., The Social and Cultural Construction of Risk, op.cit., S. 5-23; Rayner, St., Risikowahrnehmung, Technologieakzeptanz und institutionelle Kultur: Fallstudien für einige neue Definitionen. In: Bayerische Rück (Hg.), Risiko ist ein Konstrukt, op.cit., S. 213-243; Thompson, M., Welche Gesellschaftsklassen sind potent genug, anderen ihre Zukunft aufzuoktroyieren? In: Burckhardt, L. (Hg.), Design der Zukunft, Köln: DuMont Buchverlag, 1987, S. 58-87; Thompson, M., Postscript: A Cultural Basis for Comparison. In: Kunreuther, H.C. & Linnerooth, J., Risk Analysis and Decision Processes, Berlin, Heidelberg, New York, Tokyo: Springer, 1983, S. 232-262; Schwarz, M. & Thompson, M., Divided We Stand: Redefining Politics, Technology, and Social Choice, London: Harvester Wheatsheaf, 1990; Thompson, M., Ellis, R. & Wildavsky, A., Cultural Theory, Boulder, San Francisco & Oxford: Westview Press, 1990.

Wenn man dies in einem analytischen Sinne interpretiert, können sich demnach nicht nur ganze Gesellschaften in ihrem jeweiligen risk assessment unterscheiden, sondern auch innerhalb komplexer Gesellschaften mit ausdifferenzierten Handlungsbereichen kann dies dann zu unterschiedlichen Risikodefinitionen führen. Der theoretische Ansatz der „cultural analysis" hat mit Hilfe der „grid/group Analysis" ein stimulierendes Schema geliefert, mit dessen Hilfe die Risikodefinitionen in den unterschiedlichen sozialen „settings" analysiert werden können,[146] obwohl hier die kulturelle Dimension nicht als analytisch unabhängig von der Sozialstruktur konzipiert, sondern vielmehr auf diese reduziert wird und Risikobewertungen hier lediglich die Funktion der Produktion und Reproduktion jeweiliger sozialer „settings" bzw. „way of lifes" haben.[147] Dennoch ergeben sich innerhalb eines solchen soziologisch erweiterten Bezugsrahmens weitreichende Implikationen für das politische Management von Risiken, da Risikowahrnehmung, Risikobewertung und Risikokommunikation auf ihre sozialen Kontexte hin relationiert werden und die Risikokommunikation selbst – im Unterschied zum objektiven Risikomodell – nicht als einseitig aufgefaßt (Information des Laien durch den Experten), sondern als sozialer Interaktionsprozeß konzipiert wird, in den die wechselseitigen Abstimmungen und Aushandlungen von und die Nachfrage nach Risiko-Definitionen eingebettet sind. Darüber, welche Werte in das risk assessment Eingang finden, ob die Risikoaussagen gültig sind oder nicht und in welchem Grad, Ausmaß oder welcher Dringlichkeit Risiken bestehen, können heftige gesellschaftliche oder wissenschaftliche Kontroversen und Definitionskämpfe entstehen. Insofern ist die gesellschaftliche Kommunikation und das Aushandeln von Risikodefinitionen ein integraler Bestandteil des politischen Risikomanagements.[148] Dies heißt aber auch, daß Risiken erst dann innerhalb einer Gesellschaft relevant werden, wenn diese Risiken als Risiken sozial wahrgenommen und artikuliert werden.

---

[146] Zu einer kritischen Bewertung vgl. Jann, W., Vier Kulturtypen, die alles erklären? Kulturelle und institutionelle Ansätze der neueren amerikanischen Politikwissenschaft. Politische Vierteljahresschrift 27,4, 1986, S. 361-377.

[147] Zur Kritik, insbesondere am Relativismus dieses Ansatzes, vgl. insbesondere Wartofsky, M.W., Risk, Relativism, and Rationality. In: Covello, V.T., Menkes, J. & Mumpower, J. (Hg.), Contemporary Issues in Risk Analysis 2. Risk Evaluation and Management, New York/London: Plenum Press, S. 131-153.

[148] Vgl. dazu auch Bradbury, J.A., The Policy Implications of Differing Concepts of Risk. Science, Technology, and Human Values, 14,4, 1989, S. 380-399.

3.6 Differentielle Risikodefinitionen in institutionellen Komplexen: ein theoretisches Modell

Im folgenden wird an die Überlegungen der „cultural analysis" angeknüpft, jedoch werden diese Einsichten im Bezugsrahmen des hier angelegten theoretischen Ansatzes reformuliert. Dabei wird zunächst davon ausgegangen, daß die diskursiven Auseinandersetzungen über das issue „Gentechnologie" innerhalb kultureller Rahmenbedingungen stattfinden, die auf der höchsten Ebene durch ein allgemeines kulturelles Wertmuster definiert werden. Die konstitutiven Werte, die gewöhnlich in gesellschaftlichen Auseinandersetzungen nicht zur Disposition stehen, sind hier Rationalismus, Universalismus, Aktivismus und Individualismus[149] (kulturelle Codierung erster Ordnung). Dieses generelle Wertmuster ist so angelegt, daß verschiedene Interpretationen und Kombinationen daraus generierbar sind.[150] Um hier Eindeutigkeit für das Handeln zu schaffen, müssen die allgemeinen Werte spezifiziert und mit gesellschaftlichen Handlungen gekoppelt werden. Dies geschieht in der Regel durch soziale Institutionalisierung der Spezifikationen, die gewissermaßen die sozialstrukturelle Selektion kultureller Orientierungen bilden. Insofern kann also eine bestimmte Spezifikation des Rationalismus, Universalismus, Aktivismus und Individualismus als dominantes sozial-kulturelles Muster gesellschaftlich verbindlich gelten und die besondere Kultur einer Gesellschaft ausmachen (kulturelle Codierung zweiter Ordnung) sowie deren Sozialstruktur prägen.[151] Auf diese Weise lassen sich gesellschaftsspezifische Varianten des gemeinsamen okzidentalen Kulturmusters, also ein englischer, französischer, deutscher und amerikanischer Rationalismus, Individualismus, Aktivismus und Universalismus unterscheiden. Diese besondere Kultur einer jeden Gesellschaft wird in den jeweiligen differenzierten sozialen Handlungskontexten weiter im Hinblick auf die besonderen Funktionserfordernisse spezifiziert (kulturelle Codierung dritter Ordnung). In

---

[149] Münch, R., Die Kultur der Moderne, 2 Bde., Frankfurt: Suhrkamp, 1986.

[150] Hier werden die Arbeiten Max Webers, der von einer Wertediversifikation in der modernen Gesellschaft ausgeht, mit den Arbeiten Emile Durkheims, der trotz gesellschaftlicher Differenzierung auf die Vorhandenheit eines gemeinsamen Wertmusters hinweist, verknüpft; vgl. Weber, M., Gesammelte Aufsätze zur Religionssoziologie, Bd. 1, Tübingen: Mohr, 1978, S. 536-573; Durkheim, E., Über die Teilung der sozialen Arbeit, Frankfurt: Suhrkamp, 1977 (1893), Durkheim, E., Physik der Sitten und des Rechts, Frankfurt: Suhrkamp, 1991. Zur dieser Interpretation der Konzeptionen Durkheims und Webers vgl. Parsons, T., Durkheim´s Contribution to the Theory of Integration of Social Systems, Introduction to Max Weber´s *The Sociology of Religion,* beide in: Parsons, T., Sociological Theory and Modern Society, New York: Free Press, 1967, S. 3-34 und 35-78.

[151] Siehe dazu ausführlich Münch, R., Die Kultur der Moderne, op.cit.

diesem Sinne spricht man dann beispielsweise von der spezifischen politischen Kultur, der Wirtschaftskultur, Rechtskultur, Wissenschaftskultur, Erziehungskultur etc. einer Gesellschaft, die alle über ihre Einbindung in die übergreifende Kultur der Gesamtgesellschaft immer auch deren Charakteristika teilen. Damit wird jedoch im Hinblick auf die faktisch ablaufenden Interaktionsprozesse nicht ein Kulturdeterminismus vertreten, da die Sozialstrukturen und -prozesse sich aus der Verbindung symbolischer und konditionaler Faktoren heraus konstituieren, Kultur also nur eine Determinante der Interaktionen innerhalb eines Handlungsfeldes wie auch zwischen den verschiedenen Handlungsfeldern ist und die Kultur zur Struktur durchaus auch in Spannungen treten kann.[152]

Im Unterschied zu „geschlossenen" Gesellschaften, in denen kulturelle Spezifikationen eine vergleichsweise dogmatische soziale Verbindlichkeit besitzen, sind durch die kulturelle und soziale Dynamisierung der „offenen" Gesellschaften diese weiteren Spezifikationen immer mehr einer kritischen Diskussion unterworfen und mit konkurrierenden Varianten konfrontiert worden. Daher sind moderne Gesellschaften und Diskurse durch zwei Aspekte gekennzeichnet: einerseits gibt es in der Gesellschaft durchaus einen allgemeinen Konsens über die konstitutiven kulturellen Standards, auf der anderen Seite werden immer weitere Interpretationen und Aushandlungen über die inhaltlichen Bestimmungen vorgenommen, konstituieren also jenen Sachverhalt, der sich auch als pluralistischer Konsens oder „rationaler Dissens"[153] bezeichnen läßt. Dieser pluralistische Konsens oder Dissens wird aus der Perspektive der Demokratietheorie als außerordentlich förderlich für ein „gutes Gemeinwesen" eingeschätzt und bedeutet keineswegs eine positive Auszeichnung des Konflikts, sondern einen dynamischen und undogmatischen Umgang mit Konsens.[154] Bei den gesellschaftlichen Auseinandersetzungen über konkretere Symbolgehalte muß jedoch der fundamentale kulturelle Rahmen konsensuell als soziales a priori vorausgesetzt werden, um überhaupt eine verständigungsorientierte Kommunikation zwischen den beteiligten konfligierenden kollektiven Akteuren und deren Handlungsorientierungen zu ermöglichen.[155]

---

[152] Vgl. zu einer solchen Konstruktion auch Alexander, J.C. & Smith, Ph., The discourse of American civil society: A new proposal for cultural studies. Theory and Society 22, 1993, S. 151-207.

[153] Vgl. Miller, M., Rationaler Dissens. Zur gesellschaftlichen Funktion sozialer Konflikte. In: Giegel, H.-J. (Hg.), Kommunikation und Konsens in modernen Gesellschaften, Frankfurt: Suhrkamp, 1992, S. 31-58.

[154] Sartori, G., Demokratietheorie, Darmstadt: Wissenschaftliche Buchgesellschaft, 1992, S. 101.

[155] So sind beispielsweise die Auseinandersetzungen zwischen den "Neuen sozialen Bewegungen" und den Vertretern des "technisch-industriellen Komplexes" dadurch gekennzeich-

Um nun einen ersten theoretischen Anhaltspunkt über sozial differentielle Definitionen von Chancen und Risiken einer technischen Entwicklung zu haben, werden zunächst die analytischen Handlungsprinzipien mit den entsprechenden institutionellen Komplexen und Gesetzmäßigkeiten fokussiert, aus denen heraus die sozialen Konsequenzen technischer Entwicklungen unterschiedlich perzipiert und bewertet werden. Aus einem rein ökonomischen Kontext heraus wird unter Wettbewerbsbedingungen die individuelle Risikofreudigkeit prämiert und technische Entwicklungen und Anwendungen werden hier erst dann riskant, wenn die ökonomischen Nutzen- bzw. Profiterwartungen auch enttäuscht werden können. Hier läßt sich folgende analytische Gesetzmäßigkeit formulieren:

> Innerhalb des ökonomischen Handlungsfeldes ist das Risikohandeln der individuellen Profitoptimierung unterworfen. Je mehr das Handeln der Akteure durch das Gesetz der ökonomischen Beschleunigung bestimmt ist, um so mehr werden Risiken, die mit hohem Profit verbunden sind, eingegangen. Die Profiterwartung ist natürlich wiederum an eine gewisse Wahrscheinlichkeit des Eintretens gebunden.

Aus der Perspektive des politischen Handlungsprinzips ergibt sich ein Risiko für das Handeln dann, wenn z.b. durch technische Entwicklungen oder durch Verbot solcher Entwicklungen die bestehenden Macht- und Herrschaftsbeziehungen destabilisiert oder gefährdet werden können. Risiken werden hier kollektiv verbindlich durch politische Regulierung bzw. bürokratisch nach einmal bewährtem Muster durch gleichbleibende routinemäßige Verfahren behandelt, da reines Machthandeln unfähig ist, sich situativ ändernden Bedingungen durch adaptatives Lernen anzupassen. Hier gilt folgende analytische Gesetzmäßgkeit:

> Innerhalb des politischen Handlungsfeldes ist das Risikohandeln den Prozessen politischer Machterhaltung/-steigerung unterworfen. Je mehr das Handeln der Akteure durch das Gesetz der politischen Machtakkumulation bestimmt ist, um so mehr werden Risiken, mit denen eine politische Machtvergrößerung verbunden ist, eingegangen.

Innerhalb des sozial-gemeinschaftlichen Komplexes wird dagegen der Umgang mit einer Technik dann riskant, wenn möglicherweise die egalitären Solidarbeziehungen auch zerstört werden können. Eine Bedrohung der Solidaritätsbeziehungen kann solidaritätsverstärkende Effekte haben, die sich dann um so heftiger gegen die Bedrohung richten. Das Handeln unter solchen Bedingungen ist

---

net, daß bei aller inhaltlichen Divergenz der Lebens- und Gesellschaftsgestaltung dennoch von den allgemeinen Wertprinzipien (Individualismus, Aktivismus, Universalismus und Rationalismus) moderner Gesellschaften ausgegangen wird, diese Prinzipien eben nur eine andere inhaltliche Bestimmung erfahren. Vgl. Giesen, B., Der Herbst der Moderne? Zum zeitgenössischen Potential neuer sozialer Bewegungen. In: Berger, J. (Hg.), Die Moderne. Kontinuität und Zäsuren, Soziale Welt Sonderband 4, Göttingen: Schwartz, 1986, S. 359-375.

durch ein starkes Beharrungsvermögen gekennzeichnet, da dynamisierende Handlungskontingenzen, die nicht assimiliert werden können, die an Traditionen orientierte und eingelebte Gruppenpraxis irritieren. „Idealtypisch" sind hier alle Gemeinschaftsmitglieder in ihren Handlungen und Beziehungen „organizistisch" vielfältig miteinander vernetzt, so daß in der Gruppenideologie mehr oder weniger eine „Dominotheorie" zum Tragen kommt: riskantes Verhalten des Einzelnen kann über diese enge soziale Vernetzung negative und für ihn unübersehbare Konsequenzen für die Gemeinschaft insgesamt haben; wird irgendwo im System ein „Stein ins Rollen gebracht", kann dies an irgendeinem Punkt der Vernetzung negative Auswirkungen haben und unweigerlich zur Zerstörung der umfassenden Solidargemeinschaft führen. Hier läßt sich folgende analytische Gesetzmäßigkeit formulieren:

> Innerhalb des Feldes der gesellschaftlichen Gemeinschaft ist das Risikohandeln den Prozessen solidarischer Vergemeinschaftung unterworfen. Je mehr das Handeln der Akteure durch das Gesetz der sozialen Trägheit bestimmt ist, um so mehr werden Risiken, die bestehende Solidarstrukturen und traditionell eingelebtes Gruppenverhalten bedrohen, vermieden.

Aus der Perspektive des sozial-kulturellen Handlungskomplexes stellt sich ein Risiko dann für das Handeln ein, wenn bei den Beteiligten über Prozesse diskursiver Verständigung im Hinblick auf kulturelle Ideen (Wahrheit, Gesundheit, Würde des Menschen, Solidarität etc.) kein definitorischer Konsens über Wertspezifikationen erzielt bzw. Uneinigkeit darüber herrscht, ob oder wie sich konkretere Handlungsregeln und der soziale Umgang mit Technologien unter allgemein anerkannte Prinzipien subsumieren lassen. Hier gilt folgende analytische Gesetzmäßigkeit:

> Innerhalb des sozial-kulturellen Handlungsfeldes ist das Risikohandeln den Prozessen kommunikativer Verständigung im Lichte allgemeiner kultureller Werte unterworfen. Je mehr das Handeln der Akteure durch das Gesetz der diskursiven Generalisierung bestimmt ist, um so mehr unterliegen Risiken verständigungsorientierten Definitionsprozessen, bei denen im Hinblick auf kulturelle Werte überprüft wird, ob ein bestimmter Umgang mit der Technik oder bestimmte Handlungsregeln mit den Wertmustern konsistent sind und die gesellschaftliche Realisierung solcher Wertmuster vorantreibt bzw. nicht beeinträchtigt.

Für die Wissenschaft als Teilbereich des sozial-kulturellen Handlungsfeldes mit der Orientierung an „Wahrheit" und der normativen Verpflichtung auf den „Erkenntnisfortschritt" ergibt sich daher folgende Spezifikation:

> Innerhalb der Wissenschaft ist das Handeln der Akteure normativ an den Ideen der Wahrheit und des Erkenntnisfortschritts ausgerichtet. Die Bestimmung der Risiken unterliegt den an „Wahrheit" orientierten wissenschaftlich-diskursiven Prozessen. Je mehr das Handeln durch die Orientierung am „Erkenntnisfort-

schritt" ausgerichtet ist, um so mehr werden Risiken eingegangen, die von den Beteiligten wegen der damit verbundenen Erweiterung und Verbesserung des Wissens in Kauf genommen werden.

Entsprechend den *analytischen* Handlungsfeldern mit ihren jeweiligen Handlungsprinzipien lassen sich daher die gesellschaftlichen Chancen und Risiken einer Technologie unterschiedlich definieren: was aus der Perspektive des einen Handlungsbereichs ein Risiko ist, ist aus der Perspektive des anderen keines, und was aus der einen Perspektive als Nutzen erscheint, ist aus der anderen als „Kosten" definiert. Daraus folgt weiterhin, daß institutionelle Komplexe - bei exklusiver Ausrichtung an ihrer Eigenlogik - z.b. hinsichtlich der gesellschaftlichen Nutzung oder Vermeidung einer bestimmten Technik daran orientiert sind, – ähnlich den „Sonderinteressengruppen" oder „Verteilungskoalitionen" bei *Mancur Olson*[156] – nur den damit verbundenen „Gewinn" zu verfolgen und die sozialen Kosten zu externalisieren, also auf die anderen institutionellen Komplexe abzuwälzen. Die Verständigungsprobleme über Chancen und Risiken der Gentechnologie sind auf dieser *analytischen Ebene* darauf zurückzuführen, daß über solche Orientierungen gewissermaßen eine „selektive Taubheit" erzeugt wird, was ein „Zuhören" oder „auf andere Argumente eingehen" behindert oder unmöglich macht. Dementsprechend ist es nach *Luhmann* auch unmöglich, sich aus der Perspektive jeweils unterschiedlicher Codierungen über Risiken und Gefahren zu verständigen.[157] Mit Hilfe dieser analytischen Bestimmungen lassen sich darüber hinaus *korrespondierende Mechanismen der Akzeptanz* unterscheiden, nach denen Risiken jeweils systembezogen übernommen werden: durch das Anbieten von Anreizen (ökonomisches Feld), durch Ausübung von Autorität (politisches Feld); durch – auf Einfluß gegründetes – soziales Vertrauen (sozialgemeinschaftliches Feld) und durch das an kulturellen Ideen orientierte „bessere" Argument (sozial-kulturelles Feld).

Im Unterschied zur Systemtheorie *Luhmanns* wird hier allerdings davon ausgegangen, daß in *empirischen* institutionellen Komplexen das Handeln der Akteure nicht ausschließlich einer „reinen" Soziallogik und einer einzigen „reinen" Gesetzmäßigkeit unterliegt, sondern durch das Zusammenwirken dieser Logiken und Gesetzmäßigkeiten gekennzeichnet ist. So greifen beispielsweise über diskursive Prozesse vermittelte Norm- und Wertbegründungen oder -hierarchien (hinsichtlich der Gesundheit, Erhaltung der Umwelt, Würde des Menschen etc.) in den ökonomischen Komplex ein und begrenzen als Restriktionen das Risikohandeln unter reinen Nutzenerwägungen. Das gleiche gilt für den wissenschaft-

---

[156] Olson, M., Aufstieg und Niedergang von Nationen, Tübingen: Mohr Siebeck, 1991 (1985), insbesondere S. 20-98.

[157] Luhmann, N., Verständigung über Risiken und Gefahren. Die Politische Meinung 36, Mai 1991, S. 86-95.

lichen Komplex, der für die Kultur einer Gesellschaft die gleiche Funktion erfüllt wie die Wirtschaft für die Gesamtgesellschaft; auch hier gilt daher das analytische Gesetz der Beschleunigung (Erkenntnisfortschritt), das jedoch an das Gesetz der diskursiven Generalisierung (Diskurse über die Wahrheit wissenschaftlicher Aussagen) angekoppelt ist. Aber auch für die Wissenschaft gilt empirisch, daß die Freiheit der Forschung und der Erkenntnissuche dort ihre Grenze findet, wo beispielsweise die Menschenwürde auf dem Spiel steht. Was dann wiederum unter Menschenwürde genauer zu verstehen ist, wird in kommunikativen Prozessen praktischer Diskurse ermittelt und in die weiteren institutionellen Komplexe der Gesellschaft hineintransportiert.

Solche Handlungsprinzipien üben über ihre konkrete institutionelle und organisatorische Einbettung auf die jeweiligen sozialen Akteure einerseits einen *kollektiven Zwang* aus: die Akteure sind in dieser Hinsicht in ihrem Risikohandeln nicht frei, sondern bleiben trotz der weit umgreifenden Individualisierungsprozesse moderner Gesellschaften institutionell eingebunden[158], und über diese Institutionen wird ihnen eine bestimmte Risikoperspektive als sozialer Tatbestand auferlegt.[159] Dabei wird hier vornehmlich die Ebene kollektiver Akteure fokussiert, wobei ich an die Einsicht *Etzionis* anknüpfe, daß sich in modernen Gesellschaften der vorherrschende Typus von Interaktionen verschoben hat.[160] Nach *Etzioni* verlieren die Modi der direkten und symbolischen Interaktion gegenüber der „repräsentationalen" Interaktion an Gewicht. Repräsentationale Interaktion ist eine über institutionelle Arrangements geregelte Kommunikation, welche der Institution insgesamt, nicht aber den individuellen Akteuren zugerechnet wird. Insofern kommunizieren die Vertreter solcher Arrangements mit Wirkung für ihre jeweiligen institutionellen Komplexe und mit gesellschaftlichen Wirkungen, weil sie als Repräsentanten solcher Arrangements agieren. So sind denn also beispielsweise die Äußerungen von Vertretern der deutschen Industrie zur Gentechnik nicht als individuelle Meinungsäußerungen zu verstehen, sondern beziehen sich auf die übergeordnete Organisation, die wiederum an die jeweilige Handlungslogik der gesellschaftlichen Institutionen angeschlossen ist. Es geht

---

[158] Vgl. Douglas, M., Wie Institutionen denken, Frankfurt: Suhrkamp, 1991.

[159] Zur institutionellen Eingebundenheit des menschlichen Denkens und Handelns vgl. insbesondere: Fleck, L., Die Entstehung einer wissenschaftlichen Tatsache. Einführung in die Lehre vom Denkstil und Denkkollektiv, Frankfurt: Suhrkamp, 1980 (1935); Fleck, L., Erfahrung und Tatsache. Gesammelte Aufsätze, Frankfurt: Suhrkamp, 1983; Durkheim, E., The Elementary Forms of the Religious Life, London: Allen & Unwin, 1976 (1915); daran anknüpfend: Douglas, M., Wie Institutionen denken, op.cit. Zur Verbindung systemischer Codierungen mit den Handlungsorientierungen sozialer Akteure vgl. auch Schimank, U., Gesellschaftliche Teilsysteme als Akteursfiktionen, Kölner Zeitschrift für Soziologie und Sozialpsychologie 40,2, 1988, S. 619-639.

[160] Etzioni, A., Die aktive Gesellschaft, op.cit., S. 125-128.

hier also um den Steuerungsaspekt sozialen Handelns, um sozial leitende Orientierungsmuster, nicht um persönliche Verhaltensmuster oder Verhaltensdispositionen psychischer Systeme. Solche sozialen Orientierungsmuster – oder auch Schemata mit ihren dazugehörenden Subschemata[161] – sind als ein besonderer Typus von Kontrollmechanismen des Handelns auf der gesellschaftlichen Ebene aufzufassen und daher nicht eine Eigenschaft des Individuums. Dies ist allerdings andererseits nicht in einem mechanistischen Sinne zu verstehen, so als ob die Akteure gewissermaßen automatistisch die institutionalisierten Handlungsprinzipien in ihrem Handeln realisieren. Dies kann allein schon deshalb nicht der Fall sein, weil solche Muster keine konkreten Handlungsanweisungen geben, wie in spezifischen Situationen zu verfahren ist, sie sind generelle Muster, die der individuellen Interpretation einen gewissen Freiraum lassen, der jedoch nicht überschritten werden darf, sofern man weiter erfolgreich in diesen institutionellen Kontexten operieren will. Auch hier nur ein kurzes Beispiel: Für alle ökonomischen Akteure gilt, daß sie ihr Handeln durch relativ kurzfristige Nutzenkalkulationen leiten lassen müssen, um nicht vom Markt eliminiert zu werden. Die konkreten Nutzenkalkulationen sehen aber für die jeweiligen ökonomischen Akteure in faktischen Handlungssituationen jeweils verschieden aus, so daß sich hier durchaus unterschiedliche Positionen hinsichtlich einer technischen Entwicklung und Anwendung ergeben können. Dies heißt, daß nicht alle ökonomischen Akteure zu einem gegebenen Zeitpunkt die Gentechnik als ein Mittel zur Verbesserung der Wettbewerbssituation ansehen müssen und dies heißt auch, daß ein und derselbe ökonomische Akteur zu einem Zeitpunkt t_1 die Gentechnik als nicht gewinnträchtig ansieht, zu einem Zeitpunkt t_2 jedoch als außerordentlich profitmaximierend. Das Beispiel der Kernenergie liefert genug Anschauungsmaterial für diesen Sachverhalt und auch bei der Gentechnik läßt sich – wie noch gezeigt wird – der Einfluß situativer Elemente auf die Definition der Situation zeigen. Darüber hinaus gilt es weiterhin, die jeweilige konkrete gesellschaftliche Konfiguration solcher Handlungsprinzipien zu berücksichtigen, also auf welche Art und Weise in einer bestimmten Gesellschaft jeweils Profit ma-

---

[161] Der Funktion nach ähnlich auch *Lenk* über Interpretationskonstrukte: Solche Schemata spielen ersichtlich auch im Alltagsleben bei der Einordnung in bekannte Situationen eine große Rolle: Wenn man beispielsweisem das Schema KAUFEN hat, dann weiß man auch gleich, daß Subschemata aktualisiert werden wie KÄUFER oder ANBIETER, WARE, GELD, und daß ein Gefüge von Schemata in hierarchischer Weise gegeben ist, daß dieses geeignet ist von vornherein bestimmte Situationswahrnehmungen in einen bestimmten Kontext einzubetten. Entsprechendes gilt dann auch für Handlungsschemata; insbesondere das Rollenhandeln ist in dieser Weise strukturiert. Lenk, H., Interpretationskonstrukte: Zur Methodologie der Sozialwissenschaften. Soziologie 1-2, 1995, S. 71-87, 74.

ximiert, Macht gesteigert, Solidarität ausgeübt und diskursive Verständigung in Gang gesetzt wird.[162]

3.7 Zur Analyse des Gentechnologiediskurses: Rahmen, Themen und Konflikt-Arena

So hilfreich die bis hier entwickelte theoretische Konzeption einer differentiellen Risikowahrnehmung und -bewertung sein mag, so wenig gibt sie aber substantiell Aufschluß darüber, wie nun in Risikodiskursen diese unterschiedlichen Chancen und Risiken konkret artikuliert oder im öffentlichen Diskurs „verpackt" und wie die Definitionen der spezifischen gesellschaftlichen Situation von den kollektiven Akteuren vorgenommen werden. Die Tatsache, daß die soziale Wahrnehmung von „Chancen" und „Risiken" an differenzierte Handlungskontexte einer Gesellschaft gebunden sind, sagt überhaupt noch nichts darüber aus, wie in einer öffentlichen Diskursarena, in der die unterschiedlichen Perspektiven aufeinandertreffen, diese jeweils kommuniziert und vermittelt werden. Hierzu werden nun die skizzierten Ansätze zu den symbolischen Deutungsmustern mit den eben beschriebenen Risikoperspektiven zu einer Konzeption *symbolischer Bezugsrahmen* (*„Frames"*)[163] zusammengefügt. Die jeweiligen institutionellen symbolischen Konfigurationen, also die formalen Handlungsprinzipien mit ihren konkreten symbolischen Inhalten werden im folgenden als „Rahmen" bezeichnet,[164] die sich zunächst generell folgendermaßen differenzieren lassen:

---

[162] Diese Fassung von Leitprinzipien im Sinne eines „Codes" ist einerseits weiter als der Systemcode von Luhmann, andererseits aber auch enger als der Code-Begriff bei Giesen, da in der hier vorgestellten Konzeption der Code handlungsfeldspezifisch aufgefaßt wird; vgl. Luhmann, N., Ökologische Kommunikation, Opladen: Westdeutscher Verlag, 1986, S. 89-123; Giesen, B., Die Entdinglichung des Sozialen, Frankfurt: Suhrkamp, 1991.

[163] Hier werden allerdings nur lose Anleihen bei Bateson, Goffman und Gamson et al. gemacht. Diese Autoren beschreiben ebenfalls die Organisation von Erfahrung und Handeln mit Hilfe des „Frame"-Konzepts, vgl. Bateson, G., Steps to an Ecology of Mind, New York: Ballantine Books, 1972, S. 177-193; Goffman, E., Rahmen-Analyse. Ein Versuch über die Organisation von Alltagserfahrungen, Frankfurt: Suhrkamp, 1980; Gamson, W.A., Political Discourse and Collective Action, op.cit.

[164] Durch die Rückbindung an analytisch unterscheidbare Handlungsfelder unterscheidet sich diese Konstruktion von anderen Konzeptionen, die enger am Konzept von Gamson bleiben, vgl. etwa Eder, K., The Public Construction of Ecological Discourse, Ms. European Univer-

- ökonomischer Rahmen (Nutzenprinzip)
- politischer Rahmen (Effektivitätsprinzip)
- sozial-gemeinschaftlicher Rahmen (Solidaritätsprinzip)
- sozial-kultureller Rahmen (Integritätsprinzip); dieser ist hier wiederum intern differenziert in einen
- wissenschaftlichen Rahmen (Integritätsprinzip: hier „Wahrheit/ Erkenntnisfortschritt"),
- moralischen Rahmen (Integritätsprinzip: hier das „normativ Richtige") und
- existenziellen Rahmen (Integritätsprinzip: hier der Sinn der Welt und des Lebens schlechthin).

Dabei wird analytisch davon ausgegangen, daß diese generellen Rahmen als *primäre* Bezugsrahmen mit einem entsprechenden institutionellen Komplex und dessen primärer Soziallogik verbunden sind, also ein ökonomischer Rahmen mit der Wirtschaft einer Gesellschaft, ein politischer Rahmen mit dem politischen Komplex und so fort. Akteure, die als „Interessenvertreter" solcher Institutionen auftreten und für die das strittige „Thema" der Auseinandersetzung eine hohe und unmittelbare Relevanz hat, sind daher genötigt, einen solchen allgemeinen „Rahmen" anzulegen. Schwieriger wird allerdings eine eindeutige Zuordnung bei „hybriden institutionellen Arrangements" oder gesellschaftlichen Akteuren, deren institutionelle Interessen nicht unmittelbar angesprochen werden. Bei den hybriden Institutionen muß dann über die Empirie ermittelt werden, aus welcher Kombination analytischer Rahmen der jeweils konkrete Rahmen besteht. Das gleiche gilt für soziale Akteure, für die ein Thema keine unmittelbare institutionelle Relevanz hat. Solche Akteure sind in der Wahl ihres „Rahmens" weniger gebunden; im Kapitel 5 wird deutlich, daß etwa solche Gewerkschaftsgruppen, die nicht unmittelbar von der Entwicklung und Anwendung der Gentechnik betroffen sind, einen anderen „Rahmen" benutzen als beispielsweise die Industriegewerkschaft „Chemie-Papier-Keramik".

Die generellen „Rahmen" oder deren Kombinationen müssen nun, da sie eine Vielfalt von Interpretations- und Handlungsmöglichkeiten zulassen, von den Akteuren angesichts der jeweiligen gesellschaftlichen Strukturlagen und den konkreten Situationen des Handelns weiter spezifiziert werden und bilden so die jeweiligen konkreten Rahmen bzw. die Definitionen der Situation. Mit „substantieller Rahmung" wird also die spezifizierende Tätigkeit der Produktion von Definitionen angesichts konkreter Situationen bezeichnet, wobei die Produktion solcher konkretisierter „Rahmen" durch die jeweiligen empirischen Handlungskontexte, in denen sich die Akteure befinden, interpretativ bestimmt wird. Zu-

sity Institute, San Domenico di Fiesole (Firenze), 1992; Gerhards, J., Neue Konfliktlinien in der Mobilisierung öffentlicher Meinung, Opladen: Westdeutscher Verlag, 1993.

sammengefaßt gehen also in die konkreten „Rahmungen" die allgemeinen symbolischen Orientierungen institutioneller Komplexe (oder Kombinationen solcher symbolischer Orientierungen) ebenso ein wie die konkreten Bedingungen des Handelns, denen die jeweiligen Akteure ausgesetzt sind. Welcher Rahmen oder welche Kombination „gewählt" wird, hängt von der Lokalisierung der Akteurinteressen in den institutionellen Komplexen bzw. in den institutionellen Verflechtungen der Gesellschaft ab. Dabei gilt weiterhin zu berücksichtigen, daß einige Akteure über eine entsprechende Definitionsmacht solche konkreten Rahmen für den institutionellen Komplex durchsetzen können oder aber über diskursive und Verhandlungsprozesse die konkreten Rahmen kollektiv zur Verfügung gestellt werden. Einzelne Akteure können aber gegebenenfalls für ihre spezifische Situation noch weitere Spezifikationen vornehmen. Mit Hilfe solcher „Rahmen" und deren inhaltlichen Spezifikationen interpretieren dann die Akteure politische Streitobjekte und die damit verbundenen relevanten Sachverhalte und Ereignisse und organisieren so ihre Erfahrung und ihr Handeln. Sofern solche „Rahmungen" in den Wissensvorrat eines institutionellen Komplexes eingehen, werden sie gewöhnlich als latente kollektive Orientierungsressource für die verschiedenen Handlungspraktiken innerhalb der institutionellen Komplexe genutzt und dienen neben ihrer identitätsstiftenden Funktion gewissermaßen auch als „tool-kit" oder Repertoire, aus dem die Akteure dann wiederum unterschiedliche Elemente für ihre Handlungsstrategien und Situationsdefinitionen selektieren[165], aber auch neue Elemente zur Situationsbewältigung innerhalb dieses Rahmens produzieren können. In Phasen kontroverser Auseinandersetzungen können nun solche Orientierungsmuster als „Ideologie" bewußt strategisch eingesetzt werden. Damit allerdings solche Rahmen und Situationsdefinitionen in den gesellschaftlichen Debatten manifest und kommuniziert werden können, müssen sie in entsprechende Aussagen über konkrete Sachverhalte objektiviert werden. Die einzelnen Aussagen sind jeweils sinnspezifisch in einen „Thematisierungskomplex" und in bestimmte Kommunikationsstrategien eingebettet.[166] Diese „Thematisierungskomplexe" werden hier im folgenden kurz als „Thema" bezeichnet, die jeweils mit einem bestimmten „Etikett" versehen werden, z.B. „Erkenntnisfortschritt", „Bewahrung der Schöpfung", „ökonomischer Wettbewerb" etc. Die symbolische Steuerung der Handlungsorientierung verläuft also von den allgemeinen „Rahmen" über die konkreten Rahmen bzw. den „Definitionen der Situation", die wiederum konstitutiver Bestandteil der artikulierten „Themen" sind, bis hin zu den einzelnen „Aussagen" (Diagramm 2). Ein kurzes Beispiel: Im ökonomischen Komplex wird als allgemeiner Rahmen die „Nut-

---

[165] Siehe dazu auch Swidler, A., Culture in Action: Symbols and Strategies. American Sociological Review, vol.51, 1986, S. 273-285.

[166] Weitere Objektivationen wären beispielsweise Metaphern, Embleme, grafische Produkte oder sonstige symbolisch aufgeladene Entitäten, diese werden aber hier vernachlässigt.

zenorientierung" angelegt. Innerhalb dieser allgemeinen Rahmung wird nun eine Spezifikation auf ein Thema und auf die konkrete Handlungssituation hin vorgenommen, z.B. daß die Chemische Industrie in der Gentechnik eine profitable Schlüsseltechnologie sieht, die Anwendung dieser Technologie aber mit gesellschaftlichen Akzeptanzproblemen und möglichen rigiden Regulierungen verbunden ist, die Amerikaner schon viel weiter sind usw. Aus dieser Definition der Situation heraus werden nun unter Einbeziehung der eigenen Handlungsziele bestimmte „Themen" für die gesellschaftliche Auseinandersetzung formuliert, z.B. daß im Hinblick auf Akzeptanz vorgebracht wird, die Gentechnik diene als Instrument zur Lösung von Krankheits- oder Hungerproblemen (Thema „praktische Problemlösung"), die Industrie benötige für die Anwendung dieser Technik ein günstiges gesellschaftliches Umfeld und deshalb keine Barrieren aufgebaut werden dürfen, die den „Standort Deutschland" unattraktiv machen (Thema „Wettbewerb"). Innerhalb dieser Themen sind nun verschiedene „Aussagen" eingebettet, zum Beispiel konkrete Aussagen zum Standort Deutschland mit Zahlenmaterial etc. Verändert sich die Situation des Handelns, werden innerhalb des allgemeinen Rahmens (Nutzenprinzip) wiederum Modifikationen an der Definition der Situation vorgenommen und ggf. neue Themen gebildet, z.B. hielt die Industrie eine gesetzliche Regelung zunächst für völlig überflüssig, machte sich aber angesichts der Rechtsunsicherheit und der geringen Akzeptanz dann im weiteren Verlauf der Auseinandersetzug für eine Regelung stark (Thema „politische Regulierung), da dies angesichts der neuen Situation für die Verfolgung ökonomischer Interessen vorteilhafter war.

Ein allgemeiner Rahmen läßt nach dieser symbolischen Steuerungslogik grundsätzlich vielfältige konkrete Rahmen bzw. „Definitionen der Situation" zu. Auf der Grundlage solcher Situationsdefinitionen werden dann unterschiedliche „Thematisierungskomplexe" („Themen") mit wiederum unterschiedlichen Aussagen, die sich auf einen bestimmten Sachverhalt beziehen, möglich. Da in dieser Konzeption aus einem bestimmten Rahmen heraus je nach fokussiertem Sachverhalt unterschiedliche Themen gebildet werden können (z.B. aus dem ökonomischen Rahmen die Themen „Wettbewerb" und „politische Regulierung"), lassen die Themen a priori einerseits nicht unbedingt Rückschlüsse auf den Rahmen zu (dies muß empirisch aufgezeigt werden), andererseits können die Themen selbst wiederum unterschiedliche konkrete Aussagen enthalten, die allerdings in einem Sinnzusammenhang zum Thema stehen müssen. So kann z.B. innerhalb des Themas „politische Regulierung" für eine rigide oder weniger starke politische Regulierung der Gentechnik plädiert werden, aber nicht für eine Selbstregulierung, etwa der Wissenschaft. Dieses wäre dann ein neues Thema mit dem Etikett „Selbstregulierung". Diese Konstruktion ergibt sich aus der gewählten Vorgehensweise, die Themen so nah wie möglich an der „Empirie" zu plazieren, um eine leichtere interpretatorische Zuordnung des Textmaterials sicherstellen zu können. Die Rahmen, Situationsdefinitionen, Themen und die konkreten Aussagen müssen jedoch in einem *konsistenten Sinnzusammenhang* stehen. Werden beispielsweise von unterschiedlichen Akteuren Aussagen zum Thema „Wettbewerb" gemacht, müssen diese in einem Sinnzusammenhang zu einem übergeordneten Rahmen stehen: so werden etwa ökonomische Akteure auf die Wettbewerbsfähigkeit der chemisch-pharmazeutischen Industrie (Nutzenprinzip) verweisen, die Protestakteure aber z.B. aus einem sozial-gemeinschaftlichen Rahmen eine solche Handlungsorientierung anprangern.

Die verschiedenen Themen der am gentechnologischen Diskurs beteiligten kollektiven Akteure treffen in der öffentlichen Arena („issue arena") aufeinander (Diagramm 3), und die Akteure versuchen unter Einsatz ihrer Ressourcen öffentliche Unterstützung zu bekommen, ihr Thema durchzusetzen und andere Akteure für die eigenen Ziele zu mobilisieren. Generell wird hier die These vertreten, daß die öffentliche Arena nur zum Teil durch eine bestimmte Politik figuriert wird, also eine regulative Politik die Art der Arena und Konfliktaustragung eben nicht vollständig determiniert.[167] Analytisch gesehen lassen sich konfligierende Auseinandersetzungen der Akteure nicht aus den politischen Machtbeziehungen und dem Machtpotential der beteiligten Akteure alleine heraus erklären, sondern „politikexterne" Faktoren besitzen für soziale Konflikte ebenfalls einen relevanten Erklärungswert, wie bereits *Coser* aufzeigt.[168] Wie die öffentliche Arena und die Art der Konfliktaustragung strukturiert ist, hängt nämlich auch ab von der Kultur und der weiteren Sozialstruktur einer Gesellschaft. Kulturelle und gesellschaftliche Eigenheiten formen aber nicht nur die Konfliktarena, sondern auch die damit verbundene Konfliktkultur, wobei deren konkrete Ausgestaltung natürlich auch durch die Interaktionen der beteiligten Akteure zustandekommt.[169]

Der hier vorgestellte Analyserahmen wird zur Erfassung des Informationsmaterials der am Diskurs beteiligten Akteure (und auch der Medienartikel) angewendet. Dabei ist weiterhin von Bedeutung, welche gemeinsamen fundamentalen normativen Vorstellungen (Werte) in den Themen mittransportiert werden. Daß solche grundlegenden Werte nicht einfach nur als Relikt von Sozialsystemen

---

[167] So aber z.B. Lowi, Th., Ein neuer Bezugsrahmen für die Analyse von Machtstrukturen, op.cit.; Windhoff-Héritier, A., Policy-Analyse, op.cit.

[168] Vgl. Coser, L.A., The Functions of Social Conflict, New York: Free Press, 1956; Coser, L.A., Continuities in the Study of Social Conflict, New York: Free Press, 1967. Vgl. zu dieser analytischen Interpretation auch Münch, R., Sociological Theory, vol.2, Chicago: Nelson-Hall Publishers, 1994, insbesondere S. 197-200.

[169] Vgl. dazu Nedelmann, B., Das kulturelle Milieu politischer Konflikte. In: Neidhardt, F., Lepsius, M.R. & Weiß, J. (Hg.), Kultur und Gesellschaft. Kölner Zeitschrift für Soziologie und Sozialpsychologie, Sonderheft 27, Opladen: Westdeutscher Verlag, 1986, S. 397-414.

weiter mitgeführt werden, läßt sich auch anhand des strategischen Gebrauchs von Wertbezügen aufzeigen, da ein solcher strategischer Gebrauch nur dann Sinn macht, wenn man unterstellen kann, daß zumindest für die anderen die Werte eine Relevanz haben. Innerhalb eines solchen Wertekomplexes können neben einer Hierarchisierung der Werte natürlich auch Spannungsverhältnisse zwischen einzelnen Komponenten bestehen. So hat beispielsweise *Gouldner* zwei fundamentale Orientierungsweisen in der modernen Gesellschaft unterschieden, die „ideologische" und die „tragische" Perspektive (vision).[170] Im 17. und 18. Jahrhundert wurde die „ideologische" Sichtweise die dominante Form des modernen Bewußtseins, die „tragische" wurde jedoch nur unterdrückt, nicht zerstört. Die „ideologische" Sicht gründet in einer optimistischen Einschätzung der menschlichen Macht und verstärkt so das Vertrauen des Menschen in sich selbst und seine Fähigkeit, seine Umwelt nach seinen Vorstellungen aufzubauen, wobei sein Sinn für die moralische Verantwortung für diese Aufgabe noch anwächst (Verpflichtung, die Welt zu verändern). Die „tragische" Sicht hingegen begünstigt ein Ertragen der Gegebenheiten der Welt mit Hilfe von sozialen Ritualen und mehr oder weniger engen Beziehungen solidarischer Vergemeinschaftung. Nach *Gouldner* ist daher die Struktur des modernen Bewußtseins geteilt: es gibt in ihm eine kontinuierliche Spannung zwischen einem kulturellen Pessimismus auf der einen Seite und einem technologischen Optimismus auf der anderen Seite. Eine der beiden Seiten des kulturellen Bewußtseins kann in einer bestimmten Epoche überwiegen und sich so stärker artikulieren. Jede der beiden Seiten hebt das hervor, was die andere Seite unterdrückt. Die „tragische" Sicht unterdrückt ein Bewußtsein dessen, was möglich und machbar ist, die „ideologische" Seite unterdrückt ein Bewußtwerden dessen, was unmöglich ist. Aus der „tragischen" Perspektive hat die Idee die Macht, den Menschen mit dem zu versöhnen, was bereits ist, in der „ideologischen" Sicht hat die Idee die Macht, das was ist zu verändern. Dieses Thema läßt sich variieren und auf solche gesellschaftlichen Dichotomien oder Dualismen wie „Rationalismus und Irrationalismus"[171], „Fortschritt und Apokalypse"[172] anwenden oder auch beispielsweise auf moralische Vorstellungen applizieren, die innerhalb eines „instrumentellen Aktivismus" eine Kontingenzerhöhung des Handelns in der Welt oder eine Funda-

---

[170] Gouldner, A.W., The Dialectic of Ideology and Technology, New York: Seabury Press, 1976.

[171] Huber, J., Technikbilder. Weltanschauliche Weichenstellungen der Technik- und Umweltpolitik, Opladen: Westdeutscher Verlag, 1989.

[172] Alexander, J.C., Between progress and apokalypse: social theory and the dream of reason in the twentieth century. In: Alexander, J.C. & Sztompka, P. (Hg.), Rethinking Progress, Boston: Unwin Hyman, 1990, S. 15-38.

mentalisierung der Wertvorstellungen implizieren[173] und die in technologischen Diskursen um die jeweilige Vorherrschaft ringen. Bei der folgenden Darstellung der Themen ist zu sehen, daß in Deutschland die Gentechnik-Befürworter wesentlich stärker die Chancen der Gentechnik hervorheben und ihre Einstellung auch mit dem aktiven Gestaltungsmoment des kulturellen Codes legitimieren, während die Kritiker in auffallender Weise den Aspekt der Bewahrung und Achtung vor der Natur in den Mittelpunkt rücken und viel stärker die Risiken der Gentechnologie für die Natur und die gesellschaftliche Gemeinschaft thematisieren. Diese Positionen bilden sozusagen die beiden Pole, zwischen denen es natürlich auch vielfältige Abstufungen gibt.

---

[173] Daele, W. van den, Risiko-Kommunikation: Gentechnologie. In: Jungermann, H., Rohrmann, B. und Wiedemann, P.M. (Hg.), Risiko-Konzepte, Risiko-Konflikte, Risiko-Kommunikation, op.cit., S. 11-58.

4 Zum historischen Kontext: die „Neue Biotechnologie"
und die Anfänge der rDNA-Debatte in den USA

In diesem Abschnitt wird nun – nach einer kurzen Darstellung der „neuen Biotechnologie" – die frühe rDNA-Debatte in den USA in ihren Grundzügen skizziert. Damit verbunden ist eine zweifache Absicht: einmal sollen die relevanten historischen Ereignisse in einem soziologischen Bezugsrahmen kurz referiert werden, um die erst etwa 10 Jahre später einsetzende Debatte über die Gentechnologie in Deutschland besser verstehen zu können. Da auch in Deutschland die im gentechnologischen Diskurs involvierten Wissenschaftler hinsichtlich der gesellschaftlichen Verantwortung der scientific community häufig auf die Konferenz in Asilomar verweisen, wurde dem gesellschaftlichen Prozeß des Zustandekommens dieser Konferenz in seiner Darstellung ein etwas größerer Platz eingeräumt. Mit der Anlegung eines soziologischen Bezugsrahmens wird schon auf die zweite Absicht verwiesen, die mehr systematischer Natur ist: Die US-amerikanische Gesellschaft zeichnet sich – im Vergleich zu anderen modernen Gesellschaften – durch eine *Dominanz* von Wettbewerbsstrukturen aus.[174] Dies bedeutet: die institutionellen Input- und Output-Prozesse über die sozialen Interaktionsmedien Geld, Macht, Einfluß und Wertcommitments sind gesellschaftlich so organisiert, daß sie nur in vielfach gebrochener Weise in die jeweiligen institutionellen Komplexe transferiert werden können. So kann beispielsweise wissenschaftliche Wahrheit und Expertise nicht „ex cathedra" verkündet und unmittelbar in den politischen Komplex geleitet werden, sondern muß sich erst in der teilöffentlichen und öffentlichen Konkurrenz mit anderen Aussagen behaupten, um dann als „Wahrheit" in den politischen Entscheidungsprozeß über den gesellschaftlichen Umgang mit technisch produzierten Risiken eingehen zu können. Auch „sozialer Einfluß" ist auf eine Vielzahl verschiedener gesellschaftlicher Interessengruppen verteilt, die einem harten Konkurrenzkampf unterliegen, bis ihre Forderungen mit entsprechendem sozialen Druck in den politischen Komplex transformiert und dort verarbeitet werden können. Im pluralistischen politischen Komplex dauert es aufgrund der Dominanz von Wettbewerbsstrukturen vergleichsweise lange, bis Entscheidungen im Geflecht von konkurrierenden Kommissionen, Ausschüssen, Regierungsabteilungen, Behörden, Verwaltungen etc. getroffen werden, und die Verwaltung selbst ist stark fragmentiert („polykephale" Verwaltung). Die über das Austauschmedium „Geld" gesteuerte Kontrolle der ökonomischen Produktivität, die in politische Macht transformiert wird, ist im Vergleich zu Deutschland auf eine Vielzahl von konkurrierenden ökonomischen Akteuren verteilt. Umgekehrt verteilt sich die

---

[174] Vgl. dazu Münch, R., Die Kultur der Moderne, Bd. 1, op.cit., S. 255-459.

innerhalb politischer Rahmenbedingungen vorgenommene Allokation von liquiden Mitteln zur Produktivitätssteigerung nicht auf wenige ökonomische Großorganisationen, sondern auch auf eine weitaus größere Anzahl von kleineren Wirtschaftsunternehmen, denen es beispielsweise bei Neugründungen durch günstigere Bedingungen der Anlauffinanzierung viel leichter gemacht wird, in den ökonomischen Konkurrenzkampf einzusteigen oder daß etwa bei bestehenden Unternehmen eine stark anreizorientierte Wachstumsfinanzierung ermöglicht wird. Solche hochgradig wettbewerbsorientierte Rahmenbedingungen machen sich insbesondere an dem Phänomen der „Wagniskapital"-Firmen bemerkbar, deren wichtige Funktion gerade in der schnellen Einführung technischer Innovationen auf dem Markt besteht. In Deutschland – bezogen auf den Untersuchungszeitraum – haben solche „Risikokapital"-Unternehmen dagegen durch anreizfeindliche Steuergesetzgebung, Bankenfinanzierung und ein entsprechendes Wirtschaftsstrafrecht mit erheblichen Schwierigkeiten bei der Neugründung zu kämpfen.[175] Die Funktionsweise dieser Wettbewerbsmechanismen und auch der gentechnologische Diskurs kann hier für die USA allerdings nur sehr skizzenhaft dargestellt werden und dient gewissermaßen als eine Kontrastfolie, um im weiteren Verlauf die Auseinandersetzung in Deutschland und das hier dominierende Kultur- und Strukturmuster der „Synthese" besser darstellen zu können.

4.1 Die „Neue" Biotechnologie

Die Gentechnologie bildet den vorläufigen Höhepunkt eines Prozesses der gegenseitigen Durchdringung von abstrakt wissenschaftlichem Wissen einerseits und dem praktischen Tun und Herstellen andererseits, eines Prozesses, der bekanntlich in der italienischen Renaissance mit dem Typus des Künstler-Ingenieurs einsetzte, sich dann im 17. Jahrhundert nach England verlagerte und von dort aus weiter ausbreitete und zum Kennzeichen moderner okzidentaler Erfahrungswissenschaft wurde.[176] In diesem Kontext bedeutet das Wertmuster des Aktivismus, welches den abendländischen Menschen normativ auf die akti-

---

[175] Eichborn, J.-F. von, Perspektiven industrieller Nutzung der Gentechnologie. In: Steger, U. (Hg.), Die Herstellung der Natur. Chancen und Risiken der Gentechnologie, Bonn: Verlag Neue Gesellschaft, 1985, S. 153-164.

[176] Zilsel, E., Die sozialen Ursprünge der neuzeitlichen Wissenschaft, Frankfurt: Suhrkamp, 1976; Ben-David, J., The Scientist´s Role in Society, Englewood Cliffs, N.J.: Prentice Hall, 1971; Hohlfeld, R, Biologie als Ingenieurskunst. Zur Dialektik von Naturbeherrschung und synthetischer Biologie. Ästhetik und Kommunikation 69,18, 1988, S. 61-69.

ve Gestaltung der Welt verpflichtet, daß ein an Naturgesetzen orientiertes wissenschaftliches Experimentieren – im Gegensatz zur „passiven" Beobachtung – nicht nur die Herstellung einer „künstlichen Natur" im Labor impliziert, sondern insbesondere im Zusammenhang mit der Technik auch ein aktives Intervenieren in die Natur nach Maßgabe menschlicher Vorstellungen. Bereits *Francis Bacon* machte in seinem „Novum Organum" deutlich, worum es der modernen Naturwissenschaft (als Erfahrungswissenschaft) geht: der letzte Zweck ist Macht über die Natur. Er glaubte, daß die Menschheit einen immensen Zuwachs an Macht und materiellem Fortschritt erlangen könne, wenn sie seiner am Utilitarismus ausgerichteten „experimentellen Philosophie" folge.[177] Die weitere Entwicklung von Wissenschaft und Technik führte dann dazu, daß „natürliche" Welten heute fast nur noch an der Peripherie einer solchen Welt existieren, in der „sich der Mensch in seinen eigenen Werken begegnet und in der er ein Teil seines eigenen Werkes ist"[178]. In besonderer Eindringlichkeit stellt sich diese Problematik bei der Gentechnologie, mit deren Hilfe nun auch die innere Natur des Menschen in einem bisher nicht gekannten Umfang in die Verfügungsgewalt wissenschaftlich-technischer Rationalität gerät.

Durch die immer enger werdende Verknüpfung von Wissenschaft und Technik und deren unmittelbare Relevanz für praktische Handlungskontexte geraten auch die Risiko- bzw. Gefahrenproduktion institutioneller Wissenschaft und die dadurch ausgelösten gesellschaftlichen „Krisensituationen" selbst zunehmend mehr in den Fokus sozialer Aufmerksamkeit und werden Gegenstand gesellschaftlicher Reflexionsprozesse. Bis weit ins 19. Jahrhundert hinein war das Verhältnis zwischen Wissenschaft und Gesellschaft in bezug auf die wissenschaftlich produzierten „Risiken" vornehmlich durch „Deutungskrisen", die unsere traditionalen kulturellen Vorstellungen veränderten bzw. „entzauberten" (z.B. heliozentrisches Weltbild, Evolutionstheorie), gekennzeichnet.[179] Wissenschaftliches Erkenntnisstreben war also vorrangig mit kulturellen Risiken/Gefahren, mit der Entwertung überlieferter Sinnvorstellungen, verbunden. Die immer weitere Entfaltung sowohl der internen Entwicklungslogik als auch der Entwicklungsdynamik durch Prozesse der externen Verflechtung des Wissenschaftskomplexes mit den verschiedenen gesellschaftlichen Handlungssphären führt jedoch dazu, daß neben solchen Deutungskrisen auch „Handlungskrisen" für Akteure in den wissenschaftsexternen gesellschaftlichen Handlungsbe-

---

[177] Bacon, F., Neues Organon der Wissenschaften, Darmstadt: Wissenschaftliche Buchgesellschaft, 1981, Erstes Buch, Aphorismus 73, 109 und 124.

[178] Mittelstraß, J., Leonardo-Welt. Über Wissenschaft, Forschung und Verantwortung, Frankfurt: Suhrkamp, 1992, S. 105.

[179] Daele, W. van den & Krohn, W., Legitimationsprobleme der Grundlagenforschung, Merkur 34, 1980, S. 16-28, 22.

reichen ausgelöst und damit gleichzeitig auch die Risiken/Gefahren gesamtgesellschaftlich mitgesteigert werden. So bedeutet etwa die Verpflichtung auf den Erkenntnisfortschritt (interne Entwicklungslogik), daß die Grenzen des Wissens ständig erweitert werden, die Wissenschaft mit ihren atemberaubenden Einsichten dabei aber auch unberechenbare Sicherheitsrisiken für die Gesellschaft und neue Handlungsoptionen mit weitreichenden normativen Konsequenzen eröffnet. Gerade bei der Gentechnik zeigt sich, daß die Vorstöße auf wissenschaftliches Neuland auch zu kulturellen und sozialen Problematiken führen können und normative Unsicherheiten für das Handeln der Akteure in deren sozialen Kontexten produzieren. Nicht nur wird wissenschaftlich-technisches Wissen einerseits in ökonomische, politische, lebensweltliche und kulturelle Handlungssphären hineingetragen und führt zu dem, was man als Verwissenschaftlichung bzw. Technisierung der Gesellschaft bezeichnet,[180] sondern zugleich werden neben den Chancen auch die wissenschaftlich-technischen Risiken in solche Verwendungskontexte hineingetragen und immens gesteigert, insbesondere im Zusammenhang mit der großindustriellen Produktion und dem politisch-militärischen Komplex. Mit der zunehmenden Verknüpfung und den Austauschbeziehungen zwischen den differenzierten gesellschaftlichen Handlungssphären (Entwicklungsdynamik) bildet sich aber auch in umgekehrter Richtung eine institutionelle Dynamik der Wissenschaft heraus, die im Vergleich zur galileischen Wissenschaft ebenfalls zu einer Steigerung der Risikoproduktion führt.[181] Der Wissenschaftskomplex unterliegt nämlich auch den Anforderungen dieser sozialen Sphären. Durch die Bedeutung von Wissenschaft und Technik als ökonomischer Produktionsfaktor ist die Wissenschaft dem Druck des praktischen Anwendungs- und Verwertungszusammenhangs ausgesetzt und immer schneller muß neues und besseres Wissen produziert werden, wobei die Zeitspannen zwischen wissenschaftlichem Grundlagenwissen und technologischer Innovation, praktischer Anwendung und industrieller Verwertung immer kürzer werden. Die beschleunigte Wissensproduktion bedeutet, daß gerade im Hinblick auf eine langfristig angelegte (zeitintensive) Risikoabschätzung und -reflexion nicht mehr genügend Zeit für eine wissenschaftliche Beurteilung zur Verfügung steht: der ökonomische Markt unterliegt einem anderen Tempo als die wissenschaftliche Reflexion. Das tiefe Hineingreifen politischer Erfordernisse und Maßnahmen in Wissenschaft und Technik wiederum führt zu spezifischen Entwicklungspfaden des technologischen Wissens, die unter die Erfordernis der politischen Machterhaltung und -steigerung subsumiert werden und alternative Ent-

---

[180] Kreibich, R., Die Wissenschaftsgesellschaft, Frankfurt: Suhrkamp, 1986.

[181] Zur Risikoproduktion der Wissenschaft vgl. auch Schimank, U., Science as a Societal Risk Producer: A General Model of Intersystemic Dynamics, and some Specific Institutional Determinants of Research Behavior. In: Stehr, N. & Ericson, R.V. (Hg.), The Culture and Power of Knowledge, Berlin/New York: de Gruyter, 1992, S. 215-233.

wicklungswege ausblenden. Das Hineingreifen der an bestimmte lebensweltliche Traditionen haftenden sozialen Gemeinschaften und Moralvorstellungen in die Wissenschaft und Technik wiederum führt dazu, daß die Suche nach immer neuerer Erkennntnis stark abgebremst wird und so den wissenschaftlichen Fortschritt blockiert. Die neuere Wissenschaftssoziologie hat diese enge kontextübergreifende Verflechtung fokussiert und darauf aufmerksam gemacht, daß wissenschaftliches Wissen nicht nur intern, sondern auch zwischen Forschern und wissenschaftsexternen Akteuren, insbesondere aus Politik und Industrie, „ausgehandelt" wird,[182] also keinesfalls sozial „neutral" ist (und daher ggf. erst die Anwendung einer gesellschaftlichen Kontrolle bedarf). Damit gehen als Input auch externe soziale Orientierungsmuster in die Wissensproduktion ein, die dann in den praktischen Verwendungszusammenhängen wiederum als harte „Fakten" gesehen werden:

> Negotiations between researchers and other political actors infuse scientific knowledge with the assumptions and worldviews of both scientists and their sponsors. As these assumptions are carried along with research knowledge into technological and professional practice, they are taken for granted as facts in the lives of millions of people.[183]

Auf dem Gebiet der Gentechnologie als moderner Zweig der Biotechnologie werden nicht nur wissenschaftsintern die traditionellen Grenzen wissenschaftlicher Disziplinen überschritten (Biotechnologie als interdisziplinäres Arbeitsgebiet von Mikro- und Molekularbiologen, von Biochemikern, Genetikern, Gentechnologen, Zell- und Immunbiologen und von Verfahrenstechnikern[184]), sondern hier wird in einem bisher nicht gekanntem Ausmaß auch die Zeitspanne zwischen wissenschaftlichem Grundlagenwissen und technologischer Innovation, praktischer Anwendung und industrieller Verwertung immer kürzer, und die Grenzen zwischen der reinen Grundlagenwissenschaft und praktisch angewandter Wissenschaft sind kaum noch eindeutig zu ziehen. Gerade dieses kapitalintensive Forschungsgebiet zeichnet sich durch eine enge Vernetzung von Wissenschaft, Politik und Industrie aus, wobei die Art der Vernetzung allerdings gesellschaftlich durchaus unterschiedlich gestaltet wird.

---

[182] Vgl. den Überblick bei Martin, B. & Richards, E., Scientific Knowledge, Controversy, and Public Decision Making. In: Jasanoff, S., Markle, G.E., Petersen, J.C. & Pinch, T. (Hg.), Handbook of Science and Technology Studies, Thousand Oaks: Sage, 1995, S. 506-526.

[183] Cozzens, S.E. & Woodhouse, E.J., Science, Government, and the Politics of Knowledge. In: Jasanoff, S., Markle, G.E., Petersen, J.C. & Pinch, T. (Hg.), Handbook of Science and Technology Studies, op.cit., S. 533-553, 536.

[184] Catenhusen, W.-M. & Neumeister, H. (Hg.), Chancen und Risiken der Gentechnologie. Enquete-Kommission des Deutschen Bundestages – Dokumentation des Berichts an den Deutschen Bundestag, München: J. Schweitzer Verlag, 1987, S. 41.

Dabei ist „Biotechnologie" ein Begriff für im Prinzip alte Kulturtechniken. Seit Tausenden von Jahren werden für die Zubereitung oder Herstellung von Lebensmitteln Stoffwechselleistungen von Mikroorganismen genutzt, um beispielsweise Wein zu keltern, Brot zu backen, Milch zu Käse gerinnen zu lassen und Bier zu brauen. Bei der „neuen" Biotechnologie ist das Verfahren im Prinzip noch das gleiche, den Unterschied zu der älteren, mehr erfahrungsbezogenen Biotechnologie machen vor allem jene spektakulären Entdeckungen der Genmanipulation aus, die gezielte Veränderungen von Erbinformationen und damit die Herstellung neuer Organismen ermöglichen. So wird unter dem Begriff „Gentechnologie" heute „die Gesamtheit der Methoden zur Charakterisierung und Isolierung von genetischem Material, zur Bildung neuer Kombinationen genetischen Materials sowie zur Wiedereinführung und Vermehrung des neukombinierten Erbmaterials in anderer biologischer Umgebung"[185] verstanden. Was sich gegenwärtig als eine Revolutionierung der biologischen Grundlagenforschung darstellt, geht hauptsächlich auf die Entdeckung des englischen Physikochemikers *Francis H.C. Crick* und des amerikanischen Biochemikers *James D. Watson* zurück, die 1953 den strukturellen Aufbau der Gene mit Hilfe der Röntgenstrukturanalyse erkannten. Danach liegt der Träger der Erbanlagen, die DNA, in einer korkenzieherartig gewundenen Doppelspirale (Doppel-Helix) vor, die von den komplementären Basenpaaren Adenin (A) und Thymin (T) sowie Cytosin (C) und Guanin (G) durch elektromagnetische Wechselwirkungen gewissermaßen in Form von Leitersprossen zusammengehalten wird. Daß die DNA das Rückgrat der Gene bildet war zwar schon länger bekannt, jedoch veränderte die Aufklärung der DNA unser Weltbild: man kannte nun die materiellen Träger der Vererbung. Im Jahr 1961 knackten der Amerikaner *Marshall Nirenberg* und der Göttinger Biochemiker *J.K. Matthaei* den Code der DNA. Sie fanden heraus, daß die Erbinformation aus einer Art Morsealphabet besteht, das seinen Text aus vier Buchstaben formuliert. Teilt sich die Zelle, teilt und verdoppelt sich die DNA im Reißverschlußverfahren. Neben der DNA existiert noch eine andere Nukleinsäure, die Ribonukleinsäure (RNA), eine enge chemische Verwandte der DNA. Die RNA bildet sich gewöhnlich als eine Art Abdruck, als ein Negativ der DNA, die gewissermaßen als Matrize fungiert. Danach wird die RNA vom Zellkern in das Zellplasma entsandt, um dort den Aufbau der Eiweißstoffe zu steuern; aus diesem Grund wird sie auch „Messenger-RNA" (mRNA) genannt. Ohne die nach den Anweisungen der DNA oder RNA aufgebauten Proteine könnte weder ein tierischer noch ein menschlicher Organismus existieren.[186]

---

[185] Ibid., S. 7.

[186] Friedrichsen, G., Gentechnologie. Chancen und Gefahren, Heidelberg: R.v. Decker & C.F. Müller, 1988, S. 17-18.

In mühsamer Tüftelei konnten die Forscher schon bald die vollständige Erbinformation einiger primitiver Organismen entschlüsseln. Allerdings dauerte es damals – um 1970 – etwa zwölf Monate, bis ein einzelner Forscher rund 100 Basenpaare analysiert hatte. Bei diesem Tempo blieb jedoch der Traum, das menschliche Genom komplett zu dechiffrieren, zunächst noch Utopie: Die DNA-Spiralen in den Körperzellen des Menschen enthalten an die drei Milliarden Basenpaare. Mittlerweile ist es aber gelungen, mit Hilfe automatischer Analysegeräte, sogenannte Sequenzer, die Dechiffrierarbeit dramatisch zu beschleunigen. Am 6. und 7. September 1988 wurde in Montreux von 42 international anerkannten Wissenschaftlern eine internationale Gesellschaft für die Erforschung des menschlichen Genoms, die „Human-Genom-Organisation" (HUGO), gegründet. Diese internationale Organisation soll als Non-Profit-Organisation hauptsächlich folgende Aufgaben erfüllen: Koordination der Human-Genom-Forschung, Förderung des Austauschs forschungsrelevanter Daten, Stimulierung öffentlicher Diskussionen sowie die Wahrnehmung von Informations- und Beratungsfunktionen über die wissenschaftlichen, gesellschaftlichen, juristischen und kommerziellen Folgen bzw. über die Relevanz von Human-Genom-Projekten.[187] Das Vorhaben, den gigantischen Text der menschlichen Erbinformation lückenlos nachzubuchstabieren, wird allerdings in der Wissenschaft kontrovers beurteilt: während für Harvard-Professor *Walter Gilbert* dieses Unterfangen der Wissenschaft einen Weg zum „heiligen Gral der Biologie" verheiße, macht das *„Human-Genom-Project"* dagegen für *Robert Weinberg* vom Massachusetts Institute of Technology „keinen Sinn"[188].

Der Beginn der Gentechnik-Ära liegt in den Anfängen der siebziger Jahre. Damals fanden Forscher der amerikanischen Stanford Universität den Schlüssel für die Manipulation der DNA. Bereits isoliert lagen zwei Enzyme vor, die als „Schere" und „Kleber" einzusetzen waren: Die sogenannten Restriktionsenzyme schneiden die Doppel-Helix an bestimmten Stellen auf und die DNA-Ligasen schließen die Bruchstellen wieder. Der folgenschwere Schritt bestand nun darin, daß die DNA aus verschiedenen Fragmenten mit Hilfe dieser Enzymwerkzeuge zusammengestückelt wurde (rekombinante DNA: rDNA). 1971 fällt *Herbert Boyer* von der Stanford Universität auf, daß ein bestimmtes Restriktionsenzym nur die Basen Guanin und Adenin trennt. Wenig später bemerkten *John E. Mertz* und *Ron W. Davis* in Stanford sogenannte „klebrige Enden" an den Schnittstellen der DNA. An diesen Schnittstellen hängt ein Stück einzelsträngige DNA, das sich spontan mit anderen „klebrigen Enden" verbinden kann. Die Möglichkeit, DNA in einzelne Stücke zu zerlegen, wurde jetzt dadurch ergänzt, daß verschiedene DNA-Fragmente miteinander verbunden werden konnten. Die durch

---

[187] Gesellschaft für Biotechnologische Forschung (GBF), Gentec update, Nr.4, März 1991.

[188] DER SPIEGEL vom 27.04.1987.

Herbert Boyer und *Stanley Cohen* verbesserte genchirurgische Methode wurde 1974 zum Patent angemeldet (Cohen-Boyer-Patent) und 1980 gewährt. Das patentierte Verfahren blieb bis heute die Standardmethode der Gentechniker. Mittlerweile hat man über 100 Restriktionsenzyme isoliert, die jeweils einen für sie charakteristischen Sequenzbereich erkennen und von den Gentechnologen gewissermaßen als „molekulare Skalpelle" eingesetzt werden können. Mit diesen Werkzeugen begannen die Genetiker nun, Plasmide (ringförmige Bakterien-DNA) zu zerschneiden und fremde DNA-Stücke einzufügen. 1973 wurde zum ersten Mal die Artgrenze überschritten: *Anny Chang* und *Stanley Cohen* hatten DNA von einem Bakterium in eine andere Bakterienart verpflanzt. Der nächste Schritt war nun die Verpflanzung von einem Stück Frosch-DNA in ein Bakterium. Auch dieses Experiment gelang, die genetisch manipulierten Bakterien pflanzten sich fort. *Chang* und *Cohen* hatten sich für dieses Experiment mit den Forschern *Boyer*, *Goodman* und *Helling* von der Stanford Universität verbündet. Die Epoche des „genetic engineering" war angebrochen.

Als „Arbeitstiere" müssen in erster Linie neben Hefen und Pilzen die Kolibakterien (Escherichia coli-Bakterien K12, kurz: E.coli) herhalten. Die E.coli K12-Stämme sind 1922 aus dem Kot eines Kranken isoliert und seitdem mit Modifikationen nur im Labor weitergezüchtet worden. Diese Bakterien können für kurze Zeit im menschlichen Darm leben, jedoch werden sie langsam von den robusteren Wildstämmen verdrängt. Die Ergebnisse von freiwilligen Eßversuchen mit E.coli K12 mit verschiedenen Sicherheitsplasmiden zeigten, daß die K12-Sicherheitsstämme etwa 2 bis 8 Tage im Darm überlebten und daß unter bestimmten Experimentdesigns keine Übertragung der DNA auf andere Organismen des Darms beobachtet werden konnte. An der Generalisierung solcher Versuchsergebnisse wurde jedoch Kritik geübt, da auch Versuchsbedingungen geschaffen werden konnten, die gegenteilige Ergebnisse hervorbrachten.[189]
Die vergleichsweise überschaubaren Erbanlagen von E.coli lassen sich vielfältig verändern, vor allem mit anderer DNA kombinieren. Will man die Koli etwa zu Produzenten von Insulin oder anderen Eiweiß-Hormonen manipulieren, gilt es erst einmal, das Gen-Teilstück, das die entsprechende Eiweißproduktion befehlen kann, zu isolieren, mit einem anderen DNA-Molekül, einem sogenannten Vektor (z.B. einem Plasmid) zu verknüpfen und im Koli-Erbmaterial zu verankern. Diese komplizierte Prozedur gehört mittlerweile zu den Routineverfahren der Gentechnologen. Dann muß dieses „umgedrehte" Bakterium isoliert und möglichst stark vermehrt werden. Solche reinrassigen manipulierten Bakterienstämme mit den gleichen rekombinierten DNA-Molekülen werden als „Klo-

---

[189] Vgl. dazu Schell, Th. von, Die Diskussion um die Freisetzung gentechnisch veränderter Mikroorganismen als Beispiel einer interdisziplinären Urteilsbildung, Hannover: Diss., Fakultät für Biologie, 1992, S. 14-18.

ne" bezeichnet. Die klonierten Koli stellen ihren eigenen Stoffwechsel auf die Produktion des gewünschten Eiweißes um. Der Rest ist dann Gewinnung, Reinigung und Abfüllung des Produkts: genetische Synthesen, die im chemischen Labor, wenn überhaupt, nur unter großem Aufwand nachzuvollziehen wären. Auf diese Weise ist beispielsweise bereits menschliches Insulin hergestellt und auf den Markt gebracht worden. Mit der Biotechnologie bzw. dem „genetic engineering" sind hohe kommerzielle Erwartungen verbunden und die Firmen erhoffen sich von den Erkenntnissen der Genforschung und der praktischen Umsetzung einen ähnlich revolutionierenden Einsatz, wie ihn zuletzt die Mikroelektronik erlaubte. Gegenüber der Kernenergie, bei der eine öffentliche Akzeptanz nur schwierig herzustellen war, unterscheidet sich die Biotechnologie in dreierlei Hinsicht: einmal ist mit ihr ein weiter Bereich unterschiedlicher Techniken und Ansätze verbunden (Mikroben, Pflanzen, Tiere etc.), die Implikationen für die menschliche Gesundheit und die Umwelt haben mehr positive Konnotationen und die Diskussionen über Chancen und Risiken haben früher begonnen als für irgendeine andere Technologie in diesem Jahrhundert.[190] Auf diese frühen Diskussionen wird nun im nächsten Abschnitt näher eingegangen.

4.2 Zur Vorgeschichte: Die frühe Debatte um die Gentechnik in den USA

4.2.1 Das gesellschaftspolitische Klima am Beginn der Gentechnik-Ära

Rekombinante DNA als politisches „issue" begann zunächst als Dialog zwischen Wissenschaftlern innerhalb der scientific community. Amerikanische Forscher haben selbst ein Beispiel dafür gegeben, daß innerhalb des Wissenschaftskomplexes die Risiken und Gefahren der Forschungsarbeit gesehen und zusammen mit der sozialen Verantwortung des Wissenschaftlers zum Thema gemacht werden. Dies ist in dem breiteren politischen Kontext Ende der sechziger und Anfang der siebziger Jahre in den USA zu sehen, wo vor dem Hintergrund des Vietnamkrieges und des Rüstungswettlaufs die moralische und gesellschaftliche Verantwortlichkeit der Wissenschaft und damit verbunden die Rolle des For-

---

[190] OECD (Hg.), Biotechnology. Economic and wider Impacts, op.cit., S. 57-58.

schers in der Gesellschaft immer mehr zu einem Thema auch der Wissenschaft
selbst wurde:

> In the early 1950s the moral responsability of science was synonymous with
> its self-realization. Science was viewed both as inherently virtuous and as the en-
> gine of human progress. By the 1970s many scientists were influenced by the mo-
> ral indignations of the Vietnam War and the arms race. The moral responsibility
> of science became a prominent theme that had evolved from the scientists´ role in
> developing the atomic bomb and was applied to human experiments, war rese-
> arch, and subsequently to genetic technology.[191]

Der Beginn der Gentechnologie-Ära fällt in den USA in eine Zeit, in der das allgemeine öffentliche und wissenschaftliche Bewußtsein gegenüber den technologischen Einflüssen auf das gesellschaftliche Zusammenleben in einem hohen
Maße sensibilisiert war und sozusagen eine „Wasserscheide" im politischen
Bewußtsein vieler Akteure markierte, die später in der rDNA-Kontroverse involviert waren.[192] Die Auswirkungen des Südostasienkrieges, die politische
Rolle der USA und der Wissenschaft und Technik (insbesondere auch der Einsatz chemischer und biologischer Waffen) in diesem Krieg wurden in vielen
amerikanischen Colleges debattiert. Die universitären Campus-Diskussionen
bildeten zwar nur einen Teil einer umfassenden Debatte, die auch Themen der
innenpolitischen Spannungen und des Aufruhrs umfaßte, jedoch hatten die politischen Streitfragen im Kontext des Vietnamkrieges eine größere und tiefere Si-
gnifikanz. Die Grenze zwischen Innen- und Außenpolitik war sehr labil, so daß
die Antikriegskampagnen auch innenpolitische Implikationen hatten, die zur
Aufheizung der gesellschaftspolitischen Atmosphäre in den USA beitrugen. Die
Antikriegspolitik beschränkte sich jedoch nicht auf politisch radikale Gruppen,
auch der mehr moderate Teil der Universitätsmitglieder begann, die politischen
Prioritäten der US-Regierung kritisch zu hinterfragen. Eine Anzahl von politisch
orientierten wissenschaftlichen Interessengruppen hob die besondere Verant-
wortung der Wissenschaftler hervor und sah deren Aufgabe aufgrund des Ex-
pertenstatus vornehmlich darin, die Politik und die breite Öffentlichkeit über die
möglichen Auswirkungen neuer Techniken zu informieren. Das gemeinsame
Merkmal solcher moderaten Interessengruppen wie beispielsweise die FE-
DERATION OF AMERICAN SCIENTISTS (FAS), die SOCIETY FOR SOCIAL RE-
SPONSIBILITY IN SCIENCE (SSRS), das SCIENTISTS INSTITUTE FOR PUBLIC
INFORMATION (SIPI) und die CITIZENS´ LEAGUE AGAINST THE SONIC BOOM
(CLASB) lag darin, daß hier primär professionell etablierte Wissenschaftler von

---

[191] Krimsky, S., Biotechnics and Society. The Rise of Industrial Genetics, New York: Praeger, 1991, S. 15.

[192] Krimsky, S., Genetic Alchemy. The Social History of the Recombinant DNA Controversy, Cambridge, Mass.: The MIT Press, 1982, S. 14.

anerkannten Elite-Institutionen wie etwa Harvard oder das MASSACHUSETTS INSTITUTE OF TECHNOLOGY (MIT) involviert waren.[193] Diese Gruppen konzentrierten sich auf die öffentliche Aufklärung und Erziehung und bevorzugten die legislative Arena zur Konfliktaustragung mit den Mitteln des traditionellen Lobbyismus. Ihre Kritik an der Regierungspolitik schloß im allgemeinen eine Grundsatzkritik des amerikanischen ökonomischen und politischen Systems aus, im Gegensatz zu den radikalen Gruppen wie etwa das MEDICAL COMMITTEE FOR HUMAN RIGHTS (MCHR), die SCIENTISTS AND ENGINEERS FOR SOCIAL AND POLITICAL ACTION (SESPA) und die NEW UNIVERSITY CONFERENCE (NUC). So ging z.b. SESPA, durch einen im Jahre 1970 adoptierten Slogan besser bekannt als „Science for the People", relativ schnell von der kritischen Hinterfragung der Moral des Wissenschaftlers und seiner sozialen Verantwortung über zu einer umfassenden Kritik des amerikanischen Kapitalismus. Die Mitglieder der radikalen Gruppen gehörten weit weniger zum professionellen Establishment und sie mißtrauten den Methoden und dem „good will" der etablierten Wissenschaftler. Diese waren für die radikalen Gruppen vielmehr ein Teil des politischen Problems selbst und die ideologische Polarisierung führte dazu, daß – obwohl sowohl die moderaten als auch die radikalen Gruppen die Verantwortung des Wissenschaftlers für die Gesellschaft hervorhoben – beide Gruppen damit völlig verschiedene Vorstellungen verbanden. Für die politisch moderaten Wissenschaftler bestanden die am meisten gefürchteten Einflüsse der Wissenschaft auf die Gesellschaft in den unvorhergesehenen oder nicht-intendierten Konsequenzen des wissenschaftlichen Handelns. Die Verantwortung des Wissenschaftlers lag ihrer Auffassung nach darin, die Aufmerksamkeit der Öffentlichkeit auf die Risiken und Gefahren der Forschungstätigkeiten zu lenken und technische Sicherungen zum Gefahrenschutz zu entwerfen. Wie die rDNA-Debatte in den USA zeigt, zentrierten die Überlegungen dieser Gruppe mehr um Probleme der Laborunfälle oder um ökologische Effekte, die bei einem Entweichen hybrider Organismen aus dem Labor in die Umwelt entstehen könnten.[194] Bei den vorgeschlagenen Lösungen wurde von ihnen als selbstverständlich unterstellt, daß die Wissenschaftsgemeinschaft in der Lage ist und sich auch ernsthaft darum bemüht, solche Gefährdungsmöglichkeiten zu neutralisieren. Die radikalen Gruppen dagegen thematisierten den Einfluß der Wissenschaft auf die Gesellschaft prinzipiell unter Macht- und Herrschaftsaspekten, d.h. wie die Wissenschaft die existierenden ökonomischen und politischen Strukturen noch weiter verstärkt und reproduziert. Sie sahen die Verantwortung des Wissenschaftlers genau darin, gegen solche Bedingungen aktiv zu opponieren und die Gefahren des „genetic engineering" nicht lediglich durch einen „technological fix" zu bannen. Neben diesen politischen Gruppen gab es noch eine heterogene und lose

---

[193] Ibid., S. 16-18.

[194] Ibid., S. 21.

Ansammlung von individuellen Akteuren, die mehr an ethischen als an sozialen Fragen interessiert waren und ihre Aufmerksamkeit nicht darauf konzentrierten, ob und wie etwas getan werden kann, sondern mehr darauf, ob und wie etwas getan werden soll. In einem generellen Sinne stellten sie die Frage, ob die Regelung der Wissenschaft nicht eine zu bedeutsame Angelegenheit sei, um sie den Wissenschaftlern alleine zu überlassen.

4.2.2 Asilomar und die Risiken der Gentechnologie

Vor diesem gesellschaftlichen Hintergrund ist nun der Beginn einer Serie von wissenschaftlichen Konferenzen zu den biologischen Risiken (biohazards) zu sehen, von denen die erste im kalifornischen Asilomar (Asilomar I) vom 22.-24. Januar 1973 auf Initiative des Biochemikers *Paul Berg* stattfand und die gemeinsam durch das NATIONAL CANCER INSTITUTE (NCI) und die NATIONAL SCIENCE FOUNDATION (NSF) unterstützt wurde. Vorausgegangen war die Diskussion um ein Experiment, in welchem Gene des Affenvirus SV40 mit Bakteriophagen-DNA verknüpft und in das Bakterium E.coli eingeführt werden sollten. *Berg*, der das Experiment plante, befürchtete neue, unvorhergesehene Risiken, wenn z.B. solche Gene zusammen mit dem Laborstamm in den menschlichen Darm gelangten.

Bei dieser Konferenz, auf der Forscher der verschiedenen biologischen und medizinischen Wissenschaften und auch Repräsentanten des NCI, der NATIONAL INSTITUTES OF HEALTH (NIH) und vom CENTER FOR DESEASE CONTROL (CDC) anwesend waren, ging es darum, das gegenwärtige Wissen über die biologischen Risiken durch Viren zusammenzutragen und Empfehlungen zu entwickeln, wie experimentelle Arbeiten durchgeführt werden sollten. Die Konferenz behandelte aber weder rDNA-Arbeiten im allgemeinen noch Restriktionsenzyme im besonderen, daher war das „Aufbrechen" von Virus-DNA und die Transplantation von Segmenten in bakteriale Zellen kein Thema auf der wissenschaftlichen Agenda.[195] Die Empfehlungen dieser Konferenz lagen auf der Linie der Mainstream-Wissenschaft und kamen all jenen Interessen entgegen, die sich mit den langfristigen Effekten von tumorverursachenden Viren in menschlichen Populationen beschäftigten. Das Schwergewicht lag dabei auf der Gewinnung weiterer Infor-

---

[195] Siehe dazu ausführlich: Hellman, A., Oxman, M. & Pollack, R. (Hg.), Biohazards in Biological Research: Proceedings of a Conference on Biohazards in Cancer Research, at the Asilomar Conference Center, Pacific Grove, California, 22-24 January 1973, Cold Spring Harbor Laboratory, 1973.

mationen, dem Prinzip des „informierten Konsens"[196], das allerdings auf dieser Konferenz in seiner vollen Bedeutung noch nicht erkannt wurde, und auf der Selbstregulierung der Wissenschaft, also die erforderlichen Entscheidungen innerhalb der professionellen Grenzen der Wissenschaftsgemeinschaft zu belassen.

Die eigentliche Geburt der rDNA-Kontroverse wird von vielen in der Gordon-Konferenz über Nukleinsäuren gesehen, die vom 11.-15. Juni 1973 in New Hampton, New Hampshire unter dem gemeinsamen Vorsitz von *Dieter Soll* (Yale University´s Department of Molecular Biophysics and Biochemistry) und *Maxine Singer* (National Institute of Allergy and Infectious Diseases, NIH) stattfand. Zunächst unterschied sich diese Konferenz überhaupt nicht von den üblichen anderen wissenschaftlichen Konferenzen, bis am 14. Juni in der Sitzung über „Bakteriale Enzyme in der DNA-Analyse" – unter der Leitung *Daniel Nathans* – *Herbert Boyer* über die Fortschritte seiner mit *Stanley Cohen* durchgeführten Arbeiten berichtete. Er erwähnte zwei Restriktionsenzyme (Eco RI und RII) und wies darauf hin, daß er Restriktionsenzyme einsetzt, um zwei verschiedene Plasmide (pSC101 und R6-5) zu verbinden. Für die zuhörenden Wissenschaftler wurde schnell deutlich, daß nun die Zeit gekommen war, in der die Werkzeuge der Genspleißung für viele Forscher – und nicht nur für die „Leader" auf dem Gebiet – zugänglich sind. *Edward Ziff* und *Paul Sedat*, die zu dieser Zeit auf dem Gebiet der Molekularbiologie in Cambridge, England arbeiteten, brachten gegenüber *Soll* und *Singer* ihre Sicherheitsbedenken hinsichtlich des Gebrauchs von Restriktionsenzymen zur Produktion hybrider DNA-Moleküle zum Ausdruck. Die Angelegenheit wurde am folgenden Tag diskutiert und 78 von noch 95 Anwesenden (insgesamt ca. 142 Konferenz-Teilnehmer) votierten dafür, einen Brief jeweils an den Präsidenten der „National Academy of Sciences" und der „National Academy of Medicine" zu senden mit dem Vorschlag, ein Expertenkommittee für eine Studie über biologische Risiken einzusetzen. Wie *Singer* und *Söll* in ihrem Schreiben hervorhoben, haben diese neuen Experimente das Potential sowohl zur Erweiterung des Wissens über fundamentale

---

[196] Nach diesem Prinzip mag der Forscher zwar selbst entscheiden, bestimmte Risiken einzugehen, jedoch hat er nicht das Recht, eine solche Entscheidung auch für irgendwelche anderen Personen zu treffen. Sind andere Personen, etwa das Laborpersonal, über das Risiko informiert, liegt es in ihrer eigenen Entscheidungsfreiheit, dieses Risiko einzugehen oder auch nicht. Problematisch wird dieses Prinzip in seiner Anwendung, wenn man den engeren Laborarbeitsplatz überschreitet, also etwa für Sekretärinnen, Reinigungs- und Hauspersonal etc. Hinzu kommt, daß sich bei einer Infektion die Trennung zwischen „innen" und „außen" nicht durchhalten läßt. Dieses Dilemma wurde auf der Konferenz durchaus gesehen und es wurden zwei verschiedene Arten von biologischen Barrieren für gefährliche Viren diskutiert, die man gegenüber den physikalischen Barrieren grundsätzlich für sicherer hielt. Nicht diskutiert wurde jedoch der Sachverhalt, wie die Verantwortung der Forscher aussieht, wenn die Risiken unbekannt sind und sich daher nicht abschätzen lassen.

biologische Prozesse als auch zur Linderung menschlicher Gesundheitsprobleme. Gleichzeitig äußerten sie aber auch ihre Bedenken hinsichtlich eventueller Risiken solcher Experimente:

> Certainly such hybrid molecules may prove hazardous to laboratory workers and to the public. Although no hazard has yet been established, prudence suggests that the potential hazard may be seriously considered.[197]

Weiterhin wünschte eine Mehrheit der Konferenzteilnehmer, daß der Brief in der Fachzeitschrift „Science" publiziert wurde,[198] um eine weitere Fachöffentlichkeit zu informieren. Die unter den beteiligten Wissenschaftlern einsetzende Debatte führte dann dazu, daß die „National Academy of Sciences" ein Komitee unter der Leitung von *Paul Berg* einsetzte, welches im Juli 1974 einen Aufruf von elf führenden Forschern mit dem Titel „Potential Biohazards of Recombinant DNA Molecules" in den Zeitschriften „Science", „Nature" und den „Proceedings of the U.S. National Academy of Sciences" publizierte.[199] In diesem Aufruf warnten die Forscher vor den Folgen unbedachten Handelns in der Anfangsphase der gentechnologischen Forschung, denn solche Experimente könnten auch zur Schaffung neuer Arten infektiöser DNA-Elemente mit unvorhersehbaren biologischen Eigenschaften führen. Sie befürworteten ein selbst auferlegtes Moratorium und richteten zwei eindringliche Forderungen an ihre Kollegen in aller Welt: Einmal sollten alle Versuche unterlassen werden, bei denen Erbsubstanzen von Bakterien mit Eigenschaften wie „Resistenz gegen Arzneien" oder „Giftstoff-Erzeugung" in andere Bakterien eingeführt werden. Zum anderen sollten alle Versuche unterlassen werden, bei denen die Erbsubstanz von krebserregenden Viren oder von solchen, die Tierkrankheiten hervorrufen, in Bakterien übertragen wird.[200] Weiterhin schlugen sie ein internationales Meeting vor, auf dem Forscher aus aller Welt den wissenschaftlichen Fortschritt in diesem Bereich und einen angemessenen Umgang mit den potentiellen Risiken von rekombinanten DNA-Molekülen diskutieren sollten.

Dieses Meeting fand dann vom 24.-27. Februar 1975 wiederum in Asilomar (Asilomar II) statt und markierte hinsichtlich der Thematisierung biologischer Risiken in der Genforschung den Übergang von mehr informellen wissenschaft-

---

[197] Brief von Maxine Singer und Dieter Soll vom 17.7.1973 an Dr. Philip Handler, Präsident der National Academy of Sciences, abgedruckt in: Watson, J.D. & Tooze, J., The DNA Story. A Documentary History of Gene Cloning, San Francisco: W.H. Freeman and Company, 1981, S. 5.

[198] Abgedruckt in Science 181, 21.9.1973, S. 1114.

[199] Vgl. Berg, P. et al., Potential Biohazards of Recombinant DNA Molecules. Science 185, 1974, S. 303.

[200] Ibid.

lichen zu formalen politischen Kommunikationskanälen. Soziologisch bedeutsam an dieser Konferenz ist, daß die möglichen Probleme der Gentechnologie und deren Lösungen entsprechend dem Leitprinzip der Wissenschaft in einem wissenschaftlich-technischen Sinne definiert wurden und damit die professionelle Autonomie und Expertise hinsichtlich der Handhabung biologischer Risiken erhalten blieb. Dies schloß jedoch nicht aus, daß auch Vertreter der Presse und aus den Bereichen des Rechts und der Politik zugelassen waren. Besonderer Wert wurde auch darauf gelegt, Wissenschaftler aus dem kommerziellen Bereich (Physical Chemistry Laboratory der General Electric Company, Merck, Roche-Institut für Molekularbiologie, G.D. Searle & Co, England) zur Konferenz zuzulassen, da ein weitgehender Konsens darüber bestand, daß die größten Risiken – wenn es überhaupt Risiken gibt – aus der industriellen Anwendung der rDNA-Technik heraus entstehen.[201]

Obwohl die prominenten Forscher sich darüber bewußt waren, daß Wissenschaft nicht in einem sozialen und politischen Vakuum stattfindet und Wissenschaftler eine soziale Verantwortung haben, kamen doch Befürchtungen auf, möglicherweise die professionelle Kontrolle über die Problemdefinition und die Forschungsbedingungen zu verlieren. Der Diskurs über die rDNA-Forschung wurde daher unter Ausklammerung von sozialen, ethischen und politischen Themen auf ein Set von technischen Problemen des Umgangs mit den möglichen biologischen Risiken reduziert[202], und die soziale Verantwortung und das Interesse der Wissenschaftler wurden ausschließlich aus der Optik der Wissenschaft formuliert. Mit dieser „Tabuisierung"[203] anderer thematischer Dimensionen sollten drei unerwünschte Effekte vermieden werden: (1) daß einmal die Debatte um die rDNA sich von der Fokussierung auf biologische Risiken entfernt und damit einen rein innerwissenschaftlichen Konsens erschwert; (2) daß die Medien eine größere öffentliche Kontroverse entfachen könnten, und dies gerade in einer Zeit, in der die Wissenschaftler doch ziemlich besorgt über die öffentliche Wahrnehmung der Wissenschaft waren. Ein weiterer entscheidender Grund liegt (3) in der Erhaltung der professionellen Autorität: die Einbeziehung sozialer und ethischer Themen als wichtige Faktoren hinsichtlich der Bedingungen, unter denen die Forschungsarbeiten hätten durchgeführt werden müssen, implizierte, daß naturwissenschaftliche Laien an den relevanten Entscheidungen partizipieren und die professionelle Kontrolle unterminieren würden:

---

[201] Krimsky, S., Genetic Alchemy, op.cit., S. 110.

[202] Ibid., S. 99-153.

[203] Zu den verschiedenen gesellschaftlichen Prozeduren, mit denen Diskurse organisiert, kontrolliert, selektiert und kanalisiert werden vgl. Foucault, M., Die Ordnung des Diskurses, op.cit.

Few, if any, believed that scientists had a monopoly on the understanding and resolution of broader social questions. Thus, restricting the problems to technical issues had the effect of giving the scientists legitimacy as sole arbiters of evidence and makers of policy.[204]

Die Fokussierung auf die biohazards und die Exklusion gesellschaftlicher Relevanzen schloß damit auch die Thematisierung eines möglichen Mißbrauchs dieser neuen Techniken, der Rolle der rDNA hinsichtlich des „genetic engineering" beim Menschen sowie der militärischen und kommerziellen Anwendungen aus und macht das eng abgesteckte und kanalisierte Diskursfeld dieser Konferenz deutlich:

> Thus, it appears that when specific objectives were visualized at all, they were organized around assessing hazards of experiments that scientists were particulary interested in doing. From the standpoint of assessing the impact of a new technology, however, even if limited to the question of biohazards, one is also interested in the kind of experiments that *can* be done. To restrict the field of vision to those experiments in which scientists are currently interested takes no cognizance of commercial ventures or other possible „non-academic" uses or misuses of the technology. This fact emphazises the limited scope of the Asilomar Conference.[205]

In der sozialen Dimension fand zur Kontrolle des Diskurses eine „Verknappung der sprechenden Subjekte"[206] statt, d.h. es wurde eine Selektion der wissenschaftlichen Teilnehmer und Disziplinen (führende Vertreter auf dem Gebiet der Molekularbiologie, die von dem neuen Forschungsprogramm profitierten) getroffen. Vertreter einer kritischen Wissenschaft und die Repräsentanten von Umweltinteressen waren nicht zugelassen, auch die Vertreter aus dem Gesundheitsbereich waren vergleichsweise unterrepräsentiert. Die Konferenzteilnehmer beschlossen die Aufhebung des Moratoriums für die Genforschung und plädierten für eine Reihe von vorbeugenden Sicherheitsmaßnahmen, um zu verhindern, daß gentechnisch veränderte Organismen aus dem Labor entweichen und sich in der Umwelt verbreiten können. Dazu formulierte die Konferenz das Konzept des „biologischen Containment" (biologische Eindämmung), welches darin besteht, die Übertragung von Fremdgenen grundsätzlich nur in sogenannten Sicherheitsstämmen durchzuführen. Dies sind spezielle Stämme, die das aufgenommene genetische Material nicht weiter übertragen können, die nur in der Laborumwelt überleben und sich außerhalb des Labors nicht verbreiten können. Dieser innerwissenschaftliche „Konsens" der Konferenzteilnehmer kam jedoch erst nach einigen Auseinandersetzungen zwischen hauptsächlich zwei konkurrierenden

---

[204] Krimsky, S., Genetic Alchemy, op.cit., S. 103.

[205] Ibid., S. 109.

[206] Vgl. zu diesem Mechanismus Foucault, M., Die Ordnung des Diskurses, op.cit., S. 26.

Sichtweisen zustande: Während des Meetings entwickelte sich eine Hauptkonfliktlinie zwischen denjenigen, die prinzipiell eine kollektive Reglementierung der Forschungstätigkeit ablehnten, und den Proponenten einer divergierenden Auffassung, nach der für einige besonders risikoreiche Experimente eine Aufschiebung als erforderlich angesehen wurde.[207] Diese letzte Gruppe konnte sich aufgrund der Mehrheit in der Konferenz letztlich durchsetzen und ihre Position in die abschließenden Konferenzstatements deutlich eingehen lassen.

4.2.3 Die Entwicklung von Sicherheitsrichtlinien

Nachdem ein Rahmen für die Richtlinien auf der Asilomar-Konferenz abgesteckt wurde, setzte sich ein langer Prozeß für die konkrete Entwicklung solcher Richtlinien in Gang. An den NIH wurde zur Entwicklung der Richtlinien das RECOMBINANT DNA ADVISORY COMMITTEE (RAC) einberufen, dessen Mitgliederkreis sich anfangs nur aus Molekularbiologen zusammensetzte, später jedoch um die Politologie-Professorin *Emmette Redford* (University of Texas in Austin) sowie um *LeRoy Walters*, Direktor AM CENTER FOR BIOETHICS AT THE KENNEDY INSTITUTE an der Georgetown Universität erweitert wurde. Erst 1979 kamen weitere Gruppierungen hinzu, um die Beziehungen und Kommunikationen zwischen Wissenschaft und der allgemeinen Öffentlichkeit zu verbessern. Das RAC setzte sich schließlich folgendermaßen zusammen: ein Drittel kam aus der Molekularbiologie, ein Drittel aus der Genetik, Mikrobiologie, Medizin u.ä., ein Drittel aus dem öffentlichen Gesundheitswesen, Recht, Politik und Verbraucherschutz. Im Gegensatz zu anderen Kommissionen – etwa der KOMMISSION DER EUROPÄISCHEN ORGANISATION FÜR MOLEKULARBIOLOGIE (EMBO) – beschloß das Komitee in seiner ersten Sitzung, erst die Richtlinien auszuarbeiten und dann über deren Grundlage zu beraten. Dieser Entschluß des NIH-Komitees lag darin begründet, daß es als effektiver betrachtet wurde, die allgemeinen Prinzipien von Asilomar in einen Auflagenkatalog für die Forschungspraxis zu spezifizieren als die Interpretation den Labors selbst zu überlassen.[208]

Am 23. Juni 1976, sechzehn Monate nach der Konferenz in Asilomar, erließen die NIH unter Beteiligung der Öffentlichkeit[209] ihre Sicherheitsrichtlinien auf

---

[207] Krimsky, S., Genetic Alchemy, op.cit., S. 135-153.

[208] Wade, N., Gefahren der Genmanipulation. Das letzte Experiment, Frankfurt/Wien: Ullstein, 1979, S. 88.

[209] Sinsheimer, R.L., Genetic Engineering: Life as a Plaything. In: Iannone, A.P. (Hg.), Contemporary Moral Controversities in Technology, op.cit., S. 128-131.

der Grundlage der in Asilomar definierten Sicherheitsstandards für die Forschung mit rDNA-Molekülen. Die Ursache der Verzögerung lag in dem Proteststurm der Wissenschaftler nach dem ersten Entwurf. Im August 1975 unterzeichneten fünfzig Wissenschaftler eine Petition, in der das NIH-Komitee zu einer strengeren Abfassung aufgefordert wurde. Die vom Komittee vorgeschlagenen Sicherheitsrichtlinien erschienen so wenig effektiv, daß die NIH eine Überarbeitung anordneten und die endgültige Version nun wesentlich strenger ausfiel.[210] Zur Beherrschung des Risikos wurde eine Doppelstrategie verfolgt: Experimente mit einer absehbaren Bedrohung für Menschen sind verboten, Experimente mit nicht deutlich vorhersehbaren Gefahren unterliegen bestimmten Auflagen. Die Sicherheitsrichtlinien stützten sich jedoch nicht auf objektiv gesicherte Tatbestände, sondern auf die Meinungen und Erfahrungen der Wissenschaftler. Diese Richtlinien schrieben ein abgestuftes System von Sicherheitsmaßnahmen für gentechnologische Arbeiten vor, welches aus unterschiedlichen Kombinationen eines biologischen und physikalischen Containments bestand (physikalische Sicherheitsstufen P1 bis P4, ergänzt durch drei biologische Sicherheitsstufen EK1 bis EK3). Die NIH-Richtlinien, die in den nachfolgenden Jahren sukzessive gelockert wurden, galten jedoch nur für Forschungen, die von der US-Regierung gefördert wurden und hatten keinen Gesetzescharakter. Damit wurde einer Anzahl von Bundesstaaten und lokalen Behörden trotz ihrer Verpflichtung auf die NIH-Richtlinien ein Handlungsfreiraum für weitere Bestimmungen gegeben[211], und immer mehr Bundesstaaten und Städte folgten dem Beispiel von Cambridge, Massachusetts, wo Stadtverordnete eigene, auf das Stadtgebiet begrenzte Richtlinien erlassen hatten.[212] Für den privaten Sektor galten diese Regelungen nicht, allerdings wurde später für diesen Bereich von den NIH ein „voluntary compliance program" entwickelt. Eine Reihe von weiteren Behörden regelt die Anwendungen des „genetic engineering" in verschiedenen Bereichen - wie z.B. die FOOD AND DRUG ADMINISTRATION (FDA), die ENVIRONMENTAL PROTECTION AGENCY (EPA), das U.S. Department of Agriculture (USDA) - oder haben einen Einfluß auf die Entwicklung und den Gebrauch der Gentechnologie, wie etwa das NATIONAL INSTITUTE OF OCCUPATIONAL SAFETY AND HEALTH, die CENTERS FOR DESEASE CONTROL und die OCCUPATIONAL SAFETY AND HEALTH ADMINISTRATION.[213]

---

[210] Wade, N., Gefahren der Genmanipulation, op.cit., S. 53-54.

[211] Talbot, B., Development of the National Institutes of Health Guidelines for Recombinant DNA Research. In: Iannone, A.P. (Hg.), Contemporary Moral Controversities in Technology, op.cit., S. 119-127.

[212] Wade, N., Gefahren der Genmanipulation, op.cit., S. 121-137.

[213] Olson, St., Biotechnology. An Industry Comes of Age, Washington, D.C.: National Academy Press, 1986, S. 72-79.

Bereits vor dem Erlaß der Richtlinien, besonders aber in der darauf folgenden Zeit, war die nun entfachte und auch in die Öffentlichkeit getragene Diskussion um die rDNA immer wieder von Befürchtungen begleitet, die Forschung und damit mögliche Erkenntnisfortschritte könnten zu stark eingeschränkt werden. Schon das von Senator *Edward Kennedy* – als Vorsitzender des Subkomittees für Gesundheit des „Komitees für Arbeit und öffentliche Wohlfahrt" des US-Senats – am 22. April 1975 abgehaltene Hearing über die Beziehung einer freien Gesellschaft zu ihrer scientific community benutzte das rDNA-Thema als ein Beispiel für das Problem, die legitime Rolle der Öffentlichkeit und ihrer legislativen Repräsentanten hinsichtlich der Richtung der wissenschaftlichen Forschung und den Gebrauch des wissenschaftlichen Wissens zu bestimmen. Was immer auch bei diesem Hearing erreicht wurde, schreiben *Watson* und *Tooze*, auf jeden Fall signalisierte es den Beginn des Interesses der US-Legislative an diesem Thema,[214] und die öffentliche Partizipation im rDNA-Prozeß hatte ihr Debut, zumindest in einem symbolischen Sinne, in einem Meeting vom 9.-10. Februar 1976, das vom NIH DIRECTOR´S ADVISORY COMMITTEE (DAC) einberufen wurde. In diesem Zeitraum bahnte sich innerhalb der Wissenschaftsgemeinschaft ein dramatischer Wandel an: anders als bei den konkurrierenden Perspektiven in den vorangegangenen internen professionellen Meetings bildete sich nun ein öffentlich ausgetragener organisierter Dissens heraus, der die Forscher in ein „offensives" (Opposition) und ein „defensives" (Mainstream-Wissenschaft) Lager teilte:

> The new technology had clearly opened up a cornucopia of risk scenarios. In response, scientists divided themselves into two camps, the offense and the defense. The goal of the offense was to find a scenario that was plausible. The function of the defense was to discredit the scenario with some scientific artillery.[215]

Im Laufe des Jahres 1976 bröckelte der zunächst erzielte Konsens der Forscher nach und nach, wobei die Spannung zwischen den verschiedenen Interessengruppen wuchs. Die bislang hauptsächlich intern geführte Debatte wurde immer mehr in die Öffentlichkeit gezogen, und die beteiligten wissenschaftlichen Akteure versuchten, hier sozialen und politischen Einfluß für die Durchsetzung ihrer Standpunkte zu mobilisieren. In immer mehr Podiumsdiskussionen, Fernsehfilmen und Zeitschriftartikeln wurde das Thema behandelt, und in den Forscherkreisen verhärteten sich zunehmend mehr die Fronten. Insbesondere *Erwin Chargaff* und *Robert Sinsheimer*, zwei renommierte Forscher und Mitglieder der Akademie der Wissenschaften, übten grundsätzliche Kritik am NIH-Komitee und den Richtlinien. *Sinsheimer* kritisierte die Fokussierung auf die Gesund-

---

[214] Watson, J.D. & Tooze, J., The DNA Story, op.cit., S. 63.

[215] Krimsky, Genetic Alchemy, op.cit., S. 177; siehe auch Rogers, M., Genmanipulation, Bern und Stuttgart: Hallweg Verlag, 1978, S. 216.

heitsrisiken und bemängelte, daß die Folgen der Genverknüpfung für die Evolution ignoriert wurden. *Chargaff* dagegen hielt die beiden Sicherheitssysteme für eine „nicht zu übertreffende Torheit"[216]. Die Verlautbarung dieser schwerwiegenden Kritiken spaltete den sich aufbauenden wissenschaftlichen Konsens um die Richtlinien und machte auch der Öffentlichkeit deutlich, daß innerhalb der scientific community Uneinigkeit herrschte. Die sich organisierende Opposition der Wissenschaftler benutzte verschiedene Kommunikationskanäle, das Thema und ihre Problemperspektive auch außerhalb der professionellen Zirkel zu verankern, verbündete sich mit verschiedenen Umweltgruppen und politischen Repräsentanten und suchte Einfluß auf die nationale Politik zu nehmen.[217] Das DAC-Meeting war gleichzeitig auch der Startpunkt für die organisierte Opposition der einflußreichsten Umweltgruppen in den USA wie z.B. FRIENDS OF THE EARTH (FOE), ENVIRONMENTAL DEFENSE FUND (EDF), SIERRA CLUB (SC) und NATURAL RESOURCES DEFENSE COUNCIL (NRDC), die über weite informelle Netzwerke verfügten und ihren sozialen Einfluß hinsichtlich der Durchsetzung ihrer Perspektive in der Öffentlichkeit und der Politik mobilisierten. Diese Gruppen hatten entweder eigene wissenschaftlich-technische Experten oder standen in engem Kontakt mit Wissenschaftlern, die mit ihnen zusammenarbeiteten. Weltweite Medienaufmerksamkeit erreichten auch die von der Ratsversammlung der Stadt Cambridge durchgeführten Hearings, in denen der streitbare Bürgermeister *Alfred Velluci* die Forscher von der Harvard Universität und vom MIT scharf attackierte und immerhin ein befristetes Moratorium erreicht wurde, das sich für drei Monate mit den Forschungsvorhaben der Stufen P3 und P4 beschäftigen sollte.[218]

In der Folgezeit wurde die nichtwissenschaftliche Opposition zunehmend stärker und es bestand die Gefahr, daß die Kontrolle über die Definition des Streitobjekts nicht mehr von der scientific community ausgeübt werden konnte. Die öffentlichen Interessengruppen hatten die Debatte von der wissenschaftlichen Fokussierung auf die biohazards entfernt und mehr und mehr auf Fragen der prozeduralen Verfahrensweisen, der rechtlichen Haftung und auf Probleme der Umwelteinwirkungen der neuen Biotechnologie verlagert. Insbesondere die Initiativen einiger Kongreßabgeordneter im Jahr 1977 (Senator *Kennedy* und Re-

---

[216] Wade, N., Gefahren der Genmanipulation, op.cit., S. 54.

[217] Rogers, M., Genmanipulation, op.cit., S. 211-230.

[218] Wade, N., Gefahren der Genmanipulation, op.cit., S. 126; Herbig, J., Die Gen-Ingenieure. Durch Revolutionierung der Natur zum neuen Menschen?, München/Wien: Carl Hanser Verlag, 1978, S. 141-146.

präsentant *Rogers*),[219] die Sicherheitsbestimmungen gesetzlich zu verankern, riefen breiten Widerstand der Wissenschaftler hervor, die eine zu starke Reglementierung der Wissenschaft vermeiden wollten. Die disziplinäre Autonomie der Biologie geriet zunehmend in Bedrängnis und die drohende öffentliche Überwachung und Kontrolle führte zu heftigen Gegenreaktionen der Mainstream-Wissenschaft. Exemplarisch hierfür ist das Statement *Watsons*, der in Asilomar das Moratorium mitunterzeichnet hatte und später durch die Einbeziehung einer breiteren Öffentlichkeit eine zu starke Behinderung der Forschungsaktivitäten befürchtete:

> Although some fringe groups (such as Science for the People) thought this was a matter to be debated and decided by all and sundry, it was never the intention of those who might be called the Molecular Biology Establishment to take this issues to the general public to decide. The matter was not only too technical but in a way also too fuzzy for responsibility to be easily shared with outsiders. We did not want our experiments to be blocked by overconfident lawyers, much less by self-appointed bioethics with no inherent knowledge of, or interest in, our work. Their decisions could only be arbitrary.[220]

Viele Wissenschaftler gingen in dieser Zeit, in der die Öffentlichkeit und ihre Repräsentanten zunehmend auf die Chancen und Risiken des „genetic engineering" durch Medien und Umweltgruppen aufmerksam gemacht wurden, dazu über, eine „no-risk"-Position einzunehmen, um eine externe Regulierung der Wissenschaft zu verhindern:

> During the Asilomar period, the spectrum of scientific opinion ran the gamut from „No guidelines were necessary" to „The research should be limited to a few national centers". When external pressures on the scientific community began to build, the polarization of views among scientists grew wider. The battle lines began to shift from „Set safe standards for research" to „Protect science from direct external regulation".[221]

Es ist eine soziologische Binsenweisheit, daß bei einem Konflikt mit einer Außengruppe der Zusammenhalt der eigenen Gruppe verstärkt und Abweichungen von der Gruppenmeinung und -ideologie nicht toleriert werden.[222] In dieser neu-

---

[219] Vgl. Zimmerman, B.K., Science and Politics: DNA comes to Washington, In: Zilinskas, R.A. & Zimmermann, B.K. (Hg.), The gene-splicing wars, New York/London: MacMillan, 1986, S. 33-54; Herbig, J., Die Gen-Ingenieure, op.cit., S. 150-156.

[220] Watson, J. & Tooze, J., The DNA Story. Prologue, San Francisco: W.H. Freeman and Company, 1981, S. IX.

[221] Krimsky, S., Genetic Alchemy, op.cit., S. 199.

[222] Simmel, G., Der Streit. In: Ders., Soziologie, Berlin: Duncker & Humblot, 1968 (1908), S. 186-255, insbesondere S. 232-245.

en Konfliktsituation formierte sich nun unter dem externen gesellschaftlichen Druck auf die scientific community eine neue wissenschaftliche Orthodoxie, die ihren ganzen Einfluß öffentlichkeitswirksam und über vielfältige Interaktions- und Kommunikationskanäle bis in den Kongreß hinein mobilisierte[223] und auch innerhalb der professionellen Grenzen erheblichen Druck auf die Dissidenten ausübte. In der Öffentlichkeit wurde immer wieder auf den – im Vergleich zu den damit verbundenen Kosten – bedeutenden Nutzen hingewiesen, den die rDNA-Forschung in den verschiedenen Problembereichen, insbesondere im Gesundheitsbereich, erzielen kann. Hauptsächlich ging es insgesamt darum, zwei Ziele zu erreichen: einmal die Verhinderung einer gesetzlichen Verankerung der Richtlinien, zum anderen eine Lockerung der bestehenden Richtlinien, wobei grundsätzlich die Zuständigkeit für Regulierungsfragen bei den „National Institutes of Health" – die gleichzeitig auch die rDNA-Forschung förderten – liegen sollte. Die öffentliche Debatte polarisierte sich, wozu auch einige Horrorszenarien in den Medien über potentielle Gefahren[224] beigetragen hatten. Einige Mitverfasser des Briefes von *Berg* et al., der zur Einberufung der Konferenz von Asilomar geführt hatte, wie *Zinder*, *Watson* und *Singer*, distanzierten sich nun von den Forderungen nach strengen Regulierungen und sprachen sich für Lockerungen aus. Gleichzeitig distanzierten sie sich auch von den kritischen Stimmen aus ihren eigenen Reihen wie *E. Chargaff*, *L.F. Cavalieri*, *J. Beckwith* und *J.King*.[225] Der damalige Präsident der AMERICAN SOCIETY FOR MICROBIOLOGY (ASM), *Harlyn Halvorson*, beschreibt die Auseinandersetzungen um das „Richtlinien- vs. Gesetzgebungsverfahren" als ein „Kampf in den Schützengräben"[226]. Dabei stand nicht nur die Frage nach den Risiken dieser neuen Technik im Vordergrund, sondern auch die Frage, wer, wo und in welchem Umfang bei Genehmigungsverfahren mitwirken darf. Die Auseinandersetzung über das Regelungsverfahren dominierte die rDNA-Debatte im Jahr 1977 und noch bis 1978 hinein. Der legislative Prozeß wurde jedoch durch die Wettbewerbsstrukturen innerhalb des politischen Systems der USA in die Länge gezogen und die Idee einer gesetzlichen Verankerung mußte gegen andere Regulationsvorstellungen konkurrieren, die schließlich eine breitere Unterstützung im Kongreß fanden:

---

[223] Vgl. dazu ausführlich Krimsky, S., Genetic Alchemy, op.cit., S. 197-205, 233-243, 312-337.

[224] Vgl. Zinder, N.D., A Personal View of the Media´s Role in the Recombinant DNA War. In: Zilinskas, R.A. & Zimmerman, B.K. (Hg.), The gene-splicing wars, op.cit., S. 109-118.

[225] Eine umfassende Analyse dieser Debatte sowie der Hintergründe von Entscheidungen insbesondere bei Lockerungen der NIH-Richtlinien bietet Krimsky, Sh., Genetic Alchemy. The Social History of the recombinant DNA Controversy, op.cit.

[226] Halvorson, H.O., The impact of the recombinant DNA controversy on a professional scientific society. In: Zilinskas, R.A. & Zimmerman, B.K. (Hg.), The gene-splicing wars, op.cit., S. 73-91, 77-79.

The action of one subcommittee to regulate was met with a reaction by another to protect science from direct government oversight. This helped to slow down the legislative process. Moreover, administrative support for legislation was half-hearted and lacked strong presidential backing. A combination of these factors, in conjunction with the competition that DNA legislation faced from other compelling bills of the 95th Congress, kept it from reaching a floor vote.[227]

In Übereinstimmung mit führenden Vertretern der NIH[228] wurde schließlich ein Richtlinienverfahren einem Gesetz mit dem Argument vorgezogen, daß so eine schnellere Anpassung an die wissenschaftlichen Entwicklungen gewährleistet werden könne. Ebenso wurde eine bundesstaatliche Regelung angestrebt und lokalen Entscheidungshoheiten über inhaltlich-rechtliche Bestimmungen eine Absage erteilt. In der folgenden Zeit, in der sich zunehmend mehr auch kommerzielle Interessen artikulierten, wurden die NIH-Richtlinien mehrmals gelockert. Dies geschah jedoch nicht etwa aufgrund widerspruchsloser und harter wissenschaftlicher Fakten, mit denen sich die Sicherheit der biotechnischen Verfahren nachweisen ließ, sondern aufgrund der wachsenden kommerziellen Bedeutung gentechnischer Verfahren[229] sowie der erfolgreichen Durchsetzung der wissenschaftlichen Orthodoxie hinsichtlich der Kontrolle ihrer Arbeitssituation und ihrer „Definition der Situation" gegenüber konkurrierenden Positionen:

> The stakes in the rDNA controversy were very high: the control of science and the control of an immensely powerful and potentially profitable technology. Scientists wanted to keep that control to themselves, and commercial interests were satisfied to give it to them. (...) But others believed that this kind of technology was too powerful, both for its positive and negative potentials, to leave to scientists. It is no wonder that the actual nature of the evidence should be secondary since **control, not „safety", was to a large extent the main issue.** "Safety" was only the strategic hilltop whose possession would help win the war. (...) And the battle was won by the scientists, for better or for worse.[230] (Hervorhebung vom Verfasser)

Etwa um 1979 „verschwand" zunehmend mehr die Ungewißheit über die Risiken und die damit verbundene Vorsicht aus der Diskussion und machte einem breiten Konsens Platz, der die relative Sicherheit von bestimmten Typen von rDNA-Experimenten betonte, insbesondere aber von solchen Experimenten, bei

---

[227] Krimsky, S., Genetic Alchemy, op.cit., S. 313.

[228] Vgl. Frederickson, D.S., The Recombinant DNA Controversy: The NIH Viewpoint. In: Zilinskas, R.A. & Zimmerman, B.K. (Hg.), The gene-splicing wars, op.cit., S. 13-26.

[229] Wright, S., Recombinant DNA Technology and Its Social Transformation, 1972-1982. Osiris 2, 1986, S. 303-360.

[230] Krimsky, S. Genetic Alchemy, op.cit., S. 243.

denen das Bakterium E.coli involviert war, während andere Aspekte weitgehend ausblendet blieben:

> Indeed, in 1971 a promising experiment involving putting a lambda phage-SV40 recombinant into *E.coli* had been abondoned because of fears that SV40, which was an oncogenic virus in animals, might gain a new and catastrophic ecological niche in humans. Even the first set of NIH *Guidelines*, published in July 1976, was designed specifically with this *E.coli* „problem" in mind. A short three-and-a-half years later, the „problem" had disappared.[231]

Diese Reduktion und Verengung der Risikoperspektive auf Experimente mit E.coli und dem schließlichen Nachweis der Ungefährlichkeit dieser Experimente ist wiederum nur vor dem Hintergrund des veränderten gesellschaftlichen Kontextes und der damit verbundenen sozialen Filterungsprozesse[232] der Wissenschaftler in der Definition von Chancen und Risiken zu verstehen. In dieser Zeit, in der auch die Medien ihre Aufmerksamkeit mehr auf die Chancen der neuen Technologie richteten und das Image der Biotechnologie als eine „Revolution" mit enormem Potential zur Verbesserung der menschlichen Lebensverhältnisse aufbauten, veränderte sich auch bei einigen RAC-Mitgliedern (sowohl bei den Wissenschaftlern als auch bei den Laien) die Einstellung hinsichtlich der Einhaltung des jeweiligen physikalischen und biologischen Containments bei Experimenten: nicht mehr der Nachweis der Sicherheit der durchzuführenden Experimente sollte für die Genehmigung ausschlaggebend sein, sondern vielmehr der Nachweis der Gefährlichkeit. Etwa um 1981 waren dann ca. 95% aller rDNA-Forschungen von den Restriktionen der Richtlinien ausgeschlossen.[233]

---

[231] Ibid., S. 206.

[232] Die Reduktion der Risikowahrnehmung auf das Bakterium E.coli K12 aufgrund sozialer Filterungsprozesse beschreibt Wright, S., Die Sozialgeschichte der Kontroverse um die rekombinante DNS in den USA. In: Kollek, R., Tappeser, B. & Altner, G. (Hg.), Die ungeklärten Gefahrenpotentiale der Gentechnologie. Dokumentation eines öffentlichen Fachsymposions vom 7.-9. März 1986 in Heidelberg, München: J. Schweitzer Verlag, 1986, S. 177-187; vgl. ebenfalls Herbig, J., Die Gen-Ingenieure, op.cit., S. 153-154.

[233] Goldoftas, B., Recombinant DNA: The Ups and Downs of Regulation. Technology Review, Mai/Juni 1982, S. 29-32.

4.2.4 Ökonomische Interessen an der Gentechnik: Der „genetic engineering goldrush"

Entscheidend für diese Veränderungen sind einerseits die Aussagen der Wissenschaftler, die Gefahren ursprünglich weit überschätzt zu haben, andererseits die gesellschaftlichen Ereignisse ab etwa 1979, dem Beginn des „genetic engineering goldrush" im kommerziellen Sektor. Dieses Jahr war aber auch der „turning point", an dem die kommerziellen Interessen aktiv und vehement in den politischen Komplex hineingetragen wurden und die Regierungspolitik beeinflußten. Unter der Carter-Administration wurde ein anreizorientierter Ansatz des Umweltschutzes initiiert und der Kongreß begann, die gesetzlichen Kontrollen der Forschung zu lockern. Nach der Wahl *Ronald Reagans* im November 1979 wurden diese ersten Maßnahmen der gesetzlichen Lockerungen fortgeführt und weiter ausgebaut. Die damalige Antiregulierungskampagne war gleichzeitig von einer neuen Wissenschafts- und Technologiepolitik begleitet, die wesentlich stärker technologische Innovationen förderte und eine engere Verbindung zwischen Wissenschaft und Industrie unterstützte.[234] Kooperative Forschungsarrangements zwischen Universitäten und Industrie wurden durch steuerliche Anreize begünstigt und den Universitäten, kleineren Firmen und Non-profit-Organisationen erlaubte man, ihre Resultate aus den mit öffentlichen Geldern finanzierten Forschungen patentieren zu lassen.[235] Rechtlich abgesichert war dies durch die Bestimmung des „US Supreme Court" von 1980, daß gentechnisch hergestellte Mikroorganismen patentiert werden können: „Alles unter der Sonne, was von Menschen gemacht ist", ist patentfähig, entschieden die Richter.[236] Dieses veränderte Rechtsklima hat auch das Anwachsen der universitären biomedizinischen Forschung und den Gebrauch der neuen Biotechnologie stark begünstigt: so sind beispielsweise zwischen 1980 und 1984 die Patentanwendungen durch Universitäten und Krankenhäuser für weitere Forschungen gegenüber den vorangegangenen fünf Jahren um 300% gestiegen.[237] Die Reagan-

---

[234] Zu den genaueren politischen Hintergründen vgl. auch die Beiträge in Ferguson, Th. & Rogers, J. (Hg.), The Hidden Election. Politics and Economics in the 1980 Presidential Campaign, New York: Pantheon Books, 1981.

[235] Kenney, M., Biotechnology. The University-Industrial Complex, New Haven und London: Yale University Press, 1986, S. 28-34; Wright, S., Recombinant DNA Technology and Its Social Transformation, 1972-1982, op.cit., S. 338; Krimsky, S., Biotechnics and Society, op.cit., S. 65-69.

[236] DER SPIEGEL vom 22.05.1989.

[237] Office of Technology Assessment (OTA) (Hg.), New Developments in Biotechnology: Ownership of Human Tissues and Cells, Philadelphia: J.B. Lippincott Company, 1988, S. 7.

Administration vertrat eine Theorie der ökonomischen Entwicklung, die auf einer engen Kooperation zwischen Industrie und Universität basierte und sah gerade die Trennung dieser beiden Bereiche als eine wesentliche Ursache für die nur langsam fortschreitende ökonomische Entwicklung an. Zur gleichen Zeit konkurrierten immer mehr Firmen auf dem Gebiet der Biotechnologie, so daß der ökonomische Druck hinsichtlich der schnellen Entwicklung der rDNA-Technologie und der Herstellung marktreifer Produkte größer wurde. Der wichtigste Grund für die forcierte Förderung der engen Zusammenarbeit von Universität und Industrie und dem verschärften kommerziellen Wettbewerb im Bereich der Biotechnologie liegt in dem historischen Niedergang solcher US-Industriezweige, die auf einer veralteten Technologie basierten und ihrer zunehmenden Verdrängung durch die neuere „science-based" Industrie. In den fünfziger und sechziger Jahren erodierte der Exportmarkt für solche Produkte wie Textilien, Eisen, Stahl und Automobile, teils durch neue Produktionstechniken, die in anderen Ländern entwickelt wurden, teils aber auch durch billigere Lohnkosten in anderen Gesellschaften. Der Niedergang dieser Industrien spiegelte sich entsprechend in der US-Handelsbilanz wider, die ihr erstes absolutes Defizit 1971 erreichte.[238] Monetäre Inflation und die Ölkrise Anfang der siebziger Jahre unterstrichen noch diesen Trend. Das drohende ökonomische Desaster wurde aber vor allem durch das Anwachsen neuer Exportmärkte für Produkte der neueren, forschungsintensiven Industrien wie z.B. Computer, Halbleiter, Maschinen, Chemikalien und Pharmazeutika abgewendet. Etwa ab 1975 war jedoch der Höhenflug in der Handelsbilanz für solche Produkte wie Computer und Maschinen jäh beendet, als der Import der gleichen Produkte aus billiger produzierenden Ländern schnell anwuchs. Nur der Posten in der Handelsbilanz für chemische und pharmazeutische Produkte wuchs, obwohl es auf diesen Absatzmärkten auch enger wurde, stetig an und konnte sich von 1972 bis 1979 mehr als verdreifachen.[239] Die neue rDNA-Technologie verspricht nicht nur ein weiteres Produktivitätswachstum und einen völlig neuen Produktbereich, sondern bietet auch eine attraktive Alternative zum Öl als Grundlage einer Vielzahl von Produkten und als Energiequelle.[240] Damit war in Aussicht gestellt, daß sich die entsprechenden ökonomischen Investitionen überdurchschnittlich bezahlt machten, aber auch, daß sich ein neuer Brennpunkt des ökonomischen Wettbewerbs sowohl auf nationaler wie auch auf internationaler Ebene unvermeidlich herausbilden werde.

---

[238] Wright, S., Recombinant DNA Technology and Its Social Transformation, 1972-1982, op.cit., S. 338.

[239] Ibid., S. 338-339; Teitelmann, R., Gene Dreams. Wall Street, Academia, and the Rise of Biotechnology, New York: Basic Books, 1989, S. 141-154.

[240] Hacking, A.J., Economic Aspects of Biotechnology, Cambridge: Cambridge University Press, 1986.

Dabei verhielt sich der industrielle Sektor hinsichtlich der kommerziellen Anwendung des „genetic engineering" anfangs entsprechend dem Leitprinzip der Wirtschaft noch zurückhaltend, da das molekularbiologische Wissen zunächst noch nicht an die ökonomische Profitorientierung angeschlossen werden konnte. Obwohl die Unterstützung dieser Forschung durch die Politik hauptsächlich durch ihre praktische, insbesondere ihre medizinische Problemlösungskapazität (z.B. Krebs) gerechtfertigt wurde, also die praktische Anwendung und auch die kommerzielle Verwertung der Forschungsergebnisse der Molekularbiologie letztendlich das zu erreichende Ziel darstellten, war die molekularbiologische Forschung in den USA zunächst an den grundlegenden Problemen der Biologie orientiert, und die Wissenschaftler formulierten ihre Forschungsfragen auch in einem mehr theoretischen Bezugsrahmen. Ein ernsthaftes Interesse an der rDNA-Technik äußerten bis Mitte 1977 nur sechs große Arzneimittelkonzerne: Hoffmann-LaRoche, Upjohn, Eli Lilly, Smith, Kline & French, Merck sowie Miles Laboratories. Ab Mitte der siebziger Jahre wurde die „business arena" in einem größeren Umfang betreten[241] und vollzog sich in mehreren Phasen.[242] In der ersten Phase, etwa zwischen 1976 und 1979, bildete sich eine Vielzahl von konkurrierenden Risikokapitalfirmen heraus, in denen akademische Wissenschaftler eine zentrale Rolle spielten. Auf die Geschichte von Genentech sei hier nur kurz verwiesen. Genentech wurde im Jahre 1976 durch den Jungunternehmer *Robert Swanson*, der Erfahrung mit der Risikokapitalfinanzierung von Firmen hatte, und *Herbert Boyer*, dem renommierten Biologieprofessor, mit einer Einlage von je 500 Dollar gegründet. Am 14. Oktober 1980 um 10 Uhr New Yorker Zeit hatten zwei Dutzend Investmentbanken begonnen, eine Million des neuen Biotechnik-Unternehmens als Aktien zum Verkaufspreis von je 35 Dollar anzubieten. Zwanzig Minuten später waren alle Aktien verkauft und noch einmal 35 Minuten später hatte die Nachfrage den Kurs auf 89 Dollar getrieben. Noch bevor Genentech einen Dollar im regulären Geschäft verdient hatte, machte der erfolgreiche Verkauf der Aktien *Swanson* und *Boyer* auf einen Schlag zu Multimillionären. Die schnelle Einführung neuer Technologien auf dem Markt ist in der typisch amerikanischen ökonomischen Institution des „venture capital" zu sehen und spielt insbesondere bei der Herausbildung der Bioindustrie eine bedeutende Rolle:

> Biotechnology has emerged as an industry largely because of one economic institution: venture capital. Venture capital funds, venture capital firms, and corporate venture capital divisions have invested the monies necessary to start companies. (...) The overall social benefits of this system of commercializing new products and services may be debatable. But in a system of risk-averse large cor-

---

[241] Eine detaillierte Analyse der Anfänge der biotechnischen Industrie bietet Kenney, M., Biotechnology. The University-Industrial Complex, op.cit.,

[242] Krimsky, S., Biotechnics and Society, op.cit., S. 37-42.

porations, venture capital provides a mechanism for introducing the new technologies that are so crucial to ensuring continuing economic growth.[243]

Um im harten Wettbewerb überleben zu können, mußten die neuen biotechnologischen Firmen einerseits das notwendige Kapital aufbringen, um die kapitalintensive Forschung zu finanzieren; eine minimale personelle (ca. 10 bis 12 Forscher) und materielle Forschungsausstattung erfordert etwa in den ersten zwei oder drei Jahren sechs bis sieben Mio. Dollar, eine etwas anspruchsvollere Ausstattung mit 25 Forschern kostet dagegen zehn bis zwölf Mio. Dollar.[244] Darüber hinaus waren diese Firmen auch auf exzellentes wissenschaftliches Know-how angewiesen und mußten daher sehr gute Wissenschaftler für die Arbeit gewinnen:

> From the beginning, the new firms used aggressive research and development, proprietary, and communications strategies to advance themselves. They moved quickly to lure scientists from universities with competitive salaries and attractive fringe benefits, to develop applications, and to appropriate the resulting techniques.[245]

Die kleinen Biofirmen waren also sehr stark abhängig einerseits von den Universitäten, die über das notwendige Wissen verfügten, und andererseits von den größeren Unternehmen, die ihre Forschung und Entwicklung finanzierten. Die Investition der bereits auf dem traditionellen Markt etablierten großen Firmen erfolgte entweder als „equity investment" (über Anteile an den neuen Biofirmen) oder über „joint ventures".[246] Um das Kapital anzulocken, verfolgten die neuen Biofirmen aggressive Kommunikationsstrategien und lenkten die Aufmerksamkeit auf hoch „sichtbare" Produkte wie z.B. Interferon, Humaninsulin und Wachstumshormone. „Wall Street" reagierte entsprechend und es kam in dieser Periode zu einer regelrechten „Biomania".[247] Die durch den ökonomischen Konkurrenzdruck erzeugte kommunikative Inflation initiierte jedoch weit überzogene Erwartungen gegenüber der Biotechnologie in der Öffentlichkeit, die bis heute nicht oder nur zum Teil erfüllt werden konnten. Die Produktentwicklung dauert länger als vorgesehen, ist teurer als ursprünglich veranschlagt

---

[243] Kenney, M., Biotechnology. The University-Industrial Complex, op.cit., S. 133 und 134.

[244] Ibid., S. 145.

[245] Wright, S., Recombinant DNA Technology and Its Social Transformation, 1972-1982, op.cit., S. 333.

[246] Olson, St., Biotechnology, op.cit., S. 84-90.

[247] Teitelman, R., Gene Dreams, op.cit., S. 4-20.

oder läßt immer noch auf sich warten, und in der Folgezeit gingen daraufhin die Investitionen in die rDNA-Forschung zurück.[248]
In der zweiten Phase, etwa 1979-1983, versuchten die neuen biotechnischen Unternehmen sich finanziell unabhängig zu machen. Indikatoren für diese Bemühungen, vor allem in den Jahren 1982 bis 1983, sind das schnelle Anwachsen öffentlicher Wertpapiere von 180 Mio. Dollar im Jahr 1982 auf 600 Mio. Dollar im Jahr 1983[249] sowie der Rückgang von Forschungskontrakten mit den größeren Unternehmen. Die Investitionen in „joint ventures" gingen merklich zurück, da die größeren Industrieunternehmen zunehmend mehr eigene gentechnologische Forschungsabteilungen einrichteten. „Joint ventures" hatten aber gerade für die neuen Biofirmen zunächst einen immensen Vorteil: die großen Industrieunternehmen verfügen meist über ein gut ausgebautes Verteilungsnetz, besitzen eine größere Marktkontrolle und genießen eine gewisse Reputation, alles Faktoren, die einer neuen Produkteinführung zugute kommen. Umgekehrt können die Großunternehmen durch die Zusammenarbeit ihren etablierten Marktanteil sichern und neue Märkte entwickeln. So hätte beispielsweise *Genentech* erhebliche Schwierigkeiten gehabt, Humulin (gentechnisch hergestelltes Humaninsulin) über ein gutes Verteilungsnetz auf den Markt zu bringen, der in den USA von *Eli Lilly* mit tierischem Insulin dominiert wird. Andererseits war die Einführung von menschlichem Insulin eine große Bedrohung für die Marktanteile an Insulin für *Eli Lilly*. Über die Kooperation von *Genentech* mit *Eli Lilly* konnten kurzfristig die kommerziellen Risiken für beide Firmen erheblich reduziert werden. Durch solche Kontrakte wurde jedoch längerfristig die Kontrolle über die Entwicklung der rDNA-Technologie von den kleineren Biofirmen auf die multinationalen Konzerne verlagert.[250] Um 1980 versuchte man auch in anderen Bereichen, Profit aus der Gentechnologie zu ziehen und es kam zu einer engen Zusammenarbeit zwischen Universitäten, einzelnen akademischen Wissenschaftlern und den Industriefirmen.[251] Die Universitäten gingen nicht nur Kontrakte mit bereits existierenden Firmen ein, sondern es kam auch zu profitablen Firmenneugründungen, um Hemmnisse zwischen Industrie und Universität abzubauen und die Kooperation zu erleichtern:

---

[248] Crawford, M., Biotech Market Changing Rapidly. Science 231, 1986, S. 12-14.

[249] Krimsky, S., Biotechnics and Society, op.cit., S. 39.

[250] Office of Technology Assessment (OTA) (Hg.), Commercial Biotechnology. An International Analysis, New York: Pergamon Press, 1984, S. 107-108.

[251] Kenney, M., Biotechnology. The University-Industrial Complex, op.cit., S. 38-107; Blumenthal, D., Gluck, M., Louis, K.S. & Wise, D., Industrial Support of University Research in Biotechnology. Science 231, 1986, S. 242-246; Yanchinski, St., Universities take to the market place. New Scientist 3, 1981, S. 675-677; Joyce, Ch., New company could turn academics into tycoons. New Scientist 28, 1981, S. 542; Olson, St., Biotechnology, op.cit., S. 98-106.

The US venture-capital industry is fast, with Stanford University and MIT representing twin peaks in the landscape. While many universities have preferred to deal with existing companies, MIT and Stanford have consistently tried to „lower the threshold" between academics and industry, encouraging new start-up companies. Both Boston, just outside which MIT is based, and California enjoy large pools of venture capital. Some of the more successful venture-capital outfits claim portfolio returns of 50 per cent *a year* over seven years, with the average close to 20 per cent.[252]

Insbesondere Harvard, Stanford und das MIT sind in diesem Zusammenhang die kommerziell besonders aktiven Universitäten. Eine quantitative Studie für das Jahr 1988 hat ergeben, daß von den 359 biomedizinischen Wissenschaftlern und Genetikern, die Mitglied der „National Academy of Sciences" sind, mindestens 37% formale Bindungen zur Bioindustrie hatten.[253] Auf der organisationalen Ebene sind längerfristige Forschungskontrakte eingegangen worden zwischen der Harvard Medical School und Monsanto, MIT und Exxon, MIT und W.R. Grace, MASSACHUSETTS GENERAL HOSPITAL (MGH) und Hoechst AG, Harvard Medical School und Du Pont, University of California, Davis und Allied Corporation, Washington University und Monsanto, um nur einige zu nennen.[254] Die Universität von Kalifornien in San Francisco ging als erste staatliche Hochschule in den USA dazu über, einen eigenen Fonds für Risikokapital einzurichten, der es ermöglichen soll, Erfindungen von Mitarbeitern der Universität weiterzuentwickeln. Dieser Fonds, an dem sich Banken, Industrieunternehmen und private Anleger beteiligen, kann aber auch den Wissenschaftlern der Universität für die Gründung eigener Firmen als Startkapital zur Verfügung gestellt werden.[255]

Aus der engen Verbindung von Ökonomie und Wissenschaft ergeben sich wiederum Veränderungen für die soziale Rolle des Wissenschaftlers: nicht mehr der individuelle Wahrheitssucher ist für die weitere Zukunft das wissenschaftliche Ideal, sondern der Forschungsmanager, der wissenschaftliches Erkenntnisinteresse mit unternehmerischen Fähigkeiten verknüpft und Forschungsressourcen mobilisiert, zielgerichtet und effektiv ein Forschungsteam leitet sowie die Ar-

---

[252] Elkington, J., The Gene Factory. Inside the Biotechnology Business, London: Century Publishing, 1985, S. 48.

[253] Krimsky, S., Ennis, J.G. & Weissman, R., Academic-Corporate Ties in Biotechnology: A Quantitative Study. Science, Technology, & Human Values, vol.16, Nr.3, 1991, S. 275-287.

[254] Kenney, M., Biotechnology. The University-Industrial Complex, op.cit., S. 58-72.

[255] FAZ vom 12.1.1994.

beitsprodukte auch gut vermarkten kann.[256] Durch die Verbindung zwischen Wissenschaft und kommerziellen Unternehmungen und des Wettbewerbs um die Patentierung wissenschaftlicher Arbeitsergebnisse hat sich aber auch das Kommunikationsverhalten der Wissenschaftler innerhalb ihrer Gemeinschaft in Richtung einer größeren Geheimhaltung und einer „Privatisierung des Wissens" verändert. Die Schließung dieser Kommunikationskanäle geht allerdings oftmals mit einer Öffnung neuer Kommunikationskanäle in Richtung der breiten Öffentlichkeit einher, um kapitalkräftige Investoren anzulocken:

> In the 1970s the values and practices of recombinant DNA research began to differ markedley from the established norms. The most fundamental change was that konwledge increasingly came to be seen as a form of „real estate", a valuable commodity to be appropriated for private profit, rather than as a communal resource to be shared (...) While channels of communication within the molecular biology community began to close dawn, other forms of communication, particulary between scientists associated with companies and the press, opened up (...) A Wall Street analyst warned potential investors in 1984: „Beware of expected 'hype'. News releases and grapevine information are meant to inform but they are not pure information, they are designed to entice investigators." [257]

Die Patentierung akademischer Forschungsergebnisse kann zwar dazu beitragen, die finanzielle Unabhängigkeit der akademischen Institute zu vergrößern, es besteht aber auch das Risiko, dies mit einem Verlust an Glaubwürdigkeit in der Öffentlichkeit zu bezahlen.[258] Auch die enge Verbindung zwischen dem universitärem und kommerziellem Bereich birgt die Gefahr, daß die Prioritäten in Richtung ökonomischer Ziele verschoben werden, so daß die Universitäten häufig zu einer umsichtigen Strategie greifen müssen, um nicht zu sehr in die kommerziellen Interessen eingebunden zu werden. So beteiligte sich beispielsweise die Harvard Universität nicht an der Gen-Firma einer ihrer Professoren, und der Präsident der Stanford Universität riet seinen Professoren zu großer Zurückhaltung und Vorsicht bei Arbeitsangeboten von Seiten der Gen-Firmen.[259] Zusammenfassend werden die Gefahren einer Kommerzialisierung der Wissenschaft hauptsächlich darin gesehen, daß die wissenschaftliche Ausbildung zunehmend zweckentfremdet werden kann, akademische Entscheidungen hinsichtlich der

---

[256] Etzkowitz, H., Entrepreneurial Scientists and Entrepreneurial Universities in American Academic Science. Minerva 21, 1983, S. 198-233, Etzkowitz, H., Entrepreneurial Science in Academy: A Case of the Transformation of Norms. Social Problems 36,1, 1989, S. 14-29.

[257] Wright, S., Recombinant DNA Technology and Its Social Transformation, 1972-1982, op.cit., S. 357 und 358.

[258] Vgl. dazu Weiner, Ch., Universities, Professors, and Patents: A Continuing Controversy, Technology Review, Februar/März, 1986, S. 33-43.

[259] taz vom 7.8.1981, S. 8.

Beförderung und Gehaltsbemessung sowie die Zuweisung von Sachmitteln und auch die Infrastrukturentscheidungen mehr nach ökonomischen als nach innerwissenschaftlichen Kriterien vorgenommen werden. Weiterhin wird eine Erosion der wissenschaftlichen Kollegialität durch die bevorzugte Behandlung jener Gebiete befürchtet, die einen hohen kommerziellen Verwertungsgrad aufweisen wie auch eine starke Beeinflussung der wissenschaftlichen Kommunikation durch die Logik externer gesellschaftlicher, insbesondere industrieller Handlungsfelder (Profitinteresse etc.).[260]

Die dritte Phase – etwa Ende der 70er bis etwa Ende der 80er Jahre – ist durch das Eintreten der multinationalen Großindustrie und durch die Absorption, Fusion oder Auflösung kleinerer Biofirmen gekennzeichnet, wenngleich sich die sehr erfolgreichen kleineren Firmen weiter auf dem Markt behaupten konnten. Ab etwa 1990 (vierte Phase) hat sich das Wettbewerbsfeld in den USA weitgehend stabilisiert und gleichzeitig auf der internationalen Ebene zunehmend verschärft. Schätzungsweise gab es in den USA Anfang der neunziger Jahre ca. 1200 Biotech-Unternehmen mit zusammen 120.000 Mitarbeitern, ca. 200 dieser Unternehmen ließen ihre Aktien an der Börse handeln. Größter Hersteller ist die 1980 gegründete Amgen Inc. im kalifornischen Thousand Oaks mit 1,1 Milliarden Dollar Umsatz, der weitgehend mit zwei Präparaten erzielt wird.[261]

In der amerikanischen Öffentlichkeit findet sich eine mehr pragmatische Einstellung zur neuen Biotechnologie. Eine vom OFFICE OF TECHNOLOGY ASSESSMENT (OTA) im Jahr 1986 durchgeführte Studie[262] über die öffentliche Wahrnehmung der Biotechnologie ergab, daß 62% der Bürger der Auffassung waren, der Nutzen der Biotechnologie würde die Risiken übersteigen, während umgekehrt nur 28% glaubten, daß die Risiken höher als der Nutzen sind. Dabei wird von einer Mehrheit selbst ein vergleichsweises hohes Umweltrisiko in Kauf genommen, um den potentiellen Nutzen von genetisch veränderten Organismen zu erzielen. Dieses Risiko müsse jedoch der Öffentlichkeit bekannt sein, also durch eine entsprechende Informationspolitik und sachliche Aufklärung der Bevölkerung flankiert werden. Allerdings werden die Bundesbehörden im Vergleich zu den akademischen Wissenschaftlern und auch zu den Umweltgruppen für weniger kompetent in der Risikoeinschätzung gehalten. Dies deutet darauf

---

[260] Amann, K., Hirschauer, St., Kranz, H., Lachmund, J., Philipps, W. & Weingart, P., Kommerzialisierung der Grundlagenforschung. Das Beispiel Biotechnologie. Science Studies Report 28, Bielefeld: Kleine Verlag, 1985, S. 7-8.

[261] FAZ vom 20.2.1993.

[262] Office of Technology Assessment, New Developments in Biotechnology – Background Paper: Public Perceptions of Biotechnology, OTA-BP-BA-45, Washington: U.S. Government Printing Office, 1987.

hin, daß der öffentlichen Auseinandersetzung zwischen den verschiedenen sozialen Interessengruppen insgesamt ein hoher Stellenwert zukommt und zu einer ausgewogenen Meinungsbildung beitragen kann. Weiterhin ist eine überragende Mehrheit (82%) der Meinung, daß die Forschung in „genetic engineering" und Biotechnologie weiter fortgesetzt werden sollte. Insgesamt kommt die Studie zu dem Ergebnis:

> As in other areas of science and technology, people favor the continued development and application of biotechnology and genetic engineering because they believe the benefits will outweigh the risks. And, while the public expects strict regulation to avoid unnecessary risks, obstruction of technological development is not a popular cause in the United States in the mid-1980s. This survey indicates that a majority of the public believes the expected benefits of science, biotechnology, and genetic engineering are sufficient to outweigh the risks.[263]

Auch von solchen Befragten, die eine menschliche Genmanipulation allgemein für moralisch nicht gerechtfertigt halten, ist doch eine Mehrheit hinsichtlich spezifischer therapeutischer Anwendungen mehr positiv gegenüber der Gentechnologie eingestellt.

---

[263] Ibid., S. 5.

5 Die Gentechnik-Arena in Deutschland

Nach diesem historischen Exkurs wird nun für die weitere Analyse insbesondere das für die breitere Öffentlichkeit bestimmte Informationsmaterial der relevanten bundesdeutschen Akteure herangezogen. Öffentliche Diskurse werden zwar in vielen verschiedenen gesellschaftlichen Foren ausgetragen, so daß es nicht einen einzigen öffentlichen Diskurs gibt, sondern vielmehr einen ganzen Set von Diskursen, die in vielfältiger und komplexer Weise miteinander interagieren. So gibt es zum Thema „Gentechnik" einen wissenschaftlichen Diskurs mit entsprechenden Printmedien, einen juristischen, einen moralischen, einen ökonomischen, einen politischen, einen ökologischen, einen feministischen Diskurs und so fort. Da hier jedoch die Äußerungen in einer breiten Laienöffentlichkeit im Mittelpunkt stehen, kamen für die Analyse vorrangig solche Informationsschriften der beteiligten Akteure in Betracht, die sich an ein breiteres (Laien-) Publikum wandten und nicht an die fachinterne Öffentlichkeit. Damit sind also weitgehend solche Textmaterialien ausgeschlossen, die primär an ein bestimmtes Fachpublikum (z.B. Molekularbiologen, Juristen, Mediziner etc.) adressiert waren. Dennoch wurden auch relevante publizierte Fachdiskurse zur Analyse herangezogen, wobei aber nicht im Detail dieser Fachdiskurs rekonstruiert, sondern nur das (vorläufige) Ergebnis (Thesen, Empfehlungen etc.) festgehalten wird, auf das sich die Experten geeinigt hatten. Fachinterne Rivalitäten sind damit nicht per se aus der Analyse ausgeschlossen, da man unterstellen kann, daß ein tiefgreifender Dissens in den Fachöffentlichkeiten auch in die breite Öffentlichkeit dringt. Als Untersuchungsmaterial kamen die relevanten Informationsschriften, die von den angeschriebenen Akteure zusandt wurden (Kampagnenmaterial, Flugblätter, Selbstdarstellungen, Hochglanzbroschüren, Tagungsberichte, Veröffentlichungen von Kommissionen u.ä.), in Betracht. Diese Auswahl basiert auf der Überlegung, daß in solchen Textmaterialien die Argumentationsstrukturen der Akteure in größerer Rreinheit hervortreten als in den situativen Begründungskontexten des Alltags (Printmedien), in denen diese Strukturen oft nur implizit oder verkürzt artikuliert werden. Anhand dieser Informationsmaterialien sind dann die „Themen" der Akteure herausgearbeitet worden. Die Konstruktion der „Themen" ist so angelegt, daß diese nicht zu allgemein definiert, etwa nach dem Muster: Pro Gentechnik/Contra Gentechnik, sondern die „Etiketten" themenzentriert relativ nahe an der empirischen Ebene der Texte formuliert wurden. Dies erleichterte eine interpretatorische Zuordnung des Textmaterials. Die gewählte Vorgehensweise bedingte jedoch auch, daß innerhalb des „Rahmens" eines Akteurs – je nach fokussiertem Sachverhalt – verschiedene „Themen" enthalten sein konnten. Damit sind Vor- und Nachteile für die Auswertung verbunden. Der Vorteil dabei ist, daß man innerhalb einer dominanten

„Ideologie", z.B. „Fortschrittsgläubigkeit", interne Varianzen der thematischen Schwerpunktbildung ausmachen kann. Der Nachteil liegt darin, daß man erheblich mehr „Themen" ermitteln und auch Überschneidungen in Kauf nehmen muß. Die Überschneidungen ergeben sich daraus, daß z.b. das „Thema" „politische Regulierung" aus unterschiedlichen „Rahmen" heraus artikuliert werden kann. Allerdings unterscheiden sich die konkreten „Aussagen" der verschiedenen Akteure innerhalb eines gemeinsamen „Themas", so daß diese konkreten Aussagen einen Rückbezug zu dem dahinterliegenden „Rahmen" zuließen. Darüber hinaus wird bei der Diskursanalyse auf weitere fachwissenschaftliche Literatur und auch auf die Medienartikel der überregionalen Tagespresse (siehe dazu Kapitel 5.8) zurückgegriffen. Dies ist erforderlich, um einerseits den prozessualen Handlungsablauf sowie die gesellschaftlichen Rahmenbedingungen, in denen die verschiedenen Akteure operieren müssen, in den grundlegenden Konturen rekonstruieren und andererseits auch die Medienthematisierung erfassen zu können.

5.1 Vorbemerkungen zur Analyse der Konfliktarena in Deutschland: Der kulturelle Code der „Synthese"

Im Vergleich zu der US-amerikanischen Gesellschaft mit ihrer Dominanz von Wettbewerbsstrukturen, der französischen Gesellschaft mit ihrer Dominanz von Machtstrukturen und der englischen Gesellschaft mit ihrer Dominanz von kompromißförmigen Arrangements[264] kommt die deutsche Gesellschaft einem solchen Modell nahe, das sich als *Synthese* bezeichnen läßt.[265] Unter „Synthese" ist hier sozialwissenschaftlich in einem sehr allgemeinen Sinne als Tiefenstruktur die über Generalisierungsprozesse ablaufende Integration des Gegensätzlichen auf einer höheren Ebene in ein umfassendes Ganzes bzw. die Subsumtion der Vielfalt des Partikularen unter die Einheit des Allgemeinen zu verstehen. Das Synthesemodell bezieht sich komparativ betrachtet einmal auf die *Ebene sozialstruktureller und institutioneller Arrangements*, also beispielsweise auf die Bündelung von gesellschaftlichen Partikularinteressen in organisierte Großinteressen in den jeweiligen institutionellen Komplexen sowie auf die gesellschaftli-

---

[264] Besonders bis zur Zeit der Thatcher-Regierung; ab dieser Zeit ist auch hier eine Zunahme von Wettbewerbsstrukturen zu verzeichnen.

[265] Vgl. ausführlich dazu Münch, R., Die Kultur der Moderne, op.cit.; Münch, R., Die gesellschaftliche Kontrolle technisch produzierter Risiken, op.cit.; Aretz, H.-J., Zwischen Kritik und Dogma: Der wissenschaftliche Diskurs, Wiesbaden: Deutscher Universitätsverlag, 1990.

che Gestaltung durch Staat und Repräsentanten von „peak organizations", wie dies empirisch etwa in neokorporatistischen Arrangements zu finden ist und auf den Technikbereich bezogen als *„Technokorporatismus"* bezeichnet wird.[266] Die „Synthese" ist weiterhin auf der Ebene symbolischer Strukturen zu finden, womit z.b. die Eingliederung partikularen Wissens in eine Idee und die „Aufhebung" unterschiedlicher Ideen in eine noch umfassendere Idee gemeint ist, wie dies exemplarisch in *Kants* Synthese zwischen Intellektualismus und Empirismus und *Hegels* Synthese zwischen Rationalismus und Irrationalismus zum Ausdruck kommt. Diese weitgehende Korrespondenz zwischen der Ebene des Sozialsystems und der Ebene des Kultursystems läßt sich auf die einem Konsistenzdruck unterliegende kulturelle Codierung der Organisation von strukturellen Arrangements zurückführen. Bereits *Wilhelm von Humboldt* hat die „Synthese" als charakteristisch für die in Deutschland dominante kulturelle Tradition herausgestellt und als methodisches Prinzip der wissenschaftlichen Forschung nochmals eindringlich empfohlen, wobei man ein „dreifaches Streben des Geistes rege und lebendig zu erhalten" habe:

> ... einmal Alles aus einem ursprünglichen Princip abzuleiten (...); ferner Alles einem Ideal zuzubilden; endlich jenes Princip und dies Ideal in Eine Idee zu verknüpfen.[267]

Eine Analyse der Sozialstruktur muß daher immer auch die gesellschaftsgestaltende Kraft kultureller Faktoren mit einbeziehen, ohne deren Verständnis sie notwendigerweise unvollkommen bleibt.[268] Diese kulturelle Codierung der deutschen Gesellschaft läßt sich in äußerster Verkürzung wie folgt skizzieren: Das Muster der „Synthese" wurde wesentlich während des deutschen Idealismus mit seinen Idealen von „Bildung" und „Kultur" und der Trennung der Kultur von bloßer Zivilisation ausgestaltet. Bedeutsam für das Verständnis der deutschen Kultur und der gesellschaftlichen Gestaltung nach kulturellen Idealen ist *Luthers* Lehre von den zwei Reichen, der religiösen Innerlichkeit einerseits und der weltlichen Äußerlichkeit andererseits, die sich in säkularisierter Form bei *Kant* in der Unterscheidung zwischen dem Intelligiblen und dem Empirischen wiederfindet.[269] Dieser Dualismus impliziert eine scharfe Trennung zwischen „Innen"

---

[266] Weber, H., Technokorporatismus. Die Steuerung des technologischen Wandels durch Staat, Wirtschaftsverbände und Gewerkschaft. In: Hartwich, H.-H., Politik und die Macht der Technik, Opladen: Westdeutscher Verlag, 1986, S. 278-297.

[267] Humboldt, W. von, Ueber die Innere und Äussere Organisation der Höheren Wissenschaftlichen Anstalten in Berlin. In: Werke, Bd. IV, hrsg. von Flitner, A. und Giel, K., Darmstadt: Wissenschaftliche Buchgesellschaft, 1982, S. 255-266, 258.

[268] Vgl. dazu Münch, R., Dialektik der Kommunikationsgesellschaft, op.cit., S. 49-64.

[269] Marcuse, H., Studie über Autorität und Familie, In: Marcuse, H., Ideen zu einer kritischen Theorie der Gesellschaft, Frankfurt: Suhrkamp, 1976 (1969), S. 55-156.

und „Außen", „Geist" und „Materie", „Theorie" und „Empirie" bzw. „Praxis" sowie zwischen „Kultur" und „Welt", wobei im deutschen Idealismus dem jeweils ersteren die Priorität eingeräumt wurde. Die Formulierung kultureller Ideale wurde weitgehend durch eine Intellektuellenschicht vorgenommen, die durch die Abtrennung vom gesellschaftlichen Leben im Vergleich weit weniger in die gesellschaftliche Gemeinschaft eingebunden, stärker von der Politik abgetrennt und weit weniger über Verbindungen zur aufsteigenden Klasse der ökonomischen Unternehmer verfügte als – jeweils mit unterschiedlicher Gewichtung – die englischen, französischen und amerikanischen Intellektuellen. Da der deutsche Gelehrte aber auch gleichzeitig vom kleinbürgerlichen Handwerkertum und von einer relativ ungebildeten feudalen Klasse getrennt war, „entwickelte er einen starken Glauben an die geistige Adelung durch das Wort und ein ebenso starkes Gefühl für dessen Unvermögen in der praktischen Sphäre"[270]. Intellektuelle Tätigkeit vollzog sich in der vom preußischen Staat garantierten Sphäre der „Einsamkeit und Freiheit", und mit der Erlangung des höheren theoretischen Wissens verband sich ein besonderer Anspruch auf Autorität und eine Elitetheorie der Wahrheit.[271] Es ist eine soziologische Gesetzmäßigkeit, daß je mehr die Intellektuellen von den ökonomischen, politischen und gemeinschaftlichen Handlungssphären des gesellschaftlichen Lebens getrennt sind, das intellektuelle Denken um so weiter in eine abstrakte Richtung gedrängt wird und seine Eigenlogik der *Generalisierung* stärker entfalten kann. Durch die überragende Bedeutung der Kultur, durch die Praxisferne des intellektuellen Denkens und die Geringschätzung alles Empirisch-Praktischen wurde daher eine gesellschaftliche „Ideologie" in Deutschland etabliert, die entsprechend dem Gesetz der Generalisierung den *Primat des Allgemeinen vor dem Besonderen*, der Theorie vor der Empirie, der Idee vor der Tat betonte und Rationalität als eine alles umfassende Vernunft (nicht als eine bloß instrumentelle Vernunft) definierte, Gleichheit als Gleichbehandlung des untergeordneten Partikularen (Gleichbehandlung von Untertanen durch die Obrigkeit und nicht als individuelle Chancengleichheit), Freiheit als transzendentale Freiheit *vor* jeder menschlichen Handlung (und nicht beispielsweise als ein Resultat politischer Befreiung) und Aktivismus auf die „Bewegung des Geistes" (Hegel) bezog, während die konkrete Ausgestaltung der Gesellschaft vor allem dem Staat und einigen großen Wirtschaftsunternehmen überlassen war.

Entsprechend diesem kulturellen Muster werden gesellschaftliche Konflikte vornehmlich dadurch zu lösen versucht, daß die verschiedenen partikularen

---

[270] Ringer, F.K., Die Gelehrten. Der Niedergang der deutschen Mandarine 1890-1933, Stuttgart: Klett-Cotta, 1983 (1969), S. 28.

[271] Dahrendorf, R., Gesellschaft und Demokratie in Deutschland, München: Piper, 1975 (1968), S. 165-181.

Standpunkte in ein umfassendes Ganzes „aufgehoben" werden und eine „Einheit" des Unterschiedlichen angestrebt wird, wobei die Herstellung dieser „Einheit" den gesellschaftlichen Eliten obliegt. Je weniger aber eine solche Synthese erreicht werden kann, um so mehr verharren die jeweiligen partikularen Standpunkte in einem fragmentierten unversöhnlichen Konfliktzustand, da sie nicht über einen anderen Modus der Konfliktlösung abgearbeitet werden können. Die Implikationen eines solchen Arrangements können hier natürlich unmöglich im einzelnen aufgezeigt werden, jedoch beleuchtet dies insbesondere den lange Zeit geltenden fragmentarischen Charakter der politischen Kultur Deutschlands und die vergleichsweise späte Herausbildung einer modernen Demokratie: So unterscheidet beispielsweise *Lepsius* in Deutschland verschiedene sozio-moralische Milieus (Milieu der Arbeiterbewegung, katholisches Milieu, agrarisch-militärisch-bürokratisches Milieu, protestantisches Milieu), deren Stabilität dazu beigetragen hat, daß sich im Kaiserreich und in der Weimarer Republik keine Volksparteien modernen Typs herausbilden konnten. Nun ist aber nicht die bloße Existenz solcher Milieus der Grund für die problematische Geschichte der Demokratie in Deutschland, sondern vielmehr deren gegenseitige Abschottung aufgrund einer fehlenden übergreifenden Integration und der daraus resultierenden Koalitionsunfähigkeit der Parteien, welche zu einer fragmentierten politischen Kultur des Kaiserreichs wie auch der Weimarer Republik geführt haben. In Verbindung mit der strukturellen Mehrheitsunfähigkeit eines jeden der vier Milieus haben diese sich wechselseitig blockiert und so zu einer übermäßigen Machtkonzentrierung bei der bürokratischen Elite geführt. Erst der Zerfall dieser Milieus eröffnete die Chance zu einem tiefgreifenden Wandel, von dem zunächst jedoch nur der Nationalsozialismus profitierte.[272] Dieses kulturelle Muster der „Synthese" hatte nun für den hier interessierenden engeren thematischen Zusammenhang weitere Implikationen:

Einmal kam es hierdurch zu einer symbolisch abgesicherten scharfen Frontstellung zwischen Kultur und dem alltäglichen, an praktischen Erfordernissen ausgerichteten Handeln, wie sich dies beispielsweise auch in der scharfen Gegenüberstellung von Bildungsbürgertum und Besitzbürgertum zeigt. Ebenfalls wurde eine entsprechende *politische Kultur* modelliert, die sowohl auf einer Konzeption der Interdependenz von Staat und Gesellschaft basiert[273] als auch eine Trennung von Staat und Gesellschaft fortschreibt[274] und die Legitimationsweisen politischen Handelns geprägt hat. Einerseits wird politische Effektivität zu

---

[272] Lepsius, M.R., Demokratie in Deutschland. Soziologisch-historische Konstellationsanalysen, Göttingen: Vandenhoeck & Ruprecht, 1993.

[273] Dyson, K., West Germany: The Search for a Rationalist Consensus. In: Richardson, J. (Hg.), Policy Styles in Western Europe, London: Allen & Unwin, 1982, S. 17-46, 18.

[274] Siehe auch Rohe, K., Staatskulturen und Krise der Industriegesellschaft. Sociologica Internationalis, 1982, S. 31-52.

einem großen Teil mit ökonomischer Effizienz gleichgesetzt und Regierungen werden auch heute noch danach beurteilt, inwieweit sie das wirtschaftliche Wachstum und den Wohlstand aller fördern.[275] Durch eine solche „Ökonomisierung" der Politik wird politische Folgebereitschaft und Legitimation nach dem Kriterium der wirtschaftlichen Effizienz gewährt, was allerdings die politische Legitimation in länger andauernden ökonomischen Krisenzeiten stark erschüttern kann. Andererseits konstatierten *Almond* und *Verba* in ihrer schon klassischen Studie[276] für Deutschland eine geringe affektive Bindung der Bürger an das politische System, so daß hier kein hinreichendes „Kapital" an generalisiertem Vertrauen zur Verfügung stehe,[277] wenn auch inzwischen dieser Mangel nicht mehr so stark ausgeprägt ist.[278] Diese im Vergleich zu angelsächsischen Ländern mangelnde Verankerung des politischen Systems in der gemeinschaftlichen Lebenswelt ist ein hervorstechendes Merkmal der deutschen kulturellen Tradition, die eher am Richterspruch einer universellen Vernunft orientiert ist und sich zumindest bis *Kant* zurückverfolgen läßt: Fügt der Staat sich der kritischen Vernunft nicht, dann kommt ihm nur „verstellte Achtung" zu; erst wenn er sich den aufgeklärten Richtern unterwirft, kann er Anspruch erheben auf eine „unverstellte Achtung"[279]. Dies heißt aber wiederum nicht, daß eine Systembindung überhaupt nicht besteht: demokratische Institutionen und Verfahrensweisen müssen nicht unbedingt „geliebt", können jedoch – als eine weitere Variante – durch Einsicht respektiert und als vernünftig begriffen werden. In Deutschland wird daher die Kluft zwischen effektivem politischen „Apparat" und lebensweltlicher Orientierung vornehmlich über den Weg der diskursiven Sinnstiftung und kulturell generalisierter „Ideologiebildung" überbrückt.[280] Innerhalb des politischen Systems hat dieses kulturelle Muster zu der Herausbildung eines an *Sachlichkeit* ausgerichteten *intellektualistischen Politikstils* der Problemlösung

[275] Greiffenhagen, M., Vom Obrigkeitsstaat zur Demokratie: Die politische Kultur in der Bundesrepublik Deutschland. In: Reichel, P. (Hg.), Politische Kultur in Westeuropa. Bürger und Staaten in der Europäischen Gemeinschaft. Schriftenreihe der Bundeszentrale für politische Bildung, Bonn, 1984, S. 52-76.

[276] Almond, G.A. & Verba, S., The Civic Culture, Princeton, N.J.: Princeton University Press, 1972 (1963).

[277] Vgl. ebenfalls Pye, L.W. & Verba, S. (Hg.), Political Culture and Political Development, Princeton, N.J.: Princeton University Press, 1965.

[278] Greiffenhagen, M., Vom Obrigkeitsstaat zur Demokratie: Die politische Kultur in der Bundesrepublik Deutschland, op.cit.

[279] Koselleck, R., Kritik und Krise, Frankfurt: Suhrkamp, 1973, S. 101-102.

[280] Vgl. Rohe, K., Zur Typologie politischer Kulturen in westlichen Demokratien. Überlegungen am Beispiel Deutschlands. In: Dollinger, H., Gründer, H. und Hanschmidt, A. (Hg.), Weltpolitik – Europagedanke – Regionalismus. Festschrift für Heinz Gollwitzer zum 65. Geburtstag, Münster: Aschendorff, 1982, S. 581-596.

geführt, welcher noch durch ein entsprechend ausgebildetes dominantes Berufs-
beamtentum unterstützt wird:

> West-Germany is characterised by a high-minded and didactic style of
> thought about policy that focuses on *Sachlichkeit* (objectivity) and on public-
> regarding attitudes and that has its cultural roots in a tradition of distaste for the
> materialism of politicking.[281] (...) The language of German policy is thematic and
> intellectual, remote from colloquial speech. It utilises a carefully delimited voca-
> bulary of rhetorical concepts that centre primarily on *Staat* (state) and attempts
> rational persuasion by fostering an image of competence and *Sachlichkeit*.[282] (...)
> This political presence of the *Beamte* in ministerial organisation, in parliamentary
> committees and in party committees reinforces the strength of technical values of
> *Sachlichkeit*, particulary legal values, and an expert attention to detail in the polity
> process.[283]

Dieser intellektualistische Politikstil zeigt sich wiederum in zwei Varianten: einem mehr reaktiven Stil, der die Rolle der Politik als einen an Ideen ausgerichteten unparteilichen Schiedsrichter formuliert, und einem mehr antizipatorischen
Stil, der die Rolle der Politik als einen an Wissen und Information ausgerichteten innnovativen Akteur zentriert.[284] In beiden Varianten kommt daher bei der
politischen Entscheidungsfindung auch der wissenschaftlichen/technischen Autorität und Fachkompetenz eine gesteigerte Bedeutung zu. Eine zweite Dimension der Artikulation des kulturellen Musters bezieht sich auf die Konzeption des
Verhältnisses zwischen Staat und gesellschaftlichen Akteuren: Einerseits hat
sich, basierend auf der Konzeption der Trennung von Staat und Gesellschaft, ein
mehr autoritativer Politikstil herausgebildet, nach dem der Staat als eine Art
„Treuhänder" das übergeordnete gemeinsame Wohl durch die Anwendung
„technisch" korrekter Lösungen garantiert (Rechtsstaat-Ideologie, älter: Obrigkeitsstaat). Insbesondere das Staat-Bürger-Verhältnis ist durch diese kulturelle
Variante geprägt: dieses war im deutschen Rechtspositivismus des 19. Jahrhunderts durch einen „etatistischen Grundton"[285] gekennzeichnet und die „juristische Methode" der positivistischen Rechtswissenschaft sah in dem „Subjekt"
des freien Willens nicht den Bürger, sondern vornehmlich den Staat, dessen We-

---

[281] Dyson, K., West Germany: The Search for a Rationalist Consensus, op.cit., S. 17.

[282] Ibid., S. 19

[283] Ibid., S. 23.

[284] Ibid., S. 17-18.

[285] Nawata, Y., Das Grundrecht und das Staat-Bürger-Verhältnis in der modernen Gesellschaft. In: Campbell, T.D., Moffat, R.C., Sato, S. & Varga, C. (Hg.), Biotechnologie, Ethik
und Recht im wissenschaftlichen Zeitalter, Stuttgart: Franz Steiner Verlag, 1991, S. 108-113,
111.

sen das „Herrschen" ist und sich zu den Untertanen herrschend verhält. Macht, also die Durchsetzung des eigenen Willens gegen den Willen anderer, hat nach dieser Auffassung nur der Staat und die ganze Staatsgewalt beruht auf dem Gehorsam der Untertanen, deren Tätigkeit nach *Jellinek* nichts anderes ist als „verwandelter Gehorsam"[286]. Gleichheit der Bürger wird daher innerhalb des kulturelles Codes mehr als Gleichheit der Untertanen durch eine objektive und über ihnen stehende Behörde garantiert, die allerdings mit einem Verlust an Selbständigkeit und aktiver Teilnahme des Bürgers an Entscheidungsprozessen bezahlt wird. Die Gesetzgebung ist daher nicht als ein Prozeß der Kompromißbildung zwischen den verschiedenen partikularen Interessen zu sehen, sondern sucht das über allem Partikularen stehende objektive Allgemeine, die umfassende Synthese aller Partikularismen. Dies äußert sich beispielsweise darin, daß heute immer noch möglichst viele gesellschaftliche Probleme auf der höchsten Ebene des Parlaments durch eine allgemeine Gesetzgebung geregelt werden und nicht durch die auf niederen Ebenen getroffenen Einzelfallentscheidungen. Auch die Implementation von Gesetzen ist in Deutschland durch eine Fülle „von oben kommender" weiterer spezifizierender Verordnungen und Verwaltungsvorschriften stark formalisiert, die den verbleibenden Handlungsspielraum noch weiter einschränken und eine partielle Verlagerung der Entscheidungsverantwortung vom Gesetzgeber auf Exekutive und Gerichte nach sich ziehen. Insbesondere die „Unbestimmtheit" bzw. „indeterminacy" des Rechts[287] bei der Regulierung der Technik läßt der Verwaltung einen gesetzlich nicht festgelegten relativ großen Entscheidungsspielraum, wobei diese jedoch mehr an generellen Regeln orientiert ist, die sich gegenüber dem situativen Einzelfall gleichgültig verhalten.[288] Dies steht in einem deutlichen Kontrast etwa zu den Implementationsverfahren in England, wo die in der Regel dezentrale Implementationsstruktur auch dort, wo sie formell zentralistisch institutionalisiert ist, den dezentral oder vor Ort implementierenden Institutionen einen großen Spielraum bei der Durchführung von Gesetzen und Verordnungen nach dem Prinzip der „best practical means" läßt. Diese Eigenheiten der administrativen Handhabung in Deutschland lassen zwar eine relativ hohe Berechenbarkeit des Handelns zu,

---

[286] Bärsch, C.-E., Die Rechtspersönlichkeit des Staates in der deutschen Staatslehre des 19. und beginnenden 20. Jahrhunderts. In: Göhler, G., Lenk, K., Schmalz-Bruns, R. (Hg.), Die Rationalität politischer Institutionen, Baden-Baden: Nomos Verlagsgesellschaft, 1991, S. 423-442, 431.

[287] Zur neueren Unbestimmtheitsdiskussion, die über die Deskription der Rechtsrealisten hinausgeht, vgl. Seelmann, K., Die „Unbestimmtheit" des Rechts. Universitas 11, 1994, S. 1066-1075.

[288] Dieser Sachverhalt wird immer noch durch aktuelle Studien belegt, vgl. Héritier, A., Mingers, S., Knill, Ch. & Becka, M., Staatlichkeit in Europa. Ein regulativer Wettbewerb: Deutschland, Großbritannien und Frankreich in der Europäischen Union, Baden-Baden: Nomos, 1994, insbesondere S. 71-79.

ebnen auf der anderen Seite aber die vielfältigen situativen Besonderheiten des Handelns „flächendeckend" ein.

Andererseits wird von einer Interdependenz von Staat und Gesellschaft ausgegangen (Sozialstaats-Ideologie, aber auch die Konzeption des Parteienstaates), die einen Politikstil der konsensuellen Verhandlung und Koalitionsbildung fördert. Daher ist ein für Deutschland typisches Muster die Verflechtung des Staates mit den Interessengruppen über intermediäre Instanzen, in denen Staat und die Eliten der gesellschaftlichen Großverbände, in denen die Mitgliederinteressen synthetisiert sind, hinsichtlich gesetzlicher Regelungen zusammenarbeiten. In solchen intermediären Handlungsfeldern soll wiederum ein übergreifender Konsens, eine Synthese aller Einzelstandpunkte, hergestellt werden. Hierdurch wird der gesellschaftliche Einfluß der Großverbände an die Macht des Staates angekoppelt: während die Großorganisationen auf diese Weise einerseits die Interessen ihrer Mitglieder in Gesetzgebungsprozesse hineintransportieren, binden sie andererseits ihre Mitglieder an die Gesetze des Staates, ein Mechanismus, der maßgeblich verantwortlich ist für die Gesetzestreue der Deutschen.[289]

Die oben skizzierten Dimensionen mit ihren jeweils zwei Varianten ergeben nun vier Typen von Politikstilen:[290] Konsensuelle Verhandlungen zwischen Staat und gesellschaftlichen Akteuren können einmal durch eine reaktive politische Problemlösung (Statusbewahrung), zum anderen durch eine antizipatorische politische Problemlösung (Konzertierung) gekennzeichnet sein. Ebenso kann die autoritative Dimension einmal durch einen reaktiven Stil (Regulation), zum anderen durch einen antizipatorischen Stil (staatlicher Aktivismus) bestimmt sein. Der staatliche Aktivismus ist jedoch nur dann kulturell legitimiert, wenn ein gesellschaftliches Agreement vorausgesetzt werden kann oder aber konsensuelle Verhandlungen fehlschlagen und eine Problemlösung dringlich erscheint. Generell läßt sich als Tendenz festhalten, daß seit den sechziger Jahren der Politikstil besonders durch die Konsensorientierung als dominantes Muster gekennzeichnet ist:

> Consensus was an increasingly important object of German public policy at the expense of concern with realisation of the „will" of the state.[291]

Damit kommt der dominante Politikstil in Deutschland durch seine Ausrichtung an einem übergreifenden Konsens mehr dem analytischen Gesetz der Generalisierung nahe. Allerdings gilt zu berücksichtigen, daß sich je nach Politikfeld durchaus unterschiedliche Ausprägungen und Kombinationen der Politikstile

---

[289] Münch, R., Das Projekt Europa, Frankfurt: Suhrkamp, 1993, insbesondere S. 157-181.

[290] Dyson, K., West Germany: The Search for a Rationalist Consensus, op.cit., S. 20.

[291] Ibid., S. 21.

ergeben können. Weiter unten wird bei der Auseinandersetzung über die Gentechnologie deutlich, daß bei den politischen Akteuren, nachdem ein breiter gesellschaftlicher Konsens nicht erzielt werden konnte, der Politikstil zu einem mehr autoritativen Stil wechselte, dabei aber auf einen Konsens zwischen Politik, Industrie und Wissenschaft rekurrieren konnte.

Man verkennt jedoch die besondere Eigenart der deutschen Kultur und Sozialstruktur, wenn man ausschließlich diesen kurz skizzierten Dualismus fokussiert. Eine etwas weitergehende Analyse zeigt, daß auch die Sphäre des „Praktischen" oder „Instrumentellen" maßgeblich durch den kulturellen Code geprägt ist. Trotz der Trennung zwischen dem mehr am konkreten Nutzen orientierten praktischen Handeln und dem mehr am Universellen orientierten intellektuellen Handeln manifestiert sich innerhalb der Eigengesetzlichkeiten der praktischen Handlungssphären das tiefenstrukturelle Muster der „Synthese". An anderer Stelle wurde dies bereits eingehend verdeutlicht,[292] hier sei nur darauf verwiesen, daß nicht nur der Wirtschaftsbürger in seinen Lebensweisen sich dem bildungsbürgerlichen Paradigma verpflichtet fühlte,[293] sondern insbesondere auch die Technik in Deutschland durch die Eigenheiten der Kultur maßgeblich geprägt war. Nicht nur stritten die Technischen Hochschulen Preußens um die soziale Aufnahme des akademisch ausgebildeten Ingenieurs in das Bildungsbürgertum und waren gegen den Widerstand der Universitäten außerordentlich darum bemüht, das Promotionsrecht zu erhalten und „die Technik sichtbar als Kulturleistung ersten Ranges zu präsentieren"[294], sondern die Technik in Deutschland war etwa im Vergleich zu England viel stärker an die Wissenschaft gebunden und theoretisch orientiert, wobei das geisteswissenschaftliche Muster des Strebens nach der „Idee", dem „umfassenden System", der „Synthese" unverändert übernommen wurde:

> Die Naturwissenschaftler und Ingenieure empfanden den geistigen Herrschaftsanspruch der Philosophie und Philologie als anmaßend; aber das der Spekulation entstammende Streben nach der Idee und dem großen System ging auch in die Technologie ein, wenn auch in Spannung zu der zunehmenden Spezialisierung.[295]

Gerade in Deutschland spielte die Verwissenschaftlichung der Technik und die damit verbundene Systematisierung des technischen Wissens eine „bahnbrechende Rolle", und der Erfolg der „deutschen Technik" beruhte im Vergleich zu

---

[292] Siehe Münch, R., Die Kultur der Moderne, op.cit.

[293] Siehe dazu die Beiträge in Lepsius, M.R. (Hg.), Bildungsbürgertum im 19. Jahrhundert. Teil III: Lebensführung und ständische Vergesellschaftung, Stuttgart: Klett-Cotta, 1992.

[294] Radkau, Technik in Deutschland, op.cit., S. 133.

[295] Ibid., S. 159-160.

anderen Gesellschaften eben auf dieser starken wissenschaftlichen Orientierung, wie neben den technischen Hochschulen besonders die deutsche Chemie und Elektrotechnik immer wieder hervorhoben.[296] So schrieb beispielsweise Werner von Siemens 1883:

> Die naturwissenschaftliche Forschung bildet immer den sicheren Boden des technischen Fortschritts, und die Industrie eines Landes wird niemals eine internationale, leitende Stellung erwerben und sich erhalten können, wenn das Land nicht gleichzeitig an der Spitze des naturwissenschaftlichen Fortschritts steht. Dieses herbeizuführen, ist das wirksamste Mittel zur Hebung der Industrie.[297]

Erst als der akademische Status des Ingenieurs sozial gesichert war, grenzte er sich dann durch seine Fokussierung auf die praktische Erfahrung von den naturwissenschaftlichen Theoretikern ab. Allerdings blieb trotz der erfolgreichen Differenzierung vom Handwerk einerseits und den Wissenschaften andererseits die Technik in Deutschland weiterhin durch den kulturellen Code der Synthese geprägt und zeigte innerhalb der ihr eigenen Sphäre die konkrete Ausgestaltung dieses kulturellen Codes.

Dieses kulturelle Muster manifestierte sich auch in der gesellschaftlichen Organisation der Wissenschaft. In Deutschland ist die Trennung zwischen den Geisteswissenschaften und den Naturwissenschaften vergleichsweise sehr stark ausgeprägt und die These von den „zwei Kulturen"[298] trifft hier besonders zu. Über einen langen Zeitraum zeigt sich im Vergleich zu anderen Gesellschaften eine Vorliebe deutscher Wissenschaftler für die Grundlagenforschung gegenüber der anwendungsorientierten Forschung und für eine umfassende Theoriebildung gegenüber mehr empirisch ausgerichteten Forschungen. Dies heißt natürlich nicht, daß es in Deutschland überhaupt keine empirisch ausgerichtete Forschung gab, allerdings kam es auch hier zu einer unversöhnlichen Gegenüberstellung von „Theoretikern" und „Empirikern", unter der einige Disziplinen bis heute noch zu leiden haben. Das dominante Muster war jedoch die stark ausgeprägte theoretische Wissensorientierung. Weiterhin werden dem Muster der "Synthese" entsprechend nicht einzelne Hypothesen im harten Wettbewerb untereinander an der Realität überprüft, sondern möglichst zu einer „Gesamtschau" in eine umfassende Theoriearchitektur integriert. Wissenschaftliche Auseinandersetzungen in Deutschland sind daher typischerweise durch einen Kampf zwischen „Großparadigmen" gekennzeichnet, die sich dann unversöhnlich gegenüberstehen. Der Konflikt wirkt entsprechend des kulturellen Codes um so tiefer und länger, je weniger es gelingt, die konfligierenden „Großperspektiven" in

---

[296] Ibid., S. 41.

[297] Zitiert in: DIE ZEIT vom 5.11.1993.

[298] Snow, C.P., Die zwei Kulturen. Literarische und Naturwissenschaftliche Intelligenz, Stuttgart: Klett-Cotta, 1987 (1967).

einer neuen „Synthese" auf höherer Ebene zusammenzubringen. Dieses Muster hat die Herausbildung unterschiedlicher „Schulen" in der disziplinären Wissenschaft, die jeweils an ein entsprechendes Paradigma gebunden waren, außerordentlich begünstigt und eine Kooperation der Forscher nicht nur in der eigenen Disziplin, sondern erst recht auch im interdisziplinären Bereich weitgehend unterdrückt. Wie weiter unten noch näher beschrieben wird, hat man sich daher gerade in Deutschland hinsichtlich der für die Gentechnik erforderlichen Interdisziplinarität zunächst sehr schwergetan. Die Konfliktlösung durch „Synthese", aus deren Perspektive jeder Kompromiß nur ein „fauler" Kompromiß sein kann, zeigt sich auch heute beispielsweise noch in den theoretischen Versuchen der Integration von naturwissenschaftlichen und geisteswissenschaftlichen Denkweisen in ein umfassendes Ganzes bzw. in der Integration multipler Rationalitäten in ein neues ganzheitliches Denken oder in einer „reflexiven Modernisierung".[299] Mit dieser sehr knapp gehaltenen Skizzierung des dominanten Musters der deutschen Kultur soll natürlich nicht behauptet werden, daß die heutige dominante Kultur mit der des 19. Jahrhunderts identisch ist, wohl aber, daß hier immer noch eine enge Verwandtschaft besteht, die ein Verständnis heutiger gesellschaftlicher Zusammenhänge erleichtert, obwohl mittlerweile eine Zunahme von Wettbewerbsstruktuen zu verzeichnen ist und für entsprechende strukturelle Turbulenzen sorgt.

Entsprechend dem Synthesemodell werden die sozialen Interaktionsmedien Macht, Einfluß, Geld und Wertcommitments in den Beziehungen zwischen den gesellschaftlichen Sphären relativ nahtlos – und nicht vielfach gebrochen wie im Wettbewerbsmodell – ineinander übersetzt. Dieses Modell funktioniert idealtypisch unter der Bedingung, daß die Zahl der Akteure klein und begrenzt ist und keine konkurrierenden Akteure das Interaktionsfeld betreten, wie dies beispielsweise in neokorporatistischen Arrangements der Fall ist. Auf die politische Regulierung technisch produzierter Risiken[300] angewendet bedeutet dies, daß

---

[299] Beck, U., Risikogesellschaft, op.cit.; Beck, U., Gegengifte, op.cit.; Beck, U., Politik in der Risikogesellschaft, op.cit.; Mai, M., Die Rolle technisch-wissenschaftlicher Verbände in der Technkgestaltung und -bewertung. In: Mai, M. (Hg.), Sozialwissenschaften und Technik. Beispiele aus der Praxis, Bern, Frankfurt, New York: Land, 1990, S. 155-178; Mai, M., Technikgestaltung als Problem dezentraler Gesellschaftssteuerung. In: Tschiedel, R. (Hg.), Die technische Konstruktion der gesellschaftlichen Wirklichkeit. Gestaltungsperspektiven der Techniksoziologie, München: Profil, 1990, S. 69-88; Daele, W. van den, Regeldurchsetzung und Normbildung bei der Kontrolle biomedizinischer Forschung. Zur Funktion von Ethikkommissionen in der Bundesrepublik Deutschland. Kölner Zeitschrift für Soziologie und Sozialpsychologie 42, 1990, S. 428-451; Wiesenthal, H., Ist Sozialverträglichkeit gleich Betroffenenpartizipation? Soziale Welt 41, 1990, S. 28-46.

[300] Vgl. Münch, R., Die gesellschaftliche Kontrolle technisch produzierter Gefahren, op.cit.; Aretz, H.-J., Gentechnik – kontrollierbare Großtechnologie oder unkontrollierbares Risiko? Verbraucherpolitische Hefte 15, 1992, S. 193-209.

organisierte Interessen, gebündelt in Großverbänden und geführt von den gesellschaftlichen Eliten, sich mit Hilfe des beträchtlichen gesellschaftlichen Einflusses, den sie genießen, Zugang zu politischen Entscheidungsverfahren im vorparlamentarischen Raum verschaffen und im Gesetzgebungsverfahren eng mit dem Staat zusammenarbeiten.[301] Die Übersetzung von sozialem Einfluß in politische Macht erfolgt um so direkter, je mehr spätere, vom Parlament verabschiedete und von Behörden implementierte Gesetze schon in vorparlamentarischen Kommissionen unter Beteiligung der Großverbände ihre endgültige Form erhalten. Spontane, nichtorganisierte oder schwer organisierbare Interessen haben kaum bzw. keinen Zugang zu den politischen Entscheidungsverfahren. Umgekehrt gewinnt der Staat durch die Einbindung der Großverbände in den Prozeß der Gesetzesformulierung und der -implementation einen Zugriff auf den gesellschaftlichen Einfluß der Verbände auf ihre Mitglieder, da diese von der Verbandsspitze auf das zustandegekommene Ergebnis verpflichtet werden. Auf diese Weise kann der Staat die Implementation seiner Gesetzesmaßnahmen sicherstellen. Auch wissenschaftliche Wahrheit und Expertise bündelt sich in den großen wissenschaftlichen Vereinen, aus denen die wissenschaftlichen Experten in den klein gehaltenen Expertenkommissionen und politischen Entscheidungsverfahren rekrutiert werden und von denen angenommen wird, daß sie die objektive Wahrheit repräsentieren. Umgekehrt dient die enge Verbindung von wissenschaftlicher Wahrheit und politischer Macht dazu, daß politische Entscheidun-

---

[301] Vgl. Bockenförde, E.-W., Staat, Verfassung, Demokratie. Studien zur Verfassungstheorie und zum Verfasungsrecht, Frankfurt: Suhrkamp, 1991, S. 406-439; Dahrendorf, R., Gesellschaft und Demokratie in Deutschland, München, op.cit.; Mayntz, R., Entscheidungsprozesse bei der Entwicklung von Umweltstandards. Die Verwaltung 2, 1990, S. 137-151; Offe, C., The Attribution of Public Status to Interest Groups: Observations on the West German Case. In: Berger, S. (Hg.), Organizing Interests in Western Europe, Cambridge: Cambridge University Press, 1981, S. 123-158; Heinze, R.G., Neokorporatistische Strategien in Politikarenen und die Herausforderung durch neue Konfliktpotentiale. In: Aleman, U. von (Hg.), Neokorporatismus, Frankfurt/New York: Campus, 1981, S. 137-157; Wiesenthal, H., Die Konzertierte Aktion im Gesundheitswesen: Ein korporatistisches Verhandlungssystem der Sozialpolitik. In: Aleman, U. von (Hg.), Neokorporatismus, op.cit., S. 180-206; Streeck, W., Organizational Consequences of Neo-Corporatist Co-operation in West German Labour Unions. In: Lehmbruch, G. & Schmitter, Ph.C. (Hg.), Patterns of Corporatist Policy Making, London: Sage, 1982, S. 29-81.; Schneider, V., Corporatist and Pluralist Patterns of Policy Making for Chemical Control: A Comparison between West Germany and the USA. In: Cawson, A. (Hg.), Organized Interests and the State, London: Sage, 1985, S. 174-191; Glagow, M.& Schimank, U., Korporatistische Verwaltung: Das Beispiel Entwicklungspolitik. Politische Vierteljahresschrift 24, 1983, S. 253-274; Voelzkow, H., Hilbert, J. & Heinze, R.G., Regierung durch Verbände am Beispiel der umweltschutzbezogenen Techniksteuerung. Politische Vierteljahresschrift 28, 1987, S. 80-100; Voelzkow, H., Hilbert, J. & Bolenz, E., Wettbewerb durch Kooperation – Kooperation durch Wettbewerb. Zur Funktion und Funktionsweise der Normungsverbände. In: Glagow, M. & Willke, H. (Hg.), Dezentrale Gesellschaftssteuerung, Pfaffenweiler: Centaurus, 1987, S. 93-116.

gen durch die Abstützung von wissenschaftlichem Sachverstand auf der einen Seite und der Expertengläubigkeit auf der anderen Seite mit einem hohen Grad an Legitimität rechnen können. Die Vernetzung von Geld und politischer Macht konzentriert sich im Synthesemodell ebenfalls auf kleine stabile Interaktionskreise: exemplarisch sind hier ökonomische und technologische Großprojekte, in denen ökonomisches Wachstum und gesteigerte politische Macht eng zusammenfallen. Durch die – im Zusammenhang mit dem ökonomischen Globalisierungsprozeß auftretende – Zunahme von Wettbewerbsstrukturen in Deutschland sind diese oben beschriebenen Merkmale allerdings in ihrer Reinform empirisch nicht mehr anzutreffen. Wir haben es also hier mit Mischformen zu tun, die sich in den verschiedenen gesellschaftlichen Bereichen unterschiedlich weit entfaltet haben und strukturelle Spannungen nach sich ziehen, die bis in die diskursiven Auseinandersetzungen um die Gentechnologie hineinreichen.

5.2 Asilomar und das Gentechnikrecht in Deutschland

Nach der Asilomar-Konferenz von 1975 wurden in den meisten Industriegesellschaften Komitees eingerichtet, die die Regierungen berieten oder an deren Stelle die Einordnung der rDNA-Experimente in verschiedene Sicherheitsstufen vornahmen. Auch in Deutschland wurde entsprechend einer Empfehlung des Sachverständigenkreises „Biotechnologie" des BUNDESMINISTERIUM FÜR FORSCHUNG UND TECHNOLOGIE (BMFT) und nach Absprache zwischen dem Ministerium und der DEUTSCHEN FORSCHUNGSGEMEINSCHAFT (DFG) eine Senatskommission eingesetzt, die geeignete Vorschläge für deutsche Richtlinien vorlegen sollte. Die Kommission regte an, zunächst die Empfehlungen der Asilomar-Konferenz zu übernehmen und später, nach der Veröffentlichung der amerikanischen Richtlinien, diese übergangsweise anzuwenden. Einen eigenen Entwurf für deutsche Richtlinien legte die Kommission nicht vor, vielmehr regte der Präsident der DFG in einem Schreiben an den Bundeskanzler im November 1976 an, eine staatliche Stelle mit der Ausarbeitung der Richtlinien zu betrauen, da die DFG nicht in der Lage sei, allgemeinverbindliche Richtlinien vorzuschlagen.[302] Weiterhin wurde die Errichtung einer ZENTRALEN KOMMISSION FÜR DIE BIOLOGISCHE SICHERHEIT (ZKBS) empfohlen, die 1978 ihre Tätigkeit aufnahm. Eine Kontrolle der ZKBS findet durch das Bundesgesundheitsamt statt, das auch

---

[302] Binder, N., Richtlinien für die Genforschung im Spannungsfeld zwischen Gefahrenschutz und Forschungsfreiheit. In: Klingmüller, W. (Hg.), Genforschung im Widerstreit, Stuttgart: Wissenschaftliche Verlagsgesellschaft, 1980, S. 101-115, 103.

bestimmten Entscheidungen, z.B. bei Freisetzungen, nach Anhörung der ZKBS erst zustimmen muß.

Im Dezember 1976 berief das BMFT einen Sachverständigenkreis ein, der Anfang 1977 das wissenschaftliche Gerüst für die deutschen Richtlinien als Bericht formulierte und diesen nach Anhörung der Kultusbehörden der Länder, der wissenschaftlichen Gesellschaften, der Organisationen der Forschungsförderung und der Großverbände im September 1977 verabschiedete. Das BMFT legte dann unter Berücksichtigung von Empfehlungen dieses Gremiums die Richtlinien im Frühjahr 1978 dem Bundeskabinett zur Beschlußfassung vor. Die noch im selben Jahr von der Bundesregierung – in Anlehnung an die amerikanischen Sicherheitsauflagen – erlassenen „Richtlinien zum Schutz vor Gefahren durch in vitro-neukombinierte Nukleinsäuren" (sog. Gen-Richtlinien) wurden im weiteren Verlauf den fortschreitenden wissenschaftlichen und technischen Kenntnissen angepaßt und lagen bis zur Verabschiedung des Gentechnikgesetzes in fünf überarbeiteten Fassungen vor. Diese Richtlinien waren rechtlich nur insofern bindend, als die Empfänger von finanziellen Zuwendungen des Bundes zur Einhaltung verpflichtet waren und im Falle der Nichteinhaltung die finanziellen Zuwendungen widerrufen werden konnten. Die Bundesländer hatten in ihrem Bereich, insbesondere an den Universitäten, diese Richtlinien ebenfalls als verbindlich erklärt. Die Industrie hatte sich im Rahmen einer Selbstbindung daran beteiligt, war aber rechtlich nicht hierzu verpflichtet. Das BMFT erwog dann wenige Monate nach Verabschiedung der Gen-Richtlinien, diese durch ein Rahmengesetz allgemein verbindlich zu machen. Aufgrund der Ablehnung aller beteiligten Fachkreise wurde dieser Entwurf vom BMFT zurückgezogen und im Februar 1979 durch einen zweiten Referentenentwurf ersetzt, der in seiner Regelung eher ein Grundlagengesetz war. Diese Pläne wurden jedoch zur Zeit der sozialliberalen Koalition wieder aufgegeben; der damalige Forschungsminister *Andreas von Bülow* verzichtete 1981 auf das Vorhaben eines Gentechnikgesetzes. Noch 1985 hielt das BMFT gesetzliche Regelungen für nicht erforderlich und vertraute auf die freiwillige Beachtung der Richtlinien durch Wissenschaft und Industrie. Die Entscheidung zur Befürwortung eines „Biologie-Stammgesetzes" fiel erst auf ökonomischen Druck hin im Zusammenhang mit der „Standortdebatte". Wichtige Vorarbeiten für eine gesetzliche Regelung der Gentechnik hatte die 1984 vom 10. Deutschen Bundestag eingesetzte Enquete-Kommission „Chancen und Risiken der Gentechnologie"[303] geleistet, die am 19.1.1987 ihren Bericht vorlegte und auch ein verbindliches Gesetz zur biologischen Sicherheit empfahl. Am 1.7.1990 trat dann das Gentechnikgesetz (GenTG) in Kraft, das die Nutzung gentechnischer Verfahren in Forschung und Industrie regelt. Das ei-

---

[303] Diese Kommission wird fortan nur als Enquete-Kommission bezeichnet; ist von anderen Enquete-Kommissionen die Rede, werden diese jeweils mit ihrem vollständigen Namen wiedergegeben.

gentliche Gesetz heißt „Gesetz zur Regelung von Fragen der Gentechnik" und besteht aus insgesamt 8 Artikeln. Nur der Artikel 1 enthält das „Gesetz zur Regelung der Gentechnik" (GenTG); die Artikel 2 bis 7 beinhalten die Änderung bestehender Rechtsverordnungen, eine Änderung des Gesetzes über die Umweltverträglichkeitsprüfung und des Tierschutzgesetzes, einen Hinweis auf die Behandlung von Rechtsverordnungen und die Berlin-Klausel. Nicht geregelt ist im GenTG die Anwendung gentechnischer Verfahren am Menschen (Humangenetik); dieser Bereich wird zum Teil vom Embryonenschutzgesetz abgedeckt, das am 1.1.1991 in Kraft getreten ist. Die Wiedervereinigung Deutschlands erforderte durch den Einigungsvertrag eine Änderung des GenTG (neueingefügter § 41a), der Überleitungsbestimmungen für Betreiber gentechnischer Anlagen in den neuen Bundesländern enthält. Im GenTG werden nach dem jeweiligen Stand von Wissenschaft und Technik ermittelten Gefährdungspotential für die menschliche Gesundheit und die Umwelt vier Sicherheitsstufen unterschieden: S1 (kein Risiko), S2 (geringes Risiko), S3 (mäßiges Risiko) und S4 (hohes Risiko). Die erforderlichen Bestimmungen zur Regelung dieser Sicherheitsfragen sind in der Gentechnik-Sicherheits-Verordnung (GenTSV) enthalten.[304] Die konkreten Regulierungen, Definitionen und Bestimmungen für die Anwendung des Rechts finden sich erst auf der administrativen Ebene; somit liegt es also in der Verantwortbarkeit der Exekutive, die Risiken zu bestimmen und zu bewerten.

Als Rahmenbedingungen für die nationale gesetzliche Regelung der Gentechnik fungierten die beiden EG[305]-Gentechnikrichtlinien „Richtlinie über die Anwendung genetisch veränderter Mikroorganismen in geschlossenen Systemen"[306] (Containment-Richtlinie) und die „Richtlinie über die absichtliche Freisetzung genetisch veränderter Organismen in die Umwelt"[307] (Freisetzungs-Richtlinie), die am 23.4.1990 vom Ministerrat verabschiedet wurden. Die Ausgestaltung des deutschen GenTG hatte sich allerdings an den schon vorliegenden Entwürfen zu diesen EG-Richtlinien orientiert. Die beiden EG-Richtlinien grenzen den Hand-

---

[304] „Verordnung über die Sicherheitsstufen und Sicherheitsmaßnahmen bei gentechnischen Arbeiten in gentechnischen Anlagen (GenTSV)". In: Gentechnikrecht. Materialiensammlung. Amtliche Begründungen zum Gentechnikgesetz und zu den Gentechnikrechtsverordnungen. Zusammengestellt und herausgegeben von Hasskarl, H., Aulendorf: Editio Cantor Verlag, 1991, S. 110-146. Zu den Rechtsgrundlagen des GenTG sowie den weiteren Rechtsvorschriften und Begrifflichkeiten vgl. die Beiträge in Driesel, A.J. (Hg.), Sicherheit in der Biotechnologie. Rechtliche Grundlagen, Heidelberg: Hüthig Buch Verlag, 1992.

[305] In dieser Studie wird noch der für den Untersuchungszeitraum geltende Begriff der „EG" verwendet.

[306] Richtlinie 90/219/EWG, Abl L 117/1 vom 8.5.1990

[307] Richtlinie 90/220/EWG, Abl L 117/15 vom 8.5.1990.

lungsspielraum für den nationalen Gesetzgeber nicht im gleichen Ausmaß ein: während die Containment-Richtlinie nur einen Mindeststandard vorschreibt, der höhere nationale Sicherheitsmaßnahmen zuläßt, sind abweichende nationale Bestimmungen von der Freisetzungs-Richtlinie nur unter bestimmten Voraussetzungen und innerhalb enger Grenzen möglich.[308]

Aufgrund der föderalistischen Struktur der Bundesrepublik wurde der Vollzug des GenTGs dezentral geregelt. Die Genehmigung oder Anmeldung der verschiedenen gentechnischen Vorhaben obliegt je nach Vorhaben den Regierungen der Länder, dem BUNDESGESUNDHEITSAMT (BGA), dem UMWELTBUNDESAMT (UBA), der BIOLOGISCHEN BUNDESANSTALT FÜR LAND- UND FORSTWIRTSCHAFT (BBA) und der BUNDESFORSCHUNGSANSTALT FÜR VIRUSERKRANKUNGEN DER TIERE (FAV). Die Länderregierungen haben ihre Kompetenzen auf Regierungspräsidien bzw. Umweltministerien oder Gesundheitsbehörden übertragen. Bei Forschung und gewerblicher Produktion sind die jeweiligen Landesbehörden zuständig; bei der Freisetzung das BGA im Einvernehmen mit UBA und BBA, bei transgenen Tieren auch mit der FAV; beim Inverkehrbringen ist das BGA zuständig, im Einvernehmen mit BBA und Stellungnahme des UBA. Die zuständigen Behörden müssen vor ihrer Entscheidung eine Stellungnahme der ZKBS einholen. Die ZKBS berät gemäß § 4 GenTG[309] die Bundesregierung und die Länder in allen sicherheitsrelevanten Fragen der Gentechnik. Die Stellungnahmen sind nicht verbindlich, jedoch muß eine davon abweichende Entscheidung von der zuständigen Behörde ausreichend begründet werden.

5.3 Erkenntnisfortschritt, Freiheit der Forschung und praktische Problemlösung: Die Biowissenschaft in Deutschland

Auch die Wissenschaft in Deutschland war bemüht, die Kontrolle über die Definition des gesellschaftlichen Streitobjekts innerhalb ihrer Profession zu halten

---

[308] Zur europäischen Biopolitik vgl. Bongert, E., Towards a „European Bio-Society"? Zur Europäisierung der neuen Biotechnologie. In: Martinsen, R. (Hg.), Politik und Biotechnologie, Baden-Baden: Nomos, 1997, S. 117-134; Abels, G., Politische Verhandlungsprozesse über Humangenom-Forschung in der Europäischen Gemeinschaft. Zur konditionalen Gestaltungsmacht des Europäischen Parlaments. In: Martinsen, R. (Hg.), Politik und Biotechnologie, Baden-Baden: Nomos, 1997, S. 135-152.

[309] Gentechnikrecht. Textsammlung (Gentechnikgesetz und Rechtsverordnungen). Zweite überarbeitete Auflage. Herausgegeben und mit einer Einführung versehen von Horst Hasskarl, op.cit.

und ihre Perspektive hinsichtlich des gesellschaftlichen Umgangs mit der Gentechnik durchzusetzen, mußte jedoch im Vergleich zu den USA unter völlig anderen kulturellen und sozialen Bedingungen operieren. Im Unterschied zur amerikanischen scientific community der Genforscher konnte sie allerdings eine gesetzliche Regulierung der Gentechnik nicht verhindern.

In den Zeitungs- bzw. Zeitschriftenartikeln sind die Akteure aus dem Bereich „Naturwissenschaft" (Deutschland) wie zu erwarten am häufigsten vertreten: sie kommen hier innerhalb in der Kategorie „Akteure" auf insgesamt 355 Artikel (Diagramm 5). Davon entfallen in 101 Artikeln explizite Nennungen der wissenschaftlichen Großorganisationen wie die „Deutsche Forschungsgemeinschaft", die „Max-Planck-Gesellschaft" und Max-Planck-Institute, die „Arbeitsgemeinschaft der Großforschungseinrichtungen", die „Gesellschaft für Biotechnologische Forschung", die „Fraunhofer Gesellschaft", die verschiedenen Genzentren einschließlich das „Zentrum für Molekulare Biologie" und das „Deutsche Krebsforschungszentrum".

Zunächst einmal ist hier der Rahmen der Mainstream-Wissenschaft mit dem Thema „Erkenntnisfortschritt" primär dadurch gekennzeichnet, daß besonders die wissenschaftlichen Großorganisationen die überragende Bedeutung der Grundlagenforschung und die damit verbundene Erkenntniserweiterung betonen. Daneben wird aber auch der praktische Nutzen der Gentechnik zur Lösung besonders medizinischer und landwirtschaftlicher Probleme hervorgehoben, so daß von der Wissenschaft das Thema „praktische Problemlösung" ebenfalls stark unterstützt wird. Sekundär ist innerhalb des Wissenschaftskomplexes eine Orientierung an ökonomischen Erfordernissen zu registrieren, wenn auch längst nicht in dem gleichen Ausmaß wie in der US-amerikanischen Wissenschaft. Im weiteren Verlauf der Gentechnik-Debatte zeigte sich eine zunehmende Anpassung der Wissenschaft an ökonomische Erfordernisse der Regulierung, um öffentliche Akzeptanz zu gewinnen und den industriellen Interessen der gentechnischen Produktion entgegenzukommen. Entsprechend wird dann auch das Thema „Selbstregulierung" (inklusive „Freiheit der Forschung"), das im Mediendiskurs 1987 seinen Spitzenwert erreicht, ab 1988 – als die Industrie vehement auf eine gesetzliche Regulierung drängte – kaum noch unterstützt.

5.3.1 Die gesellschaftlichen Rahmenbedingungen und die soziale Organisation von Wissenschaft in Deutschland

In den wissenschaftlichen Großorganisationen, in denen die Stimmen der Fachwelt konzentriert und die auch im Mediendiskurs besonders sichtbar sind, wird der soziale Einfluß der Forscher gebündelt und ist daher viel weniger zersplittert als in den USA. Die Interessen der Wissenschaftler werden hier in den gesellschaftlichen Auseinandersetzungen vornehmlich durch die Repräsentanten der Großorganisationen wahrgenommen. Die DFG, die im Unterschied zur MPG keine eigenen Institute unterhält, ist die Standesorganisation der universitären Wissenschaft und gleichzeitig der größte Verteiler von Bundes- und Ländermitteln an die Universitäten. So verfügte sie beispielsweise im Jahr 1988, in dem die Gentechnikdiskussion in Deutschland ihren Höhepunkt erreichte, über etwa 1,1 Mrd. DM,[310] von denen mehr als ein Drittel der Biologie und Medizin zuflossen. Bei den geförderten Projekten wurde zu einem wesentlichen Anteil mit gentechnischen Methoden gearbeitet. Die Mittelvergabe ist an die Interessensphäre der Industrie angebunden: Senat und Kuratorium der DFG sind teilbesetzt mit Vertretern aus Industrie und Wirtschaft, und laut Satzung entscheidet der Senat über die forschungspolitischen Grundsätze der DFG.[311] Auch die Max-Planck-Gesellschaft, die eine Vielzahl von Instituten verwaltet, steckte 1988 34,6% ihrer Mittel von etwa 1,2 Mrd. in den biologisch-medizinischen Bereich. Der Einfluß der Wirtschaft ist auch hier nicht unerheblich: 1988 kamen vier der neun Vorstandsmitglieder der MPG aus der Wirtschaft, im Senat sind es 16 von 56 Mitgliedern.[312] Trotz der Anbindung der akademischen Forschung an den Interessenbereich der Industrie lagen jedoch kooperative Unternehmungen noch hinter dem zurück, was in den USA diesbezüglich schon seit längerer Zeit praktiziert wurde und konzentrierten sich vornehmlich auf Großunternehmungen.

Hinsichtlich der normativen Regulierung der rDNA-Forschung traf die akademische Wissenschaft in Deutschland, die im historischen europäischen Vergleich wesentlich größere Freiräume für Forschung und Lehre hat, auf eine Rechtskultur, die durch einen völlig anderen kulturellen Code geprägt ist als die amerikanische Rechtskultur: während dort mehr an Einzelfallentscheidungen orientierte Verwaltungsverfahren zur Lösung konkreter Probleme dominant sind, werden in Deutschland aufgrund der bis auf *Kant* und *Hegel* zurückgehenden kulturellen Codierung von Gleichheit im Sinne einer Resultatsgleichheit weit mehr allgemeine Gesetze auf konkrete Fälle angewandt.[313] Es ist nun genau diese Unempfindlichkeit der rechtlichen bzw. administrativen Regulierung gegenüber dem jeweils Besonderen, dem Partikularen, dem Einzelfall, der die rDNA-Forschung in Deutschland – nachdem die Wissenschaft den Kampf um die Regulierung

---

[310] Thurau, M., Gute Argumente: Gentechnologie?, München: Beck, 1990, S. 29.

[311] Ibid.

[312] Ibid., Anmerkung 24; zur Förderung der Biowissenschaften durch DFG und MPG vgl. auch Strehlow, K., Gentechnik zwischen Sonntagsreden und Forschungslabor, Konstanz: WISSLIT Verlag, 1988, S. 95-97.

[313] Vgl. Münch, R., Die Kultur der Moderne, op.cit., S. 825-830.

„verloren" hatte - in Verbindung mit dem nicht gerade wettbewerbsfördernden dezentralen unterschiedlichen Vollzug des Gentechnikgesetzes in Aufruhr versetzte.

Die Bundesrepublik Deutschland, noch zu Anfang der siebziger Jahre von international höchstem Ansehen als eine dynamische Wirtschaftskraft, verlor in der zweiten Hälfte der siebziger Jahre den Anschluß an die Spitzenreiter USA und Japan sowohl in der Mikroelektronik als auch in der Gentechnologie.[314] Ende der siebziger/Anfang der achtziger Jahre wurde eine lebhafte Diskussion über das Leistungsniveau und die Effizienz der deutschen Forschung auf dem Gebiet der „neuen Biotechnologie" ausgelöst, als deutsche Wissenschaftler aufgrund der besseren Forschungs- und Arbeitsbedingungen verstärkt in die USA auswanderten. Nach Einschätzung des Heidelberger Professors *Ekkehard Bautz* hatte geradezu ein „Sommerschlußverkauf" junger deutscher Talente auf dem Gebiet der Gentechnologie eingesetzt; dabei würden sich vor allem amerikanische Unternehmen und Forschungsinstitute eindecken.[315] Geradezu als ein Affront für die deutsche Grundlagenforschung wurde 1981 das 50-Millionen Dollar Engagement der „Hoechst AG" am „Massachussetts General Hospital" in den USA zum Aufbau eines gentechnologischen Forschungsinstituts gesehen („Hoechst-Schock"), von dem sich Hoechst nicht nur den Zugriff auf neueste Forschungsresultate versprach, sondern auch die Schulung der eigenen Mitarbeiter in gentechnologischen Methoden. Die Frage, warum eine solche beträchtliche Investition in die Forschung nicht in Deutschland verblieb, wurde durch solche Bemerkungen beantwortet wie:

> „Deutschland – ein genetisches Flachland" – „Wir machen erstklassig zweitklassige Forschung" – „Unsere Hochschulen verdämmern im Reformschlaf".[316]

Hoechst-Mitarbeiter Professor *Dietmar Gericke* gestand gegenüber der *Zeit*, Hoechst hätte „keinen Cent in die USA gegeben", wenn in Deutschland ein ähnlich hervorragendes Genforschungszentrum existieren würde.[317] Nun gibt es zwar traditionellerweise sehr gute Verbindungen zwischen Wissenschaft und Industrie in Deutschland – wie etwa das Beispiel der chemischen Industrie zeigt -, doch wurden in den frühen achtziger Jahren die deutschen Universitäten als

---

[314] Neumeister, H., Gentechnologie – eine Herausforderung für die Politik. In: Steger, U. (Hg.), Die Herstellung der Natur, op.cit., S. 65-77, 67.

[315] FAZ vom 11.8.1982.

[316] Kirst, G.-O., Gentechnologische Forschungsförderung in der Bundesrepublik Deutschland und der Europäischen Gemeinschaft. In: Steger, U. (Hg.), Die Herstellung der Natur, op.cit., S. 49-64, 49.

[317] DIE ZEIT vom 21.8.1981, S.10.

Forschungspartner für die Industrie zunehmend unattraktiv.[318] Obwohl der Staat in seiner gesellschaftsgestaltenden Rolle unterstützend eingriff, um Brücken zwischen den öffentlichen und privaten Forschungsinstitutionen zu bauen und die Grundlagenforschung in der Biotechnologie voranzutreiben, waren solche Bemühungen zum Teil erheblichen Schwierigkeiten ausgesetzt. Diese gründeten aber weniger in dem Problem der Vermittlung der beiden institutionellen Bereiche: viele Universitäten hätten angesichts der staatlichen finanziellen Kürzungen im akademischen Bereich eine zusätzliche Quelle der Forschungsfinanzierung bereitwillig begrüßt. Die Schwierigkeiten resultierten mehr aus den pragmatischen Problemen des Aufbaus einer aktiven Forschungsgemeinschaft auf akademischer Basis innerhalb eines ungünstigen politischen und ökonomischen Umfeldes. Das durch die veränderte Bildungspolitik seit den 60er und 70er Jahren expandierende Universitätssystem sah sich einer wachsenden Anzahl von Studierenden ausgesetzt, und als gegen Ende der 70er Jahre die finanziellen Unterstützungen durch den Staat reduziert wurden, mußten die Universitäten, die zur Erfüllung ihres Lehrauftrags rechtlich verpflichtet waren, auch Kürzungen in ihren Forschungsaktivitäten vornehmen. Hinzu kamen bürokratische Reglementierungen und andere gesellschaftliche Eigenheiten der Organisation von Wissenschaft in Deutschland. Eine Studie zum Abbau von Innovationshemmnissen in der Biotechnologie charakterisierte die Situation für dieses Forschungsgebiet (und auch für die deutsche Wissenschaft generell) noch 1989 folgendermaßen:

- Die in der Biotechnologie erforderliche Interdisziplinarität der Forschung und Lehre ist noch nicht genügend ausgeprägt.
- Bürokratische Strukturen und geringe wirtschaftliche Anreize in den Forschungs- und Bildungsinstitutionen erschweren den Innovationsprozeß.
- Die Leistungsdichte der Forschung ist zumindest in Teilbereichen begrenzt und die Anwendungsorientierung ist noch verbesserungsfähig.[319]

Diese Einzelfaktoren erscheinen zwar isoliert betrachtet nicht so schwerwiegend, ergeben jedoch insgesamt ein Hemmnispotential, das „sich negativ auf die Generierung wissenschaftlicher Erkenntnisse und deren Umsetzung in Produkt- und erfolgreiche Prozeßinnovation auswirkt"[320]. Weiter oben wurde bereits darauf hingewiesen, daß die Biotechnologie ein breites Spektrum wissenschaftlicher Erkenntnisse und Methoden aus der Mikrobiologie, der Biochemie, der technischen Chemie und der Verfahrenstechnik umfaßt. Da ihre Problemstellun-

---

[318] Dickson, D., German Firms Move into Biotechnology. Science 218, 1982, S. 1287-1289.

[319] Motor Columbus Ingenieurunternehmung AG/Booz, Allen & Hamilton/IFO Institut für Wirtschaftsforschung, Biotechnologie. Abbau von Innovationshemmnissen im staatlichen Einflußbereich, Köln: Verlag TÜV Rheinland, 1989, S. 4-4/4-5.

[320] Ibid., S. 4-5.

gen sich primär durch den industriellen Bedarf an bestimmten Produkten und Verfahren ergeben, decken sie sich nicht mit den traditionellen Interessenbereichen dieser Disziplinen. Für eine erfolgreiche Bearbeitung biotechnologischer Probleme ist daher eine institutionalisierte Kooperation der herkömmlichen Disziplinen sowie eine Entwicklung der vorhandenen theoretischen Kenntnisse und Techniken in Richtung auf praktische industrielle Ziele notwendig. Der interdisziplinären Zusammenarbeit stand jedoch lange Zeit die traditionelle disziplinäre Organisation der Universitäten und die institutionelle Trennung von Technik und Wissenschaft[321] im Wege und bereitete sogar 1984 den „deutschen Forschern immer noch Schwierigkeiten", wie bei einer Anhörung vor dem Ausschuß für Forschung und Technologie des Bundestages geäußert wurde.[322] Zwischen den Grundlagendisziplinen und den anwendungsbezogenen biotechnischen Arbeiten bestand der für Deutschland typische Interessengegensatz und die Biotechnologie war – gemessen am internationalen Maßstab – in den 60er Jahren unterentwickelt, zumal die Förderungspolitik im Bereich der biologischen Wissenschaften sich in diesem Zeitraum vorwiegend auf die Grundlagenforschung konzentrierte.[323] Die zumindest als problematisch empfundene Kooperation zwischen Universität und Industrie schilderte *W. Frommer* vom Bundesverband der pharmazeutischen Industrie anläßlich der Anhörung des Bundesministers für Forschung und Technologie von 1979:

> Nun wird sich diese Zusammenarbeit wahrscheinlich so entwickeln wie andere Zusammenarbeiten auch: Am Anfang liegt Know-how in den Hochschulen, wir müssen versuchen, dieses Know-how, diese Methodik zu erlernen, wir sind daran, mit diesen Gruppen zu kooperieren. Sobald aber dann die Knochenarbeit einer eventuellen Entwicklung anfängt, stößt man meistens nicht mehr auf sehr große Liebe an den Hochschulen und öffentlichen Forschungseinrichtungen. Denn bei dieser Knochenarbeit fallen im allgemeinen keine Publikationen an, so daß sich ganz von selbst der Zustand ergibt, wie er heute z.B. in der Biotechnologie üblich ist, daß man die Hauptarbeit, die Entwicklung, die Suche dann doch mehr von der Industrie getragen wird und weniger von öffentlichen Forschungseinrichtungen.[324]

---

[321] Office of Technology Assessment (OTA) (Hg.), Commercial Biotechnology, op.cit., S. 342; OECD (Hg.), Biotechnology and the Changing Role of Government, Paris: OECD, 1988, S. 53.

[322] FAZ vom 30.3.1984, S. 3.

[323] Buchholz, K., Die gezielte Förderung und Entwicklung der Biotechnologie. In: Daele, W. van den, Krohn, W. & Weingart, P. (Hg.), Geplante Forschung, Frankfurt: Suhrkamp, 1979, S. 64-116, 71-72, 91.

[324] Frommer, W., Beitrag zum Themenkreis 2: Anwendung in der Industrie. In: Eckart, H. & Hübner, S. (Hg.), Chancen und Gefahren der Genforschung. Protokolle und Materialien zur

Als sich die ökonomische Bedeutung von Molekularbiologie und Biotechnologie langsam abzuzeichnen begann, wurden erste Anstrengungen unternommen, um den deutschen Forschungsrückstand einzuholen. So wurde von der MPG ein Institut für biophysische Chemie in Göttingen und eines für Biochemie in München gebaut, die DFG nahm die molekulare Biologie in die Reihe der Sonderforschungsprojekte auf, die „Gesellschaft für molekularbiologische Forschung" wurde in Braunschweig gegründet und die DEUTSCHE GESELLSCHAFT FÜR CHEMISCHES APPARATEWESEN (DECHEMA) richtete 1971 einen ARBEITS-AUSSCHUß TECHNISCHE BIOCHEMIE ein, dessen Mitglieder etwa je zur Hälfte Wissenschaftler (aus Hochschulen und Forschungseinrichtungen) und industrielle Akteure (große und mittlere Pharmaindustrie) waren. Nur die wichtigsten Forscher und die Großfirmen waren hier beteiligt; kleinere Firmen und Apparatebauer waren nicht vertreten und die Verfahrenstechnik blieb unterrepräsentiert.[325] Dieser Ausschuß legte im Auftrag des BMFT bis 1974 eine „Studie Biotechnologie" vor, worauf dann 1976 in Berlin aus Bundesmitteln ein Biotechnikum und 1977 bei der Kernforschungsanlage Jülich ein neuer Schwerpunkt mit biotechnologischen Abteilungen eingerichtet wurde.[326]

Weitere effizienzmindernde Effekte im Forschungsbereich ergaben sich aus bürokratischen Faktoren und den geringen wirtschaftlichen Anreizen: ins Gewicht fallen hier z.B. die Dominanz formaler Kriterien für die Einstellung wissenschaftlicher Mitarbeiter, langwierige Berufungs- und Bewilligungsprozesse bei Neueinstellungen von Professoren und wissenschaftlichen Mitarbeitern, Eingriffe der Hochschulverwaltung in die Verfügung über Drittmittel sowie die geringen wirtschaftlichen Anreize für Spitzenforscher.[327] Auch die geringe materielle Ausstattung von Hochschul- und Forschungsinstituten durch öffentliche Mittel trug nicht gerade dazu bei, eine leistungsmotivierende Umwelt der Forschung zu schaffen. Als Reaktion auf das „Hoechst-Signal" von 1981 wurde von staatlicher und privater Seite eine Reihe von Maßnahmen zur Leistungssteigerung in der biotechnologischen Forschung und Lehre ergriffen. So förderte beispielsweise das BMFT sieben zentrale Forschungsschwerpunkte in der Bio- und Gentechnologie: die Genzentren in Berlin, Heidelberg, Köln und München, das Zentrum für Molekularbiologie in Hamburg sowie die zentralen Schwerpunkt-

---

Anhörung des Bundesministers für Forschung und Technologie in Bonn, 19. bis 21. September 1979, München/Wien: R. Oldenbourg Verlag, 1980, S. 51-55, 51-52.

[325] Buchholz, K., Die gezielte Förderung und Entwicklung der Biotechnologie, op.cit., S. 78-79.

[326] taz vom 23.11.1981.

[327] Motor Columbus Ingeniurunternehmung AG/Booz. Allen & Hamilton/IFO Institut für Wirtschaftsforschung, Biotechnologie. Abbau von Innovationshemmnissen im staatlichen Einflußbereich, op.cit, S. 4-9.

projekte Bioprozeßtechnik (Braunschweig, Göttingen, Hannover) und Bioverfahrenstechnik (Stuttgart).[328] Dem schnellen Ausbau der Grundlagenforschung wurde nun eine große Aufmerksamkeit zuteil und die vom BMFT aufgewandten Finanzmittel zur Förderung von Forschung und Entwicklung sowohl im institutionellen Bereich als auch im Projektförderbereich stiegen insgesamt von ca. 123 Mio. DM im Jahr 1984 auf ca. 259 Mio. DM im Jahr 1988.[329] Ein weiteres wesentliches Element des Förderungsprogramms war die themenbezogene Verbund- und Projektförderung. Kennzeichen der Verbundforschung ist die arbeitsteilige Durchführung von übergreifenden Frage- und Problemstellungen durch Forschergruppen in den wissenschaftlichen Institutionen und in der Industrie. Nach Angaben des BMFT war eine Zunahme der Verbundforschung zu verzeichnen, sowohl im Bereich der naturwissenschaftlichen Grundlagenforschung (Kooperation von Biologie, Chemie und Ingenieurwesen zur Lösung komplexer Fragestellungen) als auch in der industriellen Verbundforschung (anwendungsbezogene Problemstellungen). Durch die Verbundforschung zwischen Industrie und wissenschaftlichen Instituten versuchte man, das entsprechende Know-how und den Technologietransfer als Element der Kooperation in den jeweiligen Projekten zu verankern.[330] Dazu kamen noch die Sonderforschungsbereiche und Schwerpunktprogramme der DFG sowie eine Vielzahl interdisziplinärer Studienangebote an Universitäten und Fachhochschulen. Anfang der 90er Jahre gab es in Deutschland ca. 800 Genlaboratorien, und neben 38 Universitäten und 15 Max-Planck-Instituten hatten folgende Großforschungseinrichtungen gentechnologische Arbeitsgruppen: Deutsches Krebsforschungszentrum in Heidelberg, Gesellschaft für Biotechnologische Forschung in Braunschweig, Kernforschungsanlage in Jülich, Gesellschaft für Strahlen- und Umweltforschung in Neuherberg sowie das Kernforschungszentrum in Karlsruhe.[331] Bereits 1984 attestierte der ausführliche Bericht des amerikanischen OFFICE OF TECHNOLOGY ASSESSMENT (OTA) der Forschung in Deutschland zwar eine Spitzenposition in Europa, wies jedoch auch auf den deutlichen Abstand zu den USA und zu Japan hin.[332] In dem im Sommer 1983 veröffentlichten Bericht einer Beraterkommission des BMFT, die mit der Untersuchung der öffentlich geförderten Großforschung in diesem Bereich beauftragt war, stellten die Experten nicht nur zu den USA und Japan, sondern auch zu England und der Schweiz ei-

---

[328] BMFT (Hg.), Programmreport Biotechnologie, Bonn, 1991 (3), S. 30.

[329] Ibid., S. 9.

[330] Ibid., S. 14-15.

[331] Ibid., S. 63.

[332] Office of Technology Assessment (OTA) (Hg.), Commercial Biotechnology, op.cit., S. 8-21.

nen „beträchtlichen Rückstand" fest[333], und das Defizit bei der Entwicklung von Bioreaktoren und neuen biotechnischen Prozesse sei noch nicht einmal ins Bewußtsein der wissenschaftlichen Öffentlichkeit gedrungen.[334] Im Jahr 1988 hatte sich zwar der Forschungsrückstand gegenüber dem Ausland verkleinert,[335] jedoch wurde 1989 immer noch – neben der im Vergleich zu den USA geringen Anzahl hochqualifizierter Forscher – auf die zu geringe Anwendungsorientierung der Forschungsinstitutionen als ein gewichtiges Innovationshemmnis hingewiesen, wobei sich der Stellenwert der anwendungsbezogenen Forschung gegenüber der „wissenschaftlichen" Grundlagenforschung nur allmählich verbesserte.[336]

Zwischen den Universitäten und der chemisch-pharmazeutischen Industrie, die besonders im Bereich der Antibiotika einen ökonomischen Erfolg verbuchte, gab es in Deutschland bislang nur wenig Kontakte.[337] Als sich die rapide Entwicklung der Gentechnologie abzeichnete, verfolgte man zwei Handlungsstrategien: einerseits entschied man sich in der Industrie für „in-house"-Aktivitäten, andererseits kam es, zusammen mit Staat und Wissenschaft, zur Gründung der sogenannten Genzentren. Dabei machte der Staat seine Förderung abhängig von der Beteiligung der Industrie, die allerdings wegen der relativ starken Grundlagenorientierung der Forschung in den Genzentren nicht projektgebunden sein durfte. Durch diese Finanzierungsmöglichkeit wurde die wissenschaftliche Flexibilität dieser Zentren erheblich erhöht und es konnten auf diese Weise Aktivitäten finanziert werden, die mit öffentlichen Mitteln nicht in diesem Umfang möglich gewesen wären. Eine direkte Beteiligung der Industrie an einzelnen Forschungsprojekten war dagegen in den neueren, mehr angewandt arbeitenden Schwerpunktprojekten gegeben. Komplementär zur BMFT-Projektförderung wurden bei jedem der Genzentren von weiterer Seite (Länder, Universitäten, MPG) Infrastrukturmaßnahmen finanziert. Eines der wesentlichsten Ziele der Gründung der Genzentren war die Verbesserung der Nachwuchssituation in den relevanten Forschungsfeldern, und die Konzentration von Forschern unterschiedlicher Fachrichtungen hatte zu einer Intensivierung des Ausbildungsef-

---

[333] FAZ vom 30.3.1984.

[334] Die Welt vom 15.9.1983.

[335] FAZ vom 4.10.1988.

[336] Motor Columbus Ingenieurunternehmung AG/Booz. Allen & Hamilton/IFO Institut für Wirtschaftsforschung, Biotechnologie. Abbau von Innovationshemmnissen im staatlichen Einflußbereich, op.cit, S. 4-12.

[337] Winnacker, E.-L., Konzertierte Aktion von Wissenschaft und Wirtschaft. Forschung – Mitteilungen der DFG 3, 1988, S. 3 und 23.

fektes über das eigene Fachgebiet hinaus beigetragen.[338] Gerade am Beispiel der Genzentren läßt sich die enge Verflechtung der organisierten Großinteressen von Industrie, Wissenschaft und Staat aufzeigen. So waren am Genzentrum Köln, in dem das MPI für Züchtungsforschung und das Institut für Genetik der Universität Köln als wissenschaftliche Institutionen vertreten sind, das Land NRW mit 10 Mio. DM, die Bayer AG mit 0,4 Mio. DM (nicht zweckgebunden), die Hoechst AG mit 0,4 Mio. DM (Projektbeteiligung), Enichem (Italien) mit 0,4 Mio. DM (Projektbeteiligung) sowie das BMFT mit 25,6 Mio. DM (4 Jahre) beteiligt.[339] Im Genzentrum Heidelberg waren von wissenschaftlicher Seite die Universität Heidelberg, insbesondere das ZENTRUM FÜR MOLEKULARE BIOLOGIE IN HEIDELBERG (ZMBH) und das DEUTSCHE KREBSFORSCHUNGSZENTRUM (DKFZ) beteiligt, das Land Baden-Württemberg war mit 30 Mio. DM für Baumaßnahmen, 8 Mio. DM für apparative Grundausstattung und 1,7 Mio. DM für laufende Sachausgaben, BASF mit 1 Mio. DM (nicht zweckgebunden), Merck mit 0,1 Mio. DM (nicht zweckgebunden) sowie das BMFT mit 35,2 Mio. DM (4 Jahre) beteiligt.[340] Im Genzentrum München ist die Universität München sowie das MPI für Biochemie, Martinsried, vertreten. Die Beteiligung des Landes Bayern sah hier folgendermaßen aus: 800 TDM für 4 Jahre die Universität München, 800 TDM das Land Bayern, 200 TDM/p.a. für Miete an die MPG, Neubau eines Genzentrums im Jahr 1991. Hoechst ist mit 1,2 Mio. DM/p.a. (nicht zweckgebunden) und Wacker Chemie mit 0,25 Mio. DM/p.a. (nicht zweckgebunden) beteiligt, das BMFT mit ca. 32 Mio. DM (4 Jahre). Das MPG stellte hier 400 TDM für Investitionen zur Verfügung.[341] Am Genzentrum in Bermin waren Gruppen der FREIEN UNIVERSITÄT BERLIN (FUB), der TECHNISCHEN UNIVERSITÄT BERLIN (TUB) und des INSTITUTS FÜR GENBIOLOGISCHE FORSCHUNG BERLIN GmbH (IGF) vertreten, die Kosten wurden je zur Hälfte vom Land Berlin sowie von der Schering AG getragen und die Förderung des BMFT lag bei 12,3 Mio. DM (4 Jahre).[342] Die GBF in Braunschweig arbeitete über einen Förderverein mit der Wirtschaft zusammen, und darüber hinaus gab es zusätzliche Kooperationen, auch mit der DFG, im Bereich der biologischen Chemie.[343] Wie an diesem Zahlenmaterial zu ersehen ist, wurden vom politischen System vergleichsweise nicht unbeträchtliche finanzielle Mittel bereitgestellt, oder anders gewendet: die moderne Biotechnologie wurde in Deutschland

---

[338] BMFT (Hg.), Zwischenbilanz Genzentren, Bonn, 1988.

[339] Ibid., S. 8.

[340] Ibid., S. 10.

[341] Ibid., S. 12.

[342] Ibid., S. 14.

[343] Winnacker, E.-L., Konzertierte Aktion von Wissenschaft und Wirtschaft, op.cit., S. 23.

eine zu einem beträchtlichen Anteil aus Steuergeldern finanzierte Unternehmung.[344]

Neben solchen – in einem „technokorporatistischen" Rahmen stattfindenden[345] – Kooperationen der Großakteure aus Wissenschaft, chemischer bzw. pharmazeutischer Industrie und der Politik fanden sich aber auch, dem Beispiel Amerikas folgend, einzelne Forscher, die ihre wissenschaftlichen Erkenntnisse ökonomisch verwerten wollten und neue Gen-Firmen gründeten. Diese Entwicklung setzte jedoch erst in den achtziger Jahren ein. Seit 1981 arbeitet etwa der Hamburger Biochemie-Professor *Hubert Köster* mit einer Anzahl von Mitarbeitern in seiner Genfirma „Biosyntech – Biochemische Synthesetechnik GmbH & Co"[346], und von 1982 bis zum Jahr 1984, also in dem Jahr, in dem die Enquete-Kommission gerade anfing, die Chancen und Risiken der Gentechnologie zu ermitteln, wurden fünf gentechnologische Firmen ins Heidelberger Handelsregister eingetragen,[347] deren Gründer meist Wissenschaftler der Universität Heidelberg oder benachbarter Forschungsinstitute waren. Begünstigt wurde dies durch den Aufbau eines Technologieparks in Heidelberg, der nach dem Vorbild von Sillicon-Valley errichtet wurde und in seiner Konzeption die Ziele „Technologieinnovation", „Mittelstands- und Existenzgründungsforschung" und „Technologietransfer" verfolgte.[348] DENAGEN, FERMIGEN, GENBIOTEC, INTERNATIONAL BIOTECHNOLOGY LABORATORIES GMBH, das INSTITUT FÜR BIOCHEMISCHE TECHNIK, ORGANOGEN, PROGEN BIOTECHNIK und TECHNOMA hatten hier kleine Forschungslabors gepachtet und ergänzten sich zum Teil in ihren Aufgabenbereichen. Die Entwicklung solcher Biotechnologie-Firmen, die allerdings mehr

---

[344] Stephan Albrecht notiert, daß der Anteil der Steuergelder an der modernen Biotechnologie sich auf 90% beläuft, vgl. Albrecht, St., Recht kurz gesprungen: Zur Kritik selektiver Gesellschaftswissenschaft. Ethik und Sozialwissenschaften 3, 1992, S. 288-290, 290.

[345] Vgl. zu solchen Arrangements Weber, H., Technokorporatismus, op.cit. Für Deutschland wurden solche korporatistischen Arrangements zwischen Wissenschaft, Industrie und Politik ebenfalls am Beispiel der Chemikalienkontrolle aufgezeigt: Schneider, V., Corporatist and pluralist patterns of policy-making for chemical control: a comparison between West-Germany and the USA. In: Cawson, A. (Hg.), Organized Interests and the State, London: Sage, 1985, S. 174-191; Schneider, V., Politiknetzwerke der Chemikalienkontrolle, New York: de Gruyter, 1988; Vogel, D., National Styles of Regulation, Ithaca, N.Y.: Cornell University Press, 1986; Brickman, R., Jasanoff, S. & Ilgen, Th., Controlling Chemicals: The Politics of Regulation in Europe and the United States, op.cit.

[346] DIE ZEIT vom 15.10.1982.

[347] FAZ vom 1.8.1984.

[348] Strehlow, K., Gentechnik zwischen Sonntagsreden und Forschungslabor, op.cit., S. 135.

im „Windschatten" der großen Forschungsinstitutionen standen[349], war im Vergleich zu den USA äußerst bescheiden: hier bestanden 1984 bereits ca. vierhundert solcher Firmen.[350] Zwar waren die Amerikaner länger im Geschäft und viele solcher „start-up"-Firmen verschwanden wieder vom US-Markt, jedoch ist die Gründung von Risikokapitalfirmen in Deutschland im Vergleich zu den USA wesentlich größeren Schwierigkeiten ausgesetzt. Darauf wird im Zusammenhang mit dem ökonomischen Rahmen noch näher eingegangen.

5.3.2 Die wissenschaftliche Thematisierung der Gentechnik

Wie artikuliert sich nun die Wissenschaft im öffentlichen Diskurs? Unmittelbar auffallend am erhobenen Datenmaterial ist, daß es im Unterschied zu der rDNA-Debatte in den USA von Seiten der scientific community keine nennenswerten öffentlichen Kontroversen über Probleme der Gentechnologie gab: „Essentiell ist ..., daß die Wissenschaft, wo immer möglich, mit *einer* Stimme spricht", so ein Vizepräsident der DFG.[351] Während in den angloamerikanischen Ländern wissenschaftliche Vereinigungen wie z.B. „Science for the People" in den USA oder die britische „Working Group for Social Responsibility" eine wissenschaftskritische Position im Streit der Experten eingenommen und dadurch direkt oder indirekt zu einer mehr ausgewogenen Erörterung in der breiten Öffentlichkeit beigetragen haben, sind in Deutschland vergleichbare Aktivitäten nur in sehr geringem Umfang zu registrieren. Ausnahmen bilden hier beispielsweise die Öko-Institute in Freiburg und in Darmstadt und die damit in der theoretischen Ausrichtung verbundenen Wissenschaftler. Diese Akteure beziehen eine wissenschaftskritische Position, wobei allerdings die Auseinandersetzung um die Risikobestimmung zu einem Paradigmenstreit gerät.

---

[349] Hack, L. & Hack, I., Der neue akademisch-industrielle Komplex. In: Express-Redaktion (Hg.), Bio- und Gentechnologie, Berlin: Verlag Die Arbeitswelt, 1986, S. 35-44, 42.

[350] Krimsky, S., Biotechnics and Society, op.cit., S. 31, Tab. 2.1.

[351] Kötz, H., Im Interesse der Forschung. DFG und MPG: Verschiedene Aufgaben, gemeinsame Ziele. Forschung – Mittelungen der DFG 3, 1989, S. 3 und 30.

5.3.2.1 Der Streit der Paradigmen: „Additives" versus „synergistisches" Risikomodell und „fehlerfreundlicher Koevolution"

Die Mainstream-Wissenschaft geht von einem sogenannten „additiven Modell" aus, nach dem sich das Risiko durch die Addition der Eigenschaften von Empfängerorganismen, übertragenen Genen bzw. deren Spenderorganismen sowie der dabei verwendeten Vektoren bestimmt.[352] Dabei stützt sich dieses Modell auf langjährige Erfahrungen mit dem Umgang von nicht (gentechnisch) veränderten Organismen, wobei hinsichtlich der Voraussage der Eigenschaften der genetisch veränderten Organismen (GVO) auf die Kenntnis seiner Herstellung rekurriert werden muß. Die wissenschaftliche Kritik wählt dagegen ein „synergistisches Modell" als theoretischen Bezugsrahmen.[353] Nach diesem Modell wird bezweifelt, daß die Eigenschaften von genetisch veränderten Organismen

---

[352] Zur Risikoabschätzung innerhalb des additiven Modells sei hier aus der Fülle der Literatur nur verwiesen auf: Kurzkommentare und Wertungen von Instititionen und Verbänden zum Bericht der Enquete-Kommission: Deutsche Forschungsgemeinschaft, vertreten durch Peter Starlinger. In: Grosch, K., Hampe, P. & Schmidt, J. (Hg.), Herstellung der Natur? Stellungnahmen zum Bericht der Enquete-Kommission „Chancen und Risiken der Gentechnologie", Frankfurt/New York: Campus, 1990, S. 21-23. Einen zusammenfassenden Überblick über beide Modelle bieten Gloede, F., Bechmann, G., Hennen, L. & Schmitt, J.J., Biologische Sicherheit bei der Nutzung der Gentechnik, TAB-Arbeitsbericht Nr. 20, August 1993.

[353] Riedel, U., Führ, M. & Tappeser, B., Stellungnahme des Öko-Instituts zum Entwurf der Bundesregierung für ein Gentechnikgesetz in der vom Bundeskabinett am 12.7.1989 beschlossenen Fassung, Öko-Institut, Werkstattreihe Nr. 55, 1989; Bernhardt, M., Tappeser, B. & Weber, B., Kurzstellungnahme des Öko-Instituts zur Klassifikation der Organismen in Risikogruppen unter besonderer Berücksichtigung ökologischer Aspekte, erstellt für die vom Bundesministerium für Jugend, Familie, Frauen und Gesundheit am 18.4.1990 anberaumte Beratung über die Gentechnik-Sicherheitsverordnung, Freiburg, 1990; Kollek, R., Ver-rückte Gene. Die inhärenten Risiken der Gentechnologie und die Defizite der Risikodebatte. Ästhetik und Kommunikation 69,18, 1988, S. 29-38; Tappeser, B., Kurzkommentare und Wertungen von Institutionen und Verbänden zum Bericht der Enquete-Kommission: Arbeitsgemeinschaft ökologischer Forschungsinstitute. In: Grosch, K., Hampe, P. & Schmidt, J. (Hg.), Herstellung der Natur?, op.cit., S. 11-17; Kollek, R., Sicherheitsphilosophien: Erfassung und Bewertung gentechnischer Risiken. In: Grosch, K., Hampe, P. & Schmidt, J. (Hg.), Herstellung der Natur?, op.cit., S. 82-98; Kollek, R., Sicherheitsaspekte der experimentellen Arbeit mit Retroviren. In: Kollek, R., Tappeser, B. Altner, G. (Hg.), Die ungeklärten Gefahrenpotentiale der Gentechnologie. Dokumentation eines öffentlichen Fachsymposions vom 7.-9. März 1986 in Heidelberg, München: J. Schweitzer Verlag, 1986, S. 49-69; Kollek, R., Neue Kriterien für die Abschätzung des Risikos. In: Thurau, M. (Hg.), Gentechnik – Wer kontrolliert die Industrie?, Frankfurt: Fischer, 1989, S. 173-191.

vollständig aus dem Zusammenhang der jeweiligen genetischen Komponenten prognostizierbar sind. Hier müssen vielmehr auch solche Risiko- bzw. Gefahrenpotentiale bedacht werden, die sich aus der Position des übertragenen Gens im Genom des Empfängerorganismus und den möglicherweise daraus folgenden Funktionsveränderungen ergeben. Innerhalb dieses Modells könnte es also durchaus sein, daß das Einbringen eines fremden Gens in eine neue und nicht sicher vorherbestimmbare Umgebung synergistische Wirkungen zeigt. Daher sind die Vertreter dieses Modells auch für ein striktes Verbot der Freisetzung genetisch veränderter Organismen. Das synergistische Modell greift das bereits von amerikanischen Ökologen vorgebrachte Argument gegen die Molekularbiologen auf und generalisiert es auf allen Stufen biologischer Zusammenhänge: grundsätzlich gelte es, die durch biotechnische Eingriffe veränderten Kontextbezüge zu berücksichtigen: auf der Ebene des Genoms, der Zellen, der Organismen sowie der Ökosysteme. Nach dem additiven Konzept ist also eine hinreichend sichere Abschätzung möglicher Risikopotentiale und deren Einstufung möglich, während nach dem synergistischen Konzept die gentechnisch veränderten Organismen als „neue" Organismen anzusehen sind, deren Eigenschaften schrittweise und von Fall zu Fall zu erforschen seien. Dabei haben beide Konzeptionen zunächst bloß hypothetischen Charakter: sie versuchen, Risikopotentiale im voraus zu bestimmen und auf dieser Grundlage geeignete vorsorgende Maßnahmen zu ergreifen, um die angenommenen Risiken zu vermeiden. Allerdings wurde im Bericht der Enquete-Kommission festgestellt, daß für das synergistische Modell bisher kaum empirische Anhaltspunkte gefunden seien und es zumindest unter den Bedingungen des physikalischen und biologischen Containments entsprechend dem additiven Modell grundsätzlich möglich sei, ein sicheres Arbeiten mit Mikroorganismen, Zellen und Viren zu erlauben. Die bisherige empirische Bewährung des additiven Modells hat dem synergistischen Konzept noch den Vorwurf eingetragen, es thematisiere ausschließlich hypothetische Risiken. Diesem Vorwurf wird dann allerdings entgegnet, daß die bisherigen wissenschaftlichen Erfahrungen aus sachlichen und zeitlichen Gründen völlig unzulänglich seien.

Die Proponenten des additiven Modells leugnen nun keinesfalls die Existenz solcher genetischen Positionseffekte und synergistischen Wirkungen, sie heben jedoch hervor, daß solche Phänomene im molekularen Bereich aber eher die Ausnahme als die Regel und synergistische Effekte nicht per se gleichbedeutend mit Risiko- oder Gefahrenpotentialen sind. Hier stellt sich dann vielmehr die Frage, wie mit diesem Umstand wissenschaftlich umgegangen wird. Insbesondere befürchtet man, daß die Berücksichtigung des synergistischen Modells zu einer praktischen „Nullösung" für die Gentechnik wird. Während aus dieser Perspektive ein eher pragmatisches Vorgehen unter Berücksichtkung des vorhandenen Wissens im Interesse der Fortsetzung gentechnischer Arbeiten befürwortet und eine Anschlußmöglichkeit für das ökonomische Thema geschaffen wird, betonen die Anhänger des synergistischen Modells eher das fehlende Wissen, das durch weitere Forschung erst noch erbracht werden muß. Diese alternative wissenschaftliche Sichtweise wird mit einer Kultur- und Zivilisationskritik verbunden, nach der aus der lebensweltlichen Perspektive eben diese Lebenswelt und die Natur durch Naturwissenschaft, Technik und Ökonomie zunehmend kolonialisiert wird:

> Die technische Beherrschung auch der Natur wird angestrebt. Die Neukonstruktion eines Teils der Natur hauptsächlich nach Verwertungskriterien und die museumsartige Erhaltung von natürlichen Reservaten (auch mit der Funktion als Genreservoir) sind dabei verschiedene Seiten derselben Medaille. Dieser Pfad ist einer Fortschrittsvorstellung verbunden, die eng an die Entwicklung neuer naturwissenschaftlicher Techniken geknüpft ist und eine immer intensivere Verzahnung von naturwissenschaftlicher Forschung und ihrer industriellen Verwertung als wünschenswertes und notwendiges Ziel sieht. Mit der Gleichsetzung des industriellen Fortschritts mit der Höherentwicklung der menschlichen Gesellschaft erfolgt eine immer weiter um sich greifende Infiltration der Lebenswelt durch die Logik von Naturwissenschaft und Technik bis hin zu dem Punkt, wo nicht nur Tiere und Pflanzen, sondern auch Menschen mit Hilfe der Gentechnik an diese Logik und ihre konkreten ökologischen und gesellschaftlichen Erscheinungsformen angepaßt werden können.[354]

Diese Perspektive bietet wichtige Verknüpfungspunkte zu einer moralphilosophisch abgestützten „Heuristik der Furcht" und einer damit verbundenen kategorischen Variante der Verantwortungsethik, die in unserer hochtechnisierten Zivilisation eine Konsultation unseres Fürchtens vor unserem Wünschen prämiert und den Aspekt des „Bewahrens" der Schöpfung besonders betont.[355] In der sozialen Dimension kann dieser Ideenkomplex als Trägergruppen unterschiedliche Protestakteure zusammenführen, die über diese Verbindung sowohl in der wissenschaftlich-technischen als auch in der moralischen Dimension mit kulturellen Ressourcen bzw. „Kapital" ausgestattet werden und sich gegen die dominante Sichtweise einsetzen lassen. Darauf wird noch näher bei der Darstellung der Protestakteure eingegangen.

Eine weitere wichtige Gegenkonzeption bildet das Modell der „fehlerfreundlichen Koevolution", das als „Gegenbild zu einer genetischen Wettbewerbs- und

---

[354] Tappeser, B., Kurzkommentare und Wertungen von Institutionen und Verbänden zum Bericht der Enquete-Kommission: Arbeitsgemeinschaft ökologischer Forschungsinstitute, op.cit., S. 11.

[355] Jonas, H., Das Prinzip Verantwortung, Frankfurt: Suhrkamp, 1984 (1979).

Wegwerfgesellschaft" fungiert.[356] In diesem Bezugsrahmen ist die beschleunigte „Evolution im Reagenzglas" im Vergleich zur natürlichen Evolution die schlechteste Variante. Was die natürliche Evolution vorantreibt, ist ihre Fehlerfreundlichkeit, ihre Fähigkeit, Vielfalt hervorzurufen und zu erhalten, ihre Fehlertoleranz und ihr schöpferischer Gebrauch von Fehlern. Welche Organismen fit sind und welche nicht, wird nicht a priori definiert, sondern stellt sich erst im nachhinein heraus. So können „fehlerhafte" Organismen zu einem späteren Zeitpunkt unter veränderten Umweltbedingungen sich als die einzig „fitten" erweisen. Grundsätzlich gibt es keine allgemeingültigen Kriterien für eine wünschenswerte Evolutionsrichtung. Insofern ist die gezielte, vom Menschen nach subjektiven Kriterien gesteuerte Evolution kontraproduktiv, da sie zu einer Standardisierung und Vereinheitlichung der Organismen führt, was unter veränderten Umweltbedingungen verheerende Folgen haben kann. Daher ist in diesem Modell ein weitsichtiger Umgang mit einer Technologie nur möglich, wenn wir einsehen, daß Erfolg nicht nur die vermehrte Nutzung einer Ressource bedeutet, sondern auch den gleichzeitigen Erhalt ihrer Regenerationsfähigkeit:

> Solange wir nicht genug über die Folgen und Nebenfolgen der Gentechnik wissen, müssen wir uns einschränken. Diese Barrieren könnten schöpferische Barrieren sein, indem sie uns die nötige Zeit schenken, um mehr über die Biosphäre zu lernen.[357]

Als Konsequenz fordert man aus dieser Perspektive ein Verbot von Freilandversuchen, solange unsere Kenntnis der Biosphäre noch begrenzt ist und wir über die Folgen unseres Tuns noch keine Klarheit haben.

Eine solche Fokussierung auf Grundlagendebatten lenkt jedoch auch von der wissenschaftlichen Auseinandersetzung um an der Realität zu überprüfende spezifische Hypothesen ab. Das dynamische Spiel von wissenschaftlichen Statements und Gegenstatements, Gutachten und Gegengutachten, Vermutung und Widerlegung ist weder in den analysierten Zeitungsartikeln noch in den Informationsschriften in einem signifikantem Maß zu finden. Diese bemerkenswerte monolithische Konformität nach außen spiegelt sich auch auf dem Markt der wissenschaftlichen Zeitungen wider: es gibt kein vergleichbares Forum, in dem beispielsweise wie in *Science, New Scientist, Nature* oder den *Bulletin of the Atomic Scientist* wissenschaftskritisch öffentlich diskutiert wird.[358] Allerdings wurde dieses Manko zumindest von einigen Forschern erkannt; so äußerte sich

---

[356] Weizsäcker, Ch. von, Fehlerfreundliche Koevolution als Gegenbild zu einer genetischen Wettbewerbs- und Wegwerfgesellschaft. In: Maier, I. (Hg.), Gentechnologie: Natur aus dem Reagenzglas, Öko-Bericht 3, 1990, S. 18-21.

[357] Ibid.

[358] Herbig, J., Gen-Ingenieure, op.cit., S. 156.

beispielsweise *Ernst-Ludwig Winnacker* vom Genzentrum München und Mitglied der Enquete-Kommission:

> Was uns hier fehlt, ist ein Medium, in welchem und über welches interne und externe Diskussionen ausgetragen werden können. Da geben wir in den Biowissenschaften jährlich viele Milliarden an Forschungsmitteln aus und leisten uns nicht einmal eine Zeitschrift samt Redaktion.[359]

5.3.2.2 Die Wertbindung der Wissenschaft

Die Ursachen für die mangelnde Einbindung der wissenschaftlichen Kontroversen in das öffentliche gesellschaftliche Leben mögen im Hinblick auf die Gentechnologiedebatte oberflächlich betrachtet darin liegen, daß man hierzulande zunächst gelassen die Auseinandersetzungen und Kontroversen in den USA beobachten und die dort gefundenen Lösungen übernehmen konnte. Die tieferen und strukturellen Ursachen liegen jedoch in den traditionellen Eigenheiten der deutschen Kultur mit ihrem Ideal der vom Staat garantierten Forschung in „Einsamkeit und Freiheit" begründet, und im Unterschied zu den USA, zu England oder Frankreich ist hier die Freiheit der Forschung im Grundgesetz (Art.5, Abs.3) verankert. Diese Freiheit der Wissenschaft gilt es, in der Auseinandersetzung mit den Interessenansprüchen der Akteure aus anderen gesellschaftlichen Handlungsbereichen energisch zu verteidigen, wobei aber auch deutlich wird, daß dieses Freiheitsrecht der Forschung durch das Recht auf körperliche Unversehrtheit begrenzt wird:

> Forschung muß ihre Grenzen an den Rechten anderer Menschen finden. Menschen dürfen nicht geschädigt werden. Niemand hat aber das Recht, zu entscheiden, was gewußt werden darf, und was nicht. Man nennt solche Einschränkung gern gesellschaftliche Kontrolle der Wissenschaft. Dagegen müssen wir uns wehren. Wer heute das Grundrecht auf Forschung und Wissen in Frage stellt, der wird morgen die Pressezensur und das Demonstrationsgebot fordern, wenn vorgebliche Interessen auf dem Spiel stehen.[360]

Nicht der Wissenschaftler muß die Freiheit seines Erkenntnisstrebens gesellschaftlich rechtfertigen, sondern umgekehrt bedürfen gesellschaftliche und politisch-regulative Eingriffe in die Wissenschaft der besonderen Legitimation. Eine solche Regulierung – nicht zwangsläufig auch schon ein Verbot – kann sich aber nur dadurch legitimieren, daß sie damit eine Verletzung anderer Rechtsgüter

---

[359] Winnacker, E.-L., Konzertierte Aktion von Wissenschaft und Wirtschaft, op.cit., S.23.

[360] Starlinger, P., Probleme der Gentechnologie. Ethik und Sozialwissenschaften, 2,4, 1991, S. 573-582.

abwenden will. So führt *Albin Eser*, Direktor am Max-Planck-Institut für ausländisches und internationales Strafrecht in Freiburg aus:

> Wenn man also Forschung regulieren will, so kann dafür nicht schon das Artikulieren irgendeines moralischen Unbehagens oder eines sonstwie flauen Angstgefühls gegenüber neuer Technologie genügen. Vielmehr muß ein solches Unbehagen in bestimmbaren „Rechtsgütern" gleichsam dingfest gemacht werden.[361]

Damit stehen Technologiepolitik und auch Gesetzgebung vor der schwierigen Aufgabe, eine Güterabwägung bzw. Vermittlung zu erreichen zwischen den Zielen des wissenschaftlich-technischen Fortschritts und der internationalen Wettbewerbsfähigkeit einerseits und den Zielen eines Schutzes der Menschen und seiner Umwelt andererseits. Beide Handlungsoptionen sind jedoch mit Risiken verbunden und an der unterschiedlichen Einschätzung der Risiken und Gewichtung der Ziele entzündete sich die Debatte und führte im Zusammenhang mit weiteren Faktoren zu einer Verhärtung der Fronten.

Die Wissenschaftler auf dem Gebiet der rDNA-Forschung sehen allerdings ihre wissenschaftsinternen Standards durchaus im Einklang mit den liberalistischen moralischen Kriterien im Rahmen eines ethischen „instrumentellen Aktivismus", der immer weiter und tiefer die Phänomene der Welt unter seine Kontrolle bringen will, so daß hier die molekularbiologische Forschung erst gar nicht gesondert moralisch gerechtfertigt werden muß. Dies gilt nicht nur für den Wissenschaftskomplex als ganzes, sondern insbesondere auch für eine professionelle medizinische Ethik:

> Natürlich besteht ein Bedarf an Normierung – in erster Linie aber nach gesetzlichen Normen. Die ethischen Grundlagen, auf denen die Medizin beruht, müssen deshalb nicht verändert werden ... Die ärztliche Ethik kann bleiben, wir brauchen neue Normen. Wir sollten versuchen, aus real existierenden Situationen heraus pragmatische Antworten zu finden, die einerseits unserem ethischen Wertkanon entsprechen und andererseits zum Ausgangspunkt juristischer Normierungen werden könnten.[362]

Wer den internen Wissenschaftsstandards nicht folgt, verstößt damit auch zwangsläufig gegen übergreifende moralische Prinzipien und gerät dann in entsprechende Rechtfertigungszwänge:

---

[361] Eser, A., Gentechnologie – Rechtspolitische Aspekte aus internationaler Sicht. Bericht und Stellungnahme zu Ergebnissen der Réunion Internationale de Bioéthique in Rambouillet, April 1985. In: Max-Planck-Gesellschaft (München) (Hg.), Gentechnologie und Verantwortung, 1985, S. 53-64.

[362] Drews, J., Medizin und Gentechnik. Brauchen wir eine neue Ethik? Swiss Biotech 8,1, 1990, S. 17-20.

Nicht die molekulargenetische Grundlagenforschung bedarf der ethischen Rechtfertigung. Umgekehrt, Versäumnisse auf diesen wichtigen Forschungsgebieten sind für Ärzte und Wissenschaftler nicht zu verantworten.[363]

Wissenschaftlicher Fortschritt wird so mit dem Fortschritt der Gesellschaft und der Verbesserung menschlicher Lebensverhältnisse verbunden. Daher ist es beispielsweise auch in bezug auf die gentechnische Pflanzenzüchtung geradezu ein ethisches Gebot, auf diesem Gebiet tätig zu werden, um den Menschen in der Dritten Welt zu helfen, wie ein Vertreter des MPI in Köln auf einem Symposium feststellte.[364] Aus dieser Perspektive, die „richtige" Moral bereits auf seiner Seite zu haben, reagiert man dann besonders sensibel, wenn das wissenschaftliche Tun einer von außen kommenden moralischen Kritik der Gentechnik-Gegner, die eine zunehmende Instrumentalisierung des Lebendigen befürchten, unterworfen wird:

> Von den Hexenprozessen der Inquisition bis zu Stalins Schauprozessen zieht sich eine blutige Spur. Diese Prozesse wurden im Namen einer höheren Moral geführt. So etwas könnte sich wiederholen. Hier müssen wir aufmerksam sein.[365]

Aus diesem wissenschaftlichen Rahmen heraus ist man sich bei der rDNA-Forschung der Verantwortung gegenüber der Gesellschaft und der Natur bewußt, und eine Einschränkung der Forschungsfreiheit wird durchaus – auf den Untersuchungszeitraum bezogen – hinsichtlich eines Eingriffs in die menschliche Keimbahn akzeptiert. Dies geschieht jedoch mehr aus pragmatischen Gründen (geringe Effizienz) und nicht aus ethischen Motiven heraus. Gleichwohl wird die moralische Sonderstellung des Menschen in der wissenschaftlichen Argumentation berücksichtigt. So betonte der damalige Präsident der DFG, daß „die ethischen Normen über die Grundrechte des Menschen ... jedenfalls unter keinen Umständen davon abhängig gemacht werden (dürfen), welche Vorstellungen über die Natur unseres Wesens man sich macht" und die Kenntnisse in der Molekularbiologie uns „nicht davon abbringen dürfen, daß sich die ethische Eigenwertigkeit eines jeden Menschen dadurch um kein Jota ändert"[366]. Auch das Verbot der Herstellung biologischer Waffen wurde häufig von namhaften

---

[363] Dörfler, W., Die weitere Entwicklung der Molekularbiologie. Möglichkeiten und Probleme. Rede am 30.11.1990 vor ehemaligen Stipendiaten der Boehringer Ingelheim Fonds in Schloß Gracht, abgedruckt in: Futura 4, 1991, Informationen aus dem Boehringer Ingelheim Fonds, Sonderdruck.

[364] FAZ vom 9.9.1986.

[365] Starlinger, P., Probleme der Gentechnologie, op.cit.

[366] Markl, H., Die ethische Herausforderung der Molekularbiologie. Pharmazie in unserer Zeit 19,6, 1990, S. 238-246.

Wissenschaftlern unterstützt, so z.B. vom ehemaligen Vorsitzenden der ZKBS.[367] Andererseits verwies man aber auch darauf, daß sich ein erheblicher Teil der gentechnischen Forschung und Produktion vollständig im geschlossenen Labor- und Fabriksystem durchführen läßt, so daß sich hier „die Frage der ethischen Vertretbarkeit der gezielten Freisetzung genetisch veränderter Organismen gar nicht stellt"[368]. Ganz unabhängig davon sei zu prüfen, welche Gründe – auch ethischer Art – für oder gegen eine Freisetzung gentechnisch gezielt veränderter Lebewesen sprechen, denn:

> ... genetisch veränderte Lebewesen setzen wir seit Jahrtausenden laufend und weitgehend schadlos frei, genaugenommen ist ja sogar jede Geburt eines Menschen ein Freisetzungsexperiment![369]

Die Bedenken gegen die Freisetzung können sich dann sinnvollerweise nur auf die „neuen" Risiken beziehen, und die sind eben weder neuartig noch unnatürlich. Die Verantwortung für die Entwicklung der Gentechnologie liegt daher in der Hand des professionellen Experten, da nur er aufgrund seiner wissenschaftlichen Kompetenz die Chancen und Risiken objektiv abwägen kann. In diesem Zusammenhang wurde dann häufig darauf verwiesen, daß es ja die Wissenschaftler selbst waren, die in Asilomar auf die Risiken ihrer Forschung hingewiesen hatten und die damals geäußerten Befürchtungen sich mittlerweile als weit überzogen herausgestellt haben. Bereits 1979 setzte sich bei den an der Genchirurgie beteiligten Forschern immer mehr die Erkenntnis durch, daß die 1974 geäußerten Warnungen übertrieben, wenn auch nicht überflüssig, waren.[370] Der OECD-Report über biologische Sicherheit stellte 1986 fest, daß es keine wissenschaftliche Basis für eine spezifische Regulierung hinsichtlich der rDNA-Implementation von Techniken und Anwendungen gebe, daher sollten auch keine rechtlichen Barrieren aufgebaut werden, um die technologische Entwicklung nicht unnötig zu behindern.[371] Eben weil die Risiken zu Beginn der rDNA-Debatte erheblich überschätzt wurden, sah man nun auch keine unmittelbare Kollision der Grundrechte auf Freiheit der Forschung und der körperlichen Unversehrtheit sowie der Würde des Menschen. Daher appellierte man an die Öffentlichkeit, die gentechnologische Forschung nicht durch unangemessene regulative Maßnahmen zu behindern. So hieß es beispielsweise in einer Erklärung von über 2000 Wissenschaftlern und Ärzten, darunter ca. 200 Professoren, die im Januar 1990 angesichts des anstehenden Gentechnikgesetzes über die Bun-

---

[367] Starlinger, P., Probleme der Gentechnologie, op.cit.

[368] DIE ZEIT vom 08.09.1989, Beitrag von H. Markl.

[369] Ibid.

[370] FAZ vom 21.3.1979, S. 29.

[371] OECD (Hg.), Recombinant DNA Safety Considerations, Paris: OECD, 1986, S. 41.

despressekonferenz an die Öffentlichkeit gegeben wurde, daß die Freiheit der Forschung die Unterzeichnenden selbstverständlich verpflichte,

> ... in der Auswahl unserer Methoden und Forschungsziele auch die Grundrechte auf Menschenwürde sowie auf Leben und körperliche Unversehrtheit, die Schutzrechte von Menschen und Tieren sowie der Erhaltung der lebendigen Natur in größtmöglicher genetischer Vielfalt zu respektieren. (...) Wir verpflichten uns ... nicht nur mit größter Umsicht vorzugehen, sondern auch Kriterien für eine aussagekräftige Sicherheitsforschung sowie für die notwendigen Sicherheitsstandards zu entwickeln, und uns für deren internationale Akzeptanz einzusetzen.[372]

Daher sollten auch die Prioritäten der Zwecke im Gentechnikgesetz entsprechend eindeutig in Richtung Forschung und Entwicklung verteilt sein, wie es in einer Stellungnahme zum Entwurf eines Gesetzes zur Regelung der Gentechnik zum Ausdruck gebracht wurde:

> Zweck des Gesetzes darf daher nicht allein der Schutz vor „Gefahren der Gentechnik" sein. Zweck sollte vielmehr in erster Linie sein, die Erforschung, Entwicklung und Nutzung der wissenschaftlichen und technischen Möglichkeiten der Gentechnik zu fördern und hierfür einen rechtlichen Rahmen zu schaffen.[373]

5.3.2.3 Die Bio-Wissenschaft und das gespannte Verhältnis zur gesellschaftlichen Öffentlichkeit

Die „Freiheit der Forschung" impliziert jedoch nicht, daß die Wissenschaft nicht den Dialog mit der breiten Öffentlichkeit sucht. Eher ist angesichts der in Deutschland als erheblich empfundenen Akzeptanzprobleme das Gegenteil der Fall, jedoch nimmt dieser Dialog vor dem Hintergrund der kulturellen Codierung durch den deutschen Idealismus im Vergleich zu anderen Gesellschaften eher den Charakter einer Seminardiskussion an, in deren Zentrum die Belehrung des gelehrigen Publikums durch den Meister steht. Nicht-wissenschaftliche Wahrnehmungsweisen sind eher von minderer Qualität, eine kritische Hinterfragung des wissenschaftlichen Wissens durch den Laien ist daher kaum vorstellbar, da dieser sich dafür erst in einem langen Lernprozeß das notwendige Wissen aneignen muß. Nicht der Forscher ist hier bemüht, seine Erkenntnisse im Dialog mit einem etwas breiteren Publikum verständlich zu vermitteln und politische Zielsetzungen diskursiv zu ermitteln, sondern umgekehrt muß sich der

---

[372] Sechs Punkte zur Gentechnik, als Anhang abgedruckt in: ZMBH Report 1988/1989, Zentrum für Molekulare Biologie der Universität Heidelberg, 1990, S. 143-145.

[373] Hausen, H. zur & Staab, H.A., Stellungnahme zum Entwurf eines Gesetzes zur Regelung der Gentechnik. AGF Forschungsthemen 3. Gentechnik und Medizin, 1989, S. 33-34.

Laie erst auf die Ebene des mit entsprechendem Autoritätsbewußtsein ausgestatteten Experten schwingen, um überhaupt mitreden zu können:

> Der berechtigten Forderung nach verständlicher und dennoch umfassender Unterrichtung der Öffentlichkeit durch die Vertreter eines Faches muß von seiten der Wissenschaft eine Forderung an die Öffentlichkeit entgegengestellt werden. Auch die sorgsamste Darstellung durch die Wissenschaft führt nicht zu einem mühelosen und schnellen Verständnis der Problematik durch den Hörer oder Leser (...) Ich sage damit nicht, daß dieses Wissen nur in der abgeschlossenen Zunft der klinischen Mikrobiologen und Molekularbiologen erworben werden kann. Ich meine nur, daß dieses Spezialwissen eine sehr viel längere und eingehendere Beschäftigung fordert und daß jeder, der sich an einer solchen Debatte beteiligen möchte, sich sorgfältig die Frage vorlegen muß, ob er die notwendigen Kenntnisse bereits besitzt oder ob er die Absicht hat, sie sich in einem möglicherweise lange Zeit dauernden Prozeß zu erwerben.[374]

Daß es auch anders geht, zeigte beispielsweise die Auseinandersetzung zwischen Biologen und Laien im amerikanischen Cambridge. Hier hatten sich die Laien mit den biologischen Grundlagen vertraut gemacht und konnten entsprechende „Fälle" verantwortlich mit den Forschern diskutieren und waren auch in der Lage, die Entscheidungen mitzutragen.[375] Aus dem aufklärerischen Bemühen heraus ist man in Deutschland der Auffassung, „daß gerade die in der Forschung aktivsten Wissenschaftler ... für die Öffentlichkeit die wichtigsten und überzeugendsten Lehrmeister" sein könnten und es immerhin ein „Fingerspitzengefühl und didaktisches Geschick" erfordert, zwischen „der Faszination der Wissenschaft und der Skepsis und Betroffenheit der Öffentlichkeit zu vermitteln"[376]. Im Vordergrund der gesellschaftlichen Auseinandersetzung steht mehr die didaktisch aufbereitete Vermittlung bereits gewonnener wissenschaftlicher Einsichten, die „one-way"-Risikokommunikation und nicht die kritische Auseinandersetzung mit dem wissenschaftlichen Wissen und möglicher Wege hinsichtlich der Lösung relevanter gesellschaftlicher Probleme. In diesem Zusammenhang beklagte man auch die nur mangelhafte naturwissenschaftliche Bildung der Bevölkerung und deren Inkompetenz bei der Erörterung biotechnologischer Sachverhalte. Als besonders ärgerlich wurde empfunden, daß der Bereich der Fortpflanzungsmedizin mit den Stichwörtern „Retortenbaby", „Leihmutterschaft" und „Embryoforschung" in der öffentlichen Diskussion oftmals mit der Gentechnik in einen Topf geworfen wird. Auch die Verbindung der Gentechnik

---

[374] Starlinger, P., Probleme der Gentechnologie, op.cit., S. 574.

[375] Sullivan, J.L., Vorbereiteter Beitrag zum Themenkreis 7: Wissenschaft, Staat, Gesellschaft. In: Herweg, E. & Hübner, S. (Hg.), Chancen und Gefahren der Genforschung. Protokolle und Materialien zur Anhörung des Bundesministers für Forschung und Technologie in Bonn, 19. bis 21. September 1979, München, Wien: R. Oldenbourg Verlag, 1980, S. 241-246.

[376] Dörfler, W., Die weitere Entwicklung der Molekularbiologie, op.cit.

mit einer Beschleunigung der „negativen Weltentwicklung" ist nach Ansicht der Wissenschaft eine Verkennung der Tatsachen. Daher suchte sie verstärkt den Dialog mit der Bevölkerung, um über die tatsächlichen Risiken der Gentechnik und ihre Bewältigung aufzuklären.[377] Die Wissenschaftler bemühten sich dabei insbesondere, durch eine Differenzierung des Konfliktgegenstandes (Auseinanderziehen von Gentechnik und Reproduktionstechniken) den gesellschaftlichen Kontroversen die Schärfe zu nehmen und diese dadurch zu versachlichen.[378] Entsprechend ihren Anstrengungen, die öffentliche Auseinandersetzung in einen wissenschaftlichen Rahmen mit einer entsprechenden auf Fakten basierenden Kommunikationsstrategie zu bringen, wurde auch auf die artikulierten Ängste hinsichtlich einer gezielten Menschenzüchtung in Übereinstimmung mit den Ansichten der Enquete-Komission im Sinne des wissenschaftlich „Machbaren", nicht des moralisch „Gewollten", geantwortet:

> Diese Vorstellung ist auch vom Genetischen her schlicht unsinnig. Alle komplexen charakterlichen, psychischen Eigenschaften des Menschen setzen sich aus einem unüberschaubaren Netzwerk genetischer Komponenten und individueller Lernerfahrung zusammen. Es ist überhaupt nicht abzusehen, daß solche Eigenschaften eine strukturelle Aufklärung finden, geschweige denn einer Manipulation zugänglich werden. Hier wird man wohl immer wieder auf die Mittel und Wege der erprobten außergenetischen Manipulation zurückgreifen.[379]

In umgekehrter Richtung reagierten deutsche Wissenschaftler noch sensibler als ihre amerikanischen Kollegen auf eine Beteiligung der Öffentlichkeit an Forschungsfragen, -förderungen und -zielen. Grundsätzlich wurde zwar entsprechend den institutionellen wissenschaftlichen Leitprinzipien eine Öffentlichkeitsbeteiligung als Widerspruch zum Wesen der Grundlagenforschung und als Behinderung der internationalen Konkurrenzfähigkeit gesehen, jedoch ist in Deutschland darüber hinaus eine spürbare Scheu zu verzeichnen, wissenschaftliche Belange in der breiteren Öffentlichkeit zu erörtern, da dies den Autoritätsstatus des wissenschaftlichen Experten und die Autonomie der Wissenschaft unweigerlich aufweiche. Daher wurde bereits im Entwurf zum Gentechnikgesetz begrüßt, daß hinsichtlich der akademischen Forschungsarbeiten eine Beteiligung der Öffentlichkeit nicht als erforderlich angesehen wird.
Auch was die Besetzung der ZKBS betrifft, sollte hier ein reines Sachverständigengremium und nicht „eine politische Schiedskommission"[380] eingesetzt wer-

---

[377] FR vom 25.3.1989.

[378] Zu dieser Form der Konfliktlösung vgl. Simmel, G., Der Streit, op.cit.

[379] Trautner, T.A., Gentechnologie und Humanbiologie, op.cit.

[380] Starlinger, P., Zur Arbeit der Zentralen Kommission für die Biologische Sicherheit (ZKBS). In: Arbeitsgemeinschaft der Großforschungseinrichtungen (AGF) (Hg.), AGF Forschungsthemen 3. Gentechnik und Medizin, 1989, S. 32-33.

den. So begrüßte die ZKBS insbesondere den Vorschlag der Bundesregierung, die Kommission mit acht Sachverständigen (vier Gentechniker, je ein Sachverständiger für Mikrobiologie, Zellbiologie, Hygiene und Ökologie) und vier weiteren fachkundigen Personen (je ein Sachverständiger aus dem Bereich Gewerkschaften, der Industrie, des Arbeitsschutzes und der forschungsfördernden Organisationen (DFG, MPG) zu besetzen.[381] Bedenken wurden jedoch gegen Vorschläge geäußert, einen Sozialwissenschaftler, einen Ethiker und einen Vertreter der Kirchen hinzuzuziehen. Mit dem GenTG ist dann der Kreis auf zehn Sachverständige (Mikrobiologie, Zellbiologie, Virologie, Genetik, Hygiene, Ökologie und Sicherheitsforschung) erweitert worden, wovon sechs Sachverständige auf dem Gebiet der Neukombination von Nukleinsäuren tätig sein müssen. Weiterhin gehören der Kommission nun fünf sachkundige Personen aus den Bereichen Gewerkschaft, Arbeitsschutz, Wirtschaft, Umweltschutz und den forschungsfördernden Organisationen an.[382] Im Unterschied etwa zum RECOMBINANT DNA ADVISORY COMMITTEE (RAC) bei den NATIONAL INSTITUTES OF HEALTH (NIH) sind in der Institution der ZKBS wesentlich mehr Repräsentanten organisierter gesellschaftlicher Interessengruppen versammelt.[383] Ein Blick auf den Kreis der sachkundigen Personen in der Zeit von 1981 bis 1988 zeigt, daß auch hier die organisierten Großinteressen vertreten sind: die Berufsgenossenschaft Chemische Industrie, die Berufsgenossenschaft Gesundheit, die DFG, der Bundesverband der Pharmazeutischen Industrie und der DGB.[384] Auf diese Weise werden die Konsensbildungsprozesse zwischen den relevanten gesellschaftlichen Großorganisationen in einer weiteren Institution gebündelt und den beteiligten Akteuren wird die Chance gegeben, erhebliche soziale Ressourcen mobilisieren und in wissenschaftspolitische Entscheidungen umsetzen zu können, während andere Akteurgruppierungen keine Möglichkeiten haben, hier Einfluß auszuüben. Bei fast allen der nach dem GenTG zu erlassenden Verordnungen muß die Bundesregierung die ZKBS anhören, so daß die Ausgestaltung des Gesetzes nicht nur weitgehend hinter verschlossenen Türen stattfindet, sondern die gesellschaftlichen Großgruppen ihre Interessen auch hier – im gesellschaftlichen Vergleich betrachtet – wesentlich problemloser ins politische System transportieren und in normativen Regelungen absichern können. Mehr Öffentlichkeit und Transparenz bei öffentlich geförderter Wissenschaft und For-

---

[381] Theisen, H., Bio- und Gentechnologie, op.cit., S. 71; Gill, B., Gentechnik ohne Politik, Frankfurt/New York: Campus, 1991, S. 150-163.

[382] Gentechnikrecht, op.cit., S. 35-36.

[383] Little, A.D., Review and Analysis of International Biotechnology Regulations, U.S. Department of Commerce, National Technical Information Service, 1986, S. 23.

[384] Zentrale Kommission für die Biologische Sicherheit, Bericht über die zurückliegende Amtsperiode der Zentalen Kommission für die Biologische Sicherheit, ZKBS, (29.09.81 bis 30.06.88), S. 2.

schung forderte dagegen der BUND DEMOKRATISCHER WISSENSCHAFTLERINNEN UND WISSENSCHAFTLER (BdWI), und auch das Wissenschaftssystem sollte sich durch eine größere Vielfalt der Forschungsansätze auszeichnen. Ebenso müßten mehr Freiräume für diskursive Prozesse über Forschungsarbeiten und über die soziale Verpflichtung der Wissenschaft geschaffen werden. Auf dieser Grundlage sei es dann möglich, mit Hilfe von Technologien zu sinnvollen Problemlösungen zu kommen, die auch alternative Entwicklungslinien berücksichtigen.[385] Auch der VEREIN DEMOKRATISCHER PHARMAZEUTINNEN UND PHARMAZEUTEN e.V. (VDPP) kritisierte, daß die Inhalte und Ziele der Forschung zu sehr von privaten Verwertungsinteressen bestimmt sind, ohne daß die Öffentlichkeit daran beteiligt wird oder deren Bedürfnisse berücksichtigt werden. Der Verein setzte sich daher für eine demokratisch kontrollierte Forschung und Entwicklung der Gentechnologie in einer solchen Weise ein, daß auch Mensch und Natur nicht notwendigerweise in einen Gegensatz zueinander geraten müssen.[386]

Allerdings räumte die Mainstream-Wissenschaft ein, daß eine Öffentlichkeitsbeteiligung durchaus „in anderen Bereichen dem Abbau von Vorurteilen gegenüber der Gentechnik und damit ihrer Akzeptanz dienen kann" und die Genforscher sich der Verpflichtung bewußt sind, „der Öffentlichkeit über Umfang und Ziele ihrer Forschungsarbeiten regelmäßig und allgemeinverständlich zu berichten"[387]. Befürchtet wurde dagegen eine zunehmende öffentliche Politisierung des Themas und ein damit möglicherweise verbundener inkompetenter Eingriff in die autonome Problemselektion der Wissenschaft:

> Wissenschaftler sollten sich in ihrer Themenauswahl und in ihrer Planung von zukünftigen Projekten unter keinen Umständen von der wenig informierten Öffentlichkeit oder gar von Politikern beeinflussen lassen.[388]

Das Prinzip der Nichtöffentlichkeit kennzeichnete auch das Anhörungsverfahren der beteiligten Forschungsförderungsinstitutionen DFG und MPG zum Bericht der Enquete-Kommission. In der Tagespresse wurde zwar die DFG-Stellungnahme referiert, die Stellungnahme als Ganzes war jedoch nicht für die Öffentlichkeit bestimmt, wie die DFG auf entsprechende Anfrage erklärte.[389] Ebenfalls

---

[385] Theisen, H., Bio- und Gentechnlogie, op.cit., S. 71-72.

[386] Verein demokratischer Pharmazeutinnen und Pharmazeuten (Hg.), Auszug aus dem Programm des VDPP, o.O., o.J..

[387] Hausen, H. zur & Staab, H.A., Stellungnahme zum Entwurf eines Gesetzes zur Regelung der Gentechnik, op.cit.

[388] Dörfler, W., Die weitere Entwicklung der Molekularbiologie, op.cit.

[389] Vgl. dazu Lang-Pfaff, Ch., „Dem Gen auf der Spur": Biotechnologiepolitik und Sprache in der Bundesrepublik Deutschland. Eine politikwissenschaftliche Analyse der Biotechnolo-

wurde die Öffentlichkeit nicht informiert, als eine Ad-hoc-Kommission von zehn Wissenschaftlern in einer Stellungnahme an die DFG ihre Forderung nach intensiver Förderung der deutschen Humangenomforschung (100 Mio. DM pro Jahr) stellte. Auch bei den Plänen, der internationalen HUMAN GENOM ORGANIZATION (HUGO) eine europäische Dachorganisation (EGO) gegenüberzustellen und eine nationale finanzielle Beteiligung an HUGO zu befürworten, hatte man es vorgezogen, die Öffentlichkeit davon nicht in Kenntnis zu setzen.[390] Ebenso war es trotz mehrfachen Anschreibens nicht möglich, Stellungnahmen von DFG oder MPG zu politischen Regelungen der Gentechnik zu erhalten.[391] Während die MPG jedoch anderes Material zusandte, teilte die DFG in einem Schreiben mit, daß sie kein Informationsmaterial für diese Studie bereitstellen könne, obwohl sich aus den Beiträgen von DFG-Repräsentanten seit 1988 entnehmen läßt, daß mit der immer weiteren Einbeziehung der wissenschaftlichen Forschung in die öffentliche Diskussion eine solche Vorgehensweise der mangelhaften Informationsweitergabe zunehmend auch öffentlich kritisiert wird.[392]

5.3.2.4 Gentechnologie: Fortschritt in der Grundlagenforschung und praktische Problemlösungskapazität

Entsprechend des institutionellen Leitprinzips der Wissenschaft wurde primär der Erkenntnisfortschritt thematisiert und in der rDNA-Forschung die großartige Chance gesehen, noch tiefere Erkenntnisse über die genauen Baupläne und Funktionen lebender Zellen zu gewinnen und daraus einen immensen Nutzen für verschiedene Anwendungsfelder, insbesondere für den medizinischen und land-

---

giedebatte 1984-1988. In: Opp de Hipt, M. & Latniak, E. (Hg.), Sprache statt Politik?, Opladen: Westdeutscher Verlag, 1991, S. 91-121, 105.

[390] FR vom 28.01.1989.

[391] Besonders abweisend verhielt sich der damalige Vorsitzende der ZKBS beim Bundesgesundheitsamt in Berlin, Gerd Hobom, der auf meine erneute Anfrage an die ZKBS nach relevantem Informationsmaterial in einer Rückantwort darauf verwies, daß alles Erfragte „in Publikationen und öffentlich zugänglichen Protokollen" vorliegt und er sich weigere, für diese Forschungsstudie „als Zu-Arbeiter zu wirken", ohne dabei zu vergessen, „auf die KGB-gesteuerte „Kultur" der (west)deutschen Kommunikation in den achtziger Jahren" hinzuweisen. Diese mangelnde Kooperationsbereitschaft ist darüber hinaus angesichts seiner geäußerten Vermutung, daß ich „von anderer Richtung mit einer Flut von Öko-Material völlig überschwemmt" werde, noch unverständlicher. Schreiben vom 15.3.1993 an den Projektleiter.

[392] Siehe Lang-Pfaff, Ch., „Dem Gen auf der Spur": Biotechnologiepolitik und Sprache in der Bundesrepublik Deutschland. Eine politikwissenschaftliche Analyse der Biotechnologiedebatte 1984-1988, op.cit., S. 105.

wirtschaftlichen Bereich, zu ziehen. So formulierte beispielsweise *Thomas A. Trautner*, Direktor am Max-Planck-Institut für molekulare Genetik in Berlin:

> Man kann wohl ohne Übertreibung sagen, daß durch die Anwendung gentechnologischer Techniken tragische menschliche Krankheitsbilder zum ersten Mal einer biologischen Analyse zugänglich werden. Hieran knüpft sich die berechtigte Hoffnung auf die Entwicklung einer an die Wurzeln dieser Leiden greifenden Therapie.[393]

Das Bemühen um Aufklärung und Beseitigung menschlichen Leidens als wissenschaftliches Programm läßt dabei einen Argumentationskontext entstehen, zu dem auch das Recht auf Wissen hinsichtlich der eigenen genetischen Konstitution gehört. Daher wandte man in bezug auf die Genanalyse gegen das von den Kritikern geforderte „Recht auf Nichtwissen" seiner Gene ein, daß der Staat kein Recht habe, aus einer angeblichen Fürsorglichkeit den einzelnen im Stande der Unwissenheit zu halten. Komplementär zu den von den Kritikern thematisierten „Zwängen des Wissens" wurden hier die „Zwänge des Nichtwissens" scharf verurteilt:

> Es gehört zu den Pflichten des Gemeinwesens, dem einzelnen auf Wunsch die Kenntnis seiner wirklichen, auch seiner genetischen Lage zu ermöglichen, wenn Untersuchungsmethoden dafür verfügbar sind, auch wenn solches Wissen belastet. Das Recht auf Nichtwissen darf nicht zum Zwang zum Nichtwissen entarten ...[394]

Allerdings gesellte sich zum Thema „Erkenntnisfortschritt" der ständige Verweis auf die praktische Problemlösungsfähigkeit der Gentechnik. Dieses Thema wurde – besonders zusammen mit der Industrie, aber auch mit den etablierten politischen Parteien – von der Wissenschaft ebenfalls sehr stark getragen, um eine größere gesellschaftliche Akzeptanz herstellen zu können. Daher wies man unter Einbeziehung des Themas „praktische Problemlösung" auch vor der letzten Lesung des GenTG von MPG, DFG, AGF, Hochschulrektorenkonferenz und der Fraunhofer-Gesellschaft nochmals gemeinsam darauf hin, daß bereits eine Fülle für die Medizin wichtiger Stoffe, vor allem etwa bestimmte Hormone, Impfstoffe, Blutgerinnungsfaktoren und andere Wirk- und Abwehrstoffe in großtechnischem Umfang produziert werden können und für prophylaktische, therapeutische oder diagnostische Anwendungen zur Verfügung stehen. Gleichermaßen unerläßlich sei die Anwendung der Gentechnik in der Pflanzen- und Haustierzüchtung zur Bewältigung der Ernährungsprobleme der Menschheit

---

[393] Trautner, Th.A., Gentechnologie und Humanbiologie. In: Max-Planck-Gesellschaft München (Hg.), Gentechnologie und Verantwortung, 1985, S. 37-44.

[394] DIE ZEIT vom 08.09.1989. Beitrag von H. Markl.

oder in der ökologischen Forschung und Umwelttechnologie.[395] Gerade eine durch gentechnische Verfahren unterstützte Pflanzenzüchtung könne dazu beitragen, die Ernährungsprobleme der Weltbevölkerung und die mit den bisherigen Methoden verbundenen ökologischen Probleme zu lösen:

> Das Ziel der modernen Landwirtschaft und Pflanzenzüchtung muß sein, Wege zu einer geringeren Belastung der Umwelt zu finden und gleichzeitig ausreichende Erträge zur Ernährung der Weltbevölkerung und zur Erhaltung eines für alle Menschen akzeptablen Lebensstandards zu gewährleisten.[396]

So wurde darauf hingewiesen, daß weltweite Hungerprobleme sicherlich nicht nur durch Steigerung der landwirtschaftlichen Produktion und durch Pflanzenzüchtung gelöst werden können, es jedoch eines der vorrangigen Ziele bleibe, Wege für eine ausreichende Ernährung der Weltbevölkerung zu finden. Mit dem in der Vergangenheit verfolgten Weg handelte man sich zugleich auch schwerwiegende Nachteile ein: den positiven Auswirkungen von Höchstleistungen stehen nämlich eine zunehmende Umweltbelastung sowie unerwünschte sozioökonomische Entwicklungen entgegen, z.B. Monokulturen, reduzierte Fruchtfolge, exzessive Düngung, chemischer Pflanzenschutz, zunehmende Mechanisierung der Landwirtschaft sowie der Existenzverlust kleiner landwirtschaftlicher Betriebe durch Rationalisierung und Zusammenlegung. In Anpassung an die Forderungen moderner Landwirtschaft führte die systematische Pflanzenzüchtung zu einer Verringerung der Zahl angebauter Nutzpflanzen und -sorten sowie zu einer Reduktion der genetischen Vielfalt. Von den geschätzten 3000 Pflanzenarten, die im Verlaufe der Geschichte den Menschen zur Ernährung dienten, werden heute nur durchschnittlich 30 verwendet. Mehr als 90% des menschlichen Nahrungsangebots stammt von weniger als einem Dutzend Kulturpflanzen.[397] Vor allem im Zeitgewinn wird gegenüber der klassischen Strategie der Resistenzzüchtung der immense Vorteil gesehen. Die Gentechnik kann helfen,

- Sorten mit höherem Nährwert und größerer Resistenz gegenüber Krankheiten, Schädlingen und extremen Umweltbedingungen zu züchten;
- sogenannte „low input" Pflanzen zu züchten, die bei reduziertem Einsatz von Düngemitteln, Bewässerung und chemischen Pflanzenschutzmitteln noch gute Erträge bringen;
- die Vielfalt der Kulturpflanzen in der Welt und die genetische Variabilität der angebauten Pflanzen zu vergrößern; Pflanzen zu züchten, die als nach-

---

[395] FR vom 24.03.1990, S. 13.

[396] Max-Planck-Institut für Züchtungsforschung (Köln) (Hg.), Pflanzenzüchtung aus der Nähe gesehen, 1991

[397] Ibid.

wachsende Rohstoffe Ausgangsmaterial für die Herstellung von Fasern, Farbstoffen, Pharmazeutika und anderen chemischen Produkten liefern sowie

- neue Methoden zur Förderung der Wiederaufforstung (aufgrund der Abholzung der Regenwälder) zu entwickeln.[398]

Wie wichtig das Thema „praktische Problemlösung" für die Wissenschaft und auch für die Industrie im öffentlichen Diskurs war sieht man an der damit verbundenen Überzeugung, daß sich über die Einsicht der breiten Bevölkerung in die Problemlösungskapazität der Biotechnologie auch gewissermaßen von selbst eine Akzeptanz herstellen werde:

> In dem Maße, in dem die Rolle einer schnell immer größer werdenden Anzahl von Genen bei der ausschließlichen oder anteiligen Verursachung von Krankheiten erkannt wird, wird auch die Akzeptanz der medizinischen Genetik selbst im historisch stigmatisierten Deutschland wachsen. Niemand wird auf die Fortschritte der Medizin verzichten wollen.[399]

In solchen Argumentationszusammenhängen werden dann auch die in einem weiten Sinne kausalen und funktionalen Erklärungsstrategien angebracht: so wurde darauf hingewiesen, daß ohne die Gentechnik der heutige wissenschaftliche Erkenntnisstand nicht erreicht worden wäre bzw. die Gentechnik ein Instrument ist, mit dessen Hilfe wir praktische Probleme der Menschheit, z.B. im medizinischen und landwirtschaftlichen Bereich, zumindest teilweise lösen können. In vielen Fällen verwies man dabei eindringlich auf aktuelle Problemlagen, für deren Lösung uns mit der Gentechnik ein unverzichtbares Instrument zur Verfügung steht:

> Viele der heutigen Arbeitsgebiete biomedizinischer Forschung beziehen sich auf komplexe Vorgänge: Auf Waldsterben oder Robbensterben, auf Krebs- und Altersforschung oder auf die Folgen der Umweltverschmutzungen auf die Gesundheit des Menschen. Immer dringender wird auch die Entwicklung von Impfstoffen gegen so wandlungsfähige Krankheitserreger wie das Aids-Virus oder die Malaria. Hilfreich dabei ist die Gentechnik. Aus fast allen Bereichen aktueller medizinischer Forschung ist die Anwendung gentechnischer Methoden nicht mehr fortzudenken. Wenngleich in Deutschland und einigen anderen Ländern die Öffentlichkeit der Gentechnik kritisch gegenübersteht, wird dies die Entwicklungen in anderen Ländern nicht aufhalten.[400]

Bei solchen Legitimationsstrategien geht es natürlich auch darum, die neue Technik wertmäßig (moralisch) aufzuladen, d.h. mit den allgemein anerkannten

---

[398] Ibid.

[399] Dörfler, W., Die weitere Entwicklung der Molekularbiologie, op.cit.

[400] Rübsamen-Waigmann, H., Gene, Computer und ethische Grenzen. Kultur und Technik im 21. Jahrhundert, 1991, S. 22-25.

sozialen Werten in Verbindung zu bringen und so gesellschaftlich besser durchsetzen zu können. Wer dabei widerspricht, setzt sich dann leicht dem Verdacht aus, das Gute verhindern zu wollen und gerät in ein Dilemma:

> Wer dagegen ist, ist dafür, daß Frauen am unerfüllten Kinderwunsch leiden oder Kinder an Krebs sterben. Und die Moral ist überall die gleiche: Der gute Zweck heiligt die Mittel.[401]

Von der Kritik wurde nicht abgestritten, daß die Gentechnik zur Lösung bestimmter Probleme auch tatsächlich eingesetzt werden kann. Bemängelt wurde jedoch, daß der Wertbezug auch häufig unsicher und in seinen wissenschaftlichen Grundlagen umstritten ist und die Legitimationsbasis oft in unzulässigerweise Weise ausgedehnt und erweitert werde.[402] Nun gilt es hier aber nicht, hinsichtlich der gesellschaftlichen Akzeptanzgewinnung der Gentechnik Erkenntnisinteresse und praktische Problemlösung vorschnell gegeneinander auszuspielen und gegenüber den „offiziellen Zielen" der Akteure auf die versteckten, „inoffiziellen Motive" hinzuweisen.[403] Die Motive der Erkenntnissteigerung ergeben sich eh schon aus der Logik der Wissenschaft und lassen sich, abgestützt durch weitere Elemente innerhalb des kulturellen Codes (moralische Prinzipien) auch gesellschaftlich legitimieren. Darüber hinaus ist durch die immer enger gewordene Verflechtung von abtraktem Wissen und praktischer Anwendung (oder dem Zwang zu praktischer Relevanz) auch verbunden, daß beide Legitimationsstrategien, Steigerung der menschlichen Erkenntnis und praktischer Nutzen, verfolgt werden müssen. Außerdem kann die Tauglichkeit, mit Hilfe einer neuen Technik sozial geteilte Werte realisieren zu können, nicht einfach behauptet werden, Technik kann nicht an „legitimierende Ziele angeschlossen werden wie Zigarettenreklame an Freiheitssysmbole"[404], sondern muß zumindest der Sache nach plausibel sein. Daneben muß es natürlich auch soziale Mechanismen geben, die unabhängig von den „wirklichen" Motiven der Akteure eine Kompatibilität zwischen den postulierten Zielen und dem Handeln herstellen bzw. aufrechterhalten, da sonst die Berufung auf solche Ziele eben doch bloße „Reklame" ist.[405] Allerdings zeigt sich bei der Gentechnik, daß die Erwartungen der Öffentlichkeit in die praktische Problemlösungsfähigkeit der Gentechnik schon sehr früh besonders durch kommerzielle Interessen hochgeschraubt wur-

---

[401] Beck-Gernsheim, E., Technik, Markt und Moral, Frankfurt: Fischer, 1991, S. 84.

[402] Ibid., S. 85.

[403] So z.B. Beck-Gernsheim, E., Normative Ziele, vielschichtige Motive und konkurrierende Klienteninteressen. Ethik und Sozialwissenschaften 3, 1992, S. 277-288.

[404] Daele, W. van den, Schwierigkeiten mit Legitimationen. Ethik und Sozialwissenschaften, 3, 1992, S. 297-298, 297.

[405] Ibid., S. 298.

den und bis jetzt allenfalls nur zum Teil eingelöst werden konnten, so daß sich gerade die Industrie gegen Ende der achtziger Jahre um eine realistischere Perspektive bemühte. Ich werde im nächsten Kapitel darauf noch zu sprechen kommen. Demgegenüber kann die Forschung dort, wo sich die Lösung praktischer Probleme noch nicht gezeigt hat, immer noch auf die Verbesserung der Erkenntnissituation hinweisen, so daß sie abwechselnd von beiden Legitimationsstrategien Gebrauch machen kann:

> Was wüßten wir über AIDS? Ohne Gentechnologie wüßten wir vielleicht, daß es sich beim HIV um einen Retrovirus handelt. Aber über seine sehr komplizierte genetische Struktur wüßten wir nichts, ebenso wenig, wie es in die Zelle eindringt, ebenso wenig, wie es sich dort vermehrt. Wir könnten nicht mal logische gedankliche Ansätze finden, um den Krankheitsverlauf zu verzögern ... Ohne Gentechnologie würden wir nicht mal in der Lage sein, das als Herausforderung zu empfinden! ... Die Vertiefung und Ausweitung unserer Erkenntnisse ist das entscheidende Ergebnis der Gentechnologie noch in diesem Jahrhundert.[406]

Umgekehrt wurde darauf verwiesen, daß die praktische Problemlösungsfähigkeit untrennbar mit dem Erkenntnisfortschritt in der Grundlagenforschung verknüpft ist. Eine auch unter ökonomischen Aspekten effiziente Anwendung gentechnologischen Wissens kann erst durch die Fortschritte in der Grundlagenforschung erfolgen, deren herausragende Bedeutung und Notwendigkeit immer wieder hervorgehoben wurde wie hier für den Bereich der Medizin:

> Es gibt wenig Zweifel an der Bedeutung der Grundlagenforschung, die etwa nur 2% der Kosten des Gesundheitswesens beansprucht. Jeder weiß, daß die Medizin dort am billigsten ist, wo sie bis zu den Grundlagen der Krankheiten vorgestoßen ist, wie etwa bei der Viruserkrankung durch vorbeugende Schutzimpfung. Teuer ist sie dort, wo sie aufgrund mangelnder Grundlagenforschung noch nicht zu diesen Ursachen vorgestoßen ist, wie bei Herz-Kreislauf-Erkrankungen, Krebs, Arteriosklerose und anderen Übeln dieser Welt.[407]

Schützenhilfe bekam die Grundlagenforschung durch die Wissenschaftler in der Industrie, die allerdings auch auf die Notwendigkeit verstärkter interdisziplinärer Zusammenarbeit und Kooperation zwischen Industrie und Wissenschaft hinwiesen. Dies ist insofern nicht weiter verwunderlich, als ja neben der „demand-pull" Hypothese, die technologischen Innovationen an das Leitprinzip des ökonomischen Handelns anschließt, also an die wirtschaftlichen Gewinnrealisierungsmöglichkeiten, gerade die komplementär aufzufassende „technology-push" Hypothese oder „technological opportunity"-Hypothese davon ausgeht, daß

---

[406] Beaucamp, K., Ohne Gentechnik kein Fortschritt in der Medizin. Boehringer Mannheim (Hg.), Gesundheit, Technologie, Gesellschaft: Perspektiven Heft 1, 1990, S. 26-31.

[407] Winnacker, E.-L., Grundlagen und Methoden der Gentechnologie. In: Max-Planck-Gesellschaft München (Hg.), Gentechnologie und Verantwortung, op.cit., S. 14-21.

exogene Fortschritte im Grundlagenwissen die Zahl und Quantität von Erfindungen und letztlich den technischen Fortschritt bedingen.[408] So äußerte sich beispielsweise *Hans-Jürgen Quadbeck-Seeger*, Vorstandsvorsitzender der Knoll AG, hinsichtlich des internationalen Konkurrenzdrucks:

> Um den Anschluß nicht zu verlieren, ist es vor allem wichtig, die Grundlagenforschung zu fördern und auszubauen. Hierfür ist die Bildung von Schwerpunkten unerläßlich. Wer auf dem Gebiet der Grundlagen des Lebens auf Dauer erfolgreiche Forschung treiben will, muß die Möglichkeit haben, mit Wissenschaftlern aus den verschiedenen Disziplinen zusammenzuarbeiten. Die Vielfalt und Breite des wissenschaftlichen Umfeldes waren und sind die wesentlichen Voraussetzungen für den Erfolg von Forschungsgruppen in Boston und San Francisco. In Europa und auch in Deutschland ist der Prozeß der Schwerpunktbildung in Gang gekommen. Die gegründeten Genzentren sind Schritte in die richtige Richtung auf einem langen Weg, der noch vor uns liegt.[409]

Weiter oben wurde bereits darauf hingewiesen, daß die Biowissenschaften in Deutschland verspätet von der reinen Grundlagenforschung auf einen mehr praktischen Anwendungszusammenhang umgeschaltet hatten. Dieser Anwendungsbezug wurde nun vom BMFT durch die Strategie einer „anwendungsorientierten Grundlagenforschung" forciert anvisiert, wobei jedoch nun umgekehrt die Gefahr droht, die reine Grundlagenforschung austrocknen zu lassen, eine Gefahr, die mittlerweile in den USA und in Japan erkannt wurde. Aber auch hier scheint man in Deutschland wieder hinterherzuhinken. Daher wurde von wissenschaftlicher Seite trotz aller möglichen herausgestellten Problemlösungskapazitäten der Gentechnik die Grundlagenforschung in den Biowissenschaften in ihrer Bedeutung immer wieder herausgestellt und davor gewarnt, diese gegenüber einer mehr anwendungsorientierten Technologieförderung zu benachteiligen:

> Technischer Fortschritt macht eine intensive biologische und medizinische Forschung nicht weniger wichtig. (...) Die Weiterentwicklung der biomedizinischen Forschung ist ebenso notwendig wie eine Technologieentwicklung, und es wäre wünschenswert, würden sie sich zukünftig besser aneinander orientieren. Angesichts des deutlichen Übergewichts der Technologieförderung und unter Berücksichtigung der Tatsache, daß es gerade auch die Technik ist, die Medizin vermehrt vor immer komplexere Probleme stellt, ihr aber auch wichtige Hilfsmit-

---

[408] Aus der Vielzahl der Literatur sei hier nur genannt: Bruder, W. & Dose, N., Zur Bedeutung der Forschungs- und Technologiepolitik (FuTP) für die Entwicklung und den Wandel unserer Gesellschaft. In: Bruder, W. (Hg.), Forschungs- und Technologiepolitik in der Bundesrepublik Deutschland, Opladen: Westdeutscher Verlag, 1986, S. 11-75.

[409] Quadbeck-Seeger, H.-J., Gentechnologie als neue Methode biologischer, medizinischer und chemischer Grundlagenforschung – erste Anwendungen. In: Max-Planck-Gesellschaft (München) (Hg.), Gentechnologie und Verantwortung, op.cit., S. 27-36.

tel an die Hand gibt, ist ein finanziell ausgewogenes Verhältnis von Technologieförderung und Förderung der Biowissenschaften notwendig.[410]

Die zugesandten Informationsmaterialien wissenschaftlicher Akteure zentrierten sich um die Themen der normativen Regulierung, um Chancen und Risiken der Gentechnik allgemein und ihrer Problemlösungskapazität in der Medizin und der Pflanzenzucht sowie um die wissenschaftliche Forschung. Zum Problembereich der Embryonenforschung oder der Humangenetik wurde von der Mainstream-Wissenschaft kein bzw. kaum Material zugesandt. Dies deckt sich mit der Öffentlichkeitspolitik von DFG und MPG: Beide Organisationen argumentierten lange Zeit, daß streng kontrollierte Forschungen an menschlichen Embryonen unerläßlich seien und dazu beitragen können, schwere Krankheiten zu heilen. Sowohl DFG als auch MPG hatten jedoch im Juni 1988 – bedingt durch die zunehmenden Tendenzen einer restriktiven Gesetzgebung und der Thematisierung des „issues" durch Juristen und Kirche[411] – jeweils über eine Pressemitteilung verlauten lassen, daß sie auf die (verbrauchende) Embryonenforschung verzichten wollen. Die DFG erklärte, daß sie keine „verbrauchende Forschung" an menschlichen Embryonen fördere und auch nicht damit zu rechnen sei, daß in Deutschland solche Forschungsvorhaben geplant oder genehmigt werden könnten. Für die „nichtverbrauchende" Forschung an menschlichen Embryonen sollen dagegen die Richtlinien der Bundesärztekammer befolgt werden, die Ausnahmen zulassen.[412] Nach den Richtlinien des Deutschen Ärztetages von 1985 können bestimmte Embryonenexperimente unter der Voraussetzung eines Kontrollverfahrens erlaubt sein. Es sollen aber nur so viele Embryonen erzeugt werden, wie es für eine Behandlung als sinnvoll erscheint, und an den zum Transfer bestimmten Embryonen dürfen keine Eingriffe unternommen werden, die nicht unmittelbar dem Kindeswohl dienen. Nichttransferierte Embryonen sollen innerhalb eines gewissen Zeitraumes kryokonserviert werden dürfen. Der Verkauf von Embryonen, die Leihmutterschaft und auch die Eispende wurden abgelehnt. Die extrakorporale Befruchtung wird als Behandlungsmethode bei medizinischer Indikation grundsätzlich gebilligt und soll in der Regel auf das homologische System beschränkt bleiben.[413] Die medizinische Profession hat es verstanden, erfolgreich fachfremde Interventionen abzuwehren und ihre professionale Selbstregulierung zu erhalten: es obliegt ausschließlich den Standeskommissionen, über Zulässigkeit und Einschränkungen der Embryonenforschung sowie der extrakorporalen Befruchtung zu entscheiden. Dagegen sah es die GESELLSCHAFT

---

[410] Rübsamen-Waigmann, H., Gene, Computer und ethische Grenzen, op.cit.

[411] Eser, A., Koch, H.-G. & Wiesenbart, Th., Regelungen der Fortpflanzungsmedizin und Humangenetik, Frankfurt/New York: Campus, 1990, S. 75-76.

[412] Theisen, H., Bio- und Gentechnologie, op.cit., S. 68-69.

[413] Ibid., S. 82-83.

FÜR HUMANGENETIK (GfH) als eine vordringliche Aufgabe an, sich an der öffentlichen Diskussion über humangenetische Forschung und Praxis zu beteiligen und einer eugenisch orientierten Gesundheitspolitik entgegenzuwirken. Ihrer Auffassung nach bestehe ein gesetzgeberischer Handlungsbedarf (Arbeitsrecht, Versicherungsrecht, Strafrecht), um einen Mißbrauch prädikativer genetischer Diagnostik, die zur Reduzierung des Menschen auf genetische Kriterien führen könnte, auszuschließen.[414]

Wie sehen nun im Vergleich die thematischen Schwerpunkte in bezug auf die Bio*wissenschaft* im Mediendiskurs aus? In der Datenbankabfrage zu den Medienartikeln wurden in der Kategorie „Genbereich" thematische Cluster (Mehrfachnennungen zugelassen) gebildet, die entweder stärker die wissenschaftliche Grundlagenforschung betonen (Cluster I) oder mehr den industriellen und landwirtschaftlichen anwendungsbezogenen Aspekt hervorheben (Cluster II) oder aber mehr den praktischen medizinischen Bereich fokussieren (Cluster III). Diese Cluster können allerdings, wegen der engen Verzahnung von Grundlagenforschung und angewendungsorientierten gentechnischen Verfahren gerade im medizinischen Bereich nur einen relativ groben Anhaltspunkt abgeben. Für Cluster I ergeben sich hier 267 Medienartikel, für Cluster II 146 Artikel und für Cluster III 157 Artikel. Der von den Genforschern herausgehobenen Bedeutung der wissenschaftlichen Grundlagenforschung im Vergleich zur Anwendungsorientierung wurde also von den Medien in etwa quantitativ (Anzahl der Artikel) Rechnung getragen.

5.3.2.5 Die Sicherheit der Gentechnik

Gerade durch den als unzumutbar empfundenen drohenden Eingriff in die Wissenschaft durch das GenTG hatte die Forschergemeinschaft ein starkes Interesse daran, Ängste der Bevölkerung hinsichtlich der Gentechnik abzubauen und in der breiten Öffentlichkeit ein Klima des Vertrauens in die wissenschaftliche Forschung und deren Sicherheit sowie in die wissenschaftliche Kompetenz zu schaffen. Dazu muß sie deutlich machen, daß die Risiken unter der Kontrolle des wissenschaftlichen Experten stehen. Ähnlich wie in den USA wurde daher versucht, die Risiken im Hinblick auf die professionelle Zuständigkeit zu definieren, also auf biologische und technische Risiken festzulegen und dabei das sogenannte „additive Modell" zugrundezulegen. In der Regel sind in den analysierten Zeitungsartikeln, in denen die biologischen Risiken erwähnt werden, als Akteure die Naturwissenschaftler mit aufgeführt, während bei den sozialen und besonders bei den ethischen Risiken mehr die Mediziner im Vordergrund ste-

---

[414] Ibid., S. 86-87.

hen. Unter Bezug auf die bisherigen Erfahrungen wurde dann darauf hingewiesen, daß das Risiko nicht in der Methode selbst, sondern allenfalls vom Ergebnis, vom pathogenen Potential der Spender- oder Empfängerorganismen bestimmt wird und mit den bestehenden Sicherheitseinrichtungen bzw. -vorkehrungen beherrscht werden kann:

> In der Grundlagenforschung passiert nichts, was wir nicht verstehen oder nicht im Auge haben.[415]

Mögliche Risiken wurden nicht geleugnet, jedoch könne dies nicht auf die Gentechnologie generell bezogen, sondern nur in einer Fall-zu-Fall-Betrachtung ermittelt werden; hier bestand ein grundsätzlicher Konsens der westeuropäischen Forscher.[416] Gerade um eventuelle Risiken feststellen zu können, plädierte man für die Durchführung bestimmter Experimente. Durch den Vergleich mit bereits bekannten Risiken und Gefahren wurde als Kommunikationsstrategie häufig eine Veralltäglichungs- oder Normalisierungsstrategie eingeschlagen, um aufzuzeigen, daß die mit der neuen Technologie verbundenen Risiken im Grunde genommen solche Risiken darstellen, mit denen wir bereits mehr oder weniger vertraut sind. Weiterhin wurde durch den Verweis auf Fakten herausgestellt, daß bisher kein einziger bekannt gewordener Schaden durch rDNA-Forschung entstanden sei. So der ehemalige Vorsitzende der ZKBS, *Peter Starlinger*:

> Dies alles könnte den Eindruck erwecken, es handele sich bei den in der BRD durchgeführten Versuchen um Experimente, die mit großen Gefahren für Mensch, Tier oder Umwelt verbunden sind. Dies ist nach meiner Einschätzung nicht der Fall. Bisher sind keine Fälle bekannt geworden, wo durch den Umgang mit rekombiniertem Erbmaterial Schäden eingetreten sind. Nach dem Stand unserer Kenntnisse auf dem Gebiet der Genetik ist dies auch nicht zu erwarten. Wenn überhaupt Schäden zu erwarten sind, so nur aus der speziellen Natur bestimmter Gene und bestimmter Spender- und Empfängerorganismen, unabhängig von der Art ihrer Herstellung. In den meisten Fällen sind solche Gefahren aber gar nicht zu erwarten. In dieser Hinsicht unterscheidet sich die Gentechnik positiv von vielen Techniken, die ebenfalls im Labor angewendet werden und bei denen bekannt ist, daß sie Gefahren mit sich bringen. Ich nenne hier nur den Umgang mit bekannten Krankheitserregern oder mit gefährlichen Chemikalien oder mit hohen Temperaturen oder hohen Stromspannungen.[417]

Ein weiterer wichtiger Bestandteil der Normalisierungsstrategie war der Hinweis, daß biotechnische Prozesse immerhin mit zu den ältesten vom Menschen angewandten Verfahren gehören und somit eine lange Erfahrung hinsichtlich

---

[415] Winnacker, E.-L., Interview in der WELT vom 11.7.1988.

[416] FR vom 3.12.1988.

[417] Starlinger, P., Zur Arbeit der Zentralen Kommission für die Biologische Sicherheit (ZKBS). AGF Forschungsthemen 3, Gentechnik und Medizin, 1989, S. 32-33.

des Umgangs mit solchen Prozessen besteht. Diese Ineinssetzung von Biotechnologie und Gentechnologie wurde jedoch – wie noch an entsprechender Stelle gezeigt wird – von den Kritikern der Gentechnologie scharf attackiert, die für eine strikte Begriffstrennung plädierten.[418] Der Grund für diese begriffliche Differenzierung liegt darin, daß dann die vorgegebene Kompetenz im Umgang mit genetisch veränderten Organismen kritisch hinterfragt werden kann: die neuen gentechnologische Verfahren unterscheiden sich nach Auffassung der Kritiker sehr wohl von der herkömmlichen Biotechnik und deshalb können die Forscher auch nicht auf einen entsprechenden Erfahrungsschatz zurückgreifen. Diese „Normalisierungsstrategie" der Genforscher in Wissenschaft und Industrie läßt bemerkenswerte Rückschlüsse auf die öffentliche Atmosphäre der Konfliktauseinandersetzung zu: bedenkt man, daß es sich bei der Gentechnik um eine *innovative* Technologie handelt, wird durch diese Argumentationsstrategie der „Normaliserung" die „Neuheit" geradezu heruntergespielt und darauf verwiesen, daß es sich „nur" um eine „menschliche" Modifikation eines bereits uralten Mechanismus der Natur handelt. Da bekannte Risiken eher akzeptiert werden als noch unbekannte (siehe Kapitel 3.5), sind „Normalisierungsstrategien" ein häufig gebrauchtes Instrument zur Verminderung von Ängsten in der Bevölkerung. Eine weitere Strategie, die Sicherheit zu dokumentieren, lag darin, daß man den „Gefahrenherd" oder die „Risikoquelle" umdrehte: nicht vom rDNA-Material geht dann ein Risiko aus, sondern von der Umwelt, vor der die genetisch veränderten Organismen zu schützen sind:

> Der Forscher muß analog dem Winzer, der seinen Wein vor der Essigfliege schützt, seine gentechnisch modifizierten Organismen im Reagenzglas vor den deutlich schneller wachsenden natürlichen Bakterien schützen, die in der Luft ständig vorkommen und seine Experimente zunichte machen.[419]

In solchen Begründungszusammenhängen verwies man dann auch darauf, daß die Forschung zur Gewährleistung der Sicherheit für die gentechnischen Eingriffe nur Organismen einsetzt, die außerhalb des Kultivationsgefäßes bzw. des Labors nicht überlebensfähig sind (biologisches Containment).

---

[418] Zur kulturell-ideologischen Einbettung des Begriffs „Biotechnologie" und der Verbindung zwischen Biologie und Technologie vgl. auch Bud, R., Biotechnology in the Twentieth Century. Social Studies of Science 21, 1991, S. 415-457.

[419] Ziehr, H., Chancen und Risiken der Gentechnik, hrsg. von der Gesellschaft für Biotechnologische Forschung mbH (GBF), 1989.

5.3.2.6 Die Wissenschaft und das Gentechnikgesetz

Auch die DFG forderte ein Vertrauen der Öffentlichkeit in die Selbstregulation der Wissenschaft und in das Verantwortungsbewußtsein der Wissenschaftler, die in der Vergangenheit aus Vorsicht und Verantwortungsbewußtsein die Risiken der Gentechnologie immer höher als notwendig eingeschätzt hätten. Daher sei eine gesetzliche Regelung überflüssig. Bereits bei der Einführung der Genrichtlinien im Jahr 1978 wurden Befürchtungen geäußert, daß durch die im Vergleich zu anderen Ländern strengen deutschen Richtlinien zu Wettbewerbsverzerrungen führen würden und die deutsche Forschung benachteiligen.[420] Diese Richtlinien wurden dann zuletzt dennoch von der Wissenschaft akzeptiert, um eine öffentliche Akzeptanz herzustellen. So äußerte sich *Hubert Markl*, damaliger Präsident der DFG anläßlich einer Anhörung des BMFT von 1979:

> Da also auch nur befürchtete Risiken in diesem Sinne beachtliche Risiken sind – in der gentechnologischen Forschung wie in anderen Zusammenhängen –, hat die Deutsche Forschungsgemeinschaft von Anfang an dazu beigetragen, die zur Zeit geltenden „Richtlinien zum Schutz vor Gefahren durch in vitro neukombinierte Nukleinsäuren" zu schaffen und in ihrem Zuständigkeitsbereich durchzusetzen. Sie verpflichtet sich, für die strikte Einhaltung der geltenden Sicherheitsrichtlinien in DFG-geförderten gentechnologischen Projekten auch in Zukunft zu sorgen, um Besorgnissen der Öffentlichkeit Rechnung zu tragen. Die Richtlinien mögen Wissenschaftlern zum Teil strenger als nötig, zum Teil sogar unnötig erscheinen, sie erscheinen beim Stand der öffentlichen Diskussion nichtsdestoweniger nicht unnütz.[421]

Den damaligen Bestrebungen unter Bundesforschungsminister *Volker Hauff*, auf ein Gentechnikgesetz hinzuarbeiten, stimmte die DFG bei dieser Anhörung unter der Bedingung zu, daß solche Regularien „nur unter gründlicher Berücksichtigung des in anderen Wissenschaftsnationen geltenden Standards erlassen werden"[422]. Einige Jahre später ging es dann darum, eine gesetzliche Verankerung zu verhindern. In ihrer Stellungnahme zum Bericht der Enquete-Kommission, in dem ihrer Meinung nach einige Empfehlungen und „hypothetische" Sicherheitsrisiken stark zu Lasten einer wissenschaftlichen Beurteilung gegangen sind, konstatierte die DFG 1987 für den Fall, daß die bewährten biologischen Sicherheitsrichtlinien in einem Gesetz und entsprechenden Rechtsverordnungen allgemein verbindlich würden, eine erhebliche Behinderung der molekularbiologi-

---

[420] FAZ vom 22.3.1978.

[421] Markl, H., Beitrag zum Themenkreis 8: Regularien: Richtlinien, Gesetze. In: Herwig, E. & Hübner, S. (Hg.), Chancen und Gefahren der Genforschung, op.cit., S. 294-296, 295.

[422] Ibid., S. 296.

schen Forschung.[423] Sie befürchtete, ein Gentechnikgesetz würde eine schnelle Anpassung an den Stand von Wissenschaft und Technik verhindern. Weiterhin war sie der Meinung, daß ein Gentechnikgesetz keinen Schutz bieten könne, der über die Einzelfallprüfung der ZKBS hinausgehe. Auch dem von der Enquete-Kommission vorgeschlagenen Moratorium von 5 Jahren hinsichtlich der Freisetzung gentechnisch veränderter Mikroorganismen wurde widersprochen. Sie wünschte vielmehr eine sorgfältige Einzelfall-Analyse der potentiellen ökologischen Risiken im Falle der Freisetzung, und die ZKBS solle Einzelfall-Genehmigungen für kontrollierte Freisetzungen aussprechen können. Die Senatskommission der DFG hatte allerdings signalisiert, falls ein gesellschaftlicher Kompromiß zu einer gesetzlichen Regelung führt, an der Erarbeitung eines Gesetzes mit Vorschlägen teilzunehmen.[424] Auch die ZKBS konnte eine „Notwendigkeit für gesetzliche Regelungen auf alleiniger nationaler Ebene ... nicht erkennen"[425] und hielt gesetzgeberische Maßnahmen nur dann für sinnvoll, wenn sie international abgestimmt sind. Die DFG brachte ihre Ablehnung eines Gentechnikgesetzes der Bundesregierung viermal nahe[426], zuletzt zusammen mit der MPG, der HOCHSCHULREKTORENKONFERENZ (HRK), der Fraunhofer-Gesellschaft und der AGF in der Gesetzesanhörung des Bundestages im Januar 1990.[427] Wie ein Kritiker auf dem Mammut-Hearing zum GenTG dazu bemerkte, kamen die „härtesten Befürworter, die die wenigsten gesetzlichen Regelungen wollen, ... nicht von der Industrie, sondern aus der Wissenschaft ..."[428]. Dennoch erkannte die scientific community unter dem Druck von Industrie, Politik und Öffentlichkeit schließlich den gesetzlichen Regelungsbedarf für die Anwendung der Gentechnik in Industrie und Forschung an und verband mit dieser Anerkennung die Hoffnung, daß ein Gentechnikgesetz eine verbesserte Akzeptanz der Öffentlichkeit bewirken möge. Mit dem Entwurf des Gentechnikgesetzes der Bundesregierung zeigte man sich zufrieden, da die Forschung mit den geplanten Vorschriften „leben könne"[429].

Als jedoch das unter einer zunehmenden Beschleunigung der öffentlichen Kommunikation zustande gekommene und überstürzt verabschiedete Gentech-

---

[423] FAZ vom 27.5.1987.

[424] Starlinger, P., Kurzkommentare und Wertungen von Instititionen und Verbänden zum Bericht der Enquete-Kommission: Deutsche Forschungsgemeinschaft, op.cit.

[425] Zentrale Kommission für die biologische Sicherheit, Bericht über die zurückliegende Amtsperiode, op.cit., S. 10.

[426] Vgl. Theisen, H., Bio- und Gentechnologie, op.cit., S. 68.

[427] FR vom 24.03.1990.

[428] taz vom 19.01.1990, Interview mit Joachim Spangenberg (BBU).

[429] HANDELSBLATT vom 16.1.1990.

nikgesetz, bei dem die Politiker aus der Sicht der Wissenschaft „beängstigend überfordert waren"[430], schließlich wirksam wurde, erfolgten von der scientific community einmütig heftige Gegenreaktionen. Wissenschaft und Wirtschaft rückten unter der Losung „Standort Deutschland" noch enger im Mediendiskurs zusammen und man sah im dezentralen Ländervollzug nicht nur eine Verschlechterung der wissenschaftlichen Wettbewerbsposition, sondern in der Implementationspraxis auch eine Übersteuerung der Wissenschaft und Wirtschaft durch die Politik, da je nach Arbeitsgebiet die Tätigkeit des einzelnen Forschers mehr oder weniger in inkompetenter Weise stark bürokratisiert werde:

> Der Gesetzestext ist natürlich von Fachfremden verfaßt worden. Wie zu erwarten war, ist ein Gesetz entstanden, das mit erheblicher Akribie fachfremde Bürokratismen verordnet, zur Sicherheit molekularbiologischer Forschung aber nichts Wesentliches beigetragen hat ... Das Gesetz hat hingegen eine Fülle sinnloser Bürokratismen erfunden, zur Schöpfung umfangreicher Formulare beigetragen und als Aufsichtsbehörden die lokalen Regierungspräsidenten eingesetzt, von denen ich zu behaupten wage, daß sie sich bisher nur in Ausnahmefällen mit Molekularbiologie beschäftigt haben.[431]

Insbesondere wurde das Anmelde- und Genehmigungsverfahren für gentechnologische Anlagen als umständlich, wenig effizient und undurchsichtig empfunden. Um beispielsweise Genlaboratorien der Klasse S1 und S2 anzumelden, sind Formulare im ähnlichen Umfang auszufüllen wie für S3 und S4 Laboratorien. Die Sicherheitsstufen werden im Vollzug, so die Kritik, alle mehr oder weniger gleich behandelt, obwohl die meisten Arbeiten in den Bereich der Stufe S1 fallen. Bis zum 31.12.1991 ergab sich gemäß der Einstufung der ZKBS folgende Zuordnung der gentechnischen Arbeiten zu den Sicherheitsstufen: S1: 353; S2: 88; S3: 10; S4: 0 Anträge.[432] So vermutete man denn auch, daß das GenTG, „das über weite Strecken triviale und völlig ungefährliche Labortechniken einer hochbürokratisierten Überwachung unterwirft, zur Beruhigung der Öffentlichkeit produziert worden"[433] ist. Obwohl in einem juristischen Gutachten[434] attestiert wurde, daß das GenTG „eine weitreichende Priviligierung der For-

---

[430] Dörfler, W., Die weitere Entwicklung der Molekularbiologie, op.cit.

[431] Ibid.

[432] Hobom, G., Antworten zum Fragenkatalog zur Anhörung „Erfahrungen mit dem Gesetz zur Regelung von Fragen der Gentechnik" am 12.2.1992.

[433] Bujard, H., Vorwort des Geschäftsführenden Direktors. In: Zentrum für Molekulare Biologie der Universität Heidelberg (Hg.), ZMBH Report 1990/1991, S. 8-15.

[434] Winter, G., Mahro, G. & Ginzky, H., Zentrum für Europäische Rechtspolitik an der Universität Bremen, Das Gentechnik-Gesetz – rechtspolitisch, verfassungs- und europarechtlich gesehen. Gutachten im Auftrag des Büros für Technikfolgen-Abschätzung des Deutschen Bundestages, Bremen, Februar 1992.

schung"[435] enthält, da im Eingriffsmodus bloße Anmelde- bzw. Aufzeichnungs-
pflichten statt eines Verbots mit Erlaubnisvorbehalt für die Sicherheitsstufe 1
und weiteren Arbeiten vorgesehen sind, im materiellen Maßstab eine großzügi-
gere Sicherheitsbewertung auf der untergesetzlichen Ebene formuliert ist und
schließlich die Verfahren von der Öffentlichkeitsbeteiligung freigehalten werden, räumte man dennoch von juristischer Seite ein, daß mit dieser gesetzlichen
Regulierung für die Wissenschaft eine Art „Erdrutsch" stattgefunden hat:

> Soweit es sich etwa um industrielle Forschung handelt ... gab es immer
> schon die Kontrolle des Staates. Anders bei den Universitäten: Dort hat es diese
> staatliche Kontrolle – außer bei Tierversuchen – bisher kaum gegeben. Hier hat
> eine Art Erdrutsch stattgefunden, ein Aha-Erlebnis, das man wohl erst verdauen
> muß.[436]

Insbesondere kritisierten die Forscher die Implementationsbedingungen, da,
moderat ausgedrückt, „die Praxis der Durchführung des Gesetzes seinem Geist
weitgehend widerspricht"[437]. Dieses Gentechnikgesetz sei mit den entsprechenden Verordnungen „vor allem mit Blick auf die Industrie und weniger mit Blick
auf die Struktur sowie Forschung und Lehre an Hochschulen und Forschungseinrichtungen konzipiert worden"[438] und hinsichtlich der praktischen Durchführung in „seiner Tendenz wissenschaftsfeindlich"[439], die Forschung werde auf
breiter Basis gelähmt und der Forschungsstandort Bundesrepublik Deutschland
sei angesichts der praxis- und sachfernen Verwaltungspraxis „ernsthaft gefährdet"[440]. Die MPG artikulierte die Befürchtung, daß der wissenschaftliche und
auch wirtschaftliche Schaden immens sein bzw. irreversible negative Folgen

---

[435] Ibid., S. 68.

[436] Hasskarl, H., Gentechnik-Gesetz: Risikolos entschärfbar. EG-Richtlinien sollen angepaßt
werden, Chemische Rundschau vom 11.9.1992.

[437] Winnacker, E.-L., Schreiben an W.-M. Catenhusen, Mitglied des Bundestages, Ausschuß
für Forschung, Technologie und Technikfolgenabschätzung, vom 31.1.1992.

[438] Hochschulrektorenkonferenz, Stellungnahme der Hochschulrektorenkonferenz, vertreten
durch deren Vizepräsidenten für Forschung und wissenschaftlichen Nachwuchs, Prof. Dr.
Helmut Altner, Rektor der Universität Regensburg, zur Anhörung „Erfahrungen mit dem Gesetz zur Regelung von Fragen der Gentechnik" des Ausschusses für Forschung, Technologie
und Technikfolgenabschätzung und des Ausschusses für Gesundheit des Deutschen Bundestages am 12.2.1992.

[439] Gesellschaft für Virologie (Präsident: Prof. Dr. Bernhard Fleckenstein), (Hg.), Stellungnahme zum Vollzug des Gentechnik-Gesetzes, 1992.

[440] Winnacker, E.-L., Schreiben an W.-M. Catenhusen vom 31.1.1992, op.cit.

haben werde und sich dementsprechend nachteilig auf die internationale Wettbewerbsfähigkeit auswirke:[441]

> Die durch das derzeit geltende Gentechnikrecht geprägten Rahmenbedingungen lassen den Standort Deutschland für die gentechnische Forschung immer unattraktiver werden, besonders für die industrielle Forschung. Während die Forschung in Deutschland auf die strengsten und umfassendsten Regelungen des Gentechnikrechts stößt und sich zudem einer Bürokratie ausgesetzt sieht, die noch verbleibende Spielräume auf der Vollzugsebene weiter einengt, bestehen in anderen Industrienationen ungleich leichtere Bedingungen für die Einrichtung von Labors und die Aufnahme von Forschungsarbeiten – insbesondere in Japan, Kanada und USA ... Aus Gründen der internationalen Wettbewerbsfähigkeit ist die notwendige Folge eine weitgehende Verlagerung der industriellen Produktion und Forschung aus der Bundesrepublik ins Ausland. Ausländische Firmen sind noch weniger als deutsche Firmen bereit, Vorhaben in einen so ungünstigen Standort wie die Bundesrepublik durchzuführen.[442]

An den Universitäten registrierte man mit Besorgnis, daß auch nach dem Inkrafttreten des GenTG die deutsche Industrie gentechnische Produkte nicht vermehrt produziere und die Produktion ins Ausland verlagere. Damit ist auch verbunden, daß viele Hochschulabsolventen keine entsprechende Beschäftigung in der Industrie finden, so *Alfred Pühler*, der die „Union Deutscher Biologischer Gesellschaften" bei der Anhörung zum GenTG am 12.2.1992 vertrat.[443] Die Träger der wissenschaftlichen Grundlagenforschung sind jedoch an den Standort Deutschland gebunden und „mit den unsinnig bürokratischen Auflagen des Gentechnikgesetzes allein gelassen"[444]. Die MPG befürchtete für die wissenschaftliche Forschung und Industrie, daß ein doppelter „brain drain" entritt: Deutsche Forscher, die sich im Inland zunehmend behindert und abgekoppelt fühlen, nehmen verstärkt Möglichkeiten wahr, im Ausland zu arbeiten, während ausländische Forscher für deutsche Forschungseinrichtungen in zunehmendem Maße nicht mehr zu gewinnen sind. Als besorgniserregend wurde besonders die Tatsache empfunden, daß ausländische Firmen nicht in Deutschland investieren, sich wohl aber Anrainerstaaten wie Frankreich und Holland aussuchen und dazu auch deutsche Forscher anwerben. Aus diesen Gründen stagniere darüber hinaus die Herausbildung des wissenschaftlichen Nachwuchses. Als drastisch einschneidend sah man die mit dieser Entwicklung einhergehende Verknappung

---

[441] Max-Planck-Gesellschaft, Auszug: Stellungnahme der Max-Planck-Gesellschaft zum Gentechnikrecht: Schwerwiegende Folgen für Wissenschaft und Wirtschaft befürchtet. Bio-Engineering 4, 1992, S. 6-7.

[442] Ibid.

[443] Pühler, A., Gentechnikgesetz. Stellungnahme bei der Anhörung im Bundestag, Biologie heute 396, 1992, S. 9-10.

[444] Dörfler, W., Die weitere Entwicklung der Molekularbiologie, op.cit.

finanzieller Ressourcen für die Forschung, was die Abhängigkeit der Wissenschaft von der Industrie auf dem Gebiet der Biotechnologie deutlich vor Augen führt:

> Durch die Abwanderung sowohl der Industrie als auch eines Teils der Wissenschaftler werden die Möglichkeiten für eine Kooperation zwischen Industrie und Wissenschaft blockiert. Kooperationsprojekte zwischen Industrie und Forschungsinstituten werden von der Industrie immer öfter abgelehnt, so daß auch Drittmittel für diese Art von Verbundforschung zu versiegen droht. Dies ist angesichts der Mittelknappheit für die Grundlagenforschung in einem zudem kostenintensiven Bereich wie der Gentechnik eine besonders einschneidende Folge.[445]

Die Hochschulrektorenkonferenz, die in einer Umfrage an sämtliche 75 staatlichen Hochschulen mit Promotionsrecht um Stellungnahme zum GenTG gebeten und von 40 Hochschulen Antworten erhalten hatte (nicht alle befragten Hochschulen waren vom GenTG betroffen), kam zu dem „unbeschränkt positiv" zu bewertenden Ergebnis, daß das GenTG nun für die gentechnischen Arbeiten die vorher bestehende Unsicherheit bzw. Angreifbarkeit beseitigt und in den Hochschulen zu einer Versachlichung der Diskussion geführt habe. Insofern werde das Gesetz mit den „zugrundeliegenden Intentionen von allen Beteiligten akzeptiert"[446]. Kritik übte die HRK jedoch auch am Vollzug des GenTGs: von allen Hochschulen werde die „starre und perfektionistische Regelung der Aufzeichnungspflicht als impraktikabel und sachlich unvertretbar"[447] bemängelt. Weiterhin wurde kritisiert, daß das GenTG den Aufwand an Sicherheits-, Genehmigungs- und Dokumentationsverpflichtungen nicht hinreichend an den Risiken der verschiedenen Sicherheitsfaktoren orientiert. Auch in bezug auf die Sicherheitsstufe 1 bemängelte man die Anforderungen an die Anmelde- und Genehmigungsverfahren als zu komplex: so erhöhte sich beispielsweise mit dem Inkrafttreten des GenTG die Zahl der Fragebögen, die über den Regierungspräsidenten dem Minister vorzulegen sind, von 9 auf 103 Formblätter, und den Fragebögen sind 25 Blatt sogenannte „Ausfüllhilfen" beigelegt. Großen Aufwand erfordere auch die Erstellung von Unterlagen, die nicht im unmittelbaren Zusammenhang zu den gentechnischen Arbeiten stehen, sondern die gentechnische Anlage betreffen.

Probleme sah man auch bei der Abstimmung zwischen EG-Regelungen und GenTG. So ist beispielsweise die Frage des Transports und seiner Definition von entscheidender Bedeutung, da die renommierten molekularbiologischen Zeit-

---

[445] Max-Planck-Gesellschaft, Auszug: Stellungnahme der Max-Planck-Gesellschaft zum Gentechnikrecht, op.cit.

[446] Hochschulrektorenkonferenz, Stellungnahme der Hochschulrektorenkonferenz, op.cit.

[447] Ibid.

schriften für Publikationen von den Autoren eine Verpflichtung zur freien Weitergabe von DNA, Viren, Bakterienstämme usw. fordern. Der Begriff „Inverkehrbringen" werde in §3 Nr.8 des GenTG anders bestimmt als in Artikel 2 Nr.5 der EG-Freisetzungsrichtlinie. Die EG-Regelung bezieht in den Begriff eine Abgabe an Dritte nur dann ein, wenn die Produkte und die Organismen zur absichtlichen Freisetzung in die Umwelt bestimmt sind. Nach dem GenTG fällt selbst der Transport unter das Inverkehrbringen, während er nach dem EG-Recht dem Anwendungsbereich der Regelungen im geschlossenen System unterfällt. So haben die deutschen Regelungen über den Transport generell zu Verständnisproblemen und zur Behauptung der Europa-Rechtswidrigkeit geführt. Auch in anderen Punkten gab es erhebliche Interpretationsprobleme. Forschungs- und gewerbliche Zwecke bei gentechnischen Arbeiten werden zwar im GenTG unterschieden, jedoch führt die Legaldefinition (§3 Nr.5 GenTG), wonach eine gentechnische Arbeit zu Forschungszwecken eine Arbeit für Lehr-, Forschungs- oder Entwicklungszwecke oder eine Arbeit für nichtindustrielle bzw. nichtkommerzielle Zwecke in kleinem Maßstab ist, zu Auslegungsschwierigkeiten. Umstritten war, ob sich der „kleine Maßstab" auf die nichtindustriellen bzw. nichtkommerziellen Zwecke bezieht oder auch auf die Arbeiten für Lehr-, Forschungs- oder Entwicklungszwecke. Würde die letztgenannte Version gelten, müßten auch Arbeiten, die im Hochschulbereich nicht mehr nach dem „kleinen Maßstab" durchgeführt werden, nach den Maßstäben für gewerbliche Arbeiten behandelt werden. Weiterhin regte man an, die Anmelde- und Genehmigungsverfahren für die Errichtung und den Bau einer gentechnischen Anlage von denen für Projekte in einer bereits genehmigten Anlage zu trennen, da der jetzige Genehmigungsantrag, der neben den Unterlagen zum Projekt auch solche zur gentechnischen Anlage umfaßt, mit einem großen Aufwand verbunden ist. Sonderliche Formen nehme auch der nach §§ 15 bis 17 Gentechnik-Sicherheitsverordnung erforderliche „Sachkundenachweis" (Bescheinigung über den Besuch einer Fortbildungsveranstaltung) an: da viele Genehmigungsbehörden die Technischen Überwachungsvereine als dafür geeignete Stelle bezeichnen, aber auch kommerzielle Institute auf diesem Gebiet tätig sind, erhalten Wissenschaftler, die seit Jahren mit gentechnischen Methoden arbeiten, durch weitaus weniger qualifizierte Personen einen Sachkundenachweis.[448] Insgesamt wurde darauf verwiesen, daß die Hochschulforscher zunehmend keine Drittmittel für Projekte mit gentechnologischen Methoden mehr einwerben, weil ihnen der nichtwissenschaftliche Gesamtaufwand zu hoch erscheint oder zumindest die Drittmittelfinanzierung mit dem Genehmigungsverfahren so wenig harmonisiert, daß eine praktische Durchführung des Projekts massiv erschwert ist.

---

[448] Ibid.

5.4 Ökonomischer Wettbewerb, Kommerzialisierung der Gentechnik und „Standort Deutschland": Die industrielle Biotechnologie

Seit der Herausbildung des modernen Kapitalismus und der Entstehung der Industriegesellschaft sind die Marktposition eines Wirtschaftsunternehmens und der Erfolg im ökonomischen Konkurrenzkampf zunehmend mehr von einem erfolgreich „internalisiertem" technischen Fortschritt (Produktivitätssteigerung) abhängig geworden. Moderne Technik und Wissenschaft werden heute zu einem auch international marktentscheidenden „Produktionsfaktor" ökonomischer Tätigkeiten, die gleichzeitig auch das ökonomische Risiko mitsteigern: wer zu spät in eine neue Technologie einsteigt oder in die falsche Richtung läuft, hat wahrscheinlich dauerhaft an Boden verloren. Umgekehrt greifen – neben der Verwissenschaftlichung der Technik – auch ökonomische Funktionserfordernisse in die Rationalität der Technik konstitutiv ein und modellieren die technische Entwicklung im Hinblick auf einen ökonomischen „Anwendungs- bzw. Verwertungszusammenhang". Dies ist nicht nur bei den sogenannten „High-Tech"-Gütern zu beobachten, sondern auch bei der neuen Biotechnologie, deren industrielle Entwicklung heute weitgehend durch globale Marktzwänge und kalkulierte Marktchancen bestimmt ist. Damit ist der technische Fortschritt und insbesondere die technische Anwendung in erster Linie eine Angelegenheit des ökonomischen Komplexes bzw. der Wirtschaftsunternehmen, die das unternehmerische Gewinnziel auch durch Externalisierung der dabei entstehenden sozialen Kosten verfolgen.

5.4.1 Der internationale ökonomische Wettbewerb

Der weltweite Umsatz mit biotechnologischen Produkten und Prozessen lag 1991 zwischen 15 Mrd. DM und 40 Mrd. DM, und durch die verstärkte Nutzung der Gentechnik wird ein weiterer Wachstumsschub erwartet.[449] 1989 führte der OECD-Report aus, daß der Biotech-Markt in den kommenden Jahren kräftig expandiere:

> ... the number of new products arriving on the market are expected to increase fast in the coming years, and that the range of *totally new*, or *old, but*

---

[449] VDI-Nachrichten vom 11.10.1991, Online-Abfrage der Handelsblatt GENIOS Datenbank.

hitherto, not addressed individual an collective needs (as in medicine, healthcare, waste disposal and environment management) which could be catered for, is potentially so large that if these needs were to be recognised and met the market would be a very open and large one.[450]

Die Biotechnologie hat jedoch, trotz ihrer immensen Bedeutung für die weitere Zukunft, bis jetzt nur in einer begrenzten Anzahl von Anwendungen in wenigen Bereichen und wenigen Ländern zu profitträchtigen Innovationen geführt. Dazu *John Miller* vom Stanford Research Institute:

> Bislang sind vielleicht zwanzig Produkte erkennbar, die voraussichtlich marktreif werden, vor allem Arzneimittel. An jedem dieser Produkte arbeiten wenigstens zwanzig Firmen. Mehr noch – alle wirklich starken Unternehmen haben sich auf drei Entwicklungslinien geworfen: Immunstoffe, Hormone und Blutfaktoren. Das sind zum Teil sehr kleine Märkte. Da können nur wenige überleben.[451]

Auch genaue statistische Angaben darüber, welche Beträge von den einzelnen deutschen Industrieunternehmen in die neue Biotechnologie investiert werden, sind kaum zu erhalten, da dieser Bereich meist nicht gesondert ausgewiesen wird. Nach Einschätzung des „Fraunhofer-Instituts für Systemtechnik und Innovationsforschung" in Karlsruhe betrugen die F&E-Aufwendungen der deutschen Industrie für biotechnologische Bereiche im weiteren Sinne im Untersuchungszeitraum etwa 1,1 Milliarden DM pro Jahr. Nimmt man noch die öffentlichen Aufwendungen hinzu, dürften die Gesamtaufwendungen etwa 1,5 Milliarden DM ausmachen, das sind 3,5% der gesamten F&E-Aufwendungen in Deutschland.[452] Nach einer Untersuchung des „ifo-Institus für Wirtschaftsforschung" über die Wettbewerbsfähigkeit der deutschen Biotechnologie belegt Deutschland in der Bioforschung nach den USA und Japan den dritten Rang, allerdings sehen die Forscher selbst doch einen Rückstand auf dem Gebiet der industriellen Verwertung der Gentechnologie.[453] Trotz der bedeutenden Innovationschancen, die mit der modernen Bio- bzw. Gentechnologie gegeben sind, konstatierte man für Deutschland, daß es hier nicht gelungen ist, eine international ausreichende Wettbewerbsfähigkeit herzustellen. Als eine der wesentlichen Ursachen wurde von der Industrie die sehr kritisch geführte öffentliche Debatte und die „generelle negative Einstellung zur Gentechnologie" gesehen:[454]

---

[450] OECD (Hg.), Biotechnology. Economic and Wider Impacts, op.cit., S. 80.

[451] DIE ZEIT vom 08.04.1988.

[452] Meier, B., Innovations- und Wachstumsfeld Biotechnologie, Köln: Institut der deutschen Wirtschaft Köln, 1992, S. 14.

[453] Ibid.

[454] Truscheit, E., Die Bedeutung der Gentechnologie für die pharmazeutische Industrie und die Realisierung ihrer Zukunftschancen. In: Hesse, J.J., Kreibich, R. & Zöpel, Ch. (Hg.), Zu-

Während in vielen Ländern soziale und ethische Implikationen der Genomforschung wenig im Vordergrund der Diskussion stehen, ist dies unter anderem in der Bundesrepublik Deutschland in besonderem Maße der Fall (...) Einer der wenigen Gründe für das im Vergleich zur Mikroelektronik zaghafte Entwicklungstempo der Gentechnologie liegt in der fehlenden Akzeptanz der Bevölkerung (...) Denn nur eine breite Zustimmung in der Bevölkerung sichert die konsequente Anwendung der Forschungsergebnisse ... und damit den wirtschaftlichen Erfolg, der seinerseits für eine Beschleunigung der Entwicklung wichtig ist.[455]

Weitere Ursachen dürften wohl in der fehlenden Risikobereitschaft, in dem im Vergleich zu den USA langen Weg von der wissenschaftlich-technischen Invention zur ökonomischen Anwendung und Distribution sowie in der vergleichsweise schwerfälligen Anpassung der deutschen Industrie an wechselnde Strukturbedingungen liegen, insbesondere aber auch in der Vernachlässigung von Basisinnovationen und der übermäßigen Kapitalbindung an relativ veraltete Technologien.[456] Für bestimmte industrielle Branchencluster (vor allem im Maschinensegment) wurde Westdeutschland zwar noch 1985 ein Wettbewerbsvorteil attestiert, jedoch zeigten generell viele deutsche Branchen im Vergleich zu den siebziger Jahren eine nachlassende Wettbewerbskraft, auch wenn sie im Vergleich zur internationalen Konkurrenz immer noch „außerordentlich kräftig erscheinen"[457]. Dies ist im Kontext eines realen Verlustes an Wettbewerbsvorteilen wie auch an der steigenden Zahl von Ländern, die am internationalen Wettbewerb teilnehmen, zu sehen. Gleichzeitig wurde für Deutschland geltend gemacht, daß es den Sprung von den „Produkten des 19. Jahrhunderts" zu den modernen Hochtechnologien nicht geschafft hat. So schrieb bereits 1983 *Bruce Nussbaum*, Mitherausgeber des führenden US-Wirtschaftsmagazins „Business Week":

> Deutschland ist heute eine Nation, die den Wechsel vom „mechanical engineering" zum „bioengineering" nicht schafft. (...) Deutschland stellt nach wie vor die besten 19. Jahrhundert-Produkte der Welt her: schwere Turbinen, wundervolle Autos und Präzisionswerkzeuge. Aber es kann nicht mithalten, wenn es zur

---

kunftsoptionen – Technologieentwicklung in der Wissenschafts- und Risikogesellschaft, Baden-Baden: Nomos, 1989, S. 63-89, 89.

[455] Driesel, A.J., Genforschung – Eine Herausforderung für die pharmazeutische Industrie. Die Pharmazeutische Industrie 52,1, 1990, S. 59-68.

[456] Zu letzterem vgl. Bühl, W.L., Strukturkrise und Strukturwandel. Zur Situation der Bundesrepublik. In: Berger, J. (Hg.), Die Moderne – Kontinuitäten und Zäsuren, op.cit., S. 141-166, 158-166.

[457] Linde, C. van der, Deutsche Wettbewerbsvorteile, Düsseldorf, Wien, New York, Moskau: Econ Verlag, 1992, S. 430.

Hochtechnologie kommt: zu Robotern, Telekommunikationsausrüstungen, Mikroben-Fabriken, Computern, Halbleitern, Unterhaltungselektronik.[458]

Weiterhin wies Deutschland gerade in jenen Technologiefeldern eine ausgeprägte Spezialisierung mit steigender Tendenz auf, die unter einem starken Substitutionsdruck der modernen Biotechnologie stehen (Pharmazeutika, Agrarchemie, sonstige Chemikalien); der Übergang von konventionellen zu modernen Technologien ist hier immer noch mit Schwierigkeiten behaftet.[459] Nach Einschätzung des Präsidenten des VERBANDES DER CHEMISCHEN INDUSTRIE (VCI), *Wolfgang Hilger*, steckte die deutsche chemische Industrie in einer der schwierigsten Phase ihrer Nachkriegsgeschichte und leidet Anfang der 90er Jahre zunehmend unter einer sich bereits vor 5 Jahren abzeichnenden Strukturkrise, auf die sie zu spät reagierte.[460] Sie erwirtschaftete zwar 1992 bei einem Umsatz von 170 Milliarden DM einen Exportüberschuß von 30 Milliarden DM, begegnet jedoch heute einem immer intensiver werdenden globalen Wettbewerb um Marktvorteile.[461]

Auf internationaler Ebene zeigen die Investitionsströme für kommerzielle Biotechnologie zwischen der Technologietriade USA-EG-Japan, daß die USA als Hauptinvestitionsregion in diesem Bereich gilt: so investierte im Jahr 1989 die EG 1925,1 Mio. Ecu in die USA, Japan 10,6 Mio. Ecu. Dagegen investierte die USA in die EG-Region nur 12,3 Mio. Ecu, Japan 34,0 Mio. Ecu; USA und EG investierten in diesem Bereich nicht in Japan.[462] Nach Schätzungen der SENIOR ADVISORY GROUP BIOTECHNOLOGY (SAGB), einem Ableger des europäischen Chemieverbandes, wird der Markt für neue biotechnologische Produkte in den kommenden zehn Jahren von gegenwärtig 5 Milliarden DM auf etwa 167 Milliarden DM wachsen. Nach dieser Prognose wächst der Weltmarkt für diese Produkte zwischen 1990 und 2000 pro Jahr durchschnittlich 32,2%.[463] Dabei fallen die durchschnittlichen Wachstumsraten am kräftigsten für den Bereich der Chemie aus (64,6% pro Jahr). Hinsichtlich der Auswirkungen der neuen indu-

---

[458] Nussbaum, B., zit. in: Seitz, K., Die japanisch-amerikanische Herausforderung. Europas Hochtechnologieindustrien kämpfen ums Überleben. Aus Politik und Zeitgeschichte B 10/11, 1992, S. 3-15, 4-5.

[459] Boss, A., Laaser, C.-F., Schatz, K.-W. et al., Deregulierung in Deutschland. Eine empirische Abalyse. (Kieler Studien, Institut für Weltwirtschaft an der Universität Kiel), Tübingen: Mohr, 1996, S. 250-263.

[460] Hornblower Fischer AG, Nachrichten-Ticker. Analyse: Deutsche Chemie in der Krise. Online- Datenbankabfrage, 14.10.1993.

[461] DIE ZEIT vom 17.12.1993.

[462] Meier, B., Innovations- und Wachstumsfeld Biotechnologie, op.cit., S. 9, Tabelle.

[463] Ibid., S. 12.

striellen Produktionsverfahren auf die Arbeitsmarktsituation in diesem Sektor herrscht weitgehend Konsens, daß die Gentechnologie zwar Arbeitsplätze für wissenschaftlich-technisches Personal schaffe, jedoch nur in geringerem Umfang für nicht-wissenschaftliche Angestellte.[464]

Die internationale Bedeutung der neuen Biotechnologie wird jedoch nicht nur an den Marktprognosen deutlich, sondern auch an der Entwicklung der Erfinderaktivität, also an der Patentanmeldung als F&E-Output. Die Zahl der weltweiten Erfindungen im Bereich der modernen Biotechnologie – gemessen an der Anmeldung der Erfindungen in mindestens zwei Ländern – nahm nach einer Studie des „ifo-Instituts für Wirtschaftsforschung" vom Zeitraum 1982/1984 bis 1985/1987 um 26,3% zu.[465] Für den Zeitraum von 1985 bis 1988 ergab sich folgende Rangfolge: USA 42%, Japan 18%, Deutschland 11% und Großbritannien 9%. Dagegen ging die Zahl der angemeldeten Patente im Bereich der klassischen Biotechnologie um 5,9% zurück. Dies wird besonders deutlich in den USA, wo die klassische Biotechnologie einen Rückgang von 41,4% zu verzeichnen hatte und die neue Biotechnologie einen Zugang von 29,2%. In Deutschland konnte dagegen die klassische Biologie noch einen Zugang von 32,3% und die neue Biotechnologie einen Zugang von 34,3% verbuchen.[466] Bei diesen Zahlenangaben ist jedoch folgender Sachverhalt zu berücksichtigen: Durch die führende Rolle auf dem Gebiet der Biotechnologie üben die USA eine gewisse „Sogwirkung" auf ausländische Unternehmen aus, die dort eine Basis für ihre F&E-Kapazitäten durch Beteiligungen, Übernahmen oder Kooperationen schaffen. Alle Erfindungen, die dann von den ausländischen Firmen dort gemacht werden, werden statistisch unter dem Ursprungsland USA zum Patent angemeldet.

Der zum Schutz von Erfindungen in der Biotechnologie in Europa bestehende rechtliche Rahmen ist von zwei internationalen Abkommen geprägt: einmal handelt es sich um das 1961 in Paris geschlossene „Internationale Übereinkommen für den Schutz von Pflanzenzüchtungen" (UPOV-Übereinkommen), zum anderen um das 1963 unterzeichnete „Übereinkommen über die Vereinheitlichung gewisser Begriffe des materiellen Patentrechts" (Straßburger Abkommen).[467] Das 1973 unterzeichnete und 1977 in Kraft getretene Europäische Patentübereinkommen sowie die an dieses Übereinkommen angepaßten nationalen Patentgesetze des größten Teils der EG-Staaten folgen den Grundsätzen des

---

[464] Hoechst AG, Hoechst informiert, 1990.

[465] Meier, B., Innovations- und Wachstumsfeld Biotechnologie, op.cit., S. 12.

[466] Ibid.

[467] Schwab, B., Patentschutz im Bereich der Biotechnologie. In: Nicklisch, F. und Schettler, G. (Hg.), Regelungsprobleme der Gen- und Biotechnologie sowie der Humangenetik, Heidelberg: C.F. Müller Juristischer Verlag, 1990, S. 113-120, 113.

UPOV- und Straßburger Übereinkommens. Der Artikel 53 des Europäischen Patentübereinkommens schließt Pflanzensorten und Tierarten sowie im wesentlichen biologische Verfahren zur Erzeugung von Pflanzen und Tieren ausdrücklich vom Patentschutz aus, erlaubt wird dagegen die Erteilung von Patenten für mikrobiologische Verfahren und deren Erzeugnisse.[468] Die Prüfungsrichtlinien wurden allerdings fortlaufend geändert und teilweise an die Bedürfnisse der Biotechnologie angepaßt. In Wirklichkeit ist das europäische Patent jedoch ein Bündelpatent, das nach seiner Erteilung grundsätzlich dem nationalen Patentrecht untersteht. Dazu führte der OECD-Report von 1985 über Patentschutz aus, daß in keinem anderen Technologiefeld die nationalen Rechte in so vielen Punkten voneinander abweichen wie in der Biotechnologie.[469] Darüber hinaus zeichnen sich im Vergleich zu vielen anderen Ländern die in der Biotechnologie führenden Länder USA und Japan dadurch aus, daß hier das Recht weit offener und flexibler hinsichtlich der neuen Entwicklungen in der Biotechnologie ist und den Erfindern einen adäquaten Rechtsschutz gibt.[470] Noch 1985 wies der Vorstandsvorsitzende der *Knoll AG* auf die bestehende Rechtsunsicherheit in Deutschland bei Patentierungen hin:

> Es ist schwer vorauszusagen, ob sich diese biologischen Produkte, deren biologische Wirkung in der Regel schon vorher beschrieben worden ist, patentieren lassen und wie „wasserdicht" derartige Patente sind. Die Meinungen der Fachleute gehen hierüber sehr weit auseinander. Im Augenblick tut jeder mehr oder weniger so, als wenn ihn keine fremden Patente stören könnten. Jeder forscht entschlossen vor sich hin und hofft, der Schnellste zu sein, um dann den Markt zu erobern. Darin liegt zweifellos ein unternehmerisches Risiko.[471]

Um in Europa einheitliche Wettbewerbsbedingungen zu schaffen, war auf Druck der Industrielobby 1989 dem Rat der Kommission ein Richtlinienvorschlag über den Schutz biotechnologischer Erfindungen übermittelt worden, dessen Kapitel 1 die Patentierbarkeit lebenden Materials behandelt und im Artikel 3 Mikroorganismen sowie alle biologischen Elemente, soweit es sich nicht um Pflanzensorten oder Tierarten handelt, als patentfähig angesehen sind.[472] Die Richtlinienvorschriften sollen nur die nationalen Patentrechte ergänzen, die also nach wie vor Geltung haben. Solche, als „nicht mehr zeitgemäß" angesehene Verbotsre-

---

[468] Ibid., S. 114.

[469] OECD (Hg.), Bio Technology and Patent Protection. An International Review, Paris: OECD, 1985, S. 89.

[470] Ibid.

[471] Quadbeck-Seeger, H.-J., Gentechnologie als neue Methode biologischer, medizinischer und chemischer Grundlagenforschung – erste Anwendungen. In: MPG München (Hg.), Gentechnologie und Verantwortung, op.cit., S. 27-36.

[472] Schwab, B., Patentschutz im Bereich der Biotechnologie, op.cit., S. 115-116.

geln müßten aber fallen, so der VERBAND DER CHEMISCHEN INDUSTRIE (VCI), um die internationale Wettbewerbsfähigkeit nicht zu beeinträchtigen.[473] Wie ernst es der Chemieindustrie damit war, zeigte die große Zahl der Patentanträge: Fast 7000 Erfindungen warteten 1990 im EUROPÄISCHEN PATENTAMT (EPA) in München auf den Schutz der exklusiven Nutzungsrechte.[474] Mit der SENIOR ADVISORY GROUP BIOTECHNOLOGY (SAGB) wollten die Chefs der europäischen Chemiefirmen ihre EG-weite Einflußnahme auf die Gesetzgebung im Bereich der Biotechnologie koordinieren. Die SAGB agierte als Speerspitze der sieben Chemiefirmen Monsanto, Hoechst, Sandoz, Unilever, ICI, Farmitalia und Rhone-Poulenc Sant, die im EUROPÄISCHEN RAT DER CHEMISCHEN INDUSTRIE (CE-FIC) zusammengeschlossen sind. Unterstützt wird die Chemielobby von der 1986 gegründeten Lobbyorganisation der Saatgutindustrie (GIBP) und vom Europäischen Zentrum für Standardisierung biotechnischer Produkte. In diesem Zentrum wollten die Industrievertreter ihre eigenen Standards entwickeln, um so einer ihnen nicht genehmen Standardisierung durch die EG-Behörde zuvorzukommen.[475]

Bei der Beantwortung der Frage, ob in Deutschland eine Erfindung auf dem Gebiet der belebten Natur als patentfähig gilt, ist seit dem Patentgesetz von 1877 ausschlaggebend, ob die Erfindung eine Lehre zum technischen Handeln enthält, also dem Gebiet der Technik zugerechnet werden kann und ob sie gewerblich verwertbar ist.[476] Obwohl die Forderung, daß die Lehre wiederholbar, d.h. für Sachverständige nachvollziehbar sein muß, lange als eine unüberwindbare Schutzvoraussetzung für Erfindungen im Bereich der Pflanzen- und Tierzüchtung angesehen wurde, erscheinen nun durch die Fortschritte in der Gentechnologie die Hemmnisse überwindbar. Diese Technik könnte nun sehr wohl den Erfinder in die Lage versetzen, seine Erfindung so exakt zu beschreiben, daß der Fachwelt das Nachvollziehen der Erfindung, d.h. die beliebige Wiederholung der offenbarten Lehre mit gleichbleibendem Erfolg ermöglicht wird. Nach deutschem Patentrecht ist – auf den Untersuchungszeitraum bezogen - die Patentierung von Tierarten oder Pflanzensorten sowie entsprechende Zuchtverfahren nach § 2 PatG ausgeschlossen; ausgenommen sind Mikroorganismen, wenn ihre Erzeugung rekonstruierbar aufgezeigt werden könne.[477]

---

[473] DER SPIEGEL vom 22.05.1989.

[474] taz vom 23.04.1990.

[475] Ibid.

[476] OECD (Hg.), Bio Technology and Patent Protection, op.cit., S. 22-23.

[477] Künzeler, I., Macht der Technik – Ohnmacht des Rechts? Regelungsbedarf und Regelungsmöglichkeiten im Bereich Gentechnologie, Frankfurt: Peter Lang, 1990, S. 34.

Damit eine neue Technologie wesentliche Impulse auf den ökonomischen Komplex als Ganzes im Sinne eines technisch-ökonomischen Paradigmas[478] ausüben kann, d.h. Durchsetzung und Verbreitung in einem Anwendungsgebiet und den über die erfolgreichen Anwendungen immer präziser werdenden Rückkopplungen in Richtung eines verstärkten technologischen Innovationsdrucks, müssen folgende Bedingungen erfüllt sein:

- Ein neuer Produktbereich, zusammen mit einer Verbesserung der technischen Eigenschaften vieler Produkte und Prozesse. Dies führt zu der Öffnung neuer Märkte mit einem hohen und schnellen Wachstumspotential und zum Entstehen neuer Industrien.
- Eine Kostenreduzierung bei einer großen Anzahl von Produkten und Dienstleistungen.
- Soziale und politische Akzeptanz.
- Umweltverträglichkeit.
- Das ganze ökonomische System durchdringende Effekte.[479]

Anhand dieser fünf Kriterien ist leicht zu sehen, daß beispielsweise die Nukleartechnologie kaum einen dieser Punkte erfüllt, dagegen etwa die Mikroelektronik bzw. die Informationstechnologie alle fünf Kriterien. Wie sieht es nun mit der Biotechnologie aus? Obwohl der aktuelle Anwendungsbereich der neuen Biotechnik weitaus geringer ist als das zum gegenwärtigen Zeitpunkt bekannte Potential, kann man doch jetzt schon sagen, daß das erste Kriterium weitgehend erfüllt ist, dagegen beim zweiten Kriterium noch abzuwarten bleibt, wie die Entwicklung in den nächsten Jahren verläuft.[480] Die Kriterien drei und vier sind in den verschiedenen Gesellschaften unterschiedlich gegeben und die Frage, ob sich eine internationale Konvergenz der öffentlichen Meinung beobachten läßt, ist bisher noch nicht eindeutig beantwortet worden. Zum letzten Kriterium muß man konstatieren, daß selbst das gegenwärtig bekannte zukünftige Potential der Biotechnologie immer noch einen engeren Bereich abdeckt als etwa der Bereich der Informationstechnologie. Die Angewiesenheit der Biotechnik auf Organismen (oder Teilen davon) grenzt den Anwendungsbereich auf eine solche „Materie" ein, die biologisch manipuliert werden kann. Damit sind zumindest einige industrielle Bereiche (z.B. Telekommunikation) dem *direkten* Einfluß der Biotechnologie entzogen. Dagegen ist die Informationstechnologie in der Lage, alle Produkte und Prozesse menschlicher Aktivität zu durchdringen und kann auch von nicht-technischem Personal angewendet werden. Allerdings kann langfristig gesehen die Biotechnologie durch eine Verbindung mit der Informations-

---

[478] Vgl. dazu Dosi, G., Technological Paradigmas and technological Trajectories. Research Policy, vol.11, 1982, S. 147-163.

[479] OECD (Hg.), Biotechnology. Economic and Wider Impacts, op.cit., S. 49-50.

[480] Ibid., S. 51-52.

technologie (Biochips, Neurocomputer, Bioroboter etc.) von dieser profitieren und so ebenfalls mit dieser zusammen den Verwendungsbereich immens vergrößern.

Die Wirtschaftsunternehmen spielen eine gesellschaftlich wichtige Rolle bei der Transformation des Grundlagenwissens der neuen Biotechnologie in einen für die Gesamtgesellschaft entscheidenden ökonomischen Faktor. Man nimmt an, daß die industriellen Aktivitäten und die von den Unternehmen verfolgte „Policy" aufgrund der herausragenden Bedeutung der Gentechnologie als „Schlüsseltechnologie" ein Indikator für die zukünftigen ökonomischen Entwicklungen sind.[481] Das Hauptmotiv der Industrie hinsichtlich der Entwicklung der neuen Biotechnologie liegt nach einer OECD-Umfrage in dem Bedürfnis, das entsprechende Know-how zu vergrößern, um damit ihre Marktposition zu verbessern.[482] Dies ist nicht überraschend und entspricht dem symbolischen Leitprinzip des ökonomischen Komplexes. Der weitaus größte Teil (ca. 65%) will neue Produkte für den Markt entwickeln; ein geringerer Teil (ca. 25%) dagegen will mit Hilfe der neuen Biotechnologie die Prozeßrationalisierung bei der Herstellung der jeweiligen Produkte vorantreiben:[483] kostete beispielsweise das aus natürlichen Quellen gewonnene Interferon etwa 20 Mio. DM pro Gramm, kann es nun für wenige tausend DM hergestellt werden. Auch die deutschen Pflanzenzüchter wiesen auf die im Gegensatz zu den klassischen Selektionsverfahren gesteigerte Effizienz durch die gentechnologischen Verfahren hin[484] und hoben hervor, daß die weitere Ausgestaltung der Möglichkeiten zur Nutzung der Gentechnologie bestimmend über die internationale wirtschaftliche Wettbewerbsfähigkeit der deutschen Züchtung sein wird.[485] Allerdings sei die experimentelle Freisetzung eine unabdingbare Vorstufe für die züchterische Bearbeitung des „Materials", da unter künstlichen Aufwuchsbedingungen nur die Prüfung weniger Pflanzen möglich sei.[486] Weiterhin führen die mit dieser Technologie erzielten höheren Produktausbeuten nach Auffassung der Industrie neben einer kostengünstigeren Produktion gleichzeitig zur Rohstoff- und Energieeinsparung.[487] Auch von Seiten der Industrie wurde ein besonderer Wert auf die ökologische Verträglichkeit gentechnologischer Verfahren gelegt:

---

[481] Ibid., S. 32.

[482] Ibid., S. 34.

[483] Ibid.

[484] Gemeinschaft zur Förderung der privaten Pflanzenzüchtung e.V., Geschäftsbericht 1992.

[485] Bundesverband Deutscher Pflanzenzüchter e.V., Geschäftsbericht 1991.

[486] Kleinwanzlebener Saatzucht AG, Zur experimentellen Freisetzung von gentechnisch veränderten Pflanzen, 1992.

[487] Boehringer Mannheim, Gentechnik: Fragen und Antworten, 1991.

In der öffentlichen Diskussion wird oft auf potentielle Gefahren der Gentechnik im Zusammenhang mit der beabsichtigten oder unbeabsichtigten Freisetzung gentechnisch veränderter Organismen hingewiesen. Skeptiker befürchten eine nachhaltige Störung des ökologischen Gleichgewichts bzw. eine Gefährdung der menschlichen Gesundheit (...) Den befürchteten Risiken steht zudem eine Reihe bemerkenswerter positiver Auswirkungen auf die Umwelt entgegen. Insbesondere im medizinisch-pharmazeutischen Bereich finden gentechnische Herstellungsverfahren bereits Anwendung. Sie erlauben die umweltschonende Herstellung der in der Medizin benötigten biologischen Substanzen in der erforderlichen Menge und Reinheit, wobei sie sich gegenüber konventionellen Herstellungsverfahren durch einen wesentlich geringeren Einsatz von biologischen und chemischen Rohstoffen sowie von Energie auszeichnen. Die Einsparungen betragen bei einzelnen Substanzen weit über 90%... Auch zur Beseitigung von Umweltschäden kann die Gentechnologie wichtige Beiträge leisten... Erste Erfahrungen liegen vor mit der Beseitigung von Ölverschmutzungen in Böden und Wasser. Ferner ist es mittlerweile gelungen, im Labor Mikroorganismen zu isolieren, die dioxinähnliche Substanzen abbauen können.[488]

Gemeinsam ist nahezu allen europäischen Biotechnologie-Firmen,
• daß sie das Grundlagen- und Anwendungswissen akkumulieren wollen,
• in Verbindung mit einer kontinuierlichen Überprüfung von Marktchancen;
• eine Kostenreduzierung bei der Herstellung gewinnträchtiger Produkte sowie
• eine steigende Tendenz zur Geheimhaltung des Wissens.[489]

Gegenwärtige Produkte und Märkte zentrieren sich hauptsächlich um den pharmazeutischen Sektor, dem Nahrungsmittelsektor sowie um den agro-industriellen und Umweltbereich. Die biotechnologische Entwicklung ist weitgehend durch Produkte beherrscht, die eine hohe Wertschöpfung haben, was besonders für den medizinischen Bereich gilt.[490] Künftige Chancen rechnet man sich aber auch bei den Biosensoren und der Bioelektronik bzw. bei den Biochips sowie der Biooptik aus. Auf diesen Gebieten scheint Deutschland jedoch wiederum den Anschluß verpaßt zu haben.[491]

---

[488] Verband der Diagnostica-Industrie e.V., Diagnostik im Gespräch, 1992.

[489] OECD (Hg.), Biotechnology. Economic and Wider Impacts, op.cit., S. 35.

[490] Bull, A.T., Holt, G. & Lilly, M.D., Biotechnologie. Internationale Trends und Perspektiven, op.cit., S. 34.

[491] Meier, B., Innovations- und Wachstumsfeld Biotechnologie, op.cit., S. 15.

5.4.2 Die chemisch-pharmazeutische Großindustrie

In Deutschland wird nicht nur der Markt, sondern auch die Artikulation ökonomischer Interessen in den hier herangezogenen Printmedien weitgehend durch die Großindustrie beherrscht. Akteure aus der Biotechnologie-Industrie werden in insgesamt 106 Medienartikeln genannt (Diagramm 5), davon entfallen 79 Artikel auf explizite Nennungen industrieller Großakteure oder etablierter mittelständischer Unternehmen: Hoechst, Bayer, BASF, Behring, Boehringer, Grünenthal, Merck, Schering, Knoll und Dr. Thomae. Obwohl die Anzahl der Artikel, in denen industrielle Akteure erwähnt werden, wesentlich geringer ist als bei den wissenschaftlichen Akteuren, spielen die Interessen der Bioindustrie in der Auseinandersetzung um die Gentechnik eine so bedeutsame Rolle, daß sich sogar die Wissenschaft an diese Interessen – insbesondere bei der Forderung nach gesetzlicher Regulierung – adaptieren mußte. Im Gegensatz zu anderen europäischen Ländern (Frankreich, Belgien, Italien, Dänemark, Niederlande, England, Spanien und auch Schweden und Österreich), in denen seit Mitte der achtziger Jahre Interessenverbände der Bioindustrien geschaffen wurden, fand in Deutschland eine vergleichbare Entwicklung eines gesonderten Bioindustrieverbandes nicht statt. Die Gründe hierfür liegen u.a. darin, daß die KMU hier nur schwach entwickelt waren und die großen Unternehmen eigene Initiativen entwickeln konnten oder die bereits vorhandenen Verbandsstrukturen nutzten.[492]

In der deutschen Industrie sind gentechnische Methoden inzwischen weit verbreitet. Insgesamt besitzen – auf den Untersuchungszeitraum bezogen – 36 Firmen registrierte Genlaboratorien, davon gehören 16 zur Pharmaindustrie, und 20 sind spezielle Genfirmen oder bisher nicht biotechnisch tätige Unternehmen.[493] Etwa 400 kleine und mittlere Unternehmen sowie 30 große Unternehmen sind in der Biotechnologie in einem weiten Sinne tätig, 100 bis 200 Unternehmen in einem engeren Sinne. Zählt man die Labors außerhalb der Industrie mit hinzu, existieren in Deutschland etwa 800 Genlaboratorien.[494] Während in den USA der entscheidende Vorteil kleiner Biotechnologie-Unternehmen gegenüber den Großunternehmen in ihrer schnellen Anpassung der Forschungs- und Entwicklungsstrategien an sich verändernde Marktsituationen gesehen wird und auch die Risikofinanzierung generell wesentlich leichter abgewickelt werden kann, sehen

---

[492] Ronit, K., Wirtschaftsverbände in den Bioindustrien. Stabilität und Dynamik deutscher und europäischer Interessenvermittlung. In: Martinsen, R. (Hg.), Politik und Biotechnologie. Die Zumutung der Zukunft, Baden-Baden: Nomos, 1997, S. 81-97.

[493] Meier, B., Innovations- und Wachstumsfeld Biotechnologie, op.cit., S. 13.

[494] Ibid.

sich in Europa die kleineren und mittleren Unternehmen weitaus größeren Schwierigkeiten ausgesetzt. Diese bestehen hauptsächlich darin, daß
- kleinere Firmen wenig Erfahrung mit verschiedenen Arten des F&E-Managements zur Lösung neuer und komplexer Probleme haben;
- kleinere Firmen eine mangelnde Interdisziplinarität weniger kompensieren können als Großunternehmen;
- die Koordination von in-house F&E und externen F&E-Ressourcen (z.B. Universitäten) inklusive der damit verbundenen aktuellen und umfassenden Information über alle externen Ressourcen von größeren Firmen mehr gewährleistet ist und diese darüber hinaus weniger Probleme haben, akademische Forschungsresultate in ihre eigenen Firmenziele zu übersetzen;
- kleine Firmen besonders abhängig sind von hochgradig qualifizierten Wissenschaftlern mit unternehmerischen Fähigkeiten;
- kleinere Firmen größere Schwierigkeiten haben, finanzielle Ressourcen zu mobilisieren.[495]

Diese Faktoren favorisieren also mehr die größeren als die kleineren Firmen. Hinzu kommen noch die hohen Kosten für Forschung, Marketing, Sicherheit und Patente. Auf diese Problematik wies auch *W. Frommer* vom „Bundesverband der pharmazeutischen Industrie" hin:

> Um auf diesem Gebiet vernünftig tätig sein zu können, muß man – ich hoffe, daß mir die Wissenschaftler zustimmen – mindestens zwei, ich würde sagen, eher vier bis fünf Wissenschaftler einstellen ... Das heißt also, Kosten in Größenordnungen von 1 bis 3 Millionen pro Jahr. Jetzt lassen Sie mich spekulieren: Wenn diese Forscher nach zwei Jahren, ich glaube, das ist sehr optimistisch, kommen und sagen, wir haben jetzt einen Mikroorganismenstamm manipuliert, der das Produkt X herstellen kann, in Größenordnungen wie es üblich ist, Milligramm pro Liter, dann beginnt ja erst diese große Entwicklungsarbeit. Und hier muß man sicherlich noch mal fünf Jahre rechnen, bis man auf einem industriell erträglichen Maß ist. Wenn Sie dann noch die ganzen Prüfungen, Zulassungen, Toxikologien usw. dazurechnen, sind zehn Jahre sicher nicht übertrieben für die Entwicklung eines neuen Stoffes, auch Insulin eingeschlossen. Und wenn man die Zahlen nimmt, dann sind sicher 100 Millionen Kosten bis dahin nicht übertrieben. Ich will da nicht schwarzmalen, das sind die Kosten, die wir gewohnt sind. Aber Sie müssen sehen, daß es a) natürlich Kleinfirmen nicht möglich ist, diese Kosten, die ja immer noch als Risiko kaputtgehen können, zu übernehmen, und b) daß natürlich die Zahl klein bleiben wird.[496]

Und *R. Marris*, ebenfalls vom „Bundesverband der pharmazeutischen Industrie", ergänzte, daß nach einer Erhebung aus dem Jahre 1978 von den 550 Mitgliedsfirmen nur 25 Unternehmen einen siebenstelligen Etat pro Jahr für For-

---

[495] OECD (Hg.), Biotechnology. Economic and Wider Impacts, op.cit., S. 37.

[496] Frommer, W., Beitrag zum Themenkreis 2: Anwendung in der Industrie, op.cit., S. 53-54.

schung und Entwicklung zur Verfügung haben.[497] Andererseits verfügen die kleineren Firmen jedoch über eine größere Handlungsflexibilität, was sie hinsichtlich einer schnellen Anpassung an strukturelle Veränderungen im ökonomischen System in eine günstigere Position versetzen kann. Je nach industriellem Sektor und den Produkten bestehen dabei allerdings große Unterschiede. Im pharmazeutischen Bereich sind unter den bis jetzt herrschenden Bedingungen mehr die Großunternehmen begünstigt, während in anderen Bereichen (Biosensoren, monoklonale Antikörper, Zellkulturen) kleinere Firmen durchaus auch erfolgreich operieren. Laut OECD-Report gilt jedoch für jeden Bereich, daß hinsichtlich eines optimalen Zugangs zu relevantem biotechnischen Know-how und der Vermeidung unnötiger Kosten eine Kooperation zwischen den Großunternehmen und den kleineren Firmen sowie ein kooperatives Management eine unerläßliche Bedingung ist.[498] Viele multinationale Unternehmen entwickeln eine Vielzahl von Produkten, häufig jedes mit verschiedenen Kooperationspartnern. Oft ist das relevante Wissen für eine Produktentwicklung nicht an einem Ort konzentriert, was dann die Unternehmen dazu zwingt, eine größere Anzahl von Kooperationen einzugehen. Großfirmen tendieren daher zu einer internationalen Kooperation, zumal das universitäre Know-how oftmals enge nationale Bindungen aufweist. Während in Deutschland beispielsweise „Bioferon", „Boehringer" und „Bayer" eine kooperative Strategie verfolgen, hat die „Hoechst AG" im Vertrauen auf die eigene Größe die Gentechnik weitgehend aus eigener Kraft zu entwickeln versucht – „mit deprimierendem Ergebnis" für die eigene Wettbewerbssituation.[499]

Kooperative Verbindungen bestehen jedoch nicht nur bei der biotechnischen Forschung und Entwicklung, sondern auch bei der Produkt-Distribution. Viele Firmen haben interessante Produkte für eine kleine Marktlücke oder -nische, können jedoch die entsprechenden Marktlücken bzw. Nischen aus anderen Ländern nicht additiv nutzen, um einen globalen Markt mit genügender Größe aufzubauen. Der in der neuen Biotechnologie zu verzeichnende Trend zur Globalisierung im Marketingbereich und die weltweiten Verteilungsnetze der multinationalen Konzerne sind daher eine entscheidende Bedingung für den Erfolg biotechnischer Firmen. Dennoch besitzen die kleineren Firmen entsprechend ihrer größeren ökonomischen Flexibilität ein beträchtliches Kreativitätspotential, das von den großen Konzernen aufmerksam beobachtet wird. Da die kleineren Bio-Firmen von relativ wenigen Großkonzernen abhängig sind, formen sie mit diesen zusammen eine Art dynamisches „Satellitensystem", wobei einige von ihnen durchaus einen determinierenden Einfluß auf die Rate und Richtung des bio-

---

[497] Marris, R., Beitrag zum Themenkreis 2: Anwendung in der Industrie. In: Herweg, E. & Hübner, S. (Hg.), Chancen und Gefahren der Genforschung, op.cit., S. 55-56.

[498] OECD (Hg.), Biotechnology. Economic and Wider Impacts, op.cit., S. 40.

[499] DIE ZEIT vom 08.04.1988.

technischen Fortschritts haben. Dieses industrielle Arrangement wird als „dezentralisierte Konzentration"[500] bezeichnet und ermutigt, zusammen mit den noch begrenzten Märkten und den hohen F&E-Ausgaben, sowohl große als auch kleine Firmen, adäquate Formen der Zusammenarbeit zu finden, um das investierte Kapitalrisiko kleinzuhalten. In einigen Fällen führt dies aber auch zu einer internationalen Marktaufteilung. Die Bedeutung dieser dezentralisierten Konzentration hinsichtlich des Technologietransfers wird im OECD-Report als außerordentlich hoch eingeschätzt:

> „Decentralised concentration" based on large corporations, has helped the transformation of biotechnology know-how into products, and has familiarised companies with new patterns of research-oriented entrepreneurship. Decentralised concentration will remain an important form of industrial organisation for new biotechnology developments, because it is the most appropriate solution for large research problems.[501]

Dennoch muß dies langfristig gesehen nicht die einzige Form der industriellen Organisation im Bereich der neuen Biotechnologie bleiben. Hinsichtlich neuer Märkte und Marktchancen, ermöglicht durch die Ubiquität biologischer Produkte, könnte auch das unternehmerische Potential traditionell kleiner und mittlerer Unternehmen besser mobilisiert werden. In Deutschland übernimmt der Staat hier eine aktive Rolle und mittlerweile konnte durch sogenannte „indirekt-spezifische" Maßnahmen des Biotechnologie-Programms eine stärkere Beteiligung kleiner und mittelständischer Unternehmen (KMU) an der BMFT-Projektförderung erreicht werden. Bis auf wenige Ausnahmen betrifft dies die gleiche Thematik wie bei der Verbundforschung und damit die von kleinen und mittleren Unternehmen bevorzugt verfolgten Fragestellungen. Insgesamt wurde hierdurch mit 85% eine hohe Beteiligung des traditionellen Mittelstandes am Biotechnologie-Förderprogramm erreicht.[502] Die Fähigkeit von kleinen und mittleren Unternehmen, relativ schnell in regionalen Märkten und Marktnischen operieren zu können, gilt allgemein als Aktivposten hinsichtlich der gesellschaftlichen Diffusion der Biotechnologie. Große Konzerne können leicht solche lokalen Märkte ignorieren oder aus Kostengründen vernachlässigen. Allerdings ist die Verbesserung der biotechnologischen Qualifikation traditioneller kleiner und mittlerer Firmen eine wichtige Voraussetzung für eine schnellere Technikdiffusion. Darüber hinaus müssen diese Firmen größere Kompetenz für weitreichende Marketingstrategien entwickeln, da viele biotechnische Produkte sich nur dann als profitabel erweisen, wenn die nationalen Marktsegmente verschiedener Länder zu einem größeren Markt gebündelt werden. Solche Bemü-

---

[500] OECD (Hg.), Biotechnology. Economic and Wider Impacts, op.cit., S. 40.

[501] Ibid., S. 41.

[502] BMFT (Hg.), Programmreport Biotechnologie. op.cit., S. 18.

hungen erfordern jedoch insbesondere neue Instrumente der Unternehmenspolitik und -organisation.

Im Gegensatz zu der relativ erfolgreichen Einbeziehung des traditionellen Mittelstands sieht es mit den sogenannten „start-up" Firmen eher schlecht aus. So sind auf der Grundlage des Programms „Angewandte Biologie und Biotechnologie der Bundesregierung 1985-1988" mit Hilfe des Modellversuchs TECHNOLOGIE-ORIENTIERTE UNTERNEHMENSGRÜNDUNGEN (TOU) in Deutschland lediglich 34 neue Unternehmen entstanden.[503] Als Technologie-Beratungsstelle für diese unter dem Schlagwort „Genfirmen" bekanntgewordenen Unternehmungen ist seit 1985 die PROJEKTLEITUNG BIOLOGIE, ÖKOLOGIE , ENERGIE (PBE) zuständig. Je nach Entwicklungsstadium unternehmerischer Projekte kommen folgende Fördermaßnahmen in Betracht: Phase 1: Zuschüsse für Arbeiten zur Erstellung beurteilungsreifer Unterlagen bis zu 75% der zuwendungsfähigen Ausgaben, höchstens jedoch 54.000,- DM; Phase 2: Zuschüsse zur Finanzierung von Innovationsvorhaben bis zu 75%, maximal 900.000,- DM; benötigte Bankkredite zur Finanzierung der Vorhaben können bis zu 50%, höchstens jedoch bis zu 150.000,- DM gesichert werden; Phase 3: Bankkredite zur Finanzierung der Ausgaben für Produktionseinrichtungen und Markteinführung können bis zu 80%, höchstens jedoch mit 1,6 Mio. DM durch einzelfallbezogene Risikobeteiligungen abgesichert werden.[504] Außerdem findet in den Vorgesprächen sowohl eine betriebswirtschaftliche als auch wissenschaftlich-technische Beratung statt, um erfolgreiche Marktoperationen zu begünstigen. Darüber hinaus sind große Hoffnungen mit „Venture-Kapital" verbunden. Während der letzten Jahre ist auch eine Reihe von Risikokapitalgesellschaften entstanden. Dieser marktgesteuerte Mechanismus ist aber im Vergleich zu den USA oder zu England immer noch unterentwickelt. Im Jahr 1975 hatten 28 deutsche Großbanken eine WAGNISFINANZIERUNGSGESELLSCHAFT (WFG) gegründet und mit 60 Mio. DM Kapital ausgestattet, das allerdings zu 75% vom BMFT gesichert werden mußte.[505] Als das „kopflastig aufgezogene Geschäft" nicht sofort die Erwartungen erfüllte, sollten ab 1980 nur noch solche Innovationen gefördert werden, deren Erfolg innerhalb von 2 Jahren erwartet werden kann.[506] Bei einem solchen Kriterium ist es nach Meinung des US-Kongresses überraschend, wenn in Deutschland viele Bio-Firmen unter Beteiligung der

[503] Ibid.

[504] BMFT (Hg.), Programm Angewandte Biologie und Biotechnologie. Jahresbericht 1987, S. 448.

[505] Eichborn, J.-F. von, Perspektiven industrieller Nutzung der Gentechnologie, op.cit., S. 156.

[506] Ibid.

WFG gegründet würden.[507] Im Vergleich zu den USA ist in Deutschland und auch in Europa kaum jemand bereit, für Erfindungen und ungewisse Entwicklungen Risikokapital herauszurücken. Die Neugründungen in Europa auf dem Gebiet der Biotechnologie erreichten 1989 ihren Höhepunkt und nahmen dann bis 1992 ständig ab; in zwölf westeuropäischen Ländern zählte man insgesamt 386 Unternehmen, in den USA beschäftigen sich ungefähr dreimal soviel Unternehmen mit der biotechnischen Herstellung. Mit dem Rückgang der Neugründungen ging ein schwindendes Interesse der Investoren von Risikokapital einher, das für die Branche eine große Bedeutung hat. Die Risikoinvestitionen in die Biotechnik erreichten 1989 ihren Höhepunkt mit mehr als 270 Mio. DM und gingen dann stetig auf etwa 116 Mio. DM im Jahr 1992 zurück.[508] Insbesondere die generell niedrige Zahl an Unternehmensneugründungen in Deutschland galt als ein „beunruhigendes Problem"[509] und trug nicht gerade dazu bei, die Wettbewerbsfähigkeit sicherzustellen. Allgemein wurden hier die Rahmenbedingungen solcher Unternehmensgründungen als eher schlecht beurteilt:

> Das gesamte wirtschaftliche Umfeld von der Steuergesetzgebung über die Bankenfinanzierung bis zum Wirtschaftsstrafrecht ist Neugründungen wie in den USA feindlich gesonnen. Ein Wissenschaftler oder Manager, der Neuentwicklungen der Gentechnologie mit vergleichbaren Methoden zum Erfolg bringen will, gilt bei Banken, Ämtern und Wirtschaftsprüfern als nicht seriöser Hasardeur. Sein – wahrscheinliches – Scheitern würde nicht als Impuls für die Volkswirtschaft verstanden, sondern als Konkursdelikt. Unter diesen Umständen darf es nicht wundern, daß bisher nur wenige ... bescheidene und zuweilen dilettantisch anmutende Versuchsgründungen in Deutschland in Erscheinung getreten sind.[510]

Selbst wenn 90% solcher Neugründungen Konkurs anmelden oder von Großfirmen aufgekauft würden und viel Geld verloren ginge, wird doch der gesamtwirtschaftliche Nutzen solcher Firmen als immens hoch eingeschätzt: indem sie unternehmerische Initiativen freisetzen und technologische Innovationen auf den Weg bringen, können die Aufwendungen „doppelt und dreifach" zurückerhalten werden.[511] Die Deutschen sind hier allgemein eher risikoscheu und wirtschaftliche Mißerfolge führen häufig zur sozialen Ablehnung oder gar zur Stigmatisierung, im Gegensatz zu den USA, wo es zum Bild des „Selfmademan" gehört,

---

[507] Ibid.

[508] FAZ vom 24.5.1994.

[509] Linde, C. van der, Deutsche Wettbewerbsvorteile, op.cit., S. 421.

[510] Eichborn, J.-F. von, Perspektiven industrieller Nutzung der Gentechnologie, op.cit., S. 156.

[511] Ibid., S. 155.

mindestens einmal wirtschaftlich „am Boden" gewesen zu sein.[512] Daher gibt es solche Unternehmen in Deutschland im Vergleich zu den USA nur in einem äußerst bescheidenen Umfang, die Universitäten und Großforschungseinrichtungen hatten sich im Rahmen neokorporatistischer Arrangements „von Anfang an mehr an den Interessen der Großunternehmen orientiert"[513].

Das Thema der Bio-Industrie wurde mit dem Etikett „Wettbewerb" (inklusive „Kommerzialisierung" und „Standort Deutschland") versehen, um das zugrundeliegende ökonomische Motiv für die Entwicklung und Anwendung der Gentechnlogie zu kennzeichnen. Allerdings wird hier, stärker noch als bei den wissenschaftlichen Akteuren, im Hinblick auf die Akzeptanzgewinnung das Thema „praktische Problemlösung" deutlich in den Vordergrund gerückt, demgegenüber das Wettbewerbs-Thema besonders im Mediendiskurs zurücktritt. Damit erweisen sich die Themen „Erkenntnisfortschritt", „praktische Problemlösung" und „Wettbewerb" als die zentralen Themen, über die Wissenschaft, Industrie und Politik im Diskurs miteinander verknüpft sind.

Besonders das Schlagwort „Standort Deutschland" in seiner ökonomischen Bedeutungsdimension wurde auf dem Höhepunkt der Diskussion bewußt strategisch im öffentlichen Diskurs eingesetzt, um nationale Politik und Wissenschaft in die Interessenbahnen der Industrie zu lenken. Grundsätzlich ist das „biotechnologische Kapital" jedoch weltmarktorientiert, die beteiligten Wirtschaftsakteure verfolgen, wie oben skizziert, mehr globale Handlungsstrategien und orientieren sich dabei an den Gesetzen und der Dynamik des Weltmarktes. Insofern ist die industrielle Produktion weit weniger als die Wissenschaft, die zudem noch auf das Industriekapital angewiesen ist, an nationalstaatliche Grenzen gebunden. Dies brachte der Vorstandsvorsitzende der „Bayer AG" bei einem Presseforum am 27. und 28. September 1989 in Wuppertal-Elberfeld auch klar zum Ausdruck:

> Im Rahmen unserer internationalen Forschungs- und Entwicklungsstrategien sehen wir für die Gentechnik innerhalb unseres Konzerns den regionalen Schwerpunkt in den USA. Nicht zuletzt, um die vielfältigen Möglichkeiten der berühmten amerikanischen Forschungslandschaft an der Ostküste der USA für unser Unternehmen zu nutzen, haben wir unser Pharma-Forschungszentrum in West-Haven/Connecticut gebaut. Das hat – um Mißverständnissen vorzubeugen – aber nichts mit einer Flucht aus dem Standort Bundesrepublik Deutschland zu tun. Um als internationales Unternehmen wettbewerbsfähig zu bleiben, müssen wir auch unsere Forschung weltweit ausrichten. (...) Als Standort der Produktionsanlage für den Faktor VIII haben wir Berkeley in Kalifornien ausgewählt. Ausschlaggebend für diese Entscheidung war, daß unsere US-Tochter Miles dort den Faktor VIII bereits nach konventionellen Verfahren hergestellt hat und daß die

---

[512] Linde, C. van der, Deutsche Wettbewerbsvorteile, op.cit., S. 401.

[513] DER SPIEGEL vom 5.1.1987.

USA der größte Markt für dieses Produkt sind. Daneben hat selbstverständlich auch die Aussicht auf ein zügiges Genehmigungsverfahren für diesen Standort gesprochen. Wir haben diese Entscheidung aber nicht aus politischen Gründen getroffen. Grundsätzlich kommt für uns die Bundesrepublik Deutschland für gentechnische Produktionsanlagen genauso in Betracht wie etwa die USA. Wir glauben an die Zukunft unseres Landes als Standort für moderne Techniken ... Wir wollen unseren Beitrag dazu leisten, das Innovationspotential in der Bundesrepublik Deutschland zu erhalten. Als Unternehmen allein können wir aber weder die Richtung noch die Dynamik der Entwicklung bestimmen.[514]

Der ökonomische Rahmen muß sich also innerhalb dieses Themas so artikulieren, daß in bezug auf die soziale Akzeptanz mit der Fokussierung auf den ökonomischen Wettbewerb nicht primär der einzelunternehmerische Profit thematisiert wird, sondern der volkswirtschaftliche Gesamtnutzen, der durch eine gesunde und wettbewerbsfähige Industrie zum Wohle der Gesamtheit erbracht wird:

> Deutschland braucht Hochtechnologie, sonst kann der hohe Lebensstandard, dessen wir uns alle in der Bundesrepublik erfreuen, niemals gehalten werden. Wenn wir das nicht begreifen würden und nicht in der Lage wären, das Nötige hierfür zu tun, dann würden wir vieles dessen, was nach dem Zweiten Weltkrieg erreicht wurde, in Frage stellen, wenn nicht gar vernichten.[515]

Als wichtiges Druckmittel der Industrie, ihre Interessen – auch innerhalb des neokorporatistischen Geflechts – durchsetzen zu können, fungierte dabei das „Auswanderungsargument", da in den USA weitaus bessere Rahmenbedingungen, sowohl was die F&E-Bedingungen als auch die Marktsituation betrifft, bestehen:

> Die Aussage, daß die deutsche Forschung und Produktion ins Ausland abwandern könnte, ist nicht neu. Sie war während der Debatte des Gentechnikgesetzes deutlich artikuliert worden, von den einen ernsthaft vorgebracht, von den anderen als Erpressungsversuch hingestellt. Und Abwanderung hat ja schon stattgefunden! (...) Für deutsche Wissenschaftler wird dann auch in solchen Industrien kein Betätigungsfeld mehr sein. Was soll an deutschen Hochschulen geforscht werden, wenn es in der Bundesrepublik Deutschland nicht mehr zu Produktentwicklungen umgesetzt werden kann? Woher kommen die Drittmittel, wenn es

---

[514] Strenger, H.J., Gentechnik bei Bayer, 1989, S. 4-11.

[515] Gareis, H.G., Industrielle Nutzung der Biotechnologie und rechtliche Regelungen. In: Nicklisch, F. und Schettler, G. (Hg.), Regelungsprobleme der Gen- und Biotechnologie sowie der Humangenetik, op.cit., S. 27-36, 35.

weder kooperierende Industrie noch Ministerien gibt? Die Mediokrität ist vorgezeichnet.[516]

Dabei wurde in den Erklärungsstrategien für das ökonomische Handeln auch auf
die den Akteuren vorgegebene Handlungssituation verwiesen, bei der die technologische Entwicklung als ökonomischer Sachzwang (internationaler Wettlauf)
erscheint und die Akteure dementsprechend unter Druck setzt, dem gegenüber
moralische Wertungen einfach fehl am Platze sind:

> Und wenn wir die Situation global betrachten, sollten wir uns unbedingt
> darüber in klaren sein, daß der „Zug Gentechnologie" international längst abge-
> fahren ist, und es stellt sich hier nicht die Frage, ob dieser Zug nun fahren darf
> oder nicht, sondern es stellt sich vielmehr die Frage, ob wir in der Bundesrepublik
> Deutschland mitfahren können.[517]

Die Industrie verspricht sich von der Gentechnologie große Chancen besonders
auf dem Pharmasektor, was sich jedoch langfristig angesichts der stetig wachsenden Zahl der Weltbevölkerung in Richtung Nahrungsmittelproduktion ändern
kann. Im Pharmabereich kommt schon der traditionellen Biotechnologie ein hoher Stellenwert zu: Etwa ein Viertel des gesamten Pharmaumsatzes wird mit
Produkten erzielt, die in irgendeiner Weise biologischen Ursprungs sind, z.B.
Antibiotika, Organextrakte oder Pflanzeninhaltsstoffe.[518] Bereits 1981 betrug der
Weltmarkt für Medikamente 76,3 Mrd. US-Dollar, die USA hatten den größten
Anteil mit 10-12% pro Jahr, Japan mit 8% pro Jahr und Deutschland mit nur 5%
pro Jahr.[519] Da zur Zeit in diesem Sektor die größten wirtschaftlichen Chancen
liegen, konzentrieren sich hier die Aktivitäten der meisten Genfirmen. Die etablierten Pharmafirmen spielen dabei mehrere Modelle durch: den Aufbau gentechnologischer Forschungsgruppen, projektorientierte Kooperationsverträge
mit Genfirmen bzw. Beteiligung mit Kapital sowie Unterstützung von Vorhaben
der Grundlagenforschung, deren grundsätzliche Bedeutung für die Industrie
immer wieder hervorgehoben wird.

---

[516] Beaucamp, K., Die Verantwortung liegt bei uns. In: Boehringer Mannheim GmbH (Hg.),
Perspektiven. Gesundheit, Technologie, Gesellschaft 1/1990, S. 4-8.

[517] Truscheit, E., Die Bedeutung der Gentechnologie für die pharmazeutische Industrie und
die Realisierung ihrer Zukunftschancen, op.cit., S. 89.

[518] Quadbeck-Seeger, H.-J., Gentechnologie als neue Methode biologischer, medizinischer
und chemischer Grundlagenforschung – erste Anwendungen, op.cit.

[519] FAST-Gruppe, Kommission der Europäischen Gemeinschaften, Die Zukunft Europas.
Gestaltung durch Innovationen, Berlin, Heidelberg, New York, London, Paris, Tokyo: Springer Verlag, 1987, S. 57.

Der deutschen chemischen und pharmazeutischen Industrie wird jedoch vorgeworfen, sie seien viel zu spät in das Geschäft mit den Genen eingestiegen.[520] So war es beispielsweise 1975 dem Hamburger Biochemiker *Hubert Köster* als erstem gelungen, Angiotensin zu synthetisieren, ein menschliches Hormon, das den Blutdruck regelt. Er bot der „Hoechst AG" seine Entdeckung an, die jedoch kein Interesse zeigte. Nun macht die amerikanische „Genentech" das Geschäft und „Hoechst" mußte sich den Zugriff auf biotechnologische Forschung mit jährlich 5 Mio. US-Dollar erkaufen.[521] *Hermann J. Strenger*, Vorstandsvorsitzender der „Bayer AG", stellte noch 1989 fest, daß im Pharmabereich ein „eindeutiger Rückstand" gegenüber den USA und Japan bestehe.[522] Bis etwa zum Ende der sechziger Jahre verhielt sich die Industrie gegenüber der Biotechnologie weitgehend abwartend und reaktiv. Eigene systematische Innovationsstrategien wurden kaum verfolgt und entsprechende industrielle Verfahren und Produkte mit großem Markt wurden aus dem Ausland übernommen. Die Brauerei- und Lebensmittelindustrie, die auf traditionellen biologischen Prozessen aufbauen, zeigten kein Interesse, und in der pharmazeutischen und chemischen Industrie wurden keine geeigneten Forschungs- und Entwicklungsprogramme in Gang gesetzt, die der sich abzeichnenden Bedeutung des Biotechnologiesektors auf dem Weltmarkt entsprochen hätten.[523] Noch im Jahr 1982 lagen die F&E-Etats bei „Hoechst" und „Schering" jeweils bei 4,2 Mio. US-Dollar, gegenüber „DuPont" (USA) mit 120 Mio. US-Dollar, „Monsanto" (USA) mit 62 Mio. US-Dollar, „Schering-Plough" (USA) und „Eli-Lilly" (USA) mit jeweils 60 Mio. US-Dollar und „Hoffmann-La Roche" (Schweiz) mit 59 Mio. US-Dollar.[524] Die anfängliche Zurückhaltung gegenüber den Biotechnologien ist insofern bemerkenswert, als die deutschen Pharmakonzerne eigentlich investitionsstarke, innovative und weltmarktorientierte Unternehmen sind, die seit den sechziger Jahren international wieder eine bedeutende Rolle spielen. Der Wiederaufstieg der deutschen Pharmaindustrie beruhte aber im wesentlichen auf Entwicklungsstrategien der synthetischen organischen Chemie; die Industrie knüpfte damit an die jahrzehntelange erfolgreiche Tradition der Chemotherapie und der chemischen Arzneimittel (z.B. Sulfonamide) an. Aber auch in der industriellen, anwen-

---

[520] Gehrmann, W., Gen-Technik. Das Geschäft des Lebens. Verschlafen die Deutschen eine Zukunftsindustrie?, München: Goldmann Verlag, 1984; Koolmann, St., Biotechnologie. Ökonomische Aspekte und Perspektiven, Köln: Verlag TÜV Rheinland, 1986, S. 84.

[521] SZ vom 21.7.1983.

[522] Strenger, H.J., Gentechnik bei Bayer, op.cit.

[523] Buchholz, K., Die gezielte Förderung und Entwicklung der Biotechnologie, op.cit., S. 69-70.

[524] Eichborn, J.-F. von, Perspektiven industrieller Nutzung der Gentechnologie, op.cit., S. 154, Tabelle.

dungsorientierten Forschung zeigte sich die traditionelle gegenseitige Abschottung der wissenschaftlichen Disziplinen: bis Ende der sechziger Jahre herrschte in der Industrie eine molekulare, chemische Denkweise vor, die eine rechtzeitige Wahrnehmung der Perspektiven der neuen biologischen Technologien erschwerte, und erst nach 1970 engagieren sich einige Pharmaunternehmen wie z.B. „Bayer" und „Hoechst" in der biotechnologischen Forschung.[525]

Für die chemische Industrie ist nach deren eigenen Aussagen die öffentliche Akzeptanz eine Grundvoraussetzung für die industrielle Anwendung von Wissenschaft und Technik. Daher sucht sie verstärkt den öffentlichen Dialog und will „das Feld ... nicht ihren Kritikern überlassen", zumal aus ihrer Perspektive Risikoaspekte und Schreckensvisionen wie in keinem anderen Land im Mittelpunkt der deutschen Diskussion stehen.[526] Daran sei auch die Presse nicht ganz unbeteiligt, die das Gebiet der Gentechnologie mehr als bisher sachorientiert behandeln sollte. Berücksichtigt man auch die Aussagen einiger Kritiker, nach der die Presse gerade die positive Seite der Gentechnik zu stark in den Vordergrund rücke,[527] muß die Presse anscheinend zu einem guten Teil als „Watschenmann" für den mangelnden öffentlichen Konsens herhalten. Wie von den wissenschaftlichen Akteuren wurde auch von der Industrie einerseits die mangelnde Akzeptanz auf Unkenntnis der Bevölkerung zurückgeführt und in den kognitiven Mechanismen der sachlichen Information das Hilfsmittel gesehen, Akzeptanz herzustellen. Andererseits warf man auch hier den Kritikern vor, die Gentechnologie mit den Reproduktionstechniken in einen unzulässigen direkten Zusammenhang zu bringen:

> Wir sehen im sachlichen Dialog mit der Öffentlichkeit ein wichtiges Instrument, um die Kenntnisse über Gentechnik zu verbessern und damit die Akzeptanz für diese neue Technik zu erhöhen.[528] [...] Die Gentechnik hat in der bundesdeutschen Öffentlichkeit eine beängstigend schlechte Akzeptanz. Unkenntnis und falsche Vorstellungen sind häufig die Ursache. Die industrielle Nutzung und Anwendungen in der Gentherapie werden oft nicht deutlich von der Reproduktionsbiologie abgegrenzt.[529]

Weiterhin wurde in diesem Zusammenhang auf die emotional aufgeheizte Stimmung und die symbolisch aufgeladene „technikkritische" Thematisierung in

---

[525] Buchholz, K., Die gezielte Förderung und Entwicklung der Biotechnologie, op.cit., S. 70.

[526] Stadler, P.W. & Wehlmann, H., Gentechnik bei Bayer. BioTec Sonderdruck, 1990.

[527] Z.B. Hobbelink, H., Bio-Industrie gegen die Hungernden, Reinbek bei Hamburg: Rowohlt, 1989 (1987), S. 101.

[528] Verband der Chemischen Industrie e.V. (Hg.), Gentechnik-Leitlinien, op.cit.

[529] Bayer AG (Hg.), Molekularbiologie und Gentechnik – Fortschritt und Verantwortung, 1990.

der öffentlichen Auseinandersetzung hingewiesen und bemängelt, daß realistische und hypothetische Risiken häufig miteinander vermengt werden:

> Die öffentliche Diskussion in Deutschland hat in der Gentechnologie ein Ventil gefunden für die vielfältigen Zweifel und Ängste unserer Gesellschaft, hervorgerufen durch die immer weiter um sich greifende Technisierung unseres Lebens. Die Gentechnik ist zum neuen Symbol unbeherrschbarer Technologieentwicklungen unseres Zeitalters geworden. In der meist emotional geführten Diskussion wird nicht mehr zwischen realistischen und vermuteten Gefahren unterschieden.[530]

Die Industrie geht wie die Wissenschaft vom „additiven" Risikomodell aus[531] und wies darauf hin, daß ein Nullrisiko nicht erreichbar sei. Als Ziel verantwortlichen Handelns gelte daher die größtmögliche Begrenzung des Risikos, wobei sowohl Sicherheitsanforderungen als auch wirtschaftliche Notwendigkeit zu berücksichtigen sind. Dabei habe allerdings der Sicherheitsaspekt den Vorrang, wie in den Informationsmaterialien der Großindustrie versichert wurde. Die relative Sicherheit von Verfahren und Anlagen und die Begrenzung des Risikos „auf ein vertretbares Maß" wurde in den Informationsschriften einerseits durch den Hinweis darauf „demonstriert", daß die gentechnischen Arbeiten durch eine Reihe von Vorschriften, Gesetzen und Sicherheitskonzepten geregelt sind.[532] Andererseits sind auch hier solche „Normalisierungsstrategien" zu finden, mit deren Hilfe auf bereits Bekanntes verwiesen wird, so z.B. daß die Freisetzung von gentechnisch veränderten Organismen das gleiche Risiko beinhaltet wie die Freisetzung unveränderter oder durch klassische Methoden veränderter Organismen in die Umwelt.[533] Da freigesetzte Mikroorganismen keine Umweltkatastrophen bewirken, ist die Gentechnik – im Hinblick auf das von einigen Kritikern entworfene Szenario eines „Bio-Gaus" – auch nicht mit der Atomtechnik vergleichbar, da bei einem GAU ohne Unterschied alles zerstört werde. Darüber hinaus verwies man auf die in langjährigen Erfahrungen akkumulierte professionelle Kompetenz im sicheren Umgang mit dem „Material":

> Die chemische und pharmazeutische Industrie besitzen seit Jahrzehnten Erfahrungen im sicheren Umgang mit Mikroorganismen und Zellkulturen. Auf diesen Erfahrungen baut die deutsche chemische Industrie auf, um durch biologische

---

[530] Boehringer Mannheim (Hg.), Zwölf Jahre Gentechnik bei Boehringer Mannheim. Bilanz und Ausblick, Fakten und Diskussionsbeiträge. Boehringer Mannheim Kreis 2, 1989.

[531] Z.B. Fonds der Chemischen Industrie (Hg.), Folienserie des Fonds der Chemischen Industrie 20: Biotechnologie/Gentechnik, op.cit.

[532] Stadler, P., Gentechnik bei Bayer: Gewährleistung der Sicherheit. In: Bayer AG (HG.), Gentechnik bei Bayer, 1989, S. 36-45.

[533] Verband der Chemischen Industrie e.V. (Hg.), Gentechnik-Leitlinien, op.cit.

... physikalisch-technische ... und organisatorische Maßnahmen ... die Risiken so gering wie möglich zu halten.[534]

Kausale und funktionale Erklärungen wurden auch hier in die Argumentationen eingebaut, um die Notwendigkeit gentechnischer Verfahren deutlich zu machen (z.B. nur durch die Gentechnik ist es möglich, humane Proteine herzustellen; auf die Anwendung gentechnischer Methoden kann bei der Bearbeitung biologischer Fragestellungen grundsätzlich nicht verzichtet werden, da die meisten Fragen und Aufgaben nur mit diesen Methoden beantwortet bzw. gelöst werden können; Gentechnik hat die Funktion, Gesundheits- und Ernährungsprobleme der Menschheit zu lösen). Wenn bei den ungelösten Problemen – besonders Ernährung und Gesundheit – Fortschritte erzielt werden sollen, muß man den Erkenntnisgewinn der molekularen Biologie nutzen und die Gentechnologie zur Herstellung neuer, anderweitig nicht gewinnbarer Produkte einsetzen. Auch von der chemisch-pharmazeutischen Industrie wurde hinsichtlich einer sozialen Akzeptanz die praktische Problemlösungsfähigkeit der Gentechnik hervorgehoben und auf zentrale gesellschaftliche Werte Bezug genommen. So führte beispielsweise Professor *Hans Günter Gassen* unter der Überschrift „Zukunftssicherung mit Risiko" aus:

> Die Bewältigung der Akzeptanzprobleme ist die Grundvoraussetzung für den wirtschaftlichen Erfolg der Biotechnologie. Gelingen kann dies nur, wenn den Menschen die Ziele – wie die Verbesserung der medizinischen Versorgung, die Lösung der Ernährungs- und Abfallprobleme – verständlich gemacht werden. Denn nur zum Zweck der Umsatz- und Gewinnsteigerung sind der Bevölkerung keine zusätzlichen Risiken mehr zuzumuten.[535]

Besonders auffällig (aber nicht verwunderlich) war daher bei den reichlich zugesandten Informationsmaterialien der Industrie, daß auch hier wie bei der Wissenschaft dem Thema „praktische Problemlösung" ein sehr großer Stellenwert zukommt:

> Selbst wenn es all diese zum Teil wirklich staunenswerten, in Präparaten und Behandlungsmethoden vorweisbaren Ergebnisse noch nicht gäbe, müßten wir die Gentechnologie als Segen für die Medizin bezeichnen[536] [...] In der Zukunft soll die Gentechnik dazu beitragen, die Menschen von einigen ihrer schlimmsten Geißeln zu befreien oder zumindest das Leben mit ihnen zu erleichtern. Dazu zählen Krebs, Infektionskrankheiten wie Malaria und Aids, sowie eine Vielzahl

---

[534] Ibid.

[535] FAZ vom 9.5.1989.

[536] Beaucamp, K., Ohne Gentechnik kein Fortschritt in der Medizin. In: Boehringer Mannheim GmbH (Hg.), Perspektiven. Gesundheit, Technologie, Gesellschaft, op.cit. S. 26-31.

von Erbkrankheiten wie z.B. Morbus Alzheimer oder die Parkinsonsche Krankheit.[537]

Ein Verzicht auf die neuen Methoden der Gentechnik wäre daher gerade wegen ihres großen Problemlösungspotentials im medizinischen Bereich „aus ethischen Gründen nicht akzeptabel"[538]. Wichtige Anwendungsfelder der Biotechnik werden im Bereich der Chemie (Rohstoffe), der Medizin (Diagnostik/Therapie), der Landwirtschaft (Nutzpflanzen; Nutztierhaltung) und der Umwelt (Abwasserbehandlung, Abluftreinigung, Abfallbereinigung; Energiegewinnung; Metallgewinnung durch Erzleaching) gesehen.[539] Auch die Industrie registrierte, daß das wachsende Umweltbewußtsein zu einem gesellschaftlichen Wertewandel geführt hat und sozialer Fortschritt und Wohlstand nicht mehr isoliert, sondern auf ihre Konsequenzen für Natur und Gesundheit beurteilt werden müssen.[540] Allerdings geht man dabei von einem anderen Verständnis als die Akteure der Umweltgruppen aus, da entsprechende „Kompetenz" nur in „Recht" und „Wissenschaft" gebündelt ist:

> Es gibt drei Arten von Umweltschutz: den ideologischen, den gesetzlichen und den praktischen. In dieser Reihenfolge nimmt die Lautstärke ab und die Effizienz zu. Praktischen Umweltschutz betreiben Naturwissenschaftler und Techniker.[541]

Die Hauptargumentationslinien der Bio-Industrie zur Sicherung der Akzeptanz im öffentlichen Diskurs zentrierten also einmal um die praktische Problemlösungsfähigkeit der Gentechnik im medizinischen, pharmazeutischen und landwirtschaftlichen Bereich sowie um deren Bedeutung für umweltschonende Verfahren, zum anderen wurde aber auch auf die Bedeutung dieses technologischen Innovationsschubes für die wirtschaftliche Entwicklung der Gesamtgesellschaft hingewiesen. Auch hier machte man im Rahmen eines verantwortungsethischen Aktivismus die grundsätzliche moralische Verpflichtung zur Anwendung der Gentechnologie deutlich:

---

[537] Hoechst High Chem Magazin 9, 1990, Editorial, S. 3.

[538] Stadler, P., Gentechnik bei Bayer: Gewährleistung der Sicherheit. In: Bayer AG (Hg.), Gentechnik bei Bayer, 1989, S. 36-45.

[539] Fonds der Chemischen Industrie (Hg.), Folienserie des Fonds der Chemischen Industrie 20: Biotechnologie/Gentechnik, 1989 (1985).

[540] Hoechst AG (Hg.), Hoechst Landwirtschaft Deutschland. Service und Sicherheit für den heimischen Pflanzenbau, o.J.

[541] Boehringer Mannheim (Hg.), Zwölf Jahre Gentechnik bei Boehringer Mannheim, op.cit.

Unsere Generation besitzt nun dieses Wissen und hat die Verpflichtung, es einzusetzen – wobei sie allerdings die Verantwortung dafür hat, dieses Wissen zum Wohle der Menschheit zu nutzen.[542]

Dabei erkannte die Industrie grundsätzlich eine moralische Regulierung im gesellschaftlichen Umgang mit der Gentechnik an: Eingriffe in die menschliche Keimbahn wurden als „ethisch nicht zu verantworten"[543] angesehen. An humangenetischen Verfahren zeigte die Industrie allgemein kein Interesse, da diese „in den Verantwortungsbereich der Medizin und nicht in das Tätigkeitsfeld der Pharmaindustrie"[544] gehören. So hieß es in den Gentechnik-Leitlinien des Verbandes der Chemischen Industrie (VCI):

> Für die Anwendung der Gentechnik gelten Grenzen. Sie ergeben sich aus den ethischen Wertvorstellungen, insbesondere dem Respekt vor dem Leben und der Würde des Menschen. Gentechnische Eingriffe in die menschliche Keimbahn und die Herstellung biologischer Waffen lehnen wir ab. Dies gilt auch für den Einsatz von zellbiologischen Methoden zur Erzeugung identischer, menschlicher Mehrlinge (Klone) und von Mensch-Tier Wesen (Chimären). Die Gentechnik an sich ist, wie jede andere Technologie, weder gut noch böse. Erst durch den Menschen kann sie mißbraucht oder sinnvoll genutzt werden. Die chemische Industrie sorgt dafür, daß in ihrem Verantwortungsbereich mißbräuchliche Anwendungen ausgeschlossen werden.[545]

Umgekehrt wurde für die industrielle gentechnische Produktion und für die gentechnische Veränderung von Organismen kein „ethischer Beurteilungsbedarf gesehen"[546] und gegen die fundamentalistische Haltung der Kritiker vehement Stellung genommen:

> Es waren immer die Puristen oder die Fundamentalisten, die ein Land zugrundegerichtet haben; Irland, Libanon, Iran, früher die Glaubenskriege, zeigen das gerade intelligente Leute und solche die etwas bewegen wollen ... , die finden leicht an anderen Orten eine Möglichkeit, was sie wollen, zu tun, wenn es in ihnen im eigenen Lande nicht mehr möglich ist ... und kein Mensch in unserem Lande ... kann zu einem Zeitpunkt, wenn eine biologisch-naturwissenschaftliche Öde im

---

[542] Quadbeck-Seeger, H.-J., Gentechnologie als neue Methode biologischer, medizinischer und chemischer Grundlagenforschung – erste Anwendungen. In: Max-Planck-Gesellschaft (München) (Hg.), Gentechnologie und Verantwortung, op.cit., S. 27-36.

[543] Boehringer Mannheim (Hg.), Gentechnik. Fragen und Antworten, 1991.

[544] Ibid.

[545] Verband der Chemischen Industrie e.V. (Hg.), Gentechnik-Leitlinien, 1990.

[546] Brauer, D., Die Risiken der Gentechnik müssen nüchtern bewertet werden. Gesellschaftspolitische Kommentare 3, Sonderausgabe: Das Gentechnikgesetz, 1990, S. 139-142.

Zentrum Europas entstanden ist, sagen, das habe man nicht kommen sehen, und das habe man nicht gewollt.[547]

Etwa Mitte der achtziger Jahre wich die Anfangseuphorie („Biomania"), die noch zu Beginn dieses Jahrzehnts vorherrschte, einer realistischeren Sichtweise. Man bemühte sich in der Öffentlichkeit, einer inzwischen inflationären Erwartungshaltung nüchtern entgegenzutreten und die hochgeschraubten Erwartungen zu drosseln:

> Gentechnik kann keine „Wunder" vollbringen. Auch für sie gelten die Naturgesetze und die biologischen Grenzen. Mit ihr kann man z.B. Tiere nicht beliebig vergrößern, alle Krankheiten heilen oder das Leben beliebig verlängern.[548] [...]
> Wir sollten den verzögerten Einsatz der Gentechnologie nicht als einen Hinweis dafür werten, daß sie ihre Versprechen nicht erfüllt hat. Sie hat sie eben nur nicht so schnell erfüllt, wie sich manche gewünscht haben (...) Für alle Einsatzgebiete läßt sich heute sagen, daß die anfänglichen Erwartungen zu hoch und vor allem die Zeithorizonte zu knapp bemessen waren. Die Gentechnologie erweist sich zwar für immer mehr Problemfelder als nutzbringend, aber sobald man in die Tiefe geht, zeigen sich Schwierigkeiten bei der Anwendung, die größer sind, als man sich das früher gedacht hat.[549]

Der Biotech-Markt in Deutschland wird nach Einschätzung von Vertretern der chemischen Industrie nicht primär von der Produktqualität oder vom Bedarf bestimmt, sondern vielmehr von der öffentlichen Akzeptanz und der Genehmigungspraxis.[550] Die Entfaltung der reinen ökonomischen Marktgesetzlichkeit wird hier also durch die öffentliche Meinung und rechtliche Regulierungen stark gebremst. Die chemische Industrie hatte sich freiwillig dazu verpflichtet, die 1978 erlassenen Gen-Richtlininen anzuerkennen. Das „Gestrüpp" von Vorschriften und Teilregelungen, welches die Zeit von der Antragstellung bis zur Genehmigung auf durchschnittlich 20 Monate hochtrieb, doppelt so lange wie in anderen Ländern[551], hatte die Industrie, Wissenschaft und auch die Öffentlichkeit verunsichert. Bis zum Erlaß des GenTG bestanden folgende Regelungen mit mehr oder weniger eingeschränktem Geltungsbereich: Die Genrichtlinien, denen sich die Industrie freiwillig unterworfen hatte, die 1988 in Kraft getretene Unfallverhütungsvorschrift „Biotechnologie", die Abwasserherkunftsverordnung

[547] Beaucamp, K., Die Verantwortung liegt bei uns. In: Boehringer Mannheim (Hg.), Perspektiven (Gesundheit, Gechnologie, Gesellsschaft) Heft 1, 1990, S. 4-8.

[548] Ibid.

[549] Quadbeck-Seeger, H.-J., Gentechnologie als neue Methode biologischer, medizinischer und chemischer Grundlagenforschung – erste Anwendungen, op.cit.

[550] Gassen, H.G., Sachse, Zinke, H., Gentechnik: Aktuelle Bestandaufnahme einer Methode. Hoechst High Chem Magazin 9, Vom genetischen Code, 1990, S. 8-16.

[551] DIE WELT vom 1.12.1988.

von 1987, die Gefahrstoffverordnung in der Fassung von 1987 und die 4. Verordnung zur Durchführung des Bundes-Immissionsschutzgesetzes in der Fassung von 1988 (4.BImSchV).[552] Daneben sind für die bei der Anwendung der Gentechnik erforderlichen Schritte noch das Gewerberecht, das Arbeitsstätten- und Arbeitsstoffrecht sowie das Chemikalien- und Arzneimittelrecht einschlägig.[553] Nachdem die „Novelle der 4. Verordnung zur Durchführung des Bundes-Immissionsschutzgesetzes" ab September 1988 vorschrieb, daß Genanlagen, die nicht ausschließlich zu Forschungszwecken dienen, unter Beteiligung der Öffentlichkeit zugelassen werden müssen, wollte die „BASF", die bereits 2 Mio. DM für die Vorbereitungen eines 130 Mio. DM teuren Genlabors investiert hatte, ihre Kapazitäten aus Deutschland abziehen und sich auf die USA konzentrieren. Dabei machte der Vorstand der BASF deutlich, was er vom Standort Deutschland erwartete: Entweder würden die gesetzlichen Regelungen für Produktionsanlagen gelockert oder der Konzern würde die Forschungsinvestition ins Ausland verlagern.[554] In den Medien wurde jedoch vermutet, daß hier eher unternehmensinterne Gründe (Zugriff auf Know-how und bessere Marktbedingungen in den USA) die Hauptrolle spielten, zumal sich beispielsweise „Behring" ohne große Umstände freiwillig einem Anhörungsverfahren unterzog[555], „Bayer" ohne lauthals Kritik an restriktiven Bedingungen in Deutschland zu üben bereits mit dem Bau einer Genfabrik in den USA begonnen hatte[556] und zwei Unternehmen („Bioferon", „Thomae") seit 1986 in Deutschland Genanlagen betreiben, ohne daß es einen Widerstand von Kritikern gegeben hat.[557] Entwicklung und Vermarktung gentechnischer Produkte sind ohne die USA nicht denkbar, wie *Johann Friedrich von Eichborn*, Geschäftsführer von Bioferon, bestätigte:

---

[552] Hart, D., Rechtspolitik und Gentechnologie. Kritische Justiz 22, 1989, S. 99-109.

[553] Gareis, H.G., Industrielle Nutzung der Biotechnologie und rechtliche Regelungen, op.cit., S. 33. Zu einem internationalen Vergleich der jeweiligen Bestimmungen für den Bereich der Gentechnologie siehe Bideco AG/Holinger AG, Vergleichende Analyse der rechtlichen Rahmenbedingungen für die Genehmigung biotechnologischer Produktionsanlagen und die Zulassung biotechnologisch hergestellter Produkte in der Bundesrepublik Deutschland und im Ausland, Studie im Auftrag des BMFT, Schlußbericht Mai 1989.

[554] DIE ZEIT vom 18.11.1988.

[555] DIE WELT vom 1.12.1988.

[556] DIE ZEIT vom 18.11.1988.

[557] DIE ZEIT vom 08.04.1988.

Gegenwärtig gibt es kein industrielles Produkt in der modernen Biotechnologie, das nicht auf wesentlichen Impulsen und Arbeitsbeiträgen aus den USA basiert.[558]

Inwiefern nun aber restriktive Regelungen für die gentechnische Forschung und Entwicklung die Wahl eines Unternehmensstandortes beeinflussen, ist umstritten. Eine Studie über staatliche Innovationshemmnisse in der Biotechnologie stellte zwar fest, daß objektiv keine der staatlichen Regelungen für sich betrachtet ein prominentes Innovationshemmnis darstellt, jedoch in der Summenwirkung ein nicht unerhebliches Hemmnispotential zuzusprechen ist.[559] Allerdings wird diese Aussage insofern relativiert, als grundsätzlich die vorhandenen Innovationshemmnisse im Gebiet der Biotechnologie durch eine Vielzahl von Einflußgrößen bestimmt sind und sich kein einzelner prominenter Hemmnisfaktor identifizieren läßt.[560]

Vor diesem Hintergrund wurde nun von der Industrie die dringende Notwendigkeit einer gesetzlichen Regelung für die Gentechnik in Deutschland nachhaltig unterstrichen; bis dahin hatte auch das Wirtschaftsministerium Vorstöße zu einer gesetzlichen Regulierung erfolgreich abgeblockt.[561] Anfang 1988 stand daher der VERBAND DER CHEMISCHEN INDUSTRIE (VCI) einem Gentechnikgesetz positiv gegenüber:[562] von einem Gentechnikgesetz (Stammgesetz) erhoffte man sich nun nicht nur eine klare Rechtssicherheit, sondern auch ein verbessertes Genehmigungsverfahren und eine größere gesellschaftliche Akzeptanz, so daß die behördlichen Genehmigungsverfahren nicht schon aus formalen Gründen von den Gentechnik-Gegnern zu „Verhinderungsverfahren umfunktioniert werden können"[563]. Unterstützung für diese Vorgehensweise, sowohl hinsichtlich der Abwehr gesetzlicher Regelungen als auch später bei der Forderung nach einem einheitlichem Stammgesetz, erhielten Wissenschaft und Industrie von juristischer Seite, die in ihrer Fixierung auf den wissenschaftlich-technischen Fortschritt alle Wendungen mitmachte: plädierte man zunächst jahrelang für eine

---

[558] Zitiert in DIE ZEIT vom 17.11.1989.

[559] Motor Columbus Ingenieurunternehmung AG/Booz. Allen & Hamilton/Ifo Institut für Wirtschaftsforschung, Biotechnologie, op.cit., S. 1-2.

[560] Ibid., S. 1-3.

[561] Die SPD im Deutschen Bundestag, Catenhusen: Ist der Standort Bundesrepublik für die Gentechnologie in Gefahr?, 22.9.1988.

[562] taz vom 14.3.1988.

[563] Strenger, H.J., Gentechnik bei Bayer, op.cit.

Selbstregulation der Forschung, wurde später ebenfalls die Notwendigkeit einer klaren Regulierung für das unternehmerische Handeln unterstrichen.[564] Die Industrie konnte über ihre weitreichenden politischen Verbindungen und Kommunikationskanäle einflußreiche Politiker aus CDU und FDP sowie den Forschungsminister gegen Umweltminister *Töpfer* mobilisieren, in Richtung eines Gentechnikgesetzes aktiv zu werden.[565] Im Jahr 1988 verabschiedete dann das Bundeskabinett Eckwerte für ein Gentechnikgesetz und im Juli 1989 den Entwurf eines Gesetzes zur Regelung von Fragen der Gentechnik. Dabei wirkte sich auch die Globalisierung der Marktorientierung auf die politische Willensbildung aus: Bei der Anhörung des Deutschen Bundestages zum Gentechnikgesetz ließen die Vertreter der Industrie keine Gelegenheit aus, mit dem Hinweis auf die Standortfrage auf ein liberal gehaltenes Gesetz zu drängen. Auch die mittelständische Industrie hielt es für unabdingbar, in einem Gesetz das Anmelde- und Genehmigungsverfahren für die Arbeiten und Anlagen in einem Gesetz zu regeln, könne jedoch wegen fehlender Ressourcen nicht die Produktion ins Ausland verlagern.[566] Der Erfolg dieser Bemühungen manifestierte sich dann u.a. darin, daß die Förderung und Entwicklung der Gentechnologie im GenTG festgeschrieben wurde.

Aber nach dem Inkrafttreten des GenTG setzte auch hier die Kritik ein. Bemängelt wurde einmal der dezentrale Vollzug: Während in den USA und in Japan sowie in anderen EG-Staaten maximal 2 bis 3 Bundesbehörden zuständig sind, wurde in Deutschland der Vollzug durch über 20 Landesbehörden unterschiedlich durchgeführt.[567] Insgesamt lief der Vollzug schleppend, der Verwaltungsaufwand und die damit verbundenen Kosten (im Durchschnitt 25.000,- DM pro Erstellung der Anmeldungs- und Genehmigungsunterlagen) waren für den Anmelder enorm gestiegen. Das Genehmigungsverfahren hatte sich nach dem GenTG verlängert und im Vergleich zum Verwaltungsaufwand, den das GenTG vorschreibt, war der Gewinn an Arbeitssicherheit und Umweltschutz nur minimal. Angesichts der Probleme mit dem GenTG und dessen Vollzug für die universitäre und die industrielle Forschung als auch hinsichtlich der Entwicklung von Produktionsverfahren konstatierte die Industrie, daß Deutschland auf dem besten Weg sei, eine weitere Schlüsseltechnologie zu verlieren und auch in be-

---

[564] Siehe dazu beispielsweise Nicklisch, F., Rechtsfragen der Biotechnologie – Regelungsbedarf und Regelungssätze. In: Niklisch, F. und Schettler, G., Regelungsprobleme der Gen- und Biotechnologie sowie der Humangenetik, op.cit., S. 37-46; Schubert, G., Regelungsfragen der Biotechnologie aus rechtspolitischer Sicht. In: Niklisch, F. und Schettler, G., Regelungsprobleme der Gen- und Biotechnologie sowie der Humangenetik, op.cit., S. 97-111.

[565] DER SPIEGEL vom 17.4.1989.

[566] Theisen, H., Bio- und Gentechnologie, op.cit., S. 61.

[567] Brauer, D., Biotechnologie und Gentechnik in der Praxis, Hoechst AG, o.J.

zug auf eine einheitliche europäische Normierung ein „deutliches Signal" in Richtung Brüssel gegeben werden müsse,

... um das Eigenleben der dortigen Ansichten und völlig undurchsichtigen Verfahrensweisen endlich zu beenden. Dies betrifft gegenwärtig und in Zukunft die notwendige Normierung bzw. Standardisierung zur Harmonisierung des gemeinsamen Marktes hinsichtlich gentechnischer Verfahren und Produkte.[568]

Bereits bei den Anhörungen vor dem Bundestagsausschuß für Gesundheit über das Gentechnikgesetz äußerten Vertreter der Industrie, daß eine Öffentlichkeitsbeteiligung zwar grundsätzlich begrüßt werde, jedoch dürfe eine solche Beteiligung und insbesondere die Vorlage von ausführlichen Genehmigungsunterlagen selbst bei unbedenklichen Verfahren der Konkurrenz nicht die „Forschungsergebnisse zum Nulltarif"[569] liefern. Das GenTG schrieb eine Öffentlichkeitsbeteiligung für gentechnische Arbeiten zu gewerblichen Zwecken für die Sicherheitsstufen 2, 3 und 4 vor; Ausnahmen ergeben sich, wenn nach § 10 Bundesimmissionsschutzgesetz aufgrund immissionsschutzrechtlicher Normen eine Öffentlichkeitsbeteiligung erforderlich ist, etwa im Falle der gleichzeitigen fabrikmäßigen Produktion von Stoffen durch chemische Umwandlung.[570] Grundsätzlich könnte jedoch, so nach Auffassung industrieller Vertreter, auf ein öffentliches Anhörungsverfahren verzichtet werden, da die Sicherheit gewährleistet sei und nach den damaligen Bestimmungen die Biotech-Firmen in Deutschland die einzigen Firmen wären, die ihre Vorhaben „vorzeitig offenlegen und bis ins Detail öffentlich diskutieren würden"[571].

---

[568] Brauer, D., Schriftliche Stellungnahme der Hoechst AG vom 31.1.1992 zur öffentlichen Anhörung zum Thema „Erfahrungen mit dem Gesetz zur Regelung von Fragen zur Gentechnik".

[569] HANDELSBLATT vom 19.1.1990.

[570] Hasskarl, K., Gentechnikrecht, op.cit., S. 32.

[571] Schuster, Schriftliche Stellungnahme der Boehringer Mannheim vom 13.2.1992 zur öffentlichen Anhörung zum Thema „Erfahrungen mit dem Gesetz zur Regelung von Fragen zur Gentechnik".

5.4.3 Die Gewerkschaften

5.4.3.1 Die Industriegewerkschaft Chemie-Papier-Keramik: Sozialverträglichkeit und Arbeitsplatzsicherung

Der Rahmen der Industriegewerkschaft Chemie-Papier-Keramik (IG CPK) konstituiert sich hauptsächlich über die analytischen systemischen Dimensionen der Ökonomie, Politik und der sozialen Gemeinschaft. In der konkreten Ausprägung dominiert im Unterschied etwa zum Rahmen anderer Gewerkschaften, deren Interessen hinsichtlich der Biotechnologie nicht so unmittelbar involviert sind, die stärkere ökonomische Orientierung, die jedoch im Vergleich zum Rahmen der chemischen und pharmazeutischen Industrie wiederum wesentlich mehr durch die beiden anderen Dimensionen in der Entfaltung ihrer Eigenlogik gebremst wird. Insofern wurden hier auch konsequenterweise mehr die sozialen Risiken und eine sozialverträgliche Technikgestaltung thematisiert. Neben den Themen der Vertreter der industriellen Biotechnologie („praktische Problemlösung" und „Wettbewerb") finden sich daher bei der IG CPK auch die Themen „soziale Diskriminierung", „Sozialverträglichkeit" und „Regulierung", die wiederum eine enge Verbindung zu den anderen Gewerkschaftsorganisationen und zur Politik herstellen.

Dennoch bewegte man sich hinsichtlich einer gesetzlichen Regulierung der Gentechnik im Fahrwasser der chemischen Industrie. Auf einer 1984 stattfindenden Fachkonferenz der vom DGB getragenen Hans-Böckler-Stiftung entgegnete *Jürgen Walter* – vom Hauptvorstand der IG Chemie und für Wissenschaft und Bildung zuständig – auf den Ruf nach einem Gentechnikgesetz: „Ich bin überzeugt, daß es genügend andere Wege gibt", wobei er mehr an Selbstbeschränkung nach Art der ärztlichen Standesregeln dachte.[572] Einige Jahre später jedoch – wiederum in Einklang mit der Industrie – wurde die politische Regulierung der Technik grundsätzlich begrüßt, wobei man dem GenTG einen hohen „Stand der Sicherheitskultur, die sich im internationalen Bereich mehr als sehen lassen kann"[573] bescheinigte und die Forderung nach einem Schutz von Mensch, Tier und Umwelt erfüllt sei.

---

[572] FR vom 3.12.1984.

[573] Walter, J., Rudel, A. & Weber, A., Diskussion zur Gentechnologie auf dem 14. Ordentlichen DGB-Kongreß in Hamburg. In: Industriegewerkschaft Chemie-Papier-Keramik (Hg.), Gentechnologie. Ein Nachschlagewerk für Arbeitnehmer, op.cit., S. 145-151.

Von den mehr als 650.000 Mitgliedern der IG CPK arbeiten – bezogen auf den Untersuchungszeitraum – fast 300.000 in der chemischen Industrie. Auch die IG CPK ging davon aus, daß das Ziel des Wirtschaftens die Erhaltung, Sicherung und Fortentwicklung der Güterproduktion und der Dienstleistungen sei. Eine wichtige Voraussetzung dafür ist, daß die Industrie ihre Standortentscheidung für Deutschland trifft. Prinzipiell sind daher aus dieser Perspektive die neuen Möglichkeiten zur Weiterentwicklung der Biotechnologie als Chancen für einen attraktiven Standort Deutschland zu sehen.[574] Die grundsätzliche Einstellung der Industriegewerkschaft Chemie zur neuen Biotechnologie machte *Jürgen Walter*, der auch Mitglied der Enquete-Kommission war, deutlich:

> Die Industriegewerkschaft Chemie-Papier-Keramik hat nicht verhehlt, daß sie die Förderung und Nutzung der Bio- und Gentechnologie befürwortet. Wer auch im kommenden Jahrhundert eine leistungsfähige Industrie mit qualifizierten Arbeitsplätzen und hohen Sicherheitsstandards will, muß heute durch Förderung dieser Technologien die Voraussetzungen dafür schaffen. Gleichzeitig haben wir aber immer betont, daß wir eine sozialverträgliche Gestaltung dieser Technologien für unumgänglich halten.[575]

Die sozialverträgliche Gestaltung kann jedoch nach Auffassung der IG CPK nur auf der Grundlage eines breiten gesellschaftlichen Konsenses erfolgen. Daher wurden frühzeitige gesellschaftliche Diskussions- und Entscheidungsprozesse als richtiger Weg gesehen, die mit der neuen Technik verbundenen Chancen zu sehen und Risiken zu vermeiden.[576] Insbesondere die Konferenz in Asilomar und die deutsche Enquete-Kommission hätten dazu beigetragen, das Thema auf die öffentliche Agenda zu setzen und einen gesellschaftlichen Diskurs anzuregen. Primäres Ziel der IG CPK war angesichts der Tatsache, daß mit der Biotechnologie keine Arbeitsplätze in größerem Ausmaß neu geschaffen werden,[577] die Sicherung von Arbeitsplätzen. Das GenTG wurde deshalb positiv bewertet, weil für die Industrie auf dieser Grundlage Handlungssicherheit hergestellt werden konnte und entsprechende Investitionen sich ziehen. Dies trage dann – so die Argumentation der Gewerkschaft – wiederum zur Sicherung der Arbeitsplätze bei:

---

[574] Industriegewerkschaft Chemie-Paper-Keramik (Hg.), Gentechnologie. Ein Nachlagewerk für Arbeitnehmer: Beschluß der IG CPK 1988, 1990, S. 152-153.

[575] Walter, J., Vorwort. In: Industriegewerkschaft Chemie-Papier-Keramik (Hg.), Gentechnologie. Ein Nachschlagewerk für Arbeitnehmer, op.cit..

[576] Walter, J., Die Sicht der Enquete-Kommission. In: Industriegewerkschaft Chemie-Papier-Keramik (Hg.), Gentechnologie. Ein Nachschlagewerk für Arbeitnehmer, op.cit., S. 53-56.

[577] Walter, J. & Wolf, E., Gentechnologie und Arbeitsplätze – die gewerkschaftliche Sicht. In: Steger, U. (Hg.), Herstellung der Natur, op.cit., S. 165-185, 173.

Man braucht keine große Phantasie, um sich vorzustellen, was es für die Sicherung des Industriestandortes Bundesrepublik Deutschland bedeutet hätte, wenn dieses Gesetz nicht verabschiedet worden wäre. Wir alle wissen, daß Betriebe, wie z.b. BASF und Bayer, Standorte für Forschung und Produktion im Bereich der Gentechnik nicht hier in der Bundesrepublik errichtet haben, sondern in den USA. ... Damit wird auch klar, welchen industriepolitischen Kurs diese Organisation (gemeint ist die IG CPK – der Verfasser) steuert. Wir wollen Arbeitsplätze sichern![578]

Gerade durch die Bemühungen, ökonomische und ökologische Ziele im GenTG zu verknüpfen, eröffne dieses nach Auffassung der IG CPK die Chance einer positiven Weiterentwicklung von Industriegesellschaft und Sozialstaat.[579] Allerdings forderte die IG CPK eine stärkere Vertretung der Gewerkschaften in der ZKBS, eine Beschränkung der Gentechnik für zivile Zwecke und die Einführung einer durchgängigen Gefährdungshaftung. Für den Bereich der Biomedizin forderte diese Gewerkschaft ein Verbot der Arbeit mit menschlichen Embryonen, ein Verbot der genetischen Ausforschung des Menschen, standesrechtliche Regelungen für die Humangenetik, Einrichtung genetischer Beratungsstellen sowie sozialrechtliche Schutzmaßnahmen gegen mögliche genetische Diskriminierungen (z.B. im Hinblick auf anerkannte Behinderungen und Krankheiten).[580] Unter Rekurs auf das Recht der informationellen Selbstbestimmung[581] sollte auf genetische Analysen in Einstellungsuntersuchungen verzichtet werden, da die arbeitsmedizinischen Untersuchungen so als ein Selektionsinstrument fungieren[582] und die Gefahr eines Übergangs von einem objektiven zu einem subjektiven Arbeitsschutz befürchtet wurde. Ebenso sollte das Fragerecht des Arbeitgebers eingeschränkt, die elektronische Speicherung genetischer Daten verboten und die Öffentlichkeit stärker in Genehmigungsverfahren einbezogen werden. Neben der Thematisierung sozialer Risiken spielte aber auch die praktische Problemlösungsfähigkeit der Gentechnologie eine wichtige Rolle in der argumentativen Auseinandersetzung, wobei die IG CPK, unter der Voraussetzung der Anwendung einer zuverlässigen Sicherheitstechnik, ein „Ja zur Indienstnahme der

---

[578] Walter, J., Ja zur sozialverträglichen Gestaltung der Gentechnik. In: Industriegewerkschaft Chemie-Papier-Keramik (Hg.), Gentechnologie. Ein Nachschlagewerk für Arbeitnehmer, op.cit., S. 57-63.

[579] Walter, J., Die Sicht der Enquete-Kommission, op.cit.

[580] Industriegewerkschaft Chemie-Papier-Keramik (Hg.), Gentechnologie. Ein Nachschlagewerk für Arbeitnehmer: Die gewerkschaftliche Auseinandersetzung um die Gentechnologie, op.cit.

[581] Heilmann, J., Arbeitsrechtliche Probleme der Genomanalyse. In: Industriegewerkschaft Chemie-Papier-Keramik (Hg.), Genetische Analysen in der Arbeitswelt, 1991, S. 67-80.

[582] Industriegewerkschaft Chemie-Papier-Keramik (Hg.), Genetische Analysen in der Arbeitswelt, op.cit.

Natur"[583] gegen die kulturpessimistischen Warnungen engagierter Technikkriti-
ker verteidigte:

> In der Bundesrepublik Deutschland erwecken manche Zeitgenossen den
> Eindruck, daß die Chemie nur gefährliche Störfälle verursacht und unser Leben
> mit immer mehr Giftstoffen bedroht. Diese Pauschaldiskriminierung übersieht die
> fundamentale Bedeutung, die sie nicht nur für unsere Ernährung und Gesundheit
> hat.[584]

Bereits 1984 machten Insider der Forschung deutlich, daß es ihrer Ansicht nach
für die Gewerkschaft nahezu keine Möglichkeit mehr gebe, auf die Forschungsziele Einfluß zu nehmen. Nur wenige Wissenschaftler seien gewerkschaftlich
orientiert und darüber hinaus würden sie oft nur befristet und mit vorformulier-
tem Arbeitsauftrag eingestellt. Eine klassische gewerkschaftliche Mitbestimmung finde daher nicht statt, und auch in Bonn, so wurde beklagt, wo immerhin
die Weichen für die Kommerzialisierung der Forschung gestellt werden, habe
man die IG Chemie nicht um Rat gefragt.[585] Da jedoch in der Biotechnologie
eine „gesellschaftlich gestaltbare Materie" gesehen wurde, die nicht einer „ein-
seitige(n) Verquickung" von Wissenschaft, Politik und Großunternehmen überlassen werden dürfe,[586] forderte die IG CPK insbesondere auch eine Mitbestimmung der Gewerkschaften bei der staatlichen Technologieförderungspolitik sowie das Aufgreifen grundsätzlicher Probleme hinsichtlich Menschenrechts- und
Ethikfragen, der Grundrechte, des Patent- und Kartellrechts und von internationalen Vereinbarungen.[587] Grundsätzlich zielten die Vorstellungen der IG CPK
dabei weniger auf eine „alternative" Biotechnologie als vielmehr auf die Durchsetzung einer anderen Biotechnologiepolitik, bei der die IG CPK eine stärkere
Mitwirkung und demokratische Teilhabe forderte.[588]

Neben der IG CPK nahm auch die Gewerkschaft GARTENBAU, LAND- UND
FORSTWIRTSCHAFT (GLF) dieses Thema auf. Dies führte zu einer gemeinsamen
Erklärung, in der auf die Chancen der Biotechnologie hingewiesen und grund-
sätzlich ihre soziale Gestaltbarkeit betont wurde. Gleichzeitig wurden jedoch die

---

[583] Walter, J. & Wolf, E., Gentechnologie und Arbeitsplätze – die gewerkschaftliche Sicht,
op.cit., S. 166-168.

[584] Walter, J., Ja zur sozialverträglichen Gestaltung der Gentechnik, op.cit.

[585] FR vom 3.12.1984.

[586] Walter, J. & Wolf, E., Gentechnologie und Arbeitsplätze – die gewerkschaftliche Sicht,
op.cit., S. 179.

[587] Industriegewerkschaft Chemie-Papier-Keramik (Hg.), Gentechnologie. Ein Nachschlagewerk für Arbeitnehmer, op.cit., S. 64-69.

[588] Walter, J. & Wolf, E., Gentechnologie und Arbeitsplätze – die gewerkschaftliche Sicht,
op.cit., S. 182-183.

Problematik des Freilandeinsatzes und humanmedizinische Probleme erörtert. Die beiden Gewerkschaften forderten eine frühzeitige Harmonisierung internationaler Rechtsvorschriften, eine sozialgerechte Gestaltung der Arbeitsbedingungen unter Berücksichtigung von Technologiebewertungsstudien, den rechtlichen Schutz der Arbeitnehmer vor mißbräuchlichen Anwendungen, die Sicherung der Mitbestimmung, Maßnahmen zur Arbeitssicherheit, zum Natur- und Umweltschutz sowie eine Mitbestimmung der Gewerkschaften bei der staatlichen Technologieförderungspolitik.[589]

5.4.3.2 Der Deutsche Gewerkschaftsbund: Sozialverträglichkeit und Neuorientierung der Forschungs- und Entwicklungsförderung

Der DEUTSCHE GEWERKSCHAFTSBUND (DGB) verschloß sich nach eigenen Aussagen weder der technologiepolitischen Förderung noch der wirtschaftlichen Nutzung der Bio- und Gentechnologie. Er hielt es aber für unerläßlich, im Rahmen einer sozialverträglichen Technologiepolitik Maßnahmen zur Bewältigung ökologischer, gesundheitlicher und sozialer Risiken zu ergreifen, die eine Ausschöpfung der Bio- und Gentechnologie zu gesellschaftlich nützlichen Zielen gewährleisten.[590] Im Vergleich zu Wissenschaft und Industrie verwendete der DGB einen „Rahmen", der stark durch die sozial-gemeinschaftliche Komponente geprägt war. Entsprechend wurden auch die sozialen Chancen und Risiken der Gentechnik mehr hervorgehoben, wie es beispielsweise mit den Themen „Sozialverträglichkeit", „soziale Diskriminierung", „demokratische Teilnahme" und ähnliches zum Ausdruck gebracht wurde. Damit wurde wiederum eine argumentative Verbindung zu den Orientierungsmustern der Protestakteure geschaffen. Am Beispiel des DGB kann man besonders gut aufzeigen, wie sich bei zunehmenden Abstand zur unmittelbaren industriellen und wissenschaftlichen Interessenbetroffenheit der Themenbereich zur Gentechnik verbreitert und eine mittlere Position zwischen Industrie und Wissenschaft auf der einen Seite und den sozialen Protestakteuren auf der anderen Seite einnimmt.

Zusammen mit der IG-Metall wurde vom DGB-Bundeskongreß gefordert, daß der DGB-Bundesvorstand ein Memorandum zur Bio- und Gentechnologie erarbeiten solle. In dem Entwurf zum Memorandum ging der DGB davon aus, daß die Gentechnik noch keine sichere und umfassend beherrschbare Technologie

---

[589] Industriegewerkschaft Chemie-Papier-Keramik (Hg.), Gentechnologie. Ein Nachschlagewerk für Arbeitnehmer: Die gewerkschaftliche Auseinandersetzung um die Gentechnologie, op.cit., S. 64-69.

[590] Beschlüsse des DGB. In: Industriegewerkschaft Chemie-Papier-Keramik (Hg.), Gentechnologie. Ein Nachschlagewerk für Arbeitnehmer, op.cit., S. 136-138.

darstelle. Aus der „Schutz- und Gestaltungsfunktion der Gewerkschaften" ergibt sich daher die Aufgabe, die „soziale und ökologische Gestaltung von Arbeit, Technik und Produktion" ernstzunehmen.[591] An der kontroversen Bewertung von Chancen und Risiken der Gentechnik wurde nach Ansicht des DGB deutlich, daß die Möglichkeiten einer umfassenden, frühzeitigen Analyse und Bewertung neuer Technologien zur Darlegung von Gestaltungs- und Handlungsmöglichkeiten auf dem umstrittenen Innovationsfeld unter Mitwirkung gesellschaftlicher Gruppen bisher nicht im erforderlichen Maße genutzt wurden. Betont wurde zugleich, daß im Rahmen einer verantwortungsbewußten Technologiepolitik Maßnahmen zur vorausschauenden Bewältigung sozialer, gesundheitlicher und ökologischer Risiken der neuen Biotechnologie ergriffen werden müssen. Erst mit diesen Maßnahmen könnten die Voraussetzungen für eine umfassende Ausschöpfung des Potentials der Gentechnik zu gesellschaftlich nützlichen Zwecken geschaffen werden. Dies erfordere eine umwelt- und gesundheitsverträgliche sowie zukunftsorientierte Anwendung, die dazu beiträgt,

- daß solche Produkte und Dienstleistungen hergestellt werden, die eine soziale und ökologische Weiterentwicklung von Wirtschaft und Gesellschaft ermöglichen,
- daß die natürlichen Lebensgrundlagen geschont und gesichert werden,
- daß die Menschenwürde und der Schutz der Persönlichkeit durch neue bio- und gentechnische Verfahren nicht beeinträchtigt werden,
- daß die Umsetzung bio- und gentechnischer Verfahren und Methoden in neue Produkte und Dienstleistungen mit sicheren, qualifizierten und humanen Arbeitsplätzen einhergeht,
- die Verwirklichung von Solidarität und Freiheit im Zuge demokratischer Kontrolle und Gestaltung in Wirtschaft und Gesellschaft zu fördern.

Aufgrund einer nur unzureichend geförderten und durchgeführten Risiko- und Sicherheitsforschung könnten nach Ansicht der Gewerkschaft neue Risiken der Gentechnologie sowie die mit ihnen verbundenen möglichen Gefahren für die Menschen und die Umwelt noch nicht abschließend beurteilt werden. Wegen des noch nicht ausreichend bekannten und abzuschätzenden Gefahrenpotentials bio- und gentechnologischer Forschung und Produktion war es aus der Sicht des DGB weiterhin erforderlich, hohe Sicherheitsanforderungen und -standards vorzugeben. Dies gelte insbesondere auf die vom DGB geforderte Schaffung gesetzlicher Sicherheitsregelungen für die Bereiche Arbeitssicherheit, der Produkt- und Produktionssicherheit sowie zum Schutze der Menschen und der Umwelt. Im Gegensatz zu der von der DFG zum Ausdruck gebrachten Auffassung ging der DGB nicht davon aus, daß der Bericht der Enquete-Kommission mögliche Risiken überschätzt. Ebensowenig teilte er die Auffassung, daß ihre Empfehlun-

---

[591] Deutscher Gewerkschaftsbund, Memorandum des DGB zur Bio- und Gentechnologie, 1990.

gen Anlaß für eine unbegründete Besorgnis und Skepsis abgeben können. Der DGB sah in der Forderung nach sowie in der Schaffung von gesetzlichen Regelungen keine Beeinträchtigung oder gar Behinderung der bio- und gentechnologischen Forschung und Produktion. Der in diesem Zusammenhang vielfach von Vertretern aus Wissenschaft und Wirtschaft vorgetragene Verweis darauf, daß allen bisherigen Erfahrungen zufolge gentechnologische Experimente als solche keine Gefahr darstellen, die über das Gefährdungspotential der Ausgangsorganismen hinausgeht und spezifisch der Neukombination zuzuschreiben wäre (additives Modell), stellte aus der Sicht des DGB keine ausreichende Grundlage zur Einschätzung und Bewertung bio- und gentechnologischer Sicherheitsrisiken dar. In seiner Stellungnahme zu dem von der Bundesregierung 1989 vorgelegten Entwurf für ein GenTG hatte der DGB dargelegt, daß der rechtliche Schutz für Arbeitnehmer, für die Menschen und ihre Umwelt gegenüber möglichen Risiken der neuen Bio- und Gentechnologie unzureichend ist. Weder die bereits geltenden Regelwerke noch die in den einzelnen Gesetzen enthaltenen Bestimmungen zu Einzelaspekten des Schutzes vor Gefahren würden eine ausreichende Grundlage für den erforderlichen Schutz der Menschen und ihrer Umwelt darstellen:

- Die ehemaligen „Richtlinien zum Schutz vor Gefahren durch in-vitro neukombinierte Nukleinsäuren" (ZKBS-Richtlinien) galten nur verbindlich für die von der Bundesregierung geförderte Genforschung.
- Die Unfallverhütungsvorschrift „Biotechnologie" setzt zwar einen allgemeinen Rahmen für den Arbeitsschutz, sie enthält u.a. keine Regelungen im Hinblick auf Anforderungen an die Genehmigung gentechnischer Anlagen und Arbeiten.
- Soweit vorhandene Bestimmungen in einzelnen Gesetzen und Verordnungen Regeln für die Anwendung der neuen Bio- und Gentechnologie enthalten, betreffen sie lediglich Teilaspekte innerhalb eines rechtlichen Rahmens, der auf den Schutz vor anderen Risiken zugeschnitten ist.

Im Grundsatz stimmte der DGB einem einheitlichen gentechnologischen Stammgesetz zu. Allerdings sei es notwendig, daß zum Zwecke der Gewährleistung eines wirksamen Arbeits-, Gesundheits- und Umweltschutzes den Sicherheitserfordernissen Vorrang vor der Durchsetzung wissenschaftlicher und wirtschaftlicher Interessen zugebilligt werde. Das GenTG müsse eine verbindliche Rangfolge der zu ergreifenden Schutzmaßnahmen, vergleichbar denen der Gefahrstoffverordnung, vorschreiben. An erster Stelle habe dabei die Verpflichtung zur Abwägung des Einsatzes möglichst risikoloser Produktionsmethoden, -techniken und -verfahren zu stehen. Darüber hinaus sollen spezifische Anwendungs- und Nutzungsmöglichkeiten mit hohem Risiko gesetzlich verboten werden.

Der DGB unterstützte die Forderung der Enquete-Kommission nach einer Beibehaltung des grundsätzlichen Verbots der Freisetzung von Viren sowie der

Beibehaltung der bestehenden Beschränkungen für die Freisetzung gentechnisch veränderter Mikroorganismen im Zuge eines befristeten Moratoriums, da seiner Meinung nach die Fragen hinsichtlich der Folgen von unbeabsichtigten, beabsichtigten und gezielten Freisetzungen nicht ausreichend geklärt sind. In diesem Zeitraum müßten durch die Ausweitung der Risiko- und Sicherheitsforschung Grundlagen für eine zuverlässige Einschätzung des Risikopotentials gentechnisch veränderter Mikroorganismen sowie ihrer Wechselwirkung mit der Umwelt erarbeitet werden. Erst nach Durchführung entsprechender Forschungsvorhaben und der Bewertung ihrer Ergebnisse sei über eine Aufhebung dieses Moratoriums zu entscheiden. An Vorhaben der Risiko- und Sicherheitsforschung sollten strenge Schutzmaßstäbe angelegt werden. Zum Schutz der Umwelt müssen daher Forschungsvorhaben, die mit der Freisetzung gentechnisch veränderter Organismen einhergehen, in einem rechtsverbindlich vorgeschriebenen Genehmigungsverfahren auf Sicherheit und Umweltverträglichkeit geprüft werden. Die Prüfung der Umweltverträglichkeit dieser Forschungsvorhaben dürfe aber nicht den beteiligten Wissenschaftlern selbst überlassen bleiben; an Entscheidungen über Durchführungen müssen auch Ökologen und Naturschutzbehörden beteiligt und die Öffentlichkeit informiert werden. Weiterhin sollten in die Prüfung auch Überlegungen über die Notwendigkeit des Vorhabens sowie Möglichkeiten alternativer Methoden einbezogen werden.

Eine umfassende und rationale Diskussion um die Anwendungen der Bio- und Gentechnologie war also für den DGB Voraussetzung dafür, die notwendigen Schritte zur Vorbereitung politischer, rechtlicher und institutioneller Maßnahmen zur Regelung der Anwendung und Gestaltung der Gentechnik vorzubereiten und durchzuführen. Der hohe Zeitbedarf bio- und gentechnologischer Innovationen eröffne wiederum die Möglichkeit, auf dem Weg eines umfassenden technologiepolitischen Dialogs Anwendungs- und Nutzungsvoraussetzungen zu schaffen, mit denen eine Ausschaltung der Risiken und eine Ausschöpfung der Chancen verbunden sind. Ein erster Schritt dazu wurde nach Ansicht des DGB mit der Einrichtung der Enquete-Kommission sowie mit der Vorlage ihres Berichts getan. Die damit vorliegenden Sachstandsberichte, Analysen, Bewertungen und Empfehlungen sind dann im Zuge eines technologiepolitischen Dialogs zu überprüfen und davon ausgehend ihre Umsetzung einzuleiten. Dies dürfe jedoch weder unter hohem Zeitdruck noch unter Verzicht auf den geforderten Dialog geschehen.
Die bisher geführten Diskussionen um die Chancen und Risiken gaben nach Auffassung des DGB keinen Grund zur Befürchtung, daß sie mittel- und langfristig eine Ausschöpfung ihrer Anwendungspotentiale zu gesellschaftlich nützlichen Zwecken beeinträchtigen. Er ging nach den bisherigen Erfahrungen davon aus, daß die Umsetzung gentechnologischer Erkenntnisse in den jeweiligen Anwendungsfeldern nur langsam und über größere Zeiträume hinweg erfolge. Ent-

gegen der Einschätzung der Industrie sind die Gründe für zeitaufwendige bio- und gentechnologische Produkt- und Prozeßinnovationen aber keineswegs in der kritischen Diskussion über mögliche Risiken der neuen Bio- und Gentechnik zu suchen. Ebensowenig liegen sie in bestehenden Rechts- und Verwaltungsvorschriften. Sie zeigen sich vielmehr darin, daß

* die technischen Probleme der Übertragung erfolgreicher Laborversuche in die Anwendungspraxis bisher keineswegs bewältigt sind,
* die Planung und Errichtung von Produktionsanlagen mit langen Planungs- und Realisierungszeiten sowie mit hohen Investitionsaufwendungen einhergehen,
* die Zulassung sowie Vermarktung neuer Produkte und Verfahren nur mittel- und langfristig möglich sind.

Einen Ansatzpunkt zur Fortführung und Vertiefung des notwendigen gesellschaftlichen Dialogs über Chancen und Risiken sah der DGB in der Verwirklichung der von der Enquete-Kommission ausgesprochenen Empfehlung, unter Beteiligung von Sachverständigen aus der Wissenschaft sowie von Vertretern der Gewerkschaft, der Industrie, der Kirchen, der Umwelt- und Naturschutzorganisationen beim BMFT einen Beirat mit dem Ziel einzurichten, die Entwicklung der neuen Bio- und Gentechnologie insgesamt begleitend zu beobachten, einzuschätzen und auf die sich daraus ergebenden möglichen Auswirkungen sowie auf den zu ihrer Bewältigung erforderlichen Handlungs- und Gestaltungsbedarf aufmerksam zu machen. Die bisherige Praxis der staatlichen Forschungs- und Entwicklungsförderung auf dem Feld der neuen Bio- und Gentechnologie hatte nach Ansicht des DGB maßgeblichen Anteil an kontroversen Diskussionen über die Chancen und Risiken dieses Technologiefeldes. Entgegen ihren Ankündigungen hätte die Bundesregierung bisher versäumt, im Rahmen des von ihr seit 1985 geförderten Forschungs- und Entwicklungsvorhaben ausreichende Voraussetzungen dafür zu schaffen, daß die Entwicklung und Anwendung der Gentechnologie die in einer Demokratie erforderliche breite gesellschaftliche Zustimmung erfahren und zur Sicherung des gesellschaftlichen Fortschritts beigetragen habe. Die von der Bundesregierung seit 1985 im Rahmen ihres Programms „Angewandte Biologie und Biotechnologie" geförderten Forschungs-, Entwicklungs- und Anwendungsvorhaben, die einseitig technisch-wirtschaftliche Zielsetzungen verfolgen, würden den Forderungen an eine sozial und ökologisch verantwortungsbewußte Forschungs- und Technologiepolitik nicht gerecht.[592] Mit der Vorlage ihres Förderungsprogramms im Jahre 1985 habe – so

---

[592] Vgl. auch DBG-Bundesvorstand, Abt. Technologie/HdA, Vorschläge des DGB zur sozialen Steuerung des technischen Wandels (Auszüge). In: Hans-Böckler-Stiftung (Hg.), Biotechnologie. Herrschaft oder Beherrschbarkeit einer Schlüsseltechnologie, München: J. Schweitzer Verlag, 1985, S. 169-175; Schneider, R., Ökologische Prinzipien einer sozialverträglichen Bio- und Gentechnologie. In: Hans-Böckler-Stiftung (Hg.), Arbeit-Umwelt-Gesellschaft. Für

der Vorwurf des DGB – die Bundesregierung unter Preisgabe gesellschaftlicher Anforderungen an die Entwicklung und Anwendung der Gentechnologie weitgehend den Vorstellungen von Wirtschaft und Wissenschaft entsprochen. Deutlich werde dies vor allem an der Konzentration der öffentlichen Förderung auf Projekte der Pharmaforschung sowie an der Öffnung der Grundlagenforschung für marktorientierte Produkt- und Verfahrensentwicklungen. Im Gegensatz dazu sind aber Maßnahmen und Vorhaben zur Risiko- und Sicherheitsforschung bisher nicht im erforderlichen Ausmaß durchgeführt worden. In diesem Versäumnis lag nach Auffassung des DGB ein wesentlicher Grund für die vielfältig geäußerte Skepsis und Kritik gegenüber den Anwendungsmöglichkeiten der Gentechnologie. Aus diesem Grund appellierte er an die Förderorganisationen von Forschung und Wissenschaft sowie an die beteiligten Wissenschaftler, im Zuge einer Verstärkung der Risiko- und Sicherheitsforschung verantwortungsbewußtes Handeln zu dokumentieren und wirksam zur Schaffung von Anwendungsvoraussetzungen für die neue Biotechnologie und die Gentechnik beizutragen. Im Zusammenhang damit unterstrich der DGB zugleich die Notwendigkeit der verstärkten Durchführung von Maßnahmen zur Abschätzung und Bewertung sozialer, ökologischer und wirtschaftlicher Folgen der Gentechnik sowie die Nutzung ihrer Ergebnisse zur Entwicklung und Verwirklichung von Gestaltungsalternativen.

Weiterhin nahm der DGB die bisherige Praxis der staatlichen Forschungs- und Entwicklungsförderung der Gentechnologie zum Anlaß, vor einer Verengung wissenschaftlicher Forschungsansätze durch wirtschaftliche Verwertungsinteressen zu warnen. Diese würden im Zuge der Einschränkung der Pluralität der Forschung dazu führen, daß die zur Gestaltung der Gentechnologie erforderlichen wissenschaftlichen Grundkenntnisse nicht im ausreichenden Maße entwickelt werden könnten. Die Chancen zur Ausschöpfung des Innovationspotentials der Gentechnologie unter sozialen und ökologischen Aspekten würden damit leichtfertig verspielt. Dieser Gefahr könne nur dadurch begegnet werden, daß die Förderung der Entwicklung und Anwendung der Gentechnik einhergeht mit einer angemessenen Förderung der Grundlagenforschung, der Förderung von Vorhaben zur Erforschung der gesellschaftlichen, wirtschaftlichen, politischen, sozialen, ethischen und rechtlichen Folgen sowie der Erforschung und Schaffung von Voraussetzungen, die ihre Verträglichkeit mit den Zielen der Wahrung der Menschenwürde, der Verpflichtung gegenüber der Umwelt und der Verantwortung gegenüber der Zukunft gewährleisten. Aus diesem Grund forderte der DGB eine *Neuorientierung der Forschungs- und Entwicklungsförderung*, die insbesondere auf ihre Anwendung in jenen Bereichen gerichtet werden solle, in denen wirtschaftliche Interessen der Unternehmen im Zusammenhang mit dem Wirken des

eine sozialverträgliche Bio- und Gentechnologie, Frankfurt/München: J. Schweitzer Verlag, 1988, S. 112-121.

Marktmechanismus vielfach eine ausreichende gesellschaftliche Versorgung blockieren. In dieser Forderung sah sich der DGB durch die Empfehlungen der Enquete-Kommission bestätigt. Diese hatte in ihrem Abschlußbericht dem Bundestag empfohlen, die Bundesregierung aufzufordern, die in den letzten Jahren betriebene, vorrangig auf Vermarktungsinteressen von Unternehmen ausgerichtete „anwendungsorientierte Forschung" zu korrigieren und in der Förderung die gesamte Breite der Anwendungsmöglichkeiten zu berücksichtigen. Der DGB begrüßte es daher, daß der Bundestag dieser Empfehlung gefolgt war. Zugleich bekräftigte er die Aussagen und Forderungen des Zusatzvotums eines Teils der Mitglieder der Enquete-Kommission und unterstützte ihre Forderung, die Neuorientierung der staatlichen Förderung im Feld der neuen Bio- und Gentechnologie zugleich auf das Ziel der Entwicklung von Gestaltungsalternativen und ihrer Bewertung auszurichten.

Diese Kritik an einer zu engen ökonomischen und wissenschaftlich-instrumentellen Ausrichtung wurde noch auf die internationale Ebene verlängert. Hinsichtlich der Beziehung der Industrieländer zu den Entwicklungsländern ging der DGB davon aus, daß zahlreiche Anwendungen der Gentechnologie in den Industrieländern negative Auswirkungen auf Produktionsstätten, auf die Gesundheit, auf die Umwelt sowie auf die Einkommensverteilung und Zahlungsbilanzen der Länder der Dritten Welt hätten. Obwohl die Kenntnisse über mögliche Auswirkungen auf die Länder der Dritten Welt noch unzureichend sind, gebe es aber vielfältige Hinweise darauf, daß Exportmöglichkeiten der Entwicklungsländer durch die Anwendung der Gentechnologie in den Industrieländern beeinträchtigt werden. Es müßten daher handels- und entwicklungspolitische Maßnahmen konzipiert werden, die den Interessen der unterentwickelten Länder an einer eigenständigen wirtschaftlichen und sozialen Entwicklung gerecht werden. Der DGB hielt daher Maßnahmen und Regelungen für erforderlich, die verhindern, daß die Länder der Dritten Welt zu einem Experimentierfeld für sozial, ökologisch und ethisch bedenkliche Anwendungen der neuen Bio- und Gentechnologie werden. Weiterhin wurde ein Verbot aller biologischen und chemischen Waffen sowie deren Produktion gefordert.

Auf die Beschäftigungsverhältnisse bezogen war die Durchführung von Genomanalysen an Arbeitnehmern für den DGB mit der Gefahr verbunden, daß sie den Anspruch der Arbeitnehmer auf Menschenwürde und körperliche Unversehrtheit in der Arbeitswelt nachhaltig untergrabe. Das Grundprinzip des Arbeitsschutzes, nämlich der vorbeugende Schutz vor arbeitsbedingten Erkrankungen und Gesundheitsgefährdungen in der Arbeitsumwelt, könne im Anschluß an die Anwendung der Genomanalyse aufgehoben werden. Die Unternehmen könnten so vor vermeintlich anfälligen Arbeitnehmern geschützt und zugleich von ihrer Fürsorgepflicht befreit werden. Weiterhin könne die Durchführung von Genomanalysen an Arbeitnehmern im Zusammenhang mit Arbeitsverhältnissen personengruppenbezogene Beschäftigungsverbote bewirken, daher wurden solche Analysen abgelehnt.[593] Der DGB ging davon aus, daß die Chancen genetischer Analysen an Arbeitnehmern zum Zwecke einer vermeintlich verbesserten arbeitsmedizinischen Vorsorge von den mit ihr verbundenen Risiken bei weitem übertroffen werden. Aus diesem Grund forderte er, daß die Untersuchung der genetischen Konstitution von Menschen auf keinen Fall zur Voraussetzung von Einstellungen gemacht werden dürfe. Eine Genomanalyse an Arbeitnehmern sei deshalb zu verbieten. Dies schließe das Verbot der Nutzung der Genomanalyse bei Einstellungs- und Vorsorgeuntersuchungen ein, und auch das Fragerecht des Arbeitgebers sollte auf die Erhebung des gegenwärtigen Gesundheitszustandes beschränkt werden. Auszuschließen sind daher:

- alle Testverfahren, die das Persönlichkeitsrecht der Arbeitnehmer verletzen,
- alle Verfahren, die auf Erhebung eines umfassenden Persönlichkeits- oder Grundprofils abzielen,
- genomanalytische Untersuchungen, die Krankheitsanlagen oder zukünftige Erkrankungen der Arbeitnehmer diagnostizieren sollen,
- Testverfahren, mit deren Hilfe genetisch bedingte Anfälligkeiten von Arbeitnehmern gegenüber gesundheitsgefährdenden Arbeitsstoffen diagnostiziert werden sollen.

Eine Verletzung dieser Einschränkungen solle ebenso wie die Forderung nach einer Vorlage und die passive Entgegennahme von Bescheinigungen über genanalytische Untersuchungen grundsätzlich strafrechtlich geahndet werden. Der DGB lehnte aber auch die mit den Stimmen der Koalitionsfraktionen im Bundestag übernommene Empfehlung der Enquete-Kommission, Genomanalysen an Arbeitnehmern im Rahmen arbeitsvertraglicher Beziehungen unter bestimmten Voraussetzungen zuzulassen, entschieden ab. Es müsse dem einzelnen überlassen bleiben, sich einer Genomanalyse aus gesundheitlichen Gründen zu unterziehen. Die Prinzipien der Freiwilligkeit der Inanspruchnahme und der Anwendung von Genomanalysen außerhalb arbeitsvertraglicher Beziehungen müßten uneingeschränkt für medizinische Vorsorgeuntersuchungen gelten. Diese dürften wiederum nur von Institutionen durchgeführt werden, die nicht in das Spannungsfeld betrieblicher Interessen einbezogen sind. Reihenuntersuchungen sind ausdrücklich zu verbieten. Demgegenüber sollte eine Forschung, die sich mit den Auswirkungen von Schadstoffen auf die Erbanlagen beschäftigt, weiter ausgebaut und an strikte Bedingungen gebunden werden:

---

[593] In den USA häuften sich bereits in den siebziger Jahren Vorkommnisse, bei denen unter Verwendung von Screening-Programmen Arbeitern eine Beschäftigung wegen bestimmter genetischer Merkmale verwehrt wurde, vgl. Hansen, F., Ökogenetik oder die Manipulation von Arbeitsplatzrisiken. In: Hansen, F. & Kollek, R. (Hg.), Gen-Technologie. Die neue soziale Waffe, Hamburg: Konkret Literatur Verlag, 1987, S. 35-52.

- Prinzip der Freiwilligkeit,
- Sicherheit der gewonnenen Daten vor Mißbrauch,
- Beschränkung ihrer Anwendung als Ultima Ratio auf die Aufdeckung der Ursachen von Berufskrankheiten und arbeitsbedingten Erkrankungen.

Arbeitsmedizinische Forschungsvorhaben sollen – so die Forderung des DGB – unter Berücksichtigung dieser Bedingungen durch Ethik-Kommissionen, in denen Gewerkschaften vertreten sind, begutachtet werden und ihre Ergebnisse sind dann in Maßnahmen des vorbeugenden Arbeits- und Gesundheitsschutzes umzusetzen. Grundsätzlich gelte entsprechend dem *Recht auf informationelle Selbstbestimmung*, daß der Mensch zwar das Recht hat, seine Gene zu kennen, ebenso aber auch das Recht hat, sie nicht zu kennen.[594] Genetisches Wissen erhöhe einerseits die Berechenbarkeit des Handelns und eröffne so eine weitere Möglichkeit der „Rationalisierung der Lebensführung", könne aber andererseits auch die Handlungsmöglichkeiten einschränken oder gar zerstören. In diesem Sinne hatte auch das Bundesverfassungsgericht den Anspruch der Person auf „informationelle Selbstbestimmung" bekräftigt und daraus die Freiheit abgeleitet, über die Erhebung und Verbreitung persönlicher Daten selbst zu entscheiden.[595]

Die bisher noch nicht ausreichend abzuschätzenden möglichen sozial-, gesundheits- und gesellschaftspolitischen Folgewirkungen genetischer Diagnoseverfahren müßten nach Auffassung des DGB zum Anlaß genommen werden, das Anwendungsfeld dieser Verfahren einzuschränken. Von besonderer Bedeutung sind nicht nur datenschutzrechtliche Regelungen, sondern auch die Ökogenetik, bei der die Genomanalyse angewandt wird, um genetisch bedingte gesundheitsbeeinträchtigende Reaktionen auf Umweltfaktoren vorherzusagen. Eine Anwendung der Genomanalyse zu präventiven Zwecken könne nur dann erfolgen, wenn sozialpolitisch verhindert wird, daß Lebens- und Aufstiegschancen der Menschen nach genetischen Kriterien beurteilt und vergeben werden. Auch die Anwendung im Versicherungswesen, im Strafverfahren und der vorgeburtlichen Diagnose bedürfe einer ergänzenden Regelung. Versicherungsnehmern soll keine Genomanalyse abverlangt werden können und das Fragerecht der Versicherung einzuschränken auf akute Krankheiten bzw. auf das Wissen Betroffener über versicherungsrechtlich bedeutsame, akute oder erforderlich werdende Vorbeugemaßnahmen. Die Anwendung der Genomanalyse im Strafverfahren muß in einem angemessenen Verhältnis zur Schwere der Straftat stehen und von einer richterlichen Anordnung abhängig gemacht werden. Dagegen wurde eine freiwillige Inanspruchnahme der Möglichkeiten genetischer Beratung und prä-

---

[594] Gewerkschaft Öffentliche Dienste, Transport und Verkehr (ÖTV), Bio-/Gentechnologie. Genetische Daten, Persönlichkeitsrecht und Datenschutz, 1990.

[595] Daele, W. van den, Mensch nach Maß?, München: Beck, 1985, S. 80-81.

nataler Diagnostik befürwortet. Zur Sicherstellung umfassender Betreuung und Entscheidungshilfen sollten genetische Beratungsstellen stets auch psychologische und sozialfürsorgerische Beratungsleistungen anbieten. Bei der pränatalen Diagnose bestehe aber auch die Gefahr, daß die gesellschaftliche Toleranz gegenüber Behinderten nachhaltig beeinträchtigt wird. Auch einer Bevölkerungseugenik kann durch entsprechende Regelungen Vorschub geleistet werden, direktive oder gar aktive genetische Beratung sei daher zu untersagen.

Am zugesandten Informationsmaterial fällt auf, daß auch der DGB die Reproduktionstechnologie mit der Gentechnik in einen engen thematischen Zusammenhang bringt. Die Reproduktionstechnologie ist für den DGB zugleich eine Voraussetzung gentechnischer Forschung an und mit menschlichen Keimbahnzellen. Hier wurden gesetzliche Regelungen für die Anwendung von Methoden der künstlichen Befruchtung und der Forschung an Embryonen unter Beachtung folgender Grundsätze gefordert:

- Strenge medizinische Indikation sowie medizinische und psychologische Beratung. Künstliche Befruchtung nur in besonders zugelassenen medizinischen Einrichtungen und nur zwischen Ehepaaren bzw. partnerschaftlichen Lebensgemeinschaften.
- Künstliche Befruchtung darf nur vorgenommen werden, wenn andere Behandlungsmethoden zur Behebung von Sterilitäten wirkungslos blieben.
- Befruchtung mit Ei- oder Samenzellen Dritter ist zu verbieten.
- Überzählige Embryonen dürfen nicht entstehen. Tieffrieren von Embryonen, Ei- und/oder Samenzellen wird abgelehnt. Embryonenforschung, insbesondere die verbrauchende Forschung und die sogenannte Retortenaufzucht, sind zu verbieten.
- Geschäftsmäßige Vermittlung der künstlichen Befruchtung muß strafrechtlich ebenso ausgeschlossen werden wie die Errichtung von Samenbänken und die entgeltliche oder unentgeltliche Vermittlung von Leihmüttern.
- Maßnahmen zur Regelung der Anwendung der künstlichen Befruchtung müssen der Menschenwürde der Frau gerecht werden und ihr Selbstbestimmungsrecht gewährleisten.

Wie die IG-Metall kritisch formulierte, ist die Gentechnik keine „Zauberformel" für die Lösung drängender ökonomischer, sozialer und ökologischer Probleme[596], und nach Auffassung des DGB müssen vorliegende Prognosen über das zukünftige Marktpotential der Bio- und Gentechnik mit Zurückhaltung bewertet werden. Für diese Auffassung spreche, daß die bisherige Entwicklung und Anwendung weit hinter früheren Marktvoraussagen zurückgeblieben ist. Daher werden auch nicht die kurz- und mittelfristigen Hoffnungen auf einen zusätzli-

---

[596] Industriegewerkschaft Chemie-Papier-Keramik, Gentechnologie, op.cit.: Beschlüsse des DGB: Antragsteller IG Metall.

chen und dauerhaften Wachstums- und Beschäftigungsschub durch die Umsetzung bio- und gentechnologischer Erkenntnisse in Prozeß- und Produktinnovationen erfüllt. Statt dessen ging der DGB davon aus, daß eine zukunftsorientierte Anwendung der neuen Bio- und Gentechnologie, die ökologischen und sozialen Erfordernissen Rechnung trägt, einen längerfristigen Prozeß darstellt, der zugleich zur Weiterentwicklung des Industriestandortes BRD und damit zur Sicherung von Arbeitsplätzen beiträgt.

Unter den gegenwärtigen Bedingungen landwirtschaftlicher Produktion und ihrer Folgen für die Umwelt müsse die Züchtung herbizid-resistenter Pflanzen als eine problematische Strategie gewertet werden, da ihr Einsatz die Anwendung von Herbiziden in der landwirtschaftlichen Produktion eher stabilisiert, möglicherweise sogar noch ausweiten kann. Der DGB befürwortete daher eine agrarpolitische Forschungs- und Entwicklungsstrategie, die darauf abzielt, den Einsatz von Agrarchemikalien insgesamt zu reduzieren. Dazu könne die Züchtung von Pflanzen mit dem Ziel der Züchtung schädlingsresistenter Pflanzen, auch unter Anwendung gentechnischer Verfahren mit der erforderlichen Umweltverträglichkeit, einen sinnvollen Beitrag leisten.

Die auf gentechnologische Verfahren und Produktion basierende *Biomedizin* könne, so die Befürchtung, einseitig ihre Aufmerksamkeit auf die genetische Verfassung erkrankter Menschen lenken. Eine so ausgerichtete Medizin verliere aber wesentliche Ursachen der Betroffenheit durch Krankheit aus ihrem Blickfeld. Die Folge wäre eine nachhaltige Verstärkung einer überwiegend kurativ ausgerichteten Medizin, der sich der Blick auf wichtige Risikofaktoren und deren Zusammenwirken verschließt. Krankheitsbekämpfung und Gesundheitsvorsorge müssen aber mehr umfassen als ein bloßes Kurieren von Krankheiten. Zur Vermeidung möglicher Fehlentwicklungen im Gesundheitswesen ist es daher erforderlich, daß bereits laufende biomedizinische und gentechnologische FuE-Vorhaben mit wirksamen Maßnahmen zur Erforschung sozialer und umweltbedingter Faktoren bei der Krankheitsentstehung verbunden sowie um Maßnahmen zur Förderung der Gesundheitsvorsorge erweitert werden. Einen Einsatz der Gentechnik zum Zwecke der Anpassung von Menschen an veränderte Umwelt- und Lebensbedingungen lehnte der DGB strikt ab, und auch Eingriffe in die menschliche Keimbahn sollten strafrechtlich verboten werden. Grundsätzlich halten die Gewerkschaften allerdings Eingriffe in die Natur für erlaubt und notwendig. Ein „Eigenrecht der Natur" wird auf der Grundlage eines säkularisierten Naturverständnis für philosophisch nicht begründbar gehalten:

> Zu behaupten, der schonendere Umgang mit der uns umgebenden Natur ließe sich aus den Eigenrechten der Natur oder aus religiösen Grundüberzeugungen ableiten, ist philosophisch nicht begründbar ... Auch wenn man auf die Annahme verzichtet, daß die Natur Rechte besitzt oder als Schöpfung Gottes zu betrachten

ist, so ist ... die Tatsache unmstößlich, daß die Menschen der Natur als Basis ihres Lebens in biologischer, aber auch in kultureller Hinsicht bedürfen. Eingriffe
sind also nicht nur erlaubt, sie sind sogar notwendig ... Genau hier setzt eine Ethik
an, die sich als politische Verantwortungsethik versteht.[597]

Technologiepolitische Diskurse sollen daher eine breite Öffentlichkeit einschließen und sich nicht durch eine ökonomisch-technologische Innovationsge-
schwindigkeit begrenzen lassen.[598] Nur so sei, in Verbindung mit einer Transparenz bei der Anwendung der Hochtechnologie, ein gesellschaftspolitischer Konsens herstellbar.[599]

5.5 Politische Regulierung: der politische Komplex zwischen Wissenschaft, Verfassung, Moral, Ökonomie und sozialer Akzeptanz

5.5.1 Die Bio-Technologiepolitik in Deutschland

In den vorigen Kapiteln wurde auf die enge Verflechtung von technischer und
ökonomischer Dynamik hingewiesen. Nun sind allerdings Zweifel darüber entstanden, ob der Marktmechanismus alleine die komplexen technologischen Probleme moderner industrieller Gesellschaften bewältigen kann. Die Planung, Ini-
tiierung und Finanzierung der technischen Entwicklung in den Unternehmen
kann eine internationale Konkurrenzfähigkeit der Wirtschaft oft nicht mehr in
ausreichendem Maße gewährleisten, die ökonomischen Eigenregulative reichen
nicht mehr aus, um wichtige Technologien zu entwickeln.[600] Der Markt selbst ist
eben mehr oder weniger doch kurzsichtig, und gerade wo angesichts spekulati-

---

[597] Gewerkschaft Öffentliche Dienste, Transport und Verkehr (ÖTV), Bio-/Gentechnologie.
Anwendung von Bio- und Gentechnologie im öffentlichen Dienst, 1992.

[598] Deutsche Postgewerkschaft (DPG), Bio- und Gentechnik. Beitrag der Deutschen Postgewerkschaft zur Positionsbestimmung der gewerkschaften, 1991.

[599] Gewerkschaft Gartenbau, Land- und Forstwirtschaft (GGLF), Stellungnahme zum 1. Entwurf des Gesetzes zur Regelung der Gentechnik, 1989.

[600] Buchholz, K., Die gezielte Förderung und Entwicklung der Biotechnologie, op.cit., S. 73.

215

ver Gewinnchancen wie in der Biotechnologie Wettbewerbsvorteile durch langfristige Strategien entwickelt werden müssen und/oder die „Aufholjagd" im Konkurrenzkampf privatwirtschaftlich nicht zu finanzieren ist, kann auf staatliche Unterstützung, auf ein „Burdensharing" von Staat und Wirtschaft nicht verzichtet werden, wobei hier allerdings immer auch das Risiko besteht, daß durch staatliche Intervention der Markt in die falsche Richtung gelenkt werden kann. Anstelle der Industrie kann also der Staat zumindest teilweise die Organisation und Entwicklung neuer Technologien übernehmen, dem allerdings neben der Förderung der Technologie auch die Aufgabe zukommt, sie zwecks Risikominimierung zu kontrollieren.[601] In welchem Ausmaß die Technologieentwicklung zwischen Staat und Markt durchgeführt wird, kann gesellschaftlich und/oder je nach Technologiefeld variieren und reicht von einer mehr etatistischen Steuerung in Frankreich (mehr Staat) bis hin zu einer Dominanz von Marktmechanismen (mehr Markt) in den USA. Bis 1969 lag in Deutschland die Verantwortung für die Unterstützung von Wissenschaft und Technologie bei den einzelnen Bundesländern, eine Regelung, die sich angesichts des Interesses des Bundes an einer forcierten Expansion neuer Technologien als Hindernis erwies. Ab diesem Zeitpunkt wurden dann entsprechende institutionelle Veränderungen durchgeführt, die eine Bundesunterstützung für wissenschaftlich-technische Forschungsprojekte mit einer überregionalen Bedeutung ermöglichten. Damit wurde die herausragende Rolle des Bundes bei der Entwicklung der Biotechnologie unterstrichen und die Grenzen legitimen politischen Handelns bei der Technologieentwicklung erweitert.[602]

In Deutschland ist die Forschungsförderung des Bundes im Bereich der Biotechnologie subsidiär angelegt; staatliche Maßnahmen sind hier als Hilfe zur Selbsthilfe gedacht und werden nur dann ergriffen, wenn aus forschungs- und technologiepolitischer Sicht wesentliche Forschungslücken erkennbar sind. Diese marktorientierte Forschungsförderung wird auch am Gesamtbudget Forschung in Deutschland deutlich, das für das Jahr 1989 auf 66,7 Mrd. DM geschätzt wurde und durch einen hohen Eigenanteil der Wirtschaft gekennzeichnet war. Dieser lag noch 1981 bei 55,4% (bei 22,1 Mrd. DM) und konnte sich bis zum Jahr 1989 schätzungsweise auf 42,4 Mrd. DM oder 63,5% steigern.[603] Der im Vergleich zu Bund und Ländern deutlich höhere Ausgabenanteil der Wirtschaft hat zur Folge, daß die Anteile der aus den öffentlichen Mitteln finanzier-

---

[601] Zöpel, Ch., Technischer Fortschritt und ökonomische Entwicklung. In: Hesse, J.J., Kreibisch, R. & Zöpel, Ch. (Hg.), Zukunftsoptionen – Technikentwicklung in der Wissenschafts- und Risikogesellschaft, Baden-Baden: Nomos Verlagsgesellschaft, 1989, S. 13-23.

[602] Gottweis, H., German Politics of Genetic Engineering and its Deconstruction. Social Studies of Science 25, 1995, S. 195-235, 204.

[603] BMFT (Hg.), Biotechnologie 2000, op.cit., S. 26-27.

ten F&E im Zeitverlauf zurückgingen. Auch die Betrachtung des Gesamtbudgets Forschung in der Gliederung nach durchführenden Sektoren zeigt den hohen Ausgabenanteil der Wirtschaft: ihr Anteil an den gesamten F&E-Ausgaben wurde für 1989 auf 47,3 Mrd. bzw. 71% geschätzt und erhöhte sich seit 1981 (66,7%); die Eigenfinanzierungsquote der Wirtschaft hatte sich damit auf 86,8% gesteigert.[604] Das Subsidiaritätsprinzip in der Biotechnologieförderung findet auch dort seine Anwendung, wo in bestimmten Bereichen Forschungsdefizite bestehen, diese Bereiche aber für die Aufgabenerfüllung des Bundes besonders relevant sind. Hier schafft der Staat dann gezielt Anreize, um zusammen mit den so unterstützten Eigenregulierungsmechanismen von Wissenschaft und Wirtschaft die Forschungskapazitäten in diese Bereiche zu lenken. Insofern fallen die Fördermittel zur Biotechnologie im Vergleich zu anderen Forschungsschwerpunkten des Bundes bzw. des BMFT gering aus.[605] Dies gilt auch im internationalen Vergleich: so umfaßte beispielsweise das 1989 initiierte „Programm Biotechnologie 2000" Fördermittel von 1,7 Milliarden DM. Ähnliche Verhältnisse gelten für Europa: das analog ausgerichtete Projekt „Bridge" auf EU-Ebene erreichte nur 200 Mio. DM, während in den USA, die ihre Spitzenposition in der Gentechnik halten wollten, 1993 etwa 7 Milliarden DM zur Verfügung standen.[606]

Übernimmt nun der moderne Staat zur Verbesserung der ökonomischen Wettbewerbssituation in mehr oder weniger großem Umfang die Abdeckung ökonomischer Risiken insofern, als volkswirtschaftliche Eckdaten wie beispielsweise Wachstumsrate, Inflationsrate, Arbeitslosenrate, Außenhandelsgleichgewicht oder auch legitimationsrelevante Wählergruppen negativ davon berührt werden, ist er auch zu einem guten Teil dem Zwang der Forschungsförderung ausgesetzt und bei der technologischen Entwicklung den Erfordernissen der ökonomischen Rationalität unterworfen.[607] Daher spielt die Wettbewerbsfähigkeit der Wirtschaft eine große Rolle auch in der deutschen technologiepolitischen Argumentation, die in ihrem Stellenwert noch über eine entsprechende politische Kultur abgestützt wird, in der politische Effektivität mit ökonomischer Effizienz nahezu gleichgesetzt ist. Insoweit die Politik nun forschungspolitische Aufgaben wahrnimmt, übernimmt sie prophylaktisch auch die Risiken der Wirtschaft, wobei die unternehmerische Orientierung am Weltmarkt und die nationalstaatliche For-

---

[604] Ibid., S. 27.

[605] Vgl. dazu auch Koolmann, St., Biotechnologie, op.cit., S. 75.

[606] Das Parlament Nr. 20, 20.5.1994.

[607] Ronge, V., Instrumentelles Staatsverständnis und die Rationalität von Macht, Markt und Technik. In: Hartwich, H.-H. (Hg.), Politik und die Macht der Technik, op.cit., S. 84-101.

schungspolitik oftmals „eigenwillige Verbindungen"[608] eingehen können. Hier kann beispielsweise versucht werden, über investitionsbindende Fördermaßnahmen die Großindustrie für gesellschaftsverträgliche Entwicklungsziele zu gewinnen (Sozialbindung), eine einseitige Anpassung der Politik an den ökonomischen Wettbewerb erfolgen und eine stärkere Marktorientierung im Mittelpunkt stehen, oder aber der staatlichen Forschungspolitik wird eine Erweiterung ihres Orientierungs- und Handlungsrahmens aufgenötigt. Gerade durch die für nationale Interessen erforderliche Beobachtung globaler Tendenzen auf dem Weltmarkt können dann supranationale Anstrengungen etwa in einer bestimmten Region, z.B. der EU, unternommen werden, um auf breiter internationaler Ebene mit einer durch kooperative Zusammenarbeit gestärkten nationalen Volkswirtschaft im Wettbewerb mithalten zu können.

Wegen der engen Verbindung von wissenschaftlicher Grundlagenforschung, technischer Anwendung und ökonomischer Verwertung in der Biotechnologie sind auch Risiken des wissenschaftlichen Komplexes (in bezug auf die Erkenntnissteigerung) involviert, die sich aus den vorgegebenen gesellschaftlichen Operationsbedingungen ergeben. Wie bereits in Kapitel 5.3 versucht wurde deutlich zu machen, können gesellschaftliche bzw. politische Rahmenbedingungen sowie strukturelle und organisatorische Arrangements von Forschungsinstituten sich so auswirken, daß durch ihr Eingreifen in die Wissenschaft die effiziente Produktion von relevantem Wissen auch mehr oder weniger stark abgebremst werden kann. Daher übernimmt hier der politische Komplex in seiner Technologieförderung nicht nur teilweise die ökonomischen, sondern auch die Risiken der institutionellen Wissenschaft zu seiner internen Bearbeitung. Im Bereich der Biotechnologie lagen daher die Programmschwerpunkte der Bundesregierung insbesondere auf Gebieten, die ein hohes Innovationspotential erwarten lassen wie: Methoden- und Verfahrensentwicklung, Zellbiologie, Photosynthese, synthetische Biologie, Neurobiologie, biologische Systeme, Pflanzenzüchtung und Pflanzenschutz, nachwachsende Rohstoffe und Umwelttechnologie. Weiterhin wurden Ersatzmethoden zum Tierversuch, die biologische Sicherheitsforschung, die technische Folgenabschätzung sowie ethische Fragestellungen gefördert.[609]

Durch die Einbindung der nationalen F&E-Politik in die internationale Kooperation hatte sich zwangsläufig auch das deutsche Biotechnologieprogramm für die internationale Zusammenarbeit geöffnet. Diese orientierte sich dabei inhaltlich an den Zielsetzungen der Forschungspolitik bei gleichzeitiger Integration in die allgemeinen außen-, wirtschafts- und entwicklungspolitischen Ziele der Bundesregierung. Strukturell war die Kooperation eingebettet in eine Zusammenarbeit mit Ländern der EU, Industrieländern außerhalb der EU und mit Ent-

---

[608] Ibid., S. 94.

[609] BMFT (Hg.), Biotechnologie 2000, 1991.

wicklungs- und Schwellenländern.[610] Das Ziel der Kooperation mit Industrieländern liegt in der wechselseitigen Nutzung von vorhandenem wissenschaftlich-technischem Know-how und in der Einsparung von Zeit und Ressourcen bei der Entwicklung gemeinsamer Verfahren und Produkte. Hierbei haben die Projekte im Rahmen des EUREKA-Programms einen besonderen Vorrang. Im Rahmen der EUREKA-Initiative für technologische Zusammenarbeit in Europa werden multinationale Projekte mit deutschen Partnerinstituten bzw. -firmen aus Mitteln des Biotechnologie-Programms für den deutschen Teil anteilig unterstützt. Hierunter fallen das 1987 begonnene deutsch-dänische Projekt „Protein-Design (EU 41)", das von *Behring* und dem *Pasteur-Institut* durchgeführte Projekt „Malaria-Impfstoff (EU 101)" sowie das Projekt „Restriktions-Fragment-Längen-Polymorphismus bei Mais (EU 290)", das 1988 von den Pflanzenzuchtbetrieben aus Frankreich, Italien, Niederlanden, der *Kleinwanzlebener Saatzucht AG* und Hochschulinstituten in München und Hohenheim begonnen wurde.[611] Darüber hinaus wird die Biotechnologie auch durch die Kommission der Europäischen Gemeinschaften gefördert. In dem PROGRAMM FORSCHUNG UND AUSBILDUNG AUF DEM GEBIET DER BIOTECHNOLOGIE (BAP), das mit 75 Mio. Ecu finanziert wurde, arbeiteten Forschungsstellen aus Deutschland mit Partnern in allen anderen Mitgliedstaaten der EU grenzüberschreitend zusammen. Die deutsche Beteiligung hatte im Untersuchungszeitraum mittlerweile mehr als 20% erreicht.[612] Das EU-Biotechnologieprogramm zielt, zusammen mit dem Vorläuferprogramm MOLEKULARBIOLOGISCHE TECHNIK (BEP) (1982-1985, 15 Mio. Ecu), auf eine Stärkung der Infrastruktur für die biotechnologische Forschung in Europa. Weiterhin wurde ein Folgeprogramm für die Förderung der biotechnologischen Forschung in der Gemeinschaft (BRIDGE 1990-1994) und ein neues Forschungsprogramm zur biotechnologischen Entwicklung der Agrarwirtschaft (ECLAIR 1988-1993) sowie in der Lebensmitteltechnologie (FLAIR 1989-1993) vorgenommen.[613]
Die Kooperation mit Entwicklungs- und Schwellenländern hat dagegen einmal zum Ziel, wissenschaftlich-technische Hilfe zu leisten, zum anderen aber auch, für wissenschaftlich-technische und industrielle Anlagen der Biotechnologie aus deutschen Industrieunternehmen (Anlagenexporte, joint-ventures) neue Märkte zu eröffnen. Hier sind vor allem die Länder Ägypten, Brasilien, VR China, Indien und Indonesien zu nennen.[614] Darüber hinaus ist Deutschland Mitglied der EUROPÄISCHEN KONFERENZ FÜR MOLEKULARBIOLOGIE (EMBC) und fördert das

---

[610] BMFT (Hg.), Programmreport Biotechnologie, op.cit., S. 88.

[611] Ibid., S. 91.

[612] Ibid., S. 90.

[613] Ibid.

[614] Ibid., S. 88.

EUROPÄISCHE LABORATORIUM FÜR MOLEKULARBIOLOGIE in Heidelberg (EMBL). Am EMBL ist Deutschland zusammen mit zwölf westeuropäischen Staaten und Israel beteiligt. Hier besteht eine umfassende Zusammenarbeit des EMBL mit deutschen Forschungseinrichtungen und der deutschen Industrie; Mitarbeiter des EMBL halten regelmäßig Vorlesungen an der Universität Heidelberg und führen dort auch praktische Laborkurse und Seminare durch. Mit deutschen Firmen wurde eine enge Kooperation bei der Geräteherstellung eingegangen.[615]

Das forschungspolitische Engagement kann den Staat allerdings auch vor Legitimationsprobleme stellen. Während die Aufwendungen für soziale Dienste, für Infrastruktur und Bildung für die Bürger einen eher unmittelbar nachvollziehbaren politischen Sinn haben, müssen forschungspolitische Aufgaben mehr durch Rekurs auf generelle Gründe legitimiert werden. Die Langfristigkeit der Ergebniserwartung bei F&E und das damit verbundene Risiko einer Fehlallokation zusammen mit ethischen und politischen Problemen kann zu der Gefahr eines Legitimationsdefizits staatlicher Forschungsaufgaben führen. Seit Mitte der sechziger Jahre bekam die staatliche Forschungsförderung daher die Funktion einer Strukturpolitik,[616] die auf die staatliche Unterstützung für neue Industriezweige, die von sich aus nicht auf dem Weltmarkt bestehen können, zielte. Diese strukturpolitische Orientierung wurde 1968 durch die Verabschiedung des Programms „Neue Technologien" konkretisiert. Damit wurde eine ganze Reihe von Schlüsseltechnologien gefördert, von denen man sich Wachstumsimpulse für die Wirtschaft versprach und zu der auch die neue Biotechnologie gehörte. Insbesondere hatten die Preisexplosionen auf den Öl- und Rohstoffmärkten, die Konkurrenz von Niedriglohnländern und die Erosion des Weltwährungssystems Mitte der siebziger Jahre eine tiefgehende Strukturkrise sichtbar gemacht, die nur durch industrielle Innovationen und Strukturanpassungen lösbar schien. Politik und Großindustrie betraten so zusammen mit der Vorstellung eines zunehmenden Anpassungsdruckes einen strukturpolitischen Entwicklungspfad, der eine großangelegte direkte Förderung von Schlüsseltechnologien zum Ziel hatte,[617] den Einfluß organisierter Interessen auf politische Entscheidungen vergrößerte und disparitäre Verteilungswirkungen explizit in Kauf nahm. Je mehr es jedoch bei einer „Politisierung" der Ökonomie den Interessenorganisationen gelingt, Einfluß auf die politischen Strukturen und Prozesse auszuüben, um so

---

[615] Ibid., S. 91.

[616] Hauff, V. & Scharpf, F.W., Modernisierung der Volkswirtschaft, Frankfurt/Köln: Europäische Verlagsanstalt, 1975.

[617] Czada, R., Wirtschaftsstrukturpolitik: Institutionen, Strategien, Konfliktlinien. In: Beyme, K. von & Schmidt, M.G. (Hg.), Politik in der Bundesrepublik Deutschland, Opladen: Westdeutscher Verlag, 1990, S. 283-308, 285.

mehr droht dem strukturpolitisch engagierten Staat die Gefahr einer Instrumentalisierung durch die Interessenorganisationen, so daß er immer weniger ordnungspolitische Aufgaben wahrnehmen kann. Nicht das Leitprinzip des ökonomischen Komplexes, sondern das Leitprinzip des politischen Komplexes entscheidet dann weiter über die wirtschaftliche Entwicklung, die dann immer mehr zum Gegenstand politischer Machtinteressen der Interessenorganisationen wird.

Hinsichtlich der nationalen Technologieförderung setzte die gezielte Förderung der Biotechnologie durch das BMFT 1968 ein, als in Zusammenarbeit mit der VOLKSWAGEN-STIFTUNG die GESELLSCHAFT FÜR BIOTECHNOLOGISCHE FORSCHUNG (GBF) in Braunschweig gegründet wurde. In den vorangegangenen Kapiteln wurde bereits auf einzelne staatliche Fördermaßnahmen eingegangen, so daß sich hier nur noch auf einige ergänzende Daten konzentriert wird. Neben den indirekten F&E-Förderungen, die ausschließlich die gewerbliche Wirtschaft als Empfängergruppe adressieren, stehen als Förderinstrumente noch die direkten Maßnahmen (institutionelle und projektorientierte Förderung) und die indirekt-spezifischen Maßnahmen sowie die verhaltensregulierenden Maßnahmen zur Verfügung (z.B. Patentwesen).[618] Im Rahmen der Gesamtausgaben des BMFT für die Biotechnologie (1985-1988) wurden 36% für die Verbundforschung, 33% für die institutionelle Förderung, 24% für die Einzelprojektförderung und 7% für die indirekt-spezifische Förderung aufgewendet.[619] Der größte Teil der „indirekt-spezifischen" Förderung im Rahmen der BMFT-Projektförderung Biotechnologie 1985 bis 1988 ging mit 28,8% an die chemische Industrie.[620] Bei den Zuwendungsempfängern lagen die Hochschulen mit 34,1% vorne, gefolgt von hochschulfreien Forschungseinrichtungen mit 26,2% und den Großunternehmen mit 18,7%.[621] Die Ausgaben des BMFT für die Grundlagenforschung im Bereich Biotechnologie erhöhten sich von 0,9 Mio. DM im Jahr 1982 auf 7,2 Mio. DM im Jahr 1983, 18,8 Mio. DM im Jahr 1984 und 27,2 Mio. DM im Jahr 1985.[622] Das BMFT ist für das Jahr 1989 als der größte Drittmittelgeber für den Bereich der synthetischen Biologie anzusehen, gefolgt von der DFG, die jährlich für Forschungsvorhaben, bei denen mit gentechnischen Me-

---

[618] Bruder, W. & Dose, N., Forschungs- und Technologiepolitik in Deutschland. In: Bruder, W. (Hg.), Forschungs- und Technologiepolitik in der Bundesrepublik Deutschland, Opladen: Westdeutscher Verlag, 1986, S. 11-75.

[619] Programreport Biotechnologie, op.cit., S. 8.

[620] Ibid., S. 40.

[621] Ibid., S. 11.

[622] BMFT (Hg.), Grundlagenforschung. Bilanz des Bundesministers für Forschung und Technologie, Bonn, 1986, S. 89.

thoden gearbeitet wird, ca. 100 Mio. DM ausgibt.[623] Auf das Jahr 1991 bezogen wurden von den F&E-Gesamtausgaben des Bundes von 16.852,6 Mio. DM (1990: 15.149 Mio. DM) 278,2 Mio. DM (1990: 266,7 Mio. DM) für die Biotechnologie aufgewendet, davon gingen 155,7 Mio. DM in die Grundlagenforschung.[624] Gemessen an den Gesamtausgaben für Grundlagenforschung sind dies jedoch lediglich 3,3%. Auch die Bundesländer und Gemeinden hatten, zur Stärkung der Innovationsfähigkeit, ihre F&E-Budgets ständig erhöht. Von den Grundmitteln für Wissenschaft von insgesamt 14.963 Mio. DM im Jahr 1981 betrugen die F&E-Ausgaben 6.898 Mio. DM; von den Grundmitteln für Wissenschaft von 20.970,6 Mio. DM im Jahr 1990 wurden 9.630 Mio. DM für F&E aufgewendet.[625] Der Betrag der von Bund und Ländern gemeinsam getragenen institutionellen Förderung stieg von insgesamt 5.573,1 Mio. DM im Jahr 1990 (Bund: 4.029 Mio. DM, Länder: 1.544,1 Mio. DM) auf 5.812,0 Mio. DM im Jahr 1991 (Bund: 4.170 Mio. DM, Länder: 1.641,6 Mio. DM) an.[626] Die Bruttoinlandausgaben für F&E betrugen 1990 in Deutschland 31.904 Mio. $ (2,77% des Bruttoinlandprodukts BIP), im Vergleich zu 149.225 Mio. $ in den USA (2,77 % des BIP, überwiegend ohne Investitionsausgaben) und 66.965 Mio. $ (3,07 % des BIP, überwiegend ohne Investitionsausgaben) in Japan.[627] Als indirekte institutionelle Förderung ist außerdem die von Bund und Ländern etwa je zur Hälfte getragene Finanzierung der Max-Planck-Gesellschaft sowie der DFG zu erwähnen. Die öffentlichen Zuweisungen für die MPG betrugen 1990 insgesamt 958,2 Mio. DM (1991: 1.003,4 Mio. DM) und zum Haushalt der DFG trugen der Bund 1990 1.143,3 Mio. DM, die Bundesländer 474,1 Mio. DM bei (1991: Bund 733,7 Mio. DM, Länder 529,1 Mio. DM).[628]

Die politische Verarbeitung der mit der Forschungsförderung teilweise übernommenen institutionellen wissenschaftlichen und ökonomischen Risiken erfolgt im Austausch mit diesen Institutionen, die ihre Erfordernisse einbringen und mit der politischen Handlungslogik kompatibilisieren müssen: Die Identifizierung von Forschungs- und Förderungszielen findet im intermediären Bereich zwischen Politik, Wissenschaft und Industrie statt, der einen Spannungsausgleich zwischen wissenschaftlichen und ökonomischen Interessen einerseits und

---

[623] Gill, B., Gentechnik ohne Politik, op.cit., S. 120.

[624] BMFT (Hg.), Bundesbericht Forschung 1993, Bonn, 1993, S. 71-72, 82.

[625] Ibid., S. 83.

[626] Ibid., S. 88.

[627] Ibid. S. 111.

[628] Ibid., S. 87.

politischen Interessen andererseits finden muß.[629] Seit 1973 veröffentlicht das BMFT, von wem es sich bei der Fokussierung von Förderschwerpunkten und bei der Abwicklung der konzipierten Programme beraten läßt. So wurde ein differenziertes Spektrum von „Fachausschüssen", „Sachverständigenausschüssen", „ad hoc-Ausschüssen" und „Projektkomitees" eingerichtet, die von der Gesamtplanung bis zur Einzelbegutachtung bei den Fachreferenten auf verschiedenen Ebenen angesiedelt sind. Mit der Einbeziehung von externem Sachverstand in die Beratungsgremien innerhalb des Biotechnologie-Programms war jedoch andererseits keine Instrumentalisierung der Politik in dem Sinne verbunden, daß hier eine Art „Selbstbedienung" der Industrie und Wissenschaft stattfand.[630] Der formelle Einfluß der Beratergremien auf die Vergabe von Fördermittel schien eher gering zu sein. Dennoch wurde über die verschiedensten Kommunikationskanäle zur Forschungsbürokratie, zu Unternehmen und Wissenschaft versucht, günstige Kooperationsbedingungen für die eigene Forschung zu schaffen:

> Großunternehmen unterhalten die besten Kontakte zu den Ministerien, können aufgrund ihrer Größe und Diversifikation laufend Anträge stellen, verfügen über „Bonner Verbindungsbüros", haben möglicherweise ehemalige Mitarbeiter im Ministerium, sind in den Beratungsgremien präsent, haben sich bereits als Zuwendungsempfänger bewährt und ermöglichen eine Konzentration bei der Mittelvergabe.[631]

Allerdings ist mit einer fehlenden Instrumentalisierung der Forschungsförderung eine grundsätzliche Kritik am Förderungskonzept nicht ausgeschlossen: so wurden Vorwürfe an das System der Projektförderung des BMFT gerichtet, das vor allem durch einen ausufernden Bürokratismus gekennzeichnet sei sowie durch ein planloses Konzept und einen Mangel an fachlicher Kompetenz.[632]

War die Forschungspolitik der sozial-liberalen Regierung mehr auf gesellschaftsverträgliche Ziele der Technologieentwicklung ausgerichtet, für deren Realisierung man die Großindustrie gewinnen wollte, sollte unter der christlich-liberalen politischen Führung – begleitet vom wirtschaftspolitischen Paradigmenwechsel einer keynesianischen Antizyklik zur Angebotspolitik – der Transfer zwischen Wissenschaft und Ökonomie mehr über die Einschaltung von

---

[629] Zur Funktionsweise solcher intermediären Systeme im Bereich der Forschungsförderung in einem internationalen Vergleich vgl. Braun, D., Politische Steuerungsfähigkeit in intermediären Systemen am Beispiel der Forschungsförderung. Politische Vierteljahresschrift 34, 1993, S. 249-271.

[630] Gill, B., Gentechnik ohne Politik, op.cit., S. 127-136.

[631] Zitiert in Ibid., S. 133.

[632] Koolmann, St., Biotechnologie, op.cit., S. 78.

Marktmechanismen erfolgen.[633] Die Forschungs- und Entwicklungsförderung in der Form einer weit aufgefächerten Technologiepolitik wurde hier zum bevorzugten Instrument der Strukturpolitik, und mit der Abkehr von der sozialdemokratischen Reformpolitik war ein Trend zur Ökonomisierung der Politik, eine Öffnung zum Markt festzustellen, wobei die Verflechtung zwischen Politik und Ökonomie immer enger geriet.[634] Insgesamt läßt sich zu diesem Zeitpunkt die Wirtschaftsstrukturpolitik in Deutschland gegenüber der etatistischen Steuerung in Frankreich auf der einen Seite und einer US-amerikanischen „corporate-economy" auf der anderen Seite durch eine mehr mittlere Systemautonomie kennzeichnen. Insofern können strategische Konzepte des Strukturwandels weder vom Staat noch von Unternehmen entwickelt werden, sondern entstehen vielmehr im Geflecht von intermediären Organisationen, so daß man hier von einer „ausgehandelten Strukturanpassung" sprechen kann.[635] Entsprechend wurden die Themen „ökonomischer Wettbewerb" und „Erkenntnisfortschritt" von den Regierungsparteien im Vergleich zur SPD wesentlich stärker fokussiert und das BMFT unter Forschungsminister *Riesenhuber* konstatierte grundsätzlich, daß „der Nutzen eines verantwortlichen Umgangs mit der Gentechnik weitaus größer ist als etwa unbeherrschbare Gefahren"[636]. Dabei wurde auch hier auf die besondere Relevanz und Unverzichtbarkeit der Gentechnik für die biologische und medizinische Forschung sowie für die Arzneimittelforschung und für die chemische Produktion hingewiesen.[637]

Die Grundzüge der Forschungs- und Entwicklungspolitik der von der CDU/CSU und FDP neu gestellten Bundesregierung wurden erstmals im Bundesbericht Forschung von 1984 ausführlich wiedergegeben. Forschungsminister *Riesenhuber* sah in der internationalen Konkurrenz den Ausgangspunkt und in der internationalen Konkurrenzfähigkeit das Ziel für die Konkretisierungen der Forschungspolitik. Angesichts der Herausforderungen im internationalen Wettbewerb wollte die Bundesregierung durch das Bekenntnis zur Freiheit der Forschung, durch die Zurückhaltung des Staates gegenüber der Forschung in der Wirtschaft, durch Bejahung des technischen Fortschritts, durch Anerkennung

---

[633] Vgl. dazu ausführlich: Bruder, W. & Dose, N., Forschungs- und Technologiepolitik in Deutschland, op.cit., Mennicken, J.-B., Die Forschungs- und Technologiepolitik der Bundesregierung. In: Bruder, W. (Hg.), Forschungs- und Technologiepolitik in der Bundesrepublik Deutschland, op.cit., S. 76-104; Ronge, V., Die Forschungspolitik im politischen Gesamtprozeß. In: : Bruder, W. (Hg.), Forschungs- und Technologiepolitik in der Bundesrepublik Deutschland, op.cit., S. 321-348.

[634] Czada, R., Wirtschaftsstrukturpolitik: Institutionen, Strategien, Konfliktlinien, op.cit., S. 301-302.

[635] Ibid., S. 304.

[636] BMFT (Hg.), Genforschung – Gentechnik, 1989.

[637] Ibid.

224

von Leistung und durch die Herausforderung zur Spitzenleistung in Forschung, Entwicklung und Innovation neue Impulse geben. So wies der Bundesbericht Forschung 1984 eindringlich auf die herausragende Bedeutung von Forschung und Technologie für die weitere gesellschaftliche Entwicklung hin:

> Forschung und Technologie sind von herausragender Bedeutung für die weitere Entwicklung unserer Kultur, die Entfaltung und Sicherung menschlicher Lebenschancen sowie für die Lösung aktueller Probleme und die Bewältigung von Zukunftsaufgaben.[638]

Eine Zurückhaltung bei der Zusammenarbeit von Wissenschaft und Wirtschaft sowie von Wissenschaft und öffentlichen Entscheidungs- und Bedarfsträgern, wie sie noch in den siebziger Jahren geübt wurde, hielt diese Bundesregierung daher für unangebracht. Dabei fanden die technologiepolitischen Aktivitäten im Rahmen eines „instrumentellen Aktivismus" statt, der die kulturelle Grundlage der moralischen Rechtfertigung für das entsprechende politische Handeln abgibt. Diese Einbettung der Technologiepolitik in einen verantwortungsethischen Aktivismus wurde bereits in der Antwort der Bundesregierung auf die große Anfrage der *Grünen* von 1984 deutlich:

> Wissenschaft und Forschung in der Bundesrepublik Deutschland stehen wie in anderen Ländern unserer Zivilisation in der abendländischen Tradition, die vornehmlich durch die Verbindung antiken Denkens, christlicher Kulturentwicklung und wissenschaftlichem Erkenntnisstreben der Neuzeit gekennzeichnet ist. Die ethischen Grundlagen unserer Gesellschaft sind durch diese Tradition geprägt; sie finden ihren Ausdruck insbesondere in den Grund- und Menschenrechten und in den Grundwerten von Freiheit, Gerechtigkeit und mitmenschlicher Verantwortung. Die Bundesregierung sieht in diesem Zusammenhang ihre Forschungsförderung – einschließlich der Förderung gentechnischer Vorhaben – im Einklang mit der christlichen Ethik, der Ehrfurcht vor der Schöpfung und in der Verantwortung gegenüber der Natur.[639]

Auch nachdem die gesellschaftliche Debatte um die Gentechnologie schon entbrannt war, sprach der Programmreport von 1989 zwar die wachsende Bedeutung der internationalen Zusammenarbeit in der Technologieentwicklung an, nicht aber in gleichem Ausmaß die wachsende Bedeutung einer innergesellschaftlichen technologiepolitischen Willensbildung. Die Ursache der Skepsis bis hin zu totaler Ablehnung der gentechnischen Methoden in breiten Kreisen der Bevölkerung wurde – im Einklang mit Wissenschaft und Industrie – vorrangig in oft zu geringen Kenntnissen vermutet, die durch sachkundige Information zu beheben sind. Einen weiteren wichtigen Schritt zur Förderung des gesellschaftlichen Dialogs sah man dabei auch in der Vermittlung zwischen Geistes- und So-

---

[638] BT 10/1543 vom 4.6.1984.

[639] BT 10/2199 vom 25.10.1984.

zialwissenschaften einerseits und zwischen diesen beiden und den Naturwissenschaften andererseits,[640] in völliger Verkennung der Tatsache, daß die Konfliktlinie mittlerweile quer durch diese Wissenschaftskulturen ging. Bereits zum Bundesforschungsbericht der Regierung kritisierte die SPD, daß die Technologieentwicklung nicht gesellschaftspolitisch verstanden und kein Ansatz entwickelt wird, Technikentwicklung und Technikgestaltung konzeptionell miteinander zu verbinden.[641]

Nun übernimmt die Politik aber nicht nur teilweise die institutionellen ökonomischen und wissenschaftlichen Risiken zur internen Bearbeitung, sondern muß sich auf der anderen Seite auch mit relevant gewordenen gesellschaftlichen Akzeptanzproblemen auseinandersetzen. Die mit einer technologischen Entwicklung verbundenen möglichen sozialen Risiken werden mittels „Technology Assessment" (TA) – das jedoch nicht nur darauf beschränkt ist -, aber auch mit der Einrichtung von Enquete-Kommissionen in das politische System zur Bearbeitung übernommen.[642] Gerade das Beispiel der Kernenergie hatte deutlich gemacht, daß bei Hochtechnologien die Vernachlässigung nicht-technischer und nicht-ökonomischer Auswirkungen bei der Entscheidung über Förderung und Einführung einer solchen Technik das Risiko einer breiten Akzeptanzverweigerung größer wird. Einige Eckpunkte der TA-Methodik sind daher:

- die frühzeitige Identifizierung und Beachtung nicht intendierter längerfristiger und indirekter Folgenzusammenhänge (Nebenwirkungen);
- die Analyse und Abschätzung in systemaren Perspektiven (Vernetzung von Wirkungsketten) auf den technischen, den ökologischen und den sozialökonomischen Ebenen;
- die Entwicklung einer Gesamtbilanz von Vor- und Nachteilen;
- die Offenlegung der Bewertungskriterien für technologische und gesellschaftliche Veränderungen und Innovationen;

---

[640] BMFT (Hg.), Programmreport Biotechnologie, op.cit., S. 12.

[641] Sozialdemokratischer Pressedienst 43/86 vom 5.5.1989.

[642] Aus der Fülle der Literatur zum „technology assessment" sei nur erwähnt: Paschen, H., Gressner, K. & Conrad, F., Technology Assessment: Technologiefolgenabschätzung, Frankfurt/New York: Campus, 1978; Paschen, H., Bechmann, G. & Wingert, B., Funktion und Leistungsfähigkeit des Technology Assessment (TA) im Rahmen der Technologiepolitik. In: Ropohl, G., Schuchardt, W. & Wolf, R. (Hg.), Schlüsseltexte zur Technikbewertung, Dortmund: ILS, 1990, S. 51-62; Böhret, C. & Franz, P., Die Technikfolgenabschätzung (technology assessment) als Instrument der politischen Steuerung des technischen Wandels. In: Ropohl, G., Schuchardt, W. & Wolf, R. (Hg.), Schlüsseltexte zur Technikbewertung, op.cit., S. 107-135. Zur Bedeutung von Enquete-Kommissionen zur Technik als Beratungsinstrument der Politik vgl. Thienen, V. von, Technischer Wandel und parlamentarische Gestaltungskompetenz – das Beispiel der Enquete-Kommission. In: Bechmann, G. & Rammert, W. (Hg.), Technik und Gesellschaft. Jahrbuch 4, Frankfurt/New York: Campus, 1987, S. 84-106.

- die Identifizierung von alternativen, technisch-funktional gleichwertigen Entwicklungspfaden;
- die Orientierung auf politische Handlungsoptionen und
- die Beteiligung der unterschiedlichen sozialen Gruppen, Institutionen, Wirtschaftsunternehmen, gesellschaftlichen Organisationen etc. am TA-Prozeß.[643]

Nach dem Grundgesetz hat der Deutsche Bundestag die Aufgaben, als Gesetzgeber tätig zu sein und die Arbeit der Bundesregierung zu kontrollieren. Da der Regierung für ihre Arbeit eine große Zahl von Verwaltungsexperten und Fachreferenten in den Ministerien und anderen Behörden zur Verfügung steht, der Bundestag aber für seine Arbeit nur auf eine vergleichsweise kleine Zahl von wissenschaftlichen und administrativen Mitarbeitern rekurrieren kann, besteht ein eklatantes Mißverhältnis in der Beratungs- und Bearbeitungskapazität zwischen Regierung und Parlament. Gerade auf dem Gebiet der Technologiepolitik, bei der es oftmals um weitreichende Entscheidungen über komplexe Zusammenhänge geht, wurde daher versucht, die Bearbeitungs- und Beratungskapazität des Parlaments zu stärken.[644] Die Diskussionen, eine TA im politischen System in Deutschland zu institutionalisieren[645] – wegweisend war hier das OFFICE OF TECHNOLOGY ASSESSMENT (OTA), das 1972 beim amerikanischen Kongreß eingerichtet wurde[646] -, begannen 1973 und haben nur in zwei Parlamenten konkrete Auswirkungen gehabt: im Bundestag durch die Einrichtung von zwei Enquete-Kommissionen zur Technikfolgen-Abschätzung und die Einrichtung des TECHNIKFOLGEN-ABSCHÄTZUNGSBÜROS (TAB) sowie im Landtag Nordrhein-Westfalen durch die 1987 eingerichtete KOMMISSION MENSCH UND TECHNIK und

---

[643] Albrecht, St., Internationale TA-Diskussion – Standardisierungsmöglichkeiten zur Beurteilung von Biotechnologie? In: Studier, A. (Hg.), Biotechnologie: Mittel gegen den Welthunger? Schriften des Deutschen Übersee-Instituts Hamburg Nr.8, Hamburg, 1991, S. 299-309, 301.

[644] Mai, M., Technik als Herausforderung der Politik – über die unterschiedlichen Nutzungsformen der Technikfolgenabschätzung in Exekutive und Legislative. In: Eichener, V. & Mai, M. (Hg.), Sozialverträgliche Technik – Gestaltung und Bewertung, Wiesbaden: Deutscher Universitätsverlag, 1993, S. 48-71.

[645] Vgl. dazu beispielsweise Dierkes, M., Technikfolgen-Abschätzung als Interaktion von Sozialwissenschaften und Politik – die Institutionalisierungsdiskussion im historischen Kontext. In: Dierkes, M., Petermann, Th. & Thienen, V. von (Hg.), Technik und Parlament. Technikfolgen-Abschätzung: Konzepte, Erfahrungen, Chancen, Berlin: edition sigma, 1986, S. 115-145; Zweck, A., Die Entwicklung der Technikbewertung zum gesellschaftlichen Vermittlungsinstrument. Phil. Diss., Düsseldorf, 1991.

[646] Gibbons, J.H. & Gwin, H.L., Technik und parlamentarische Kontrolle – Zur Entstehung und Arbeit des Office of Technology Assessment. In: Dierkes, M., Petermann, Th. & Thienen, V. von (Hg.), Technik und Parlament, op.cit., S. 239-275.

den 1990 eingerichteten AUSSCHUß MENSCH UND TECHNIK.[647] Insgesamt gesehen ist die Entwicklung von TA in Deutschland durch eine „fehlgeschlagene" parlamentarische Institutionalisierung gekennzeichnet, was gerade im europäischen Kontext als „erheblicher Rückschlag" anzusehen ist.[648] Nun sind Enquete-Kommissionen eigentlich keine für TA spezifische Beratungseinrichtung, sondern allgemeines Beratungsinstrument des Parlaments für die Behandlung umfassender Themen- und Aufgabenkomplexe. Sie hatten sich aber inzwischen zu einer Spezialform parlamentarischer Beschäftigung hinsichtlich der politischen Gestaltung des technischen Wandels und seiner gesellschaftlichen und auch ökologischen Folgen entwickelt. Allein schon die Häufung technikbezogener Aufgabenstellungen von Enquete-Kommissionen seit Ende der siebziger/Anfang der achtziger Jahre (Zukünftige Kernenergiepolitik, Informations- und Kommunikationstechniken, Gentechnologie, Technikfolgenabschätzung) läßt auf eine wachsende parlamentarische Bereitschaft schließen, sich mit längerfristig ausgerichteten Getaltungs- und Kontrollmöglichkeiten technischer Entwicklungen zu befassen.

Innerhalb des politischen Institutionenkomplexes geht es allerdings nicht nur um die Ermittlung effektiver Problemlösungen, sondern auch um den Gewinn und Erhalt von politischer Macht als Rationalitätskriterium politischen Handelns. Die Rationalität einer Politikentscheidung ist daher wesentlich durch das Kriterium politischer Machtrationalität mitbestimmt: Vermeidung von Solidaritätsverlusten, Aufweisen von Erfolg, Applaus für sich oder für die Partei bzw. Regierung sind durchaus rationale Handlungsziele politischer Akteure, und entsprechend konzentrieren die Entscheidungsträger auch ihre Aufmerksamkeit hierauf.[649] Daneben gilt es aber auch hinsichtlich der praktischen Umsetzung und Durchführbarkeit von Maßnahmen politische Unterstützung bei jenen Akteuren zu finden, die an der Politikimplementation beteiligt sind, wobei Politikformulierung und Politikimplementation durchaus unterschiedlichen, ebenenspezifischen Rationalitäten folgen. Innerhalb des „Synthesemodells" gestaltet sich das „idealtypisch" so, daß hier die organisierten Großverbände aus den verschiedenen gesellschaftlichen Handlungsbereichen an der Politikformulierung – beispielsweise im vorparlamentarischen Raum wie etwa Enquete-Kommissionen

---

[647] Mai, M., Parlamentarische Technikfolgenabschätzung und Verbraucherinteressen. Verbraucherpolitische Hefte 15, 1992, S. 87-102.

[648] Naschold, F., Technologiekontrolle durch Technologiefolgeabschätzung?, Köln: Bund-Verlag, 1987, S. 11.

[649] Mayntz, R. & Scharpf, F.W., Policy-Making in the German Federal Bureaucracy, Amsterdam: Elsevier, 1975, S. 91-92; Mayntz, R., Lernprozesse: Probleme der Akzeptanz von TA bei politischen Entscheidungsträgern. In: Dierkes, M., Petermann, Th. & Thienen, V. von (Hg.), Technik und Parlament, op.cit., S. 183-203, 185.

– beteiligt sind, die formulierten Empfehlungen in Gesetze direkt umgesetzt werden und umgekehrt der Staat dann bei der Implementation der politischen Entscheidungen auf die Unterstützung und Mitwirkung der Großverbände aufbauen kann.[650] Insofern wird einerseits die Entfaltung einer reinen politischen Machtlogik gebremst, als wissenschaftliche Wahrheit und sozialer Einfluß in den politischen Komplex transportiert und dort zusammen mit politischen Erfordernissen zu „Kommissionsempfehlungen" verarbeitet werden, die wiederum relativ nahtlos in entsprechende Gesetzesformulierungen übersetzt werden. Umgekehrt werden dann die politisch getroffenen Entscheidungen mit der Unterstützung der Wissenschaft und dem Einfluß der Großverbände in die jeweiligen „außerpolitischen" sozialen Handlungsbereiche hineingetragen und hier, unterstützt durch die Folgebereitschaft der „sozialen Basis", durchgesetzt.

So setzte sich die Enquete-Kommission „Chancen und Risiken der Gentechnologie" - die zu einem Zeitpunkt (1984) auf Antrag der *Grünen* und der SPD eingesetzt wurde, als der breite gesellschaftliche Diskurs erst allmählich begann - von seiten des Bundestages aus vier Abgeordneten der CDU/CSU, drei Abgeordneten der SPD und jeweils einem Abgeordneten der FDP und der *Grünen* zusammen. Weiterhin wurden fünf Wissenschaftler berufen: ein Wissenschaftsforscher (*Wolfgang van den Daele*), ein Professor für Zivilrecht, Arzt- und Arzneimittelrecht, internationales Privatrecht und Rechtsvergleichung (*Erwin Deutsch*), eine Professorin für molekulare Genetik (*Gisela Nass-Hennig*, die wenige Wochen vor Abschluß der Kommissionsarbeit unerwartet verstarb), der Leiter des Genzentrums München (*Ernst-Ludwig Winnacker*) und ein Professor für katholische Moraltheologie (*Johannes Reiter*). Drei externe Mitglieder wurden als Verbändevertreter nominiert: der geschäftsführende Arzt der Bundeärztekammer, Köln (*Erwin Odenbach*); der Vorstandsvorsitzende der „Knoll AG" (BASF AG) (*Hans-Jürgen Quadbeck-Seeger*) und ein Mitglied des geschäftsführenden Hauptvorstandes der „IG Chemie-Papier-Keramik" (*Jürgen Walter*).[651] Vertreter einer alternativen Wissenschaft und Medizin, Repräsentantinnen von Frauengruppen, Vertreter von Verbraucher- und Umweltverbänden oder Dritte-Welt-Gruppen waren nicht geladen. Die Zusammensetzung einer solchen Kommission ist in ihrer Bedeutung nicht zu unterschätzen, da hierdurch beeinflußt wird, welche Daten gesammelt und auch wie sie interpretiert werden. Daher versuchen interessierte Kreise oft, nicht nur auf die Entscheidungen selbst, sondern bereits auf die Gestaltung der institutionellen Rahmenbedingungen und die Verteilung der Zuständigkeiten einzuwirken. In der Einsetzungsdebatte wur-

---

[650] Zu neokorporatistischen Arrangements bei der Implementation politischer Programme vgl. Lehmbruch, G., Administrative Interessenverflechtung. In: Windhoff-Héritier, A. (Hg.), Verwaltung und ihre Umwelt, Opladen: Westdeutscher Verlag, 1987, S. 11-43.

[651] Catenhusen, W.-M. & Neumeister, H. (Hg.), Chancen und Risiken der Gentechnologie. Dokumentation des Berichts an den Deutschen Bundestag, op.cit., S. XIII.

den allerdings die unterschiedlichen Motive der beteiligten Akteure deutlich: Die SPD wollte die neue Technik im Sinne eines Ausgleichs zwischen Fortschrit und dem „Frieden mit der Natur" regeln, die Sprecherin der CDU wollte die mangelnde Einsicht der Bürger in die Nützlichkeit technischer Entwicklungen durch Vertrauen ersetzen und die Grünen monierten, daß die Aufgabenbeschreibung für die Einsicht, daß die Gentechnik „weder beherrschbar noch sinnvoll" sei, keinen Raum biete.[652] Bei der Arbeit der Kommission wurde eine Abwägung der Chancen und Risiken der Gentechnologie für die Arbeitsfelder Gesundheit, Energie und Rohstoffe, Landwirtschaft, Umwelt und Anwendung am Menschen[653] vorgenommen, wobei auch innerhalb dieser Anwendungsgebiete nochmals differenziert wurde. Im Verlauf der Kommissionssitzungen fanden 18 Anhörungen oder Informationsgespräche mit externen Sachverständigen statt und 3 Anhörungen wurden zusätzlich von einzelnen Arbeitsgruppen veranstaltet.[654] Von diesen insgesamt 21 Anhörungen fanden 17 Anhörungen unter Ausschluß der Öffentlichkeit statt.[655] Auch die Informationsgespräche mit Vertretern der Bundesregierung über die Bedeutung der Gentechnologie im Rahmen der Forschungsförderung der Bundesregierung, über die Initiativen der Bundesregierung für die Regelung der Gentechnologie sowie zu den Ergebnissen der Arbeitsgruppe „In-vitro-Fertilisation, Genomanalyse und Gentherapie" fanden jeweils nichtöffentlich statt.[656] Die mangelnde Herstellung der Öffentlichkeit war auf die innerhalb der Kommission entstandene Befürchtung zurückzuführen, daß „eine zu große Publizität die Chance zur Konsensbildung gefährdet hätte", wie *Catenhusen* in einem Interview bemerkte[657]. Der Mechanismus zu dieser Zielformulierung, einen möglichst breiten Konsens herzustellen, unterscheidet sich deutlich von US-amerikanischen Verhandlungsverfahren, die mehr durch die Konfrontation unterschiedlicher Standpunkte gekennzeichnet sind und wo es in erster Linie darum geht, die Daten und Argumente der jeweiligen Gegenseite zu widerlegen.[658] Insgesamt läßt sich das Arbeitsprogramm der Kommission durch

---

[652] DIE ZEIT vom 15.04.1988.

[653] Catenhusen, W.-M. & Neumeister, H. (Hg.), Chancen und Risiken der Gentechnologie. Dokumentation des Berichts an den Deutschen Bundestag, op.cit., S. X.

[654] Ibid., S. 3.

[655] Ibid., S. 3-5.

[656] Ibid., S. 5.

[657] taz vom 20.1.1987.

[658] Mayntz, R., Entscheidungsprozesse bei der Entwicklung von Umweltstandards, op.cit., S. 147.

eine „pragmatische Fixierung auf politisch Machbares"[659] kennzeichnen. Zukünftige Entwicklungswege der Industriegesellschaft sowie unterschiedliche Modelle einer Wirtschafts- und Industriestruktur wurden „aus Gründen der Arbeitsökonomie"[660] nicht in die Beratungen einbezogen. Das „factum brutum Gentechnologie" wurde so als eine Tatsache vorausgesetzt, die es mittels der Definitionsmacht der „Technologen" weiterzuentwickeln galt.[661] In bezug auf die humangenetischen Problemstellungen wurde schnell ein Konsens über das Verbot der Erzeugung identischer Mehrlinge sowie der Chimärenbildung zwischen menschlichen und tierischen Embryonen hergestellt.[662] Trotz der Vielfalt der Problemaspekte, der Standpunkte und Einschätzungen läßt sich ein „Programm" ausfindig machen, das die inhaltliche Basis der Kommissionsarbeit ausmacht:

- Gentechnik ist akzeptabel, weil durchweg beherrschbar,
- Gentechnik ist akzeptabel, weil gesellschaftlich unverzichtbar,
- Gentechnik ist akzeptabel, weil ethisch verträglich.[663]

Bei der „Rückübersetzung" des Enquete-Kompromisses in die akteurspezifischen Handlungsbereiche zeigt sich jedoch, daß das „reine" Synthesemodell hier empirische Abweichungen aufweist. Innerhalb der Kommission hatten die Vertreter von Industrie und Wissenschaft Zugeständnisse gemacht, besonders bei der Forderung nach einer gesetzlichen Verankerung der Sicherheitsrichtlinien und nach einem fünfjährigen Freisetzungsmoratorium. An dieser Stelle setzte dann prompt die Kritik vom Verband der Chemischen Industrie, von der DFG und von der ZKBS ein. Andererseits jedoch hatte die Beschlußempfehlung der Ausschüsse die meisten Empfehlungen des Enquete-Berichts übernommen.[664] Bis auf die *Grünen*, die ihre Einstellung zur Gentechnologie in einem Minder-

---

[659] Daele, W. van den, Restriktive oder konstruktive Technikpolitik? In: Hesse, J.J., Kreibich, R. & Zöpel, Ch. (Hg.), Zukunftsoptionen – Technikentwicklung in der Wissenschafts- und Risikogesellschaft, Baden-Baden: Nomos, 1987, S. 91-115, 94.

[660] Catenhusen, W.-M. & Neumeister, H. (Hg.), Chancen und Risiken der Gentechnologie. Dokumentation des Berichts an den Deutschen Bundestag, op.cit., S. X.

[661] Narr, W.-D., Das unpolitisierte Politikum der Gentechnologie. Ein Kapitel aus der Dialektik der Aufklärung. Ästhetik und Kommunikation 69, 18, 1988, S. 93-104, insbesondere S. 101-102; Ueberhorst, R., Der versäumte Verständigungsprozeß der Gentechnologie-Kontroverse. In: Grosch, K., Hampe, P. & Schmidt, J. (Hg.), Herstellung der Natur? op.cit., S 206-223.

[662] Vgl. dazu auch Theisen, H., Zur Demokratieverträglichkeit der Bio- und Gentechnologie. Soziale Welt 42, 1991, S. 109-130, 119.

[663] Vowe, G., Die Sicherung öffentlicher Akzeptanz. Verlauf, Struktur und Funktion der Enquete-Kommission „Chancen und Risiken der Genetchnologie". Politische Bildung 22, 1989, S. 49-62, 53-54.

[664] Gill, B., Gentechnik ohne Politik, op.cit., S. 190.

heitsvotum zum Ausdruck brachten, wurden die Empfehlungen der Kommission von allen übrigen Interessenvertretern als Kompromiß getragen,[665] um auch die politische Stoßkraft der Empfehlungen zu vergrößern. Man darf vermuten, daß diese Kooperation der verschiedenen Interessenvertreter durch eine politische Orientierung auf eine Regulierung ermöglicht wurde, um sich so gegen die Risiken eines weiteren Vordringens verbotsorientierter Positionen einerseits und freiraumorientierter Positionen andererseits zu schützen.[666] Von den *Grünen* wurde die einseitige ökonomische Ausrichtung der Kommission kritisiert, die damit ihrer Verantwortung gegenüber Gesellschaft und Natur nicht gerecht geworden sei und ihre Aufgabe in wesentlichen Punkten nicht erfüllt habe.[667] So sei es der Kommission nicht gelungen, die kontroversen Standpunkte in der Debatte um die Gentechnologie aufzunehmen und darzustellen:

> Ein diskursiver Prozeß, in dem die unterschiedlichsten Ausgangspositionen als gleichberechtigt anerkannt und auch mögliche Alternativen zu dieser technischen Entwicklung in die Überlegungen, Bewertungen und Empfehlungen mit einbezogen wurden, hat nicht stattgefunden.[668]

Dem umfangreichen Enquete-Bericht – der letztlich die Machtlosigkeit der Politik gegenüber der Technik zeigt, wie ein Kommissionsmitglied konstatierte[669] – wird zwar eine deutsch-gründliche „eindrückliche Fleißarbeit" attestiert, ebenso aber auch viele Widersprüchlichkeiten, so daß sich Befürworter wie Kritiker umstandlos aus diesem Bericht bedienen konnten.[670] Insgesamt wurde der Enquete-Kommission im Hinblick auf eine Technikfolgenabschätzung nachgesagt, daß sie „zu früh" kam, und zwar sowohl aus der Sicht der etablierten Technikregulierung als auch aus der Sicht kritisch eingestellter Akteure, die zu diesem Zeitpunkt noch nicht auf eine breite öffentliche Unterstützung bauen konnten.[671] Hierdurch ergab sich innerhalb der Kommission für die Vertreter insbesondere aus Wissenschaft, Medizin und Wirtschaft die Möglichkeit, das Thema zu besetzen und Einfluß auf die Gestaltung der Debatte zu nehmen.

---

[665] Zum Verlauf der Beratungen der Enquete-Kommission siehe auch Gill, B., Gentechnik ohne Politik, op.cit., S. 174-185.

[666] Vowe, G., Die Sicherung öffentlicher Akzeptanz, op.cit., S. 55.

[667] Die Grünen, Pressemitteilung Nr. 829/86: Ökonomische Interessen im Vordergrund – Enquete-Kommission wird ihrer Verantwortung nicht gerecht, 1986.

[668] Ibid.

[669] Daele, W. van den, Restriktive oder konstruktive Technikpolitik?, op.cit., S. 95.

[670] DIE ZEIT vom 15.04.1988.

[671] Gloede, F., Der TA-Prozeß zur Gentechnik in der Bundesrepublik Deutschland – zu früh, zu spät oder überflüssig? In: Meulemann, H. & Elting-Camus, A. (Hg.), Lebensverhältnisse und soziale Konflikte im neuen Europa, op.cit., S. 417-420.

Innerhalb des Kommissionswesens werden aber auch die Interessenverflechtungen der maßgeblichen Akteure deutlich: *Erwin Deutsch* und *Erwin Odenbach* waren zugleich Mitglieder der parallel tagenden „Benda-Kommission", *Erwin Deutsch* war zeitweilig auch Mitglied der zentralen Ethik-Kommission der Bundesärztekammer, bei der wiederum die Enquete-Abgeordneten *Catenhusen* (SPD) und *Seesing* (CDU) ständige Gäste waren.[672] Auch die Arbeitsgruppe „In-vitro-Fertilisation, Genomanalyse und Gentherapie" unter dem Vorsitz des Präsidenten des Bundesverfassungsgerichts a.D. *Ernst Benda* zeigte eine solche Bündelung etablierter Interessen: Neben den Vertretern naturwissenschaftlicher und medizinischer Fachgesellschaften, der MPG, der DFG und der ZKBS waren die Vertreter der beiden großen Kirchen, ein Vertreter der Philosophie, verschiedene Fachrichtungen der Rechtswissenschaft sowie der Bundesärztekammer, die Bundesvereinigung der Deutschen Arbeitgeberverbände und der DGB vertreten.[673] Der Benda-Bericht rühmte ebenfalls die Chancen der neuen Technologie, deren Ausmaß noch kaum abgeschätzt werden, und hielt die Bioforschung grundsätzlich für förderungswürdig, wenn auch die Forschungsfreiheit nicht schrankenlos sein dürfe. Zwei Mitglieder dieser Arbeitsgruppe waren jedoch mit dem Bericht nicht zufrieden: dem einen gingen die darin vorgeschlagenen Restriktionen zu weit, dem anderen wiederum nicht weit genug. Der Kölner Genetiker *Walter Dörfler* bemängelte die „manchmal sehr negative Grundeinstellung mancher Kommissionsmitglieder zu Problemen der Forschung"[674]. Er sah keinen Grund zu einer übereilten Gesetzgebung und schlug hinsichtlich der Risikokontrolle eine dauernde Expertenkommission vor, die der Bundesregierung Entscheidungshilfe geben soll. Der Gynäkologe und Psychotherapeut *Peter Petersen* von der Medizinischen Hochschule Hannover hatte dem Bericht zwar seinen Segen erteilt, hielt ihn aber für ergänzungsbedürftig.[675] Er beklagte, daß der Befruchtungstechnologie ein kaltes biotechnisches Menschenbild übergestülpt werde, das die geistige und seelische Natur des Menschen überhaupt nicht beachte. Daher plädierte *Petersen* für ein Einfrieren der Forschungsförderung bei der Retortenbefruchtung, bis ausreichende Fortschritte erzielt worden sind, sowie für eine Förderung von Forschung und Praxis, „um eine integrale Bewußtseinsstruktur im Bezug auf die humane Empfängnis und Zeugung zu entwickeln"[676].

---

[672] Gill, B., Gentechnik ohne Politik, op.cit., S. 173-174.

[673] BMFT (Hg.), Bericht der Arbeitsgruppe In-vitro-Fertilisation, Genomanalyse und Gentherapie, Ms., S. 1-2.

[674] Ibid., Anlage II, S. 2.

[675] Ibid., Anlage III

[676] Ibid., S. 13.

5.5.2 Die traditionellen politischen Parteien

In diesem Kapitel wird sich hauptsächlich auf die Skizzierung des jeweiligen Rahmen von CDU/CSU, SPD und FDP beschränkt, da sich der Rahmen der *Grünen* analytisch durch den Schwerpunkt eines anderen Orientierungsmusters konstituiert, das weiter unten bei den Protestakteuren dargestellt wird. Das gleiche gilt für die ARBEITSGEMEINSCHAFT SOZIALDEMOKRATISCHER FRAUEN (ASF) innerhalb der SPD. Im Vergleich zu allen anderen Akteuren war das von den Parteien zugesandte Informationsmaterial eher spärlich. Besonders überraschend war, daß die *Grünen* im Düsseldorfer Landtag auf mehrmalige Anfragen nach einschlägigem Informationsmaterial nicht reagierten. Dies konnte jedoch dadurch teilweise kompensiert werden, daß von anderen Protestakteuren entsprechendes Material der *Grünen* beigelegt wurde. Die *Grünen*, die bei den Bundestagswahlen 1983 und 1987 die Fünfprozenthürde überspringen konnten und 1987 einen Stimmenanteil von 8,3% erreichten[677], hatten bereits Mitte der achtziger Jahre dem Gentechnikgesetz ein allgemeines Gesetz zur Umweltverträglichkeitsprüfung von Forschungs- und Produktionsanlagen vorgezogen, wie es ähnlich auch in den USA gilt und dort die juristische Grundlage für die von Kritikern durchgesetzten Stopps der Freisetzungsversuche liefert.[678] Im Vergleich zu den *Grünen* fanden die übrigen Parteien relativ spät zu einer eigenen Position zur Gentechnologie. Als Erklärung für die vergleichsweise wenigen Informationsmaterialien von den traditionellen politischen Parteien mag die auch in der sozialwissenschaftlichen Literatur konstatierte Tatsache sein, daß die Debatte um die neue Biotechnologie in allen Parteien zunächst nur von kleinen Gruppen getragen wurde: „der Gegenstand verschließt sich in den meisten Aspekten einem leichten gedanklichen Zugriff und einer fixen Bewertung am politischen Stammtisch"[679]. In den Parteien konzentrierte sich die Diskussion zunächst auf die Bereiche der Humangenetik und der Reproduktionsmedizin, wobei sich ein breiter wertkonservativer und restriktiver Konsens abzeichnete, der auch in der Embryonenschutzgesetzgebung Eingang fand[680] (zu den Themenbereichen zur Gentechnik im Deutschen Bundestag vgl. Diagramm 6). Dieser Konsens zeigte sich auch in der einhelligen Ablehnung eines EG-Projekts zur „Prädikativen Medizin", das die Aufgabe hatte, die Weitergabe genetischer Schäden oder

---

[677] Statistisches Bundesamt (Hg.), Datenreport 1994, Bonn: Bundeszentrale für politische Bildung, 1994, S. 155.

[678] taz vom 30.04.1986.

[679] Albrecht, St., Regulierung und Deregulierung bei der Nutzung der modernen Biotechnologie in der EG und der Bundesrepublik. Demokratie und Recht, 1, 1989, S. 279-293, 291.

[680] Theisen, H., Biotechnologie, op.cit., S. 126.

Mängel an die nächste Generation einzudämmen.[681] Dies wurde als Einstieg in die Eugenik interpretiert – im historisch vorbelasteten Deutschland eh ein sensibles Thema[682] – und sowohl von der Bundesregierung als auch von der Mehrheit des Bundestages und des Bundesrates abgelehnt. Die Grünen stimmten gegen diese Entscheidung, weil sie das gesamte EG-Projekt zur prädikativen Medizin ablehnten. Kennzeichnend für den Rahmen von CDU/CSU, SPD und FDP ist entsprechend dem politischen Leitprinzip die effektive staatliche Risikoregulierung unter Berücksichtigung parteipolitischer Machtkalküle. Die jeweiligen unterschiedlichen parteipolitischen Standpunkte ergeben sich allerdings aus dem Grad der Restriktion normativer Regeln sowie der Gewichtung sekundärer Orientierungsmuster. Hinsichtlich der Themenbereiche zum Gebiet der Gentechnik wurden im *Deutschen Bundestag* während des Untersuchungszeitraums besonders Fragen zur Forschung, zur Regelung (GenTG, sonstige Regelungen, Sicherheitsrichtlinien) zum Risiko, zum EG-Bereich, zur Medizin und zur Finanzierung fokussiert, während der TA ein relativ sehr geringer Stellenwert zukommt (Diagramm 6). Betrachtet man die Aktivitäten (große, kleine und mündliche Anfragen; Berichte; Unterrichtungen; Sitzungen; Empfehlungen; Beschlüsse; Stellungnahmen; Antworten; Anträge und Gesetze bzw. Entwürfe) der Politiker im Bundestag/Bundesrat (Quelle: Parlamentaria von 1977 bis 1990), so steigen diese sprunghaft von durchschnittlich 4,7 Aktivitäten (aufgerundet) in den Jahren 1977 bis 1982 auf 37 Aktivitäten im Jahr 1983 an (Diagramm 7). Mit dem Regierungswechsel nahmen also die Aktivitäten zum Thema Gentechnik immens zu. In den Jahren 1984 bis 1987 bleiben sie ungefähr im Bereich der Marke um 40 Aktivitäten (1984: 42 Aktivitäten; 1985:40 Aktivitäten; 1986:41 Aktivitäten; 1987: 37 Aktivitäten) und verdoppeln sich ab 1988 auf die Marke um 80 Aktivitäten (1988: 87 Aktivitäten; 1989: 80 Aktivitäten; 1990: 79 Aktivitäten). Die Höhepunkte im öffentlichen Mediendiskurs (1988 und 1989) waren also begleitet von den Höhepunkten politischer Aktivitäten im deutschen Parlament, als es konkret um die Formulierung und Verabschiedung des deutschen Gentechnikgesetzes ging. Der kommunikativen Beschleunigung im öffentlichen Diskurs korrespondierte also eine Beschleunigung politischer Aktivitäten innerhalb des Parlaments und der Ereignisberichterstattung in den Medien (Diagramme 41 und 42), wobei gleichzeitig auch die Berichterstattung über Protestereignisse im Jahr 1989 mit 20 Artikeln ihren Höhepunkt erreichte. Dies ist die „heiße Phase" innerhalb der Auseinandersetzung um die Gentechnik in Deutschland.

---

[681] DER SPIEGEL vom 09.01.1989.

[682] Vgl. dazu ausführlich: Weingart, P., Kroll, J. & Bayertz, K., Rasse, Blut und Gene. Geschichte der Eugenik und Rassenhygiene in Deutschland, Frankfurt: Suhrkamp, 1992 (1988).

5.5.2.1 Die FDP

Im Jahre 1984 machte der FDP-Vorsitzende *Hans-Dietrich Genscher* in einem Brief an das Führungsgremium seiner Partei auf die Chancen und Risiken der Gentechnologie aufmerksam. Die Gentechnologie würde für die Landwirtschaft, Chemie, Pharmazie, Medizin und Umwelt voraussichtlich eine ähnlich revolutionäre Entwicklung auslösen wie vorher die Mikroelektronik in der Informatik. An den Chancen, die sich durch diese neue Technologie bieten, können wir jedoch nur teilhaben, wenn wir „in diesem Bereich voll zur Weltspitze aufschließen"[683]. Obwohl wir grundsätzlich auf „Technologie nicht mehr verzichten" können, müssen dennoch die damit verbundenen Risiken erkannt und begrenzt werden:

> Wer Ja zum Fortschritt sagt, ist keineswegs so töricht, nicht auch die Risiken zu sehen. Aber er sieht auch die Chancen, und er ist entschlossen, diese Chancen zu nutzen und die Risiken zu kontrollieren und auszuschalten. Technische Entwicklungen sind weder gut noch böse an sich. Entscheidend ist, daß sie richtig benutzt, daß sie beherrscht werden.[684]

So wurde darauf verwiesen, daß hinsichtlich der damit verbundenen Gefahren eine frühzeitige und öffentliche Diskussion stattfinden müsse, wobei allerdings „irreale Zukunftsangst" und „blinde Technikfeindlichkeit" nicht den Blick auf die Wirklichkeit verstellen dürfen. Entsprechend hieß es auch in dem Beschluß der FDP auf dem 40. ordentlichen Bundesparteitag in Köln von 1989, daß die Gentechnologie Chancen zur Lösung zahlreicher Probleme einer wachsenden Menschheit eröffne und zur Erfüllung langgehegter Wünsche des Menschen beitrage. Zu einem Zeitpunkt, als die Industrie bereits wesentlich vorsichtiger angesichts der hochgeschraubten Erwartungen argumentierte, vermittelte die FDP immer noch eine euphorische Stimmung:

> Der Traum der Menschheit, daß alle Bewohner der Erde satt werden können und daß alle Krankheiten geheilt werden können, scheint erfüllbar.[685]

Allerdings räumte man ein, daß auch nicht beherrschbare Gefahren ausgelöst werden könnten und die Politik daher gefordert sei, Rahmen zu setzen für das, was vertretbar ist und Verbote für das zu beschließen, was aus ethischen und moralischen Gründen nicht verantwortet werden könne. Die Liberalen setzten daher auf staatliche Rahmenbedingungen, die eindeutig die Grenzen des Ver-

---

[683] Brief des Bundesvorsitzenden Hans-Dietrich Genscher an die Funktions- und Mandatsträger der F.D.P. vom 18.7.1984. In: Friedrich-Naumann-Stiftung (Hg.), Genforschung und Genmanipulation, München: J. Schweitzer Verlag, 1985, S. 117-120, 117.

[684] Ibid., S. 118.

[685] FDP, Beschluß: Ethik der Gentechnologie und der Fortpflanzungsmedizin, Mai 1989.

antwortbaren festlegen. Grundsätzlich war man aber der Meinung, daß der Würde des Menschen die Freiheit von Wissenschaft und Forschung untergeordnet werden muß. Gleichzeitig sollte jedoch in diesem Rahmen unter strengen Sicherheitsanforderungen den Erfordernissen von Wissenschaft und Wirtschaft Rechnung getragen werden, da diese sich nicht aus dem Forschungs- und Entwicklungswettbewerb auskoppeln können.[686] Die gentechnologische Forschung ist nach Auffassung der FDP grundsätzlich förderungswürdig, und Versuche an menschlichen Embryonen dürften „ausschließlich durchgeführt werden, wenn sie besonders hochrangigen medizinischen Forschungszielen dienten"[687]. Weiterhin sollte sich die Gentechnik ständig der TA auf ihre ethischen, sozialen, ökologischen und ökonomischen Konsequenzen hin stellen und eine interessierte Öffentlichkeit durch Information und Aufklärung in die Lage versetzt werden, sich ein eigenes Urteil über diese neue Technologie zu bilden.

5.5.2.2 Die CDU/CSU

Die CDU/CSU fokussierte als christliche Partei zunächst die Probleme der Humangenetik und der Reproduktionsmedizin,[688] und die Kommission „Wissenschaft, Technik und Ethik" der CDU wandte sich 1987 gegen die Freigabe von Embryonen zu Forschungszwecken. Auch kommerzielle Samenbänke und Experimente an Keimbahnen sollten verboten werden. Eine Genomanalyse dürfe nur freiwillig und bei strikter Gewährleistung des Datenschutzes erfolgen. Der BUNDESARBEITSKREIS CHRISTLICH-DEMOKRATISCHER JURISTEN (BACDJ) nahm eine vergleichbare Position ein und forderte das Recht auf informationelle Selbstbestimmung, also auch das Recht, seine genetische Konstitution nicht zu kennen. Routinemäßige Reihenuntersuchungen an Arbeitnehmern seien – im

---

[686] Ibid. Zur Diskussion innerhalb der FDP vgl. auch Friedrich-Naumann-Stiftung (Hg.), Biotechnik und Gentechnologie – Freiheitsrisiko oder Zukunftschance?, München: J. Schweitzer, 1985.

[687] FAZ vom 18.02.1986.

[688] Vgl. dazu die Beiträge in Seesing, H. (Hg.), Technologischer Fortschritt und menschliches Leben. Die Menschenwürde als Maßstab der Rechtspolitik. Teil 1: Rechtspolitische Grundsätze von CDU und CSU zur Fortpflanzungsmedizin, München: J. Schweitzer, 1987; Seesing, H. (Hg.), Technologischer Fortschritt und menschliches Leben. Die Menschenwürde als Maßstab der Rechtspolitik. Teil 2: Rechtspolitiche Grundsätze von CDU und CSU zur Gentechnik am Menschen, Frankfurt/München: J. Schweitzer Verlag, 1988.

Einklang mit den Forderungen der Gewerkschaften – gesetzlich zu untersagen.[689]

Hinsichtlich der industriellen Biotechnik hielt *Heinz Seesing* von der CDU und Mitglied der Enquete-Kommission gesetzliche Regelungen für notwendig, die allerdings so zu fassen sind, daß der Bedeutung der Gentechnik für die künftige industrielle Entwicklung Rechnung getragen wird. Aus diesem Grund sind z.B. auch Zeitbegrenzungen für Genehmigungsverfahren notwendig, um den Verzögerungstaktiken von Protestakteuren entgegenwirken zu können.[690] Eine Beteiligung der Öffentlichkeit wurde nicht grundsätzlich ausgeschlossen, sie müsse sich aber am jeweiligen Gefährdungspotential ausrichten. Weiterhin wurde eine gesetzliche Regelung für erforderlich gehalten, um einen Mißbrauch bei der Genomanalyse zu verhindern, die nicht in jedem Fall abzulehnen ist.[691] Eine staatliche Anordnung der Genomanalyse gegen den Willen des Betroffenen käme jedoch aus verfassungsrechtlichen Gründen selbst dann nicht in Betracht, wenn sie für die Gesundheit von erheblicher Bedeutung wäre. Nur bei einem Einverständnis des Betroffenen wäre eine Genomanalyse vertretbar. Die mit der Gentechnik aufgeworfenen ethischen Fragen wurden auch hier in den Bezugsrahmen eines verantwortungsethischen Aktivismus gestellt:

> Wir tragen Verantwortung für die Weiterentwicklung, ja für den Fortbestand allen Lebens auf unserer Erde. Und deswegen kümmern wir uns immer mehr um alle Fragen der Gentechnik.[692]

Von der CSU-Spitze, insbesondere der Justizministerin *Berghofer-Weichner*, wurde allerdings die Freigabe der Embryonenforschung nicht akzeptiert, da dies auch die Position der CSU in der Abtreibungspolitik unglaubwürdig machen würde.[693] Auf dem Münchener Genkongreß der CSU, der am 10.9.1988 unter dem Motto „Verantwortung für eine menschliche Zukunft" stattfand, konnte man sich im Bereich der Biotechnik über den Nutzen etwa in der Pflanzen- und Tierzucht relativ leicht einigen, da es hier darum gehe, „das Gute an der Schöp-

---

[689] Bundesarbeitskreis Christlich-Demokratischer Juristen (BACDJ), Leitsätze zur Genomanalyse. In: Seesing, H. (Hg.), Technologischer Fortschritt und menschliches Leben, Teil 2, op.cit., S. 103-107.

[690] Seesing, H., Einheitliches Stammgesetz erforderlich. In: Industriegewerkschaft Chemie-Papier-Keramik (Hg.), Gentechnologie. Ein Nachschlagewerk für Arbeitnehmer, op.cit., S. 70-73.

[691] Seesing, H., Einige offene Fragen bedürfen noch der Regelung. Gesellschaftspolitische Kommentare 3, Sonderausgabe: Das Gentechnikgesetz. Die Chancen nutzen, 1990, S. 150-152.

[692] FAZ vom 18.02.1986.

[693] taz vom 12.09.1988.

fung (zu) verbessern"[694]. Anders dagegen im Bereich der Humangenetik: hier dürfe man nicht alles tun, was technisch machbar und ökonomisch vorteilhaft sei, postulierte Bayerns Europa-Staatssekretär *Alfred Sauter*.[695] Uneinig war man sich allerdings über die effektive Kontrolle; während *Ernst-Ludwig Winnacker* den Gesetzgeber zu großer Zurückhaltung mahnte und auf die Selbstkontrolle der Wissenschaft setzte, wollten die Politiker jedoch eher der Schutzfunktion rechtlicher Regulierung trauen.

Innerhalb der CDU lehnte man den Eingriff in die menschliche Keimbahn klar ab, und hinsichtlich der technischen Verfügbarmachung von Menschen mit Hilfe der Gentechnologie solle eine enge ethische Grenze gezogen werden. Bereits 1986 hatten die Teilnehmer eines Genkongresses der hessischen CDU in Kassel eine Ergänzung der Verfassung und der Europäischen Konvention für Menschenrechte gefordert. In ihrer Erklärung hieß es, daß das Grundrecht auf Leben auch den Schutz des menschlichen Erbgutes einschließe und eine künstliche Beeinflussung generell ausgeschlossen werde. Die im Grundgesetz verankerte Freiheit der Forschung bedeute nicht, daß alles grenzen- und schrankenlos akzeptiert werde.[696] Pflanzen, Tiere oder Viren, Bakterien, Pilzen oder Hefen dagegen hätten eine mehr dem Menschen dienende Funktion. Genetische Veränderungen durch gezielte technische Eingriffe in einem weiten Sinne stellen in dieser Ethik kein moralisches Problem dar. Unter diesen Voraussetzungen steht einer industriellen und agro-industriellen Verwertung und Anwendung der Gentechnik nichts im Wege. Ebenso soll innerhalb dieses ethisch abgesteckten Rahmens die wissenschaftliche Forschung und deren Förderung vorangetrieben werden; Bundeskanzler *Helmut Kohl* sprach von einer Förderung des Wettbewerbs gerade auch an den Hochschulen und gab für Deutschland die Maxime aus: „Zweitbester zu sein, kann und darf uns nicht zufriedenstellen"[697].

5.5.2.3 Die SPD

Wolf-Michael Catenhusen von der SPD und Vorsitzender der Enquete-Kommission hält die Gentechnologie für ein unverzichtbares Instrument der biomedizinischen Forschung, der wir neues Wissen um die Entstehung wichtiger Krankheiten wie Krebs oder Aids verdanken. Dennoch biete die Gentechnologie – die zwar sinnvolle Beiträge in verschiedenen gesellschaftlichen Problembereichen

---

[694] Welt vom 12.09.1988.

[695] Ibid.

[696] taz vom 20.01.1986.

[697] Kohl, H., Ethische Grundsätze und Maßstäbe für Forschung und Technologie. In: Seesing, H. (Hg.), Technologischer Fortschritt und menschliches Leben, op.cit., S. 3-11.

leisten könne - nicht die Lösung wichtiger gesellschaftlicher Probleme. So sind z.B. die Ernährungsprobleme in der Welt vorwiegend auf politische, ökonomische und soziale Ursachen zurückzuführen.[698] Bei grundsätzlicher Zustimmung zum Erhalt und Ausbau des Standorts Deutschland[699] sowie einer forcierten Forderung nach einem Gentechnikgesetz – damit der Konsens zwischen Industrie, Gewerkschaften und Öffentlichkeit nicht zerbreche[700] – und einer damit verbundenen Rechtssicherheit[701] ergeben sich jedoch unverzichtbare Anforderungen an die konkrete Ausgestaltung. Im Unterschied zur FDP und CDU/CSU forderte die SPD, daß das GenTG sich klar und ausschließlich an den Zielen des Schutzes von Mensch und Umwelt orientieren müsse und die Förderung der Gentechnik aus Akzeptanzgründen nicht im Gesetz pauschal festgeschrieben werden sollte, wie dies beim Atomgesetz der Fall war. Weiterhin wurde bereits 1985 kritisiert, daß in unserer Rechtsordnung der Mensch im Mittelpunkt stehe und der Schutz der Natur einseitig aus dem Gesichtspunkt eines vorverlegten, indirekten Menschenschutzes diskutiert werde. Es gehe aber auch darum, für die Natur eigene Rechte in unserer Rechtsordnung zuzugestehen, die im ökologischen Diskurs advokatorisch zur Geltung gebracht werden sollen:

> Sozialdemokraten halten sich daher ausdrücklich die Option offen, der Natur in unserer Rechtsordnung eigene, durch Treuhänder besonders wahrgenommene Rechte zu verschaffen, die den Frieden zwischen Mensch und Natur wiederherzustellen vermögen.[702]

Da die Festschreibung der Förderung der Gentechnik im GenTG später doch erfolgte, lehnte die SPD zunächst das Gesetz „aus Verantwortung für Gesundheit von Lebewesen und Umwelt" ab und forderte ein Moratorium von 10 Jahren für die Freisetzung.[703] Weiterhin zielte die SPD bereits bei dem Entwurf zum GenTG auf eine umfangreichere Öffentlichkeitsbeteiligung ab und kritisierte eine Einschränkung der Beteiligung auf die Sicherheitsstufen 3 bis 4. Auch ein institutionalisierter technologiepolitischer Dialog über die Chancen und Risiken, eine Verbesserung für den Bereich Arbeitsschutz sowie eine Erweiterung in der

---

[698] Catenhusen, W.-M., Schutz vor Mensch und Umwelt. In: Industriegewerkschaft Chemie-Papier-Keramik (Hg.), Gentechnologie. Ein Nachschlagewerk für Arbeitnehmer, op.cit., S. 73-77.

[699] Die SPD im Deutschen Bundestag, Catenhusen: Ist der Standort Bundesrepublik für die Gentechnologie in Gefahr?, op.cit.

[700] taz vom 1.12.1988.

[701] Sozialdemokratischer Pressedienst 44/57 vom 22.3.1989.

[702] Politik. Aktuelle Information der Sozialdemokratischen Partei Deutschlands, Nr. 9: Forschungs-Objekt Mensch: Zwischen Hilfe und Manipulation, Oktober 1985.

[703] SPD, Presseservice der SPD, Beschlußbericht Nr.9, 1991.

nicht-wissenschaftlichen Besetzung der ZKBS wurde für notwendig erachtet.[704] Im Herbst 1985 hatte der SPD-Parteivorstand Vorschläge zur „Anwendung gentechnologischer Methoden beim Menschen" gemacht:[705] Zwar dürfe kinderlosen Ehepaaren geholfen werden, dies wiederum dürfe jedoch nicht zu einer „Zuchtauswahl" führen; jegliche Kommerzialisierung dieser Technik wurde abgelehnt. Insbesondere dürfen Embryonen nicht zu einem Forschungs- oder Handelsobjekt werden. Die SPD sprach sich gegen jeden gentechnologischen Eingriff beim Menschen aus, der nicht auf den einzelnen Menschen begrenzt ist, sondern auch künftige Generationen verändern würde.[706] Die pränatale Genomanalyse wurde vor allem deshalb abgelehnt, weil geeignete Therapien noch nicht in Aussicht stehen und möglicherweise ein sozialer Druck auf die Eltern ausgeübt werden kann, bei einer Krankheitsdiagnose das Kind abzutreiben.[707] Eine genetische „Durchleuchtung" soll hinsichtlich der sozialen Konsequenzen auch dort verhindert werden, wo Arbeitsplatz, Versicherungen, Gesundheitsverwaltungen oder militärische Belange betroffen sein können. Auch die Züchtung eines „neuen Menschen", der in einer zerstörten Umwelt überlebensfähig wäre, wurde klar zugunsten einer menschenwürdigen Gestaltung von Gesellschaft und Umwelt abgelehnt.[708] Dabei wird bei der SPD auch die stärkere Einbeziehung einer sozial-gemeinschaftlichen Orientierung und eine Erweiterung der Diskussion über rein biologische Risiken hinaus deutlich:

> Der Debatte um die Gentechnologie kommt wie der Diskussion um die Kernenergie auch eine symbolische Funktion der Problematisierung des gesellschaftlichen Umgangs mit neuen Technologien schlechthin zu. Auch hier geht es nicht nur um die Erörterung technischer Risiken, sondern auch darum, wie wir leben wollen.[709]

Bereits in dem Zusatzvotum zum Bericht der Enquete-Kommission forderte die SPD mehr gesellschaftliche Mitbestimmung, eine Sozialbindung der Forschung, eine Korrektur der Industrieorientierung sowie die Ausweitung des technologie-

---

[704] Sozialdemokratischer Pressedienst 44/96 vom 23.5.1989.

[705] Vgl. ausführlich dazu die Beiträge in Däubler-Gmelin, H. (Hg.), Forschungsobjekt Mensch: Zwischen Hilfe und Manipulation, München: J. Schweitzer Verlag, 1986.

[706] FAZ vom 18.02.1986.

[707] SPD, Mitteilung für die Presse vom 24.10.1985.

[708] SPD, Mitteilung für die Presse vom 24.10.1985.

[709] Catenhusen, W.-M., Aus der Arbeit der Enquete-Kommission „Chancen und Risiken der Gentechnologie" des Deutschen Bundestages. In: Max-Planck-Gesellschaft (München) (Hg.), Gentechnologie und Verantwortung, op.cit., S. 45-52.

politischen Diskurses.[710] Auf dem „Zukunftskongreß" der bayerischen SPD-Landtagsfraktion vom 27.9.1988 sprach man sich gegen ein generelles Verbot der Gentechnologie aus, jedoch sei der Mensch „das primäre Maß jeder technologischen Entwicklung", so der Slogan der SPD.[711]

5.5.3 Das Gentechnikgesetz und das Embryonenschutzgesetz

Das GenTG kam schließlich durch den Druck der Industrie nach rechtlicher Handlungssicherheit, der beschleunigten öffentlichen Kommunikation sowie aus einem politischen Machtkalkül (insbesondere durch die Niedersachsenwahl am 13.5.1990, bei der – wie von der Regierungskoalition befürchtet wurde – die Stimmenmehrheit der Unionsländer verlorenging) zustande und griff in eine Entwicklung ein, die schon längst im vollen Gange war. Am 29.3.1990, drei Jahre nachdem die Enquete-Kommission ihren Bericht vorgelegt hatte, einigten sich die Parlamentarier des Bundestages auf das Gentechnikgesetz. Dabei nahm man sich gerade vier Stunden Zeit, um dieses Gesetz zu diskutieren und zu beschließen. Bis zu diesem Zeitpunkt übte sich die Regierung weitgehend in Handlungsabstinenz.

Der BUNDESMINISTER FÜR JUGEND, FAMILIE, FRAUEN UND GESUNDHEIT (BMJFFG) hatte auf der Grundlage der Empfehlungen der Enquete-Kommission am 21.11.1988 einen Bericht über gesetzliche Regelungen zur Gentechnik vorgelegt und zugleich dem Bundeskabinett einen Beschlußvorschlag unterbreitet. Daraufhin hatte das Bundeskabinett am 30.11.1988 Eckwerte für ein umfassendes Gentechnikgesetz beschlossen und das BMJFFG mit der Erarbeitung eines entsprechenden Gesetzentwurfs beauftragt. Nach den sogenannten Eckwerten sollten sich die gesetzlichen Regelungen auf folgende Bereiche beziehen (ausgenommen war die Anwendung gentechnischer Methoden am Menschen):

- gentechnische Arbeiten im geschlossenen System (Forschung und Entwicklung und industrielle Produktion);
- Freisetzung gentechnisch veränderter Organismen in die Umwelt (einschließlich des Inverkehrbringens von Produkten, die GVOs enthalten oder daraus bestehen);
- Transport und Lagerung.[712]

---

[710] Catenhusen, W.M. & Neumeister, H. (Hg.), Chancen und Risiken der Gentechnik, op.cit., S. 278-280.

[711] taz vom 28.09.1988.

[712] Pohlmann, A., Gentechnische Industrieanlagen und rechtliche Regelungen. Betriebs-Berater, 44, 18, 1989, S. 1205-1213, 1212.

Der Gesetzentwurf, der im Frühjahr 1989 aus dem BUNDESMINISTERIUM FÜR JUGEND, FAMILIE, FRAUEN UND GESUNDHEIT (BMJFFG) unter Ministerin *Ursula Lehr* kam, wurde am 12.7.1989 vom Kabinett abgesegnet. Bei der Begutachtung durch die Ministerialbeamten des Umwelt-Unterausschusses des Bundesrates mußten sich die Beamten mit 254 Änderungsanträgen auseinandersetzen, zu denen noch weitere Anträge aus anderen Ausschüssen der Länderkammer kamen, so daß insgesamt etwa 600 Änderungsanträge zu bearbeiten waren: einmalig in der Geschichte der Bundesrepublik.[713] Das Umweltbundesamt kritisierte, daß der Entwurf den „Notwendigkeiten der Umweltvorsorge nicht ausreichend Rechnung" trage.[714] Insgesamt wurde dem Entwurf attestiert, daß er „inhaltlich und in den erforderlichen Regelungen unausgereift" sei.[715] Insbesondere wurden klare Regelungen über die Genehmigungspflicht für gentechnische Anlagen und Arbeiten zu gewerblichen Zwecken sowie die grundsätzliche Beteiligung der Öffentlichkeit bei allen Genehmigungsverfahren vermißt. Während *Lehr* und *Töpfer* den Anwendungsbereich des Gesetzes auf „gentechnische Arbeiten" beschränken wollten, bestand der Ausschuß zusätzlich auf ein Genehmigungsverfahren für alle „gentechnischen Anlagen". Außerdem wollten die Länder über die Freisetzungen genetisch veränderter Organismen im Gegensatz zum Entwurf selbst bestimmen und dies nicht dem Bund überlassen. Diese Zentralisierung wurde als Widerspruch zum föderalen Aufbau der Bundesrepublik gesehen. Zahlreiche weitere Änderungsanträge, die im Umweltausschuß gegen die Voten der unionsregierten Länder angenommen wurden, betrafen beispielsweise die Verschärfung der Genehmigungspflicht gentechnischer Anlagen und Vorhaben. Auch unterhalb der Sicherheitsstufen drei und vier sollten Labors und Firmen ihre Anlagen genehmigen lassen. Darüber hinaus wurde eine gegenüber dem Regierungsentwurf wesentlich erweiterte Beteiligung der Öffentlichkeit im Genehmigungsverfahren verlangt. Weiterhin wurden Regelungen gefordert, die den Behörden die Möglichkeit eröffnen, Anträge unter gewissen Umständen auch abzulehnen (Versagungsermessen). Weitere gravierende Mängel wurden vor allem auch in der unzulänglichen „Verwendung unterschiedlicher und inhaltlich nicht konkretisierter sicherheitsrelevanter Begriffe wie „Risiko" und Ableitungen davon" gesehen.[716] Beim Abstimmungsmarathon in den verschiedenen Ausschüssen stimmten die Beamten aus den unionsregierten Ländern in zentralen Fragen mit den SPD-Vertretern aus Nordrhein-Westfalen gegen den auch von

---

[713] taz vom 22.09.1989; Wurzel, G. & Merz, E., Gesetzliche Regelungen von Fragen der Gentechnik und Humangenetik, Aus Politik und Zeitgeschichte B6, 1991, S. 12-24.

[714] taz vom 10.03.1989.

[715] Zitat in taz vom 22.09.1989.

[716] Lukes, R., Der Entwurf eines Gesetzes zur Regelung von Fragen der Gentechnik. Deutsches Verwaltungsblatt 105,6, 1990, S. 273-278, 278.

Bundesumweltminister *Töpfer* mit zu verantwortenden Regierungsvorschlag; damit waren wesentliche Vorstöße der anderen SPD-regierten Länder zum Scheitern verurteilt. Auch Kritiker, wie beispielsweise das „Öko-Institut Freiburg", warfen ein, daß die Öffentlichkeitsbeteiligung nicht ausreichend sei und durch die Schlüsselposition und einseitige Besetzung der ZKBS alles darauf hinauslaufe, daß sich „die Anwender und Nutzer der Gentechnik selbst kontrollieren".[717]

Wie nicht anders zu erwarten, stimmte der Bundesrat dem Entwurf der Bundesregierung nicht zu. Nach einer fast dreistündigen Debatte weigerte sich die Länderkammer am 22.9.1989, in die Einzelberatungen einzusteigen.[718] Viele Fragen waren offengeblieben und niemand hatte sich so schnell durch die rund 600 Änderungsanträge durcharbeiten können. Daher beschloß der Bundesrat, erst gar nicht abzustimmen, sondern Eckwerte einer eigenen Konzeption dem Regierungsentwurf entgegenzustellen. In der Stellungnahme, die von den CDU-Ländern Bayern, Hessen, Baden-Württemberg, Niedersachsen und Rheinland-Pfalz eingebracht wurde – drei Entschließungsanträge von SPD-Ländern fanden keine Mehrheit – forderte man hauptsächlich die Ausweitung der Genehmigungsverfahren für gentechnische Anlagen und gewerbliche Produktionsstätten. Außerdem sollte die Öffentlichkeit an diesen Verfahren stärker beteiligt sein. Zuständig sollten die Länder und nicht das Bundesgesundheitsamt sein. Die Bundesländer bemängelten übereinstimmend, sie hätten in der nur sechswöchigen Beratungszeit zu wenig Einwirkungsmöglichkeiten gehabt. Der hessische Umweltminister *Weimar* (CDU) erklärte, ein solches Gesetz sei nur möglich, wenn es von der Bevölkerung akzeptiert werde und die Sicherheitsstandards klar definiert würden. Ebenso kritisierte der nordrhein-westfälische Umweltminister *Matthiesen* (SPD) die Vorlage als „unakzeptabel und unzureichend"[719].
Am 26.10.1989 verabschiedete der Bundestag den seit 1987 vorliegenden Bericht der Enquete-Kommission gegen die Stimmen der *Grünen*, um dem geplanten Gentechnologiegesetz der Bundesregierung Rückendeckung zu verschaffen. Die Debatte macht deutlich, daß zwischen der Regierungskoalition und der SPD ein weitgehender Konsens herrschte.[720] Einig war man sich in der Forderung nach einem Verbot von Genmanipulationen bei menschlichen Embryonen und dem Freisetzungsverbot von gentechnisch veränderten Viren. In der Bewertung der ethischen Probleme bei der Anwendung einer pränatalen Genetik stimmte man ebenfalls überein; eine „Menschenzucht" wurde abgelehnt,

---

[717] taz vom 08.06.1989 und taz vom 22.09.1989.

[718] taz vom 23.09.1989.

[719] Ibid.

[720] taz vom 27.10.1989.

doch mit Hinweis auf die mögliche Früherkennung von Behinderungen ein pauschales Verbot verworfen. Gleichwohl hatte die SPD ihre Differenzen zur Regierungskoalition in einem Änderungsantrag deutlich gemacht. So lehnte sie jegliche Genforschung im militärischen Bereich ab wie auch die Entwicklung herbizidresistenter Pflanzen, weil dadurch der Einsatz von Giften in der Landwirtschaft stabilisiert werde. Festgehalten wurde auch am Verbot von Freisetzungsversuchen für fünf Jahre. Bei Versicherungsabschlüssen und am Arbeitsplatz wurden Erbgut-Untersuchungen, mit denen besonders geeignete Beschäftigte für risikoreiche Arbeitsplätze selektiert werden können, prinzipiell abgelehnt. Anwendung bei der Erbgutanalyse sollte nur die Früherkennung von Gesundheitsrisiken finden. Die *Grünen* hatten ihre Ablehnung vom Risikopotential durch unkontrollierbare Freisetzungen, von der behördlichen Überforderung bei Genehmigungsverfahren und von aufgetretenen unerwarteten Fehlentwicklungen bei wissenschaftlichen Experimenten abgeleitet. Sie blieben bei der Forderung nach einem Verbot der Gentechnik, solange es „kein demokratisches Konzept für den gesellschaftlichen Umgang mit dieser Technik gibt"[721]. Bereits einen Tag später diskutierten in Bonn fünf Stunden lang Oppositionsgruppen - vom BUND bis zu den Jusos, vom „Gen-ethischen Netzwerk" über die *Grünen* bis zur katholischen Landjugendbewegung - ein Memorandum zum Gentechnikgesetz. Streitpunkt war die Frage, ob sich die Entwicklung der Gentechnik steuern läßt oder ob sie vollständig verhindert werden müsse. Dabei einigte man sich auf einen Kompromiß: In der Neufassung des Memorandums zeichneten sich die Konturen einer Gesetzesregelung ab, die sich deutlich von den Vorschlägen der Bundesregierung abhoben. Danach sollten die Risiken gentechnischer Forschung und Produktion durch hohe Sicherheitsauflagen und strenge Kontrollen minimiert sowie die Öffentlichkeit und die Umweltverbände stärker in die Genehmigungsverfahren für gentechnische Anlagen und Experimente einbezogen werden. Die Freisetzung von GVO, die gentechnologische Forschung zu militärischen Zwecken und die Entwicklung herbizidresistenter Pflanzen sollten völlig untersagt werden. Weiterhin sollten Alternativen zur bisherigen Forschungsförderung entstehen.

Am 8.11.1989 setzte mit einer Eilentscheidung des Hessischen Verwaltungsgerichtshofs der seit 1985 vorbereiteten gentechnischen Produktion von Humaninsulin der „Hoechst AG" ein vorläufiges Ende. Nach Auffassung der Richter bestand für gentechnische industrielle Arbeiten ein nahezu rechtsfreier Raum. Die Begründung hierfür: „Solange der Gesetzgeber die Nutzung der Gentechnologie nicht ausdrücklich zuläßt, dürfen gentechnische Anlagen – unabhängig von der Bewertung ihrer Gefährlichkeit im Einzelfall – nicht errichtet und betrieben

---

[721] Ibid.

werden".[722] Zu diesem Beschluß, der nur mit einer Beschwerde beim Bundes-verfassungsgericht anfechtbar war, kamen die Richter, weil es sich hierbei um eine Abwägung der Grundrechte auf Leben und körperliche Unversehrtheit (Art. 2 Abs. 2 GG), Forschungsfreiheit (Art. 5), Berufs- und Gewerbefreiheit (Art. 12) sowie dem Recht am eingerichteten und ausgeübten Gewerbebetrieb (Art. 14) handelte.[723] Mit aller Deutlichkeit hatte der VGH den Streitpunkt der Auseinan-dersetzung offengelegt: Es geht um die Bestimmung der jeweiligen Rechte des Betreibers einer gentechnischen Anlage im Verhältnis zu den Rechten der be-troffenen Nachbarn auf Gesundheit und Leben. Für die Einführung gentechni-scher Arbeiten bedürfe es einer gesetzgeberischen Entscheidung, da es sich um eine für die Gesellschaft wesentliche Angelegenheit handele, die insbesondere die Grundrechte auf Leben und Gesundheit berühre. Solche gesellschaftlich re-levanten Angelegenheiten müssen aber nach der neueren Lehre des Bundesver-fassungsgerichts durch Parlamentgesetz entschieden werden.[724] Entscheidend war nun bei diesem Beschluß – der auf gesichertem verfassungsrechtlichen Bo-den getroffen wurde – die „Anerkennung der prinzipiellen Möglichkeit einer Subjektivierung zunächst nur objektiv-rechtlich formulierter Schutzpflicht".[725] Eine bloß objektive Verpflichtung des Staates auf Schutz von Leben und Ge-sundheit des Bürgers verpflichtet nur den Staat, berechtigt aber nicht den Bürger auf solche Leistungen; erst eine solche Subjektivierung sichert dem Bürger das Recht, den Staat vor Gericht an seine Schutzpflicht zu erinnern, und genau darin bestand das „eigentlich Neue und Spektakuläre des Beschlusses"[726]. Mit diesem Urteil wandte sich der VGH Kassel auch gleichzeitig gegen eine juristische Fehleinschätzung, die bereits im Bericht der Enquete-Kommission zu finden ist: Trotz der zu diesem Zeitpunkt gefestigten Rechtsprechung des BVerfG fanden in diesem Bericht die staatlichen Schutzpflichten für Leben und körperliche Un-versehrtheit keine Berücksichtigung.

Die CDU drängte nun auf eine schnelle Verabschiedung des Gesetzes und be-gegnete der massiven Kritik der Bundesländer an ihrem Gesetzentwurf mit eini-gen Verbesserungen und Zugeständnissen. Wichtigster Punkt: Die Öffentlichkeit sollte nun an allen Genehmigungsverfahren beteiligt werden, nicht nur wie bis-lang vorgesehen bei den Sicherheitsstufen 3 und 4. Allerdings sollten wissen-schaftliche Genlabore von einer Öffentlichkeitsbeteiligung befreit werden. Für die Industrie war im Gegenzug für die „Zumutung" einer Öffentlichkeitsbeteili-

---

[722] Zitiert in taz vom 09.11.1989.

[723] DIE ZEIT vom 17.11.1989.

[724] Winter, G., Entfesselungskunst. Eine Kritik des Gentechnikgesetzes. Kritische Justiz 24, 1991, S. 18- 30, 19.

[725] Bizer, J., VGH Kassel stoppt Gentechnik. Kritische Justiz 23, 1990, S. 127-129, 127.

[726] Ibid., S. 127.

gung gedacht, daß gentechnische Arbeiten der Sicherheitsstufe 3 nur noch in ihrer Gesamtheit genehmigt werden und die bis dahin vorgesehene Genehmigung jedes einzelnen Produktions- oder Versuchsvorhabens entfallen sollte.[727] Dieses produktionsunabhängige Verfahren hat für die Industrie jenen Vorteil, daß Betriebsgeheimnisse und Patente nicht mehr der Genehmigungsbehörde auf den Tisch gelegt werden brauchen. *Catenhusen* bezeichnete den Regierungsentwurf jedoch als „unzureichend und fehlerhaft"[728], da dieses Gesetz nicht auf einen Schutz vor den Gefahren ziele, sondern vielmehr „die Förderung der Gentechnologie gesetzlich vorschreibt"[729]. Die erste Lesung des Gesetzes wurde auf den 15.11.1989 vorgezogen, und obwohl *Catenhusen* seine konstruktive Mitarbeit zusicherte, kritisierte er doch, daß dies nicht unter Zeitdruck geschehen dürfe und das Gesetz bereits „mit der heißen Nadel gestrickt" in den Bundestag gebracht worden sei.[730]

Im Januar 1990 debattierten in einem Hearing 64 Gutachter drei Tage lang über das Gesetz.[731] Die Einladungen an die Gutachter waren kurzfristig ergangen und zu einer schriftlichen Stellungnahme blieb kaum Zeit, wie 13 Gutachter in ihrer Protestresolution zur „unsachgemäßen Überstürztheit" betonten.[732] Auch die eingereichten Papiere der Gutachter wurden nur zum Teil veröffentlicht. Wie *Joachim Spangenberg*, Gutachter des BUNDESVERBANDES BÜRGERINITIATIVEN UMWELTSCHUTZ (BBU) angesichts des Zeitdrucks bemerkte, glich die ganze Veranstaltung einem „Ritt über den Bodensee":

> Das Ganze ist ein gewaltiger Ritt über den Bodensee. Es gibt für diesen Gesetzentwurf 250 Seiten Änderungsanträge aus dem Bundesrat. Die gehören zur Verhandlungsmasse. Die CDU-regierten Länder haben sich bereits geeinigt, welche dieser Anträge sie im Bundesrat durchlassen werden. Die Bundesregierung kann davon also kaum abweichen. Trotzdem sind diese Anträge den Experten nicht zugegangen. Die eingereichten Stellungnahmen der Experten sind nur zum Teil veröffentlicht worden. Ein großer Teil der eingeladenen Fachleute kann sich nicht auf andere Gutachter beziehen, weil sie deren Papiere überhaupt nicht kennen. In diesem Zustand der relativen Uninformiertheit sollen wir dann unseren Sermon ablassen. Außerdem kamen viele kritische Gutachter bisher gar nicht zu Wort.[733]

---

[727] taz vom 10.11.1989.

[728] Ibid.

[729] Ibid.

[730] taz vom 16.11.1989.

[731] taz vom 19.01.1990.

[732] Ibid.

[733] taz vom 19.01.1990, Interview mit Joachim Spangenberg.

Gerade die Auseinandersetzung um die Ziele des Gesetzes – neben dem Schutz vor den Gefahren steht die Förderung der Gentechnik – offenbart die Ideologisierung der Debatte und macht besonders deutlich, welche Interessen hier aufeinanderprallten. Obwohl die Staatsrechtler darlegten, daß die Förderklausel juristisch nicht haltbar und mit den Schutzzwecken nicht vereinbar ist, zeigten sich gerade die Vertreter der Industrie davon unbeeindruckt und argumentierten, daß mit der Betonung des Fördergedankens eine „Signalfunktion gegenüber dem unschlüssigen Bürger" ausginge.[734] Die Industrie, die jahrelang ein Gentechnikgesetz abgelehnt hatte, drängte nun auf eine schnelle Verabschiedung. Obwohl die „Schlachtlinie" zwischen Industrie und Wissenschaft auf der einen Seite und den Befürchtungen gesellschaftlicher Protestgruppen und der Naturschutzverbände andererseits verlief, kam es doch auch zu überraschenden Koalitionen quer durch die Fronten. So befürworteten Vertreter der Industrie als auch die Umweltverbände ein dezentrales Genehmigungsverfahren, wenn auch aus unterschiedlichen Motiven heraus, während die universitäre Wissenschaft – und auch die FDP[735] – eine bundeseinheitliche Regelung favorisierten, um der Länderkompetenz mit den politischen Unwägbarkeiten einer rot-grünen Koalition zu entgehen. Weitere zentrale Punkte der Auseinandersetzung bildeten die Sicherheitsphilosophie des „additiven Modells" sowie die Problematik der Sicherheitsstufen und der Öffentlichkeitsbeteiligung. Während die SPD keinen Hehl daraus machte, daß die Chancen der Gentechnik zu nutzen seien, gleichwohl das Gesetz als noch unzureichend empfunden wurde, lehnten die *Grünen* nach wie vor die Nutzung der Gentechnologie grundsätzlich ab. Sowohl SPD als auch die *Grünen* verlangten nach Abschluß der Expertenanhörung einen neuen Entwurf; die SPD unterstrich noch einmal die Notwendigkeit einer generellen Öffentlichkeitsbeteiligung und die *Grünen* wollten den Schutz der Bevölkerung und Umwelt in den Mittelpunkt gestellt wissen.[736] Wie *Heinz Seesing* (CDU) versicherte, sollten bei der Überarbeitung des Entwurfs „maximal fünfzig Prozent erhalten bleiben"[737], der Entwurf also nicht gänzlich zurückgezogen werden, weil dann eine Verabschiedung bis zu den Landtagswahlen in Niedersachsen ausgeschlossen wäre.

Am 31.1.1990 hatten sich Bundesregierung, unionsregierte Bundesländer und die Regierungskoalition CDU/CSU und FDP auf einer Klausurtagung in Bad Neuenahr auf eine endgültige Fassung des GenTG geeinigt.[738] Damit wurde sichergestellt, daß das umstrittene Gesetz vom Bundesrat am 11. Mai 1990 verab-

---

[734] taz vom 19.01.1990.

[735] FR vom 27.01.1990.

[736] taz vom 20.01.1990.

[737] taz vom 24.01.1990.

[738] taz vom 01.02.1990.

schiedet werden konnte, zwei Tage vor der Niedersachsenwahl. Die Bundesländer sollten nun die Genehmigungskompetenz sowohl für Forschungseinrichtungen als auch für Produktionsanlagen erhalten. Außerdem sollte das Gesetz für
die Genehmigung der gesamten gentechnischen Anlage gelten und nicht nur für
gentechnische Arbeiten, wie es bisher geplant war. Der Bund sollte jedoch zuständig bleiben beim „Inverkehrbringen" und bei der Freisetzung veränderter
Organismen. Eine Öffentlichkeitsbeteiligung ist bei den Sicherheitsstufen 2 bis 4
vorgesehen, bei Stufe 1 nur dann, wenn es nach dem Bundesimmissionsschutzgesetz notwendig sein sollte. Bei Freisetzungsversuchen sollte die Öffentlichkeit
nur dann beteiligt werden, wenn eine Gefährdung der Bevölkerung nicht ausgeschlossen werden kann. Was allerdings als gefährlich gilt, wurde von der ZKBS,
und damit hauptsächlich von Wissenschaft und Industrie, definiert.
Am 29.3.1990 verabschiedete dann der Bundestag, begleitet von massiver Kritik
aller Umweltverbände, Ökogruppen, von *Grünen* und Teilen der SPD, das Gentechnikgesetz. Insgesamt mußte der Gesetzesentwurf zur Gentechnik drei Le-
sungen im Bundestag und zwei Durchgänge im Bundesrat passieren, und an der
Erarbeitung der Vorlage für die Plenarsitzungen waren acht Ausschüsse beteiligt.[739] Die Bundesrepublik hatte damit nach Dänemark als zweites Land auf der
Welt ein Gentechnikgesetz verabschiedet. Bis zuletzt hat die SPD noch versucht,
die Abstimmung zu verhindern und nochmals eine Expertenanhörung durchzusetzen.[740] An den Hauptkritikpunkten des Gesetzes war nichts geändert worden:
Die eingeschränkte Öffentlichkeitsbeteiligung, die explizit festgeschriebene
Förderung der Gentechnik und ihre Kontrolle durch die mehrheitlich aus Gen-
technikern besetzte ZKBS blieben unangetastet. Während *Catenhusen* von „fie-
berhafter Flickschusterei" sprach, bezeichneten die *Grünen* das Gesetz als
„Kniefall vor den Betreibern".[741] Im Mai 1990 wurde das Gesetz vom Bundesrat
gegen den Protest der SPD-regierten Länder gebilligt.[742] Auch die verabschiedete Fassung steckte noch voller formaler Mängel. Dies fängt schon bei der
Zweckbestimmung an, daß neben der Gefahrenabwehr die Förderung der Gentechnik festgeschrieben ist – „so absurd, als würde man im Bundesimmissionsschutzgesetz die Förderung der Chemie als Ziel verankern"[743]. Allerdings erwartete man von juristischer Seite durch dieses „öffentliche Bekennnen" des
Staates zur Gentechnik eine erhebliche Kommunikations- und Akzeptanzsteige-
rung:

---

[739] Wurzel, G. & Merz, E., Gesetzliche Regelungen von Fragen der Gentechnik und Humangenetik, op.cit.

[740] taz vom 30.03.1990.

[741] Ibid.

[742] FR vom 10.05.1990.

[743] DIE ZEIT vom 06.04.1990.

Die ausdrückliche Aufnahme einer Zweckbestimmung, die der Gentechnik das Stigma „sozial unerwünscht" bzw. „ethisch nicht verantwortbar" gerade *nicht* aufdrückte, sondern die sich dieser Stigmatisierung ausdrücklich entgegenstemmte, wirkte insofern öffentlich klarstellend, rechtssichernd und legitimierend – nicht mehr, aber auch nicht weniger.[744]

Bei diesem Bekenntnis auch zu einer entsprechenden Industrie- und Forschungspolitik ist allerdings der Förderungszweck im Gentechnikgesetz insofern relativiert, als nicht die Förderung selbst, sondern lediglich die Schaffung eines rechtlichen Rahmens der Zweck des Gesetzes ist.[745] Die Nutzung und Förderung der Gentechnik steht allerdings nur dann mit den Vorgaben des EG-Rechts im Einklang, wenn damit keine Einschränkung des Schutzzwecks (§ 1 Abs. 1 GenTG) verbunden ist. Daher können diese beiden Zweckbestimmungen keinesfalls gleichwertig nebeneinanderstehen, sondern dem Schutzwert muß ein eindeutiger Vorrang gewährt werden.[746] Bemängelt wurde weiterhin, daß das Gesetz den „weichen" Begriff „Risiko" verwendet statt des in der Rechtsprechung geklärten Begriffs der „Gefahr". Daneben gibt es noch „mögliche Gefährdungen", „Gefährdungen", „schädliche Einwirkungen", alles Unklarheiten, die eine langjährige Klärung durch die Rechtsprechung erfordern. Weiterhin enthielt das Gesetz bedenkliche Unterscheidungen, z.B. daß gewerbliche Anlagen, in denen mit hochriskanten Organismen gearbeitet wird, nur nach öffentlicher Anhörung genehmigt werden dürfen, Forschungsanlagen hingegen, die mit denselben Organismen arbeiten, ohne öffentliche Beteiligung genehmigt werden dürfen. Nach §16 GenTG dürfen Organismen in die Umwelt gesetzt werden, wenn „zum Zweck der Freisetzung unvertretbare schädliche Einwirkungen auf die in §1 Nr.1 bezeichneten Rechtsgüter (Leben und Gesundheit von Menschen, Tieren, Pflanzen sowie die sonstige Umwelt – der Verfasser) nicht zu erwarten sind"[747]. Hier ist nicht klar, was eine vertretbare Schädigung ist und nach welchen Kriterien entschieden wird. Auch die Haftungsbegrenzung auf 160 Mio. DM[748] – so wurde kritisiert[749] – dürfte wohl kaum Anreize zu einer umfassenden Gefahrenvorsorge bieten. Insgesamt entstand der Eindruck, daß das GenTG eine gesell-

---

[744] Vitzthum, W. Graf & Geddert-Steinacher, T., Der Zweck im Gentechnikrecht. Zur Schutz- und Förderfunktion von Umwelt- und Technikgesetzen, Berlin: Duncker & Humblot, 1990, S. 44.

[745] Kloepfer, M. & Delbrück, K., Zum neuen Gentechnikgesetz (GenTG). Die öffentliche Verwaltung 43,21, 1990, S. 897-906, 899.

[746] Führ, M., Das bundesdeutsche Gentechnikgesetz. Deutsches Verwaltungsblatt 11, 1991, S. 559-567, 563.

[747] Hasskarl, H., Gentechnikrecht, op.cit., S. 60.

[748] Ibid., S. 72.

[749] DIE ZEIT vom 6.4.1990.

schaftlich bewußte Information, Reflexion und Entscheidung nur unzureichend organisiert und die gesellschaftliche Anwendung der Gentechnik primär den Mechanismen des Marktes folgt.[750]

Hinsichtlich der Gesetzesimplementation stellt sich allerdings auf der administrativen Ebene innerhalb der Risikogesellschaft die Gefahr ein, daß sich die risikovorbeugenden Verwaltungen in ihren Steuerungsaufgaben verselbständigen und für ihre Zielsetzungen das Recht instrumentalisieren, ohne dabei an diskursive Prozesse und entsprechende Legitimationsfilter rückgebunden zu sein.[751] Gerade die Ausweitung unbestimmter Rechtsbegriffe wie z.b. „Stand von Wissenschaft und Technik" kann zu einer Rücknahme der Kontrolldichte von Verwaltungsgerichten zugunsten einer auf Planung und „implementierende Rechtsgewinnung" ausgerichteten Autonomie des Verwaltungshandelns führen, so daß die konkrete Ausgestaltung der unbestimmten Rechtsbegriffe das Ergebnis von Normbildungsprozessen innerhalb der Verwaltungsverfahren ist. Somit wird also die Normgenese weitgehend in die Exekutive, in das Verwaltungshandeln des politischen Systems verlagert.[752] Wie bereits in Kapitel 3 dargelegt, geht mit der Verlagerung moderner Risiken auf „prognostische Risiken" nicht nur ein Zuwachs an einer Expertokratie mit entsprechender Einbeziehung von kognitivem Wissen hinsichtlich technischer Detailanweisungen einher, sondern darüber hinaus ist auch die administrative Ebene vor Probleme der Güterabwägung, der Wahl konkurrierender Ziele und der normativen Bewertung von Einzelfällen gestellt. Solche Entscheidungen können hier leicht durch Verselbständigungsprozesse der Verwaltung der diskursiven Rechtfertigung entzogen sein und so den Bereich der „illegitimen Macht" ausdehnen.[753] Das GenTG war so formuliert (unbestimmtes Recht), daß hinsichtlich der Implementation der Administration die Aufgabe zukommt, entsprechende Normen zu generieren, ohne daß hierbei offensichtlich eine Einbeziehung der Vertreter aus den gesellschaftlichen Interessenorganisationen in die konkrete Entscheidungsfindung stattgefunden hat. Genau dieser Sachverhalt hatte die Akteure aus Industrie und Wissenschaft dann dazu veranlaßt, über eine zunehmende Bürokratisierung bei der wissenschaftlichen und industriellen Anwendung zu klagen. Diese starke bürokratische Reglementierung trug jedoch dazu bei, die auch von den traditionellen Parteien

---

[750] Vgl. dazu Winter, G., Entfesselungskunst, op.cit.

[751] Habermas, J., Faktizität und Geltung, op.cit., S. 516-537.

[752] Bora, A., Schwierigkeiten mit der Öffentlichkeit. Zum Wegfall des Erörterungstermins bei Freisetzungen nach dem novellierten Gentechnikgesetz. Kritische Justiz 27,3, 1994, S. 306-322; Roßnagel, A., Auf der Suche nach einem zeitgemäßen Verhältnis von Recht und Technik. in: Roßnagel, A. (Hg.), Recht und Technik im Spannungsfeld der Kernenergiekontroverse, Opladen: Westdeutscher Verlag, 1984, S. 13-34, 20.

[753] Habermas, J., Faktizität und Geltung, op.cit., S. 516-537.

unterstützten Dynamisierungsbestrebungen gegenläufig wieder abzubremsen und kam so indirekt dem Anliegen der Protestakteure entgegen. Auf politischer Ebene kam hinzu, daß nach Verabschiedung des GenTGs Union und FDP bei Landtagswahlen eine Serie von Niederlagen hinnehmen mußten. Dadurch war es für SPD und – speziell in Hessen - auch für Bündnis 90/Die Grünen möglich, politische Ziele, die auf Bundesebene nicht durchgesetzt werden konnten, nun auf Landesebene durch eine entsprechende Implementation des Gesetzes zumindest teilweise zu verwirklichen.[754]

Am 1. Oktober 1993 beschloß der Bundestag in zweiter und dritter Lesung die Novelle des Gentechnikgesetzes. Mit dieser Neuregelung sind nun die Genehmigungs- und Anmeldefristen für gentechnische Anlagen und Arbeiten in den unteren Sicherheitsstufen verkürzt, die Einbeziehung der ZKBS wurde reduziert, das öffentliche Anhörungsverfahren für gewerbliche Anlagen der Sicherheitsstufe 1 und einige Anlagen der Sicherheitsstufe 2 wurden abgeschafft. Wie die Debatte im Bundestag zeigte, herrschte zwischen der Regierungskoalition und der Opposition Einigkeit, das GenTG in Richtung einer Straffung des Genehmigungsverfahrens zu ändern.[755] Redner der SPD, in der sich auch interne Meinungsdifferenzen offenbarten, kritisierten jedoch den Abbau der Öffentlichkeitsbeteiligung und forderten eine größere Transparenz. Während die FDP in der Novellierung ein „Signal zur Sicherung des Standorts Deutschland" sah, sprach die Abgeordnete der PDS von einem „Geschenk an die Industrie".[756] Am 1.1.1994 trat dann das Erste Gesetz zur Änderung des Gentechnikgesetzes in Kraft.

Der Entwurf eines Embryonenschutz-Gesetzes, der Ende Juli 1989 das Kabinett passierte, bereitete dagegen dem Bundesrat keine vergleichbaren Probleme.[757] Die Bundesregierung hatte bereits im Februar 1988 in einem erstellten „Kabinettbericht zur künstlichen Befruchtung beim Menschen"[758] aufgezeigt, daß die Methoden der modernen Fortpflanzungsmedizin außer standesrechtlichen auch gesetzgeberische Maßnahmen erfordern. Gesetzliche Regelungen sollten auch solche Möglichkeiten vorausschauend erfassen, die zur (damaligen) Zeit noch nicht realisierbar waren, etwa das Klonen von Menschen, wie Justizminister *En-*

---

[754] Vgl. dazu auch Bandelow, N., Ausweitung politischer Strategien im Mehrebenensystem. In: Martinsen, R. (Hg.), Politik und Biotechnologie, Baden-Baden: Nomos, 1997, S. 153-168, 159-160.

[755] FAZ vom 2.10.1993.

[756] Ibid.

[757] taz vom 23.09.1989.

[758] BT-Drs. 11/856.

gelhard nachhaltig unterstrich.[759] Die dem BMFT und dem BUNDESMINI-STERIUM FÜR JUSTIZ (BMJ) unterstehende „Benda-Kommission", die zum Teil personalidentisch mit der 1984 konstituierten Kommission der Bundesärzte-kammer war[760], ging in ihrem Bericht davon aus, daß die Forschungsfreiheit nicht grenzenlos sein könne, sondern gegenüber anderen in der Verfassung ge-schützten Werten wie Leib und Leben, Selbstbestimmungsrecht und Menschen-würde abzulehnen ist und daß diesen Schranken nicht erst die technologische Anwendung, sondern bereits die Grundlagenforschung unterliegt. Daher hielt sie die Erzeugung menschlicher Embryonen zu Forschungszwecken grundsätzlich für nicht vertretbar. Im übrigen seien jedoch Versuche mit menschlichen Em-bryonen insoweit zu vertreten, als sie dem Erkennen, Verhindern oder Beheben einer Krankheit bei dem betreffenden Embryo oder der Erzielung hochrangiger medizinischer Erkenntnisse (was jedoch nicht näher definiert wurde) diene. Eine „entsprechende Sanktionierung" wurde für nicht vertretbare Versuche an Em-bryonen empfohlen und bezüglich der Genomanalyse wurde aufgrund fehlender Erfahrungen kein rechtlicher Handlungsbedarf gesehen. Bei der somatischen Therapie sei das entscheidende Kriterium die Einwilligung des Betroffenen in Verbindung mit einer konkreten Kosten-Nutzen-Analyse. Kategorisch sollten das – zu diesem Zeitpunkt technisch noch nicht mögliche – Klonen sowie die Erzeugung von Chimären- und Hybridwesen strafrechtlich verboten werden, da dies in besonders schwerwiegender Weise gegen die Menschenwürde versto-ße.[761] Auch gentherapeutische Eingriffe in Keimbahnzellen waren nach Ansicht der Kommission – abgesehen davon, daß die Forschung noch nicht soweit sei – „derzeit nicht zu vertreten". Allerdings könne ein solches Verbot bei Weiterent-wicklungen in der Forschung möglicherweise auch gelockert werden.[762] Bei den Folgerungen humangenetischer Problemstellungen für den rechtlichen Hand-lungsbedarf verwies der Benda-Bericht auf das Berufsrecht der Ärzte.[763] Die

---

[759] Engelhard, H.A., Die Würde des Menschen ist das Maß aller Dinge. DIE WELT vom 28.08.1986, S. 7. Zur Kritik an einer solchen Vorgehensweise, sozusagen „Strafgesetze ins Ungewisse" zu machen, vgl. Kaufmann, A., Rechtsphilosophische Reflexionen über Biotech-nologie und Bioethik an der Schwelle zum dritten Jahrtausend. In: Campbell, T.D., Moffat, R.C., Sato, S. & Varga, C. (Hg.), Biotechnologie. Ethik und Recht im wissenschaftlichen Zeitalter, Stuttgart: Franz Steiner Verlag, 1991, S. 14-33.

[760] Vgl. Gill, B., Gentechnik ohne Politik, op.cit., S. 108.

[761] FAZ vom 26.11.1985.

[762] Ibid.

[763] Vgl. dazu auch: Richtlinien zur Durchführung von In-vitro-Fertilisation (IVF) und Em-bryotransfer (ET) als Behandlungsmethode der menschlichen Strilität. In: Flöhl, R. (Hg.), Genforschung – Fluch oder Segen? Interdisziplinäre Stellungnahmen, München: J. Schweit-zer Verlag, 1985, S. 354-364; Entschließungen des 88. Deutschen Ärztetages am 15. Mai

Auslegung der Musterberufsordnung wurde von der „Zentralen Kommission der Bundesärztekammer zur Wahrung ethischer Grundsätze in der Forschung an menschlichen Embryonen" übernommen[764], wobei man in der Einführung zu den Richtlinien vermerkte, daß sie im Einklang mit den Beschlüssen des 56. Deutschen Juristentages von 1986 über die Zulässigkeit und den zivilrechtlichen Folgen der künstlichen Befruchtung stünden.

Im Gegensatz zur „Benda-Kommission" versuchte die vom Bundesjustizminister und der Länderjustizminister 1986 eingesetzte „Bund-Länder-Arbeitsgruppe Fortpflanzungsmedizin" nicht, mit Expertenmeinungen die politische Willensbildung zu beeinflussen, sondern vielmehr die vorliegenden Stellungnahmen aus den verschiedenen gesellschaftlichen Handlungsbereichen und die Entwürfe einiger Bundesländer zusammenzufassen, wodurch dem gesellschaftlichen Willensbildungsprozeß eine etwas größere Repräsentanz verschafft wurde. Allerdings wurden hier nur solche Empfehlungen ausgesprochen, die auf der Linie der Forderungen der verschiedenen sozialen Großorganisationen lagen oder mit diesen kompatibel waren,[765] während die Forderungen von Protestakteuren kaum eine Berücksichtigung fanden.

5.5.4 Die Gen-Gesetze und juristische Positionen

Der juristische Diskurs selbst reicht von der Anpassung des Rechts an die wissenschaftlich-technische Entwicklung bis hin zu restriktiver Reglementierung. So hatte beispielsweise 1985 *Albin Eser*, Direktor des Instituts der MPG für ausländisches und internationales Strafrecht, geäußert, daß die scientific community durch eine wirksame Selbstkontrolle ein Eingreifen des Gesetzgebers überflüssig machen solle und auch im Bereich der Humangenetik das Recht nur „die letzte Notbremse" sein darf.[766] Im Rahmen der „16. Bitburger Gespräche",

1985 in Lübeck-Travemünde. In: Flöhl, R. (Hg.), Genforschung – Fluch oder Segen?, op.cit., S. 364-366.

[764] Gill, B., Gentechnik ohne Politik, op.cit., S. 109.

[765] Eine kurze Zusammenfassung der Empfehlungen dieser Arbeitsgruppe findet sich in Theisen, H. Biotechnologie, op.cit., S. 123.

[766] Eser, A., Genetik, Gen-Ethik, Gen-Recht?. Rechtspolitische Überlegungen zum Umgang mit menschlichen Embryonen. In: Flöhl, R. (Hg.), Genforschung – Fluch oder Segen?, op.cit., S. 248-258. Ebenso sprach sich Erwin Deutsch 1984 gegen eine umfassende gesetzliche Regelung aus, vgl. Deutsch, E., Juristische Stellungnahme zu den „Überlegungen zur Anwendung gentechnischer Methoden am Menschen". In: BMFT (Hg.), Ethische und rechtliche

bei denen das Verhältnis zwischen Gentechnik und Recht diskutiert wurde, zeigte sich eine ähnliche Zurückhaltung: neben *Eser* sprach sich beispielsweise auch der Berliner Bundessenator und Staatsrechtslehrer *Scholz* dagegen aus, im derzeitigen Stadium der Ungewißheit mit gesetzlichen Regelungen hervorzutreten, ein Gentechnikgesetz würde nur die Ablehnung gegen Neues verstärken.[767] Als jedoch ab 1988 die Industrie nachhaltig für ein Gentechnikgesetz plädierte, fand dies dann auch von juristischer Seite entsprechende Unterstützung. Die Teilnehmer des 56. Deutschen Juristentages (Berlin 1986) sahen ihre Aufgabe vor allem darin, den ethisch-moralischen Rahmen für die verschiedenen künstlichen Reproduktionstechniken abzustecken. Entgegen den Beschlüssen der Ärztekammer blieb der Juristentag in seinem Beschluß auf einer restriktiven Linie. Eine Forschung an Embryonen wurde grundsätzlich abgelehnt.[768] Zum Thema Fortpflanzungsmedizin und Humangenetik hatten der „Deutsche Richterbund"[769] sowie der „Deutsche Juristinnenbund"[770] 1986 jeweils ihre Auffassung in Thesen formuliert. Sie vertraten insofern eine rigorosere Ethik als die Mediziner, da sie davon ausgehen, daß menschliches Leben nicht erst mit der Nidation, sondern bereits mit der Vereinigung von Ei- und Samenzelle beginnt. Die Erzeugung menschlicher Embryonen zu Versuchs- und Forschungszwecken wurde als Verstoß gegen die menschliche Würde bewertet, ebenso das Klonen zur Herstellung von Menschen sowie die Erzeugung von Chimären- und Hybridwesen aus Mensch und Tier. Überzählige Embryos, die also nicht transferiert werden konnten, sollte man „absterben lassen", und die heterologe Insemination wurde als nicht vertretbar angesehen. Ebenso sei die „Ersatzmutterschaft" abzulehnen und die entgeltliche Vermittlung von „Leih-" oder „Mietmüttern" zu verbieten. Eingriffe in die menschliche Keimbahn wurden als unvereinbar mit der menschlichen Würde angesehen und bei Genomanalysen solle jeder Mißbrauch durch gesetzliche Regelungen ausgeschlossen werden. Die „Embryoforschung" wird einerseits vom Art.2 Abs.2 GG, der Lebensgarantie, bestimmt. Der Lebensschutz ist nach geltendem Recht aber nur relativ, der Staat ist von der Verfassung her nicht gehalten, dem Leben einen absoluten Vorrang einzuräu-

---

Probleme der Anwendung zellbiologischer und gentechnischer Methoden am Menschen, München: J. Schweitzer, 1984, S. 17-19.

[767] FAZ vom 13.1.1986.

[768] taz vom 13.09.1986.

[769] Thesen des Deutschen Richterbundes zur Fortpflanzungsmedizin und zur Humangenetik – beschlossen auf der Bundesvertreterversammlung des DRB am 17. April 1986 -, abgedruckt in: Lanz-Zumstein, M. (Hg.), Embryonenschutz und Befruchtungstechnik, München: J. Schweitzer Verlag, S. 212-215.

[770] Thesen einer Arbeitsgruppe des Deutschen Juristinnenbundes zu künstlichen Befruchtungen, abgedruckt in: Lanz-Zumstein, M. (Hg.), Embryonenschutz und Befruchtungstechnik, op.cit., S. 210-211.

men (Beispiel: Notwehr). Andererseits werden Leben und körperliche Unversehrtheit in dem Umfang, in dem sie Bedingungen menschenwürdiger Existenz sind, auch von Art.1 Abs.1 GG, dem Menschenwürdeschutz, garantiert. Hier war die vorherrschende juristische Meinung, daß die Würdegarantie verletzt ist, wenn Leben generell zur Disposition gestellt wird. Bei der Anwendung des Art.1 Abs.1 GG geht es jedoch immer darum, ob der grundsätzliche Achtungsanspruch des Menschen im konkreten Einzelfall negiert wird. Die wissenschaftlichen Experimente, die zur Vernichtung der Embryos führen, dienen aber fremdem Leben, selbst dann, wenn so höchstwertige Forschungsziele wie die Bekämpfung von Krebs oder Aids verfolgt werden. Damit dient aber der betroffene Embryo als Objekt. Wird der Mensch zum Objekt degradiert, liegt in Anlehnung an eine Variante des kategorischen Imperativs von Kant[771] nach der Dürig´schen Objektformel ein Verstoß gegen Art.1 GG vor.[772] Das Bundesverfassungsgericht nimmt jedoch eine eingrenzende Spezifikation der Objektformel vor, da der Mensch immer auch als Objekt der gesellschaftlichen und rechtlichen Verhältnisse gesehen werden kann, denen er sich ohne Rücksicht auf seine Interessen fügen muß. Nach dieser Spezifikation muß nun der Umgang mit einem Menschen, sofern die Menschenwürde angesprochen ist, „Ausdruck der Verachtung des Wertes sein, der dem Menschen kraft seines Personseins zukommt"[773]. Die Hinzufügung des subjektiven Elements der Verletzungshandlung hebt allerdings eine objektivierende Betrachtung nicht auf, die letztlich immer den Vorrang hat: da die Menschenwürde auch nicht „in guter Absicht" verletzt werden darf, kann sich beispielsweise auch staatliches Handeln, das der Wohlfahrt des einzelnen dienen soll, objektiv als Verletzung der Menschenwürde darstellen.[774]

Die Würde des Menschen hat also Vorrang vor dem Recht auf Freiheit der Forschung. Da die Industrie auf dem Gebiet der Humangenetik und Reproduktionsmedizin keinerlei Interessen oder Ambitionen hatte, sahen sich hier die professionspolitischen Interessen aus Wissenschaft und Medizin mit ihrer Forde-

---

[771] „Handle so, daß du die Menschheit, sowohl in deiner Person, als in der Person eines jeden anderen, jederzeit zugleich als Zweck, niemals bloß als Mittel brauchest." Kant, I. Grundlegung zur Metaphysik der Sitten. Werkausgabe Band VII, Frankfurt: Suhrkamp, 1978, S. 61 (BA67).

[772] Vgl. dazu Lanz-Zumstein, M., Embryonenschutz. Juristische und rechtspolitische Überlegungen. In: Lanz-Zumstein, M. (Hg.), Embryonenschutz und Befruchtungstechnik, op.cit., S. 93-114; Keller, R., Probleme der Humangenetik und der verbrauchenden Embryonenforschung aus rechtlicher Sicht. In: Niklisch, F. & Schettler, G. (Hg.), Regelungsprobleme der Gen- und Biotechnologie sowie der Humangenetik, op.cit., S. 171-191; Künzler, I., Macht der Technik – Ohnmacht des Rechts?, op.cit., S. 126-149.

[773] Donner, H. & Simon, J., Genomanalyse und Verfassung. Die öffentliche Verwaltung 43, 21, 1990, S. 907-918, 910.

[774] Ibid.

rung nach Embryonenforschungsfreiheit alleine den juristischen Überlegungen und insbesondere den kirchlichen Forderungen nach einem Embryonenschutz gegenübergestellt, wobei der Gesetzgeber sich für die letztere Position entschied. Im Embryonenschutzgesetz sollte die gentechnische Veränderung menschlicher Samen- und Eizellen, die Leihmutterschaft, die Erzeugung von Embryonen zu Forschungszwecken, das Klonieren und Chimärenherstellen strafrechtlich verboten werden.[775] Die Länder forderten zusätzlich, daß nur Ärzte die künstliche Befruchtung vornehmen dürfen. Nicht berücksichtigt wurde die Forderung Bayerns, die künstliche Befruchtung bei unverheirateten Paaren sowie Samenspenden durch Dritte zu verbieten. Die Leihmutterschaft wurde ausgeschlossen. Der CDU-Abgeordnete *Seesing* erklärte, es gebe kein anderes Land, „das einen ähnlich strengen Schutz des Menschen geregelt hat"[776].

Für eine noch anstehende Gesetzgebung zur Humangenetik bzw. zur Genomanalyse[777] sollte der im Embryonenschutzgesetz erzielte Konsens als Ausgangsbasis dienen. Die Ambivalenz der Humangenetik fand auch in den Empfehlungen der „Bund-Länder-Arbeitsgruppe Genomanalyse" sowie in dem vom BMFT eingesetzten Arbeitskreis „Ethische und soziale Aspekte der Erforschung des menschlichen Genoms" ihre Entsprechung. Diese Arbeitsgruppe, die ihren Bericht am 12.10.1990 dem BMFT vorlegte, empfahl, die Erforschung des menschlichen Genoms zu fördern, unter Einbeziehung von TA und ethischen und sozialen Fragen.[778] Genetische Diagnostik und Beratung dürfe keinem Ratsuchenden untersagt werden, niemand dürfe aber auch zur genetischen Untersuchung verpflichtet werden. Die scientific community solle ihre Forschungsziele und -strategien der Öffentlichkeit transparent machen, ein interdisziplinärer Diskurs ermöglicht und unterstützt und auch die Bearbeitung alternativer Fragestellungen gewährleistet werden.[779]

---

[775] Vgl. auch: Der Bundesminister für Justiz (Hg.), Der Umgang mit dem Leben. Fortpflanzungsmedizin und Recht, Bonn, 1987.

[776] FR vom 13.10.1990.

[777] Zu den juristischen Überlegungen dazu vgl. Deutsch, E., Rechtsfragen der Genomanalyse. In: Ellermann, R. & Opolka, U. (Hg.), Genomanalyse. Ihre biochemischen, medizinischen und politischen Aspekte, Frankfurt/New York: Campus, 1991, S. 78-91; siehe ebenfalls die Beiträge in Baumann-Hölze, R., Bondolfi, A. & Ruth, H. (Hg.), Genetische Testmöglichkeiten. Ethische und rechtliche Fragen, Frankfurt/New York: Campus, 1990.

[778] BMFT (Hg.), Die Erforschung des menschlichen Genoms. Ethische und soziale Aspekte, Frankfurt/New York: Campus, 1991, S. 19.

[779] Ibid., S. 20.

5.6 Kolonialisierung der sozialen Lebenswelt, Instrumentalisierung des Lebendigen und Sakralisierung der Natur: Kritik am gesellschaftlichen Anwendungszusammenhang der Gentechnologie

Betrachtet man solche Protestakteure im gentechnologischen Diskurs, die sich unter die Kategorie „Neue soziale Bewegungen" subsumieren lassen, so fällt im Vergleich zu anderen Akteuren die starke Dominanz des sozial-gemeinschaftlichen Rahmens auf, der allerdings mit unterschiedlichen Sekundärorientierungen angereichert ist. Folgt man den sogenannten „pattern variables" der Handlungsorientierung von Parsons[780] auf der Ebene sozialer Interaktionen, ist analytisch die Handlungsorientierung der sozialen Vergemeinschaftung durch die Dominanz einer mehr affektiven Orientierung der durch Solidarität miteinander verbundenen Mitglieder gekennzeichnet (im Gegensatz zu einer mehr affektiv-neutralen Orientierung etwa auf dem ökonomischen Markt), durch mehr partikularistische Wertorientierungen, damit sich die affektiv miteinander verbundenen Akteure eindeutiger mit diesen Werten identifizieren können (im Gegensatz zu universalistischen, gruppentranszendierenden Wertorientierungen), durch ein mehr diffuses, ganzheitliches Interesse an sozialen Akteuren (im Gegensatz zu mehr spezifischen Interessen, bei denen nur bestimmte Aspekte am Anderen interessant sind) sowie durch eine Orientierung, die mehr die Zugehörigkeitsmerkmale sozialer Akteure (z.B. zu einer bestimmten Gemeinschaft) im Vergleich zu einer an reinen Leistungsstandards orientierten Akteureinstellung in den Mittelpunkt stellt, die eine solidarische Beziehung aushöhlen würden.[781]
Ein Kennzeichen dieser neuen sozialen Bewegungen, die eine stark demokratisierende Wirkung auf die politische Kultur in Deutschland ausüben,[782] ist daher das Bemühen um eine Neukombination von sozialer Gemeinschaft und sozialen Assoziationen, wobei allerdings die gemeinschaftliche Verpflichtung auf die geltenden Werte und Normen gebrochen ist durch das Wissen um die Pluralisie-

---

[780] Parsons, T., The Social System, op.cit., insbesondere S. 58-67; Parsons, T. & Shils, E.A. (Hg.), Toward a General Theory of Action, Cambridge, Mass.: Harvard University Press, 1967, S. 49-109

[781] Vgl. dazu auch Parsons, T., Bales, R.F. & Shils, E.A., Working Papers in the Theory of Action, New York: Free Press, 1953, insbesondere S. 180-185; Parsons, T., Pattern Variables Revisited: A Response to Robert Dubin. In: Parsons, T., Sociological Theory and Modern Society, New York: Free Press, 1967, S. 192-219, S. 208, Schema 2.

[782] Brand, K.-W., Zur politischen Kultur der neuen sozialen Bewegungen. In: Berg-Schlosser, D. & Schissler, J. (Hg.), Politische Kultur in Deutschland, Opladen: Westdeutscher Verlag, 1987, S. 331-343.

rung der kulturellen Werte, die nur mit Hilfe eines neuen Dogmatismus überwunden werden kann. Dabei zielt man auf die Wiederbelebung vereinsartiger Institutionsstrukturen ab, die einen geringen Hierarchisierungs- und Formalisierungsgrad aufweisen, wobei die Interaktionen stärker kommunikativ-gemeinschaftlich gesteuert sind als rechtlich programmiert.[783] Begrifflich stehen hier „Gruppe", „Initiative", „Netz" und „Netzwerk" für die verschiedenen Versuche gemeinschaftlich-assoziativer Bewegungsinstitutionen. Bei den Anti-Gen-Protestakteuren handelt es sich aufgrund ihrer geringen Aktionsdichte eher um ein Konglomerat von Gruppierungen als um eine autonome Protestbewegung, die sich eigenständig in der Öffentlichkeit präsentiert.[784] Hinsichtlich der sozialen Orientierungsmuster dominiert innerhalb eines solchen Handlungsrahmens auf der Ebene zwischenmenschlicher Interaktionen eine mehr partizipatorische gegenüber einer mehr hierarchischen Auffassung sozialer Beziehungen, Konflikte werden eher kommunikativ als mit Hilfe des Einsatzes von Macht ausgetragen, im wirtschaftlichen und sozialen Bereich wird das Solidaritätsprinzip gegenüber dem Konkurrenzprinzip favorisiert und der Primat des Mutualismus findet hier stärkere Beachtung. Im politischen Bereich werden autoritäre Strukturen und das Herrschaftsprinzip zugunsten des Teilhabeprinzips[785] abgelehnt. Dabei findet ein Themenwandel in Richtung einer „neuen Politik" statt, bei der es im Unterschied zur „alten Politik" nicht mehr vorrangig um die ökonomischen Lebensbedingungen, um die Aufrechterhaltung der überkommenen Sozialordnung und der inneren Ruhe und Sicherheit geht[786] und bei der zugleich die traditionellen Formen der Politikvermittlung in Frage gestellt werden.[787] Bereits *Inglehart* konstatierte in seiner Studie über den Wertewandel den Wandel von der „alten" zu einer „neuen Politik" und dem damit verbundenen Wechsel von vorherrschend „elite-oriented" zu „elite-challenging"-Aktivitäten sowie den

---

[783] Nullmeier, F., Institutionelle Innovationen und neue soziale Bewegungen. Aus Politik und Zeitgeschichte B26, 1989, S. 3-16.

[784] Siehe auch Hoffmann, D., Barrieren für eine Anti-Gen-Bewegung. Entwicklung und Struktur des kollektiven Widerstandes gegen Forschungs- und Anwendungsbereiche der Gentechnologie in der Bundesrepublik Deutschland. In: Martinsen, R. (Hg.), Politik und Biotechnologie, Baden-Baden: Nomos, 1997, S. 235-255.

[785] Einen Überblick über dominierende und alternative Werte in Anlehnung an Oldemeyer gibt Schlöder, B., Soziale Werte und Werthaltungen, Opladen: Leske & Budrich, 1993, S. 202-205.

[786] Hildebrandt, K. & Dalton, R.J., Die Neue Politik. Politische Vierteljahresschrift 18, 1977, S. 230-256.

[787] Betz, H.-G., Krise oder Wandel? Zur Zukunft der Politik in der postindustriellen Moderne. Aus Politik und Zeitgeschichte B11, 1993, S. 3-13.

Zusammenprall mit den bisher dominanten Werten und Normen,[788] wobei sich dieser Wandel auch als Teil eines umfassenden Säkularisierungsprozesses interpretieren läßt.[789] Im auffälligen Kontrast zu einer mehr an politischer „Konsensplanung" ausgerichteten Akteurorientierung aus Wissenschaft, Industrie und Politik steht hier die Propagierung einer politischen „Streitkultur" und die Auffassung, daß die Bürger nicht auf einen einheitlichen Konsens verpflichtet werden können.[790]

Korrespondierend sind die kulturellen Orientierungen durch die Annahme der Gleichwertigkeit aller kulturellen Sinnwelten (kein Primat der wissenschaftlich-technischen Vernunft) gekennzeichnet, wobei auch nicht-diskursive Formen der Rationalität anerkannt werden. Den durch den fortschreitenden Rationalisierungsprozeß freigesetzten Tendenzen einer Säkularisierung und Entmythisierung aller Lebensbereiche werden oberste sinnhaft-konstitutive Symbolsysteme (Religion, Mythen etc.) entgegengehalten, die sich ebenfalls als lebensnotwendig erweisen. Ebenso zeigt sich mit dieser Entwicklung immer deutlicher die der Moderne inhärente Doppelstruktur des Verhältnisses des Menschen zur Natur: mit der Steigerung des Herrschaftswissens über die Natur geht auch eine Steigerung der moralischen Empfindung gegenüber der Natur einher, so daß wir es hier insgesamt mit einem doppelten Steigerungsprozeß zu tun haben.[791] So dominiert bei den alternativen Wertmustern die Einstellung einer Achtung vor der Natur und eine Verantwortung für sie als das umfassende aller ökologischen Systeme, und gegenüber der Herrschaft des Menschen über die ihm untergeordnete Natur und einem mehr ökonomisch-technischen Interesse an ihr wird hier ein vorrangig ökologisches Interesse bekundet. Dabei wird der objektivistischen und materialistischen Sichtweise der Natur eine Auffassung entgegengestellt, die diese mehr als ein System selbstorganisationsfähiger Systeme begreift, gegenüber denen es durchaus sinnvoll ist, sie als „subjektartig" zu behandeln. Daraus ergibt sich weiter, daß gegenüber einer instrumentalistischen Auffassung der Natur und einer „Perfektion" der Technik der Selbstzweckcharakter der Natur anerkannt und eine „angepaßte" oder „sanfte" Technik als adäquat angesehen wird.[792]

---

[788] Inglehart, R., The Silent Revolution. Changing Values and Political Styles among Western Publics, Princeton, N.J.: Princeton University Press, 1977, S. 3-4, 13-18.

[789] Meulemann, H., Säkularisierung und Politik. Wertwandel und Wertstruktur in der Bundesrepublik Deutschland. Politische Vierteljahresschrift 26, 1985, S. 29-51.

[790] Vgl. dazu auch Dubiel, H., Was, bitte, ist heute noch links? DIE ZEIT vom 18.3.1994, S. 12.

[791] Eder, K., Die Vergesellschaftung der Natur. Studien zur sozialen Evolution der praktischen Vernunft, Frankfurt: Suhrkamp, 1988, insbesondere S. 230-235.

[792] Schlöder, B., Soziale Werte und Werthaltungen, op.cit.

Folgt man der Einschätzung von *Habermas*, geht es bei diesen „neuen" Protestformen nicht so sehr um Konflikte um gesellschaftliche Verteilungsprobleme und um die Verwirklichung etablierter Vorstellungen von Verteilungsgerechtigkeit – wie etwa bei den „alten" sozialen Bewegungen (z.b. Arbeiterbewegung) -, sondern mehr um die Konstitution kultureller Orientierungen, um die „Grammatik von Lebensformen"[793]:

> ... neu sind die Probleme der Lebensqualität, der Gleichberechtigung, der individuellen Selbstverwirklichung, der Partizipation und der Menschenrechte.[794]

Sicherlich sind nicht die Verteilungsprobleme im herkömmlichen Sinne angesprochen, wohl aber die Verteilungsprobleme gesellschaftlich produzierter Risiken und Gefahren, die nach Ansicht der Protestakteure im Zuge einer entfesselten instrumentellen Vernunft zu Lasten alternativer Vorstellungen vom „guten Leben" gehen und aus diesem „Paradigma der Lebensweise" als vorherrschende Politiksicht[795] heraus kritisiert werden. Um solche Probleme als gesellschaftlich relevant erscheinen zu lassen, müssen jedoch erst entsprechende kulturelle Deutungsmuster etabliert und Argumentationsressourcen geschaffen werden, die durch entsprechende Mobilisierung Eingang in gesellschaftspolitische Entscheidungen über Risikoverteilungen finden sollen. Gleichwohl wird dabei auch Gebrauch gemacht von wissenschaftlichem Wissen, das allerdings mit dem Sinn- und Argumentationskontext der Protestakteure verbunden wird, so daß bei den Akteuren völlig heterogene Orientierungsmuster nebeneinanderstehen.[796]

Habermas geht bekanntlich in seiner Zeitdiagnose davon aus, daß insbesondere die Systeme „Wirtschaft" und „Staat" sich gegenüber der Lebenswelt zunehmend mehr verselbständigt haben, so daß System und Lebenswelt voneinander partiell entkoppelt werden. Diese Entkopplung zeigt sich aus der Optik der Lebenswelt in einem systemischen Komplexitätszuwachs der dadurch undurchsichtiger werdenden Systemstrukturen. Aus der Perspektive der beiden Subsysteme jedoch erscheint der gleiche Vorgang als ein an den Funktionserfordernissen orientierter Rationalisierungsprozeß. Obwohl hier nicht der Einschätzung von *Habermas* gefolgt wird, daß die gesellschaftlichen Systeme nur noch ihrer Eigenlogik folgen (siehe dazu Kapitel 2), ist es auf der anderen Seite doch zutreffend, daß die beiden oben erwähnten „Systeme" über ihre spezifischen Inter-

---

[793] Habermas, J., Theorie des kommunikativen Handelns, Bd.2, op.cit., S. 576.

[794] Ibid., S. 577.

[795] Raschke, J., Politik und Wertwandel in den westlichen Demokratien. Aus Politik und Zeitgeschichte 36, 1980, S. 23-46.

[796] Christmann, G.B., Wissenschaftlichkeit und Religion: Über die Janusköpfigkeit der Sinnwelt von Umwelt- und Naturschützern, Zeitschrift für Soziologie 21,3, 1992, S. 200-211.

aktionsmedien, also über „Geld" und „Macht", in die Lebenswelt eingreifen. Inwieweit sich dies de facto als zerstörerische Bedrohung der lebensweltlichen Reproduktion und als Kolonialisierung der Lebenswelt zeigt oder vielmehr als ein Durchdringungsprozeß von System und Lebenswelt aufzufassen ist,[797] muß sich jeweils am empirischen Gegenstand genauer aufweisen lassen und soll an dieser Stelle nicht weiter diskutiert werden.[798] Ungeachtet der theoretischen Einschätzung kann man jedoch zunächst festhalten, daß aus der Perspektive der Lebenswelt gesehen viele soziale Bereiche den Marktgesetzen unterworfen und soziale Beziehungen auch zunehmenden Verrechtlichungsprozessen ausgesetzt sind.

Wie reagiert nun die Lebenswelt auf diese Tendenzen? *Habermas* unterscheidet folgende, in sich heterogene Grundtypen des lebensweltlichen Widerstands:[799] Auf der einen Seite sind hier zukunftsgerichtete Emanzipationspotentiale (Frauenbewegung) und Widerstandspotentiale (z.B. Ökologie- und Friedensbewegung) zu nennen, andererseits ist an konservative Rückzugspotentiale zu denken, die sich auf die Verteidigung struktureller Nischen der Lebenswelt, die noch nicht von den systemischen Interaktionsmedien durchdrungen sind, beschränken. Trotz aller Heterogenität haben diese Bewegungen in der Wachstumskritik einen gemeinsamen thematischen Fokus[800], so daß sich von diesem Fokus aus gesehen die Potentiale auch häufig überlagern und daher die Zurechnung ganzer Bewegungen zu einem Typus zumindest nicht ganz unproblematisch ist.[801] Daneben läßt sich aber noch ein „unpolitischer" Typus lebensweltlicher Reaktion unterscheiden, der durch den Rückzug in das Private gekennzeichnet ist.[802] Hier werden durch den Prozeß der Kolonialisierung vor allem in den unteren sozialen Schichten Ohnmachtsgefühle ausgelöst, die zu politischer

---

[797] Münch, R., Dialektik der Kommunikationsgesellschaft, op.cit., insbesondere S. 176-199, 269-283.

[798] Empirisch kritisch beispielsweise zur „Verrechtlichung" (rechtliche Kolonialisierung der Lebenswelt) Rottleuthner, H., Aspekte der Rechtsentwicklung in Deutschland – Ein soziologischer Vergleich deutscher Rechtskulturen. Zeitschrift für Rechtssoziologie 6,2, 1985, S. 206-254.

[799] Habermas, J., Theorie des kommunikativen Handelns, Bd.2, op.cit., S. 578-583.

[800] Habermas, J., Die Krise des Wohlfahrtsstaates und die Erschöpfung utopischer Theorien. In: Habermas, J., Die Neue Unübersichtlichkeit, Frankfurt: Suhrkamp, 1985, S. 141-163, 155.

[801] Sacchi, St., Politische Aktivierung und Protest in Industrieländern – Stille Revolution oder Kolonisierung der Lebenswelt? Zeitschrift für Soziologie 23,4, 1994, S. 323-338, 327.

[802] Siehe dazu Sacchi, St., Politische Orientierungen und soziale Schichtung im verselbständigten Handlungssystem. In: Bornschier, V. (Hg.), Das Ende der sozialen Schichtung? Zürich: Seismo, 1991, S. 235-273; Sacchi, St., Politische Aktivierung und Protest in Industrieländern, op.cit.

Apathie führen und sich in Krisenzeiten durchaus mit populistischen Forderungen kanalisieren lassen. Besonders die Emanzipations- und Widerstandspotentiale decken sich inhaltlich mit dem in der Literatur als „Postmaterialismus" bezeichneten Phänomen, so daß sich die Kolonialisierungsthese unter diesem Aspekt mit den Forschungsergebnissen zu einem postmaterialistischen Wertewandel verknüpfen läßt. Wie die sozialwissenschaftliche Forschung zeigt, sind Postmaterialisten überdurchschnittlich sowohl an neuen sozialen Bewegungen[803] als auch an unkonventionellen Formen politischer Aktivierung beteiligt.[804] Postmaterialisten bilden den Kern der links-grünen Bewegungen und Parteien, die im Gefolge der 68er-Bewegung die politischen Auseinandersetzungen geprägt haben. Darüber hinaus sind sie generell politisch stark interessiert, besser informiert und nutzen auch die institutionalisierten Möglichkeiten politischer Partizipation in einem überdurchschnittlichen Maße. Mit den sich an der „Grammatik der Lebensformen" entzündenden neuen Konflikten entsteht so eine neue politische Konfliktlinie zwischen dem ökonomisch ausgerichteten Zentrum und „einer bunt zusammengewürfelten" Peripherie, zwischen dem am gesellschaftlichen Produktionsprozeß unmittelbar beteiligten Akteuren und solchen Gruppen, die dem „produktivistischen Leistungskern" ferner stehen und die für die Komplexitätssteigerung moderner Gesellschaften stärker sensibilisiert oder durch sie stärker betroffen sind.[805] Solche „objektiven" sozialen Lagen an sich konstituieren aber noch keine sozialen Bewegungen, vielmehr bilden sich diese erst heraus über die Produktion von gemeinsamen Problemdeutungen und dem Versuch, diese auch gesellschaftlich durchzusetzen.[806]

Betrachtet man die Akteurgruppierungen in der gentechnologischen Debatte, so steht dem neokorporatistischen Arrangement von Wissenschaft, Industrie und Politik eine Vielzahl sozialer Protestgruppen gegenüber. Diese haben aufgrund solcher gesellschaftlich vorgegebenen Strukturlagen im Vergleich weit weniger Chancen, ausreichende soziale Ressourcen zu mobilisieren und politisch erfolg-

---

[803] Vgl. etwa Brand, K.-W., Büsser, D. & Rucht, D., Aufbruch in eine andere Gesellschaft. Neue soziale Bewegungen in der Bundesrepublik, Frankfurt/New York: Campus, 1986; Rucht, D., The Study of Social Movements in West Germany: Between Activism and Social Science. In: Rucht, D. (Hg.), Research on Social Movements, Frankfurt: Camous & Boulder: Wetsview Press, 1991, S. 175-202.

[804] Vgl. beispielsweise Barnes, S.H. & Kaase, M., Political Action. Mass Participation in Five Western Democracies, Beverly Hills: Sage, 1979.

[805] Habermas, J., Theorie des kommunikativen Handelns, Bd.2, op.cit.

[806] Vgl. zu dieser Perspektive auch Japp, K.P., Selbsterzeugung oder Fremdverschulden. Thesen zum Rationalismus in den Theorien sozialer Bewegungen. Soziale Welt 35, 1984, S. 313-329.

reich zu transferieren, was sich einerseits um so mehr durch Versuche bemerkbar macht, sozialen Einfluß besonders durch Gewinnung von gesellschaftlichen „Persönlichkeiten" für die Zielsetzungen der Protestbewegung zu generieren[807], andererseits aber auch gerade mit Hilfe der Massenmedien auf die Öffentlichkeit Einfluß zu nehmen.[808] Darüber hinaus zeigen sich durch die wachsende Konkurrenz zwischen den verschiedenen Bewegungsinstitutionen sowohl Differenzierungs- als auch Konzentrationsprozesse von Institutionen, die mit einem Bedeutungsverlust älterer Bewegungseinrichtungen einhergehen: im ökonomischen Bereich mit der Etablierung der Ökobank, im wissenschaftlichen Bereich mit den Öko-Instituten, im politischen Bereich mit den *Grünen* als Partei und der Herausbildung von Dachverbänden von Interessengruppen (z.B. BBU als Dachverband der Bürgerinitiativen).

Je nachdem, welche Sekundärorientierung des Handelns im sozialgemeinschaftlichen Rahmen eingebaut ist, lassen sich in bezug auf den Gentechnikdiskurs unterschiedliche Gewichtungen in den Orientierungs- und Protestformen sowie den politischen Forderungen unterscheiden: dies kann einmal mehr in die Richtung einer größeren Beteiligung der Öffentlichkeit und der demokratischen Teilhabe an politischen Entscheidungen, und damit gegen eine Abkoppelung von gemeinschaftlicher Lebenswelt und politischem System einmünden, ohne daß dabei per se schon eine grundsätzliche Kritik an der Gentechnik geübt werden muß. Zum anderen aber kann auch die zunehmende Ökonomisierung der (Welt-)Gesellschaft mit Hilfe moderner Hochtechnologien zum Thema gemacht, soziale Diskriminierungen angeprangert oder auch unter der stärkeren Einbeziehung einer kulturellen Komponente eine Kritik der instrumentellen Vernunft und dem damit transportierten Verhältnis des Menschen zur „Natur" artikuliert werden. Entsprechend diesen zwar empirisch oftmals eng miteinander vernetzten, jedoch analytisch unabhängigen Artikulationsdimensionen wurden zu den zentralen Themen der Kolonialisierung der sozialen Lebenswelt und der Sakralisierung der Natur weitere Themen gebildet, um hier auch für die spätere Analyse der Medienartikel hinreichend die verschiedenen Protestäußerungen differenzieren zu können. Diese Themen wurden mit dem Etikett „Ökonomisierung der Gesellschaft", „Technisierung" „Machtkonzentration", „demokratische Teilhabe", „soziale Diskriminierung" „Eugenik" und „Instrumentalisierung des Lebendigen" versehen. Eine herausragende Rolle – gerade auch im Mediendiskurs - spielt das Thema „Gefahr für Mensch und Um-

[807] Vgl. dazu Kazcor, M., Anmerkungen zum Führungspersonal deutscher Umweltverbände. In: Leif, Th. & Legrand, H.-J. (Hg.), Die politische Klasse in Deutschland. Eliten auf dem Prüfstand, Bonn/Berlin: Bouvier, 1992, S. 339-361.

[808] Schmitt-Beck, R., Über die Bedeutung der Massenmedien für soziale Bewegungen. Kölner Zeitschrift für Soziologie und Sozialpsychologie 42, 1990, S. 642-662.

welt", verbunden mit einer Kritik am „additiven" Risikomodell der Wissenschaft, Industrie und Politik.

5.6.1 Alternative Protestgruppen und die Grünen

Geht man zunächst von einem solchen, analytisch „reinen" formalen sozial-
gemeinschaftlichen Rahmen aus, wird zumindest plausibel, daß soziale Akteure
sich aus dieser Perspektive heraus gegen jegliche soziale Diskriminierung und
Differenzierung nach bestimmten Leistungsmerkmalen wenden, gegen eine „instrumentell verkürzte" wissenschaftlich-technische Vernunft eine mehr holisti-
sche und organizistische Betrachtungsweise setzen (die nichts mit „Biologis-
mus" zu tun hat) und folglich gegen eine den Systemimperativen von Wissenschaft, Wirtschaft und Politik gehorchende Rationalität, die in ihrem Anwendungsbereich die Phänomene einer nüchtern sachlichen und verdinglichenden
Logik unterwirft, opponieren. Entsprechend dem mit dieser Handlungsorientierung der „Vergemeinschaftung" verbundenen analytischen Gesetz der Trägheit
sind hier im Vergleich zu anderen Rahmen signifikant häufiger Äußerungen von
Akteuren zu finden, die in Richtung einer Zügelung der technischen Dynamik
gehen und sich beispielsweise in Forderungen nach einer Orientierung an den
Prinzipien der „Langsamkeit" und nach einem Moratorium oder totalem Stopp
der Genforschung konkret niederschlagen. Als Beispiel für die Forderung nach
einem Moratorium der Gentechnologie sei das „Öko-Institut Freiburg" angeführt, für die Forderung nach einem Stopp der Gentechnologie die *Grünen*.
Gerade bei den alternativ-kulturellen, insbesondere den ökologischen Bewegungen, läßt sich eine Revitalisierung (früh-) romantischer Kulturideale beobachten,
wobei allerdings auch wissenschaftliches Wissen eine zentrale Stellung in der
Sinnwelt dieser Akteure einnimmt und sich hier Widerstandspotential mit Rück-
zugspotential im oben beschriebenen Sinne vermengt.[809] Der neoromantische
Protest der neuen sozialen Bewegungen ist aber insofern „modernistisch", als er
sich von solchen Werten wie Autonomie, Emanzipation und Identität leiten
läßt.[810] Gleichzeitig richtet er sich aber auch gegen die als instrumentell-einseitig

---

[809] Vgl. dazu Berking, H., Die neuen Protestbewegungen als zivilisatorische Instanz im Modernisierungsprozeß? In: Dreitzel, H.P. & Stenger, H. (Hg.), Ungewollte Selbstzerstörung.
Reflexionen über den Umgang mit katastrophalen Entwicklungen, Frankfurt/New York:
Campus, 1990, S. 47-61; Christmann, G.B., Wissenschaftlichkeit und Religion: Über die Janusköpfigkeit der Sinnwelt von Umwelt- und Naturschützern, op.cit.

[810] *Offe* sieht bei den Neuen sozialen Bewegungen einerseits eine Kontinuität mit Motiven
und Errungenschaften der bürgerlichen und proletarischen Bewegungen, andererseits aber
auch eine Diskontinuität darin, daß (1) bei diesen neuen Bewegungen eine konsistente und

empfundenen Modernisierungsprozesse des technisch-ökonomischen und politischen Systems, deren Entwicklungsresultate als Bedrohung und Risiko für Autonomie und Identität sowie für das gesellschaftliche Überleben empfunden werden. So wird denn auch bei der Bestimmung des Verhältnisses zwischen Technik und Natur die Wertsetzung einer „Achtung vor der Natur" bzw. einer Sakralisierung der Natur[811] und die Anerkennung eines Selbstzwecks der Natur gegenüber einer instrumentellen Auffassung deutlich:[812]

> Die Wahrung der Schöpfung, die Ehrfurcht vor dem Leben, das sind die Grundpfeiler des Christentums. Man muß aber nicht einer bestimmten Religion angehören, um diesen Grundsätzen zu folgen. Wer Ehrfurcht vor dem Leben, der Natur hat, wird nicht aus einseitigem Geschäftsinteresse heraus Tiere quälen, die Umwelt zerstören, andere Menschen ausbeuten.[813]

Dieser Sachverhalt läßt sich im Sinne eines *Neo-Durkheimianismus* als eine Dialektik von Säkularisierung und Sakralisierung interpretieren: Auf die zunehmende Tendenz einer kulturellen und gesellschaftlichen Rationalisierung und Säkularisierung der Welt folgen ebenso gegenläufige Tendenzen einer Sakralisierung,[814] die sich durchaus an unterschiedliche „Objekte" (kulturelle, soziale, aber auch: Natur) heften können. Dabei greift man auf Motive der Romantik des 18. und frühen 19. Jahrhunderts zurück, die gegen den Prozeß der „Entzauberung der Welt" und „Entzweiungen der Welt" die Gegensätze zwischen Glauben und Wissen, Geist und Körper, Denken und Handeln in einer „Kultursynthese" überwinden wollte. So wird bei den Protestgruppen nicht nur von den „vier

---

geschlossene gesellschaftsverändernde Programmatik fehlt, (2) sie auch auf vormoderne Leitbilder rekurrieren und (3) genau jene institutionellen Arrangements kritisieren, mit deren Hilfe die Forderungen der älteren Bewegungen befriedigt werden konnten, vgl. Offe, C., Die Utopie der Null-Option. In: Berger, J. (Hg.), Die Moderne – Kontinuitäten und Zäsuren, op.cit., S. 97-117.

[811] Vgl. dazu auch Gephart, W., Die zwei Naturen. Zur Differenz im deutschen und französischen Naturverhältnis, Ms. Düsseldorf, 1985.

[812] Vgl. dazu Weiß, J., Wiederverzauberung der Welt? In: Neidhardt, F., Lepsius, M.R. & Weiß, J. (Hg.), Kultur und Gesellschaft. Kölner Zeitschrift für Soziologie und Sozialpsychologie. Sonderheft 27, Opladen: Westdeutscher Verlag, 1986, S. 286-301; Höfer, M.A., Die Natur als neuer Mythos. Aus Politik und Zeitgeschichte B6, 1990, S. 35-45. Zur historischen Einbettung vgl. Küppers, G., Lundgreen P. & Weingart, P., Umweltforschung – die gesteuerte Wissenschaft?, Frankfurt: Suhrkamp, 1978; Renn, O., Die alternative Bewegung: Eine historisch-soziologische Analyse des Protestes gegen die Industriegesellschaft. Zeitschrift für Politik 32, 1985, S. 153-193.

[813] Becktepe, Ch. & Jacob, S. (Hg.), Genüsse aus dem Gen-Labor? Neue Techniken – neue Lebensmittel, 1991.

[814] Vgl. dazu Thompson, K., Secularization and sacralization. In: Alexander, J.C. & Sztompka, P. (Hg.), Rethinking Progress, op.cit., S. 161-181.

Übeln" der industrialisierten Forschung[815] (der unsoliden Wissenschaft, dem wissenschaftlichen Unternehmertum, der verantwortungslosen Wissenschaft und der schmutzigen Wissenschaft) geredet, sondern insbesondere die durch die Gentechnik forcierte Naturbeherrschung („Ab-Schöpfung der Natur") nach den Kriterien der Hochleistung und Berechenbarkeit mit dem Ziel der *Angleichung des Lebens an eine Maschine*, die nach industriellen Erfordernissen arbeitet, als unzulässige Instrumentalisierung abgelehnt:

> Aus „spontanen" natürlichen Vorgängen ist heute ein technischer Prozeß geworden. Die Mikroorganismen selbst sind Teil der maschinellen Apparate geworden.[816]

Die „Maschinen-Metapher" und auch der Verweis auf *Huxleys* „Schöne neue Welt" sind in den Informationsschriften der Protestakteure weit verbreitet. Wie sehr die Biologie zu einer Art Physik der lebenden Zellmaterie geworden war, zu einer mechanistischen Wissenschaft, die es letztlich nur mit Atomen, Molekülen und deren Wechselwirkungen zu tun hat, wurde bereits 1962 auf dem Symposium der Ciba-Foundation deutlich: Dank der Fortschritte auf dem Gebiet der Genetik stehe außer Zweifel – so der amerikanische Molekularbiologe *Joshua Lederberg* – daß die wesentlichen Merkmale des Lebens sich nun vorhersehbar dem Zugriff experimenteller Chemie erschließen. Die Definition des Menschen wurde auf die physikalisch-chemische Dimension verkürzt, wonach der Mensch genotypisch „aus einer bestimmten molekularen Sequenz von Kohlenstoff-, Wasserstoff-, Sauerstoff-, Stickstoff- und Phosphoratomen" bestehe.[817] Entsprechend befürchteten die Protestakteure die gesellschaftliche Durchsetzung einer „Eugentechnik", d.h. die Rückführung des sozialen Status des Menschen auf seine genetische Beschaffenheit.

Insbesondere wurden Ängste dahingehend artikuliert, daß ein *mechanistisches Weltbild*, das die Ausnutzung der natürlichen Ressourcen ohne Rücksicht auf ökologische Gesetze legitimiert, immer weiter um sich greife. Unter Rekurs auf eine Ethik, die im Gegensatz zu einem instrumentellen Intervenieren in die Welt mehr den Aspekt des „Bewahrens der Schöpfung" in den Vordergrund rückt, ging die Forderung dahin, daß der Mensch vor allem nicht in die Natur eingreifen soll, um seine kurzfristigen Interessen zu befriedigen, sondern vielmehr die Vielfalt des ihm anvertrauten Lebens in seiner jeweiligen Eigenart zu achten und zu bewahren habe.[818] So wandten sich beispielsweise lokale Bürgerinitiativen

---

[815] taz vom 28.09.1990.

[816] Becktepe, Ch. & Jacob, S. (Hg.), Genüsse aus dem Gen-Labor? Neue Techniken – neue Lebensmittel, op.cit.

[817] DER SPIEGEL vom 21.11.1983.

[818] BUKO-Agrar-Koordination, Dossier I, 1989.

und auch der „Deutsche Tierschutzbund" sowie die „Vereinigung Ärzte gegen Tierversuche e.V." oder Vertreter einer „kritischen Tiermedizin" gegen gentechnische Tierversuche und eine „Patentierung des Lebens", insbesondere bei Säugetieren (z.B. „Krebsmaus"), die unter dem Schleier medizinischer Problemlösungen eine *Monopolisierung der Natur durch Industrie und Regierung* fördere und das Tier zum bloßen Objekt menschlicher Verfügung mache.[819]

> Die Patentierung gentechnologisch veränderter Tiere wird zu einer noch intensiveren Ausbeutung der auch heute schon unendlich geschundenen Tierwelt führen. Das Hochleistungstier als technisch verwertbarer „Bioreaktor" für die billige Produktion von Nahrungsmitteln und pharmazeutischen Präparaten ist Ausdruck eines höchst bedenklichen Verhältnisses gegenüber dem Mitgeschöpf Tier.[820]

Die *Grünen* sehen die Grundlagen der Menschenrechte in Frage gestellt, wenn Teile des menschlichen Körpers den Nutzungsrechten von Patentinhabern unterliegen. Der Anspruch von medizinischen Firmen auf gentechnisch hergestellte Organe, genetische Information oder Reproduktionstechniken untergrabe das Recht des einzelnen auf unabhängige Kontrolle über seinen Körper, und die Patentierung werde ihrer Einschätzung nach den Handel mit Organen sowie eugenische Tendenzen in der Medizin verstärken.[821] Auch hier ist die Kritik an der Gentechnik mit einer Kritik am naturwissenschaftlich-technischem Weltbild verbunden:

> Wenn Lebewesen patentiert werden ... werden ethische und religiöse Wertvorstellungen, die auf einer Achtung des Lebens und der Schöpfung beruhen, tiefgreifend in Frage gestellt. Die Patentierung von Lebewesen zwingt uns eine verkürzte und materialistische Auffassung vom Leben auf, als bloße Ansammlung von chemischen Substanzen, die zufällig in der Lage sind, sich zu vermehren und zu entwickeln, und die deshalb beliebig manipuliert und besessen werden können.[822]

Grundsätzlich wollen die *Grünen* als „Sprachrohr" für Gefahren, die sich längst angemeldet haben, auftreten und erhoffen sich eine Kurskorrektur des techni-

---

[819] Koordinationsbüro „Kein Patent auf Leben", Kein Patent auf Leben, München, 1992; ANTIGEN (Münchener Bürgerinitiative), Je näher wir einer neuen Gräßlichkeit kommen, desto leiser wird das Gerede darüber, München, 1992; Deutscher Tierschutzbund e.V., Problembereich Gentechnologie – Grundsatzposition, o.O., o.J.; Vereinigung Ärzte gegen Tierversuche e.V. (Hg.), Patentierung von gentechnisch veränderten Tieren, o.O., o.J.

[820] Vereinigung Ärzte gegen Tierversuche e.V. (Hg.), Patentierung von gentechnisch veränderten Tieren, op.cit.

[821] Die Grünen, Wer die Patentierung von Lebewesen fordert will die Ab-Schöpfung der Natur – 12 Argumente gegen die Patentierung von Lebewesen, o.O., o.J.

[822] Ibid.

schen Fortschritts hin zu mehr Menschlichkeit: „Unsere Politik ist eine Politik der aktiven Partnerschaft mit der Natur und dem Menschen"[823]. Dabei soll der ökologische Maßstab leitend sein und dementsprechend könne eine Technik, die naturverträglich, umweltgerecht und menschenfreundlich ist, selbstverständlich auch eingesetzt werden. Nach Ansicht von *Erika Hickel*, Abgeordnete der *Grünen* und Mitglied der *Enquete-Kommission*, verabschiedet sich die moderne Gentechnologie von den Prinzipien der Langsamkeit, die in der natürlichen Evolution ihre „Anwendung" finden.[824] Die Gentechnik wird als etwas Neuartiges gesehen, das nicht mehr mit der Metapher von der „Ambivalenz der Technik" beschrieben werden könne. Insofern wandte man sich scharf gegen die überlieferte Sprechweise vom „Abwägen der Chancen und Risiken", da dies die falsche Vorstellung suggeriere, daß es wohltätige Chancen gibt und die bösartigen Risiken durch diszipliniertes und verantwortungsvolles Handeln vermieden werden könnten. Ebenso wie die Atomtechnik verdanke auch die Gentechnik ihre vordergründige Leistungsfähigkeit der Tatsache, daß die eigentlichen Grundlagen des Lebens angegriffen, gestört oder vernichtet werden:

> Die kommenden Probleme sind vorauszusehen und werden ökologischer, sozialer und ethischer Art sein. Sie sind alle miteinander bloß verschiedene Aspekte des gleichen grundlegenden Angriffs auf das Leben.[825]

Anders als beim natürlichen Vorgang der Veränderung des Erbgutes der Lebewesen, die extrem langsam und in langen Zeiträumen sowie an sehr wenigen Exemplaren, aber unzähligen Arten von Lebewesen stattfindet, würden mit der Gentechnik neuartige Lebewesen plötzlich und von einer einzigen Art in großer Menge geschaffen. Daher werden wir mit Konsequenzen und Problemen konfrontiert, die wir nicht nur nicht wollen, sondern auch nicht lösen können. Neben den unbekannten Auswirkungen auf den Prozeß der Evolution wurden soziale Risiken besonders im Agrarbereich gesehen, in dem die Großkonzerne der Chemie- und Erdölbranche das Monopol auf Zuchtsorten haben werden, sich die Abhängigkeit der Kleinbauern immens vergrößert und eine alternative Landwirtschaft blockiert werde. Im ethischen Bereich wurden bedrohliche Tendenzen zu einer Neo-Eugenik gesehen, die im Zusammenhang mit der pränatalen Diagnostik, der Behandlung von Erbkrankheiten und in der „Gen-Kartierung" (zur Arbeiter-Diskriminierung) auftauchen:

---

[823] Zit. in Klems, W., Die unbewältigte Moderne. Geschichte und Kontinuität der Technikkritik, Frankfurt: Gesellschaft zur Förderung Arbeitsorientierter Forschung und Bildung, 1988, S. 142.

[824] taz vom 27.08.1984.

[825] Ibid.

Nicht die Menschen als Mängelwesen in ihrer Vielfalt, sondern als möglichst verwendungsfähiges Produktionsmittel: dieses Menschenbild wird durch die anstehende Diskussion um „Erbkrankheiten" und ihre angebliche Verhinderung ... endgültig salonfähig werden.[826]

Die *Grünen* erscheinen in dem herangezogenen Informationsmaterial und in den Medienartikeln quantitativ als ein größerer geschlossener Block. Sie werden in 60 Artikeln explizit erwähnt, gegenüber 97 Artikeln sonstiger Protestakteure (Diagramm 5). Insgesamt fällt jedoch auf, daß sich keine breite soziale Bewegung, vergleichbar etwa der Anti-Kernkraft-Bewegung, herausgebildet hatte, sondern mehr eine Anzahl partikularer Gruppen zu finden ist, die sich häufig für einzelne Aktionsbündnisse zu einem Kampagnennetzwerk zusammenschließen. So wandte sich beispielsweise das PESTIZID-AKTIONS-NETZWERK (PAN) zusammen mit der ARBEITSGEMEINSCHAFT BÄUERLICHE LANDWIRTSCHAFT (AbL), dem BUNDESVERBAND BÜRGERINITIATIVEN UMWELTSCHUTZ (BBU), dem BUND FÜR UMWELT UND NATURSCHUTZ DEUTSCHLAND (BUND), der COORDINATION EUROPÉENNE DES AMIS DE LA TERRE (CEAT), dem EUROPEAN ENVIRONMENTAL BUREAU (EEB), GREENPEACE, dem KATALYSE-INSTITUT FÜR ANGEWANDTE UMWELTFORSCHUNG in Köln und KRISTALL e.V. gegen die Schwachstellen der EG-Richtlinie über das Inverkehrbringen von Pflanzenschutzmitteln. Die INFORMATIONSKAMPAGNE ESSEN AUS DEM GENLABOR – NATÜRLICH NICHT wurde getragen von der ARBEITSGEMEINSCHAFT BÄUERLICHE LANDWIRTSCHAFT (AbL), der ARBEITSGEMEINSCHAFT KRITISCHE TIERMEDIZIN (AGKT), der BUNDES-ARBEITSGEMEINSCHAFT GENTECHNOLOGIE DER GRÜNEN, dem BUND, dem BUNDESKONGRESS ENTWICKLUNGSPOLITISCHER AKTIONSGRUPPEN (BUKO-Agrarkoordination), DEM BUNDESVERBAND NATURKOST NATURWAREN EINZELHANDEL e.V., dem DACHVERBAND DER DEUTSCHEN AGRAROPPOSITION e.V. (DDA), DEM EVANGELISCHEN BAUERNWERK IN WÜRTTEMBERG e.V., der FEMINIST INTERNATIONAL NETWORK FOR RESISTANCE TO REPRODUCTIVE AND GENETIC ENGINEERING (FINRAGE-BRD), den GRÜNEN IM EUROPAPARLAMENT, dem KATALYSE INSTITUT, dem ÖKO-INSTITUT FREIBURG, dem PESTIZID AKTIONS-NETZWERK (PAN), der STIFTUNG ÖKOLOGISCHER LANDBAU (SÖL), dem UMWELTINSTITUT MÜNCHEN und der VERBRAUCHER INITIATIVE e.V.[827] Bei dem AKTIONSBÜNDNIS GEGEN DIE HOECHST AG wirkten mit: HOECHSTER SCHNÜFFLER UN MAAGUCKER e.V., die *Grünen* im Umlandverband Frankfurt, die *Grünen* im Römer, die *Grünen* im Kreisverband Main-Taunus, die DEUTSCHE FRIEDENSUNION, die DEUTSCHE KOMMUNISTISCHE PARTEI Kreisverband Frankfurt und der BUND FÜR UMWELT UND NATURSCHUTZ Landesverband Hessen. Im August 1987 koordinierte die Verbraucher-Initiative eine Kampagne

---

[826] Ibid.

[827] BUND (Hg.), Essen aus dem Gen-Labor, 1991.

gegen rBST – das als „Einstiegsdroge" der Gentechnik in die Landwirtschaft gilt –, an der über 30 Gruppen und Institutionen aus dem Verbraucher-, Umwelt-, Tierschutz- und Bauernspektrum sowie politische Gruppen beteiligt waren. Bei dem ersten Freilandexperiment des Kölner MPI FÜR ZÜCHTUNGSFORSCHUNG bildete sich eine AKTIONSGRUPPE BÜRGER BEOBACHTEN PETUNIEN.[828] In der Form und im Ausmaß ihrer Vernetzung zeichnete sich bei der „Anti-Gen-Bewegung" eine Dualität von unabhängigen lokalen Initiativen und Gruppen einerseits sowie überregionalen Zentren andererseits ab,[829] wobei die beiden Konfigurationen allerdings auch stark ineinandergreifen bzw. Interdependenzen aufweisen. Einerseits rekurrierten die lokalen Gruppen beispielsweise auf Fachleute für Gutachten oder auf juristischen Beistand, andererseits dokumentierten, veröffentlichten und archivierten die Anlaufstellen die Arbeit der lokalen Gruppen und vertraten deren Interesse gegenüber einer größeren Öffentlichkeit und den politischen Institutionen. Darüber hinaus befand sich hier ein themendifferenziertes Kooperationsgeflecht, das sich um Konferenzen und Informationsdienste stabilisierte.[830] In Deutschland existieren drei überregionale Projekte mit differenzierten Schwerpunkten: einmal das 1986 gegründete „Gen-ethische-Netzwerk", welches über internationale Verbindungen (Italien, Österreich, Frankreich, Dänemark, USA, Großbritannien) verfügt und Koordinationsaufgaben wahrnimmt sowie über alle Anwendungsbereiche der Gentechnik informiert und ein Archiv unterhält. Daneben bildete sich 1984 das „Genarchiv Essen" heraus, das als feministisches „Gegenarchiv" die Gen- und Reproduktionstechnologie einer breiteren Öffentlichkeit verständlich machen und diese Techniken entmystifizieren will. Als drittes Zentrum sind die „Öko-Institute" zu nennen, die als unabhängige wissenschaftliche Institute die Bearbeitung von wissenschaftlichen Gutachten übernehmen und die Öffentlichkeit auf die ökologischen und sozialen Auswirkungen der Gentechnologie aufmerksam machen wollen.[831] Protestereignisse, über die in den Printmedien berichtet wurde, erreichten 1986 ihren ersten Höhepunkt der Berichterstattung mit 16 Artikeln und dann wieder 1989, auf dem Höhepunkt der öffentlichen Kommunikation und der Auseinandersetzung um ein Gentechnikgesetz, mit 20 Artikeln (Diagramme 41-43). Auseinandersetzungen auf der Ebene der Gewaltanwendung waren im Vergleich zur Kernenergiedebatte selten und beschränkten sich auf einen Brandsatzanschlag

---

[828] taz vom 18.05.1989.

[829] Kaiser, M., Entstehung, Entwicklung und Struktur der Anitgen-Bewegung. Forschungsjournal Neue Soziale Bewegungen 3, 1990, S. 85-94.

[830] Ibid.

[831] Bradish, P., Infos, Inis, wer macht was? In: Rosenbladt, S., Biotopia, München: Droemersche Verlagsanstalt Th. Knaur Nachf., 1988, S. 281-297.

der „Zornigen Viren" auf die Technische Hochschule in Darmstadt,[832] der sich gegen den „westlichen Imperialismus" richtete, welcher sich mit Hilfe der Biotechnik „langfristige Profitquellen" erschließe. Die Gruppe „Rote Zora" wollte einen Sprengstoffanschlag auf den Heidelberger Technologiepark verüben, da Heidelberg „zum Zentrum pharmazeutisch ausgerichteter Gentechnologie geworden" sei.[833] Die Büroräume des „Genarchivs" wurden am 18.12.1987 vom Bundeskriminalamt durchsucht und wichtiges Archivmaterial, Manuskripte, Seminarvorbereitungspapiere etc. beschlagnahmt.

Aus dem sozial-gemeinschaftlichen Rahmen heraus wurden einmal hauptsächlich die sozialen Konsequenzen der Gentechnologie und die damit verbundenen „Kosten" für den lebensweltlichen Sinn- und Handlungszusammenhang thematisiert, zum anderen wird aber auch die Gemeinschaftsbezogenheit auf die Natur ausgedehnt. Die Gentechnologie wird hier in Verbindung mit Prozessen einer umgreifenden einseitigen gesellschaftlichen Rationalisierung der Moderne gesehen, die den Menschen und die gemeinschaftliche Lebenswelt zunehmend mehr unter die Systemimperative von Wirtschaft, Wissenschaft und Politik zwingt:

> Die Anwendung dieser Hochtechnologien entzieht sich unserer Kontrolle und greift mehr und mehr in unser Leben ein.[834]

Bei den Protestakteuren ging es weniger um eine Kritik an der Gentechnik als solcher als vielmehr um den Protest gegen eine instrumentell aufgefaßte Industrie- und Wissenschaftskultur, die mit der Technik eng im Bunde steht und die in ihrer „kulminierenden Innovationswut" den Zusammenhang von lebensweltlichem Erfahrungswissen und wissenschaftlich-technischem Wissen in immer größerem Tempo weiter zerstört, dabei aber nicht mehr nach den übergreifenden gesellschaftlichen Zwecken, Zielen und Notwendigkeiten fragt:[835]

> Die Technik löst keine Probleme, sondern ist ein Werkzeug, dem eine bestimmte Richtung der Entwicklung innewohnt. Der erfolgreiche oder sinnvolle Einsatz hängt nur z.T. von ihrer wissenschaftlichen Qualität ab. Vielmehr ist es wichtig, in welchem gesellschaftlichen Zusammenhang sie entwickelt und ange-

---

[832] taz vom 04.01.1989.

[833] taz vom 18.04.1985.

[834] Gen-ethisches Netzwerk e.V., Die Mischpulte für das Leben im nächsten Jahrtausend. o.O., o.J.

[835] Albrecht, St., Biotechnologie – Perspektive für demokratischen, sozialen und internationalen Fortschritt? Forum für interdisziplinäre Forschung 11, 1989, S. 3-9.

wendet wird, welche Interessen diejenigen haben, die sie einführen und unter welchen Umständen diejenigen leben, die direkt davon betroffen werden.[836]

Insofern ist die „alternative Kritik" an der Gentechnik nicht als „technisch-stürmerisch" aufzufassen, sondern hier geht es um die gesellschaftliche und ethische „Bändigung" des Gebrauchs der Gentechnologie und um eine umfassende Abklärung der damit verbundenen Risiken, bevor eine solche Technik eine breite Anwendung findet. Entsprechend der mit dieser Handlungsorientierung verbundenen Tendenz zur sozialen Beharrung sollen vor der gesellschaftlichen Anwendung der Gentechnik erst umfassende und langfristige Risikostudien durchgeführt werden, um mit einiger Sicherheit eine Beherrschbarkeit dieser Technik oder gegebenenfalls auch eine Unbeherrschbarkeit feststellen zu können. So äußerte sich beispielsweise der „BUND" hinsichtlich der Gentechnologie im medizinischen und pharmazeutischen Bereich:

> Die Arbeit mit gentechnischen Methoden der medizinischen Forschung beschleunigt die Erkenntniszunahme ein weiteres Mal (...) Die Gentechnologie schafft ein gewaltiges Potential an neuen, erschreckenden Möglichkeiten (...) Soweit wir es mit der Aufklärung von Strukturen zu tun haben, sollten wir uns nicht nur wegen der Qualität gentechnischer Methoden sorgen, sondern auch der unglaubliche quantitative Schub muß uns verunsichern, die exponentielle Zunahme an Möglichkeiten, die das Urteilsvermögen überfordert und ein langsames, auf Erfahrung beruhendes Einführen neuer Behandlungsmöglichkeiten unmöglich macht.[837]

Besonders die Umweltverbände sahen in dem vorschnellen und unkritischen Gebrauch der Gentechnik eine Gefahr für Mensch und Umwelt und zogen auch eine Parallele zur Kernenergie (Atomkern – Zellkern); beide Techniken symbolisieren die neuartigen Gefährdungen moderner Technologien, die vor allem durch wissenschaftlich-industrielle Interessen und deren Nutzenerwartungen vorangetrieben werden, während sich die Kosten einseitig auf die sozialen, nicht-ökonomischen Handlungszusammenhänge verlagern:

> Der BBU verlangt das Verbot jeder Anwendung von Gentechnologie (...) Gentechnologie ist ebenso wie Atomtechnologie weit davon entfernt, Wissen in gesellschaftlicher Verantwortung zu sein. Es ist ein bedrückender Aspekt, daß gen- und biotechnische Verfahren industriell in Angriff genommen werden, ohne daß darüber die vielschichtigen Folgen genetischer Veränderungen eindeutige wissenschaftliche und sozialverantwortliche Erkenntnisse vorliegen. Wir be-

---

[836] Hobbelink, H., Ein gefundenes Fressen: Biotechnologie und „Dritte Welt". Dossier IV, 1989, S. 20-23.

[837] BUND (Hg.), Ethik contra Risiken? Gentechnologie in Medizin und Pharmazie, 1991.

fürchten die Entwicklung einer Technologie, deren Chancen nur wenigen zugute kommen, deren Risiken wir aber alle tragen müssen.[838]

Ebenso wandte man sich gegen die Freisetzung gentechnisch veränderter Organismen, da hierdurch nicht nur ökologische Katastrophen ausgelöst und uns ungeahnte Krankheiten beschert werden könnten, weil freigesetzte Organismen nicht mehr rückholbar sind, sondern auch die Natur selbst zu einem Bereich wissenschaftlichen Experimentierens wird. Durch die massenhafte Verbreitung genetisch veränderter Kulturpflanzen oder Nutztieren wird eine genetische Erosion, eine weitere Verarmung der genetischen Vielfalt befürchtet und so zum Verschwinden vieler Arten, die nicht mehr konkurrenzfähig sind, beigetragen. Daher sah man die EG-Richtlinie zur Freisetzung viel zu sehr an die Bedürfnisse der Industrie angepaßt, während die Interessen der Verbraucher und Kleinbauern, der Natur, des Tierschutzes und der Entwicklungsländer nicht angemessen berücksichtigt wurden.[839] Auch die EG-Richtlinie über den Gebrauch von GVO in geschlossenen Anlagen liefere kein ausreichendes Schutzinstrumentarium für Umwelt und Gesundheit.[840] In diesem Zusammenhang wurde gefordert, daß wir im Bereich der Gentechnologie hinsichtlich einer angemessenen Risikoeinschätzung in wesentlich größeren Zeiträumen denken müßten als dies bisher geschehe:

> Kein Wissenschaftler kann uns sagen, welche Auswirkungen es haben wird, wenn die seit über 3 Milliarden Jahren andauernde natürliche Evolution durch eine von Menschen gesteuerte Selektion abgelöst wird. Solange wir noch so wenig über ökologische Systeme und Zusammenhänge wissen, sollten wir uns auf deren Erforschung konzentrieren, anstatt unnötige und nicht vorhersagbare Risiken einzugehen. Selbst der überzeugteste Gentechniker wird heute zugeben: Ein Restrisiko bleibt immer ... Aber bisher ist doch nichts schiefgegangen, oder? Wer weiß das schon? Es dauerte 40 bis 50 Jahre, bevor die Gesellschaft die Folgen der chemischen Revolution für die Umwelt und Gesundheit erkannte: 1939 wurde mit dem weltweiten Einsatz von DDT begonnen, 1972 wurde DDT in der Bundesrepublik Deutschland verboten. Es kann bisher nicht gesagt werden, in welchen zeitlichen Dimensionen wir bei der Gentechnik denken müssen.[841]

---

[838] Bundesverband Bürgerinitiativen Umweltschutz e.V. (Hg.), BBU Bundesverband Bürgerinitiativen Umweltschutz, o.O., o.J.

[839] Regenbogen-Fraktion im Europäischen Parlament GRAEL (Hg.), Freisetzung genetisch veränderter Organismen in die Natur ... dann machen Sie doch mal die Flasche auf ... bisher ist noch nichts passiert, o.O., o.J.

[840] Bundesverband Bürgerinitiativen Umweltschutz e.V., Brief an die Deutschen Mitglieder des Europäischen Parlaments vom 9.3.1990.

[841] Regenbogen-Fraktion im Europäischen Parlament GRAEL (Hg.), Freisetzung genetisch veränderter Organismen in die Natur, op.cit..

Obwohl die breite Palette von Anwendungsmöglichkeiten der Gentechnologie einer Kritik unterzogen wurde, räumten Protestakteure doch ein, daß zumindest für die Anwendung im medizinischen Bereich aus ethischer Sicht eine grundsätzliche Ablehnung nicht gerechtfertigt erscheine, wenn auch bestimmte Anwendungen, z.B. gentechnisch hergestelltes Humaninsulin, hinsichtlich des Nutzen-Risiko-Verhältnisses weiterhin auf Ablehnung stießen.[842] Dies gilt auch für die Grünen, die auf ihrem Parteitag in Hagen 1986 ein generelles Verbot der Gentechnologie gefordert hatten, später jedoch Ausnahmen für den medizinischen Bereich zuließen.[843] Gleichwohl konstatierte man für den medizinischen Sektor, daß auch hier Risiken involviert sind. Allerdings wurden aus einer organizistisch ganzheitlichen Perspektive die mechanistischen Modelle der modernen Medizin und die damit verbundenen materiellen Betrachtungsweisen heftig kritisiert und Alternativen zu gentechnischen Projekten und der herkömmlichen medizinischen Prävention gefordert.[844]

Insbesondere der Bereich „Gesundheit und Krankheit" unterliegt in der gentechnischen und humangenetischen Debatte sozialen Definitionskämpfen, gerade auch angesichts einer gewissen „Konjunktur für biologische Interpretationen der Bedingungen individueller und gesellschaftlicher Entwicklung"[845]. Berufskrankheiten, deviantes Verhalten und Kriminalität, Depressionen, aber auch Rollenunterschiede bei den Geschlechtern und das soziale Bildungsgefälle bzw. Intelligenz werden in der einen oder anderen Form mit der genetischen Natur des Menschen in Verbindung gebracht und dienen oft der Legitimation des status quo und der Diskreditierung sozialpolitischer Bemühungen, individuelle und gesellschaftliche Problemlagen zu verändern.[846] Das Krankheitskonzept erfüllt insofern eine wichtige symbolische Funktion in der Gesellschaft, als mit der „Krankenrolle" normative Erwartungen und Bewertungen reguliert[847] und damit einerseits bestimmte Rechte und Pflichten des Kranken, andererseits aber auch der gesellschaftliche Umgang mit Kranken definiert werden. Die Medizin legt bei der Bestimmung von „Krankheit" eine naturalistische Definition, die Abwei-

---

[842] Aktionsbündnis gegen Gentechnik Hoechst (Hg.), Nr. 4: Gentechnologie und Pharmaindustrie, o.O., o.J.

[843] DER SPIEGEL vom 19.10.1987.

[844] BUND (Hg.), Ethik contra Risiken? Gentechnologie in Medizin und Pharmazie, op.cit.

[845] Daele, W.van den, Mensch nach Maß? op.cit., S. 81.

[846] Ibid.; Hohlfeld, R., Auswirkung der Gentechnologie auf Krankheitsverständnis und - definition. In: Hansen, F. & Kollek, R., (Hg.), Gen-Technologie. Die neue soziale Waffe, Hamburg: Konkret Literatur Verlag, 1987, S. 53-63.

[847] Dazu schon Parsons, T., Definitions of Health and Illness in the Light of American Values and Social Structure. In: Parsons, T., Social Structure and Personality, New York: Free Press, 1964, S. 257-291.

chung von einem biologisch normalen Zustand des Körpers, zugrunde, jedoch bleibt die Definition des Normalen bzw. des Gesunden unscharf[848] und fungiert letztlich – wie der Begriff „Sicherheit" – nur als Reflexionskategorie.[849] Durch die Verfeinerung der Testmethoden und durch die Anwendung gentechnischer Verfahren in der Analyse des menschlichen Genoms hat sich das Potential zur Bestimmung genetischer oder biochemischer Eigenschaften von Zellen immens vergrößert. Hierdurch können Abweichungen von einem genetischen Normalzustand definiert werden, die bislang unauffällig geblieben sind: mit dem Fortschritt der Wissenschaft steigt auch die Zahl der Krankheiten.[850] Von der Kritik wurde nicht bestritten, daß die durch die Gentechnologie verbesserte Medizin auch positive Effekte zeige, allerdings haben bestimmte Anwendungen auch möglicherweise soziale und politische Auswirkungen, die sich als problematisch erweisen könnten. Da es wissenschaftlich wie wirtschaftlich lukrativer sei, Krankheiten zu kurieren als zu beseitigen, wurde befürchtet, daß der medizinische Fortschritt weniger der Gesundheit als der Stabilisierung der Krankheitsursachen diene und sich so ein Übergewicht der kurativen gegenüber der präventiven Medizin ergebe. Mit dieser Technik sei es dann möglich, die Menschen maßgerecht an eine immer menschenfeindlichere soziale und technische Umwelt anzupassen.[851] Darüber hinaus könnten soziale Diskriminierungen nicht nur durch die Arbeitsmedizin entstehen, sondern auch durch die pränatale Diagnostik: mit deren Hilfe läßt sich feststellen, ob Kinder unter bestimmten Krankheiten leiden und von den Eltern und nicht zuletzt von der Gesellschaft als Belastung empfunden werden, so daß eine Schwangerschaftsunterbrechung verlangt wird. Hier machte man geltend, daß das „Recht auf ein nichtbehindertes Kind" nicht zu einer „Pflicht zum nichtbehinderten Kind" werden dürfe. Behinderungen würden so nicht mehr als Leiden der Betroffenen, sondern im Kontext volkwirtschaftlicher Kostenrechnungen gesehen.[852] Nicht zuletzt sei es diskriminierend, daß sich besondere Anlagen für schwerwiegende Krankheiten aufklären lassen und daß es möglich ist, auf solche hinzuweisen, die in Zukunft ausbrechen werden. Die Betroffenen werden also bereits in der Gegenwart mit der Zukunft belastet. Insbesondere lehnte man die instrumentelle ärztliche Vorgehensweise und das „mechanistische" Denkmodell der Schulmedizin ab:

---

[848] Daele, W. van den, Mensch nach Maß?, op.cit., S. 214.

[849] Luhmann, N., Der medizinische Code. In: Luhmann, N., Soziologische Aufklärung, Bd. 5, op.cit., S. 183-195.

[850] Hohlfeld, R., Auswirkung der Gentechnologie auf Krankheitsverständnis und -definition, op.cit., S. 59.

[851] Herbig, J., Der domestizierte Mensch. In: DIE ZEIT vom 10.10.1980.

[852] taz vom 11.01.1986.

Lebensereignis und Lebensbedingung, die einen wesentlichen Einfluß auf die Krankheitsdisposition, -ausbruch und -verlauf haben, werden vollständig ausgeklammert. Durch die analytische Vorgehensweise dieser Forschung ... werden Krankheitsphänomene aus dem Lebenszusammenhang herauspräpariert und zu technisch handhabbaren Laborobjekten idealisiert. (...) Und genau das ist der Denkhintergrund, in den auch gentechnologische Verfahren eingebettet sind, und deshalb muß die Gentechnologie ... politisch bewertet werden. Denn sie liefert ein neues Potential an instrumentellem Wissen und verfeinert und stabilisiert damit Konzept und Strategie einer eindimensionalen Medizin.[853]

Aus eben dieser ganzheitlichen Perspektive plädierte man für ein synergistisches Risikomodell. Die Formel „Stand der Wissenschaft" solle so angewendet werden, daß sich hier die Pluralität verschiedener wissenschaftlicher Auffassungen widerspiegele[854] und nicht von der derzeit dominanten Perspektive okkupiert werde.

Ein GenTG wurde besonders angesichts der sich bereits vollziehenden Nutzung der Gentechnologie als längst überfällig begrüßt, jedoch waren die Gesetzesentwürfe der Bundesregierung und auch das verabschiedete GenTG hauptsächlich aus dem Grunde kritisiert worden, daß der Schutz von Mensch und Natur durchgängig gegen eine großangelegte Förderung der Gentechnologie ausgespielt und ein öffentliches Mitspracherecht nicht sichergestellt werde.[855] So hielt auch die ARBEITSGEMEINSCHAFT BÄUERLICHE LANDWIRTSCHAFT (AbL) das von der Bundesregierung geplante GenTG für „schlampig, schludrig und schlecht", das „den Gefahren der Gentechnik Tür und Tor" öffne.[856] Dieses Gesetz – unter dem Druck der starken Industrielobby in aller Eile gezimmert - sei nicht geeignet, die enormen Risiken der Gentechnologie zu kontrollieren, und das Verhältnis Gesellschaft/Natur werde auf die Grundlage von Ausbeutung und Profit herabgesetzt.[857]

In diesem Zusammenhang wurde gefordert, daß die Gentechnik-Betreiber für alle Schäden an Menschen, Natur und Umwelt haften sollen und das Verbandsklagerecht möglich sein soll. Zweck des GenTG solle daher nicht eine breite Etablierung der Gentechnologie sein, sondern eine Pluralisierung der Meinungsfindungs- und Entscheidungsprozesse, wobei man auch die Berücksichtigung

---

[853] Hohlfeld, R., Auswirkung der Gentechnologie auf Krankheitsverständnis und -definition, op.cit., S. 58.

[854] Deutscher Naturschutzring/Bundesverband Umweltschutz e.V. (Hg.), Memorandum zum Gentechnikgesetz, Dezember 1989.

[855] Bundesverband Bürgerinitiativen Umweltschutz e.V. (BBU), Memorandum zum Gentechnikgesetz (neue Fassung), 1990.

[856] Arbeitsgemeinschaft bäuerliche Landwirtschaft, Bauernstimme, März 1990, S. 9-12.

[857] Ibid.

von Alternativlösungen einforderte.[858] Den Proponenten der Gentechnologie aus Wissenschaft, Wirtschaft und Politik warf man vor, durch die besondere Problemlösungskapazität der neuen Biotechnologie die technologischen Mittel durch die gesellschaftlich fokussierten Zwecke zu „heiligen". Erforderlich sei aber gerade auch eine stärkere Berücksichtigung alternativer Problemlösungsversuche, die nicht durch eine Fixierung auf eine einseitige Technologieentwicklung ausgeblendet werden.[859] Weiterhin verwies man darauf, daß durch den Einsatz der Gentechnologie die ökonomische Machtkonzentration besonders der chemischen und pharmazeutischen Industrie sowie der vor- und nachgelagerten Industrie gefördert werde und der Einsatz dieser neuen Technologie in einer ökologischem Gesamtbilanz nicht kosteneffektiv sei:

> Sie versprechen eine neue „grüne Revolution", doch am Ende droht ein wirtschaftliches wie ökologisches Debakel: Chemie und Pharma-Multies treiben den Einsatz gentechnischer Methoden in der Landwirtschaft voran. Doch enorme Folgekosten zehren die scheinbaren Vorteile ... auf. Zudem werden die Bauern ermuntert, noch mehr Dünger und Pestizide zu versprühen. Weitere Posten in dieser Negativbilanz: Die Abhängigkeit der Landwirte von den Saatgutproduzenten steigt, bäuerliche Arbeitsplätze und ganze Höfe gehen verloren, die Nahrungsmittel-Qualität sinkt.[860]

Gegen den Einsatz der Gentechnik in der Landwirtschaft wandte man ein, daß hierdurch nur eine Reparatur, nicht aber auch eine Ursachenbekämpfung betrieben[861] und durch die Übertragung von Resistenzgenen bei Nutzpflanzen der Verkauf von Ackergiften direkt gefördert sowie die Abhängigkeit der Landwirte von den Chemiefirmen noch vergrößert werde:

> Experten schätzen, daß Hoechst mit dem Erfinderpatent seinen Umsatz um mindestens 200 Millionen DM erhöhen könnte, zumal wenn es gelingt, den Bauern gleich ganze Pakete zu verkaufen. Darin enthalten: Basta (ein Herbizid – der Verfasser) samt dem dazugehörigen Saatgut, selbstverständlich mit dem Resistenzgen gegen Basta. Damit werden Landwirte gleich doppelt an den Konzern gebunden. Gelänge es, Saatgut und Herbizide zu koppeln, hätte Hoechst die Kontrolle über zwei der wichtigsten „Zuliefer-Industrien" der Landwirtschaft in der

---

[858] Deutscher Naturschutzring/Bundesverband Umweltschutz e.V. (Hg.), Memorandum zum Gentechnikgesetz, op.cit.

[859] Ibid.

[860] Klopfleisch, R., Bauernfang im Gentechnik-Labor. Natur Nr.8, 1989, S. 54-63.

[861] Pestizid Aktions-Netzwerk (PAN) Germany, Gentechnik und Pflanzenschutz in der Landwirtschaft (Dossier No.1), o.O., o.J.

Hand. Die Bauern hätten kaum eine Chance, auf Konkurrenzprodukte auszuweichen, wenn der Konzern die Preise anhebt.[862]

Der Einsatz der Gentechnologie in der Landwirtschaft diene vor allem den ökonomischen Interessen der Industrie, nicht der Lösung landwirtschaftlicher Probleme. Dies werde beispielsweise bei den herbizidresistenten Pflanzen deutlich, da es zwanzig mal teurer sei, ein neues Unkrautvernichtungsmittel zu entwikkeln als eine neue Pflanzensorte zu züchten, die gegen höhere Dosierungen der schon vorhandenen Vernichtungsmittel resistent ist. Die ganze Chemiebranche sei mit dem Ziel der Produktion von herbizidresistentem Saatgut in die Gentechnik eingestiegen (Bayer, Hoechst, Ciba-Geigy, Dupont, Monsanto und Dow Chemical), da auf diesem Markt die Profiterwartungen äußerst verlockend sind: der Pflanzenschutzmittelmarkt machte 1985 immerhin fast 40 Milliarden DM aus.[863] Damit werde aber nicht nur der Absatz von Herbiziden gesteigert, sondern auch die Umwelt stärker belastet. Das gleiche gelte für die Tierzucht: die durch gentechnische Verfahren gesteigerte Produktion des Einzeltieres mache nicht nur das Tier zur Maschine und gefährde durch eine nicht artgerechte Tierhaltung dessen physische und psychische Gesundheit, sondern bedeute auch das Ende der Tierzucht in bäuerlicher Hand und die Abhängigkeit von den großen Genkonzernen.[864] Ebenso wurde die Auseinandersetzung um das genetisch rekombinierte Bovine Somatotropin (rBST, ein Rinderwachstumshormon) zu einem politischen Thema („Turbo-Kuh"). Die Zulassung dieses Hormons verspreche der Industrie ein großes Geschäft, landwirtschaftliche Kritiker wandten aber ein, daß die Zulassung von rBST (offiziell als Tierarzneimittel eingestuft) entbehrlich sei, da genügend Milch vorhanden ist und die Gesamtmengenproduktion aufgrund der Garantiemengenregelung Milch auf Jahre nicht ausgeweitet werden kann. Außerdem wurde befürchtet, daß durch diesen Einsatz die Milch in Mißkredit gebracht wird und Verbraucher die mittels Hormonen erzeugten Lebensmittel ablehnen. Hinsichtlich der Gefährdung der menschlichen Gesundheit verwies man dabei auch auf Experimente, die – entgegen den Aussagen des Bundesverbands für Tiergesundheit – bei dem Kunst-Hormon nicht nur artspezifische Wirkungen beobachtet hatten.[865] Die Gefahren für die Umwelt wurden darin gesehen, daß ökologisch wertvolles Dauergrünland abnimmt (30 bis 50%

---

[862] Klopfleisch, R., Bauernfang im Gentechnik-Labor, op.cit.

[863] Kiper, M., Pestizidresistente Kulturpflanzen – Das Bündnis von Chemie und Gentechnik im Landbau. In: Altner, G., Krauth, W., Lünzer, I. & Vogtmann, H. (Hg.), Gentechnik und Landwirtschaft, Karlsruhe: Verlag C.F. Müller, 1990, S. 38-53, 40-41.

[864] Idel, A., Das Tier auf dem Weg zur Maschine. Bauernstimme Mai 1991, S. 7; Idel, A., Gentechnik an landwirtschaftlichen Nutztieren. In: Altner, G., Krauth, W., Lünzer, I. & Vogtmann, H. (Hg.), Gentechnik und Landwirtschaft, op.cit., S. 71-82.

[865] Arbeitsgemeinschaft bäuerliche Landwirtschaft, Bauernstimme Juni 1989, S. 8-9.

der Grünflächen würden brachfallen), da die „Turbo-Kühe" mit Kraftfutter er-
nährt werden müssen.[866] Wird der Kraftfutterbedarf mit bestimmten Billigim-
portfuttermitteln gedeckt, sei mit steigenden Pestizidrückständen und Pilzgiften
zu rechnen, die krebserzeugend sind.[867] Von den Betreibern für die Zulassung
wurde geschickt das „Wettbewerbsargument" plaziert, um ihre Interessen durchsetzen zu können: In einer Broschüre für den europäischen Markt argumentierte
die EUROPÄISCHE FÖDERATION FÜR TIEREGESUNDHEIT (Fedesa), die Zulassung in
den USA stände kurz bevor, die Europäer könnten Wettbewerbsnachteile nur
durch die baldige Zulassung vermeiden. In der US-Version der Broschüre wurde
genau umgekehrt argumentiert: Da die Zulassung in der EG ins Haus stünde,
müsse die US-Landwirtschaft der europäischen Konkurrenz mit einer schnellen
Zulassung zuvorkommen.[868]
Befürchtungen wurden auch aufgrund entsprechender Patentierungen artikuliert,
da die kleinen traditionellen Züchter sich die Lizenzgebühren nicht leisten können und so aus dem Konkurrenzkampf aussteigen müssen. Durch die Patentierung würden Saatgut und Zuchttiere verteuert, was bei sinkenden Erzeugerprei-
sen eine Vernichtung bäuerlicher Arbeitsplätze bedeutet. Die traditionellen
Züchter in Europa würden keinen freien Zugang zu Pflanzen und Tieren haben,
mit denen sie weiterzüchten können, da „lebende Naturschätze" zum exklusiven
Eigentum der Gen-tec-Firmen werden.[869] Beklagt wurde darüber hinaus der beschleunigte Strukturwandel in der Landwirtschaft und der damit verbundene zunehmende Verlust von traditionellen Strukturen, die mit dem Begriff „Bauern-
tum" assoziiert sind.[870]

Eine ökonomische Machtkonzentration der großen Gen-Konzerne im agrar-
industriellen Sektor wurde auch im Hinblick auf die Arbeitsteilung zwischen
den Industrie- und Entwicklungsländern befürchtet, wobei der Internationalisie-
rung der Industrie eine Generalisierung der Solidarität entgegengestellt und man
so versuchte, den Konflikt zu globalisieren. Auch hier machte man auf die ge-

---

[866] Fremuth, W., Strukturwandel und Biodesign. Gentechnik – Eine neue Revolution in der
Landwirtschaft? In: Fremuth, H. (Hg.), Das manipulierte Leben, Köln: Kölner Verlagsblatt,
1988, S. 63-75, 65.

[867] Regenbogen-Fraktion im Europäischen Parlament (GRAEL), Freisetzung genetisch veränderter Organismen ... in die Natur, o.O., o.J.

[868] taz vom 17.05.1988.

[869] Die Grünen, Wer die Patentierung von Lebewesen fordert will die Ab-Schöpfung der Natur, op.cit.; Deutscher Bauernverband, Kurzkommentare und Stellungnahme zum Bericht der
Enquete-Kommission. In: Grosch, K., Hampe, P. & Schmidt, J. (Hg.), Herstellung der Natur?,
op.cit., S. 23-25.

[870] Ribbe, L., Tag für Tag passiert der Wahn. Landwirtschaft im Industriezeitalter. In: Fremuth, W. (Hg.), Das manipulierte Leben, op.cit., S. 39-61.

sellschaftlichen Konsequenzen der Gentechnik aufmerksam: mit der Entwicklung der Biotechnologie werde die vorhandene Abhängigkeit der Dritten Welt von den Industrieländern verschärft und somit die Kluft zwischen Arm und Reich noch vergrößert. Aber auch das ganze Ökosystem des Südens werde dadurch labilisiert.[871] Die Protestakteure aus dem Agrar- und Nahrungsbereich machten sich zum Sprecher der Interessen der Entwicklungsländer und wiesen darauf hin, daß mit der Entwicklung der Biotechnologie der freie „Gentransfer" von den gen-reichen Dritten Ländern zu den gen-armen Industrienationen größere Ausmaße annehmen und die Abhängigkeit von den industriellen Zentren des Nordens zunehmen werde.[872] Dabei wurde insbesondere die Patentierung der genetischen Ressourcen der Dritten Welt als problematisch angesehen, da einerseits entwickelte kommerzielle Pflanzensorten patentierbar sind, andererseits aber genetisches Rohmaterial als gemeinsames Erbe der Menschheit gilt und daher allen verfügbar ist. Die Länder der Dritten Welt können einerseits von dem eigenen Reichtum an Genmaterial nicht profitieren, weil es als gemeinsames Erbe der Menschheit gilt und allen zugänglich ist, andererseits werden sie durch die Industrieländer von dem Recht ausgeschlossen, freien Zugang zu dem in Genbanken gesammelten Material oder zum Genmaterial anderer Länder zu haben.[873] Die Mehrzahl unserer Nutzpflanzen stammt ursprünglich aus den Wawilowschen Zentren genetischer Vielfalt, und dies sind vor allem die heutigen Entwicklungsländer. Um dem Verschwinden des wertvollen Genmaterials aus den Entwicklungsländern entgegenzuwirken, wurden internationale Genbanken eingerichtet, von denen aus Sammlungen gefährdeter Sorten durchgeführt werden. Die Entwicklungsländer müssen – so wurde kritisiert – fortan ihr eigenes genetisches Potential in Form neuer Züchtungen zurückkaufen. Eine Ausweitung des Patentrechts auf Pflanzen führe automatisch zu einem neuen Kontrollinstrument des Nordens über den Süden.[874] Auch das Welternährungsproblem lasse sich nicht auf einem rein technischen Wege durch eine Steigerung der Produktion von Nahrungsmitteln lösen, sondern durch einen anderen Modus der gesellschaftlichen Verteilung. Die Konsequenzen, die kritische Stimmen aus der „grünen Revolution" zogen, zeigten auf, daß zwar durch die Verwissenschaftli-

---

[871] Spangenberg, J., Auswirkungen der Bio- und Gentechnik auf die „dritte Welt". In: Altner, G., Krauth, W., Lünzer, I. & Vogtmann, H. (Hg.), Gentechnik und Landwirtschaft, op.cit., S. 127-156.

[872] Lorenz, A., Ernährungsprobleme in den Entwicklungsländern und Biotechnologie. In: Paech, N. & Albrecht, St. (Hg.), Biotechnologie in der Lebensmittelindustrie und der Landwirtschaft unter besonderer Berücksichtigung der Nord-Süd-Beziehungen, Hamburg: Hochschule für Wirtschaft und Politik, 1991, 34 Seiten.

[873] BUKO-Agrar-Koordination, Dossier I, 1989.

[874] Becktepe, Ch. & Jacob, S. (Hg.), Genüsse aus dem Gen-Labor? Neue Techniken – neue Lebensmittel, 1991

chung und Technisierung der traditionellen Landwirtschaft die Erträge gesteigert werden, doch gerade die ökonomische Gestaltung der fortschrittlichen Technik zugleich als ein Hebel für eine umfassende soziale Enteignung wirke.[875] Durch eine entsprechende Regierungspolitik gefördert, komme nur eine Minderheit in den Genuß der „besseren" Pflanzen und Anbaumethoden, während die Mehrheit die Kontrolle über ihre Ernährung verliert.

Profitable Rohstoffe wie Kakao oder Vanille sollen mit Hilfe der Gentechnik nicht mehr in Asien, Lateinamerika und Afrika, sondern von den Genkonzernen erzeugt werden, um die Industrieländer ökonomisch unabhängig zu machen. Dadurch werde aber die Exportbasis vieler Entwicklungsländer zerschlagen und die ohnehin hoch verschuldeten Länder in den Ruin getrieben.[876] So kommt beispielsweise die Kakaobohne vollständig aus den Ländern der Dritten Welt, die Verarbeitung dagegen findet nahezu ausschließlich in den Industrieländern statt. Nur zwei Firmen kontrollieren ca. 75% des gesamten Kakaohandels an den internationalen Warenterminbörsen in New York, London und Amsterdam: S.W. Berisford und Gill & Duffus. Neun Hersteller bestimmen über 80% des Schokoladenangebots in Westeuropa und den USA.[877] Hier wird hart um Marktanteile und auch um Preise gerungen. Biotech-Firmen versuchen, den teuren Rohstoff Kakaobutter aus billigen Ölen (z.B. Palmölen) herzustellen. Daher bilden sich völlig neue Verhältnisse auf dem Weltmarkt heraus: Der Kakao-Kleinbauer aus einem Dritten-Welt-Land konkurriert nicht mehr auf dem Weltkakaomarkt, sondern auf einem Weltmarkt für den Rohstoff „Öle und Fette", auf dem viel mehr Anbieter zu finden sind. Solche Produktionsverfahren haben entsprechende Auswirkungen auf die ökonomischen Verhältnisse der Länder Asiens, Lateinamerikas und Afrikas. Einerseits werden die bisherigen Exportprodukte ersetzt und in den Industrieländern selbst produziert, somit die Dritte-Welt-Länder passiv abgekoppelt, andererseits werden bestimmte hocheffiziente tropische Nutzpflanzen als nachwachsende Rohstoffe vermehrt in der Dritten Welt angebaut werden. Dies würde einen weiteren Auftrieb für die agrarische Exportproduktion in den Ländern der Dritten Welt bedeuten, die bisherige Arbeitsteilung zwischen Nord und Süd verstärkt sich und das Hungerproblem wird weiter verschärft.[878] Aus entwicklungspolitischer Sicht wurde daher gefordert, daß die

---

[875] Spangenberg, J., Das grüne Gold der Gene. Vom Angriff der Gentechnik auf das Leben in der Dritten Welt, Wuppertal: Peter Hammer Verlag, 1992; Herbig, J., Der Bio-Boom. Möglichkeiten und Gefahren der Gen-Manipulation, Hamburg: Gruner und Jahr, 1982, S. 228-229.

[876] Borchert, J., Gentechnik und Dritte Welt: Kakao aus dem Labor. Globus 12, 1991, S. 350-351.

[877] Becktepe, Ch. & Jacob, S. (Hg.), Genüsse aus dem Gen-Labor? Neue Techniken – neue Lebensmittel, op.cit.

[878] Borchert, J., Gentechnik und Dritte Welt: Kakao aus dem Labor, op.cit.

Prioritäten der Bioforschung neu definiert werden und die Dritte-Welt-Länder die Möglichkeit einer Teilhabe am internationalen Entscheidungsprozeß haben. Ebenfalls wurde kritisiert, daß Dritte Welt Länder als Experimentierfeld gentechnischer Versuche der Industrieländer benutzt und Unfälle bei freigesetzten Organismen − wie etwa ein unkontrollierbar ausgebreiteter gentechnisch erzeugter Lebendimpfstoff gegen Tollwut in einer Provinz Argentiniens − als „juristisches Kavaliersdelikt" behandelt werden.[879]

Kritik entzündete sich ebenfalls an gentechnisch hergestellten Nahrungsmitteln, „Novel Food" bzw. „Designer Food", und man beklagte den Verlust an „Genuß und sinnlicher Erfahrung"[880]. Neben der Befürchtung, daß Risiken auf den menschlichen Organismus nicht abzuschätzen sind und sich unter Umständen gesundheitsschädliche Substanzen bilden[881], wurde vor allem moniert, daß in den bundesdeutschen Gesetzen eine besondere Kennzeichnung von Lebensmitteln, die gentechnisch veränderte Organismen enthalten, nicht vorgesehen oder geplant ist und auch auf EG-Ebene eine solche Verordnung nicht vorbereitet wird.[882] Das GenTG greife nur bei bestimmten Fällen und bei Zusatzstoffen bleibt bei der Zulassung die Produktionsmethode außen vor. Im deutschen Lebensmittelgesetz sind gentechnische Verfahren zur Nahrungsmittelproduktion nicht vorgesehen. Eine Genehmigung für den Handel mit Gentech-Nahrung ist nur erforderlich, wenn sie aus genmanipulierten Organismen besteht oder solche enthält; nur dann fallen die Lebensmittel auch unter das GenTG (z.B. eine gentechnisch veränderte Tomate oder Kartoffel). Anders sieht es bei Zutaten, Zusatz- oder Hilfsstoffen aus: Geschmackstoffe, Aromen, Farbstoffe, Vitamine, Aminosäuren oder auch Enzyme aus gentechnischer Produktion können verwendet werden, ohne daß sie ein Zulassungsverfahren durchlaufen müssen.[883] Da die Nahrungsmittelindustrie nicht offenlegen muß wie sie ihre Produkte herstellt, kann auch erst recht der Verbraucher keine Kenntnis darüber haben, welche Produkte in den Supermärkten schon mit gentechnischen Methoden hergestellt wurden. Einen ersten offiziellen Entwurf für eine „Verordnung des Rates

---

[879] Weidenbach, Th. & Tappeser, B., Der achte Tag der Schöpfung, Köln: Kiepenheuer & Witsch, 1989, S. 153-159.

[880] Die Grünen, „Wehret den Anfängen". Bio- und Gentechnologie in der Lebensmittelverarbeitung, 1990.

[881] Katalyse e.V. Institut für angewandte Umweltforschung, Katalyse − Verbraucherinformation Nr. 5. Gentechnik im Supermarkt. Bio- und gentechnisch erzeugte Lebensmittel, o.O., o.J.; Tappeser, B. & Bradish, P., Food Design: Gen- und Biotechnologie in der Verarbeitung und Produktion von Nahrungsmitteln. In: Altner, G., Krauth, W., Lünzer, I. & Vogtmann, H. (Hg.), Gentechnik und Landwirtschaft, op.cit., S. 89-113.

[882] BUND, Essen aus dem Gen-Labor. Globus 12, 1991, S. 360-361.

[883] Ibid., S. 358-359.

über neuartige Lebensmittelzutaten und neuartige Lebensmittelproduktions- und –verarbeitungsverfahren" hatte die EG-Kommission bereits 1990 im „Beratenden Lebensmittelausschuß" diskutieren lassen. Alle fünf im Ausschuß vertretenen Interessengruppen – Industrie, Handel, Landwirtschaft, Verbraucher und Gewerkschaften – hatten den Entwurf als nicht annehmbar zurückgewiesen.[884] Eine daraufhin veränderte, kommissionsinterne Fassung ging davon aus, daß unterschiedliche Rechtsvorschriften der EG-Länder den freien Verkehr mit neuartigen Lebensmitteln verhindern und es deshalb zu ungleichen Wettbewerbsbedingungen auf dem gesamten Binnenmarkt käme. Daher hielt man ein einheitliches Anmelde- und Genehmigungsverfahren für notwendig. Um den einzelstaatlichen Behörden und der Kommission die Umsetzung in die nationale Gesetzgebung zu „ersparen", wurde eine „Verordnung des Rates" ausgewählt, die im Gegensatz zu einer „Richtlinie" sofort nach Verabschiedung durch den Ministerrat rechtskräftig wird und auch nicht mehr von den jeweiligen nationalen Parlamenten abgesegnet werden muß. Daß hier primär die Harmonisierung des Binnenmarktes im Vordergrund stand und nicht etwa der Verbraucherschutz, sieht man auch daran, daß die Abteilung „Binnenmarkt und Industriebeziehungen" dabei federführend war.[885] Daher forderten die Verbraucherverbände eine Kennzeichnungspflicht, eine Verbraucheraufklärung und einen Zugang zu allen relevanten Informationen. Die Kampagne „Essen aus dem Genlabor – natürlich nicht" wollte verhindern, daß gentechnische Nahrung künftig zu unserem Alltag gehört und rief zu einem Boykott gegen den Kauf solcher Produkte auf:

> Die Gentechnologie wird die einseitige Betrachtungsweise von Lebensmittelqualität weiter vorantreiben. Heute können wir noch auswählen, aber wird es im nächsten Jahrhundert überhaupt noch natürliche, unmanipulierte Lebensmittel geben? Entscheidend ist das zukünftige Verständnis von Lebensmittelqualität. Betrachten wir sie aus einem ganzheitlichen Ansatz heraus oder nur punktuell nach ganz bestimmten Eigenschaften?[886]

Generell gab man zu bedenken, daß die möglichen Risiken nur dann fair abgewogen werden können, wenn man die Risiken der Gentechnik mit solchen Risiken vergleicht, die sich durch die Alternativen zu dieser Technik ergeben. So plädierte man – unter Einbeziehung ökonomischer Kalküle in den gemeinschaftlichen Handlungsrahmen – für ein „ökologisches Szenario" in der Landwirtschaft, da dieses sich nicht nur als das umweltfreundlichste, sondern auch

---

[884] Ibid.

[885] Ibid.

[886] Becktepe, Ch. & Jacob, S. (Hg.), Genüsse aus dem Gen-Labor? Neue Techniken – neue Lebensmittel, op.cit.

volkswirtschaftlich als der sinnvollste Weg erweise.[887] Dabei stützte man sich auch auf wissenschaftliche Gutachten, beispielhaft sei hier das Gutachten von Prof. Hartmut Bossel aus Kassel angeführt, das für die Ausgangsfrage : „Welche „ökonomischen" Pfade kann die Landwirtschaft bis zum Jahre 2025 einschlagen?" drei Szenarios für realisierbar hält – mit oder ohne Gentechnik:

- Weitermachen wie bisher, also das System der Marktordnungen mit Preisen weit über dem Weltmarkt und garantierten Absatzmengen für Agrarprodukte am Leben erhalten. Das bedeutet: Wie bisher werden mehr als 8 Milliarden DM im Jahr für die EG bereitgestellt, um Überschüsse zu lagern, zu verarbeiten oder zu vernichten und um Exporte auf den Weltmarktpreis herunter zu subventionieren – Finanzbedarf steigend. Quoten sorgen dafür, daß die Überschüsse nicht ins Uferlose wachsen. Die Nahrungsmittelpreise steigen mäßig wie bisher um durchschnittlich 2,5 % im Jahr. Pro Kopf der Bevölkerung wird im Jahr 2025 ebensoviel Rind- und Schweinefleisch erzeugt wie heute, etwas weniger Getreide, dazu 10 Mio. Tonnen „Industriepflanzen", also schnellwachsende Hölzer oder aber Öl- oder Bio-Alkohol-Gewächse. Die Zahl der Betriebe und Arbeitsplätze in der Landwirtschaft geht bis zum Jahr 2025 auf rund die Hälfte zurück. Es werden nur geringfügig mehr Düngemittel auf die Felder gebracht als heute, dafür aber doppelt soviel Pestizide.

- Entwicklung zur Agrarindustrie durch politische Maßnahmen beschleunigen. Abbau von Subventionen und Abnahmegarantien, bis nur noch wenige Betriebe mithalten können, die zu den niedrigen Preisen des Weltmarkts wettbewerbsfähig sind. Die Preise würden dann bis zum Jahr 2025 um ein Viertel sinken. Das bedeutet: Kaum ein Hof kann in den nächsten 10 bis 20 Jahren noch Gewinn einfahren. Die Verluste müssen, will man den Ruin der Landwirtschaft verhindern, durch direkte Einkommenssubventionen ausgeglichen werden. Diese Zuschüsse werden zunächst steigen und etwa im Jahr 2000 mit runden 15 Milliarden DM ihren Höchststand erreichen – 25 Jahre später werden sie auf eine Milliarde gesunken sein. Ein Drittel der Höfe hat eine Chance, die ökonomische Dynamisierung zu überleben, vorwiegend die großen Agrar-Industriebetriebe. 30% der heute landwirtschaftlich genutzten Fläche werden brachliegen. Die Agro-Unternehmen haben sich dann auf wenige rentable Produktionszweige spezialisiert, z.B. auf die automatisierte Schweinemast. 20 Mio. Bio-Alkohohl- oder Fett-Rohstoffe für die Industrie werden dann auf deutschen Feldern wachsen, dagegen schlachtet man nur noch halb so viele Rinder wie heute, erntet nur noch zwei Drittel der heutigen Getreide- und ein Drittel der Kartoffelmenge. Würde dieses Szenario in allen EG-

---

[887] Vgl. dazu auch Rutz, Ch., Biotechnologie in der konventionellen Landwirtschaft und die Alternative Ökologischer Landbau. In: Paech, N. & Albrecht, St. (Hg.), Biotechnologie in der Lebensmittelindustrie und der Landwirtschaft unter besonderer Berücksichtigung der Nord-Süd-Beziehungen, op.cit., 44 Seiten.

Staaten Wirklichkeit, könnten sich die Westeuropäer nicht mehr ausreichend mit Grundnahrungsmitteln versorgen. Sie müßten Getreide aus den USA, Osteuropa oder Ländern der Dritten Welt zukaufen, dazu auch wie bisher die Futtermittel für die Mastschweine. Eine derartige Rationalisierung, Spezialisierung und Automatisierung bedingt die weitgehende Nutzung aller technischen Möglichkeiten in den Bereichen Landtechnik, Biotechnik und Gentechnik in der Produktion. Knapp 60.000 Tonnen Pestizide werden im Jahr 2025 gespritzt, zweieinhalbmal so viel wie heute.

- Die Alternative zu diesen beiden Szenarien wird in der „Ökologisierung" der Produktion gesehen. Mit der Öko-Steuer belegt, ginge der Einsatz von Chemiestickstoff bis zum Jahr 2025 auf 70% des heutigen Wertes zurück, der Pestizidverbrauch sänke auf 40%. Wie im obengenannten „Industrie-Szenario" wird das System der EG-Subventionen abgebaut und macht direkten Einkommensbeihilfen Platz. Rund 4 Milliarden DM, schätzt *Bossel*, werden jährlich auf die Konten der Bauern überwiesen, was doppelt so vielen Landwirten ein Auskommen sichert wie im „Industrie-Szenario". Allerdings müssen die Verbraucher mit Preisen rechnen, die jährlich um 3,5% steigen, wofür im „Gegenzug" Qualitätsnahrung garantiert wird. Die Rinder-, Getreide- und Kartoffelproduktion geht leicht zurück, so daß kaum mehr Überschüsse entstehen. Nachwachsende Rohstoffe spielen keine Rolle, dafür legen Grünland und Feldfutteranbau zu. Dieser Weg ist jedoch auch nur mit Hilfe der Biotechnik gangbar, so daß ökologische Gründe nicht generell gegen Gentechnik in der Landwirtschaft sprechen.[888]

Wenn auch der Umbau zum „ökologischen Szenario" nicht zum Nulltarif zu bekommen sei, so verspreche er doch – neben den ökologischen und volkswirtschaftlichen Vorteilen – nicht zuletzt auch eine Freiheit von der „schleichenden Infiltration von synthetischem Leben in die Umwelt".[889] Dabei machte man aber auch darauf aufmerksam, daß „Umweltschutz" bei den Gentechnikbefürwortern und -gegnern an je verschiedene symbolische Leitideen angeschlossen ist:

> Sowohl die Befürworter als auch die Gegner der Gentechnologie reden vom Umweltschutz. Offensichtlich meinen die Ersten eher Schutz der einzelnen Produkte der Umwelt (Ernte) aus rein ökonomischen Interessen. Die Gegner meinen mit Umweltschutz den Schutz des natürlichen Gleichgewichts der Natur und der lebensnotwendigen Rohstoffe wie Wasser und Luft.[890]

---

[888] Klopfleisch, R., Bauernfang im Gentechnik-Labor, op.cit.

[889] Ibid.

[890] Gnekow-Metz, A., Herbizidtoleranz – eine Tugend mit Tücken. Bauernstimme November 1991, S. 14.

Neben der oben beschriebenen Variante, die eine Kompatibilisierung von Gentechnik und Ökologie zuläßt, findet man aber auch die Auffassung, daß die neue Biotechnologie grundsätzlich nicht in das Konzept einer ökologisch orientierten Landwirtschaft integriert werden könne, da zwischen beiden ein grundsätzlicher Widerspruch in der Betrachtungsweise von Natur schlechthin bestehe:

> Die Gentechnologie als angewandte Naturwissenschaft betrachtet eine Pflanze unter anthropozentrischen Gesichtspunkten als etwas Unvollkommenes und Verbesserungswürdiges. Sie arbeitet dabei mit einzelnen Funktionen und Teilen von Pflanzen. Im ökologischen Landbau steht dagegen eine ganzheitliche Sicht im Vordergrund, die Erscheinungen der lebenden Natur als gegeben nimmt und diese in Einklang zu bringen versucht mit der unbelebten Natur und dem Menschen.[891]

5.6.2 Feministische Kritik

Die Frauenbewegung in Deutschland kritisierte zunächst hauptsächlich die Reproduktionstechnologie, die durch ihre Erfolge (Retortenbabies) die Diskussionen bis Ende der siebziger Jahre in den Medien beherrschte. Im weiteren Verlauf wurde jedoch innerhalb der internationalen Frauenbewegung immer mehr eine Verbindung von der Reproduktionstechnologie zur Gentechnologie gezogen. Dies führte dann dazu, daß sich 1985 das ein Jahr zuvor gegründete Netzwerk FINRET (Feminist International Network on the New Reproductive Technologies) auf einer Konferenz in Schweden in FINRAGE (Feminist International Network of Resistance to Reproductive and Genetic Engineering) umbenannte.[892] Auf der „International Conference on Reproductive and Genetic Engineering and Women" vom 18. bis 25.3.1989 in Camilla, Bangladesh wurden die Gen- und Reproduktionstechniken als Teil einer umfassenden Ideologie der Eugenik gesehen, die eine Politik der Bevölkerungskontrolle legitimiere. Die Technik, die in den Ländern der westlichen Welt das „Leid der Kinderlosigkeit" beseitigen will, wird besonders in armen Ländern zur Geburtenkontrolle genutzt. So schätzte beispielsweise die Inderin *Mona Daswani* die Zahl der Abtreibungen weiblicher Embryos in den Jahren 1978 bis 1983 auf 78.000, weil Mädchen in

---

[891] Bernhard, J., Methoden und Projekte der Gentechnologie in der Pflanzenzucht. In: Altner, G., Krauth, W., Lünzer, I. & Vogtmann, H. (Hg.), Gentechnik und Landwirtschaft, op.cit., S. 25-37, 35.

[892] Kaiser, M., Entstehung, Entwicklung und Strukturen der AntiGen-Bewegung, op.cit., S. 86.

ihrem Land einen geringeren Wert haben.[893] So heißt es in der Deklaration von Camilla:

> Genetische- und Reproduktionstechniken sind Teil einer Ideologie der Eugenik, die wir ablehnen. In dieser Ideologie werden menschliche Wesen als inhärent über- oder unterlegen betrachtet. Dies führt zu Degradierung, Diskriminierung und Eliminierung unterdrückter Gruppen. Ebenfalls werden Merkmale von Tieren oder Pflanzen willkürlich als erwünscht oder unerwünscht bewertet und der genetischen Manipulation unterworfen. Eugenik rechtfertigt die politische Strategie derjenigen, die Macht zum Teilen und Herrschen haben. Eugenische Ideologie und Rassismus sind die Basis der Politik der Bevölkerungskontrolle. Wir lehnen die Politik und die Methoden der Bevölkerungskontrolle ab. Sie verschleiern die wahren Ursachen der Armut als Ausbeutung durch die Reichen. Sie reduzieren Frauen auf ihre Reproduktionsorgane. Wir lehnen es ab, daß Frauen als experimentelle Objekte der Wissenschaft, Industrie und Regierung gebraucht werden.[894]

Dieser internationalen Organisation, die auch in Deutschland durch eine nationale FINRAGE-Gruppe vertreten ist, hatten sich über 700 Frauen aus zwanzig Ländern angeschlossen. Die Frauenbewegung und insbesondere feministische Wissenschaftlerinnen erreichten, daß in der Öffentlichkeit über Gen- und Reproduktionstechnologie häufig nur im Zusammenhang diskutiert wurde. Eine Trennung dieser beiden Bereiche wurde als „analytisch falsch und politisch kaum haltbar" bezeichnet,[895] da die Gentechnik dazu beitrage, die Reproduktionstechnologie wesentlich zu verbessern. Besonders *Gena Coreas* Buch „Die Muttermaschine" inspirierte die deutsche Frauenbewegung, die sich ebenfalls um eine Analogiebildung zwischen Gentechnik und Atomtechnik bemühte. Hier entstand der Slogan, die Reproduktionstechnologien seien das „Manhattenprojekt" der Gentechnologie. Diese Entdifferenzierung des Konfliktobjekts wurde, wie bereits in den vorangegangenen Kapiteln dargestellt, besonders von der Mainstream-Wissenschaft und der Industrie heftig attackiert, da sie ein öffentliches emotionales „Überschwappen" aus einem so sensiblen Bereich wie Reproduktionstechnik und Humangenetik auf industrielle gentechnische Produktionsverfahren befürchteten.

In den Reproduktionstechnologien sah man eine weitere Medikalisierung des Lebens und des Körpers der Frau, der einen Somatisierungsprozeß in Gang setze, durch den gesellschaftliche Probleme auf den Körper der Frau transferiert werden und dann eine technische Lösung versprochen wird. Frauen unterwerfen sich so einer Scheinrationalität des medizinischen Systems, indem sie sich den

---

[893] taz vom 22.04.1985.

[894] FINRAGE, Declaration of Comilla, 1989.

[895] Müller, G., Falsch und frauenpolitisch naiv. Kommune 12, o.O., o.J.

Entscheidungen des Experten überlassen, der durch Aufzeigen von Wahrscheinlichkeiten nur rationale Entscheidungskriterien suggeriere.[896] Nicht nur haben im historischen Prozeß der Professionalisierung die Ärzte erfolgreich die Hebammen aus dem Bereich des „Gebärens" verdrängt und in einen untergeordneten Status abgeschoben, sondern in Verbindung mit der Entwicklung der Reproduktionstechnologien werde auch der Kinderwunsch schon zur „Krankheit" stigmatisiert, die mit Hilfe der neuen medizinisch-technischen Methoden therapiert werden soll. Zusätzlich erfahre das „Krankheitsgeschehen Schwangerschaft" durch die Technologien im Bereich der pränatalen Diagnostik eine Ausweitung, die gesellschaftlich bedingte Risiken auf die Ebene der einzelnen Frau individualisiere und dieses Risiko erhöhe: Die Verunsicherung und Angst, aufgrund der eigenen immer länger werdenden Liste von Stoffwechselerkrankungen und „Defekten" ein nicht gesundes Kind zu gebären, treibe Frauen in die Arme der Experten, der Geburtshelfer und –berater.[897] Dabei werde die Wahlmöglichkeit, sich bewußt für ein behindertes Kind zu entscheiden, eigentlich ausgeschlossen. Ebensowenig gebe es die Möglichkeit des „Nichtwissens". Was geschieht, wenn eine pränatale Diagnostik abgelehnt wird und ein behindertes Kind zur Welt kommt? Hier machte man geltend, daß eine gesellschaftliche Bewertung von Behinderung als Vorstrukturierung in die Entscheidungsmöglichkeit mit eingeht, d.h. über die Methoden der pränatalen Diagnostik fließen bereits in die Zeugung von Kindern gesellschaftliche Normen ein. Dies beziehe sich nicht nur auf das Problem einer möglichen Behinderung, sondern auch auf das der Geschlechtsbestimmung und einer möglichen Geschlechtsselektion.[898] Generell wurde für die Medizin konstatiert, daß sie durch die neuen Techniken ein eugenisches Programm fortschreibe. So hieß es in der Resolution auf dem 2. bundesweiten Kongreß „Frauen gegen Gen- und Reproduktionstechnologien" im Oktober 1988:

> Die Medizin wird mit diesen Technologien zu einem verfeinerten Instrument in der Tradition der Auslese und Ausmerze unerwünschten Lebens. Sie legitimiert mit ihrem Anspruch von Heilung und Hilfe eine pervertierte Krankheitsprävention, die nicht Krankheitsursachen, sondern angeblich genetisch anfällige Menschen aufspüren und verhindern will.[899]

---

[896] Walch, R., Reproduktionstechnologien. Eine weitere Medikalisierung des Lebens und des Körpers der Frau. Kommune 1-2, 1986, S. 52-55.

[897] Ibid.

[898] Ibid.

[899] Resolution auf dem 2. bundesweiten Kongreß, Frankfurt, 28.-30.10.1988. In: Bradish, P., Feyerabend, E., Winkler, U. (Hg.), Frauen gegen Gen- und Reproduktionstechnologien, München: Verlag Frauenoffensive, 1989, S. 277-279.

In der Gen- und Reproduktionstechnik, mit deren Hilfe Menschen wie Maschinen betrachtet, zerlegt und untersucht werden,[900] wurde eine „Kriegserklärung an die Frauen"[901] und auch an die Natur gesehen. Eingebettet in eine umfassende Kapitalismuskritik sah man die Gentechnik als der derzeit letzte Versuch der Interessenallianz von Wirtschaft, Wissenschaft, Politik und Militär, die immer deutlicher werdenden Verwertungsschwierigkeiten des Kapitals durch Erschließung neuer „Territorien" und durch die Schaffung neuen Bedarfs mit den dazugehörigen Märkten zu lösen. Insbesondere werde der weibliche Körper durch die neuen Biotechniken enteignet und als Rohmaterial für die industrielle Menschenproduktion in seine Teile zerstückelt und den Frauen damit ihr Recht auf Selbstbestimmung genommen:

> Für uns Frauen beinhaltet diese Entwicklung einen weiteren Schritt zum Ende der Selbstbestimmung über unseren Körper, unserer Gebärfähigkeit und damit unsere endgültige Abhängigkeit von der Kontrolle durch medizinische Experten. Es geht außerdem um eine Erfassung und Spaltung von Menschen in genetisch „wertvolle" und „minderwertige", um die Fortsetzung sexistischer, rassistischer und letztlich faschistischer Auslese- und Ausmerz-Politik, diesmal jedoch im Weltmaßstab, wobei die weißen Mittelklasse-Frauen zu den „erwünschten" Gebärerinnen gehören werden, die Frauen der Dritten Welt zu den „unerwünschten".[902]

In der Reduktion von menschlichen und nichtmenschlichen Lebewesen auf ausbeutbare Eigenschaften und Funktionen werde der menschen- und naturverachtende Charakter dieser Technik nur allzu deutlich, ohne daß dabei berücksichtigt werde, welche tiefgreifende Konsequenzen dies für das Leben auf der Erde nach sich ziehe. Strikt abgelehnt wurde die Definition von Unfruchtbarkeit als Krankheit: deren Ursachen liegen vielmehr in den gesellschaftlichen Verhältnissen und sind insbesondere auch durch psychische, soziale und umweltschädliche Einflüsse bedingt.

Aus dieser Perspektive ist auch die Erfüllung des Kinderwunsches mit Hilfe der neuen Techniken ein gefährlicher Mythos, durch den die Frauen in die industrielle Verwertung einbezogen werden. Insofern konstatierte der radikale Teil der Frauenbewegung, daß es „kein Recht auf ein Kind aus eigenem Fleisch und Blut" gebe und die Freude an Kindern auch durch soziale Mutterschaft befrie-

---

[900] FINRAGE-UBINIG, Erklärung von Comilla, 1989 (UBINIG = Forschungsgruppe für Entwicklungsalternativen aus Bangladesh).

[901] Anstiftung zum Feminismus – Feministische Thesenpapiere der autonomen süddeutschen Frauenzentren, 1988.

[902] Ibid.

digt werden könne.[903] Das Thema „Unfruchtbarkeit" spaltete allerdings die Frauenbewegung.[904] Im Gegensatz zu der radikalen Position orientierte sich der mehr moderate Flügel der Frauenbewegung an dem toleranteren Umgang der amerikanischen Frauenbewegung mit dieser Problematik und lehnte eine Nutzung der Insemination nicht ab.[905] Ebenso wandte man sich gegen eine Verurteilung der „Leihmutterschaft" durch Politiker, Juristen, Ärzte und Kirche. Weiterhin sprach man sich gegen den gentechnischen Einsatz in der Landwirtschaft aus, gegen genetische Screenings und genetische Beratungen sowie gegen die Diskriminierung Behinderter. Die Frauenbewegung forderte ein generelles Verbot jeglicher Form von Gentechnik sowie eine alternative Wissenschaft und Technik, welche die Würde des Menschen und allen Lebens auf der Erde respektiere.. Insgesamt kam die Frauenbewegung mit ihren Themen oftmals in die Nähe zu den Positionen der beiden Kirchen, was bei den Frauen zu ständigen Abgrenzungsproblemen und verstärktem Hinweis auf die „Letztbegründungen" führte.

5.6.3 Die „Arbeitsgemeinschaft Sozialdemokratischer Frauen" (ASF)

In einer anderen Dimension der Gemeinschaftsbezogenheit ist die „Arbeitsgemeinschaft Sozialdemokratischer Frauen" (ASF) angesiedelt. Diese anerkannte zwar die Gentechnologie als eine Schlüsseltechnik, sah darin aber – anders als etwa *W.-M. Catenhusen* – nur geringe Chancen und ungeheuer große Risiken.[906] Bereits 1985 wurde auf der Bundeskonferenz in Hannover eine gesetzliche Regelung der Gentechnik gefordert.[907] Damit jedoch nicht rein ökonomische Interessen durchgesetzt werden, sollten über erforderliche Maßnahmen alle gesell-

---

[903] Resolution des Frauenkongresses vom 19.-21.4.1985 in Bonn. In: Die Grünen im Bundestag (Hg.), Frauen gegen Gentechnik und Reproduktionstechnik, Köln: Kölner Volksblatt Verlags GmbH & Co., 1986, S. 16-19.

[904] Siehe dazu auch die Beiträge in Klein, R.D. (Hg.), Das Geschäft mit der Hoffnung. Erfahrungen mit der Fortpflanzungsmedizin. Frauen berichten, Berlin: Orlanda Frauenverlag, 1989.

[905] Walch, R., Reproduktionstechniken. Erschütterung der Institution Mutterschaft? Kommune 12, 1985, S. 63-66.

[906] Arbeitsgemeinschaft Sozialdemokratischer Frauen, Beschlüsse zur Bio- und Gentechnologie, Bundeskonferenz der ASF, Essen, 2.-4.3.1990.

[907] Arbeitsgemeinschaft Sozialdemokratischer Frauen, Beschlüsse zur Bio- und Gentechnologie, Bundeskonferenz in Hannover, 1985.

schaftlichen Gruppen politisch mitbestimmen dürfen.[908] Im Jahr 1990 sprach sich der Arbeitskreis für ein langfristig angelegtes Moratorium für Forschung, Entwicklung und Anwendung aus, bis die ökologischen und wirtschaftlichen Folgen untersucht sind; eine Patentierung gentechnisch erzeugter Lebewesen wurde aber grundsätzlich abgelehnt.[909] Auch das vom Bundesgesundheitsministerium vorgelegte Gentechnikgesetz wurde, ebenso wie bei der SPD-Führung, aus Verantwortung für die Gesundheit von Lebewesen und Umwelt abgelehnt, zumal das Gesetz die wirtschaftlichen Interessen in den Vordergrund rücke. Die ZKBS sollte durch eine pluralistische und unabhängige Kommission ersetzt, die Empfehlungen dieser Kommission parlamentarisch kontrolliert und eine öffentliche Transparenz hergestellt werden. Eine umfassende Technologiefolgenabschätzung und -bewertung wurde als unerläßlich angesehen, und die ASF forderte die SPD-Bundestagsfraktion auf, gegen das geplante Gentechnikgesetz Verfassungsklage zu erheben.[910] Insbesondere in den modernen Reproduktionstechniken sah man eine Gefahr für die gesellschaftliche Solidargemeinschaft:

> Während sozialdemokratische Grundsätze die solidarische Gesellschaft fordern, zielen Gen- und Reproduktionstechniken auf die vollständige Entsolidarisierung: In der Humangenetik wird verstärkt Auslese betrieben; pränatale Diagnostik und Erwachsenenscreening ermöglichen Kontrolle und Auslese vom Embryo bis ins Alter hinein. In gleicher Weise werden Tier- und Pflanzenarten nach Nützlichkeitsgesichtspunkten einer gewinnorientierten Agrarindustrie selektiert.[911]

Die Reproduktionstechniken könnten zwar im Einzelfall helfen, waren jedoch nach Ansicht der ASF bevölkerungspolitisch auch leicht zu mißbrauchen. Das vermeintliche Recht auf Selbstbestimmung (Recht auf ein eigenes Kind) werde sowohl durch den Zwang zum „gesunden, normalen" Kind als auch durch die physische und psychische Belastung durch diese Technik aufgehoben. In dem Diskussionsentwurf zum Embryonenschutzgesetz sah die ASF eine „Knute für die Frauen", da ein Zwang zu Wohlverhalten und gesunden Geburten den Frauen verordnet und vom Staat kontrollierbar gemacht werde.[912] Abgelehnt wurden die Genomanalyse beim Menschen („gläserner Mensch"), da sie zur völligen Entsolidarisierung der Gesellschaft führe, die pränatale Diagnostik, die eine eugenische Indikation impliziere sowie die generelle Einführung von Tests im

---

[908] Arbeitsgemeinschaft Sozialdemokratischer Frauen, Beschlüsse zur Bio- und Gentechnologie, ASF-Bundeskonferenz Mannheim, 1987.

[909] Arbeitsgemeinschaft Sozialdemokratischer Frauen, Beschlüsse zur Bio- und Gentechnologie, Bundeskonferenz der ASF, Essen, 2.-4.3.1990.

[910] Ibid.

[911] Ibid.

[912] Arbeitsgemeinschaft Sozialdemokratischer Frauen, Informationsdienst Biotechnologie (Teil 2), 1987.

Rahmen von Arbeitsschutzvorschriften. Solidarversicherungen dürften nicht ausgehöhlt werden und die ASF forderte ein Verbot, aus genetischen Gründen Ausschlüsse aus Solidarversicherungen, auch Lebensversicherungen, sowie von Rechten bei Berufsgenossenschaften oder bei Maßnahmen der Arbeitsverwaltung vorzunehmen.

In Anbetracht der EG-Überproduktion hielt die ASF die gentechnischen Methoden zur weiteren Produktionssteigerung für überflüssig. Hunger in der Welt ist für sie kein Produktions-, sondern ein Verteilungsproblem, dessen Beseitigung nicht über Gentechnik, sondern nur über die Änderung wirtschaftlicher und politischer Verhältnisse möglich ist. Die Gentechnik in der Nahrungsmittelproduktion würde nur bestehende soziale und wirtschaftliche Unterschiede vertiefen. Abgelehnt wurde ebenfalls die Patentierung von Lebewesen bzw. von Teilen von Lebewesen (z.B. Gene).

5.7 Kulturelle Akteure: Verantwortungsethik und neue Biotechnologie

Innerhalb des kulturellen Komplexes in seiner nun zu besprechenden primär sinnhaft-konstitutiven und moralisch-evaluativen Ausprägung, d.h. hier hauptsächlich in der theologischen und philosphinischen Diskussion, ist das Handeln der relevanten professionellen Akteure einerseits durch diskursive Verständigungsprozesse, andererseits, wie in Kapitel 3 schon erläutert, durch die Produktion von kulturellen Deutungen geprägt. Die spezifische Funktion des Diskurses, als institutionalisierte Form der symbolischen Verständigung, ist die Generalisierung von Sinnbezügen durch die Konstruktion von abstrakten gemeinsamen Symbolsystemen. Durch den Rekurs auf generelle Prinzipien und Ideen wird die symbolische Komplexität stark reduziert bei gleichzeitiger Erweiterung der Handlungskontingenz, d.h. die Orientierung an leitenden Ideen (Wahrheit, Freiheit, Gerechtigkeit, Solidarität, Würde des Menschen etc.) läßt vielfache Möglichkeiten der Interpretation und Realisierung zu. Im Gegensatz zum alltäglichen kommunikativen Handeln, in dem die Geltung von Sinnzusammenhängen naiv vorausgesetzt wird, werden im Diskurs gerade solche Geltungsansprüche problematisiert. Idealiter wird dabei nichts anderes vorausgesetzt als die Regel, daß allein Argumente die zulässigen generalisierten Medien der Auseinandersetzung sind. Argumentationen sind insofern als soziale Prozesse anzusehen, als sie *normativ geregelte* symbolische Verständigung zwischen Kommunikationspartnern bezeichnen. Erforderlich ist dafür, folgt man *Habermas*, eine Virtualisierung von Handlungszwängen und Geltungsansprüchen.[913] Der einzige Zwang, der hier zugelassen ist, liegt in dem „zwanglosen Zwang des besseren Arguments durch formale Eigenschaften des Diskurses"[914]. Diskurse als formale Verfahren der kommunikativen Verständigung stellen aber nicht nur darauf ab, Konsens zu erzielen, sondern richten sich auch, wie wir spätestens seit *Popper* wissen, auf die Produktion von Dissens. Als formale Grundregel der Argumentation gilt, daß partikulare Geltungsansprüche insbesondere kognitiver und normativer Äußerungen auf universelle Aussagen bzw. Gründe zurückgeführt werden müssen. Ein universeller Grund ist ein solcher, dem jeder ungeachtet der konkreten Umstände zustimmen muß. Damit wird die *generalisierende Funktion* von Diskursen betont.

Die konstitutiven Ideen des Diskurses beruhen selbst wiederum auf einer nicht-rationalen Basis. So läßt sich beispielsweise die Idee der Rationalität selbst nicht rational begründen und auch im Bereich des Moralischen läßt sich zwar für verschiedene ethische Konzeptionen rational argumentieren, nicht jedoch dafür, warum der Mensch überhaupt das Gute wollen soll (von Plausibilitätsargumenten natürlich abgesehen). Eine prinzipielle Hinterfragung aller Annahmen, auch der Hintergrundannahmen und leitenden Prinzipien nach dem Prinzip des „anything goes" bedeutet eine *Dynamisierung bzw. Öffnung des Diskurses* und bewirkt ins Extrem getrieben letztlich eine ungeordnete Mannigfaltigkeit von Einzelstandpunkten. Ein solcher Sachverhalt, bei dem dann auch keine Einigung der Akteure mehr darüber besteht, worüber man überhaupt streitet, läßt sich als ungeordneter Dissens kennzeichnen. Umgekehrt können aber auch bestimmte gemeinsam geteilte Annahmen, Voraussetzungen, Argumentationsweisen oder leitende Vorstellungen einer kritischen Erörterung entzogen und so dogmatisch abgesichert werden.[915] Je mehr sich diese *schließende Tendenz* auf unterschiedlichen Ebenen der Diskussion entfaltet, um so mehr wird ein kritischer Diskurs zum Verschwinden gebracht und erstarrt zur reinen Dogmatik. Weiterhin kann die Diskussion universeller Regeln im Hinblick auf spezifische Problemlösungen und konkret vorliegende Handlungserfordernisse dahingehend eingeschränkt werden, daß bestimmte Ideen selektiert und hinsichtlich des Anwendungszusammenhangs *in einer bestimmten Situation* auf ihre Angemessenheit geprüft werden.[916] Dies ist die *spezifizierende Funktion* von Diskursen.

---

[913] Habermas, J., Wahrheitstheorien. In: Habermas, J., Vorstudien und Ergänzungen zur Theorie des kommunikativen Handelns, Frankfurt: Suhrkamp, 1984, S. 127-183, insbesondere S. 174-183.

[914] Ibid., S. 161.

[915] Vgl. dazu Aretz, H.-J., Zwischen Kritik und Dogma: Der wissenschaftliche Diskurs, op.cit.

[916] Siehe hierzu die kritische Erörterung der von Klaus Günther getroffenen Unterscheidung zwischen Begründungs- und Anwendungsdiskurs bei Robert Alexy. Alexy plädiert dafür, hier

Solche internen analytischen Dimensionen (Generalisierung, Dynamisierung, Schließung und Spezifikation) des Diskurses sind allerdings *empirisch* in unterschiedlicher Weise miteinander vermengt.[917] Ebenso sind die empirischen diskursiven Prozesse an bestimmte soziale Gemeinschaften (in einem weiten Sinne) als gesellschaftliche Träger bzw. an kollektive Akteure angekoppelt, mit denen ebenfalls bestimmte Ideologien, Meinungsführerschaften, sozial-organisatorische sowie professionelle, politische und ökonomische Interessen verbunden sind. Solche Faktoren begrenzen natürlich empirisch die oben beschriebene reine Funktionsweise von Diskursen insofern, als hier sekundär Elemente der anderen institutionellen Komplexe (Macht, Einfluß, kulturell-ideologische und ökonomische Aspekte) Eingang finden und dadurch die argumentative Auseinandersetzung prägen.

In der deutschen Gentechnikdebatte sind polarisierte Positionen auch bei solchen Akteuren finden, die über ihre institutionelle bzw. organisatorische Einbindung primär durch kulturell sinnhaft-konstitutive und moralisch-evaluative Rahmen gekennzeichnet und in den entsprechenden diskursiven Rechtfertigungen professionell involviert sind. Entsprechend der Ausrichtung der jeweiligen Perspektiven der Akteure an fundamentalen allgemeinen Ideen oder Weltdeutungen, die mannigfaltige Spezifikationen zulassen, ist hier eine Vielzahl von konkurrierenden Standpunkten zu finden, die von den betreffenden Akteuren vorgebracht werden und mit dem Anspruch auf Allgemeingültigkeit oder sozialer Verbindlichkeit auftreten. Durch die professionelle Geschlossenheit solcher Diskurse ohne Rückbeziehung auf bzw. Vermittlung mit den konkreten Handlungserfordernissen in den sozialen Funktionsbereichen des Handelns zeichnen sich im gesellschaftlichen Vergleich Philosophie und Moraltheologie in Deutschland noch weitgehend durch eine „Systemsprache" aus, die von unmittelbar lebenspraktischen Erfordernissen entfernt ist und daher von den Handlungsbereichen in der praktischen Sphäre kaum „verstanden" wird. Auch bei den kulturellen Akteuren finden sich Positionen eines „instrumentellen Aktivismus" und einer „Bewahrung der Schöpfung" bzw. einer Sakralisierung der Natur; die gesellschaftliche Konfliktlinie zum issue „Gentechnik" verläuft also quer zu solchen traditionellen Fronten wie beispielsweise Ökonomie versus Moral oder Naturwissenschaft versus Geisteswissenschaft.

---

nicht von zwei getrennten Diskursen, sondern von zwei verschiedenen Operationen einer Diskursform zu sprechen. Vgl. Alexy, R., Recht, Vernunft, Diskurs, Frankfurt: Suhrkamp, 1995, S. 52-70.

[917] Siehe dazu Aretz, H.-J., Zur gesellschaftlichen Konstitution von Diskursen, op.cit.

5.7.1 „Bioethik" als neue Ethik in der Humangenetik?

Die technischen Errungenschaften in der Medizin und die Zukunftsmöglichkeiten der Gentechnologie haben das Interesse an Fragen der Ethik in der Medizin und den Biowissenschaften allgemein verstärkt. Eine Berufsethik der Ärzte, die vor allem das Verhältnis zwischen Arzt und Patient regelt, gibt es schon lange. Seit einigen Jahrzehnten gewinnt aber auch eine umfassende „Bioethik" an Bedeutung, deren Entstehung vor allem in den USA ohne das Umfeld der Bürgerrechtsbewegung und der Sensibilität der Bevölkerung für die Verletzung der Rechte von Minderheiten kaum zu erklären ist.[918] Hier hat sich dieser Begriff bereits in Forschung und Lehre, in der praktischen Medizin und auch in der Politikberatung durchgesetzt.[919] „Bioethik" als Teilbereich der Ethik bezieht sich auf die moralischen Probleme im Umgang mit Lebensphänomenen und umfaßt die medizinische Ethik, die ethischen Fragen im Kontext von Leben und Tod, die Bevölkerungsethik, die Tierschutzethik und Teile der ökologischen Ethik.[920] In fast allen „Medical Schools" gehört Ethik als Pflichtkurs in den Lehrplan, und auch in den Geistes-, Verhaltens- und Biowissenschaften werden Kurse in Bioethik angeboten. Es gibt eine umfangreiche Literatur, darunter eine mehrbändige „Encyclopaedia of Bioethics", und überall auf der Welt sind Forschungsinstitute entstanden. Die weltweit renommiertesten sind das „Kennedy Institute of Ethics der Georgetown University" in Washington und das „Hastings Center" bei New York.

Die bioethische Forschung übt in den USA einen nicht unbeträchtlichen Einfluß auf die gesetzgebenden Gremien wie auch auf die Berufsorganisationen aus. So fordert beispielsweise der „American Board of Internal Medicine" von Internisten, die Mitglied werden oder bleiben wollen, bestimmte persönliche Eigenschaften wie „Integrity", „Respect" und „Compassion" im Umgang mit den Patienten. Dies sind Beispiele für eine „Charakter-Ethik" – im Unterschied zur traditionellen, auf relativ starren Prinzipien beruhenden „Pflichtethik" oder auch zu einer „Werte-Ethik" -, die durchaus in der Tradition der charakterprägenden puritanischen „Sekten" und „Clubs", in denen der einzelne sich als „Persönlichkeit" behaupten und „bewähren" lernen muß, gesehen werden kann.[921] In der Bioethik wird besonders von den Amerikanern eine moderne philosophische Disziplin gesehen, die zur Erörterung und Entscheidung ethisch und politisch

---

[918] Rippe, K.P., The God Committees. ZEIT-Punkte 2, 1995, S. 94-96.

[919] FAZ vom 01.04.1987.

[920] Birnbacher, D., Welche Ethik ist als Bioethik tauglich? Information Philosophie 5, 1993, S. 4-18, 4.

[921] Vgl. Weber, M., Gesammelte Aufsätze zur Religionssoziologie, Bd.1, op.cit.

überlagerter medizinisch-wissenschaftlicher Fragen in pluralistischen Gesellschaften eine neutrale Diskurssprache entwickeln soll. Dies sei eine Sprache der politischen Analyse eines nicht-religiös bestimmten Gesundheitswesens auf seine moralischen Voraussetzungen hin und auch eine Sprache der Kritik der moralischen Konsequenzen. Neben den Fragen über Leben und Tod und der Verteilung knapper medizinischer Ressourcen werden auch Probleme der Patientenautonomie, der Patientenrechte und der „informierten Zustimmung" („informed consent") des Patienten über medizinische Interventionen behandelt. Letzteres ist jedoch im deutschsprachigen Raum, nicht zuletzt wegen eines ausgeprägteren ärztlichen Paternalismus sowie des Fehlens einer eigenen Patientenrechtsbewegung, kaum vorzufinden.[922]

In Deutschland hat die öffentliche Diskussion medizinisch-ethischer Fragen gegenüber anderen Ländern mit Verzögerung begonnen. Angesichts der immer dringlicher werdenden Fragen nach den Grenzen der Medizin, nach dem Selbstbestimmungsrecht des Patienten und den wachsenden Konflikten im Umgang mit Not, Leid, Schmerz und Krise ist diese Debatte mittlerweile auch hier in Gang gekommen. Als Konsequenz wurden beispielsweise Ethik-Kommissionen gebildet, in denen allerdings die Biowissenschaftler bzw. Mediziner weitgehend unter sich bleiben.[923] Dagegen hat die Bioethik als eigene Disziplin keinen nennenswerten Eingang ins Curriculum der Mediziner und anderer Heilberufe gefunden. Die systemische Ausdifferenzierung einer „Spezialethik" für die Bio- und Gentechnologie, die den besonderen Erfordernissen der differenzierten Handlungssphären Rechnung trägt und dennoch an eine „allgemeine" Ethik rückgekoppelt ist, stößt noch häufig auf Ablehnung.[924] Während sich heute auch in der Umgangssprache eingebürgert hat, beispielsweise von einer ökonomischen, wissenschaftlichen oder politischen Ethik zu reden, tut man sich mit weiteren Differenzierungen, die moralische Erfordernisse in die gesellschaftlichen Funktionskontexte hineintragen ohne dabei jedoch die jeweilige Leitfunktion außer Kraft zu setzen, vergleichsweise immer noch schwer. Entsprechend der „kulturellen Synthese" und dem Gesetz der diskursiven Generalisierung konzentriert man sich dann lieber auf „übergreifende Prinzipien"[925], denen sämtliches menschliches Handeln untergeordnet wird, sich aber mit den Spezifikationen auf konkrete Problemlagen hin noch schwer tut. Hier wird dann allerdings zur Vermeidung eines „normativistischen Fehlschlusses", also der Vor-

---

[922] Rippe, K.P., The God Committees, op.cit., S.96.

[923] Daele, W. van den, Regeldurchsetzung und Normbildung bei der Kontrolle biomedizinischer Forschung, op.cit.

[924] So z.B. bei Theisen, H., Biotechnologie, op.cit., S. 79; ebenso bei Otfried Höffe, vgl. SZ vom 13.02.1980 und Mittelstraß, J., Leonardo-Welt, op.cit., S. 110-111.

[925] Theisen, H., Biotechnologie, op.cit., S. 79.

stellung, alleine aus normativen Überlegungen heraus ließen sich präzise Handlungsanweisungen ableiten, gefordert, daß sich der Ethiker vom Fachmann eines Spezialgebietes die Probleme erläutern läßt, um dann auf der Basis allgemeiner sittlicher Kriterien zu urteilen. Die Studierenden der Medizin und Biowissenschaften in Deutschland begegnen der Auseinandersetzung mit ethischen Fragen meist zufällig und nur dann, wenn sich einzelne Hochschullehrer dafür engagieren. Allerdings gibt es aber auch verschiedene Initiativen in diesem Bereich: die DFG hatte beschlossen, einen Schwerpunkt „Ethik und interdisziplinärer Ethik-Diskurs" einzurichten, wobei gerade die Bioethik eine wichtige Rolle spielen soll. Die „Stiftung Volkswagenwerk" stellte Mittel zur Verfügung, um deutschen Experten die Teilnahme an den jährlichen Intensivkursen des „Kennedy-Centers" in Washington zu ermöglichen und auch der „Stifterverband für die Deutsche Wissenschaft" hatte sich stark engagiert.[926]

Vom 5. bis 10. April 1987 fand in Ottawa eine „Gipfelkonferenz über Fragen der Bioethik" statt. Jede der sieben Industrienationen entsandte drei Vertreter, aus Deutschland nahmen der Jurist *Albin Eser* (Freiburg), der Internist *Gustav Adolf Martini* (Marburg) und der Philosoph *Günther Patzig* (Göttingen) teil.[927] Trotz der bestehenden kulturellen und weltanschaulichen Differenzen bestand Übereinstimmung, daß nicht kulturelle Nivellierung und Vereinheitlichung, sondern eine gemeinsam akzeptierte Basis von Minimalbedingungen für alle Länder das gemeinsame Ziel sei. Die wichtigsten Fragen, die auf der Konferenz behandelt wurden, waren:
- die Rolle der Ethik-Kommissionen,
- die gerechte Verteilung der Risiken biomedizinischer Forschung,
- die Fragen der Forschung an Kindern, geistig Behinderten und Gefangenen,
- die Forschung an menschlichen Embryonen,
- Fragen der Industrieforschung,
- die Wahl der Forschungsschwerpunkte sowie
- die Rolle der Bioethik im internationalen Zusammenhang.

Die Hauptaufgabe solcher vor allem beratenden Kommissionen wird im Schutz der Rechte und der körperlichen Unversehrtheit der Patienten und sonstiger Versuchspersonen gesehen. Daher sollen diesen Ethik-Kommissionen neben Medizinern auch Experten aus anderen Disziplinen angehören, wie Juristen, Theologen und Philosophen. Ebenfalls sollen Laien als Vertreter der Öffentlichkeit hinzugezogen werden. Diese Empfehlung traf aber in Deutschland auf mancherlei Widerstände, da Ethik-Kommissionen fast ausschließlich aus Medizinern und allenfalls aus einem Juristen oder Theologen zusammengesetzt sind. Hier

---

[926] FAZ vom 29.4.1987

[927] Ibid.

fürchtete man, solche professionell-gemischten Kommissionen könnten eine forschungsfeindliche Politik vertreten, was aber durch die Erfahrungen in den USA und in England als wenig begründet erscheint. So ist denn auch das am 28.1.1994 der Öffentlichkeit vorgestellte neue „Institut für Wissenschaft und Ethik" in Bonn auf nur geringe soziale Akzeptanz gestoßen. In diesem Institut ist zwar hervorragende wissenschaftliche Kompetenz gebündelt, jedoch lautet der Hauptvorwurf gegen die Neugründung, daß hier die Öffentlichkeit − insbesondere Kritiker der Medizin und Gentechnik − ausgeschlossen ist und daher lediglich eine „Selbstbefruchtung von Wissenschaftlern"[928] stattfinde. Die Forscher versuchen, im Dialog unter Gleichgesinnten Argumente und Strategien zu entwickeln, mit denen sie Widerstände in der Bevölkerung gegen die Aktivitäten ihrer eigenen Zunft ausräumen könnten. Entsprechend dem analytischen Synthesemodell versteht das Bonner Institut sich primär als eine theoretische Forschungsstätte und nicht als praktisch entscheidende Ethikinstanz. Probleme der Ethik und der Akzeptanz sollen daher nicht am praktischen Einzelfall gelöst, sondern theoretisch erforscht werden, wobei jedoch die Annahme, gesellschaftliche Akzeptanz ließe sich unter Ausgrenzung von Laien im „Elfenbeinturm" herstellen, angesichts zunehmender gesellschaftlicher Forderungen nach demokratischer Teilnahme an Entscheidungsprozessen ein fataler Irrtum ist. Während beispielsweise in Holland, Dänemark oder England bei ethischen Fragen die Laien mit einbezogen werden und entscheidend mitzureden haben, versuchen deutsche Wissenschaftler immer noch, in professoralen Elitekreisen alle externen Störfaktoren und Argumente auszuschalten und sich mit den Kritikern einen theoretischen Schlagabtausch zu liefern. Die fundamentalistischen Gräben zwischen Wissenschaft und Kritik werden dadurch nur noch vertieft und es fehlt bislang an Versuchen, pragmatisch im offenen Dialog Brücken zwischen den verschiedenen Positionen zu schlagen und am praktischen Beispiel, am jeweiligen konkret vorliegenden Einzelfall die Entscheidungen zu treffen:

> Was wir viel dringender brauchen als weitere, international renommierte Forschungsstätten, sind entscheidungsfähige und -willige Ethikgremien, deren Votum in der Bevölkerung auch akzeptiert wird. Während wir Deutsche das Unmögliche versuchen, nämlich die Zukunft zu erforschen und vorausschauend durch Gesetze zu regeln, machen unsere Nachbarn uns vor, daß es besser geht: unaufgeregt am praktischen Beispiel entscheiden, und zwar nicht in professoralen Expertenzirkeln, sondern in einem Kreis lebenserfahrener Bürger aus allen Schichten.[929]

In den Ethikdebatten in Deutschland reproduziert sich die mit der „Synthese" verbundene Trennung zwischen universeller Moral und der nach konkreten Er-

---

[928] DIE ZEIT vom 28.01.1994.

[929] Ibid.

fordernissen operierenden gesellschaftlichen Gestaltung der Welt in einer weiteren Variante: hier werden vornehmlich die Bereiche der Humangenetik, der Tierversuche und der Reproduktionsmedizin thematisiert, während die industriellen Anwendungsmöglichkeiten der neuen Biotechnologie bis auf wenige Ausnahmen allenfalls am Rande Erwähnung finden. Diese weitgehende Ausklammerung ökonomischer wie auch ökologischer Faktoren hatte daher zu der Vermutung geführt, daß der ethische Diskurs über die Gentechnologie die Öffentlichkeit von den weit schwerwiegenderen Problemen der industriellen Anwendung nur abgelenkt hat.[930] Die Trennung dieser beiden Bereiche führte bei einigen Autoren zu der interpretatorischen Konsequenz, daß man eigentlich von zwei getrennten Diskursen über die Gentechnik in Deutschland ausgehen muß: zum einen wurde die Debatte über die mit der Humangenetik verbundenen ethischen und sozialen Probleme geführt, zum anderen über die gentechnische Forschung und industrielle Produktion sowie über die Freisetzung von GVO und den damit verbundenen Risiken für Gesundheit und Umwelt.[931] Als Grundskizzierung wird diese Einschätzung hier unterstützt, obwohl – wie in den vorangegangenen Kapiteln dargestellt wurde – von einigen Protestakteuren und Gewerkschaften beide Bereiche thematisiert und auch Verbindungen hergestellt werden. Die Trennung dieser beiden Bereiche spiegelt sich auch darin wider, daß hier jeweils verschiedene Gesetze (Gentechnikgesetz und Embryonenschutzgesetz) verabschiedet wurden.

5.7.2 Philosophische Positionen zur Gentechnik: Zwischen „Akzeleration" und „Retardation"

Interessanterweise waren Philosophen, speziell Moralphilosophen, in den entscheidenden Gremien zur Gentechnik, z.B. der ZKBS, nicht beteiligt. Auch bei zahllosen Diskussionen begnügte man sich eher mit Moraltheologen. Allerdings wird bis Mitte der achtziger Jahre konstatiert, daß eine tiefgreifende ethische Betrachtung in vielen Auseinandersetzungen fehlt.[932] Der akademische philosophische Diskurs ist durch eine breite Palette von Positionen gekennzeichnet,

---

[930] Radkau, J., Hiroshima und Asilomar. Die Inszenierung des Diskurses über die Gentechnik vor dem Hintergrund der Kernenergie-Kontroverse. Geschichte und Gesellschaft 14, 1988, S. 329-363.

[931] Gloede, F., Bechmann, G., Hennen, L. & Schmitt, J.J., Biologische Sicherheit bei der Nutzung der Gentechnik, op.cit., S. 118.

[932] Brocks, H. & Schulte, S., Gentechnologie – eine Chance für die Zukunft?, Regensburg: S. Roderer Verlag, 1987, S. 117.

wobei die Gentechnik zwar weitgehend akzeptiert, aber auch grundsätzliche Vorbehalte angemeldet werden. Ich erspare mir hier, jede einzelne Position dezidiert darzustellen, sondern konzentriere mich mehr auf die Spannbreite der verschiedenen Stellungnahmen.

Die philosophischen Positionen reichen – bezogen auf den Untersuchungszeitraum – zum einen von einem „Akzelerationsmodell" der Ethik, nach dem die moralische Reflexion nicht der wissenschaftlich-technischen Entwicklung hinterherzuhinken habe. Vielmehr sollen Intensität und Umfang der ethischen Argumentation über den verantwortungsvollen Gebrauch der Gentechnik zum Heil der Menschen beschleunigt werden, so daß die technische Entwicklung antizipatorisch gesteuert, medizinisch-therapeutisch verantwortet und ethisch kulturell beherrscht werden kann.[933] Neben diesen kulturellen Dynamisierungsbestrebungen, die Kluft zwischen technischer Entwicklung und Anwendung und moralischer Verantwortung nicht allzu groß werden zu lassen, finden sich auch solche Dynamisierungstendenzen innerhalb des instrumentellen Aktivismus, die von einer dogmatischen Perspektive aus als „relativistisch" bezeichnet werden. Aus diesen mehr formalen Gesichtspunkten heraus wird ebenfalls von gemeinsamen Prinzipien ausgegangen („Würde des Menschen" etc.), jedoch bleibt man hier offen für den Wandel interpretatorischer Spezifikationen. Dies heißt zum Beispiel, daß man es durchaus auch als verträglich mit der Würde des Menschen ansieht, gegebenenfalls Keimbahnversuche durchzuführen um Krankheiten zu heilen usw., während die dogmatischen Positionen in eine partikularistische Richtung abdriften und bereits inhaltliche Spezifikationen in einem philosophischen Begründungszusammenhang positiv auszeichnen wollen. Als Vertreter einer solchen mehr dogmatischen Position der Verantwortungsethik wäre beispielsweise der in der katholischen Kirche einflußreiche Naturphilosoph *Reinhard Löw*[934] zu nennen, der aus einer christlichen Ethik heraus die befruchtete Eizelle als „kategorisches Fundament" sieht, von dem man auszugehen habe, und daher Eingriffe in die menschliche Keimbahn grundsätzlich ablehnt.[935] Ebenso argumentierte *Walther Ch. Zimmerli*, daß ein gezielter Gen-Transfer in

---

[933] Sass, H.-M., Extrakorporale Fertilisation und Embryotransfer. In: Flöhl, R. (Hg.), Genforschung – Fluch oder Segen?, op.cit., S. 30-58.

[934] Vgl. Löw, R., Leben aus dem Labor. Gentechnologie und Verantwortung – Biologie und Moral, München: Bertelsmann, 1985.

[935] Löw, R., „Brave new world" oder heiligt der Zweck die Mittel? Einige Überlegungen zu den Fortschritten der Human-Gentechnologie. SÜDDEUTSCHE ZEITUNG vom 29./30. 10.1983; Löw, R., Stichwort Gentechnik – Der ethische Aspekt. In: Fischer, E.P. & Schleuning, W.-D. (Hg.), Vom richtigen Umgang mit den Genen, München/Zürich: Piper, 1991, S. 20-25.

Keimbahnzellen ethisch überhaupt nicht legitimierbar ist und somit geächtet werden muß.[936]

Am anderen Pol, und mehr die Beharrungstendenzen betonend, steht das „Retardationsmodell" von *Hans Jonas*, der angesichts des „apokalyptischen Potentials der Technik" die Ethik mit der metaphysischen Frage konfrontiert sieht, ob und warum es überhaupt eine Menschheit geben soll.[937] *Jonas* sieht in der modernen Technik wegen der Ambivalenz ihrer Wirkungen, der Zwangsläufigkeit ihrer Anwendung und der globalen Ausmaße in Raum und Zeit, dem Durchbrechen der Anthropozentrik sowie dem Aufwerfen der „metaphysischen Frage" nach der Berechtigung der Existenz des Menschen eine Herausforderung für die moderne Ethik.[938] Seine Formulierung eines kategorischen Imperativs, dem das menschliche Handeln unterstellt sein soll, kommt dem analytischen Gesetz der sozialen Trägheit entgegen und läßt sich mit den kulturellen Handlungsorientierungen der Gentechnik-Kritiker ohne weiteres kompatibilisieren:

> Wenn es ein kategorischer Imperativ für die Menschheit ist, zu existieren, dann ist jedes selbstmörderische Spielen mit dieser Existenz kategorisch verboten und technische Wagnisse, bei denen auch nur im entferntesten dies der Einsatz ist, sind von vornherein auszuschließen.[939]

In dieser ethischen Konzeption soll die Anthropozentrik durchbrochen und der Geltungsbereich der Moral auf die Biosphäre ausgedehnt werden, die nun auch ihren Anteil an der Achtung, die allem zukommt was seinen Zweck in sich selbst trägt, beansprucht. Damit findet sich bei *Jonas* eine philosophisch begründete Moralisierung und Sakralisierung der Natur, die eine wichtige kulturelle Argumentationsressource für die Kritiker einer instrumentell-technischen Verfügung über die Natur bildet:

> Unsere so völlig enttabuisierte Welt muß angesichts ihrer neuen Machtarten freiwillig neue Tabus aufrichten. Wir müssen wissen, daß wir uns weit vorgewagt haben, und wieder wissen lernen, daß es ein Zuweit gibt. Das Zuweit beginnt bei der Integrität des Menschenbildes, das für uns unantastbar sein sollte. Nur als Stümper könnten wir uns daran versuchen und selbst Meister dürften wir dort

---

[936] Zimmerli, W.Ch., Dürfen wir, was wir können? In: Fischer, E.P. & Schleuning, W.-D. (Hg.), Vom richtigen Umgang mit den Genen, op.cit., S. 35-71, 58-59.

[937] Jonas, H., Technik, Ethik und Biogenetische Kunst. In: Flöhl, R. (Hg.), Genforschung – Fluch oder Segen?, op.cit., S. 1-15, 5.

[938] Jonas, H., Technik, Medizin und Ethik. Zur Praxis des Prinzips Verantwortung, Frankfurt: Insel Verlag, 1985, S. 42-52.

[939] Jonas, H., Technik, Ethik und Biogenetische Kunst, op.cit., S. 5.

nicht sein. Wir müssen wieder Furcht und Zittern lernen und, selbst ohne Gott, die Scheu vor dem Heiligen.[940]

Jonas plädiert daher für eine neue „Frugalität", eine Enthaltsamkeit (continentia) und Mäßigkeit (temperantia) unserer Gewohnheiten, die aber im Unterschied zur antiken Philosophie nicht auf die Person bzw. der persönlichen Vollkommenheit b e schränkt, sondern vielmehr im „Weitblick auf die Erhaltung unseres terretristischen Gesamthaushaltes"[941] gefordert ist. Der aufklärerischen Forderung der DNA-Forscher nach dem „Recht auf Wissen" hält er das „Recht auf Nichtwissen"[942] unserer genetischen Veranlagung entgegen, eine Forderung, die auch von den Gewerkschaften und den Protestakteuren vertreten wird. Nur im Nichtwissen des eigenen Schicksals, soweit es genetisch bedingt sei, könne der Mensch in seinem Handeln frei sein.

Zwischen diesen beiden kurz umrissenen Positionen finden sich beispielsweise weiterhin solche Standpunkte, die sich gegen eine Residualkategorisierung der menschlichen Natur wenden, d.h. daß unter „Natur" an uns nur noch das verstanden wird, was wissenschaftlich-technisch noch nicht machbar ist. Daher spricht man sich gegen eine instrumentelle Wissenschaft aus, die vornehmlich in dieser Bemächtigung des Menschen ihre Aufgabe sieht. Da es allerdings zu unserer Wissenschaft und Technik keine vernünftige Alternative gibt, können die heutigen Probleme nicht mit weniger Wissenschaft und Technik gelöst werden, sondern es komme vordringlich auf eine besonnene Weiterentwicklung und *menschliche* Wissenschaft an.[943] Aber auch hier wird eine demokratische Teilhabe und ein Einschluß einer breiteren Öffentlichkeit gefordert. So argumentierte etwa *Günter Ropohl*, daß ein Verantwortungskonzept sich nur dann als sinnvoll erweist, wenn die Folgen einer technischen Anwendung mit Gewißheit eintreten. Da für probabilistische Folgen die spieltheoretischen Konstruktionen des Erwartungswertes für praktische Entscheidungen rational nicht zwingend sind, läßt sich dann auch nicht verbindlich begründen, was verantwortet werden kann und was nicht. Einen Ausweg aus dieser Aporie sieht er darin, daß jedem einzelnen (potentiell) Betroffenen ein Mitspracherecht gegeben sein muß: Da für Risiken niemand die Verantwortung übernehmen kann, sind alle diejenigen dafür zuständig, die das Risiko trifft.[944] Daraus werden dann folgende Postulate abgeleitet: (1) Entscheidungen über technische Risiken sind konsequenter De-

---

[940] Ibid. , S. 15.

[941] Jonas, H., Technik, Medizin und Ethik, op.cit., S. 67-68.

[942] Ibid., S. 189-190.

[943] Mittelstraß, J., Leonardo-Welt, op.cit.

[944] Ropohl, G., Risikoverantwortung im technischen Handeln. In: Fischer, E.P. (Hg.), Auf der Suche nach der verlorenen Sicherheit, München(Zürich: Piper, 1991, S. 95-105.

mokratisierung zu unterwerfen; (2) wenn eine demokratische Mehrheit ein Risiko akzeptiert, müssen sich abweichende Minderheiten dennoch wirksam schützen können; (3) bei Universalrisiken ist das Mehrheitsprinzip durch das Konsensprinzip zu ersetzen.[945] Auch *Otfried Höffe* spricht angesichts der differenten Risiko- und Gefahreneinschätzungen der Wissenschaftler dem „Laien" ein Recht auf Skepsis zu: dieser „habe das Recht, der Überzeugungskraft der Befürworter so lange zu mißtrauen, wie eine durch Qualifikation oder Zahl nennenswerte Minderheit von Fachleuten durch die Argumente nicht überzeugt wurde".[946] Zwar kann aus dieser Maxime, die als Zweifelsregel zugunsten der Berücksichtigung kritischer Stimmen verstanden werden sollte, kein generelles Verbot gentechnischer Forschung abgeleitet werden. Allerdings wären daraus institutionelle, insbesondere für die rechtliche Verfahrensgestaltung relevante Folgerungen zu ziehen.

Innerhalb des philosophischen Diskurses lassen sich grob zwei grundlegende Hauptpositionen ausmachen: der Substantialismus und der Subjektivismus.[947] Der Substantialismus läßt sich, trotz aller internen Differenzierungen, durch zwei Behauptungen charakterisieren: (1) Es gibt eine menschliche Substanz, die als Inbegriff der psycho-physischen Einheit des Menschen angesehen werden muß und in einem mehr oder weniger fest umrissenen Menschenbild zum Ausdruck gebracht werden kann. Dieses wiederum bildet die Grundlage der ethischen Bewertung der Gentechnologie; (2) Die menschliche Natur kann nicht auf ein biologisches Faktum reduziert, sondern muß vielmehr als heilig respektiert werden.[948] Der Subjektivismus stellt sich konsequent auf den Boden der menschlichen Subjektivität; der Mensch ist nicht nur faktisch Subjekt, sondern soll es auch sein. Die zentrale Aufgabe ist daher, diese Subjektivität ethisch zu fördern und zu legitimieren. Aus dieser Perspektive kann die moralische Legitimität technischer Eingriffe am Menschen a priori nicht bestritten, sondern muß vielmehr zum Gegenstand eines moralischen Bewertungsverfahrens gemacht werden.[949] Beide Positionen können aber keinen „archimedischen Punkt" liefern, von dem aus eine logisch stringente Gesamtbewertung der Gen- und Reproduktionstechnologie zu leisten ist. Der Substantialismus verfängt sich in „begründungstheoretische Fallstricke" und versucht, ein bestimmtes Menschenbild

---

[945] Ibid., S. 105.

[946] Höffe, O., Sittlich-politische Diskurse. Philosophische Grundlagen. Politische Ethik. Biomedizinische Ethik, Frankfurt: Suhrkamp, 1981, S. 210.

[947] Vgl. dazu Bayertz, K., GenEthik. Probleme der Technisierung menschlicher Fortpflanzung, Reinbek: Rowohlt, 1987.

[948] Ibid., S. 121.

[949] Ibid., S. 206.

mit dem inhärenten Wertsystem festzuschreiben, der Subjektivismus verfügt über keine Möglichkeit zur logischen Konstitution von Werten, denen die weitere Entwicklung folgen könnte.[950] Insofern kann also die Genethik keine als endgültig ausgezeichnete positive Orientierung im Hinblick auf die langfristigen genetischen Perspektiven der Menschheit geben. Selbstkritisch wird konstatiert, daß im Hinblick auf die verstärkte gesellschaftliche Nachfrage nach moralischer Begründung unseres Tuns in der modernen Gesellschaft das Nachdenken über die Moral „eigentlich ergebnislos" geblieben ist.[951]

Zu einer Welle der Empörung und einer emotional erhitzten Auseinandersetzung hatten 1989 in Deutschland die Arbeiten des australischen Philosophen *Peter Singer* und seine Aussagen über die Euthanasie Anlaß gegeben.[952] *Singer* bezieht eine handlungsutilitaristische Position und argumentiert, daß moralische Urteile universalisierbar sein müssen. Anstelle meiner eigenen Interessen habe ich die Interessen aller zu berücksichtigen, die von meiner Entscheidung betroffen sind. Dies erfordert, daß ich alle Interessen abwäge und mich dann für jenen Handlungsverlauf entscheide, bei dem die Wahrscheinlichkeit am größten ist, daß er alle Interessen maximiert, also für alle Betroffenen die besten Konsequenzen hat. Akzeptieren wir das Prinzip der gleichen Interessenerwägung als vernünftige moralische Basis für die Beziehungen innerhalb unserer eigenen Gattung, sind wir nach *Singer* ebenso verpflichtet, diese moralische Basis auch für unsere Beziehungen zu den Tieren anzuerkennen. Konsequenterweise kann es dann nicht von der Gattungszugehörigkeit abhängig gemacht werden, ob man ein Lebewesen töten darf. Einem Leben nur deshalb den Vorzug geben weil es zur Gattung Mensch gehört, bringt uns nach *Singer* in die Position des Rassisten, der die Angehörigen seiner eigenen Rasse priviligiert. Als Bewertungsinstanz für das Erhaltenswerte gilt nun nicht die Zugehörigkeit zur Gattung homo sapiens, sondern die *Person*. Darunter versteht *Singer* ein Wesen, das Wünsche hinsichtlich seiner Zukunft hat. Als Kandidaten außerhalb der Gattung homo sapiens kommen etwa Schimpansen, Gorillas, Wale und Delphine in Frage.[953] Das Töten einer Person ist daher in einem höheren Maße verwerflich als das Töten eines nichtpersonalen Wesens. Diese Bestimmung hat folgenreiche Konsequenzen: demnach ist es nicht mehr einsichtig, daß Neugeborene, mißgebildete Säuglinge und einige Geisteskranke erhaltenswerter sind als etwa ein hochentwickeltes Tier. Von solchen Prämissen aus entwickelt *Singer* seine Lehre von

---

[950] Ibid., S. 294.

[951] Tugendhat, E., Die Hilflosigkeit der Philosophie angesichts der moralischen Herausforderung unserer Zeit. Information Philosophie 2, 1990, S. 5-15, S. 5.

[952] Behinderte gegen Philosophen. Bericht über die Singer-Affäre. Information Philosophie 4, 1990, S. 18-30.

[953] Ibid., S. 24.

der Rechtfertigung nichtfreiwilliger Euthanasie. Einen Menschen zu töten, der über Eigenschaften wie Rationalität, Autonomie und Selbstbewußtsein verfügt, ist verwerflich, einen Säugling zu töten dagegen weniger verwerflich. Während die akademischen Philosophen eine rationale Diskussion der Problematik von Leben und Tod eines Menschen und eine kritische Auseinandersetzung mit *Singers* Position für unverzichtbar hielten, kam es zu aufgebrachten Protesten seitens der Kirchen, der Grünen, linken Gruppen und Behinderten, zu Störungen von Universitätsseminaren und zu Absagen von Vorträgen, Podiumsdiskussionen und Symposien sowie zum Faschismusvorwurf.[954] Über diese Art der Auseinandersetzung in Deutschland zeigte sich *Jonas* zutiefst entsetzt:

> In der angelsächsischen Welt, in der ich nun seit Jahrzehnten lebe, kennt man diese Form der Diskussion nicht, die vergiftet ist von Unterstellungen und Beschimpfungen, von Verdächtigungen der Motive des anderen – bis hin zum Anwurf des Faschismus. Und wer so diskutierte, käme sehr schlecht weg. Die Art, wie Singer hier zum Teil niedergeschrien worden ist oder es ihm verwehrt wurde aufzutreten, hat mich bestürzt.[955]

Auch *Peter Singer* hatte 1990 in einem Artikel in der Zeitschrift „Bioethics" den Mangel an philosophischer Gesprächskultur in Deutschland heftig kritisiert.[956]

5.7.3 Die beiden großen Kirchen in Deutschland: „Weltgestaltung" und „Bewahrung der Schöpfung"

Die Bevölkerung in Deutschland (nach dem Gebietsstand vor dem 3.10.1990) gehört überwiegend zu ungefähr gleichen Teilen der katholischen oder evangelischen Religion an.[957] Beide Religionsgemeinschaften sind allerdings im Zusammenhang mit dem Säkularisierungsprozeß etwa seit Beginn der siebziger Jahre von einer steigenden Zahl von Kirchenaustritten betroffen[958], und 1988 wurde die Zufriedenheit mit der Kirche auf der Zufriedenheitsskala (Höchstwert

---

[954] Vgl. Ibid.

[955] Zitiert in Ibid., S. 20.

[956] Ibid.

[957] Statistisches Bundesamt (Hg.), Datenreport 1994, Bonn: Bundeszentrale für politische Bildung, 1994, S. 171.

[958] Die evangelische Kirche noch mehr als die katholische, vgl. Ibid., S. 172 und 174.

306

10) mit 5,3 gemessen.[959] Beiden Kirchen wird nach einer Allensbach-Umfrage attestiert, sie seien „heute sichtbar von dem Empfinden gezeichnet, die Nachhut der gesellschaftlichen Entwicklung zu stellen."[960] Auch hinsichtlich ihrer internen Strukturen sind diese Organisationen in Bewegung geraten und zeichnen sich beim Thema „Gentechnik" durch eine Vielfalt von Orientierungsweisen aus, wobei die „Basis" gegenüber den offiziellen Kirchen-Repräsentanten auch konträre Perspektiven einnimmt.

Die verschiedenen moraltheologischen Perspektiven differenzieren in ihren ethischen Reflexionen weniger nach verschiedenen Anwendungsgebieten der Gentechnik, sondern versuchen aus der übergeordneten Idee des Christentums heraus eine generelle Begründung für oder gegen die neue Technologie zu finden, wobei sich hauptsächlich auf die Humangenetik konzentriert wird. Einerseits wird die Anwendung der Gentechnik im Rahmen des Schöpfungsauftrags bejaht, andererseits werden aber auch erhebliche Bedenken hinsichtlich des gesellschaftlichen Anwendungszusammenhangs, besonders im humangenetischen Bereich, geäußert. Die eher defensiven Reaktionen der Kirchen auf die mit dem Säkularisierungsprozeß einhergehenden Veränderungen in der Gesellschaft manifestieren sich insbesondere in den sehr restriktiven Auffassungen im humangenetischen Bereich. Besonders auffallend ist, daß die Themen der eher kritischen Stimmen mit den Themen der sozialen Bewegungsakteure teilweise identisch sind oder eine enge Verbindung eingehen. Als Grundlage der primär sinnhaft-normativen Begründungsstrategien dient zum einen ein an die Verantwortung des Menschen gebundener instrumenteller Aktivismus, nach dem das Eingreifen des Menschen in die Welt prinzipiell gutgeheißen wird, andererseits finden sich aber auch Positionen, welche die Bewahrung der Schöpfung und die Kritik am Instrumentalismus in den Mittelpunkt ihrer Überlegungen stellen.

5.7.3.1 Die katholische Kirche: Eingriffe in die Natur aus einer treuhänderischen „Hegerverantwortung" heraus

Aus katholisch-moraltheologischer Sicht ist *Johannes Reiter*[961], Mitglied der Enquete-Kommission, der Auffassung, daß der Mensch als geistbegabtes Wesen seine Umwelt im Rahmen des Steuer- und Kontrollierbaren gestalten und auch

---

[959] Ibid., S. 555: Zufriedenheitsskala von 0-10, wobei 0 = „ganz und gar unzufrieden" und 10 = „ganz und gar zufrieden".

[960] Köcher, R., Nachhut oder Vorhut? Dem Christentum mangelt es an Selbstbewußtsein und Strahlkraft. FAZ vom 5.4.1995, S. 5.

[961] Reiter, J., Macht und Verantwortung. In: Industriegewerkschaft Chemie-Papier-Keramik (Hg.), Gentechnologie. Ein Nachschlagewerk für Arbeitnehmer, op.cit., S. 41-51.

verändern darf. Wie alle menschliche Handlungen unterliegen aber auch die gentechnischen Handlungen der ethischen Überprüfung. Diese kann sich, so *Reiter*, dabei nicht nur auf die einzelnen Anwendungsgebiete der Gentechnologie beschränken, sondern muß – wegen der mit ihr heraufgeführten enormen Steigerung menschlicher Verfügungsgewalt – auch nach der generellen moralischen Vertretbarkeit der Gentechnologie fragen. Aus dieser gesteigerten Verfügungsgewalt folge eine gesteigerte Verantwortung. Das in der Ethik anerkannte Prinzip „abusus non tollit usum" – ein möglicher Mißbrauch einer Methode verbietet nicht den rechten Gebrauch in rechter Gesinnung – würde aber im Hinblick auf die moderne Großtechnologie nicht mehr greifen. Dieses Prinzip setze nämlich voraus, daß man zwischen gutem und schlechtem Gebrauch von ein und derselben Fähigkeit eindeutig unterscheiden kann. Spätestens seit der Umweltkrise sei aber deutlich geworden, daß die beabsichtigten guten Wirkungen einer Handlung langfristig ins Gegenteil umschlagen können. Aufgrund dieses Umschlageffekts sei es daher nicht zu verantworten, solche Handlungen zu setzen, deren Folgen definitiv feststehen und nicht mehr korrigierbar sind. Zwar sei der Besitz einer Fähigkeit nicht gleichbedeutend mit ihrer Anwendung, bei der Gentechnologie liegen jedoch Forschung und Anwendung nahe beieinander und sind oft nicht eindeutig zu unterscheiden.

Die aktuellen Herausforderungen verlangen daher – entsprechend dem Gesetz der diskursiven Generalisierung – eine allgemeine, grundsätzliche Bewertung der Gentechnologie. Eine solche ist eng verbunden mit der Frage nach der Erlaubtheit menschlicher Eingriffe in die Natur überhaupt. Die *Frage nach verändernden Eingriffen in die Natur wird aus moraltheologischer Sicht bejaht*. Neben einem recht verstandenen biblischen Schöpfungsauftrag „Macht euch die Erde untertan", der neben dem Bebauen auch ein Bewahren enthält, ist ein weiterer Grund der, daß sich menschliches Eingreifen oft als lebensnotwendig erwiesen hat. Denn die Natur ist – so *Reiter* – ja auch eine „gefallene", in der nicht nur Gottes Weisheit, sondern auch das Böse am Werk ist. Dies zeige sich vor allem durch die sich in der Natur entladenden negativen Kräfte, durch Zerstörerisches und durch Katastrophen. Der Eingriff in die Natur mit Hilfe der Gentechnik wird von *Reiter* als Abwehr des Bösen legitimiert, vor allem dann, wenn er auf Minderung des Zerstörerischen abzielt und aus treuhänderischer „Hegerverantwortung" des Menschen heraus geschieht. Damit wird eine enge Verbindung zu Wissenschaft und Industrie und zum Thema „praktische Problemlösung" hergestellt, dessen zentrale Aussagen ja die Bekämpfung menschlichen Übels (Hunger, Krankheiten etc.) zum Kern haben. Dabei macht *Reiter* geltend, daß jede Form von Kultur letztlich ein Eingreifen in die Natur bedeute und der Mensch im Verlauf der Geschichte (Urbarmachung der Erde, ärztliche Eingriffe etc.) immer in die Natur eingegriffen habe. Aktuell stehe daher weniger das „Ob", sondern mehr das „Wie" des Eingriffs in die Natur zur Debatte. Nachdem nun der Zweck grundsätzlich legitimiert ist, verlagert sich nun für *Reiter* das

Schwergewicht der Begründung auf die angemessene Wahl der Mittel. Ein besonderes Gewicht falle dabei auf die Abschätzung der möglichen Folgen für die Gegenwart und Zukunft der Natur und der Menschheit. Die möglichen Folgen dürften das Leben der Menschen weder zerstören noch gefährden oder in seiner Qualität mindern. Die Festlegung dessen, was menschliches Leben ausmacht, was ihm dienlich und förderlich ist, stehe nicht (allein) in der Kompetenz der Naturwissenschaften; hier haben auch die Humanwissenschaften und insbesondere die Theologie einen unverzichtbaren Beitrag zu leisten. Eine Orientierung an der biblischen Botschaft und am christlichen Menschenbild sowie an der Menschenwürde läßt daher nach *Reiter* folgende Perspektiven erkennen: Als geistbegabtes Wesen darf und soll der Mensch seine Umwelt im Rahmen des Steuer- und Kontrollierbaren gestalten und auch verändern. Er soll schöpferisch tätig sein, dabei aber nicht vergessen, daß er nicht der Schöpfer ist. Die Tatsache, daß zwischen gentechnologischer Forschung und Anwendung keine scharfe Grenze gezogen werden kann, scheint für *Reiter* kein hinreichendes Argument für ein Verbot der Gentechnologie zu sein. Das Erkenntnisargument hat nämlich insofern für ihn ein größeres Gewicht, als das Streben nach Wissen und Erkenntnis dem Menschen wesensmäßig immanent sei. Der Mensch darf also gentechnologische Forschung betreiben und gentechnologisch Neues schaffen. Allerdings würde es dem christlichen Menschenbild widersprechen und die Menschenwürde treffen, wenn es durch die Gentechnologie aufgrund konkreter Gefahren einerseits zu nicht mehr steuer- und kontrollierbaren Folgen und andererseits zu einer „vollendeten Wirklichkeit" kommen würde. Gentechnologische Eingriffe sollten daher auch Wege der Korrektur und Umkehr offenlassen. Die theologische Perspektive ließe erkennen, daß der Mensch die ihm gebotenen Möglichkeiten zwar nutzen, aber unmöglich selbst die Vollendung der Welt herauführen kann, denn die Zukunft sei ihm unverfügbar. So sieht *Reiter* denn auch bei der somatischen Gentherapie kein ethisches Problem, ebensowenig bei der Freisetzung, sofern ausreichende Sicherheitsuntersuchungen vorausgegangen sind. Die pränatale Diagnostik sei als Methode zwar ethisch neutral, jedoch mit dem Ziel einer Abtreibung ethisch nicht zu rechtfertigen. Hinsichtlich der Informationen über die Erbanlagen von Arbeitern könne dies einerseits vor dem Risiko einer Berufskrankheit schützen, andererseits dürfe dies aber nicht zu einer sozialen Diskriminierung führen.

Franz Böckle, katholischer Moraltheologe aus Bonn, sieht das eigentliche ethische Problem in der Zumutbarkeit von Risiken[962] und in der Verhältnisbestimmung unter den einzelnen Rechten bzw. Gütern. Grundsätzlich habe aber im Rahmen einer Verantwortungsethik – entgegen juristischen Auslegungen (vgl.

---

[962] Böckle, F., Sicherheit aufgrund einer „neuen Ethik"? In: Fischer, E.P., Auf der Suche nach der verlorenen Sicherheit, op.cit., S. 119-130.

Kapitel 5.5) – zu gelten, daß menschliche Lebensformen nur zum Zwecke des Lebens selbst instrumentalisiert werden dürfen.[963] Diese Unterordnung des Individuellen unter das Allgemeine findet sich bei *Böckle* auch in der Beantwortung der Frage, ob das Wohl des einzelnen bei der Entscheidung der Teilnahme oder Nichtteilnahme an einem klinischen Experiment Vorrang vor dem der Allgemeinheit gebühren solle. Während etwa der Philosoph *Otfried Höffe* den „informed consent" des Patienten als ethische Voraussetzung ansieht, bezeichnet *Böckle* es als ethische Pflicht des Patienten, sich zum Wohle der Allgemeinheit an solchen Untersuchungen zu beteiligen, da er ja letztlich auch davon profitiere.[964]

Gegen eine einseitige Anthropozentrik wendet sich *Johannes Gründel*, katholischer Moraltheologe aus München. Da der Mensch eine Verantwortung für den Fortbestand des Lebens und der Welt überhaupt trage, sollte auch dem Leben der Tiere und dem der Pflanzen eine „entsprechend gestufte Achtung"[965] zukommen. *Gründel* plädiert bei der Gentechnik für einen Mittelweg, der sowohl der Wissenschaft einen entsprechenden Handlungsfreiraum gestattet als auch einen Mißbrauch dieser neuen Technik weitestgehend verhindert. Die Erforschung und Gestaltung der Natur wird grundsätzlich positiv gesehen, jedoch gehe es dabei auch um die verantwortliche Sorge um den Weiterbestand und überhaupt um das Gelingen der Schöpfung, die als solche noch nicht vollendet ist. Da dem Menschen die Schöpfung zur verantwortlichen Gestaltung, nicht aber zu beliebiger Herrschaft übergeben sei, wird vor einer Emanzipation des Menschen von der Natur und vor einer Unterwerfung der Natur gewarnt.[966]

Die vatikanische Kongregation für die Glaubenslehre hatte 1987 eine „Instruktion über die Achtung vor dem beginnenden menschlichen Leben und die Würde der Fortpflanzung" veröffentlicht. Medizinische Eingriffe am Embryo, sofern sie therapeutischen Zwecken dienen, werden zugelassen, nicht jedoch die Embryonenforschung.[967] Die homologe In-vitro-Befruchtung stößt aus moralischer Sicht auf Ablehnung (eine Ausnahme wird da zugelassen, wo das technische Mittel den ehelichen Akt nicht ersetzt), und ein Recht im wahren und eigentlichen Sinne auf ein Kind würde dessen Würde und dessen Natur widersprechen. Grund-

---

[963] Böckle, F., Wo die Gentechnologie ihre Grenzen finden muß. Ethische Verantwortung und Notwendigkeit einer Selbstbeschränkung. In: Max-Planck-Institut (München), Genetchnologie und Verantwortung, op.cit., S. 65-77.

[964] SZ vom 13.2.1980.

[965] Gründel, J., Der menschliche Mittelweg. In: Buckel, P., Fischer, E.P. & Nord, D. (Hg.), Das Handwerk der Gentechnik, München/Zürich: Piper, 1991, S. 163-184, 163.

[966] Ibid., S. 173.

[967] SZ vom 11.03.1987.

sätzlich jedoch sieht die katholische Kirche, wie der Vorsitzende der katholischen Deutschen Bischofskonferenz äußerte, in der (industriellen) Gentechnologie kein „Teufelswerk", das nur den Interessen von Wissenschaft und Industrie dient.[968] Zwar sollen die Risiken nicht geleugnet werden, jedoch dürfe das Aufzeigen solcher Risiken nicht zu einer globalen Verweigerung führen.

Nachdem nun die mehr positiven Einstellungen innerhalb der katholischen Kirche konturiert wurden, soll nun auf die ablehnenden Haltungen eingegangen werden. Auffallend ist hier die Nähe zu den Forderungen der im vorigen Kapitel dargestellten Protestakteure, wobei teilweise auch die gleichen Themen verwendet werden. Hierbei ist allerdings zu berücksichtigen, daß diese Aussagen aus einem differenten Handlungsrahmen gemacht werden, in dem zum Teil stark wertkonservative Momente enthalten sind, wie besonders etwa beim „Familienbund der Deutschen Katholiken e.V.". Dieser kritisiert, daß das GenTG dem Schutz von Mensch und Umwelt keinen eindeutigen Vorrang gebe, sondern vielmehr den Interessen von Wissenschaft und Technik diene. In der Embryonenforschung und der Reproduktionsmedizin werden die Vorboten einer neuen Eugenik gesehen, die sich der neuen Großtechnologie zu bedienen weiß.[969] Gefordert wird eine gesetzliche Regelung u.a. für folgende Punkte:
- Ablehnung jeder Form der Leih- und Ersatzmutterschaft (widerspricht der Würde der Frau und dem Wohl des Kindes);
- Verbot der Klonierung und der Herstellung von Chimären und Hybriden (widerspricht der Würde des Menschen);
- Untersagung der heterologen In-vitro-Fertilisation;
- Ablehnung der künstlichen Insemination im heterologen System und auch außerhalb der Ehe (verträgt sich nicht mit dem christlichen Verständnis von Ehe und Familie);
- Verbot der postmortalen Insemination (widerspricht der Würde des Menschen);
- Verbot der Herstellung, Erhaltung und Verwertung von Embryonen zu Forschungszwecken;
- Untersagung der Einrichtung von Embryonen- und Samenbänken.[970]

Dagegen findet sich bei der KATHOLISCHEN LANDJUGENDBEWEGUNG (KLJB) eine mehr ökologische Protestperspektive. Die KLJB lehnt die Gentechnik ab, da hiermit Risiken verbunden sind, welche die Zukunft der Gesamtschöpfung

---

[968] Rheinische Post vom 09.02.1993.

[969] Familienbund der Deutschen Katholiken e.V. (Hg.), Stimme der Familie 37,6, 1990, S. 5-8.

[970] Bundesgeschäftsführung des Familienbundes der Deutschen Katholiken (Hg.), Kinder aus der Retorte? Fortpflanzungsmedizin beim Menschen, 1989.

bedrohen und der Mensch gehalten ist, die Welt mit Verantwortung zu erhalten und zu verwalten.[971] Die gentechnische Manipulation der Welt verneine den Eigenwert der Natur und sieht sie nur als Objekt im Dienste des Menschen und des Fortschritts. Gentechnologie trage dazu bei, daß Leben und Natur weiter entwertet und ökologische Gleichgewichte gestört werden. Aufgrund der zunehmenden Verflechtung von Wissenschaft und Industrie und der Marktorientiertheit der Genforschung würden ökologische, soziale und ethische Fragen nicht berücksichtigt, und durch den intensivierten Wettbewerb mit den USA und Japan bliebe keine Zeit für eine kritische Hinterfragung.[972] Forschung und Anwendung der Gentechnologie sollen daher gestoppt werden. Insbesondere kritisierte man den mechanistischen Naturbegriff der modernen Wissenschaft sowie die rein technischen Lösungsversuche des Welternährungsproblems. Das GenTG sei nach Ansicht der KLJB nicht geeignet, Mensch und Umwelt vor den Gefahren zu schützen.

5.7.3.2 Die Evangelische Kirche in Deutschland: „Achtung vor dem Leben"

Innerhalb der evangelischen Kirche in Deutschland gibt es eine Vielzahl unterschiedlicher Positionen, da es eine verbindliche evangelische Ethik nicht gibt.[973] Den Ausgangspunkt ethischer Überlegungen im Protestantismus bildet ein Gemenge von Normen und Betrachtungen der betroffenen Personen und ihrer Situation. Je nachdem der argumentative Fokus stärker auf die Normen oder auf die Lage des einzelnen gelegt wird, kommt es oft zu erheblichen Unterschieden, zum Teil sogar zu Gegensätzen im moralischen Urteil.

Das Diakonische Werk der EVANGELISCHEN KIRCHE IN DEUTSCHLAND (EKD) wendet sich grundsätzlich gegen den „Mythos der Machbarkeit".[974] Bereits 1985 hatte die Evangelische Kirche in Deutschland mit ihrer Handreichung „Von der

---

[971] Bundesstelle der Katholischen Landjugendbewegung e.V. (Hg.), Genmanipulierte Zukunft – Zur Gentechnologie-Diskussion in der KLJB, Rhöndorfer Hefte Nr.4, 1989.

[972] Katholische Landjugendbewegung (Hg.), Bundesforum-Serie: Gentechnologie (Teil 1) „Schöne neue Welt". Grundlagenpapier der KLJB zur Gentechnologie, 1988.

[973] Einen breiten Überblick über die Diskussion innerhalb der evangelischen Theologie bietet Schubert, H. von, Evangelische Ethik und Biotechnologie, Frankfurt/New York: Campus, 1991.

[974] Röckle, G., Es frommt nicht alles – wenn's ums Leben geht. Bio- und Gentechnologie. Eine Orientierung aus dem Diakonischen Werk der EKD, Stuttgart, 1986.

312

Würde werdendes Lebens"[975] die Forschung an menschlichen Embryonen als ethisch nicht vertretbar angesehen und eine ethische Begrenzung der Forschungsfreiheit gefordert. Genetische Untersuchungen dürften nur auf freiwilliger Basis vorgenommen werden, und nach Auffassung der EKD gehört zur Menschenwürde auch das Recht, sich nicht genetisch erforschen zu lassen. In der Kundgebung der 7. Synode der Evangelischen Kirche in Deutschland auf ihrer 4. Tagung zur „Achtung vor dem Leben" vom 1. bis zum 6.11.1987 heißt es, daß die Weltgestaltung zum Wesen und Auftrag des Menschen gehöre, auch die Entwicklung neuer medizinischer Verfahren und die Gentechnik. Daraus werden folgende Schlußfolgerungen hinsichtlich der Gentechnik und Fortpflanzungsmedizin gezogen:[976]

- Die Synode anerkennt auch in Forschung, Technik und ärztlicher Heilkunst gute Schöpfungsgaben Gottes, erinnert aber an die Versuchung zur Hybris und die zerstörerischen Kräfte, die allem menschlichen Streben und Trachten innewohnen. Die Freiheit eines Forschers bestehe aber nicht nur im Ausschöpfen seiner Möglichkeiten, sondern ebenso in der Selbstbeschränkung angesichts des Eigenwertes alles Geschaffenen und der unbedingten Würde jedes einzelnen Menschen. Forschung, Technik und Medizin dürfen daher nicht alles tun, was machbar ist, sondern bedürfen der ethischen Regulierung. Ein Beitrag dazu bilde die Tätigkeit von Ethikkommissionen, in denen unmittelbar Beteiligte und Nichtbeteiligte zusammenkommen müssen.
- Die Synode wendet sich nicht grundsätzlich gegen das politische und wirtschaftliche Interesse, eine mögliche Wachstumsbranche zu fördern und zu entwickeln. Dabei dürfen aber um ökonomischer Vorteile willen ethische Gesichtspunkte nicht vernachlässigt werden. Die Absicht, wirtschaftliches Wachstum zu sichern und neue Arbeitsplätze zu schaffen, ist für sich genommen noch nicht ethisch gut. Insbesondere bei der Freisetzung von Lebewesen mit neukombinierten Eigenschaften und beim Einsatz zu militärischen Zwecken stecken nach Ansicht der EKD erhebliche Gefahren. Im Unterschied zur natürlichen Evolution verlaufen die durch Gentechnik ausgelösten Veränderungen unverhältnismäßig schnell und lassen schwerwiegende Rückwirkungen auf den Artenbestand, auf die Vielfalt des Genpools und auf das ökologische Gleichgewicht befürchten. Eine begleitende Risikoanalyse, die Umwelt- und Sozialverträglichkeit neuer Entwicklungen prüft, müsse Transparenz für die Öffentlichkeit herstellen und mit einer wirksamen staatlichen Aufsicht verbunden sein.

---

[975] Evangelische Kirche in Deutschland (Hg.), Von der Würde werdenden Lebens, Hannover, November 1985; abgedruckt in: Lanz-Zumstein, M. (Hg.), Embryonenschutz und Befruchtungstechnik, op.cit., S. 216-223.

[976] Evangelische Kirche in Deutschland (Hg.), Zur Achtung vor dem Leben. Maßstäbe für Gentechnik und Fortpflanzungsmedizin, 1987.

- Achtung vor der Würde und Individualität des Menschen müßten bei jeder Entscheidung den obersten Grundsatz bilden. Die Achtung vor dem Leben verlange, daß der Eigenwert von Pflanzen und Tieren bei ihrer Nutzung durch den Menschen nicht weiter mißachtet werde. Das Recht, sich genetisch nicht erforschen zu lassen, gehöre zur Menschenwürde. Ebensowenig dürfe zu humangenetischer Beratung und Diagnostik verpflichtet oder genötigt werden; sie könne immer nur freiwillig sein. Humangenetische Beratung sollte gewährleisten, daß das Lebensrecht auch eines behinderten Kindes geachtet und mit der pränatalen Diagnostik nicht automatisch die Entscheidung für einen Schwangerschaftsabbruch im Falle einer festgestellten Behinderung verbunden werde. Eine Gesellschaft, die Behinderte nicht integriere, verschärfe den Konflikt in der humangenetischen Beratung. Gen-Transfer und andere Eingriffe in menschliche Keimbahnzellen hält die EKD aus ethischen Gründen für nicht vertretbar, ebenso gezielte Eingriffe an menschlichen Embryonen, die ihre Vernichtung in Kauf nehmen. Die Synode erklärte ausdrücklich, daß die „verbrauchende" oder experimentelle Forschung an Embryonen eine wesentliche Grenze überschritten hat und fordert entsprechende gesetzliche Regelungen.

Nach Ansicht der EKD hat ein verantwortlicher Umgang mit der Gentechnik ein neues Naturverhältnis als Voraussetzung, dessen Kern darin besteht, zu einem Einverständnis der Natur und damit zu einem bewahrenden Umgang mit ihr zu gelangen.[977] Der sinnhaft-konstitutive und moralische Rahmen der evangelischen Kirche bezieht eine stark gemeinschaftliche Orientierung ein, die teilweise bis hin zur Solidarität mit der Natur geht. Als Ethik der technischen Zivilisation komme nur eine Verantwortungsethik in Frage, wobei der Mangel an umfassender Übersicht über die Folgen eine sorgfältige ethische Abwägung erforderlich mache. Dabei könne es kein vernünftiges Ziel sein, Risiken auf jeden Fall zu vermeiden, aber das Eingehen von Risiken schaffe eine ausdrückliche Begründungspflicht. Kosten und Nutzen müssen sorgfältig gegeneinander abgewogen und auch Alternativen einbezogen werden. Grundsätzlich müsse an das Prinzip „Gerechtigkeit" apelliert werden, wobei dieses Prinzip als „Verträglichkeit" interpretiert wird: *Gerechtigkeit als Verträglichkeit* impliziere die Überlegung, wie sich ein bestimmtes, in sich durchaus berechtigtes Handeln mit dem Handeln und dem Leben in anderen Kontexten verträgt, damit zusammenhängt und vereinbar ist. Hierdurch werde das Bewußtsein dafür geschärft, daß alles Handeln seine Folgen für andere Lebensbereiche berücksichtigen muß. Das Prinzip der Gerechtigkeit erfordert also, daß die Menschen Lebensrecht und Lebensmöglichkeiten ihrer Mitgeschöpfe berücksichtigen. Da die nichtmenschlichen Lebewesen im Konfliktfall ihr Recht nicht geltend machen können, bedarf es

---

[977] Evangelische Kirche in Deutschland (Hg.), Einverständnis mit der Schöpfung. Ein Beitrag zur ethischen Urteilsbildung im Blick auf die Gentechnik, 1991.

nach Ansicht der EKD entsprechender rechtlicher Vorkehrungen, etwa im Tierschutzgesetz oder durch die Verankerung des Umweltschutzes im Grundgesetz. Gerechtigkeit durch Verträglichkeit auszulegen enthält somit den Imperativ der Suche nach Einverständnis und entspricht darin der Forderung nach demokratischen Verfahrensregeln, was übrigens auch gegenüber der Dritten Welt gelte.[978] Die EKD geht davon aus, daß die Natur nicht von den Menschen geschaffen, sondern ihnen gegeben ist. Wer daher mit der Lebendigkeit der Natur rechnet, achtet das Gegebene auch als das, was er noch nicht erfaßt hat. Menschen, die die Natur in der Haltung dankbaren Staunens wahrnehmen, werden ihr auch mit mehr Scheu und Achtung begegnen. Denn aus dem Respekt vor dem Gegebenen folge die Regel: „Überlege, was erhalten werden muß! Sei vorsichtig, langsam, nicht vorschnell! Tu kleine Schritte!"[979] Auch hier wird also, wie bei den sozialen Bewegungsakteuren, gegenüber den dynamisierenden Tendenzen der wissenschaftlich-technischen Entwicklung das „Prinzip der Langsamkeit" favorisiert.

Darüber noch hinaus führt der Gedanke der „kreatürlichen Solidarität". Dieser Gedanke erinnere an die fundamentale Verwandtschaft von menschlichen und nicht-menschlichen Lebewesen und appelliere an das Gefühl einer tiefen Verbundenheit. Dabei bestehen aber in der Verbundenheit der Menschen mit ihren Mitgeschöpfen offenbar Abstufungen: Die Prinzipien der Gerechtigkeit und der Solidarität heben die grundlegenden Unterschiede zwischen den Menschen und ihren Mitgeschöpfen nicht auf. Nur beim Menschen könne von einer unveräußerlichen Würde und dem uneingeschränkten Lebensrecht jedes einzelnen die Rede sein. Insofern bleibe es auch durchaus sachgemäß, von einer Sonderstellung des Menschen gegenüber der Natur zu sprechen, und diese kann in biblischer Rede auch als Herrschaftsstellung gedeutet werden. Nicht diese besondere Stellung selbst ist jedoch strittig, sondern die Art und Weise, in der sie wahrgenommen wird. Die Mitgeschöpfe des Menschen haben neben ihrem Nutzwert auch einen Eigenwert. Mit dem Gedanken des „Eigenwertes der Kreatur" ist eine Patentierung dennoch kompatibel; die Bedenken liegen auf einer anderen Ebene: Es sei nämlich zu fragen, ob eine Patentierung von Pflanzen bzw. Tieren mit den Lebensverhältnissen der Bereiche verträglich sei, die auf die Nutzung von Pflanzen und Tieren angewiesen sind. Dies gelte insbesondere für die Landwirtschaft hierzulande und für Ernährungssituation und Entwicklungsmöglichkeiten der Dritten Welt. Als besondere Perspektiven für die Gentechnik ergeben sich daher:

• Artgerechte Lebensverhältnisse und ein artgerechter Umgang sind daran zu messen, ob sie mit den Erfordernissen des Lebensraums und der Lebensweise

---

[978] Ibid.

[979] Ibid.

des betreffenden Lebewesens vereinbar sind. Dies läßt einen gewissen, aber nicht einen beliebigen Spielraum für Abweichungen und Veränderungen;

• Legitimation bei Nichtbeachtung der Artgrenzen, wobei Unterschiede zwischen Tieren und Pflanzen zu berücksichtigen sind;

• für die Gentechnik ergibt sich wie für jede Technik die Anforderung, sich mehr an der Fehlerfreundlichkeit des evolutionären Prozesses als an der Optimierung und Spezialisierung technischer Entwicklungsprozesse zu orientieren.

Entsprechend der Einbeziehung einer gemeinschaftlichen Perspektive artikulieren sich, wie weiter oben bereits angedeutet, innerhalb des Rahmens der EKD auch die damit verbundenen Tendenzen einer sozialen Beharrung oder Verlangsamung. So setze nämlich die Suche nach der besten Lösung das praktische Handeln unter schädlichen Erfolgsdruck. Es bedeute dagegen eine spürbare und förderliche Entlastung, wenn auch die zweitbeste Lösung akzeptiert werde, schließlich gehe es um Verbesserung, nicht Optimierung. Das pragmatische „Durchwursteln" (muddling through) verdiene jedenfalls vor der Vorstellung einer „endgültigen" Lösung den Vorzug. Da die Gentechnik nach einem „diabolischen Zeitraffer" (Erwin Chargaff) arbeite – Lebens- und Wachstumsprozesse, für die die Evolution riesige Zeiträume gebraucht hat und brauchen würde, werden technisch gerafft – liegen hier unwägbare Gefahren. In dieser Situation wird daher die *Langsamkeit zur Tugend*. Ein Moratorium stelle prinzipiell eine wichtige Möglichkeit dar, die erwünschte Verlangsamung zu erreichen. Zur sachgemäßen Austragung der Kontroversen über die Gentechnologie plädierte die EKD für eine lebendige Gesprächs- und Streitkultur, in der Sachverstand und Gemeinwohl zusammenfinden. Auch hier setzte man sich für eine gesellschaftliche Vermittlung multipler Rationalitäten ein: So müsse beispielsweise die wissenschaftliche Schwerpunktsetzung ergänzt werden durch eine Analyse der sozialen, ökologischen und ökonomischen Konsequenzen der Einführung dieser neuen Technologie, ihrer Verfahren und Produkte, aber auch der Erarbeitung von Alternativen. Die Risikoabwägung solle im konkreten Einzelfall durch die Beteiligten vorgenommen werden, wobei auch eine (öffentliche) Kontrolle der Durchführung der Risikoabwägung und eine begleitende Risikoforschung für unerläßlich gehalten werden. Wie bei *Höffe* wird auch hier das Recht auf Skepsis geltend gemacht: Wenn man die Urteilsfähigkeit der Fachleute bejahe und ihre Bereitschaft zu innerfachlicher Kontrolle beim Wort nehme, sind Freisetzungsversuche, die offenen, internationalen wissenschaftlichen Fachgesprächen nicht standhalten, nicht zu rechtfertigen. Angesichts der Vielfalt von Betroffenheitsfeldern ist der Konsens innerhalb der Fachöffentlichkeit ein notwendiger, freilich nicht ein abschließender Beitrag bei der Urteilsfindung.

In einem Text der „Evangelischen Zentralstelle für Weltanschauungsfragen" dagegen wurde argumentiert, daß aufgrund der durch die Gentechnik eingeleiteten

„irreversiblen Prozesse" *bis auf weiteres eine ethische Rechtfertigung der Gentechnik nicht erlaubt* sei.[980] Es erscheine vielmehr sinnvoll, andere Forschungswege zu unterstützen, die keine irreversiblen Prozesse in Gang setzen und deren Eingriffe von geringerer Komplexität sind. Aus der durch die Gentechnik gesteigerten Verfügungsgewalt folge eine gesteigerte Verantwortung. Diese beruhe auf 3 Eigenarten der Gentechnik:

- Die Folgen gentechnischen Handelns sind nur schwer oder gar nicht aufzuhalten oder zu korrigieren.
- In der Gentechnik kann zwischen Forschung und Anwendung nicht unterschieden werden.
- Die Gentechnik eröffnet die Möglichkeit zu einer umfassenden Neuschöpfung der Natur.

Aufgrund des aus der Umweltkrise bekannten "Umschlageffekts" können Handlungen, deren Folgen nicht aufzuhalten und nicht korrigierbar sind, von Menschen nicht mehr voll verantwortet werden; sie übersteigen die bisher gekannten Grenzen menschlicher Verantwortung. Grundsätzlich können ethische Überlegungen nicht durch Hinweise auf biologische Erkenntnisse ersetzt werden. Der Hinweis, daß die Gentechnik im Grunde nichts anderes als die Natur mache, besage für ethische Überlegungen gar nichts. Die Natur kann und muß sich nicht rechtfertigen, nur der Mensch muß sein Handeln verantworten. Der Hinweis auf die Evolution könne daher ethische Überlegungen nicht einfach ersetzen. Was in der Evolution entstanden ist, ist nicht einfach gut, vielmehr ist alles, was ist, Ergebnis der Evolution, gutes wie schlechtes. Die Evolution ist infolgedessen als Ausgangspunkt ethischer Überlegungen überhaupt nicht geeignet. Die Erfahrungen aus der Umweltkrise haben uns – so die Zentralstelle für Weltanschauungsfragen – gelehrt, daß die Natur einen Eigenwert besitzt, der in der Ethik nicht vernachlässigt werden darf. Als Konsequenzen für die ethische Beurteilung der Gentechnik ergeben sich für die „Evangelische Zentralstelle für Weltanschauungsfragen":[981]

- Der Mensch darf durchaus Neues schaffen, denn er hat Teil an dem geschichtlichen Prozeß der Wirklichkeit. Alle Versuche jedoch, mit Hilfe der Gentechnik eine neue, vollendete Wirklichkeit zu konstruieren, müssen zu Spannungen und Katastrophen führen, deren gegenwärtig deutlichstes Beispiel die Umweltkatastrophen sind, da der Mensch unmöglich die Vollendung der Welt heraufführen kann. Die *Zukunft ist ihm unverfügbar*, er kann nur die ihm gebotenen Möglichkeiten ergreifen. Der Mensch überschreite

---

[980] Evangelische Zentralstelle für Weltanschauungsfragen (Hg.), Information Nr. 95 VIII, 1985. Gentechnik und christliche Ethik.

[981] Ibid.

seine Kompetenz, wenn er eine neue Schöpfung herstellen will, er zerstöre damit nur die Grundvoraussetzungen allen Handelns und Lebens.

- Gemessen an der Forderung, daß menschliche Handlungsziele gegenüber der Zukunft offen sein müssen, sind die gentechnischen Eingriffe negativ zu bewerten, wenn sie nicht korrigierbare Folgen haben können. Deshalb werden Wege, die Korrektur und Umkehr offenlassen, zunächst zu beschreiten und entsprechende Forschungen zu fördern sein.

- Alle Versuche, gentechnische Forschung allein mit dem Hinweis zu rechtfertigen, daß sie der Erkenntnis der Wahrheit dient, sind abzulehnen. Denn naturwissenschaftliche Forschung nehme immer nur die physiko-chemischen Faktoren wahr und erhalte deshalb immer nur ein unvollständiges Strukturnetz der Wirklichkeit. Werden diese Strukturnetze technisch rekonstruiert, entstehe eine künstliche Wirklichkeit, die relativ stabil gegen alle Veränderungen ist.

- Gentechnische Forschung ist, wie andere menschliche Handlungen, nicht unabhängig von gesellschaftlichen Werten. Wenn alle menschlichen Handlungen so angelegt sein müssen, daß sie weitere Zukunft ermöglichen, dann gelte dieser Maßstab auch für die gentechnische Forschung. Sie kann also nicht beliebige Forschungsziele verfolgen, zumal weder genug Zeit noch Mittel zur Verfügung stehen, um alle nur mögliche Forschung zu betreiben.

- Besitzt ein jedes Lebewesen aufgrund seiner Eigenart einen Sinn für das Ganze der Wirklichkeit, dann bedeutet jede gentechnische Manipulation der Eigenart eine Veränderung und ggf. sogar Zerstörung des ursprünglichen Sinnes für das Ganze. Maßgebend für die Veränderung ist die Perspektive des handelnden, jetzt lebenden und technische Macht ausübenden Menschen. Daraus ergebe sich eine „Sinnverkürzung". Wenn eine ganze Art von Lebewesen betroffen ist, widerspreche die Veränderung dem eigentlichen Wert dieser Art und ihrem Sinn für das Ganze.

- Darüber hinaus erwecke Gentechnik den Eindruck, daß Leiden und Krankheit beherrschbar sind und grundsätzlich beseitigt werden können. Gegenüber einer solchen Zielsetzung muß festgehalten werden, daß Leiden auch positive Funktionen hat und z.B. Anstoß geben kann, den Ursachen nachzugehen. Durch eine sich auf die Symptome beschränkende Behandlung würden ständig neue Tatsachen geschaffen, ohne daß die wirklichen Aufgaben wahrgenommen werden. Die neuen Tatsachen verlagern häufig nur das Leiden. Gentechnik kann dazu verleiten, „Leidenssymptome" oberflächlich zu behandeln, statt die wirklichen Ursachen in den Blick zu nehmen und zu bearbeiten.

- Leiden und Krankheit gehören zum menschlichen Leben als Ausdruck seiner Gefährdung, seiner Begrenztheit, seiner Endlichkeit. Erst durch das Wissen um diese Seinsgegebenheiten gewinne jeder Augenblick in unserem Leben seine unwiederbringliche Bedeutung. Beseitigung von jeglichem Leiden bedeute dann Aufhebung des menschlichen Lebens, wie es uns gegeben ist, wie wir es kennen und wohl auch wollen. Ein „betäubter" Zustand, in dem die Menschen ihre Vergänglichkeit nicht mehr als schmerzhaft empfinden oder gar durch ein unendliches Leben die unverwechselbare Bedeutung eines jeden Lebensmomentes verlieren, ist kaum zu wünschen. Wenn auch die Ursachen von Leiden verringert werden müssen, darf doch die Leidensfähigkeit des Menschen, die in dem Wissen um seine Endlichkeit begründet ist, nicht beseitigt und die persönlichkeitsformende Kraft des Leids nicht vergessen werden. Gentechnik neige durch ihre umfassende therapeutische Zielsetzung dazu, Leiden als minderwertiges Leben abzustempeln und erhöhe damit die *soziale Diskriminierung der Leidenden und Behinderten.*

• Die von den Befürwortern propagierten therapeutischen Möglichkeiten können die Gentechnik nicht rechtfertigen. Auch hier gilt, daß der Zweck nicht die Mittel heiligt. Therapeutische Zielsetzungen könnten auch gar nicht eindeutig bestimmt werden. Therapeutische Ziele und Methoden bedürfen selbst der kritischen Prüfung. Dies gelte vor allem bei Eingriffen in die Keimbahn; solche Experimente sind ethisch nicht zu rechtfertigen, wenn es zutrifft, daß auch die frühesten Embryonalstadien menschliches Leben sind und menschliches Leben experimentell zum ausschließlichen Objekt menschlichen Verfügens gemacht wird.

In einer Informationsschrift der EVANGELISCHEN AKADEMIE BERLIN (WEST) wird konstatiert, daß in der humangenetischen Praxis noch der eugenische Kerngedanke eine zentrale Rolle spiele, wobei eine Inflationierung der sogenannten genetisch bedingten Krankheiten befürchtet wird.[982] Daher fordert die Akademie ein neues Verständnis von Krankheit und Gesundheit, wobei Gesundheit nicht mit einem „Perfektionismus" verwechselt werden darf.[983] Besonders vehement wird gegen eine neue „Bioethik" nach US-amerikanischem Vorbild und damit auch gegen eine Differenzierung der Ethik Stellung genommen:

> Die Propagandisten einer neuen, rationalen Ethik kritisieren das Prinzip der Heiligkeit oder Unverletzlichkeit des Lebens als überholt und nicht mehr zeitgemäß. Eine Moral auf der Basis christlich-jüdischer Tradition sei als allgemein gültiger Wertebezug nicht mehr geeignet. So steht, in Anbetracht der neuen Möglichkeiten von Gen- und Reproduktionstechnologie und der Intensivmedizin, die Erweiterung unserer moralischen und gesetzlichen Grenzen auf der Tagesordnung. Die Haus- und Hauptaufgabe von Bioethik besteht vor allen Dingen erst einmal darin, das technisch Machbare als ethisch vertretbar, zumindest als diskus-

---

[982] Evangelische Akademie Berlin (West) (Hg.), Für die Vielfalt des Lebens – gegen Normierungsversuche in Biologie und Medizin, 1991, S. 119-127.

[983] Ibid., S. 54-74.

sionswürdig darzustellen und moralisch zu legitimieren. Ausgehend vom US-amerikanischen Vorbild postuliert Bioethik den Anspruch, "analytisch-diskursiv" in jedem einzelnen Fall nach konkreten Lösungen zu suchen, statt vom "Glaubenssatz" einer "deduktiv-normativen" Ethik auszugehen. Auf der Grundlage von Fallbeispielen wird die Einübung des ethischen Diskurses erprobt. Im Rahmen dieses Diskurses wird Leben, in jeder Beziehung, frag-würdig, in Frage gestellt, sei es am Lebensbeginn, am Lebensende, wenn seine "Qualität" auf dem Spiel steht. Künstliche Befruchtung, Embryonenforschung, Veränderung der Erbsubstanz, Todesbestimmung, "Sterbehilfe", Therapieverzicht, für all diese Bereiche meldet die Bioethik Diskussionsbedarf an. Wie nebenbei wird Leben neu definiert.[984]

Der so kritisierte ethische Dialog erlaube, das *Solidaritätsprinzip* beiseite zu lassen. Eine Verteilung „sozialer Lasten", die sich am „Prinzip der sozialen Zuträglichkeit" und der Risikogemeinschaft ausrichtet, löse sich vom Solidaritätsprinzip und der Solidargemeinschaft ab. Risikogruppen müssen sich dann nach der Berechtigung ihres Anspruchs auf medizinische Versorgung fragen lassen; zwar noch als Opfer etikettiert, erhalten sie gleichzeitig das Stigma des Selbstverschuldens. Prävention, im Prinzip durchaus sinnvoll, werde so zum Zugpferd einer umfassend greifenden Risikoideologie. In einer Logik, die den Menschen zum Risiko erkläre, liege dann folgerichtig der Ansatz zur Risikovermeidung auch im Menschen selbst. Die Vertreter der „Neuen Moral" machen sich, so wird kritisiert, zu Sachwaltern eines – scheinbar berechenbaren – allgemeinen Glücks. Besonders attackiert man die von dem Philosophen *Peter Singer* eingenommene Position, dessen Präferenz-Utilitarismus in Deutschland erhebliches Aufsehen erregt hatte und zu einem gemeinsamen Protest von Grünen, Linken und Kirchen führte. Der Mechanismus einer zunehmenden Entwertung von Leben gleiche einer *Stufenleiter der Vernichtung*. In dem Moment, in dem man Kriterien für Leben definiere und ein Recht auf Leben davon abhängig mache, formuliere man Tötungskriterien für die, die „durchfallen". Nun muß nicht mehr die Tötung gerechtfertigt werden, sondern das Leben. Alle gentechnologischen Experimente vergehen sich daher an der Wesensbestimmung des Menschen durch Gott, wenn sie darauf abzielen, den perfekten Menschen hervorbringen zu müssen.[985] Gott bejahe jedes menschliche Leben, wir brauchen es nicht künstlich zu optimieren. Eine Biotechnologie, die den Menschen perfektionieren will, setze somit das aufs Spiel, was sie gerade erhalten will: Einzigartigkeit, Unverwechselbarkeit und Würde des Menschen.

Für *Ulrich Eibach*, evangelischer Krankenhausseelsorger und Beauftragter der Evangelischen Kirche im Rheinland für Fragen der medizinischen Ethik, stellt die Gentechnik den gegenwärtigen Höhepunkt einer mechanistischen Betrach-

---

[984] Ibid. S. 40-53.

[985] Ibid., S. 54-74.

tungsweise der Natur und des Lebens, des Herrschens des Menschen über die lebende Natur dar, wodurch eine ganzheitliche Sichtweise zunehmend aus dem Blickfeld gerate.[986] Die neuen Biotechniken werden als Ausdruck einer Wissenschaft gesehen, die im Hinblick auf das technisch Machbare und ökonomisch Nutzbare instrumentalisiert wurde, wobei von den Karriere- und Profitinteressen zur Zeit eigentlich „das größte Gefahrenpotential"[987] ausgehe. Leben generell werde hier verdinglicht, zum Stoff, zur bloßen Materie, und in diesem Wissenschaftsverständnis sind „Ehrfurcht vor dem Leben und dem Schöpfer des Lebens"[988] unbekannt. „Natur", wie sie faktisch vorgefunden wird, sei zwar nicht gleichzusetzen mit der von Gott geschaffenen und gewollten Schöpfung, und der Mensch darf und soll durchaus die zerstörenden Kräfte (Unnatur) bekämpfen, jedoch habe grundsätzlich das Verbleiben in den Grenzen der Natur Vorrang vor deren unbedachter Überschreitung.[989] Ebenso wie bei *Hans Jonas'* Heuristik der Furcht plädiert *Eibach* dafür, beim Bedenken der Folgen den schlechten Prognosen den Vorrang vor den guten zu geben. Als unerläßlich sieht er dabei eine „erhebliche Verlangsamung" des Forschungs- und Anwendungsprozesses als an.[990] Der Eingriff in das Erbgut und in Lebensprozesse mit Hilfe der Gentechnik sei zwar aus christlicher Sicht nicht mit einem grundsätzlichen „Nein" zu beantworten, jedoch forderte *Eibach* die Einweisung des „ganzen Menschen in die Grenzen seiner Geschöpflichkeit"[991]. Die Natur sei kein ordnungsloses „Warenlager der Dinge", in das der Mensch eine grundsätzlich bessere Ordnung hineinbringen könne. Grundsätzlich ist der Mensch, so *Eibach*, als Teil der Schöpfung nicht in der Lage, aus dieser herauszutreten und die Ganzheit der Natur zu durchschauen und zu überblicken; diese kann von ihm daher nie eingeholt werden, sie bleibt ein Geheimnis, das nur Gott erschlossen ist.[992]

Die Achtung vor dem Leben, die Ehrfurcht vor der Natur forderte auch *Günter Altner*, Theologe und Biologe sowie Vorstandsmitglied des „Öko-Instituts":

> Im unaufhaltsamen Voranschreiten der Gentechnik gibt es keine Ehrfurcht vor dem Leben, keinen Blick für den Gesamtzusammenhang der irdischen Lebenswelt (unter Einschluß des Menschen), kein Wertgefühl für das Ganze der

---

[986] Eibach, U., Gentechnik – der Griff nach dem Leben, Wuppertal: R. Brockhaus Verlag, 1988.

[987] Ibid., S. 217.

[988] Ibid.

[989] Ibid., S. 219.

[990] Ibid., S. 222-223; Eibach, U., Soll der Mensch Schöpfer spielen? Forstw. Cbl. 107, 1988, S. 302-313.

[991] Eibach, U., Soll der Mensch Schöpfer spielen? op.cit.

[992] Ibid.

Natur. Und gerade dieses Übermaß an Verfügung ist es, was heute viele Menschen die ethische Frage als die radikale Frage nach dem Verhältnis des Menschen zu sich selbst und zur Natur stellen läßt.[993]

Altner, der die Einrichtung einer Volksenquete, in der neben Wissenschafts- und Wirtschaftsinteressen auch Vertreter der Öffentlichkeit Sitz und Stimme haben, zumindest für erwägenswert hielt, hatte angesichts einer einseitigen Risikoforschung ein Moratorium gefordert, da Zeit für eine „ethische und gesellschaftliche Gesamtbilanz" benötigt werde.[994]

5.8 Die Printmedien

Nachdem anhand der Informationsmaterialien die „Themen" und „Aussagen" der wichtigsten Akteure vorgestellt wurden, soll nun quantitativ untersucht werden, welche dieser „Themen" den Mediendiskurs in Deutschland beherrschten. Auch den in der Presse fokussierten situativen Begründungskontexten der Akteure muß Rechnung getragen werden, da im öffentlichen Diskurs Aktualität und Erlangung von Aufmerksamkeit beim Publikum wichtige Bedingungen für den kommunikativen Erfolg sind.[995] Die hier relevanten Artikel wurden der meinungsbildenden überregionalen Tages- und Wochenpresse (Prestige-Medien) entnommen. Die Prestige-Medien, die Themen und Aspekte der Berichterstattung maßgeblich bestimmen, erreichen ein Publikum, das weit über den Rezipientenkreis hinausgeht, wodurch sie die Reichweite ihrer Berichterstattung und Definitionsmacht enorm vergrößern. Gleichzeitig überspringen sie

[993] SZ vom 20.03.1986.

[994] Altner, G., Der Mensch als Geschöpf. Theologische und ethische Bewertungen zur Entwicklung der Gentechnologie. In: Altner, G., Benda, E. & Fülgraff, G. (Hg.), Menschenzüchtung. Ethische Diskussion über die Gentechnik, Stuttgart: Kreuz Verlag, 1985, S. 55-72; Altner, G., Mensch und Natur in der Verfügungsgewalt der Gentechnologie. In: Gradner, H.M. (Hg.), Eingriffe in das Leben, Innsbruck: Solaris Verlag, 1986, S. 2-8; Altner, G., Die Nutzungsziele der Gentechnologie unter der Perspektive von Umwelt- und Sozialverträglichkeit. In: Braun, V., Mieth, D. & Steigleder, K. (Hg.), Ethische und rechtliche Fragen der Gentechnologie und der Reproduktionsmedizin, München: J. Schweitzer Verlag, 1987, S. 213-223; Altner, G., Die Scheu vor dem Heiligen. In: Steger, U. (Hg.), Herstellung der Natur, op.cit., S. 107-120.

[995] Luhmann, N., Veränderungen im System gesellschaftlicher Kommunikation und die Massenmedien, In: Soziologische Aufklärung Bd.3, Opladen: Westdeutscher Verlag, 1981, S. 309-320.

den Selektionsmechanismus der Rezipienten, da die Leitthemen von der Regionalpresse und anderen Medien aufgegriffen werden:

> Auch derjenige, der nie den „Spiegel" liest, erfährt am Sonntag aus Hörfunk oder Fernsehen, spätestens jedoch am Dienstag aus der Regionalpresse das journalistische Leitthema der Woche. Wer die Berichterstattung der überregionalen Tages- und Wochenzeitungen nicht verfolgt, kann die wichtigsten Themen in den Fernsehmagazinen finden.[996]

Im Unterschied zu anderen Analysen von Printmedien zum Thema „Gentechnologie", die mehr die Art der Berichterstattung fokussieren,[997] wird sich hier auf folgende Fragestellung konzentriert: welche anhand der Informationsmaterialien ermittelten Themen tauchen im Mediendiskurs auf und spielen hier eine dominante Rolle in der Auseinandersetzung um die gesellschaftliche Deutung des Streitobjekts „Gentechnik"? Die Einbeziehung von Massenmedien rechtfertigt sich dadurch, daß diese eine bedeutende Rolle dabei spielen, wie die wichtigsten Aspekte der gesellschaftlichen Realität von der Öffentlichkeit definiert und wahrgenommen werden.[998] Dabei kommt ihnen eine besondere Bedeutung insofern zu, als neben der Vermittlung der Chancen technischer Entwicklungen gerade auch die Vermittlung der „neuen" Risiken, die für den einzelnen Bürger weitgehend „unsinnlich" sind, vornehmlich eine massenmediale Vermittlung ist.[999] Als meinungsbildende Tageszeitungen werden vom Handbuch der Weltpresse[1000] und von einschlägigen Untersuchungen[1001] genannt: Die Welt, die Frankfurter Allgemeine Zeitung (FAZ), die Süddeutsche Zeitung (SZ), und die Frankfurter Rundschau (FR). Hinsichtlich der wachsenden politischen Bedeu-

---

[996] Kepplinger, H.M., Systemtheoretische Aspekte politischer Kommunikation. Publizistik 30, 1985, S. 247-264, 249.

[997] Kepplinger, H.M., Ehmig, S.Ch. & Alheim, Ch., Gentechnik im Widerstreit. Zum Verhältnis von Wissenschaft und Journalismus, Frankfurt/New York: Campus, 1991; Ruhrmann, G., Stöckle, Th., Krämer, F. & Peter, Ch., Das Bild der „Biotechnischen Sicherheit" und der „Genomanalyse" in der deutschen Tagespresse (1988-19990), TAB 1990.

[998] Vgl. Lerner, R. & Rothman, S., The Media, the Polity and Public Opinion. Political Behavior Annual 2, 1989, S. 39-74.

[999] Stallings, R.A., Media Discourse and the Social Construction of Risk. Social Problems 37,1, 1990, S. 80-95; Peters, H. P., Risikokommunikation in den Medien. In: Merten, K., Schmidt, S.J. & Weischenberg, S. (Hg.), Die Wirklichkeit der Medien, Opladen: Westdeutscher Verlag, 1994, S. 329-351.

[1000] Handbuch der Weltpresse, Bd.1: Die Pressesysteme der Welt, Opladen, 1970.

[1001] Schönbach, K., Trennung von Nachricht und Meinung. Empirische Untersuchungen eines journalistischen Qualitätskriteriums, Freiburg: Alber, 1977; Merten, K., Die Struktur der Berichterstattung in der deutschen Tagespresse, München, 1982; Bundeszentrale für politische Bildung (Hg.), Informationen zur politischen Bildung 208/209, Massenmedien, Bonn, 1990.

tung sozialer Protestbewegungen und der Herstellung einer „Gegenöffentlichkeit" ist es außerdem notwendig, die Tageszeitung (taz) in die Analyse einzubeziehen. Darüber hinaus wurden noch „Die Zeit" und „Der Spiegel" als relevante Wochenzeitung bzw. -zeitschrift hinzugenommen, die ebenfalls als meinungsbildend gelten und im Unterschied zur Tagespresse mehr Kontextinformationen für den Leser bieten. Als Untersuchungszeitraum für die Zeitungsartikel wurde die Spanne von 1974 (dem Jahr, in dem sich Wissenschaftler in den USA hinsichtlich der Risiken der Gentechnik an die Öffentlichkeit wandten) bzw. 1980 bis 1990 festgelegt (Gentechnikgesetz in Deutschland). Sämtliche Medienartikel – bis auf die taz-Artikel – wurden über den Zeitungsindex nach den Stichworten: Gen*, Erb*, Biotechnologie, Molekularbiologie, DNA bzw. DNS, Chromosom, Vererbung, Humangenetik, Reproduktionsmedizin, Retortenbaby, künstliche Befruchtung und Eugenik herausgesucht. Die taz-Artikel wurden zum Teil durch Eigenrecherche in den täglichen Ausgaben von 1978 bis 1982 „manuell" herausgesucht, da der taz-Index erst ab 1982 beginnt; für den Zeitraum ab 1982 wurde dann dieser Index zu Hilfe genommen. Insgesamt ergaben sich nach Maßgabe der Stichworte als Grundgesamtheit 971 Zeitungsartikel (1974-1990); davon entfielen auf die FAZ 144 Artikel, auf die FR 102, auf die SZ 105, auf den Spiegel 41, auf die taz 377, auf die Welt 99 und auf die Zeit 103 Artikel.

In der Regel läßt sich zwar erwarten, daß die Presse die Informationen ihrer außerredaktionellen Bezugsinstanzen unverzerrt weitergibt, dennoch muß das Mediensystem als ein Filter betrachtet werden[1002], und gerade bei wissenschaftlichen Themen können zwischen Expertenurteil und der Berichterstattung zum Teil erhebliche Diskrepanzen auftreten.[1003] Hier können einerseits in der Berichterstattung andere Akzentuierungen gesetzt werden als das berichtete Ereignis vorgibt, andererseits besteht aber auch die Möglichkeit, „Wirklichkeit" zu konstruieren und zu inszenieren.[1004] Es läßt sich demnach selten genau trennen, inwieweit Argumentationen und Handlungen der verschiedenen Akteure getreu

---

[1002] Zur Selektion von Nachrichten auf unterschiedlichen Stufen und der Konstruktion von Realität in den Nachrichtenmedien vgl. Lange, K., Abbildung oder Konstruktion der Wirklichkeit? Politik in Nachrichtenmedien, Stuttgart: Klett, 1980, insbesondere S. 61-72. Einen knappen Überblick über Theorien zum Verhältnis von Realität und Berichterstattung bietet Kepplinger, H.M., Theorien der Nachrichtenauswahl als Theorien der Realität. Aus Politik und Zeitgeschichte B15, 1989, S. 3-16; vgl. ebenfalls Donsbach, W., Inhalte, Nutzung und Wirkung politischer Kommunikation. Österreichische Zeitschrift für Politikwissenschaft 22,4, 1993, S. 389-407; Jarren, O., Medien und Macht. Politische Bildung 21, 1988, S. 4-18.

[1003] Vgl. Rothmann, S., Expertenurteil und Medienberichterstattung. In: Willke, J. (Hg.), Öffentliche Meinung. Theorie, Methoden, Befunde, op.cit., S. 143-155.

[1004] Schneider, W. (Hg.), Unsere tägliche Desinformation. Wie die Massenmedien uns in die Irre führen, Hamburg: Gruner & Jahr, 1984; Schulz, W., Das Weltbild der Nachrichtenmedien. Politische Bildung 13, 1980, S. 33-45.

berichtet werden und inwieweit der Journalist Akzentverschiebungen oder Konstruktionen vornimmt.[1005] Nimmt man jedoch das durch die Publikationen im Bewußtsein des Publikums entstehende Bild zum Ausgangspunkt, dann verliert eine solche Trennung ihre Bedeutung: für die Öffentlichkeit geschehen die Ereignisse in der von der Presse berichteten Weise, sofern keiner der Beteiligten dementiert.

Für die Analyse der Massenmedien, deren Funktion ja neben dem Informations- und Meinungsbildungsauftrag auch in dem Kritik- und Kontrollaspekt gesehen wird, sind gerade im Hinblick auf die Prozesse des „agenda-setting"[1006] die Printmedien im Vergleich zu anderen Massenmedien (z.B. Fernsehen) besonders gut geeignet. Während das Fernsehen nur sehr kurzfristige, spotlighting Effekte auf die Themenstruktur[1007] des Publikums hat, wirken die Tageszeitungen kumulativ, mit beträchtlicher zeitlicher Verzögerung, dafür aber um so gründlicher. Die Tageszeitungen setzen agenda-setting in Gang, das Fernsehen fügt nur einen zusätzlichen Impuls hinzu und dies erst dann, wenn ein Thema wichtig genug ist, um auf der Titelseite einer Zeitung zu erscheinen.[1008] Man kann daher sagen: Die Tageszeitungen propagieren ein Thema erfolgreich, das Fernsehen macht lediglich auf gerade stattfindende Ereignisse aufmerksam.[1009] Entsprechend dem agenda-setting-Ansatz liegt die „Macht" der Medien weniger darin,

---

[1005] Zu den Schwierigkeiten, aus den Äußerungen von Akteuren Nachrichten zu machen vgl. auch Gillessen, G., Die Tatsachen und die Meinungen. Zur Sprache der Nachrichten. In: Baier, H., Kepplinger, H.M. & Reumann, K. (Hg.), Öffentliche Meinung und sozialer Wandel, Opladen: Westdeutscher Verlag, 1981, S. 291-301.

[1006] Im Unterschied zu den herkömmlichen Versuchen, den Einfluß der Massenmedien auf die persönliche Einstellung der Rezipienten zu analysieren und der diesbezüglich häufig enttäuschend wirkungslosen Beziehung, lautet die These der „agenda-setting"-Ansätze, daß die Massenmedien die Themen bestimmen, über die wir nachdenken. Die verschiedenen Ansätze zum „agenda-setting" sind mittlerweile zu den fruchtbarsten Ansätzen der Massenkommunikationsforschung geworden. Einen Überblick über die verschiedenen Forschungsansätze bietet McCombs, M.E., The Agenda-Setting Approach. In: Nimmo, D.D. & Sanders, K.R. (Hg.), Handbook of Political Communication, Beverly Hills, London: Sage, 1981, S. 121-140.

[1007] McCombs, M.E. & Shaw, D.L., The Agenda-Setting Function of Mass Media. Public Opinion Quarterly 36, 1972, S. 176-187; McCombs, M.E., Newspapers versus Television. In: Shaw, D.L. & McCombs, M.E. (Hg.), The Emergence of American Political Issues: The Agenda-Setting Function of the Press, St. Paul: West Publishing Co., 1977, S. 89-106.

[1008] McCombs, M.E., Newspapers versus Television, op.cit.

[1009] Patterson, T.E., The Mass Election. How Americans Choose Their President, New York: Praeger, 1980. Dieser Sachverhalt gilt ebenfalls für deutsche Verhältnisse, siehe dazu: Schönbach, K., „The Issues of the Seventies". Computerunterstützte Inhaltsanalyse und die langfristige Beobachtung von Agenda-Setting-Wirkungen der Massenmedien. In: Klingemann, H.-D. (Hg.), Computerunterstützte Inhaltsanalyse in der empirischen Sozialforschung, Frankfurt, New York: Campus, 1984, S. 131-151.

die öffentliche Meinung in eine bestimmte Richtung zu determinieren und eine konsensuelle Realitätskonstruktion zu erzeugen, als vielmehr darin, dem Rezipienten „Themen" über ein Streitobjekt anzubieten: „Die Themen, nicht die Meinungen sind entscheidend."[1010] Sie stellen damit ein Hintergrundwissen für soziale Akteure bereit, von dem man dann in der gesellschaftlichen Kommunikation ausgehen kann. Dies legt nahe, den Transport bzw. die Vermittlung der verschiedenen „Themen" stärker zu fokussieren. Für die Analyse der Themen in den Printmedien wurde der Untersuchungszeitraum auf die Zeitspanne von 1980 bis 1990 (877 Artikel) reduziert. Dieser Zeitraum ist immer noch sehr großzügig bemessen, da – abgesehen von einer verstärkten Medienberichterstattung im Jahr 1978 (Geburt des ersten Retortenbabys der Welt in Großbritannien; Erlaß der Gen-Richtlinien in Deutschland) – die Anzahl der Artikel in den beiden folgenden Jahren zurückgeht und erst ab 1981 wieder langsam zunimmt (Diagramm 4). Wie aus Diagramm 4 zu ersehen ist, kommt der Mediendiskurs 1984 langsam (Einsetzung der Benda-Kommission) und erst ab 1985 richtig in Schwung, politisch begleitet von der Tätigkeit der Enquete-Kommission und zehn Jahre nach der berühmten zweiten Konferenz im kalifornischen Asilomar.

Zunächst läßt sich feststellen, daß die in den vorangegangenen Kapiteln vorgestellten Themen der Informationsbroschüren alle in den Printmedien repräsentiert sind. Für die Analyse mußte die Liste sogar noch um einige wenige Themen erweitert werden, da in einigen Fällen nicht erkennbar war, welchem „Rahmen" sich das vorliegende Thema eindeutig zuordnen ließ. Hierbei handelt es sich in der Regel um solche Themen, die im Prinzip von jedem beliebigen Akteur gemacht werden könnten, ohne daß dabei notwendigerweise eine Zugehörigkeit zu einem bestimmten institutionellen Handlungsbereich vorliegen muß. Dies betrifft beispielsweise solche Artikel, in denen in einem sehr allgemeinen Sinne ein möglicher Mißbrauch der Gentechnik zum Thema gemacht wird. Gegen einen so verstandenen und vage gehaltenen Mißbrauch können sich unter Umständen völlig unterschiedliche Akteure wenden, ohne daß in dem Medienartikel sichtbar wird, aus welchem Rahmen heraus die Erörterung stattfindet. In einem solchen – allerdings relativ selten auftretenden – Fall wurde dann ein entsprechendes Thema hinzugenommen. Wurde dagegen ein möglicher Mißbrauch spezifiziert, also etwa dahingehend gesehen, daß beispielsweise genetische Reihenuntersuchungen an Arbeitnehmern zum Zwecke der Selektion vorgenommen werden könnten, wurde dieser so definierte Mißbrauch dann dem Thema „soziale Diskriminierung" zugeordnet. Nachfolgend werden die Themen im einzelnen nochmals vorgestellt, wobei bei Mehrfachkennzeichnung die kursiv gedruckten Begriffe als „Etikett" fungieren:

[1010] Luhmann, N., Die Realität der Massenmedien, Opladen: Westdeutscher Verlag, 1996, S. 126.

- *Erkenntnisfortschritt*/ wissenschaftlicher Wettbewerb
- ökonomischer *Wettbewerb*/ Kommerzialisierung/ Standort Deutschland
- politische Regulierung (GenTG und sonstige Regulierungen, die sich auf Forschung und industrielle Produktion beziehen)
- *Selbstregulierung* (der Forschung)/ Freiheit der Forschung
- Humangenetische Regulierung
- Patentierung (Patentregelungen)
- Sozial- und Umweltverträglichkeit (unspezifiziert)
- *demokratische Teilhabe*/ Öffentlichkeit/ Information
- soziale Diskriminierung
- Eugenik
- Machtkonzentration (des industriell-politischen Komplexes)
- Ökonomisierung (der Arbeits- und Lebensverhältnisse)
- Technisierung (der Arbeits- und Lebensverhältnisse)
- Instrumentalisierung des Lebendigen/der Natur
- Verantwortungsethik (Würde des Menschen, Achtung vor dem Leben, Verfassungsprinzipien, Ethik der Biotechnologie)
- praktische Problemlösung (Krankheit, Ernährung, Umwelt etc.)
- Sicherheit (biologische und technische Sicherheitsmaßnahmen)
- Gefahr für Mensch und Umwelt (durch gentechnische Arbeiten)
- Ökologische Gefährdungen (durch den Einsatz der Gentechnik, z.B. in der Landwirtschaft)
- Mißbrauch (allgemein)
- Datenschutz (allgemein)
- Militär (keine militärische Nutzung der Gentechnik)
- Stopp Gentechnik
- TA (mehr Technikfolgenforschung)

Bevor nun die Themen im Mediendiskurs in ihrer Häufigkeitsverteilung vorgestellt werden, sollen zuerst noch die in den Medien thematisierten Bereiche der Gentechnik erwähnt werden. Dabei liegt die ursprüngliche Grundgesamtheit von 971 Artikeln zugrunde, wobei im jeweiligen Artikel auch Mehrfachnennungen vorkommen können. Der Bereich der wissenschaftlichen Genforschung (im umfassenden Sinne) ist der meistangesprochene Bereich, gefolgt von der Reproduktionsmedizin, der Humangenetik und dem gesondert erfaßten Bereich „Embryo" (vgl. Diagramm 9). Faßt man die letzten drei Bereiche zusammen, so weist dies darauf hin, daß die wissenschaftlich/industrielle Genforschung und die Gentechnik im Bereich der Humanmedizin einen fast gleichrangigen quantitativen Stellenwert im Mediendiskurs haben bzw. die beiden Diskurse in etwa gleichgewichtig sind. Dieses Verhältnis verschiebt sich nur dann ganz klar zugunsten des Forschungsaspekts, wenn man den Bereich der „Freisetzung" ebenfalls der Kategorie „Forschung" zuschlägt. Natürlich dienen Freisetzungsexperimente dem Erkenntnisgewinn in der wissenschaftlichen Forschung, es macht jedoch Sinn, den Bereich der Freisetzung als Themenschwerpunkt gesondert aufzuführen, da gerade dieser ein gesonderter Fokus der Kontroversen bildet. Weitere herausragende Bereiche sind die industrielle Produktion (Pharmaka, Impfstoffe, Lebensmittel, Nahrung), die Landwirtschaft, die Freisetzung genetisch veränderter Organismen sowie das Gentechnikgesetz.

Wie sieht nun die zeitliche Verteilung dieser Bereiche aus? Weiter oben wurde bereits darauf hingeiwesen, daß die meisten Artikel in den Jahren 1988 und 1989 zu finden sind. Entsprechend steigt auch die Gesamtzahl der Nennungen der Anwendungsbereiche (vgl. Diagramm 8). Deutlich wird, *daß in der „heißen Phase" der Auseinandersetzung um die Gentechnik (1988 und 1989) die Bereiche „Forschung" und „industrielle Produktion" eine erhöhte Medienaufmerksamkeit erfahren.* Den verstärkten Aktivitäten von Industrie und Wissenschaft gerade in dieser Phase korrespondiert also eine vorrangige Beachtung der entsprechenden Anwendungsbereiche in den Printmedien. Der Bereich der *Humanmedizin* im allgemeinen Sinne hat seine Höhepunkte in den Jahren 1986 und 1987. Nimmt man hier noch die Themenbereiche „Embryo" und „Reproduktionsmedizin" hinzu, so daß von einem Bereich der Humanmedizin in einem umfassenden Sinne gesprochen werden kann, dann dominiert dieser Themenbereich eindeutig in den Jahren 1985-1987. Hier wird deutlich, *daß die Tätigkeit der Enquete-Kommission begleitet war von einer Dominanz des humangenetischen Bereichs (in einem umfassenden Sinne) im Mediendiskurs.* Da aber im humangenetischen Bereich relativ schnell ein gesellschaftlicher Konsens gefunden wurde, verlagerte sich die öffentliche Aufmerksamkeit in der nachfolgenden Zeit mehr auf die wissenschaftliche und industrielle Dimension der Gentechnik, die besonders auf dem Höhepunkt der Debatte im Zentrum der medialen Berichterstattung standen.

Wie gestaltet sich nun die Medienagenda, d.h. hier: welche Verteilung finden wir bei den jeweiligen Themen? Bereits in Kapitel 5 wurde im Zusammenhang mit dem „technokorporatistischen Arrangement" in Deutschland darauf hingewiesen, daß bei einer solchen Strukturlage im Vergleich zu den organisierten Großverbänden aus Wissenschaft, Industrie und Politik die Protestakteure kaum Zugangschancen und Möglichkeiten haben, relevante gesellschaftliche Ressourcen zu mobilisieren und auch trotz der Grünen ihren Einfluß ins politische System wesentlich schwerer transportieren und in politische Macht transformieren können. Ebenso wurde vermerkt, daß in den verschiedenen Handlungsbereichen (Wirtschaft (Ökobank), Politik (die Grünen), gesellschaftliche Assoziationen (Dachverbände) und Wissenschaft (z.B. Öko-Institute)) alternative Institutionen aufgebaut wurden. Diese „Dichotomisierung" zwischen etablierten und alternativen institutionellen Komplexen manifestiert sich weiterhin darin, daß sich mittlerweile neben einer „Öffentlichkeit" eine „Gegenöffentlichkeit" etabliert hat.[1011] Konkret für den hier relevanten Sachverhalt bedeutet dies, daß sich besonders die Themen der Kritiker in einem signifikanten Ausmaß in der taz finden lassen müßten. Zwar wird beispielsweise das Thema „politische Regulierung" am Höhepunkt der Debatte sowohl von Proponenten als auch von den Opponenten der Gentechnik unterstützt, jedoch gibt es bei den Kritikern typische Themen, die bei den anderen Akteuren nur eine geringe oder keine Resonanz haben. Betrachtet man nun solche Themen wie „demokratische Teilhabe", „Diskriminierung", „Eugenik", „Machtkonzentration des industriell-politischen Komplexes", „Ökonomisierung der Gesellschaft", „Technisierung der Gesellschaft", „Instrumentalisierung des Lebendigen/der Natur", „Gefahr für Mensch und Umwelt", „ökologische Probleme", „Militär" und natürlich „Stopp Gentechnik", so liegt hier die taz mit der Anzahl der Artikel weit über der Anzahl der Artikel in den anderen Medien (vgl. Diagramme 10-20). Das Thema „Technisierung" (der Arbeits- und Lebensverhältnisse) ist gewissermaßen auch das „Gegen-Thema" sozialer Bewegungsakteure zum Thema „praktische Problemlösung" der Proponenten. Während von den „technokorporatistischen Akteuren" immer wieder die Fähigkeit der Gentechnik zur Lösung unserer praktischen Probleme hervorgehoben wird, kritisieren die Protestakteure aus einer ganzheitlichen Sicht die Eindimensionalität ihrer Kontrahenten und verwerfen solche auf die Technik reduzierten Problemlösungsstrategien (vgl. Kapitel 5.6). Zwar wird nicht unbedingt abgestritten, daß mit Hilfe der Gentechnik oder der Reproduktionsmedizin bestimmte Probleme „gelöst" werden können, eine „wirkliche" Problembehandlung jedoch weitaus umfassendere Maßnahmen erfordere als nur durch den Einsatz einer Technologie, etwa eine Veränderung politischer und sozialer Verhältnisse. Obwohl insgesamt das Thema „Technisierung" quantitativ nicht mit dem Thema „praktische Problemlösung" mithalten kann, ist dieses doch mit 94% fast ausschließlich bei der taz zu finden (Diagramm 15). Im engen Zusammenhang mit der ganzheitlichen Perspektive ist auch das Thema „Instrumentalisierung des Lebendigen/der Natur" mit 60% bei der taz vertreten (Diagramm 16), ebenso die Fokussierung des Problems der Patentierung, bei dem die taz 58% aller Artikel beisteuert (Diagramm 26). Auch der Zusammenhang zwischen ökonomischem Wettbewerb und Gentechnik wird von der taz kritisch fokussiert (Diagramm 22). Damit findet die hier auf soziale Protestakteure bezogene Perspektive der Kolonialisierung der gesellschaftlichen Lebenswelt insbesondere durch die Imperative des wissenschaftlich-technischen und des ökonomischen Systems ihre Bestätigung durch die thematische Fokussierung in den

---

[1011]Rucht, D., Gegenöffentlichkeit und Gegenexperten. Zur Institutionalisierung des Widerspruchs in Politik und Recht. Zeitschrift für Rechtssoziologie 9, 1988, S. 290-305.

relevanten Printmedienartikeln. *Insgesamt kann man also sagen, daß sich die von den kritischen Stimmen artikulierten Themen vornehmlich auf die taz konzentrieren bzw. besonders die von der Kritik getragenen Themen von dieser Zeitung transportiert werden.* Die sozialstrukturelle und institutionelle Polarisierung der Akteure, die bis auf die Ebene der kulturellen Vorstellungen oder „Ideologien" hineinreicht, wird auch in den herangezogenen Printmedien recht gut repräsentiert. Aber auch bei solchen Themen wie der politischen Regulierung der Risiken der industriellen Gentechnik und der Humangenetik liefert die taz die meisten Artikel: bei dieser Zeitung finden sich sowohl beim Thema „politische Regulierung" als auch beim Thema „Humanregulierung" 56% aller Artikel (Diagramme 23 und 25). Unterstrichen wird diese Gesamttendenz noch durch die Interviews: In der taz finden sich nicht nur die meisten Interviews zum Thema Gentechnik und Humangenetik, sondern hier werden vornehmlich Personen mit einer kritischen Einstellung zur Gentechnik befragt oder solche, die zwar wichtige offizielle Ämter bekleiden, sich aber zu bestimmten einzelnen Sachverhalten kritisch bzw. bemängelnd äußern. Bei den übrigen Themen ist das Verhältnis, was den medialen Transport betrifft, ausgewogener (Diagramme 21, 24, 27-32).

Betrachtet man nun die Anzahl der Artikel, die ein Thema jeweils auf sich konzentriert (Mehrfachnennungen im Artikel), so stellt das Thema „Erkenntnisfortschritt" das quantitativ stärkste Thema im Mediendiskurs dar (siehe Diagramm 33). Dahinter folgen die Themen „praktische Problemlösung" und „politische Regulierung". Die Forderung nach einer politischen Regulierung wurde zwar besonders von kritisch eingestellten Akteuren schon relativ früh erhoben, dieses Thema erreicht jedoch etwa während der Arbeit der Enquete-Kommission größere Medienbeachtung und hat seine Spitzenwerte in den Jahren 1988 bis 1990, also als die Industrie vehement dieses Thema, allerdings mit anderen Handlungsintentionen, unterstützte. Auf die zeitliche Verteilung der Themen wird weiter unten noch näher eingegangen. *Somit dominieren quantitativ ganz klar die Themen (Erkenntnisfortschritt, praktische Problemlösung), die besonders von Industrie und Wissenschaft getragen und auch von den politischen Akteuren der traditionellen Parteien unterstützt werden, den Mediendiskurs.* Insgesamt ergibt sich in den Printmedien für den Zeitraum von 1980-1990 anhand der Anzahl der Artikel folgende Plazierung der Themen (Anzahl der Artikel jeweils in Klammern) (Diagramm 33):

- Erkenntnisfortschritt (217)
- praktische Problemlösung (196)
- politische Regulierung (151)
- Gefahr für Mensch und Umwelt (96)
- Wettbewerb (86)
- Eugenik (68)

- Verantwortungsethik (65)
- Humanregulierung (61)
- Instrumentalisierung des Lebendigen (48)
- Machtkonzentration des industriell-politischen Komplexes (41)
- Sicherheit (38)
- soziale Diskriminierung (34)
- Technisierung der Lebensverhältnisse (33)
- demokratische Teilhabe/ Selbstregulierung (jeweils 31)
- Ökonomisierung der Lebensverhältnisse/ Ökologische Probleme (jeweils 30)
- Militär (26)
- Patentierung/ Stopp Gentechnik (jeweils 19)
- Mißbrauch (13)
- Datenschutz (11)
- TA (7)
- Sozial-/Umweltverträglichkeit (unspezifiziert) (3)

Wie präsentieren sich nun quantitativ die Themen im zeitlichen Verlauf (1980 bis 1990)? Auffallend ist, daß sich die beiden ermittelten stärksten Themen, „Erkenntnisfortschritt" und „praktische Problemlösung", jeweils bis auf zwei Ausnahmen in der Führung abwechseln (Diagramm 34). Die Rangfolge für 1980 sieht folgendermaßen aus (Anzahl der Artikel jeweils in Klammern):
- praktische Problemlösung (9)
- Erkenntnisfortschritt (5)
- Wettbewerb/ Verantwortungsethik/ Eugenik (3)
- politische Regulierung/ Stopp Gentechnik (2)

Diese zunächst nur sieben Themen verändern im weiteren Verlauf der Debatte nicht nur ihre Position in der Rangfolge, sondern werden auch durch weitere Themen ergänzt. Im Jahr 1981 nimmt allerdings das Thema „Wettbewerb", ausgelöst durch den „Hoechst-Schock", den ersten Platz ein. Insgesamt ergibt sich hier folgende veränderte Rangfolge:
- Wettbewerb (10)
- Erkenntnisfortschritt (9)
- ökologische Probleme/ praktische Problemlösung (5)
- Machtkonzentration (4)
- Ökonomisierung (3)
- Gefahr für Mensch & Umwelt/ Verantwortungsethik (2)
- Technisierung/ Instrumentalisierung/ politische Regulierung/ Selbstregulierung/ Sicherheit (1)

In den Jahren 1982 bis 1984 dominiert unangefochten das Thema „Erkenntnisfortschritt", wobei 1984 das Problemlösungs-Thema gleichauf mit dem Wettbewerbs-Thema, dem Thema „Eugenik" und dem Thema „Technisierung" liegt. Auffallend ist, daß sich die beiden zentralen Themen von Wissenschaft und Industrie schon früh in das Zentrum des Mediendiskurses stellen können. Als Rangfolge für das Jahr 1982 ergibt sich:

- Erkenntnisfortschritt (18)
- praktische Problemlösung (10)
- Wettbewerb (7)
- Diskriminierung/ Eugenik (3)
- Instrumentalisierung/ ökologische Probleme (2)
- Ökonomisierung/ Technisierung/ politische Regulierung/ Verantwortungsethik (1)

Ein Jahr später (1983) ergibt sich wiederum eine neue Rangfolge. Ab diesem Zeitpunkt finden auch mehr Themen der Kritiker Eingang in den Mediendiskurs.

- Erkenntnisfortschritt (22)
- praktische Problemlösung (13)
- Eugenik/ Wettbewerb (4)
- Technisierung/ Verantwortungsethik (3)
- demokratische Teilhabe/ Gefahr für Mensch & Umwelt/ ökologische Probleme/ Mißbrauch/ Selbstregulierung (2)
- Diskriminierung/ Machtkonzentration/ Instrumentalisierung/ politische Regulierung/ Humanregulierung/ Sicherheit (1)

Die Rangfolge für 1984 läßt wiederum einige Verschiebungen erkennen, wobei auch einige der Themen der Kritiker obere Positionen einnehmen können.

- Erkenntnisfortschritt (14)
- Eugenik/ Technisierung -> Spitzenwert/ Wettbewerb/ praktische Problemlösung (7)
- Gefahr für Mensch & Umwelt/ politische Regulierung/ Verantwortungsethik (6)
- Selbstregulierung/ Humanregulierung (4)
- Instrumentalisierung/ Sicherheit (3)
- demokratische Teilhabe/ Diskriminierung/ Machtkonzentration/ Ökonomisierung/ Militär/ Sozial- & Umweltverträglichkeit (2)
- ökologische Probleme/ Stopp Gentechnik/ Datenschutz/ TA (1)

Von 1985 bis 1987 kehren sich dann die Verhältnisse bei den „Spitzen-Themen" um: in diesem Zeitraum, in dem die Enquete-Kommission ihre Empfehlungen erarbeitet und publiziert, führt dann erstmals seit 1980 wieder deutlich das Thema „praktische Problemlösung". Im Jahr 1985 (Bericht der Benda-Kommission; „Richtlinien für In-Vitro-Fertilisation und Embryotransfer" der Bundesärztekammer) folgt hinter dem Thema „praktische Problemlösung" das Thema „Humanregulierung", das in diesem Jahr für sich die höchste Anzahl der Artikel er-

reicht und sich noch vor dem Thema „Erkenntnisfortschritt" plaziert. Für 1985 ergibt sich folgende Rangfolge:
- praktische Problemlösung (22)
- Humanregulierung (17) -> Spitzenwert
- Erkenntnisfortschritt (15)
- Selbstregulierung (12) -> Spitzenwert
- Verantwortungsethik (11)
- Wettbewerb (9)
- Diskriminierung (7)
- ökologische Probleme (5)
- Eugenik/ Gefahr für Mensch & Umwelt (4)
- Machtkonzentration/ Technisierung/ Instrumentalisierung (3)
- Ökonomisierung/ Militär/ politische Regulierung/ Sicherheit (2)
- demokratische Teilhabe/ Stopp Gentechnik/ Datenschutz/ Sozial- & Umweltverträglichkeit (1)

Im Jahr 1986 folgen hinter dem Problemlösungs-Thema gleichauf die Themen „Erkenntnisfortschritt" und „politische Regulierung". In diesem Jahr beschloß der Deutsche Juristentag zum Thema „Freiheit der Forschung und Embryonenschutz", daß Embryonen nicht zu Forschungszwecken erzeugt werden dürfen und eine Kryokonservierung von Eizellen einer Konservierung von Embryonen vorzuziehen sei. Dadurch ist auch das Thema „Humanregulierung" mehr in den Mittelpunkt des Mediendiskurses gerückt. Hier ergibt sich nun folgende Rangordnung:
- praktische Problemlösung (24)
- Erkenntnisfortschritt/ politische Regulierung (15)
- Gefahr für Mensch & Umwelt/ Humanregulierung (13)
- Instrumentalisierung(11)
- Verantwortungsethik (9)
- Eugenik/ Machtkonzentration/ ökologische Probleme -> Spitzenwert/ Wettbewerb (7)
- Ökonomisierung/ Stopp Gentechnik (6) -> Spitzenwert
- Technisierung/ Sicherheit/ Mißbrauch (5)
- Diskriminierung/ Militär (4)
- demokratische Teilhabe/ Selbstregulierung/ Patentierung (2)
- TA (1)

Im folgenden Jahr (1987), in dem die Enquete-Kommission ihren Bericht vorlegt und für eine gesetzliche Regulierung plädiert, konsolidiert sich das „Dreiergespann" aus Erkenntnisfortschritt, Problemlösung und politischer Regulierung weiter. Ein weiteres Ereignis findet Anfang dieses Jahres statt, das in die Annalen der Forschungsgeschichte eingehen wird: am 17.2.1987 kam in Deutschland ein Mädchen zur Welt, das in der Erlanger Universitätsklinik gezeugt wurde aus einer vier Monate lang bei minus 196 Grad Celsius gelagerten menschlichen Eizelle, die dann aufgetaut künstlich außerhalb des Mutterleibs befruchtet wurde. Dies ist nach Australien, dem Mekka der In-Vitro-Fertilisation, weltweit das zweite Baby, das aus einer tiefgefrorenen Eizelle entstand. Nachdem nun bereits 1985 die Bundesärztekammer „Richtlinien für In-Vitro-Fertilisation und Embryotransfer" erlassen hatte und der Deutsche Juristentag 1986 diese Bestimmungen noch schärfer faßte, geht 1987 im Mediendiskurs das Thema „Humanregulierung" weiter zurück, jedoch zieht das Thema „Verantwortungsethik" an und erreicht nun seinen Höhepunkt, wird allerdings noch überrundet durch das Thema „Gefahr für Mensch/Umwelt", einem zentralen Thema der Kritiker. Die Rangfolge für 1987:

- praktische Problemlösung (30) -> Spitzenwert
- Erkenntnisfortschritt (23)
- politische Regulierung (21)
- Gefahr für Mensch & Umwelt (18)
- Verantwortungsethik (15) -> Spitzenwert
- Militär (13) -> Spitzenwert
- Eugenik/ Instrumentalisierung/ Selbstregulierung (8)
- Diskriminierung/ Ökonomisierung -> Spitzenwert wie 1988/ Humanregulierung (7)
- Wettbewerb (6)
- demokratische Teilhabe/ Machtkonzentration/ Stopp Gentechnik/ Sicherheit (5)
- Datenschutz (4)
- ökologische Probleme/ Patentierung (3)
- Mißbrauch/ TA (2)
- Technisierung (1)

Im Jahr 1988, in dem auch die Industrie verstärkt auf eine gesetzliche Regulierung der Gentechnik hindrängte, spitzt sich die Situation zu. Proponenten und Opponenten scheinen alles in die Waagschale zu werfen, um die weiteren Ereignisse in ihrem Sinne zu beeinflussen. Die wichtigen Themen von Befürwortern und auch einige Themen der Kritiker erreichen auf dem Höhepunkt der Auseinandersetzung Spitzenwerte. Für das Jahr 1988 ergibt sich folgende Rangfolge:

- Erkenntnisfortschritt (35) -> Spitzenwert
- praktische Problemlösung (27)
- politische Regulierung (25)
- Gefahr für Mensch & Umwelt (22) -> Spitzenwert
- Wettbewerb (17) -> Spitzenwert
- Instrumentalisierung (14) -> Spitzenwert

- Eugenik (13) -> Spitzenwert
- Sicherheit (9)
- Machtkonzentration -> Spitzenwert (8)
- Patentierung/ Ökonomisierung (7) -> beide Spitzenwert
- Humanregulierung (6)
- demokratische Teilhabe/ Verantwortungsethik (5)
- Technisierung/ökologische Probleme/ Stopp Gentechnik (4)
- Militär/ Datenschutz (2)
- Diskriminierung/ TA/ Selbstregulierung (1)

Auf dem Höhepunkt der Diskussion über das Gentechnikgesetz im Jahr 1989 geht entsprechend das Thema „politische Regulierung" in Führung und beherrscht eindeutig den Mediendiskurs. Dieses Thema wurde sowohl von den Proponenten als auch von den Opponenten getragen. Auffallend ist, daß sich nach den beiden Spitzenthemen von Wissenschaft und Industrie weiterhin eine breite Palette von Themen der Kritiker etablieren kann. Die Rangfolge für 1989:

- politische Regulierung (50) -> Spitzenwert
- Erkenntnisfortschritt (30)
- praktische Problemlösung (27)
- Gefahr für Mensch & Umwelt (16)
- Eugenik (12)
- demokratische Teilhabe -> Spitzenwert/ Wettbewerb/ Sicherheit -> Spitzenwert (10)
- Humanregulierung (8)
- Diskriminierung (6)
- Machtkonzentration/ Patentierung/ Verantwortungsethik (5)
- Technisierung (4)
- Militär/ Mißbrauch (3)
- Ökonomisierung/ Datenschutz/TA (2)
- Instrumentalisierung/ ökologische Probleme (1)

Im Jahr 1990 wird die Führungsposition zwischen dem Thema „politische Regulierung" und dem Thema „Erkenntnisfortschritt" geteilt. Aber auch hier wird deutlich, daß die Themen der Kritiker immer noch eine Art „Gegengewicht" zu den zentralen Themen von Wissenschaft und Industrie bilden. Hier ergibt sich wiederum folgende Rangfolge:

- Erkenntnisfortschritt/ politische Regulierung (27)
- praktische Problemlösung (22)
- Gefahr für Mensch & Umwelt (13)
- Eugenik (7)
- Machtkonzentration/ Wettbewerb (6)
- Humanregulierung/ Verantwortungsethik (5)

- demokratische Teilhabe/ Technisierung (4)
- Diskriminierung/ Instrumentalisierung (3)
- Patentierung/ Sicherheit (2)
- Selbstregulierung/ Mißbrauch/ Datenschutz (1)

Damit zeigt sich, daß auf dem Höhepunkt der gesellschaftlichen Auseinandersetzung um die Gentechnik in Deutschland, also in den Jahren 1988 und 1989,
bis auf wenige Ausnahmen sowohl die Themen der Befürworter als auch die
Themen der Protestakteure ihre jeweiligen Spitzenwerte oder zumindest relativ
häufige Nennungen erreichen und die polarisierten Positionen hier verstärkt auf-
einanderprallen. Während des gesamten Verlaufs der Debatte haben keine wesentlichen Änderungen in den jeweiligen Argumenten von Proponenten und
Opponenten stattgefunden, sieht man einmal davon ab, daß die Industrie und
auch die Wissenschaft ab 1988 doch eine gesetzliche Regulierung befürwortete
und die Grünen für den medizinischen Bereich eine Ausnahme hinsichtlich ihrer
Forderung nach einem Stopp der Gentechnik machten. Besonders das aus dem
synergistischen Modell heraus unterstützte und am „Prinzip der Langsamkeit"
ausgerichtete Thema „Gefahr für Mensch und Umwelt" plaziert sich seit 1986
konstant im oberen Drittel der Rangskala und erweist sich als das erfolgreichste
Thema der Kritiker, während die erfolgreichsten Themen der Befürworter die
Themen „Erkenntnisfortschritt" und „praktische Problemlösung" sind, die
gleichzeitig auch im Mediendiskurs dominieren.

Ein ähnliches Verlaufsmuster ergibt sich, wenn man die in den Medienartikeln
thematisierten möglichen bzw. von den Akteuren angenommenen Chancen
(Nutzen) und Risiken der Gentechnik betrachtet. Hier wurde der Auswertungs-
zeitraum ebenfalls auf die Jahre 1980 – 1990 gelegt. Insgesamt wurden Chancen
(Nutzen) der Gentechnik in insgesamt 591 Artikeln genannt (Mehrfachnennungen), Risiken in insgesamt 550 Artikeln (Diagramme 35-38). Mit Abstand wird
der größte Nutzen in der Medizin gesehen. Mit der Häufigkeit der Nennung der
verschiedenen, von den Akteuren angenommenen Chancen steigt auch die Häufigkeit der Nennung der vermuteten Risiken. Mit Abstand werden die größten
Risiken der Gentechnik für den moralischen Bereich gesehen (Auflösung oder
Gefährdung der bisher gesellschaftlich geltenden Werte), gefolgt von sozialen
(ökonomische Abhängigkeiten, gesellschaftliche Diskriminierungen etc.), ökologischen und biologischen („biologisches Containment"), gesundheitlichen und
technischen Risiken („physikalisches Containment") (Diagramme 37 und 38).
Vergleicht man den Verlauf der Nutzenerwähnungen mit dem Verlauf der Risikoerwähnungen (Diagramm 39), so läßt sich festhalten, daß *mit der Zunahme
der Nutzenerwähnungen keinesfalls eine Abnahme der Risikoerwähnungen verbunden ist (oder umgekehrt), sondern die Chancen und Risiken der Gentechnik
werden im Mediendiskurs insgesamt mehr oder weniger im gleichen Umfang
thematisiert.* Dies gilt in etwa auch in bezug auf die Nennungen in den einzelnen

Medien (Diagramm 40). Die bereits weiter oben konstatierte Polarisierung und Verhärtung der Standpunkte manifestiert sich also konsequenterweise auch in den Nennungen der Chancen und Risiken.

Mit dem Anstieg und der Beschleunigung der öffentlichen Kommunikation in den Jahren 1988 und 1989 ist nicht nur – wie bereits in Kapitel 5.5 notiert – ein dramatischer Anstieg der Aktivitäten im Bundestag verbunden (Diagramm 7), sondern auch die Berichterstattung über die stattfindenden Ereignisse nimmt insgesamt zu (Diagramm 42). Betrachtet man zunächst die Art der Ereignisse, über die in den Printmedien berichtet wird, so liegen die wissenschaftlichen Ereignisse (Experimente, Kongresse, Fachtagungen etc.) in Führung vor den politischen Ereignissen (Hearings, Parteitage, Kommissionssitzungen etc.), kulturellen (Symposien etc.) und sozialen Ereignissen (z.B. Einrichtung einer Beratungsstelle) (Diagramm 41). Betrachtet man dabei den zeitlichen Verlauf (Diagramm 43), so fällt auf, daß *in den beiden Jahren des Höhepunktes der gesellschaftlichen Debatte über die Gentechnik sich nicht nur die relevanten Themen der Befürworter und Kritiker quantitativ steigerten, sondern auch die Berichterstattung über Protestereignisse hier rapide zunimmt.* Dies kann als weiterer Indikator dafür gelten, daß die öffentliche Gentechnik-Kommunikation nicht zur Beruhigung der Auseinandersetzung beigetragen hat.

Insgesamt läßt sich hinsichtlich der Medienberichterstattung – ergänzend zu anderen Untersuchungen[1012] – festhalten, daß das Thema „Gentechnik" besonders bei der taz eine hohe Medienaufmerksamkeit erfährt. Dies zeigt sich nicht nur an der Anzahl der Artikel insgesamt und an dem hohen Anteil von Kurzmeldungen, sondern auch darin, daß bis auf zwei Ausnahmen die taz mit der Anzahl der Artikel über die Ereignisse in Führung liegt (Diagramme 44-51). Gänzlich umgedreht sind die Verhältnisse bei den Berichten über wissenschaftliche Fakten: hier führt unangefochten die FAZ vor der Zeit, SZ, Welt und FR. *Damit trägt die taz nicht dazu bei, in einem besonderen Ausmaß Faktenwissen als argumentative Ressource für die Gentechnik-Kritiker bereitzustellen.* In der Gesamtheit betrachtet ist also die „Gentechnik" bei der taz ein „Dauerthema". Entsprechend den Ergebnissen der agenda-setting-Forschung ist der Grad der öffentlichen Aufmerksamkeit für ein Thema auch abhängig von dem Aufmerksamkeitsgrad, den Medien einem Thema widmen.[1013] Das heißt, daß besonders an die taz-Leser die Aufforderung oder Einladung ergeht, sich mit diesem Thema intensiv auseinanderzusetzen. Durch die große Anzahl der Artikel zum Thema „Gentechnik"

[1012]Insbesondere Kepplinger, H.M., Ehmig, S.Ch. & Alheim, Ch., Gentechnik im Widerstreit, op.cit.; Ruhrmann, G., Stöckle, Th., Krämer, F. & Peter, Ch., Das Bild der „Biotechnischen Sicherheit" und der „Genomanalyse" in der deutschen Tagespresse (1988-1990), op.cit.

[1013]McCombs, M.E. & Shaw, D.L., The agenda-setting function of mass media, op.cit.

mit den entsprechenden Genbereichen und den Risiko- und Nutzennennungen wird der taz-Leser kontinuierlich mit dem Streitobjekt konfrontiert und so sein Bewußtsein für diese Thematik sensibilisiert. Wie bei der Ermittlung der Medienverteilung der Themen herausgestellt wurde, findet die sozialstrukturelle und institutionelle Polarisierung der Akteure sich auf der Ebene der kulturellen Vorstellungen oder „Ideologien" wieder und wird auch in der Medienlandschaft recht gut repräsentiert. Man darf daher vermuten, daß in alternativen Sozialzusammenhängen, in der Sphäre einer alternativen Öffentlichkeit, die taz wesentlich dazu beiträgt, die Herausbildung stabiler Identitätsstrukturen zu ermöglichen. Dadurch, daß sich die Themen der Kritiker vornehmlich auf die taz konzentrieren und hier über den relevanten Zeitraum hinweg propagiert werden, wird das „alternative" Kollektivbewußtsein wachgehalten und immer wieder neu verstärkt. Allerdings hat die Analyse auch ergeben, daß die taz zwar mit einem hohen Anteil über relevante Handlungsereignisse berichtet, nicht jedoch über reine Wissensereignisse. Während also der FAZ-Leser im Medienvergleich viele Fakten über aktuelle Wissensfortschritte vermittelt bekommt, muß der taz-Leser dieses Wissen hauptsächlich aus anderen Quellen beziehen, ist aber umgekehrt dafür – auf das Thema Gentechnik bezogen – besser informiert, wo, wann und was an relevanten Handlungsereignissen, insbesondere an politischen Ereignissen stattgefunden hat. Durch ihre Berichterstattung und ihren „Transport" der kritischen Themen trägt die taz allerdings dazu bei, daß im medialen Diskurs die Spannbreite der Thematisierung abgedeckt und so eine gewisse „Ausgewogenheit" im öffentlichen Diskurs hergestellt wird.

Wie bereits erwähnt, determinieren die Medienbeiträge nicht die öffentliche Meinung. Entsprechend dem hier angelegten theoretischen Bezugsrahmen werden die Medien- bzw. Definitionsbeiträge selbst wiederum im alltagsweltlichen Kontext der Rezipienten entsprechend ihrem jeweiligen „Rahmen" wahr- und aufgenommen, d.h. daß die von den Medien angebotene „Rahmung" selbst noch einmal in einen akteurspezifischen Sinnkontext gestellt wird. Wie sich dies im einzelnen bei der Bevölkerung in Deutschland artikuliert, ist hier nicht weiter Gegenstand der Untersuchung,[1014] dennoch sollen kurz einige allgemeine Umfrageergebnisse referiert werden.
Eine Umfrage des Büros für Technikfolgenabschätzung (TAB) im Jahre 1992 ergab, daß die Bevölkerung in Deutschland mit dem Begriff „Gentechnik" spontan humangenetische Anwendungen verbindet: 19% assoziierten die Veränderung der menschlichen Erbanlagen, 14,4% die Veränderung nichtmenschlicher Erbanlagen, 9,9% dachten an die Erkennung und Behandlung von

---

[1014]Erste Schritte, diese Fragestellung in den USA zu verfolgen, finden sich bei Hornig, S., Reading Risk: public response to print media accounts of technological risk. Public Understanding of Science, 2, 1993, S. 95-109.

Erbkrankheiten, 7% an Pflanzen- und 8% an Tierzüchtung. Nur 0,5% der Befragten assoziierten damit die Freisetzung gentechnisch veränderter Pflanzen und Tiere.[1015] Überraschend war das Ergebnis, daß trotz Verbots der Keimbahntherapie am Menschen die somatische Therapie als auch die Keimbahntherapie positiv beurteilt wird: 52% der Befragten gaben an, daß hinsichtlich der Therapie von Erbkrankheiten die Forschung und Entwicklung auf diesem Gebiet gefördert werden müsse.[1016] Unabhängig vom Anwendungsgebiet wird eine staatliche Kontrolle der Gentechnik von über 80% der Befragten gegenüber dem Marktmechanismus befürwortet.[1017] Allerdings ist der Anteil der Unentschiedenen hinsichtlich der Chancen und Risiken bzw. hinsichtlich der ethischen Zulässigkeit durchgängig hoch.[1018] Weiterhin ergab die TAB-Untersuchung, daß insgesamt gesehen diejenigen, die ein positives Technikbild aufweisen, sowohl die Gentechnik als auch die Genomanalyse positiv beurteilen, während diejenigen, die eine eher technikkritische Einstellung haben, auch die Gentechnik überwiegend kritisch beurteilen, die Genomanalyse jedoch überwiegend positiv beurteilen.[1019] Darüber hinaus konnte neben einer deutlichen Präferenz für einen ökologischen Umgang mit der Natur[1020] und einer – von der politischen Orientierung unabhängigen – allgemein eher kritischen Einstellung zur Gentechnik ermittelt werden, daß „Postmaterialisten" der Gentechnik eindeutig negativ, der Genomanalyse jedoch eher positiv gegenüberstehen.[1021] Kritisch eingestellt gegenüber der Genomanalyse sind nach dieser Untersuchung vorrangig diejenigen, für die Religion das zentrale Orientierungsmuster des Handelns bildet.[1022] Weiterhin kam die Studie des TAB hinsichtlich der Einstellung der Bevölkerung zur modernen Technik zu folgenden Aussagen:

- Eine positive Bewertung der Technik überwiegt.
- Von einem gleich großen Anteil der Gefragten (ca. 40%) wird die Aussage, Technik sei undurchschaubar und bedrohlich, abgelehnt und befürwortet.
- Bei einer leichten Tendenz zur Skepsis:
- hat mehr als die Hälfte der Bevölkerung Vertrauen in die Selbstheilungskraft und positive Richtung des „technischen Fortschritts".

[1015]Gloede, F., Bechmann, G., Hennen, L. & Schmitt, J.J., Biologische Sicherheit bei der Nutzung der Gentechnik, op.cit., S. 134-135.

[1016]Ibid., S. 136.

[1017]Ibid., S. 138.

[1018]Ibid.

[1019]Ibid., S. 148.

[1020]Ibid., S. 151.

[1021]Ibid., S. 155.

[1022]Ibid., S. 156.

- Eine Mehrheit ist der Meinung, daß der technische Fortschritt nicht aufgehalten werden kann, wobei die Tendenz zu einem „technologiepolitischen Fatalismus" etwas abgenommen hat.
- Die Zustimmung zu der Ansicht, daß Vor- und Nachteile der technischen Entwicklung sozial gleich verteilt sind, ist leicht rückläufig.
- Weiterhin wird von ca. 2/3 der Bevölkerung eine Kontrolle der Technik für wichtig gehalten.
- Das Vertrauen in das eigene, von Experten unabhängige Urteil über Technik hat zugenommen.
- Das Vertrauen in die Kompetenz der Experten ist deutlich rückläufig.

Ergebnisse verschiedener Umfragen lassen darauf schließen, daß man von einem geringen Wissen der breiten Öffentlichkeit über Gentechnik ausgehen muß.[1023] Insofern sind also die Bemühungen von Wissenschaft und Industrie, durch sachliche Information die Öffentlichkeit über Nutzen und Risiken der Gentechnik aufzuklären, durchaus gerechtfertigt. Der Erfolg solcher Bemühungen wird jedoch in gewisser Weise dadurch relativiert, daß nach den Ergebnissen der Eurobarometer-Umfrage aus dem Jahr 1991 die Deutschen – wie der europäische Durchschnitt – am ehesten den „nicht-etablierten" Institutionen trauen, wenn es um Gentechnik geht. Verbraucher- und Umweltorganisationen werden signifikant häufiger genannt als staatliche Behörden und vor allem die Industrie. Dieses relative Mißtrauen in staatliche Behörden und auch politische Organisationen ist auch in anderen Ländern Europas zu beobachten.[1024] Insofern kann also von einem gegenüber den etablierten Institutionen besonders kritischen öffentlichen Diskurs in Deutschland nicht die Rede sein. Eine Umfrage 1991/1992 in den alten Bundesländern ergab, daß 38% der Befragten am ehesten einem Experten aus einem ökologischen Institut Vertrauen entgegenbringen, wenn es um Fragen der Gentechnik geht. Gleich viele Befragte würden einem Wissenschaftler einer Universität vertrauen, 27% einem Experten eines Umweltschutzverbandes. Nur 12% würden einem Experten aus der Industrie und nur 5% einem Experten aus einem Ministerium trauen.[1025] Obwohl also ähnlich kritisches Potential in anderen Ländern zu finden ist, ist die Debatte in Deutschland im Vergleich stark polarisiert;[1026] dies läßt vermuten, daß die sozialen Mechanismen der Austragung von gesellschaftlichen Kontroversen unterschiedlichen Mustern folgen, welche die Auseinandersetzungen um die Gentechnik jeweils entscheidend prägen. Diese Ergebnisse erfordern daher nach dem hier vorgestellten

---

[1023]Ibid., S. 143.

[1024]Ibid., S. 146.

[1025]Ibid., S. 147.

[1026]So auch Daele, W. van den, Risiko-Kommunikation: Gentechnologie, op.cit.

Modell der Akzeptanz von Risiken (vgl. Kapitel 2) in Verbindung mit der kulturellen Codierung der Austragung von sozialen Konflikten verstärkt den Einsatz von Mechanismen der sozialen Vertrauensbildung. Nicht die von Wissenschaft und Industrie verfolgte „one-way Risikokommunikation" dürfte sich damit als alleine ausreichend für die Herstellung von Akzeptanz erweisen, sondern vielmehr soziale Verfahrensweisen und entsprechende institutionelle Vorkehrungen, welche die „kognitive Kluft" zwischen Experten und Laien kompensieren und soziales Vertrauen aufbauen können. Dabei kommt auch den Medien eine wichtige Funktion zu: selbst wenn Proponenten und Opponenten der Gentechnik in eine „dialogische" Risikokommuikation treten, kann hier wechselseitig strategisches – und eben nicht verständigungsorientiertes - Handeln unterstellt werden. Eine Metakommunikation nützt in diesem Falle nichts, da auch diese wieder als Strategie gedeutet werden kann. Einen Ausweg aus diesem Dilemma bietet nur ein neutraler „Dritter", in diesem Falle die Medien, die dazu beitragen können, Vertrauen in die Kommunikation zu entwickeln. Dazu müssen allerdings die Medien selbst als Akteur mit einer entsprechenden Reputation in der Gesellschaft wahrgenommen werden. Wie die Auseinandersetzung gezeigt hat, ist dies in Deutschland sowohl bei den Gentechnikbefürwortern als auch den –gegnern noch nicht der Fall.

6 Gentechnikpolitik in der Bundesrepublik Deutschland: Konfrontation statt Verständigung

In dem nun abschließenden Kapitel werden die Ergebnisse der vorangegangenen Analyse im Hinblick auf den im Kapitel 2.1 aufgeworfenen Problemzusammenhang gesamtgesellschaftlicher Verständigungsprozesse und intermediärer Vermittlungsinstanzen – und damit auch der Legitimation und Akzeptanz der Gentechnikpolitik – einer zusammenfassenden Bewertung unterzogen.

6.1 Differenzierung und Integration moderner Gesellschaften

Als Ausgangspunkt meiner Argumentation dienen mir die Überlegungen *Emile Durkheims* zur Integration moderner Gesellschaften. Der Rekurs auf *Durkheim* empfiehlt sich gerade deshalb, weil dieser schon sehr früh und eindringlich auf die Notwendigkeit der Etablierung intermediärer Instanzen hingewiesen hat, die angesichts ausdifferenzierter gesellschaftlicher Handlungsbereiche zur sozialen Ordnungsbildung beitragen. Dabei geht es im folgenden aber nicht um eine werkimmanente Besprechung und Exegese der Problemlösungsversuche Durkheims, sondern mehr um die selektive Anknüpfung an den Gedanken der institutionellen Verbindung ausdifferenzierter gesellschaftlicher Handlungsbereiche[1027] und um das Problem einer gesamtgesellschaftlichen Regulierung bei gleichzeitiger Bewahrung der Autonomie der verschiedenen Handlungssphären.

Für die Explikation der Argumentation von *Durkheim* ist es hilfreich, vorher kurz auf die gängige Charakterisierung des Verhältnisses zwischen technischer Entwicklung und Gesellschaft zu verweisen. Danach war in den vorindustriellen, sogenannten „normintegrierten" Gesellschaften die Technik in den ihr übergeordneten Handlungs- und Erfahrungszusammenhang der Gesellschaft eingebunden, sie war gewissermaßen eine Funktion der Gesellschaft. Durch die enge Einbeziehung in lebensweltlich-praktische Kontexte einer „mechanischen Solidarität" wurde deren Entwicklung durch traditionelle Wert- und Normvorstellungen begrenzt, so daß eine Entfaltung nach eigenen Rationalitätskriterien

---

[1027] Diesen Aspekt im Zusammenhang mit Legitimationskrisen hebt besonders hervor: Müller, H.-P., Social structure and civil religion: legitimation crisis in a later Durkheimian perspective. In: Alexander, J.C. (Hg.), Durkheimian sociology: cultural studies, Cambridge/New York: Cambridge University Press, 1988, S. 129-158.

kaum möglich war. Dieser lebensweltliche Zusammenhang von Technik und Gesellschaft war nun im weiteren Verlauf der gesellschaftlichen Entwicklung einer zunehmenden Erosion ausgesetzt. Mit der Differenzierung, Etablierung und Stabilisierung relativ autonomer gesellschaftlicher Handlungsbereiche mit ihren entsprechenden Leitprinzipien und insbesondere dann wiederum mit der Verbindung von Technik mit Wissenschaft und Ökonomie und den damit ausgelösten Innovationsschüben erfuhr die technische Entwicklung eine ungeheure Dynamisierung, die zunehmend in Spannung und Konflikt mit den übrigen Handlungssphären geriet und andere und neue Formen der Integration von Technik und Gesellschaft erforderte. Dabei wird prinzipiell die Eigenständigkeit der jeweiligen Handlungsprinzipien in den differenzierten Sphären intern rekognosziert: sie stehen als solche nicht zur Disposition, sollen nicht Prozesse der Entdifferenzierung in Gang gesetzt werden. Unterhalb der Ebene der Leitprinzipien zeigt sich jedoch schon die Angewiesenheit auf die Leistungen der anderen Handlungsbereiche: So wird beispielsweise im politischen Komplex die Eigenständigkeit wissenschaftlich-technischer Innovationssysteme zum Teil normativ-rechtlich abgesichert, etwa in der Verankerung der „Freiheit der Forschung" im Grundgesetz. In diesem Sinne, schreibt *van den Daele*, ist der wissenschaftlich-technische Fortschritt in die „bürgerliche Verfassung eingelassen".[1028] Solange jedoch in der Industriegesellschaft ein Fortschrittsglauben als dominantes gesamtgesellschaftliches Muster über alle Funktionsbereiche hinweg kollektiv geteilt und wissenschaftlich-technischer Fortschritt mit gesellschaftlichem Fortschritt gleichgesetzt war, konnten die vergesellschafteten Risiken des technologischen Fortschritts weitgehend als sozial hinzunehmende Kosten des Modernisierungsprozesses verbucht werden. Mit den modernen Technologien, speziell der Biotechnologie mit ihren „neuen" Chancen und Risiken und dem Aufbrechen des Fortschrittkonsenses seit den siebziger Jahren werden die bisher leitenden normativen Vorstellungen und gesellschaftlichen Lebenszusammenhänge heftigen Turbulenzen ausgesetzt. Begleitend zur gesellschaftlichen Thematisierung technisch induzierter Risiken steigt nicht nur der „Moralpegel der öffentlichen Kommunikation"[1029] und der teilweise polemische wechselseitige Erweis von Achtung und Mißachtung der Akteure, sondern auch die Ethik als Reflexionsinstanz der Moral ist in neue Begründungszusammenhänge verwickelt. Durch die rasant zunehmenden Möglichkeiten der industriellen Gentechnik, der Humangenetik und Reproduktionsmedizin ist es zu völlig neuartigen Problem-

---

[1028]Daele, W. van den, Restriktive oder konstruktive Technikpolitik, op.cit., S. 95. Gerade an diesem Beispiel zeigt sich aber auch, daß die relative Autonomie der Wissenschaft sich auch durch die rechtliche Abstützung und Leistung der Politik ergibt und nicht einfach nur durch eine bloße Ausdifferenzierung entsprechend einer systemischen Eigenlogik.

[1029]Luhmann, N., Die Moral des Risikos und das Risiko der Moral. In: Bechmann, G. (Hg.), Risiko und Gesellschaft, op.cit., S. 327-338, 332.

konstellationen gekommen, die grundlegende ethische Fragen berühren und von den geltenden Moralnormen nur unzureichend abgedeckt werden. Bei dem Versuch, Antworten der Kultur auf diese technisch induzierten neuen Problemlagen zu finden, werden sich zwar nicht unbedingt die moralischen Grundprinzipien der modernen Gesellschaft ändern, wohl aber möglicherweise der Geltungsbereich der Ethik und ihr ganzes Gefüge.[1030] Wie die vorangegangene Analyse um die Auseinandersetzung um die Gentechnik gezeigt hat, geht es bei den Befürwortern und Kritikern nicht ausschließlich um unterschiedliche Risikoeinschätzungen dieser innovativen Technologie, sondern auch um den gesellschaftlichen Anwendungszusammenhang und um Fragen der sozialen Lebensverhältnisse. Hier muß sich nun die Gesellschaft insgesamt wieder vergewissern, welchen Entwicklungsweg sie einschlagen und welche Risiken sie dabei in Kauf nehmen will. Gleichzeitig wird aber auch das institutionelle Arrangement der Gesellschaft kritisch daraufhin befragt, ob dieses überhaupt dazu geeignet ist, den neuen Herausforderungen im Hinblick auf folgenverantwortliche Entscheidungsprozesse über demokratische Verfahrensweisen zu begegnen. Wenn schon durch die Intensivierung und Globalisierung der Risiken potentiell alle gleichermaßen betroffen sind – insofern haben die neuen Risiken einen demokratisierenden Effekt – inwiefern haben diese potentiell Betroffenen auch die Möglichkeit, sich Gehör zu verschaffen, an den Entscheidungsprozessen über die Annahme oder Ablehnung der Chancen und Risiken teilzunehmen und ihre jeweiligen Perspektiven miteinander abzustimmen? Wie die Analyse ergeben hat, werden die bisherigen institutionellen Arrangements des Technokorporatismus nicht mehr ohne weiteres hingenommen und sind einem starken gesellschaftlichen Veränderungsdruck ausgesetzt. In diesem Sinne wird bei *Beck* der Übergang von den „alten" Risiken der Industriegesellschaft zu den „neuen" Risiken der Risikogesellschaft mit dem Begriff der „reflexiven Modernisierung" verbunden, womit sowohl die (reflexartige) Selbstkonfrontation der Gesellschaft mit ihren selbst erzeugten Risiken und Gefährdungen gemeint ist als auch das Bewußtwerden, die Selbstkritik (Selbstreflexion) der Gesellschaft hinsichtlich ihrer eigenen strukturellen und institutionellen Grundlagen.[1031] Eine solche, aus der frühen „Kritischen Theorie" bekannte Selbstkritik der Gesellschaft anhand ihrer eigenen normativen Maßstäbe ist nun nicht mehr nur auf Intellektuelle begrenzt, sondern erfährt eine Ausdehnung auf die Debatten in einer breiten Öffentlichkeit unter Inklusion weiterer sozialer Gruppierungen.

Diese „Situationsbeschreibung" steht in einer engen theoretischen Beziehung zu *Durkheims* Auseinandersetzung mit dem Integrationsproblem moderner Gesell-

---

[1030]Vgl. dazu Vossenkuhl, W., Ökologische Ethik. Über den moralischen Charakter der Natur. Information Philosophie 1, 1993, S. 6-19.

[1031]Beck, U., Risikogesellschaft und Vorsorgestaat – Zwischenbilanz einer Diskussion, op.cit.

schaften. Bekanntlich diagnostiziert *Durkheim* in seiner Studie über die Teilung der sozialen Arbeit,[1032] daß mit der der funktionalen Differenzierung von Handlungssphären die traditionale Solidarität (mechanische Solidarität) der Gesellschaft brüchig geworden ist und in eine neue Solidarität (organische Solidarität) transformiert wird. Gegenüber den durch Wirtschaft, Wissenschaft und Technik ausgelösten Dynamisierungsprozessen und den damit einhergehenden neuen gesellschaftlichen Seinsverhältnissen kann das herkömmliche Kollektivbewußtsein (die gemeinsame Moral) und die bisherige gesellschaftliche Solidarität nicht mehr ihre ordnende Kraft entfalten, sondern muß sich selbst auch verändern. War bei der „mechanischen Solidarität" der einzelne noch fest in das Kollektivbewußtsein eingebunden und in seinem Handeln durch dieses unmittelbar determiniert, wird nun das Kollektivbewußtsein sozialer Akteure abstrakter und ist im Zuge der Ausdifferenzierung der verschiedenen Handlungsfelder vom individuellen Akteur weit entfernt. Gleichzeitig eröffnet sich damit für das Handeln in der gesellschaftlichen Sphäre[1033] ein für die individuelle Interessenverfolgung immens gewachsener Handlungsspielraum und eine im Vergleich zu der vorhergehenden Gesellschaftsformation enorm erweiterte Handlungskontingenz. Dieser Zustand kann jedoch zu sozialen Desorganisationserscheinungen führen,[1034] da die Gesellschaft droht, in zwei Teile zu zerfallen, von denen der eine Teil hoch abstrakt und fern von der Handlungswirklichkeit, der andere konkret und interessenspezifisch in die – in moderner Terminologie – Funktionserfordernisse der jeweiligen institutionellen Komplexe eingebunden ist. Den nun erforderlichen Integrationsmechanismus sieht *Durkheim* in der Sozialstruktur, die allerdings in Anbetracht einer solchen destabilisierenden Entwicklung einer Reform bedarf.[1035] Zur Reform und Überwindung dieser Situation setzte *Durkheim* im berühmten neuen Vorwort zur zweiten Auflage seines Buches über die Arbeitsteilung seine Hoffnung auf die Berufsgruppen.[1036] Der Staat kommt dafür nicht in Frage, weil er durch Ausdifferenzierung zu weit von den Individuen entfernt ist, um bei diesen das Gefühl der Solidarität zurückzurufen. Hierzu bedarf es vielmehr eines dauerhaften Netzes von sekundären Kontrollinstanzen, das sich näher am Individuum und „außerhalb der Staatsmaschinerie, aber unter ihrer

---

[1032]Durkheim, E., Über die Teilung der sozialen Arbeit, op.cit.

[1033]Durkheim fokussiert hier in erster Linie den ökonomischen Bereich, dies ist aber für meinen Argumentationsverlauf nicht von Bedeutung; generell betrifft die Problematik natürlich auch die anderen ausdifferenzierten Sphären.

[1034]Siehe dazu auch seine „Selbstmordstudie", in der er jeden Suizid-Typus mit einer bestimmten Moralverfasung der Gesellschaft in Beziehung setzt, Durkheim, E., Der Selbstmord, Neuwied und Berlin: Luchterhand, 1973 (1887).

[1035]Vgl. auch Ibid., S. 426-467.

[1036]Vgl. Durkheim, E., Über die Teilung der sozialen Arbeit, op.cit., S. 39-71.

Kontrolle" befindet.[1037] Ein solches Netz integrativer sozialer Institutionen sieht *Durkheim* nun in den Berufsgruppen, die in der arbeitsteiligen Gesellschaft weit verbreitet sind und aufgrund der gesteigerten Bedeutung des Berufslebens eine relativ enge Nähe zu den Individuen haben. Diese Berufsgruppen, welche die individuellen Akteure zu einer Gemeinschaft zusammenschließen und auf kollektive Normen verpflichten, fungieren nun als intermediäre Instanzen, die zwischen dem interessegeleiteten individuellen Handeln der Akteure einerseits und der abstrakten kollektiven Moral andererseits vermitteln können, wobei deren regelnder Einfluß dennoch eine Vielfalt von Variationen zuläßt.

Das Konzept der Berufsgruppen mit ihrer integrativen Funktion spielt auch in *Durkheims* politischer Soziologie eine strategisch wichtige Rolle bei der Vermittlung zwischen Kultur, Politik und Gesellschaft (Ökonomie). Im folgenden wird nur auf solche Äußerungen *Durkheims* zurückgegriffen, die für die anvisierte Problemstellung relevant sind. Zunächst definiert *Durkheim* explizit den modernen Staat, der dem „Kult des Individuums" verpflichtet ist, als eine spezielle „Gruppe von Funktionsträgern *sui generis*, in deren Schoß Vorstellungen und Willensakte entwickelt werden, die für die Gemeinschaft bindende Kraft haben".[1038] Diese Vorstellungen, die innerhalb des Staates entwickelt werden, zeichnen sich durch ein „höheres Maß an Bewußtheit und Reflexion"[1039] aus, im Gegensatz zur „Dunkelheit und Unbestimmtheit der kollektiven Vorstellungen, die in der Gesamtgesellschaft verbreitet sind".[1040] *Durkheim* faßt dabei den Staat sehr eng auf die Instanzen der politischen Beschlußfassung und klammert die Exekutive bewußt aus, da streng genommen der Staat „das Organ gesellschaftlichen Denkens" ist und sein Leben „nicht in äußeren Handlungen oder Bewegungen, sondern in gedanklichen Aktivitäten, das heißt in Vorstellungen" besteht.[1041] Diese Ausklammerung des Machtaspekts ist eine entscheidende theoretische Weichenstellung, wie weiter unten noch deutlich wird. Da die Individuen in ihrem interessegeleiteten Handeln in den sozialen Handlungsbereichen weit von der abstrakten kollektiven Moral entfernt sind, bleiben für sie die kollektiven Vorstellungen dunkel und diffus. Die Aufgaben, Ziele und Pflichten des Staates sieht *Durkheim* – in Ablehnung sowohl einer „individualistischen Lösung" (z.B. Spencer, Kant, Rousseau) als auch einer „mystischen Lösung" (Hegel)[1042] sowie naturrechtlicher Vorstellungen[1043] – in der Schaffung, Organisati-

---

[1037] Durkheim, E., Der Selbstmord, op.cit., S. 451.

[1038] Durkheim, E., Physik der Sitten und des Rechts, op.cit., S. 74.

[1039] Ibid., S. 75.

[1040] Ibid.

[1041] Ibid., S. 76.

[1042] Ibid., S. 77-81.

on und Verwirklichung der Rechte des Individuums.[1044] Diese Rechte kommen dem Individuum nicht von Natur aus zu, sondern werden ihm erst durch die Gesellschaft, d.h. durch die Kultur, verliehen. Damit übernimmt der Staat die operative Verantwortung für die Implementation der kulturellen Werte.[1045] Bei *Durkheim* ist also der Staat immer schon auf den ethischen Code der Gesellschaft verpflichtet, er ist kein reiner „Machtstaat" in einem machiavellistischen Sinne. Durch diese Konstruktion der Verpflichtung des Staates auf den kulturellen Code wird die Entfaltung einer reinen Machtlogik des politischen Systems von vornherein stark abgebremst und die Exekutive erscheint hier nur als Verlängerungsinstanz staatlicher Beschlußfassung. Weiterhin wird hieran deutlich, wieso der Staat deutlichere und klarere Vorstellungen des Kollektivbewußtseins entwickeln kann als die vielfach zerstreuten und durch ihr Interesse geleiteten individuellen Akteure in der gesellschaftlichen Sphäre. Mit dieser weitgehenden Ausblendung des Machtaspekts aus der engeren Staatstätigkeit gelingt es *Durkheim* dann, die Paradoxie einer stetigen Ausweitung und Vervielfältigung staatlicher Funktionen bei gleichzeitiger Entwicklung des moralischen Individualismus in der menschlichen Geschichte zu entparadoxieren: „Je stärker der Staat, desto größer die Achtung vor dem Individuum".[1046] Für diese Aufgabenerfüllung muß jedoch ein enger Kontakt zwischen Staat und Gesellschaft hergestellt werden. Damit die dunklen und unbewußten kollektiven Ideen und kollektiven Gefühle in den gesellschaftlichen Sphären deutlich und klar und damit einer erhöhten Gestaltbarkeit der Gesellschaft zugänglich werden, muß der Staat zunächst einmal auch Kenntnis von diesen vielfältigen Vorstellungen bekommen, d.h. diese müssen Eingang in das staatliche Bewußtsein finden und dies erweitern, was gleichzeitig auch eine enge Kommunikation zwischen Staat und der Vielzahl individueller Bewußtseinshaltungen unerläßlich macht. Diese beiden Merkmale, Bewußtseinserweiterung des Staates und Kommunikation mit den individuellen Vorstellungen, sind denn auch nach *Durkheim* die „wirklichen" Kennzeichen der Demokratie, in der die Gesellschaft „das reinste Bewußtsein ihrer Selbst" erreicht.[1047] In dieser „Herrschaftsform der Reflexion" sieht *Durkheim* letztlich die moralische Überlegenheit der Demokratie begründet.[1048] Dabei darf die Beziehung zwischen Staat und den Individuen jedoch nicht zu eng, sie darf keine unmittelbare sein: bei einer zu großen Nähe besteht die Gefahr, daß

[1043] Ibid., S. 98.

[1044] Ibid., S. 85, 89, 100-102.

[1045] Müller, H.-P., Social structure and civil religion: legitimation crisis in a later Durkheimian perspective, op.cit., S. 144.

[1046] Durkheim, E., Physik der Sitten und des Rechts, op.cit., S. 85.

[1047] Ibid., S. 126-127.

[1048] Ibid., S. 131.

einerseits der Staat von der Vielzahl individueller Vorstellungen überwältigt und letztlich instrumentalisiert wird,[1049] so daß er seinen mäßigenden Einfluß gar nicht erst ausüben kann. Andererseits kann eine zu große Nähe des Staates die Individuen in ihren funktionsbezogenen Handlungen behindern, da der Staat trotz der ethischen Verpflichtung auf den Kult des Individuums in Versuchung gerät, sie unmittelbar zu reglementieren und zu tyrannisieren. Beides schränkt den Handlungsspielraum, entweder vom Staat oder von den gesellschaftlichen Sphären, zu sehr ein und bewirkt in letzter Konsequenz eine gesellschaftliche Entdifferenzierung. Es bedarf daher Instanzen, die zwischen Staat und Gesellschaft eine vermittelnde Funktion erfüllen, so daß beide Sphären in engem Austausch miteinander stehen, dabei aber gleichzeitig ihre relative Autonomie gewahrt bleibt. Diese vermittelnde Institution sieht *Durkheim* wiederum in den Berufsgruppen als sekundäre gesellschaftliche Organisation,[1050] und die gesellschaftliche und politische „Malaise", die er zu seiner Zeit diagnostiziert, resultiert genau aus dem Fehlen solcher vermittelnden Instanzen.[1051] In der Berufsorganisation stehen die Mitglieder in engem Kontakt miteinander und können so gemeinschaftliche Gefühle herausbilden und das Individuum vor der Vereinnahmung durch den mächtigen Staat schützen, andererseits wird durch den starken Staat ein Gegengewicht zu diesen Sekundärgruppen geschaffen, um einen kollektiven Partikularismus zu verhindern. Es ist nun nach *Durkheim* genau dieses permanente Verhältnis des Konflikts der gesellschaftlichen und politischen Sphäre bzw. von Zivilgesellschaft und Politik und ihre gegenseitige Vermittlung, aus der die individuellen Freiheiten erwachsen.[1052]

Was *Durkheim* aktuell relevant macht, ist der generelle Lösungsansatz zum Problem der Integration ausdifferenzierter sozialer Handlungsbereiche, wenn auch der spezielle Vorschlag der „Berufsgruppen" als intermediäre Instanz nicht überzeugen mag. Die sich damit ergebenden theoretischen Probleme, etwa wie die Berufsgruppen diese Vermittlung genauer überhaupt vornehmen können, sind hier nicht weiter relevant, ebensowenig wie der Beitrag des Berufsgruppenkonzepts zur Neokorporatismusforschung.[1053] Man muß sich bei diesen vermittelnden Institutionen als Lösungsvorschlag zur gesellschaftlichen Integration nicht auf bestimmte Gruppen kaprizieren und *Durkheim* auf sein „Berufsgrup-

---

[1049] Ibid., S. 134-137.

[1050] Ibid., S. 138-151.

[1051] Ibid., S. 150-151.

[1052] Ibid., S. 93.

[1053] Siehe dazu beispielsweise die Studie von Meier, K., Emile Durkheims Konzeption der Berufsgruppen. Eine Rekonstruktion und Diskussion ihrer Bedeutung für die Neokorporatismus-Debatte, Berlin: Duncker & Humblot, 1987.

penkonzept" festlegen. *Durkheim* war hier mehr interessiert an der Notwendigkeit einer sozialen Dauerhaftigkeit solcher Vermittlungsinstanzen und ihrer Leistung, symbolische Ordnungsbildung und Freiheitsgrade des Handelns miteinander zu vereinbaren. Dies wird beispielsweise auch daran deutlich, daß er unterschiedliche soziale Gruppen auf ihre Eignung für diese Funktion untersucht, um dann schließlich bei den Berufsgruppen fündig zu werden.[1054] Gleichzeitig lassen sich die Ausführungen *Durkheims* als Formulierung von „Modernisierungsproblemen zweiter Ordnung"[1055] verstehen, die sich auf die Rationalisierung der Verknüpfung von bereits rationalisierten sozialen Handlungssphären beziehen. Es geht dabei um die reflektierte Kompatibilisierung multipler Rationalitäten. Diese Kompatibilisierung ist, wie *Durkheim* deutlich macht, nicht allein auf dem Wege der strategischen Interessenabstimmung möglich, sondern läuft wesentlich über kommunikative Verständigung und „Bewußtseinserweiterung", es geht um die „Herrschaft der Reflexion", um das Hineintragen der Kultur in die Sozialstruktur. Nach dieser Konzeption gehen fundamentale Wertkonflikte auf eine institutionelle Unverbundenheit der Akteure sowohl in als auch zwischen den differenzierten Handlungsbereichen zurück. Solche tiefgreifenden Konflikte lassen sich nur über die Veränderung sozialer Institutionen beheben, die einerseits die unterschiedlichen Akteurperspektiven zusammenführen können, ohne dabei jedoch andererseits die Ausdifferenzierung sozialer Sphären rückgängig zu machen, oder wie *Max Miller* konstatiert: soziale Konflikte gehen in einer funktional ausdifferenzierten Gesellschaft entweder in unendliche Konflikte über oder werden einen institutionalisierten Wandel herbeiführen.[1056]

Übertragen in die Perspektive des hier angelegten theoretischen Bezugsrahmens bedeutet der Lösungsvorschlag *Durkheims* zunächst, daß zwischen den gesellschaftlichen Sphären der Wirtschaft, der Politik, der sozialen Gemeinschaft und der sozialen Kultur vermittelnde Institutionen (die per Definition eine gewisse soziale Dauerhaftigkeit aufweisen) und Austauschbeziehungen installiert sein müssen. Dabei wird im Gegensatz zu *Durkheim* nicht davon ausgegangen, daß die politische Sphäre per se schon an den kulturellen Code angekoppelt ist, sondern Kultur und Politik auch erst der Vermittlung bedürfen. Diese Institutionen müssen weiterhin in ihrem sozialen Operieren so angelegt sein, daß sie die verschiedenen Handlungssphären und multiplen Rationalitäten zusammenbringen können, ohne dabei deren relative Autonomie zu gefährden. Dies kann nur dann geschehen, wenn die Soziallogiken differenzierter Handlungsfelder gleichbe-

---

[1054] Durkheim, E., Über die Teilung der sozialen Arbeit, op.cit., S. 48-71; Durkheim, E., Der Selbstmord, op.cit., S. 441-449; Durkheim, E., Physik der Sitten und des Rechts, op.cit., S. 138-150.

[1055] Offe, C., Die Utopie der Null-Option, op.cit., S. 111.

[1056] Miller, M., Rationaler Dissens, op.cit., S. 50.

rechtigt in intermediäre Verhandlungssysteme eingebracht werden können und ihre wechselseitige Abstimmung einem primär kooperativen Muster folgt. Für hochkomplexe Gesellschaften, die mit einer enorm gesteigerten Handlungskontingenz der Akteure umzugehen haben, muß man sich allerdings bei der Suche nach geeigneten Vermittlungsinstanzen von der „Gruppenfixiertheit" *Durkheims* lösen. Hier kann man in prozeduralen Institutionen[1057] einen Mechanismus der Vermittlung sehen, der zunehmend an Bedeutung gewinnt. In traditionalen Gesellschaften, die durch eine Einheit von Symbol und Wirklichkeit gekennzeichnet sind, dominieren konkrete normative Erwartungen der Akteure, denen das Handeln genau korrespondiert. In modernen Gesellschaften sind dagegen Symbol und Wirklichkeit auseinandergezogen, so daß gegenüber einer kontingenten Welt und einer Variabilität des Verhaltens generalisierte Erwartungen herausgebildet werden müssen. Ein solcher Mechanismus kennzeichnet auch die Institution des Verfahrens. Verfahren verknüpfen allgemein insofern Ordnung und Kontingenz, als normative Regeln konstitutiv in sie eingelassen sind, sich aber gleichzeitig offen halten für den konkreten inhaltlichen Entscheidungs-Output. So hat beispielsweise *Parsons* im Anschluß an *Max Webers* Kategorie der formalen Rationalität für das moderne Rechtssystem herausgestellt, daß hier im Gegensatz zu substantiellen Vorschriften und Normen die Institution des Verfahrens in den Mittelpunkt gerückt ist:

> Nur aufgrund des Verfahrensprimates kann das System einer großen Vielzahl von sich verändernden Umständen und Typen von Fällen ohne vorherige Festlegung auf spezifische Lösungen fertig werden.[1058]

Die besondere Leistung prozeduraler Institutionen – strukturell zwischen „Markt" und „Hierarchie" verortet und die „Logik der Gemeinschaft" einbeziehend – liegt daher in ihrer integrativen Funktion der kooperativen Konfliktaustragung und Interessenabstimmung der Akteure, wobei die beteiligten Parteien gleichberechtigt ihre Interessen einbringen:

> Procedural institutions are particularly prominent in a major type of social structure ..., namely what I should call *associational structure*, specifically in contrast with both bureaucracy and market systems. One might characterize it by saying that it is not primarily hierarchical in the sense that bureaucracies are, nor is it primarily competitive in the sense that markets are, but in some sense it is „cooperative." **It provides a framework within which „parties", whether they**

[1057] Vgl. zu Verfahren als Institution auch Peters, B., Rationalität, Recht und Gesellschaft, Frankfurt: Suhrkamp, 1991, S. 237-271.

[1058] Parsons, T., Gesellschaften, Frankfurt: Suhrkamp, 1975 (1966), S. 48.

be individuals or groups, can be „brought together" to adjust their interests with each other under a normative order.[1059] (Hervorhebung vom Verfasser)

Man kann daher auf der Grundlage des oben Erörterten davon ausgehen, daß bei Abwesenheit solcher kontextübergreifender Verständigungsprozesse der gesamtgesellschaftliche Konfliktpegel und Grad der Desorganisation steigt und politische Aktivitäten in immer größere Schwierigkeiten geraten, öffentliche Legitimation und Akzeptanz zu erhalten.

Wie bereits in den vorangegangenen Kapiteln herausgestellt wurde, sind angesichts der Vielzahl technologischer Optionen und Entwicklungspfade, der Dimensionen der Schadenspotentiale, der Vielfalt der Risikokonzepte, der Pluralität normativer Bewertungen der Risiken und der Vorstellungen über die gesellschaftlichen Gestaltungsverhältnisse die Probleme der gesellschaftlichen Legitimation und Akzeptanz stärker in den Mittelpunkt sozialer Auseinandersetzungen und sozialwissenschaftlicher Analysen gerückt. Unterstellt man, daß die differenten und an hochgradig kontingenten Situationen ausgerichteten Interessen der Akteure als solche zunächst einmal jeweils legitim sind, dann besteht das Problem der Risikogesellschaft genauer in der gesamtgesellschaftlichen Kompatibilisierung eben jener Interessen und multipler Rationalitäten durch formale Verfahren einer kontextübergreifenden Verständigung. Natürlich verfolgen ökonomische Akteure bei der Produktion gentechnischer Produkte primär ein Profitinteresse, verfolgen Wissenschaftler ihr Interesse nach Erkenntniserweiterung, muß der Staat seinen Sicherheitpflichten und ökonomischen Effektivitätschancen nachkommen, artikulieren Ethiker und Kirchen Fragen der moralischen Zulässigkeit, orientieren sich Juristen an Rechtsprinzipien und der Verfassung und fordern Bürger eine „sanfte" Technik, die für die Umwelt, den Menschen und für die Gesellschaft keinen Schaden anrichtet. Entscheidend ist aber insbesondere auch, wie und nach welchem normativen Muster nun solche „Belange" in die verschiedenen institutionellen Komplexe eingebaut und die verschiedenen Wertorientierungen miteinander verbunden werden, wie dies *Durkheim* als erforderlich betrachtete.

Wie im einzelnen aufgezeigt wurde, sind Wissenschaft und Industrie in Deutschland bei der Gentechnologie relativ spät aus den „Startlöchern" gekommen und befürchteten, den internationalen Anschluß zu verlieren. Sie waren daher bemüht, den Rückstand so schnell wie möglich aufzuholen und in der Öffentlichkeit eine breite Akzeptanz herzustellen. Die Bemühungen um internationalen Anschluß (vor allem an die USA) wurden durch eine entsprechende angebotsorientierte Wirtschafts- und Forschungspolitik der Bundesregierung unter-

---

[1059] Parsons, T., Law as an Intellectual Stepchild. Sociological Inquiry 47,3, 1971, S. 11-58, 41-42.

stützt. Während jedoch Wissenschaft und Industrie hauptsächlich die praktische Problemlösungsfähigkeit und den Aspekt der Erkenntnissteigerung durch die sich eröffnenden neuen Möglichkeiten der Gentechnik hervorhoben und bemüht waren, Bedenken hinsichtlich der biologischen, ökologischen und moralischen Risiken zu zerstreuen, wurde von der politischen Opposition und von den Gewerkschaften zwar grundsätzlich die Gentechnik bejaht, bei den vermuteten Risiken aber auch besonders auf die sozialen und gesundheitlichen Risiken aufmerksam gemacht. Bei den kulturellen Akteuren fanden sich sowohl positive als auch ablehnende Äußerungen zur Gentechnik, wobei vorrangig aber die moralischen Risiken und der Umgang des Menschen mit der Natur thematisiert wurden. Eine stärkere Thematisierung erfuhren wieder die sozialen Risiken – insbesondere neben den moralischen und ökologischen Risiken – bei den Protestakteuren. Hier wurden beispielsweise soziale Diskriminierungen, eugenische Tendenzen, verstärkte ökonomische Abhängigkeiten der Landwirtschaft und der Dritte-Welt-Länder durch den industriell-politischen Komplex und Beeinträchtigungen beim Nahrungsmittelgenuß befürchtet, aber auch ökologische und gesundheitliche Gefährdungen. Auch hier findet sich die Forderung nach einem neuen Verständnis im Umgang des Menschen mit der Natur und eine ökologische Ethik. Überträgt man – ergänzend zu Durkheim – die Einsicht von *Olson*[1060], daß die Durchsetzung von „Sonderinteressen" – die bei ihrer Gewinnsteigerung der Gesellschaft die sozialen Verluste aufbürden – zu Lasten der Effizienz und Leistung der Gesamtgesellschaft geht auf die Ebene ausdifferenzierter Rationalitäten und kollektiver Handlungsorientierungen, dann geht es nicht substitutionslogisch um die Steigerung einer, sondern um die gleichzeitige Steigerung und Verbindung aller Handlungsrationalitäten. Steuerungstheoretisch handelt es sich also um das Problem der gleichzeitigen Geltung und Verknüpfung von an sich inkommensurablen Entscheidungsperspektiven (ökonomisch, wissenschaftlich, politisch, ökologisch, sozial-gemeinschaftlich, moralisch etc.), um Max Webers Idee des „strukturellen Pluralismus"[1061]. Damit scheiden also Substitutionsmaximen, die nach Art von Nullsummenspielen die eine Handlungsrationalität auf Kosten der anderen ins Zentrum der Orientierung stellen, aus. Die einer solchen Substitutionslogik entsprechenden Gegensatzpaare wie Markt versus Moral, Ökonomie versus Ökologie oder Markt versus Staat sind daher zur Beschreibung komplexer multirationaler Steuerungs- oder Abstimmungsprobleme kaum geeignet.[1062] Selbst wenn angesichts der „zirkulären Gefährdungseffekte" moderner Hochtechnologien eine Externalisierung der Gefahr

[1060] Olson, M., Aufstieg und Niedergang von Nationen, op.cit.

[1061] Schluchter, W., Aspekte bürokratischer Herrschaft, Frankfurt: Suhrkamp, 1985 (1972), S. 305.

[1062] Vgl. Wiesenthal, H., Ist Sozialverträglichkeit gleich Betroffenenpartizipation?, op.cit.; Ueberhorst, R., Perspektiven gelingender Risikopolitik. Universitas 4, 1994, S. 319-331.

nicht möglich ist, sondern vielmehr zu einer „Einheit von Täter und Opfer"[1063] führt, muß dennoch eine Ungleichverteilung von Schäden, allerdings ohne reziproke Ungleichverteilung von Vorteilen, ins Kalkül gezogen werden. Denn danach würden diejenigen, bei denen sich die Schäden kumulativ anhäufen, letztlich nur „marginalisiert", d.h. an die Stelle einer Bereicherung träte dann die partielle Externalisierung des Schadens zu Lasten der marginalisierten sozialen Akteure, wobei der Vorteil oder „Gewinn" auch einfach nur in dem externalisierten Nachteil liegt.[1064] Welche Chancen haben aber diese Interessen im Gentechnikdiskurs, sich gesellschaftlich zu artikulieren, aufeinander abzustimmen und durchzusetzen? Mit anderen Worten, sind in der deutschen Gesellschaft entsprechende Institutionen installiert, die auf eine Beachtung multipler Rationalitäten eingestellt und für deren operative Bearbeitung ausgerüstet sind?

6.2 Der Techno-Korporatismus in der bundesdeutschen Gentechnikdebatte

Wie in den vorangegangenen Kapiteln herausgestellt wurde, sind in den für die Gentechnik relevanten beratenden und entscheidenden Institutionen hauptsächlich die Interessenvertreter der Großorganisationen aus Wissenschaft, Industrie und zum Teil der Gewerkschaft zusammen mit staatlichen Akteuren zu finden. Dieses Modell gesellschaftlicher Abstimmungs- und Steuerungsprozesse wurde hier auf analytisch-theoretischer Ebene als „Synthesemodell" bezeichnet (Kapitel 5), dem empirisch ein neokorporatistisches Strukturarrangement nahekommt, in dem Staat und gesellschaftliche Verbände in der Politikformulierung und -implementation eng zusammenarbeiten. Eine solche Interessenvermittlung ist aus funktionalen Gründen durch eine eng begrenzte, exklusive Mitgliedschaft und durch auf mächtige Verbände konzentrierte politische Zugangschancen gekennzeichnet. Innerhalb eines solchen Rahmens können daher konsequenterweise nur wenige Interessen berücksichtigt werden. Dieses Strukturarrangement läßt sich daher durch die Pluralismustheorie – bzw. auf theoretisch-analytischer Ebene durch ein „Wettbewerbsmodell" – nur unzutreffend erfassen. Die Pluralismustheorie beschreibt eine politische Wirklichkeit des Wettbewerbs, in der die tatsächliche Politik eine Resultante der Stärke der beteiligten Organisationen darstellt und dem Staat dabei die Rolle des Schiedsrichters zukommt, der das

---

[1063] Beck, U., Risikogesellschaft, op.cit., S. 50.

[1064] Offe, C., Selbstbeschränkung als Methode und Resultat. In: Beck, U. (Hg.), Politik in der Risikogesellschaft, op.cit., S. 225-231.

Resultat des Kräftespiels der Gruppen kodifiziert und exekutiert. Dagegen stimmen innerhalb des Synthesemodells gesellschaftliche Interessenorganisationen und Staat ihre Politiken auf dem Hintergrund einer gemeinsamen Zieldefinition miteinander ab und verpflichten sich, diese Kombination gesellschaftlicher und staatlicher Politiken auch zu implementieren. Bei dieser Synthetisierung der Interessen ist der Staat nicht der passive Schiedsrichter, sondern aktiver Akteur, und die gesellschaftlichen Organisationen sind nicht einfach nur pressure groups, sondern Verhandlungspartner, die auf die gemeinsamen Verhandlungsergebnisse verpflichtet werden. Je mehr die beteiligten Akteure in ihrem Handeln auf ein solches Verfahren normativ festgelegt sind, um so weniger können sie von der „exit"-Option Gebrauch machen, was bei einigen Vertretern des Neokorporatismus dazu geführt hat, von der gesellschafts- und krisenstabilisierenden Funktion solcher neokorporativer Verhandlungssysteme zu sprechen.[1065]

Bei der Auseinandersetzung um die Gentechnik in Deutschland beherrschen die gesellschaftlichen „Großakteure" weitgehend das politische Feld.[1066] Entweder bleiben die Akteure berufsständischer Interessen weitgehend unter sich, wie etwa in Ethik-Kommissionen, oder die Vertreter der Großorganisationen aus dem gesellschaftlichen Bereich von Wissenschaft, Industrie und Gewerkschaft sind in vollzugsrelevanten Institutionen wie etwa der ZENTRALEN KOMMISSION FÜR BIOLOGISCHE SICHERHEIT (ZKBS) zu finden. Die ZKBS berät die Bundesregierung und die Länder in allen Fragen der Sicherheit der Gentechnik (vgl. Kapitel 5.2). Ihre Stellungnahmen sind zwar nicht verbindlich, jedoch müssen abweichende Urteile der Behörden ausreichend begründet sein, was ihnen im Normalfall aber schwerfallen wird. Wie bereits dargestellt, findet sich diese Bündelung der „Großinteressen" ebenfalls in den Genzentren, in denen Wissenschaft, Industrie und Staat zusammenwirken. Auch die Enquete-Kommission „Chancen und Risiken der Gentechnik" und die „Benda-Kommission" waren durch ein solches Beziehungsgeflecht von Staat und Großverbänden gekennzeichnet.

Diese Elitekooperation impliziert aber nicht, daß die Repräsentanten der Funktionsbereiche unter sich keine Konflikte austragen. Eher das Gegenteil ist gerade im Vergleich zu Japan[1067] mit seinen an Harmonie orientierten Abstimmungs-

---

[1065] Vgl. dazu die kritische Erörterung in: Reutter, W., Korporatismustheorien, Frankfurt: Peter Lang, 1991, S. 82-91.

[1066] Siehe dazu auch die inzwischen publizierte Studie von Dolata, U., Polische Ökonomie der Gentechnik, Berlin: edition sigma, 1996, sowie Dolata, U., Riskante Beschleunigung. Gentechnik in Deutschland: Eine politisch-ökonomische Bilanz. Blätter für deutsche und internationale Politik 41,5, 1996, S. 577-586.

[1067] Weber, H., Zwischen Markt und Staat. Aspekte japanischer und deutscher Technologiepolitik. In: Bechmann, G. & Rammert, W. (Hg.), Technik und Gesellschaft, Jahrbuch 4, Frankfurt/New York: Campus, 1987, S. 61-83.

prozessen der Fall. Wie die Analyse ergeben hat, konnten sich insgesamt gesehen die ökonomischen Interessen sehr stark durchsetzen und haben sogar die Wissenschaft zu Anpassungsleistungen gezwungen, insbesondere bei der Forderung nach einer gesetzlichen Regulierung der Gentechnik und deren inhaltliche Bestimmung. Die „exit"-Möglichkeiten der Industrie, Kapital im Ausland zu investieren, hatten ihre „voice"-Möglichkeiten, also politischen Einfluß auszuüben, enorm erhöht. Nicht nur ist das GenTG auf das „Muster der Marktgesellschaft"[1068] hin formuliert, die starke Orientierung auf den Marktmechanismus zeigt sich auch in der flankierenden angebotsorientierten Wirtschaftspolitik der Bundesregierung und der am Subsidiaritätsprinzip ausgerichteten Forschungspolitik, die sehr stark die anwendungsbezogene Forschung fokussierte (siehe dazu Kapitel 5.5). Wie aufgezeigt wurde, hat innerhalb des Untersuchungszeitraumes seit dem Regierungswechsel zur christlich-liberalen Koalition die ordnungspolitische Diskussion eine funktionale Entlastung des Staates vor allem in Form einer Rückverlagerung von Steuerungs- und Allokationsfunktionen zum Markt anvisiert. Durch solche Maßnahmen versprach man sich nicht nur eine enorme Leitungssteigerung der Industrie, sondern auch eine entsprechende Legitimation der politischen Aktivitäten hinsichtlich der Ermöglichung ökonomischer Effektivitätschancen. Damit dominiert bei der Auseinandersetzung um die Gentechnik insgesamt ein anwendungsbezogener wissenschaftlich-technisch-ökonomischer Komplex, auf dessen funktionale Imperative die Gentechnikpolitik in Deutschland weitgehend ausgerichtet ist. Auch die Analyse des Mediendiskurses hat gezeigt, daß die von Wissenschaft und Industrie getragenen Themen die Arena eindeutig dominierten, wobei allerdings neben dem Thema „Erkenntnisfortschritt" insbesondere das Thema „praktische Problemlösung" eine strategisch wichtige Rolle spielte, um Akzeptanz in der Öffentlichkeit zu erzielen. Dabei ist weiterhin zu berücksichtigen, daß der Erkenntnisfortschritt, wegen der engen Verzahnung von Grundlagenforschung und Anwendung der Gentechnik, in der Regel im Hinblick auf den Nutzen für die praktische Problemlösung, also auf den Anwendungszusammenhang hin thematisiert wurde. Nun ist hinsichtlich der technologischen Entwicklung natürlich nichts gegen die Steuerungsintelligenz des Marktes zu sagen, solange hier eine Abstimmung mit anderen Handlungsrationalitäten stattfindet, wenn diese aus ökologischen, sozialen, moralischen oder Sicherheitsgründen geboten scheint. Eine solche soziale Abstimmung fand allerdings äußerst unzureichend statt.

In einem solchen institutionellen Arrangement der Elitenkooperation haben Protestakteure und Vertreter von Organisationen, die nicht genügend gesellschaftlichen Einfluß und eine im Vergleich geringere Konfliktfähigkeit (im Sinne eines Verweigerungspotentials von relevanten Leistungen für das politische

---

[1068] Winter, G., Entfesselungskunst, op.cit., S. 18.

System) besitzen, kaum Zugangschancen oder werden verdrängt bzw. marginalisiert, wie beispielsweise die Grünen in der Enquete-Kommission. Solche selektiven Politiken der Elitekartelle begünstigen dann als Reaktion auch solche Basisproteste, die sich am „Paradigma der Lebensweise" orientieren und gegen die kooperative Strategie der gesellschaftlichen Funktionselite opponieren,[1069] wobei oft nur der Weg über den öffentlichen Diskurs bzw. die öffentliche Meinungsbildung bleibt. Dabei werden zunehmend mehr Forderungen nach politischer Inklusion gestellt, also politische Mitspracherechte und Ansprüche auf Partizipation an politischen Entscheidungs- und Implementationsprozessen angemeldet. Wie in Kapitel 5 deutlich wurde, ist die Forderung nach mehr demokratischer Teilhabe, nach mehr Öffentlichkeit und Information von einer Reihe von Akteuren vorgebracht worden, auch von solchen, die beispielsweise wie die Gewerkschaften schon in einige solcher Zirkel kooptiert wurden. Partizipationsforderungen stoßen jedoch noch weitgehend auf anders gelagerte Präferenzen, insbesondere bei Wissenschaft und Industrie. Bereits Anfang der achtziger Jahre haben beispielsweise Studien ermittelt, daß 80% der Politiker und 75% der übrigen Eliten dem Freiheitsrecht eine Priorität vor vermehrter Bürgerpartizipation einräumen, während bei der Bevölkerung die Partizipationsforderung leicht in Führung liegt. Hier zeigt sich offensichtlich der Wunsch nach mehr Beteiligungsrechten oder zumindest nach mehr Kontrolle von Elitenentscheidungen, während die Eliten stärker auf die Erhaltung der Freiheitsräume ausgerichtet sind.[1070] Wie in Kapitel 5 herausgestellt wurde, ist die stärkere öffentliche Beteiligung immer wieder von den Protestakteuren eingefordert und durch das GenTG ihrer Ansicht nach nur unzureichend berücksichtigt worden; nach der Novellierung des GenTGs wurde sie sogar wieder erheblich eingeschränkt. Zusätzlich lassen sich Anzeichen ausmachen, daß durch die – im Zusammenhang mit den Individualisierungs- und Globalisierungsschüben zu sehende – Zunahme von gesellschaftlichen Wettbewerbsstrukturen in Deutschland das Synthesemodell aufgeweicht wird und in seiner Reinform nicht mehr vorzufinden ist. Hier ist man auf dem Wege, sich solchen gesellschaftlichen Verhältnissen anzunähern, die mehr dem US-amerikanischen Konkurrenzmodell entsprechen. Dies zeigt sich beispielsweise daran, daß sich in Deutschland mittlerweile neben der etablierten Wissenschaft eine konkurrierende alternative Wissenschaft eingerichtet hat, die Empfehlungen der Enquete-Kommission nicht dem reinen Synthesemodell entsprechend nahtlos in das Gentechnikgesetz transportiert

---

[1069] Heinze, R.G., Elitenkooperation und Basisproteste: Grenzen neokorporatistischer Steuerung. Journal für Sozialforschung 22,4, 1982, S. 429-446.

[1070] Hoffmann-Lange, U., Eliten als Hüter der Demokratie? Zur Akzeptanz demokratischer Institutionen und freiheitlicher Werte bei Eliten und Bevölkerung in der Bundesrepublik. In: Berg-Schlosser, D. & Schissler, J. (Hg.), Politische Kultur in Deutschland, Opladen: Westdeutscher Verlag, 1987, S. 378-389.

wurden, die betroffenen „Dritten" jenseits etablierter Organisationen aktions- und artikulationsfähiger geworden sind und sich eine ganze Reihe unterschiedlicher Protestakteure herausgebildet hat. Auch bei den Großorganisationen (etwa bei den Gewerkschaften und den Kirchen) zeigen sich vermehrt Schwierigkeiten, die unterschiedlichen Mitgliederinteressen auf eine gemeinsame Linie zu bringen und zwingen zu einer stärkeren Beachtung der einer „Mitgliedschaftslogik" unterworfenen Imperative der Sozialintegration.[1071] Diese Öffnung für mehr Konkurrenz und Wettbewerb impliziert für das noch auf das Synthesemodell ausgerichtete institutionelle Beziehungsgeflecht die Gefahr, daß die Berücksichtigung pluralistischer Interessenlagen innerhalb des neokorporatistischen Arrangements hinter der tatsächlichen gesellschaftlichen Interessendifferenzierung zurückbleibt und das Festhalten an einer neokorporatistischen Interessenvermittlung gegenüber pluralistischen Tendenzen dann zwangsläufig auch mit zunehmenden Legitimationskonflikten verbunden ist[1072], die auf eine Krise der neokorporatistischen Politikformulierung und –implementation hinweisen.

Dieser weitgehenden politischen Konfrontation von gesellschaftlich mächtigen Verbandsinteressen und Protestakteuren korrespondiert eine fundamentale Wertkonfrontation auf kultureller Ebene. Die in den Textmaterialien artikulierten vielfältigen kulturellen Vorstellungen lassen sich in zwei Großkategorien zusammenfassen: einer mehr die ökonomische und wissenschaftlich-technische Wachstumsdynamik fokussierenden Werthaltung, einem gesellschaftlich „etablierten" Wertmuster (instrumenteller Aktivismus) steht ein „alternatives Wertmuster" gegenüber, welches genau diese als einseitig oder bloß „instrumentell" empfundene Wachstumsdynamik zum Ziel der Kritik macht. Diese dichotomen Wertmuster finden sich jeweils sowohl bei Vertretern der Natur- als auch der Geisteswissenschaften, wobei allerdings das „alternative" Wertmuster von den kritischen Naturwissenschaftlern außerhalb des Mainstreams getragen wurde. Wie die Analyse gezeigt hat, bildete sich auf der Ebene des öffentlichen Diskurses eine scharfe Frontstellung zwischen den Akteuren heraus, die ihre kulturellen Ressourcen aus den verschiedenen fundamentalen Wertorientierungen bezogen. Weiterhin wurde skizziert, daß mit diesen Orientierungen jeweils ein unterschiedliches Verständnis der gesellschaftlichen Entwicklung, vom sozialen Zusammenleben und ein differentes Verhältnis zwischen Mensch und Natur verbunden ist. Diese beiden Fundamentalorientierungen stehen sich unversöhnlich gegenüber und können nicht aneinander abgearbeitet werden, da hier noch ver-

---

[1071] Streeck, W., Vielfalt und Interdependenz, op.cit.

[1072] Lehner, F., Pluralistische Interessenvermittlung und staatliche Handlungsfähigkeit: Eine ordnungsanalytische Analyse. In: Alemann, U. von & Forndran, E. (Hg.), Interessenvermittlung und Politik. Interesse als Grundbegriff sozialwissenschaftlicher Lehre und Analyse, Opladen: Westdeutscher Verlag, 1983, S. 102-115.

mittelnde gesellschaftliche Instanzen fehlen, die diese verschiedenen Perspektiven zusammenführen. Auch der Mediendiskurs weist recht gut diese duale Struktur auf: hier hat sich neben einer „herrschenden" Öffentlichkeit eine „Gegenöffentlichkeit" herausgebildet, in der die Handlungsorientierungen der Protestakteure vornehmlich artikuliert werden können. Bei der Interessenartikulation der Akteure kann es allerdings durchaus auch zu Überschneidungen und überraschenden Allianzen in den Forderungen nach einem adäquaten gesellschaftlichen Umgang mit der Gentechnik kommen, wie etwa die enge Verbindung der Themen bei ökologischen Akteuren und Protestakteuren der Kirchen sowie zwischen den Kirchen und der Frauenbewegung zeigt.

Deutlich wurde jedoch, daß die Vielzahl von miteinander konkurrierenden Wertspezifikationen und -varianten der Akteure innerhalb grundlegender, allgemein geteilter Werte eingebettet war. Das heißt, es besteht durchaus ein allgemeiner Konsens über die soziale Geltung solcher Werte wie „Würde des Menschen", „verantwortliche Gestaltung der Welt", „Verantwortung für die zukünftige menschliche Gemeinschaft", „Umweltschutz", „gesellschaftlicher Fortschritt", „Gesundheit", „Sicherheit" etc., jedoch erfahren solche Prinzipien jeweils unterschiedliche inhaltliche Ausgestaltungen. Der Rekurs auf solche allgemeinen Werte wurde sowohl im Hinblick auf den Anwendungszusammenhang der Humagenetik als auch auf den Anwendungszusammenhang der industriellen Biotechnologie vorgenommen. Einerseits zeigt sich durch den ständigen kommunikativen Rekurs auf solche generalisierten Werte, daß sie nicht einfach nur als Relikt moderner Gesellschaften mitgeschleppt werden, sondern in der öffentlichen Arena ein abstraktes Kollektivbewußtsein zelebriert wird.[1073] Selbst ein strategischer Gebrauch solcher Wertcommitments setzt, wie bereits argumentiert wurde, voraus, daß zumindest für die Adressaten dieser Appelle die entsprechenden Werte eine soziale Gültigkeit besitzen und damit handlungsrelevant sein müssen. Darüber hinaus wird aber auch das eigene Handeln derjenigen, die im Hinblick auf ihre Interessendurchsetzung solche Wertcommitments im öffentlichen Diskurs aktivieren, an dieser Werte-Implementation gemessen. Eben dadurch hatten die frühen Verheißungen der Biotechnologie, menschliches Leiden in naher Zukunft erheblich reduzieren zu können, angesichts des faktischen Zurückbleibens hinter diesen Versprechungen zu Vertrauensverlusten in der Öffentlichkeit geführt.

Andererseits zeigen aber die vielfältigen und um die kulturelle Vorherrschaft kämpfenden Wertspezifikationen oder -varianten, daß man auf dieser Ebene

---

[1073] Vgl. dazu auch Douglas, J.D., Deviance and Respectability: The Social Construction of Moral Meanings. In: Douglas, J.D. (Hg.), Deviance & Respectability. The Social Construction of Moral Meanings, New York/London: Basic Books, 1970, S. 3-30.

durchaus von einem generellen Orientierungsdissens[1074] der Akteure sprechen kann. Auf dieser Ebene jedoch ist ein dauerhafter faktischer Konsens keinesfalls eine notwendige Bedingung für eine demokratische gesellschaftliche Ordnung. Eher das Gegenteil dürfte für moderne Gesellschaften der Fall sein, da diese für viele Handlungsbereiche einheitliche Wertsysteme und konvergierende Interessen der Akteure nicht mehr voraussetzen. In der Verfassung ist ja geradezu ein Pluralismus der Werte und eine Konkurrenz der Entwürfe über die Ziele wünschenswerter gesellschaftlicher Entwicklung eingebaut, die als wesentliche Voraussetzung individueller Freiheiten gelten. Eine Totalität des Konsenses auf dieser Ebene gilt in modernen Gesellschaften denn auch nicht als ein erstrebenswertes Ziel, sondern vielmehr als ein Indikator für Überkonformität, Unterdrückung individueller Freiheiten und für die Versteinerung des sozialen Zusammenlebens.[1075] Solche Bemühungen oder Ansprüche, hinsichtlich technologischer Entwicklungen und Anwendungen einen dauerhaften gesellschaftlichen Werte-Konsens zu erzielen, sind daher unter den aktuellen Bedingungen häufig zum Scheitern verurteilt. Ein solcher Konsens ist nur in dem besonderen Falle möglich, wo die grundlegenden Werte und auch die Spezifikationen mit den dazugehörigen Implementationen innerhalb eines gemeinschaftlichen Verbundes sozial verpflichtend gemacht werden können. Dies bedeutet dann aber auch konsequenterweise die Schließung des Thematisierungshorizonts und des Handlungsspielraumes der Akteure gegenüber neuen Wertinterpretationen und auch gegenüber einer Erweiterung von Handlungsoptionen. Fruchtbarer hingegen erscheint die Strategie, sich auf *dieser Ebene* nicht auf Konsens zu fixieren und von Dissens als Basis der Verständigung auszugehen. Eben weil durch die immer schnelleren Veränderungen der ökonomischen Entwicklung und des wissenschaftlichen Wissens die beteiligten Akteure sich offenhalten müssen und sich nicht dauerhaft konsensuell auf eine bestimmte „beste" Lösung einigen dürfen, müssen sie sich im Wechselspiel von Kritik und Gegenkritik üben und sich permanent verständigen. Die Mobilisierung argumentativer Ressourcen erfolgt dabei nicht im Hinblick auf die dauerhafte Herstellung eines spezifischen Konsenses, sondern im Hinblick auf die Anschließbarkeit weiterer Argumentation und damit auf die Aufrechterhaltung von Verständigungsprozessen, aus denen dann durchaus ein situativer Konsens im Sinne *Poppers* entstehen kann.[1076] Im Unterschied zu einem „eingefrorenen" Konsens, der letztlich nur durch einen

---

[1074]Schimank, U., Spezifische Interessenkonsense trotz generellem Orientierungsdissens, op.cit.

[1075]Dazu kurz und bündig: Fetscher, I., Wieviel Konsens gehört zur Demokratie? In: Guggenberger, B. & Offe, C. (Hg.), An den Grenzen der Mehrheitsdemokratie, Opladen: Westdeutscher Verlag, 1984, S. 196-206.

[1076]Vgl. Hahn, A., Verständigung als Strategie. In: Haller, M., Hoffmann-Nowottny, H.-J. & Zapf, W. (Hg.), Kultur und Gesellschaft, Frankfurt/New York: Campus, 1989, S. 346-359.

„Paradigmawandel" aufgekündigt werden kann, ist dies bei einer dynamischen kommunikativen Verständigung auch durch wechselnde situative Erfordernisse, Interessenlagen, neue Argumente und veränderte Machtpositionen möglich. Spezifische Konsense sind daher nur „Interpunktionen" in diesem dauerhaften Prozessieren von Dissens. Dabei darf allerdings, wie *Rawls* und *Habermas* klarmachen, auf eine grundsätzliche vorgängige Verständigungs- und Konsensorientierung der Akteure nicht verzichtet werden. Ein übergreifender Konsens ist eine Stabilitätsbedingung des vernünftigen Pluralismus[1077] und eine ausschließlich am Dissens orientierte Konzeption der Konfliktaustragung kann nicht zeigen, wie Legitimation erzeugt wird:

> Die deliberative Politik würde ihren Sinn – und der demokratische Rechtsstaat seine Legitimationsgrundlage – verlieren, wenn wir als Teilnehmer an politischen Diskursen nicht andere überzeugen und von anderen lernen könnten. Der politische Streit würde seinen deliberativen Charakter einbüßen und zum ausschließlich strategischen Machtkampf degenerieren, wenn die Beteiligten nicht auch – gewiß in dem fallibilistischen Bewußtsein, sich jederzeit irren zu können – davon ausgehen würden, daß die strittigen politischen und rechtlichen Probleme eine „richtige" Lösung finden könnten.[1078]

Erforderlich ist also eine Verschränkung der Akteurorientierung am (Ideal-)Ziel einer durch Gründe auszuweisenden Problemlösung einerseits und an der faktischen permanenten Kritik spezifischer Problemlösungen andererseits. Ein solcher dynamischer Umgang mit Wertspezifikationen ist gerade durch die Entwicklung neuer Technologien notwendig geworden. Wie die Analyse des Mediendiskurses ergeben hat, werden die meisten Risiken der Gentechnik im moralischen Bereich befürchtet, und dies hat besonders in Deutschland zu einem moralischen „Reflexionsschub" Anlaß gegeben. Nun ist aber die Tatsache, daß äußere, bedrohliche Entwicklungen den Anstoß geben, über die Richtigkeit unseres Handelns nachzudenken, nicht neu. Bereits für *Hobbes*, der am Beginn der modernen Staats- und Rechtsphilosophie steht, war der englische Bürgerkrieg im 17. Jahrhundert Anlaß, über einen Staat nachzudenken, der den einzelnen vor der egoistischen Interessenverfolgung der anderen weitgehend schützt. Damit soll natürlich nicht generalisierend behauptet werden, daß den großen theoretischen Neuerungen der Ethik immer gesellschaftsbedrohende Entwicklungen vorausgingen, dies ist historisch schon nicht zutreffend. Aber solche Entwicklungen haben im Zusammenhang mit dem Empfinden der Unangemessenheit tradierter kultureller Leitvorstellungen vor allem die Konjunktur auf dem kulturellen Markt sinnhafter Orientierungen belebt. Somit erfährt auch die Kultur durch die technologische Entwicklung eine weitere und spezifische Dynamisie-

---

[1077] Rawls, J., Politischer Liberalismus, Frankfurt: Suhrkamp, 1998.

[1078] Habermas, J., Die Einbeziehung des Anderen, Frankfurt: Suhrkamp, 1996, S. 325-326.

rung: die weitreichenden ökologischen, sozialen und moralischen Konsequenzen der modernen Wissenschaft und Technik erzeugen in der Gesellschaft eine verstärkte Nachfrage nach dem Selbstverständnis des Menschen und der Gesellschaft und nach dem, was wir begründet dürfen und tun sollen. Solche öffentlich artikulierten Befürchtungen bewirken als objektiver Bedarf der Gesellschaft für den kulturellen Markt normativer Begründungen einen konjunkturellen Aufschwung. Die oftmals in diesem Zusammenhang stattfindende Erosion herkömmlicher Normen muß aber nicht gleichzeitig auch Ausdruck einer Orientierungskrise für die Gesellschaft sein, sondern ist eine normale Erscheinung gesellschaftlicher Modernisierungsprozesse. Angst vor Werteverlust drückt dabei häufig nur die Angst vor Neuem aus.[1079] Ähnlich wie auf dem ökonomischen Markt finden sich hier sowohl Wettbewerbs- als auch Konzentrationstendenzen der Anbieter. Dieser Bereich der Sinnstiftung wird im deutschen Gentechnikdiskurs allerdings noch von den traditionellen und wertkonservativen Akteuren dominiert. In Kapitel 5.7 wurde bereits darauf hingewiesen, daß in Kommissionen und sonstigen Gremien die Moraltheologen im Vergleich zu den Philosophen weitaus häufiger vertreten sind und hinsichtlich der rechtlichen Regelung im humangenetischen Bereich (Embryonenschutzgesetz) zusammen mit juristischen Auffassungen ihre Standpunkte durchsetzen konnten, was hier zu einer stark restriktiven Gesetzesformulierung führte. Diese restriktive Gesetzgebung kam einerseits den Positionen der Protestakteure entgegen, andererseits wurde sie dadurch begünstigt, daß die Industrie an diesem Bereich der Gentechnik kein Interesse zeigte und so nur der Widerstand der diesbezüglich isoliert stehenden Wissenschaft und Medizin überwunden werden mußte.

Insgesamt fällt bei der Auseinandersetzung um die Gentechnik auf, daß die Positionen der Akteure während des untersuchten Zeitraums weitgehend unverändert blieben, sieht man einmal davon ab, daß die Industrie ab 1988 eine gesetzliche Regelung forcierte, die Wissenschaft das Thema „Embryonenforschung" zurückstellte sowie die Forderung nach Selbstregulierung fallen ließ und die Grünen bei ihrer Forderung nach einem Stopp der Gentechnik in bezug auf den medizinischen Bereich Ausnahmen machte. Ansonsten hat sich an den jeweiligen Argumentationen nichts geändert. Die polarisierten Positionen kulminierten insbesondere während des Höhepunktes der gesellschaftlichen Debatte und trafen hier mit voller Wucht aufeinander, was die Gegensätzlichkeit im Mediendiskurs nur allzu deutlich machte (vgl. Kapitel 5.8). Da vermittelnde Instanzen zwischen diesen Konfliktpolen fehlen, prallen die Gegensätze von Proponenten und Opponenten mehr oder weniger unvermittelt aufeinander und erzeugen auf der Gegenseite jeweils nur Unverständnis. Auf der anderen Seite werden durch die-

---

[1079]Münch, R., Glohbale Dynamik, lokale Lebenswelten, Frankfurt: Suhrkamp, 1998, S. 118-139.

se Konfliktkonstellation die Akteure nur noch um so enger an die eigenen Kollektivvorstellungen gebunden und verstärken so die selektive Taubheit in bezug auf die Gegenargumentation. Gerade bei Auseinandersetzungen um Konfliktgegenstände unterliegen die Akteure einer besonderen Form der Vergesellschaftung,[1080] die Anlässe dafür bietet, divergierende oder konträre Wertorientierungen miteinander zu konfrontieren und dichte moralische Milieus bei den Konfliktparteien zu schaffen, die das Individuum in der kollektiven Idee aufgehen lassen.[1081] Dies bindet ein hohes Maß an affektiver Energie der beteiligten Akteure und erschwert oder verhindert eine rationale Auseinandersetzung zwischen den Konfliktparteien. Insofern sind solche Maßnahmen, die allein in einer gesteigerten Information und Aufklärung das Allheilmittel zur Lösung eines derart emotional hochgeschaukelten Konflikts sehen, kaum wirkungsvoll. Erforderlich sind vielmehr institutionelle Mechanismen, die reflexiv umschalten von der „one-way"-Risikokommunikation auf diskursive Verständigung, bei der die problematisierten Themen abgearbeitet und die Risikoperspektiven miteinander kompatibilisiert werden können. Anders als *Luhmann* gehe ich daher nicht davon aus, daß zwischen Risikoentscheider und Risikobetroffener per se eine Verständigung nicht möglich ist, sondern führe dies eher auf sozialstrukturelle und institutionelle Besonderheiten zurück, die in einer Gesellschaft vorliegen können oder auch nicht. Ob Verständigung erzielt werden kann oder nicht ist daher an völlig kontingente strukturelle bzw. institutionelle Bedingungen gekoppelt. Da die konfligierenden Positionen nicht in eine umfassende Perspektive integriert werden konnten, wie es dem „Synthesemuster" entsprochen hätte, andererseits aber die Konfliktaustragung institutionell noch an neokorporatistischen Arrangements ausgerichtet ist, die sich hinsichtlich einer Öffnung für pluralistische Interessensartikulationen schwertut, wurde der Konflikt nur um so heftiger geführt und manifestierte sich in einer scharfen Konfrontation der gegensätzlichen Positionen. Daß der Konflikt nicht in gewaltsame Auseinandersetzungen einmündete wie beispielsweise bei der Kernenergie liegt nicht zuletzt auch daran, daß die Gentechnik nicht so „sichtbar" wie ein Atomkraftwerk und eine Querschnittstechnologie ist, die eine Differenzierung nach vielen Anwendungsbereichen zuläßt.

[1080]Simmel, G., Der Streit, op.cit., S. 180.

[1081]Durkheim, E., Soziologie und Philosophie, Frankfurt: Suhrkamp, 1976 (1924), S. 150-153.

6.3 Zur Reform der Verständigungsverhältnisse in der bundesdeutschen Gentechnikdebatte

Diese konfrontatorische Art der Auseinandersetzung wird auch deutlich, wenn man die „politische Kultur" der Konfliktaustragung auf einen bestimmten „Stil" hin komprimiert. Faßt man die Bearbeitung kontroverser technologiepolitischer Argumentationen als ein Problem des Politikstils[1082], dann läßt sich die Auseinandersetzung um die Gentechnik in Deutschland als eine eher „positionell" angelegte Politik, im Unterschied zu einer „diskursiv" angelegten Politik, verstehen. Diese beiden Politikstile lassen sich nach *Ueberhorst* idealtypisch folgendermaßen charakterisieren:[1083]

Eine positionelle Politik:
- beansprucht eine konsistente Position,
- subordiniert Einwände und beantwortet aus positioneller Perspektive,
- grenzt Einwände als gegnerische Position aus,
- sucht wissenschaftliche Unterstützung für ihre Position, ignoriert wissenschaftliche Kontroversen und disqualifiziert wissenschaftliche Einwände,
- ist in ihrer normativen Orientierung festgelegt,
- hält trotz Veränderung ursprünglicher situativer Gegebenheiten an ihrer Position fest,
- versichert sowohl Anhänger als auch Gegner in ihrer jeweiligen Position,
- fordert als Mehrheit die Minderheiten zur Akzeptanz demokratischer Mehrheiten auf,
- sucht im Konfliktfall bei vermutetem Erfolg in Abstimmungsprozessen eine Mehrheit,
- ist gegen den Diskurs, aber „dialogbereit" im Sinne positionsorientierter Überzeugungsstrategien,
- verteidigt die Position unter dem Aspekt der Identitätserhaltung nach innen und nach außen.

Eine diskursive Politik dagegen :
- anerkennt offene Fragen und Handlungsalternativen,
- sucht gemeinsame Maßstäbe zwischen konfligierenden Positionen,
- behandelt Teilnehmer und Perspektiven als gleichberechtigt,

---

[1082] Vgl. dazu Ueberhorst, R., Positionelle und diskursive Politik – Die Bewährung einer demokratischen technologiepolitik an den Chancen kritischer Argumente zur Brütertechnik (1). In: Meyer-Abich, K.M. & Ueberhorst, R. (Hg.), AUSgebrütet – Argumente zur Brutreaktorpolitik, Basel, Boston, Stuttgart: Birkhäuser Verlag, 1985, S. 356-395.

[1083] Ibid., S. 370-372.

- fördert die Kommunikation mit wissenschaftlichen Kontroversen,
- sieht einen Bedarf, das Werteberücksichtigungspotential zu untersuchen und auch ggf. neue Wert- und Zielvorstellungen zu erarbeiten,
- ist angesichts einer dynamischen Umwelt sensibel und lernfähig,
- versucht, die konfligierenden Positionen in einen kooperativen Prüf-, Bewertungs- und Konsensfindungsprozeß einzubringen,
- behält sich auch als Mehrheit das Recht auf Irrtum und Lernprozesse vor,
- versucht, verfrühte Abstimmungsprozesse zu vermeiden,
- ist gegen Positionen, die sich nicht dem Diskurs stellen wollen,
- definiert die Bereitschaft zum Diskurs als Teil der politischen Identität.

Wie anhand dieser Auflistung in Verbindung mit dem in Kapitel 5 analysierten Material zu sehen ist, zentriert die Auseinandersetzung mehr um den positionellen Politikstil. Damit schält sich insgesamt ein Konfliktbearbeitungsmuster der Gentechnikpolitik in Deutschland heraus, das wesentlich durch die Darstellung und den Schlagabtausch von Positionen und Gegenpositionen geprägt ist und ein „wirklicher" Diskurs im strengen Sinne gar nicht stattgefunden hat. Nicht durch die Suche nach gegenseitiger Verständigung ist die Debatte gekennzeichnet, sondern durch Konfrontation und Durchsetzung von Positionen. Unterstützt wird dies durch den in Kapitel 5 skizzierten kulturell codierten „intellektualistischen Politikstil" in Deutschland mit seiner Orientierung an „Sachlichkeit" und der damit verbundenen Autorität der wissenschaftlichen Expertise. Alternative, von der Mainstream-Wissenschaft vernachlässigte Wissensformen, wie sie häufig von Protestakteuren vertreten werden, haben daher kaum ein Chance, in den diskursiven Auseinandersetzungen Gehör zu finden. Beispielhaft sind hier die Anhörungen im Rahmen der Enquete-Kommission, bei der wissenschaftliche „Einschätzungen" nur dann ernst genommen wurden, wenn sie durch entsprechende Fakten unterstützt wurden. Umgekehrt wird daher aus der herrschenden Perspektive alles das, was nicht dieser „Sachlichkeit" entspricht, als „emotional" abgetan.

Legt man das Schema „gesellschaftliche Modernisierung/kulturelle Modernisierung"[1084] an die Auseinandersetzung um die Gentechnik in Deutschland an, dann hat sich insgesamt gesehen eine Position durchgesetzt, die sich unter den Begriff „neokonservative Rechte" fassen läßt. Diese zeigt zwar sich aufgeschlossen gegenüber der ökonomisch-technischen Modernisierung, steht jedoch den gesellschaftlich-emanzipatorischen Werten und deren politischer Implementation sowie dem Aufbau neuer institutioneller Verständigungsverfahren weitgehend ablehnend gegenüber. Da nun mit diskursiven Mitteln der Konflikt nicht bearbeitet

---

[1084] Offe, C., Die Utopie der Null-Option, op.cit., S. 110; vgl. auch Habermas, J., Die Kulturkritik der Neokonservativen in den USA und in der Bundesrepublik. In: Habermas, J., Die Neue Unübersichtlichkeit, op.cit., S. 30-56.

werden konnte, wurde er – unter zunehmendem Handlungsdruck nach gesetzlicher Regulierung – in das politische System zur Entscheidung verlagert und dort durch das Verfahren des Mehrheitsentscheids im Parlament versucht zu beenden. Dies bedeute gleichzeitig ein Wechsel von einem mehr „konsensuellen Politikstil" zu einem mehr „autoritativen Politikstil", wie er in Kapitel 5 skizziert wurde. Ebenso wie der breite öffentliche Diskurs – anders als in den USA, wo das Thema aus der Wissenschaft heraus auf die öffentliche Agenda gesetzt wurde – weitgehend aus dem politischen Komplex heraus initiiert wurde, wurde auch der Versuch gemacht, diesen Diskurs wieder politisch zu beenden und mit Hilfe des Mediums Recht den Konflikt zu lösen. Der anfänglichen breiteren Öffnung des politischen Komplexes gegenüber der Zivilgesellschaft folgte zum Höhepunkt der Debatte hin eine erneute Schließung, um die positionelle Politik des Technokorporatismus möglichst effektiv mit einer entsprechenden Gesetzgebung durchsetzen zu können. Indem nun aber Förder- und Schutzfunktion gleichzeitig im Gesetz festgeschrieben wurden und die Implementationspraxis sich als innovationshemmend herauskristallisierte, brach der Konflikt zwischen den beteiligten Akteuren erneut los, wurde repolitisiert (da das Recht hauptsächlich nur solche Konflikte löst, die es selbst konstruieren kann[1085]) und mündete in die Novellierung des GenTGs, bei der die wissenschaftlich-ökonomischen Interessen wiederum die Oberhand behielten. Während sich die Kritik aus Wissenschaft und Industrie hauptsächlich an der Implementationspraxis entzündete, wurde von den Kritikern bereits die im Gentechnikgesetz festgeschriebene doppelte Zielformulierung und mangelnde Öffentlichkeitsbeteiligung beanstandet.

Hinsichtlich des politischen Verfahrens zur normativen Regulierung der Gentechnik stellt sich nun die Frage, wieso die formale Entscheidung nach dem Mehrheitsprinzip ihre Funktion, eine breite Legitimation der getroffenen Entscheidung zu generieren, nicht erfüllte. Schließlich ist es gemeinhin anerkannt, daß Demokratie mit Mehrheitsverfahren und Mehrheitsentscheid zu tun hat, und die zentrale Bedeutung des Mehrheitsverfahrens bei der demokratischen Entscheidungsfindung hat immer wieder dazu geführt, dieses als den eigentlichen Kern von Demokratie überhaupt zu verstehen. Dennoch ist die Legitimationsfunktion des Mehrheitsprinzips in modernen Demokratien „durchaus problematisch und bestreitbar"[1086], da diese prozedurale Auffassung von Demokratie an bestimmte Voraussetzungen gebunden ist, unter denen erst eine Akzeptanz des Mehrheitsentscheids erwartet werden kann. Zwar fungiert Macht als ein Mecha-

---

[1085] Luhmann, N., Das Recht der Gesellschaft, Frankfurt: Suhrkamp, 1993, S. 159.

[1086] Offe, C., Politische Legitimation durch Mehrheitsentscheidung? In: Guggenberger, B. & Offe, C. (Hg.), An den Grenzen der Mehrheitsdemokratie. Politik und Soziologie der Mehrheitsregel, Opladen: Westdeutscher Verlag, 1984, S. 150-183, 154.

nismus der Übertragung von Selektionsleistungen, die durch politische Entscheidung generiert wurden: Wer über Macht verfügt, kann andere dazu motivieren, seine Entscheidungen zu übernehmen, d.h. die offerierte Selektion als bindend zu akzeptieren.[1087] Damit ist die Frage nach der Legitimität der Entscheidung aber noch nicht beantwortet. Zunächst geht es auch bei Verfahren der politischen Entscheidungsfindung darum, die institutionelle Ordnungsbildung mit der Offenhaltung für Kontingenz, Erwartungssicherheit mit Erwartungsunsicherheit zu verknüpfen: der Gewißheit, daß entschieden wird, korrespondiert die Ungewißheit, wie entschieden wird.[1088] Die Ungewißheit ist insofern konstitutiv für Verfahren, als bei ihrer Abwesenheit (etwa bei politischen Wahlen, bei denen das Ergebnis schon feststeht) einfach nur von Ritualen gesprochen werden kann. Für diese Funktionsweise mußten Verfahren sich ebenfalls gegenüber gesellschaftlichen Gesamtbezügen distanzieren und eine relative Autonomie gewinnen.[1089] Bekannt ist diese Problematik etwa im Kontext der Positivierung des Rechts: so wird beispielsweise im Rechtssystem in Deutschland mit der Entwicklung des juristischen Positivismus in der zweiten Hälfte des 19. Jahrhunderts alles Recht auf Entscheidungen des Gesetzgebers zurückgeführt. Da aber Entscheidungen immer Wahlakte sind, konnte das gesamte Recht durch Entscheidungen geändert werden und somit auch das Recht, welches das Verfahren der Gesetzgebung bestimmt. Entscheidend für die Positivität des Rechts ist aber nicht das Wissen um historische Rechtsetzungsakte, sondern daß es als Selektion aus einer Vielfalt von Möglichkeiten und gleichzeitig als jederzeit änderbar erlebt wird.[1090] Damit ist die Kontingenz des Rechts grundsätzlich anerkannt, obwohl das Rechtssystem seinerseits nicht kontingent, sondern sogar notwendig für die Erfüllung seiner Funktionen ist.[1091] Diese Rechtspositivierung bedeutet aber nicht, daß das Rechtssystem in einem autopoietisch operierenden Sinne verstanden werden darf.[1092] Ebenso wie das moderne rationale Recht sich mit Hilfe kultureller Orientierungen, wissenschaftlicher Rationalität, politischer Machtkämpfe und ökonomischer Interessen aus den überlieferten normativen Verhaltensmustern traditionaler Gesellschaften herausgelöst hat, haben solche außerrechtliche Faktoren wiederum einen Einfluß auf das Rechtssystem und das

---

[1087] Vgl. Luhmann, N., Legitimation durch Verfahren, Frankfurt: Suhrkamp, 1983 (1975), S. 25.

[1088] Ibid., S. 51.

[1089] Am Beispiel von Verfahren im Beweisrecht vgl. Ibid., S. 60-66.

[1090] Luhmann, N., Positivität des Rechts als Voraussetzung einer modernen Gesellschaft. In: Luhmann, N., Ausdifferenzierung des Rechts, Frankfurt: Suhrkamp, 1981, S. 113-152, 124.

[1091] Vgl. Luhmann, N., Machtkreislauf und Recht in Demokratien. In: Luhmann, N., Soziologische Aufklärung, Bd.4, op.cit., S. 142-151, 145-146.

[1092] So z.B. bei Luhmann, N., Das Recht der Gesellschaft, op.cit., insbesondere S. 38-123.

Rechtsverfahren[1093], allerdings unterhalb der Ebene der hier geltenden Leitprinzipien. Ebensowenig kann ein legales politisches Verfahren in einem autopoietischen Sinne Legitimation erzeugen und das politische System sich selbst legitimieren.[1094] Konkretisiert auf das Gesetzgebungsverfahren des GenTGs sind bekanntlich solche Normierungen das Ergebnis parlamentarischer Entscheidungen nach der Mehrheitsregel.[1095] In funktional ausdifferenzierten Gesellschaften muß jedoch bei tiefgreifenden Wertkonflikten die politische Legitimation aus dem sozial-kulturellen Komplex beschafft werden, und zwar nach der „Logik der Kultur". Natürlich hat *Luhmann* damit recht, daß Legitimität immer weniger durch die Orientierung an „unbezweifelbaren und damit zeitkonstanten Werten oder Prinzipien"[1096] erlangt werden kann. Dennoch wird über die konkreten Werte und deren Interpretation, nach denen politische Entscheidungen *auch* beurteilt werden, über diskursive Verfahren entschieden. Solche Entscheidungen gehorchen aber der Logik des Diskurses und nicht der Logik der Politik. Beides zusammen dem politischen System zuzumuten, wäre letztlich eine funktionale Überfrachtung dieses Systems, das nicht Entscheidungen produzieren und dann auch noch für deren normative Richtigkeit garantieren kann. Diese analytische Tatsache darf nicht dadurch verschleiert werden, daß empirisch gesehen in der Politik oftmals beide Prozesse eng miteinander gekoppelt und Entscheidungsverfahren in ihrem Prozessieren über Interpenetrationsbeziehungen bereits an die „Logik der Kultur" angeschlossen sind. Daher sind auch Mehrheitsentscheide nicht einfach deshalb per se schon legitim, weil sie durch – vorgängig kulturell legitimierte - legale Verfahren zustandegekommen sind, vielmehr ist das Mehrheitsprinzip selbst wiederum bestimmten Geltungsbedingungen unterworfen.[1097] Als die im hier zu erörternden Zusammenhang der Gesetzgebung zur

---

[1093] Münch, R., The Law as a Medium of Communication. Cardozo Law Review 13,5, 1992, S. 1655-1680, insbesondere S. 1660-1662; vgl. auch Habermas, J., Faktizität und Geltung, op.cit., S. 580-591.

[1094] So Luhmann, N., Legitimation durch Verfahren, op.cit.; Luhmann, N., Positivität des Rechts als Voraussetzung einer modernen Gesellschaft, op.cit., S. 132-133.

[1095] Es geht hier nur um das Verfahren der Mehrheitsentscheidung. Die Tatsache, daß die Administration, konkret: die Ministerialverwaltung, teilweise auch in den Prozeß der Willensbildung und Programmentwicklung, also in legislatorische Steuerungsprozesse involviert ist, kann daher in diesem Zusammenhang vernachläßigt werden, vgl. dazu Mayntz, R., Soziologie der öffentlichen Verwaltung, Heidelberg: C.F. Müller, 1985, insbesondere S. 181-210.

[1096] Luhmann, N., Das Recht der Gesellschaft, op.cit., S. 558.

[1097] Vgl. dazu Offe, C., Politische Legitimation durch Mehrheitsentscheidung?, op.cit.; Gusy, Ch., Das Mehrheitsprinzip im demokratischen Staat. In: Guggenberger, B. & Offe, C. (Hg.), An den Grenzen der Mehrheitsdemokratie, op.cit., S. 61-82; Guggenberger, B. & Offe, C., Politik aus der Basis – Herausforderung der parlamentarischen Mehrheitsdemokratie. In: Guggenberger, B. & Offe, C. (Hg.), An den Grenzen der Mehrheitsdemokratie, op.cit., S. 8-19.

Gentechnik (GenTG) wichtigsten Bedingungen dürfte einerseits gelten, daß legitimerweise nur über solche Sachfragen Mehrheitsentscheidungen getroffen werden können, von denen man annehmen kann, daß sie „im Prinzip revidierbar, reversibel oder hinsichtlich ihrer potentiellen Konsequenzen korrigierbar sind".[1098] Wie dargelegt wurde, ist dieser Aspekt in der Gentechnologiedebatte heftig umstritten, da hinsichtlich der Risiken sowohl das „additive Risikomodell" als auch das „synergistische Risikomodell" auf hypothetischen Annahmen beruhen, deren „Beweis" umstritten ist. Hier hat sich die Politik in ihrer Entscheidung dem von der Mainstream-Wissenschaft und Industrie vertretenen „additiven Risikomodell" angeschlossen, das aber auch von solchen kritischen Stimmen, die ansonsten keine Gegner der Gentechnik sind, als eine nicht ausreichende Grundlage für die Einschätzung und Bewertung der Sicherheitsrisiken angesehen wird. Als wohl wichtigste Bedingung der Anwendung der Mehrheitsregel dürfte daneben wohl diejenige sein, die fordert, daß bei einem Mehrheitsentscheid keine tiefgreifenden Wertkonflikte in der Gesellschaft vorliegen dürfen: Über Werte läßt sich nicht durch Überstimmung entscheiden, Voraussetzung ist ein tragfähiger vorpolitischer Konsens:

> So wenig sich die religiösen Minderheiten im 18. Jahrhundert – in England oder Frankreich – durch Beschlüsse der Regierungen von ihren Glaubensüberzeugungen abbringen ließen, lassen sich heute ökologische Gegner ... davon überzeugen, daß sie sich vorbehaltlos dem Mehrheitsvotum beugen müssen.[1099]

Wie aber in der vorliegenden Studie deutlich gemacht wurde, ist die Auseinandersetzung über die Gentechnik in Deutschland von tiefgreifenden Wertkonflikten geprägt. Hier wurde vom politischen Komplex aus – trotz allgemeiner Übereinstimmung nach einer gesetzlichen Regulierung der Gentechnik – sehr unsensibel verfahren. Die Gesetzgebung hat eine breite Gemeinwohlorientierung vernachläßigt und sich – wie schon weiter oben argumentiert wurde – weitgehend an den Bedürfnissen der Industrie orientiert. Damit hat man sich gleichzeitig in die Gefahr begeben, den Anspruch auf Legitimität der politischen Entscheidung zu überdehnen:

> Wird um solche Grundsatzüberzeugungen und nicht mehr nur um Interessen an Geld, Macht, Einfluß und Privilegien gerungen, so können die Grenzen der Integrationsfähigkeit des Mehrheitsprinzips sehr schnell erreicht sein – mit der Folge, daß bestimmte politische Entscheidungsthemen und Entscheidungen die geltenden Legitimitätsgrundlagen politischen Entscheidens überstrapazieren.[1100]

[1098] Offe, C., Politische Legitimation durch Mehrheitsentscheidung?, op.cit., S. 164.

[1099] Fetscher, I., Wieviel Konsens gehört zur Demokratie?, op.cit., S. 203.

[1100] Guggenberger, B. & Offe, C., Politik aus der Basis – Herausforderung der parlamentarischen Mehrheitsdemokratie, op.cit., S. 12.

Eine demokratische Praxis, die sich nicht den legitimatorischen Boden unter ihren Füßen wegziehen will, steht daher vor der Erfordernis, einer Gemeinwohlorientierung einerseits und der Anbindung der Herrschaftsausübung an Prozesse der demokratischen Willensbildung und Verantwortung andererseits gerecht zu werden.[1101] Berücksichtigt man die heftigen Kontroversen im Umfeld der Gesetzgebung, dann muß man konstatieren, daß die politische Mehrheit strategisch dazu genutzt wurde, die Position von Industrie und Wissenschaft rechtlich zu festigen. Durch den vorschnellen Abbruch des Gentechnikdiskurses – hauptsächlich durch den durch ökonomischen „Globalisierungsdruck" erzeugten Zwang einer industriefreundlichen Regelung – wurde daher versäumt, einen breiten gesellschaftlichen Konsens zu erzielen.

Wie läßt sich nun im Anschluß an die eingangs skizzierten Überlegungen *Durkheims* eine gesellschaftliche Verflechtung der verschiedenen Akteurperspektiven in den ausdifferenzierten gesellschaftlichen Handlungsbereichen im Hinblick auf solche risikopolitischen Entscheidungsverfahren, die einer demokratischen kollektiven Selbstbestimmung gerecht werden, herstellen? Konzentriert man sich zunächst auf das Parlament als zentralem Ort gesellschaftlicher Willens- und Konsensbildung, liegt die Öffnung für öffentliche Diskussionen über eine bestimmte Technik und die Einbeziehung von mehr plebiszitären Elementen nahe. Das Parlament könnte dann die Rolle des Moderators solcher Diskurse – die in den verschiedenen Interessengruppen ohnehin ablaufen – übernehmen und damit gleichzeitig Sachverstand generieren, was es aus seiner „bisher weitgehenden Bedeutungslosigkeit in der technologiepolitischen Diskussion"[1102] herauslösen würde. Hierbei gibt es allerdings zwei wichtige Beschränkungen: Erstens kann eine Demokratisierung technikpolitischer Entscheidungen nicht heißen, daß über jede Technik ein Plebiszit durchgeführt wird, „die Überlegenheit legitimierter repräsentativer Strukturen gegenüber einem Plebiszit ... gilt im Prinzip auch für den Bereich der Technik"[1103]. Zweitens bleibt eine Technikbewertung und -gestaltung durch das Parlament an den Stand der technologischen Aufklärung in der Gesamtgesellschaft gebunden, das Parlament kann seine primäre Aufgabe nicht in der technologischen Aufklärung der gesellschaftlichen Akteure sehen. Eine solche Aufklärung leisten vielmehr öffentliche Diskurse, in denen eine Vorverständigung über den gesellschaftlichen Umgang mit einer

---

[1101]Scharpf, F.W., Versuch über Demokratie im verhandelnden Staat. In: Czada, R. & Schmidt, M.G. (Hg.), Verhandlungsdemokratie, Interessenvermittlung, Regierbarkeit. Festschrift für Gerhard Lehmbruch, Opladen: Westdeutscher Verlag, 1993, S. 25-50, 27.

[1102]Mai, M., Technikbewertung im Parlament. Gesellschaftlicher Steuerungsbedarf und parlamentarische Eigenrationalität. In: Weyer, J. (Hg.), Theorien und Praktiken der Technikfolgenabschätzung, München/Wien: Profil Verlag, 1994, S. 51-68, 62.

[1103]Ibid., S. 63.

Technik und deren rechtlicher Regelung erzielt werden kann. In diesem Sinne macht *Habermas* auf die Notwendigkeit eines vorpolitischen Konsenses bei solchen Streitfragen aufmerksam und plädiert daher für die Rückbindung politischer Entscheidungsprozesse an kulturelle Diskurse. Aus der Perspektive eines prozeduralistischen Rechtsparadigmas gilt demnach Recht nur dann als legitim, wenn es aus diskursiven Prozessen hervorgeht, an denen Staatsbürger gleichberechtigt teilnehmen.[1104] Nun ist natürlich aus pragmatischen Gründen eine Anbindung aller Entscheidungen an die Willensbildungsprozesse aller Bürger nicht möglich, vielmehr wird eine solche Komplexität in der Regel durch entsprechende Routinen innerhalb des politischen Komplexes reduziert. Es muß jedoch möglich sein, daß im Konfliktfall die Entscheidungsproduktion innerhalb des politischen Komplexes mit dem öffentlichen Diskurs rückgekoppelt ist, in dem alle gesellschaftlichen Interessen ein faire Chance haben, sich einzubringen. Eine diskursive Aufladung des Produktions- und Reproduktionszusammenhangs des Rechts erscheint gerade angesichts des Umgangs mit Ungewißheit erforderlich, bei der es nicht mehr um die „binäre Kodierung sicher oder unsicher" des alten Polizeirechts geht, sondern um eine „Risikobalancierung"[1105], deren Legitimation sich aus dem gesamten Spektrum gesellschaftlicher Zielsetzungen ergibt. Dies zeigt sich beispielsweise im Rahmen der normativen Abwägung von Rechtsgütern oder der Sozialverträglichkeit der Technikanwendung. Daneben geht es aber auch um die Kommunikation darüber, wie Entscheidungsverfahren zu gestalten sind, also um Normierungsfragen, nach welchen Normen Verfahren ablaufen sollen, die bestimmte Normen produzieren. Folgt man nun solchen – in der neueren Literatur zur Rechtsentwicklung häufiger anzutreffenden und in Verbindung zur Krise des regulativen Rechts gebrachten – gängigen Charakterisierungen wie z.B. dem „Drei-Stadien-Modell"[1106] oder etwa der Periodisierung der Staatsaufgaben (Ordnungswahrung, gerechte Verteilung sozialer Entschädigungen, Bewältigung kollektiver Gefährdungen) mit den idealtypischen Staatsformen Rechtsstaat, Sozialstaat und Sicherheitsstaat,[1107] dann wird entsprechend diesen Kennzeichnungen das formale Recht, das materiale Recht und schließlich das prozeduralisierte Recht oder das „reflexive" Recht jeweils in den Blickpunkt gerückt. Dieser Reihenfolge nach läßt sich von einer allokativen, distributiven

---

[1104] Habermas, J., Faktizität und Geltung, op.cit., S. 492.

[1105] Wolf, R., Zur Antiquiertheit des Rechts in der Risikogesellschaft. In: Beck, U., Politik in der Risikogesellschaft, op.cit., S. 378-423, 410.

[1106] Günther, K., Der Wandel der Staatsaufgaben und die Krise des regulativen Rechts. In: Grimm, D. (Hg.), Wachsende Staatsaufgaben – sinkende Steuerungsfähigkeit des Rechts, Baden-Baden: Nomos, 1990, S. 51-68.

[1107] Habermas, J., Faktizität und Geltung, op.cit., S. 524-525.

und kommunikativen Rationalität sprechen.[1108] Bei der Bewältigung kollektiver Gefährdungen und der Ausrichtung an „Sicherheit" als zentrale Aufgaben des Staates schiebt sich also eine kommunikative Rationalität vor andere Rationalitätsformen und das Recht wird „reflexiv". Die Leistungen prozeduraler Rechtsnormen liegen in der „Verteilung und Zuteilung von Diskurschancen, Öffentlichkeitspflichten und Begründungspflichten"[1109]. Es geht dabei also um Formen der Mitbestimmung, die sicherstellen sollen, daß sich technische Entwicklungen, deren mögliche Risiken wir alle teilen müßten, nicht mehr über die Köpfe der Betroffenen hinweg vollziehen. Damit hätten alle gesellschaftlichen Interessenlagen die Chance, ihre jeweiligen Perspektiven und Werthaltungen einzubringen und aufeinander abzustimmen.

Demgegenüber vertritt das in Anlehnung an die *Luhmannsche* Systemtheorie formulierte „reflexive" Recht[1110] ein Konzept der Regulation der Selbstregulation sozialer Systeme, nach der unter Vorgabe bestimmter Verfahrensregeln die konkreten Entscheidungen an Akteure außerhalb des Rechtssystems delegiert werden. Hierbei geht es aber gerade nicht um die verständigungsorientierte Zusammenführung unterschiedlicher Akteurperspektiven aus verschiedenen Handlungsbereichen, sondern um die systeminterne diskursive Bewältigung von Problemlagen. Ich erspare mir hier die Wiedergabe dieses mittlerweile bekannten Ansatzes und auch die bloße Wiederholung fundiert angebrachter Kritik.[1111] Hervorzuheben ist in diesem Zusammenhang nur die subsystemspezifische Fassung der allgemeinen Diskurstheorie, nach der über Demokratisierungsprozesse in den Subsystemen diskursive Strukturen hergestellt werden, die eine systeminterne Reflexion sicherstellen sollen. Innerhalb dieses Kontextes muß sich daher das Recht darauf beschränken, demokratische selbstregulative Mechanismen zu installieren. In diesen autopoietischen Subsystemen, nicht im Rechtssystem, werden dann die faktischen Entscheidungen gefällt; im Rechtssystem wird nur über Entscheidungsprämissen entschieden, die auf die Erfordernisse der Um-

---

[1108] Preuß, U., Rationality Potentials of Law – Allocative, Distributive and Communicative Rationality. In: Joerges, Ch. und Trubeck, D.M. (Hg.), Critical Legal Thought: An American-German Debate, Baden-Baden: Nomos, 1989, S. 525-555; vgl. auch Eder, K., Prozedurale Rationalität. Zeitschrift für Rechtssoziologie 7,1, 1986, S. 1-30; Eder, K., Prozedurales Recht und Prozeduralisierung des Rechts. Einige begriffliche Klärungen. In: Grimm, D. (Hg.), Wachsende Staatsaufgaben, sinkende Steuerungsfähigkeit, op.cit., S. 155-185.

[1109] Eder, K., Prozedurales Recht und Prozeduralisierung des Rechts, op.cit., S. 157.

[1110] Vgl. dazu beispielsweise Teubner, G., Reflexives Recht. Archiv für Rechts- und Sozialphilosophie 68, 1982, S. 13-59; Teubner, G. & Willke, H., Kontext und Autonomie. Gesellschaftliche Selbststeuerung durch reflexives Recht. Zeitschrift für Rechtssoziolgie 1, 1984, S. 4-35.

[1111] Siehe beispielsweise nur Nahamowitz, P., Autopoietische Rechtstheorie: mit dem baldigen Ableben ist zu rechnen. Zeitschrift für Rechtssoziologie 11,1 1990, S. 137-155.

weltsysteme abzustimmen sind. Für die Risikogesellschaft sind damit aber fatale Konsequenzen verbunden. Dies bedeutet nämlich, daß Wissenschaft, Industrie und Technik unter bestimmten Rahmenbedingungen im Hinblick auf die Bewältigung von Risiken weitgehend sich selbst überlassen bleiben und der Staat einfach nur abwartet, ob sich für ihn Handlungszwänge ergeben. Damit ist aber nur die klassische Aufgabe des Staates erfaßt, in bedrohlichen Situationen für die Sicherheit der Bürger zu sorgen. Für die Risiken moderner Hochtechnologien ist angesichts der möglichen irreversiblen Konsequenzen aber zu fragen, ob dem Staat überhaupt noch etwas verbleibt, was er wiederherstellen kann.[1112] Im Hinblick auf die Probleme der Risikogesellschaft ist dieser Ansatz meines Erachtens kaum geeignet, hier eine über klassische Lösungen hinausgehende Anregung zu geben, da nicht klar wird, wie autopoietische Systeme ihre „Eigenperspektive" überwinden und den Blick für das Ganze gewinnen können. Auch in *Willkes* Konzeption des Supervisionsstaates, der bei solchen Selbstbindungen der autopoietischen Systeme – die übrigens dem Konzept der Interpenetration nahe kommen – dafür sorgt, daß die subsystemspezifischen Entscheidungen miteinander kompatibel sind[1113], wird konzeptionell nicht ganz klar, wie der Staat hier „steuernd eingreifen" und Kompatibilität herstellen kann, da autopoietische Systeme (im Luhmannschen Sinne) gegenüber solchen Maßnahmen ja per Definition immun sind und selbst durch günstige „Kontexte" in ihrem Operieren nicht determiniert werden. *Willke* fokussiert zwar im Einklang mit *Durkheim* die überragende Stellung des Staates zur Lösung des gesellschaftlichen Integrationsproblems, vernachläßigt dabei aber die bei *Durkheim* so wichtigen intermediären Instanzen, die sich *zwischen* den Staat und den gesellschaftlichen Funktionsbereichen schieben, deren jeweilige Eigenlogiken abbremsen und die verschiedenen „Soziallogiken" miteinander kombinieren. Geht man davon aus, daß eine demokratische Legitimation von Verhandlungsprozessen zunächst einmal dort eine Chance hat, wo die Konflikte zwischen den Akteuren wenigstens durch die Empathie für den jeweiligen Standpunkt der anderen Seite überwogen werden[1114], dann läßt sich eine solche wechselseitige Perspektivenübernahme nur schwer aus der Perspektive einer autopoietischen Theorie konstruieren.

Eine wichtige Grundannahme innerhalb des hier angelegten theoretischen Bezugsrahmens besteht darin, daß kontextübergreifende Beziehungen immer von Akteuren vorangetrieben und aufrechterhalten werden. Sucht man daher nach

---

[1112]Luf, G., Probleme der Verrechtlichung am Beispiel der Gentechnologie. In: Koller, P., Varga, C. & Weinberger, O., Theoretische Grundlagen der Rechtspolitik, Stuttgart: Franz Steiner Verlag, 1992, S. 28-36, 32.

[1113]Willke, H., Ironie des Staates, Frankfurt: Suhrkamp, 1996.

[1114]Scharpf, F.W., Versuch über Demokratie im verhandelnden Staat, op.cit., S. 43.

solchen kontextübergreifenden Akteurverflechtungen, die zudem in der Lage sind, „strukturelle Kopplungen" zwischen den verschiedenen institutionellen Komplexen herzustellen und zu etablieren, bietet sich an, auf das in der Politikwissenschaft verbreitete Konzept der „policy networks" zurückzugreifen. Aus dieser Perspektive geht die gesellschaftliche Kontrolle und Steuerung nämlich nicht einfach von einem übergeordneten (Supervisions-)Staat aus, sondern ist zwischen den verschiedenen privaten und öffentlichen Akteuren verteilt. Solche „policy networks" sind als hybride Strukturen einer „political governance" zu betrachten, in der die verschiedenen Soziallogiken zusammengeführt werden:

> Their *integrative logic* cannot be reduced to any single logic such as bureaucracy, market, community, or corporatist association, for example, but is characterized by the capacity for mixing different combinations of them. It is the mixture and not the individual logic per se which accounts for its functioning.[1115]

Policy-Netzwerke erfüllen ihre Koordinationsfunktion allerdings nicht nur mittels strategischer Verhandlung, sondern auch durch Argumentation im Sinne der Diskurstheorie.[1116] Die konkrete Mischung solcher Logiken innerhalb der Netzwerke ist allerdings empirisch kontingent und wird maßgeblich durch den kulturellen Code einer Gesellschaft bestimmt.[1117] Dies bedeutet aber, daß solche Netzwerke in Deutschland eben durch jenes gesellschaftliche Konfliktlösungsmuster gekennzeichnet sind, welches weiter oben als „Synthese" bezeichnet wurde. Wie müssen aber nun die policy networks bzw. die in solchen Netzwerken eingelassenen diskursiven Verfahren der Abstimmung zwischen den verschiedenen Akteurperspektiven konfiguriert sein, um eine integrative Kraft entfalten zu können?

Weiter oben wurde auf die in der Auseinandersetzung um die Gentechnik manifestierten unversöhnlichen Wertekonflikte aufmerksam gemacht. Weiterhin wurde deutlich, daß diese Konflikte weder durch einen Diskurs noch durch irgendwelche Kompromisse beigelegt werden können. Wie läßt sich nun eine übergreifende Verklammerung der institutionellen Komplexe im Sinne *Durkheims* überhaupt herstellen? Nun hatte *Durkheim* ja argumentiert, daß die inte-

---

[1115]Kenis, P. & Schneider, V., Policy Networks and Policy Analysis: Scrutinizing a New Analytical Toolbox. In: Marin, B. & Mayntz, R. (Hg.), Policy Networks. Empirical Evidence and Theoretical Considerations, Frankfurt/Boulder, Col.: Campus/Westview Press, 1991, S. 25-59, 42.

[1116]Zur „argumentativen Wende" in der Policy-Forschung vgl. Fischer, F./Forester, J., The Argumentative Turn in Policy Analysis and Planning, Durham/London: Duke University Press, 1993.

[1117]Waarden, F. van, Über die Beständigkeit nationaler Politikstile und Politiknetzwerke. In: Czada, R. & Schmidt, M.G. (Hg.), Verhandlungsdemokratie, Interessenvermittlung, Regierbarkeit, Opladen: Westdeutscher Verlag, 1993, S. 191-212.

grative Kraft des Kollektivbewußtseins bei zunehmender gesellschaftlicher Differenzierung nur dann erhalten bleibt, wenn 1) dieses Kollektivbewußtsein einen Abstraktionsschub erfährt und 2) sich intermediäre Instanzen herausbilden, die a) „horizontal" zwischen den gesellschaftlich differenzierten Sphären und b) „vertikal" zwischen der universellen kulturellen Moral und den partikularen Wertperspektiven der Funktionsbereiche vermitteln. Für die hier anvisierten Verfahren der Beratung und Entscheidung bzw. Verhandlungssysteme bedeutet dies, daß sie sich nicht nur in den Zonen zwischen den großen Funktionsbereichen der Gesellschaft etablieren und die vielfältigen gesellschaftlichen Interessen zusammenführen müssen, sondern in diesen Zonen auch von den Teilnehmern aus den verschiedenen institutionellen Komplexen einen Perspektivenwechsel im Sinne von *Meads* idealer Perspektivenübernahme[1118] verlangen. Die Akteure dürfen sich nämlich bei solchen Wertkonflikten nicht auf ihren partikularen (institutionellen) Wert-Standpunkt zurückziehen – „welche Regelung aus jeweils „unserer" Sicht die „für uns beste" ist"[1119] – sondern sie müssen prüfen, welche Problemregelung im Hinblick auf eine gleichberechtigte Koexistenz der Perspektiven „gleichermaßen gut für alle" ist. Eine solche generalisierte Perspektive innerhalb der Verfahrensprozesse verlangt also die Transzendierung des konkreten Ethos einer bestimmten Handlungssphäre bzw. eines institutionelen Komplexes und prämiert den Vorrang des „Gerechten" vor dem „Guten":

> Während den Fragen des „guten Lebens" die Welt- und Selbstdeutungsperspektive einer ersten Person Singular oder Plural eingeschrieben ist, lassen sich Gerechtigkeitsfragen nur unter gleichmäßiger Berücksichtigung der Welt- und Selbstdeutungsperspektiven *aller* Beteiligten unparteiisch beurteilen ...[1120]

Es geht also nicht darum, was für uns als Mitglieder eines partikularen Kollektivs mit einem eigenen Ethos gut ist, sondern was richtig für alle ist. Eine solche Generalisierung der Perspektive verlangt daher von den Akteuren eine tolerante Haltung gegenüber den spezifischen Auffassungen des „guten Lebens" differenzierter Kollektive. Diese Haltung einer sozialen Toleranz gewährleistet, daß wenigstens auf einer sehr abstrakten Ebene ein gemeinsamer Bezugspunkt geschaffen werden kann, von dem aus dann unterschiedliche konkrete und auch konkurrierende Vorstellungen des „guten Lebens" und der Gestaltung der gesellschaftlichen Lebensverhältnisse formuliert werden können, die aber durch einen vorgängigen abstrakten Konsens sinnhaft restringiert werden. Dennoch bleibt im Hinblick auf das Problem des gesellschaftlichen Umgangs mit der Gentechnologie die Schwierigkeit bestehen, wie sich nun die partikularen Perspektiven ver-

---

[1118]Vgl. Mead, G.H., Geist, Identität und Gesellschaft, Frankfurt: Suhrkamp, 1978 (1934), insbesondere S. 328-336.

[1119]Habermas, J., Die Einbeziehung des Anderen, op.cit. S. 321.

[1120]Ibid., S. 313-314.

mitteln lassen. Um hier möglichen Mißverständnissen gleich vorzubeugen: es geht bei den kontextübergreifenden partizipatorischen Verfahren der Politikberatung nicht darum, an den zuständigen Verfassungsorganen (Parlament und Verwaltung) vorbeizuoperieren, dazu haben die wie auch immer ausgewählten Beteiligten gar kein politisches Mandat. Auch geht es nicht darum, in solchen Verfahren einen Mechanismus abschließender Konfliktregelung zu sehen. Ein Konflikt über die gesellschaftliche Anwendung einer Technologie kann in solchen Foren jedoch ausgebreitet, eingehend aus verschiedenen Perspektiven diskutiert und möglicherweise einer Klärung zugeführt werden. Diese Klärung kann dann in einen Konsens einmünden, sie kann aber auch zu dem Ergebnis kommen, daß über den noch bestehenden Dissens dann legitimerweise ein Mehrheitsentscheid getroffen werden muß. Solche partizipatorischen Verfahren kommen also lediglich der Forderung entgegen, Entscheidungsprozesse für die Bürger zu öffnen und eine dialogische Konfliktbearbeitung zu fördern. Die Etablierung solcher Verfahren befindet sich allerdings in den verschiedenen Ländern noch mehr oder weniger in einem Experimentierstadium. Während man etwa in Dänemark im Hinblick auf einen gesellschaftlichen Konsens über Anwendungszusammenhänge der Gentechnik mit einem „Konsens-Konferenz-Modell" recht gute Erfolge erzielte, war dies in England und Deutschland mit solchen partizipativen Verfahren nicht der Fall.[1121] Auffallend an diesen Ergebnissen ist, daß weniger die Abstimmung der partikularen konfligierenden Perspektiven der Beteiligten *innerhalb* des Verfahrens problematisch war, sondern vielmehr die externe Einbettung solcher Verfahren bzw. die Problematik der Vermittlung der intern erzielten Ergebnisse nach außen in die institutionellen Komplexe. Ohne die Integration in ein förderliches kulturelles und institutionelles Umfeld ist solchen kontextübergreifenden Verfahren daher kaum Erfolg beschieden. Diese mangelnde „strukturelle Koppelung" weist darauf hin, daß sich eine kommunikativ erzeugte Macht keinesfalls nahtlos in die Funktionsbereiche der Gesamtgesellschaft umsetzen läßt, wie es eine Diskurstheorie nahelegt, sondern hier wiederum auf die weiteren Interaktionsmedien und damit auch auf die Perspektivenverknüpfung mit den verschiedenen Handlungsbereichen angewiesen ist. Wie die bisherigen empirischen Studien deutlich machen, ist im Hinblick auf strukturelle Koppelungseffekte die Etablierung solcher aufwendi-

---

[1121]Vgl. dazu Daele, W. van den, Risikodiskussionen am „Runden Tisch". Partizipative Technikfolgenabschätzung zu gentechnisch erzeugten herbizidresistenten Pflanzen. In: Martinsen, R. (Hg.), Politik und Biotechnologie. Die Zumutung der Zukunft, Baden-Baden: Nomos, 1997, S. 281-301; Daele, W. van den & Bora, A., Technikfolgenabschätzung als Diskurs – Das WZB-Verfahren zu Kulturpflanzen mit geenteechnisch erzeugter Herbizidresistenz. In: Torgersen, H. (Hg.), Biotechnologie in der Öffentlichkeit. Von der Risikodiskussion zur Technikgestaltung, Wien: Institut für Technikfolgen-Abschätzun, 1996, S. 3-22; Joss, S., Die dänische Öffentlichkeitsdebatte zur Biotechnologie – Die Funktion von Konsens-Konferenzen. In: Torgersen, H. (Hg.), Biotechnologie in der Öffentlichkeit, op.cit., S. 63-72.

gen partizipativen Verfahren nicht nur auf finanzielle Ressourcen aus dem ökonomischen Komplex (Geld), auf effektive Durchsetzung durch den politischen Komplex (Macht) und soziale Loyalitäten aus dem Komplex der gesellschaftlichen Gemeinschaft (über Einfluß vermittelte Akzeptanz) angewiesen, sondern umgekehrt müssen die diskursiv erzielten Ergebnisse wiederum mit Hilfe von sozialem Einfluß, politischer Macht und ökonomischen Anreizen in die externen Funktionskontexte, die ja wiederum ihrer eigenen Logik folgen, hineingetragen werden und dort mit deren Funktionserfordernissen verknüpft werden. Erst über solche Verklammerungen der differenzierten Handlungssphären, vorangetrieben durch miteinander vernetzte soziale Akteure, können Vermittlungsprozesse ihre Funktion überhaupt erst erfüllen. Darüber hinaus macht das „policy-networks"-Konzept darauf aufmerksam, daß es bei solchen Verfahren nicht bloß um eine vorgängige konsensuelle Entscheidungsfindung im Hinblick auf eine politische Beschlußfassung gehen muß, sondern es sich hier um vielschichtige Ebenen der Politikformulierung und –implementation handelt, wobei auf jeder Ebene der Konflikt aufs Neue entstehen kann und neu ausgetragen werden muß. Partizipative Verfahren müssen daher auf allen unterschiedlichen Problemebenen – vom agenda-setting bis hin zur faktischen Implementation – installiert werden und offen dafür sein, daß auf jeder Ebene neue und differenzierte Aspekte eingebracht und verhandelt werden können.

Abschließend kann man in bezug auf die verschiedenen Legitimationsdimensionen der bundesdeutschen Gentechnikpolitik festhalten, daß der politische Komplex primär versucht hat, genügend Effektivitätschancen für den ökonomischen Komplex bereitzustellen und sich dabei entsprechend an den Rahmen der ökonomischen Akteure und am Marktmechanismus orientierte. Damit hat es innerhalb des dominanten Wertmusters die technokorporatistischen Erwartungen, sieht man von den ursprünglichen Problemen von Industrie und Wissenschaft bei der Implementation des GenTGs ab, weitgehend erfüllt. Nicht berücksichtigt wurden dagegen in den politischen Entscheidungen die Forderungen nach einer breiten Einbeziehung der Öffentlichkeit. Für die gentechnologische Debatte in Deutschland muß insgesamt konstatiert werden, daß man hier versäumt hat, einen breiten diskursiven Verständigungsprozeß auf allen Ebenen der Politikformulierung und –implementation in Gang zu setzen. Der politische Komplex hat es nicht geschafft, um mit *Durkheim* zu sprechen, mit allen relevanten gesellschaftlichen Akteuren in eine enge kommunikative Beziehung zu treten und sein „Bewußtsein", aber auch das Bewußtsein der gesellschaftlichen Akteure zu erweitern. Die erforderliche Etablierung geeigneter vermittelnder Instanzen erfordert jedoch Zeit, da erst entsprechende gesellschaftliche Lernprozesse in Gang gesetzt werden müssen, bis sich ein soziales Vertrauen in solche kontextübergreifenden Institutionen entwickelt hat.

7 Diagramme

Diagramm 1

G A

Ziele	Mittel
Machtakkumulation	Nutzenoptimierung
(Gesetz der politischen Machtakkumulation)	(Gesetz der ökonomischen Beschleunigung)
Macht	Tausch
Herrschaft	Markt
(Macht)	(Geld)
politisches Feld	**ökonomisches Feld**

sozial-gemeinschaftliches Feld	**sozial-kulturelles Feld**
(Einfluß)	(Wertcommitments)
Gemeinschaft	Diskurs
Vergemeinschaftung	Kommunikation
(Gesetz der sozialen Trägheit)	(Gesetz der diskursiven Generalisierung)
Konformität	symbolische Verständigung
Normen	Ideen

I L

Diagramm 2

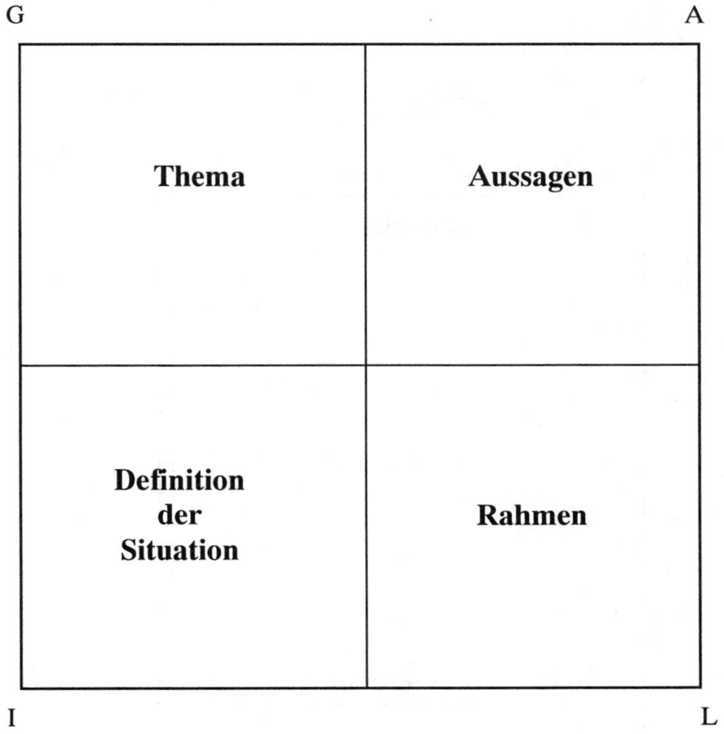

```
      G                                        A
      ┌─────────────────────┬─────────────────────┐
      │                     │                     │
      │       Thema         │      Aussagen       │
      │                     │                     │
      ├─────────────────────┼─────────────────────┤
      │     Definition      │                     │
      │        der          │      Rahmen         │
      │     Situation       │                     │
      │                     │                     │
      └─────────────────────┴─────────────────────┘
      I                                        L
```

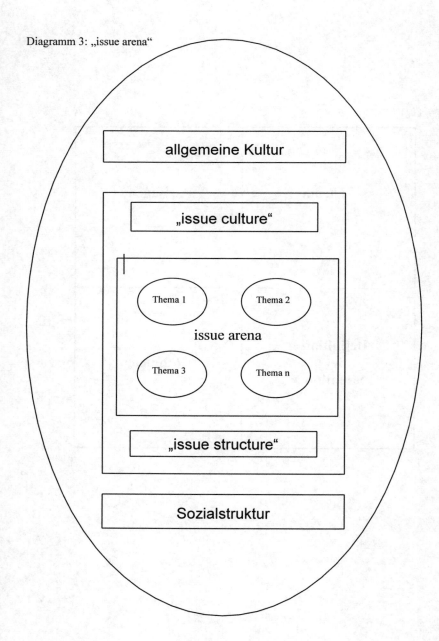

Diagramm 4

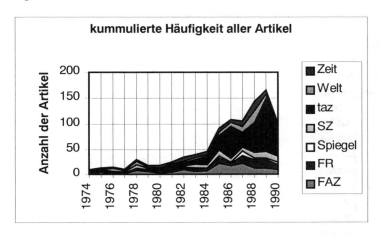

Diagramm 5

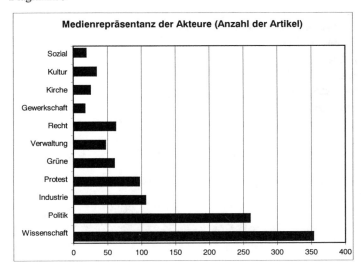

Diagramm 6

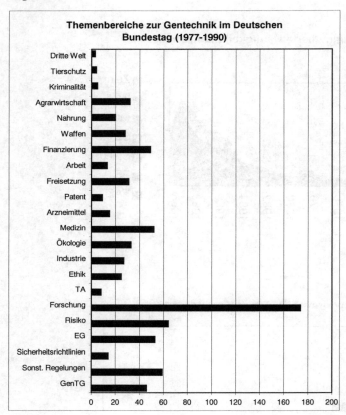

Themenbereiche zur Gentechnik im Deutschen Bundestag (1977-1990)

Diagramm 7

Diagramm 8

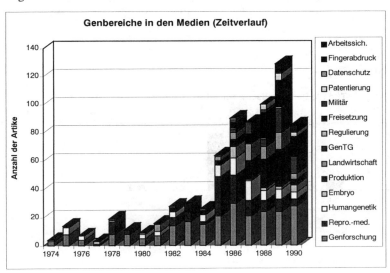

Diagramm 9

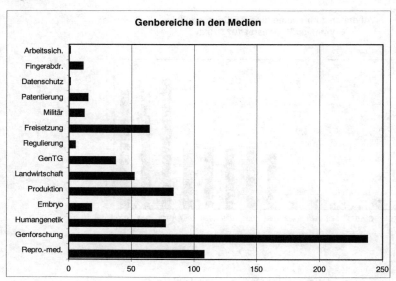

Diagramm 10

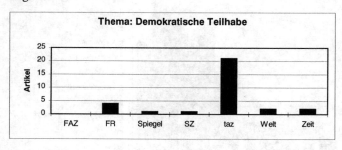

Diagramm 11

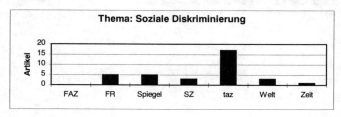

Diagramm 12

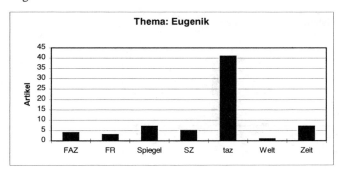

Diagramm 13

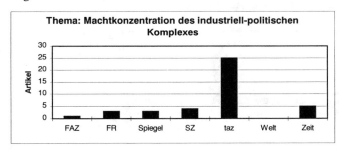

Diagramm 14

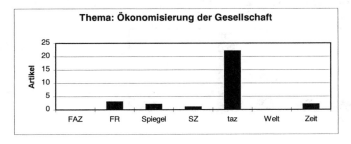

Diagramm 15

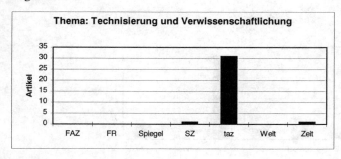

Diagramm 16

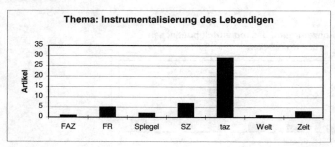

Diagramm 17

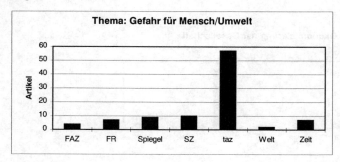

Diagramm 18

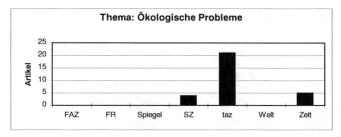

Diagramm 19

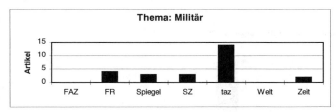

Diagramm 20

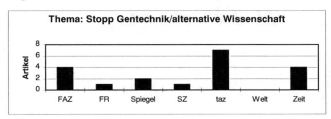

Diagramm 21

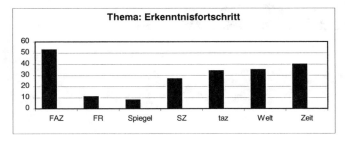

Diagramm 22

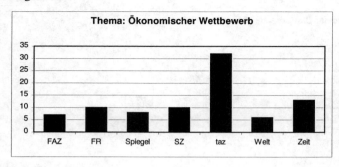

Diagramm 23

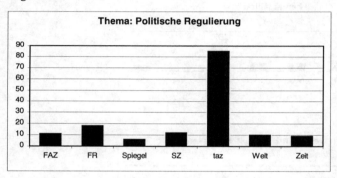

Diagramm 24

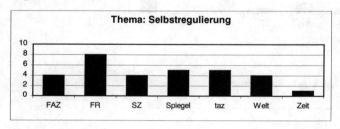

Diagramm 25

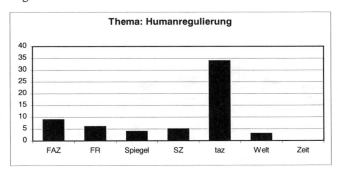

Diagramm 26

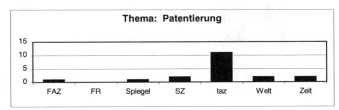

Diagramm 27

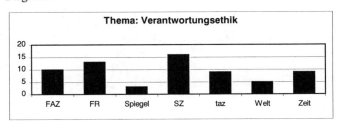

Diagramm 28

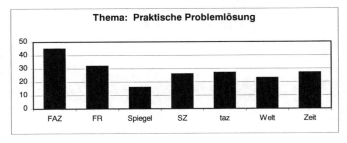

Diagramm 29

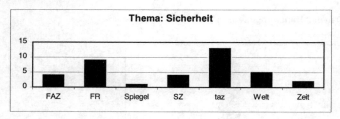

Diagramm 30

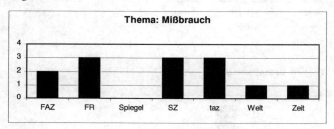

Diagramm 31

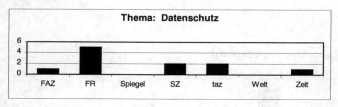

Diagramm 32

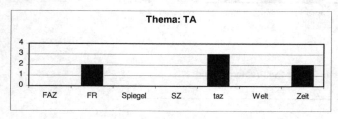

Diagramm 33

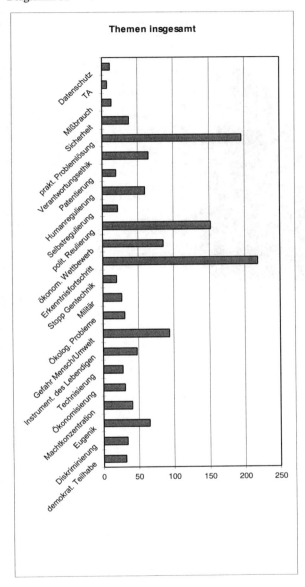

Diagramm 34

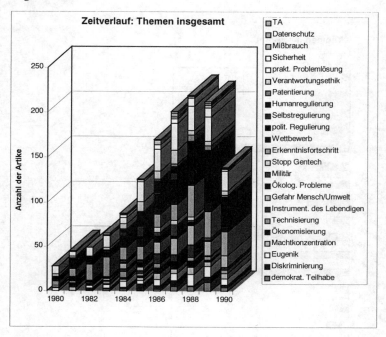

Diagramm 35

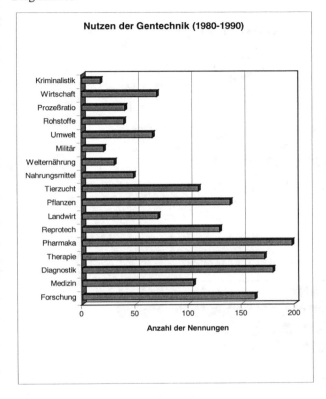

Nutzen der Gentechnik (1980-1990)

Kriminalistik
Wirtschaft
Prozeßratio
Rohstoffe
Umwelt
Militär
Welternährung
Nahrungsmittel
Tierzucht
Pflanzen
Landwirt
Reprotech
Pharmaka
Therapie
Diagnostik
Medizin
Forschung

0   50   100   150   200

Anzahl der Nennungen

Diagramm 36

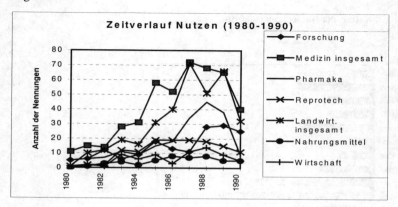

Diagramm 37

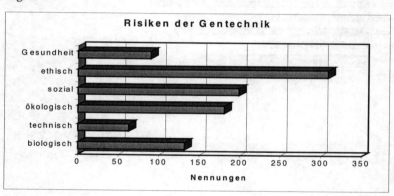

Diagramm 38

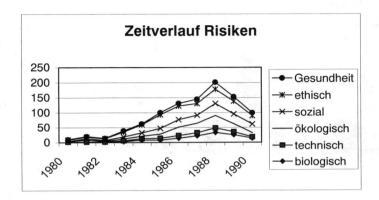

Diagramm 39

Diagramm 40

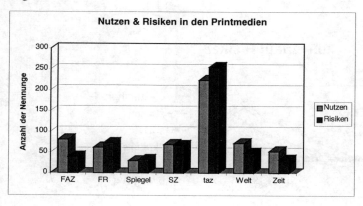

Diagramm 41

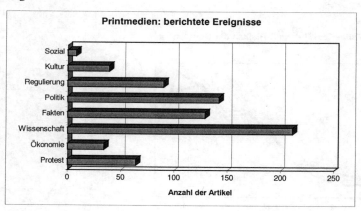

Diagramm 42

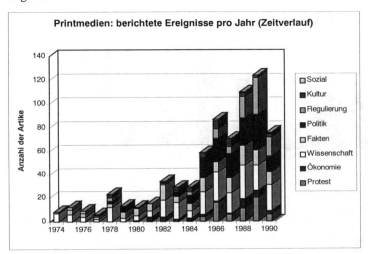

Diagramm 43

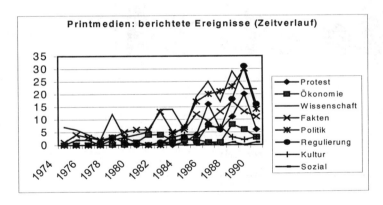

Diagramm 44

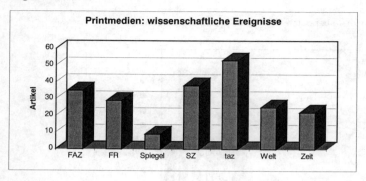

Diagramm 45

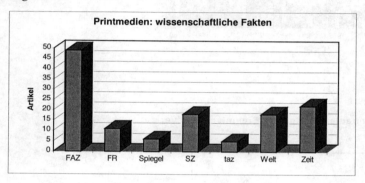

Diagramm 46

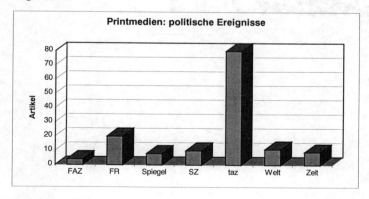

Diagramm 47

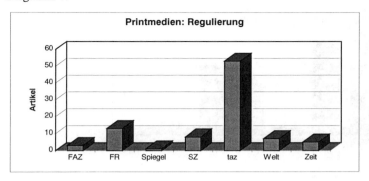

Diagramm 48

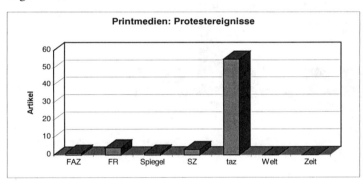

Diagramm 49

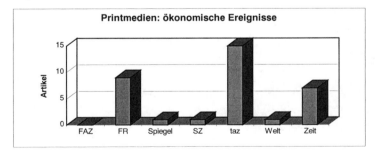

Diagramm 50

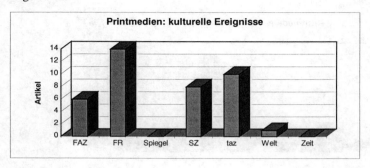

Diagramm 51

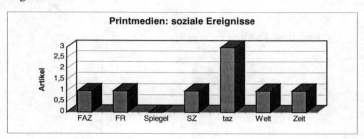

8 Literaturnachweis

Abels, G., Politsche Verhandlungsprozesse über Humangenom-Forschung in der Europäischen Gemeinschaft. Zur konditionalen Gestaltungsmacht des Europäischen Parlaments. In: Martinsen, R. (Hg.), Politik und Biotechnologie. Die Zumutung der Zukunft, Baden-Baden: Nomos, 1997, S. 135-152.

Aktionsbündnis gegen Gentechnik Hoechst (Hg.), Nr. 4: Gentechnologie und Pharmaindustrie, o.O., o.J.

Albrecht, St., Biotechnologie – Perspektive für demokratischen, sozialen und internationalen Fortschritt? Forum für interdisziplinäre Forschung 11, 1989, S. 3-9.

Albrecht, St., Regulierung und Deregulierung bei der Nutzung der modernen Biotechnologie in der EG und der Bundesrepublik. Demokratie und Recht, 1, 1989, S. 279-293.

Albrecht, St., Internationale TA-Diskussion – Standardisierungsmöglichkeiten zur Beurteilung von Biotechnologie? In: Studier, A. (Hg.), Biotechnologie: Mittel gegen den Welthunger? Schriften des Deutschen Übersee-Instituts Hamburg Nr.8, Hamburg, 1991, S. 299-309.

Albrecht, St., Recht kurz gesprungen: Zur Kritik selektiver Gesellschaftswissenschaft. Ethik und Sozialwissenschaften 3, 1992, S. 288-290.

Alemann, U. von, Gesellschaft und Technik. In: Alemann, U.v., Schatz, H. & Simonis, G. (Hg.), Gesellschaft-Technik-Politik. Perspektiven der Technikgesellschaft, Opladen: Leske + Budrich, 1989.

Alexander, J.C., Theoretical Logic in Sociology, 4 Bde., Los Angeles: University of California Press, 1982.

Alexander, J.C., Action and Its Environments. In: Alexander, J.C., Action and Its Environments, New York: Columbia University Press, 1988, S. 301-333.

Alexander, J.C., Between progress and apokalypse: social theory and the dream of reason in the twentieth century. In: Alexander, J.C. & Sztompka, P. (Hg.), Rethinking Progress, Boston: Unwin Hyman, 1990, S. 15-38.

Alexander, J.C. & Smith, Ph., The discourse of American civil society: A new proposal for cultural studies. Theory and Society 22, 1993, S. 151-207.

Alexy, R., Recht, Vernunft, Diskurs, Frankfurt: Suhrkamp, 1995.

Almond, G.A. & Verba, S., The Civic Culture, Princeton, N.J.: Princeton University Press, 1972 (1963).

Altner, G., Der Mensch als Geschöpf. Theologische und ethische Bewertungen zur Entwicklung der Gentechnologie. In: Altner, G., Benda, E. & Fülgraff, G. (Hg.), Menschenzüchtung. Ethische Diskussion über die Gentechnik, Stuttgart: Kreuz Verlag, 1985, S. 55-72.

Altner, G., Die Scheu vor dem Heiligen. In: Steger, U. (Hg.), Die Herstellung der Natur. Chancen und Risiken der Gentechnologie, Bonn: Verlag Neue Gesellschaft, 1985, S. 107-120.

Altner, G., Mensch und Natur in der Verfügungsgewalt der Gentechnologie. In: Gradner, H.M. (Hg.), Eingriffe in das Leben, Innsbruck: Solaris Verlag, 1986, S. 2-8.

Altner, G., Die Nutzungsziele der Gentechnologie unter der Perspektive von Umwelt- und Sozialverträglichkeit. In: Braun, V., Mieth, D. & Steigleder, K. (Hg.), Ethische und rechtliche Fragen der Gentechnologie und der Reproduktionsmedizin, München: J. Schweitzer Verlag, 1987, S. 213-223.

Amann, K., Hirschauer, St., Kranz, H., Lachmund, J., Philipps, W. & Weingart, P., Kommerzialisierung der Grundlagenforschung. Das Beispiel Biotechnologie. Science Studies Report 28, Bielefeld: Kleine Verlag, 1985.

Anstiftung zum Feminismus – Feministische Thesenpapiere der autonomen süddeutschen Frauenzentren, 1988.

ANTIGEN (Münchener Bürgerinitiative), Je näher wir einer neuen Gräßlichkeit kommen, desto leiser wird das Gerede darüber, München, 1992.

Arbeitsgemeinschaft bäuerliche Landwirtschaft, Bauernstimme Juni 1989.

Arbeitsgemeinschaft bäuerliche Landwirtschaft, Bauernstimme, März 1990.

Arbeitsgemeinschaft Sozialdemokratischer Frauen, Beschlüsse zur Bio- und Gentechnologie, Bundeskonferenz in Hannover, 1985.

Arbeitsgemeinschaft Sozialdemokratischer Frauen, Beschlüsse zur Bio- und Gentechnologie, ASF-Bundeskonferenz Mannheim, 1987.

Arbeitsgemeinschaft Sozialdemokratischer Frauen, Informationsdienst Biotechnologie (Teil 2), 1987.

Arbeitsgemeinschaft Sozialdemokratischer Frauen, Beschlüsse zur Bio- und Gentechnologie, Bundeskonferenz der ASF, Essen, 2.-4.3.1990.

Aretz, H.-J., Zwischen Kritik und Dogma: Der wissenschaftliche Diskurs, Wiesbaden: Deutscher Universitätsverlag, 1990.

Aretz, H.-J., Gentechnik – kontrollierbare Großtechnologie oder unkontrollierbares Risiko? Verbraucherpolitische Hefte 15, 1992, S. 193-209.

Aretz, H.-J., Risikokommunikation, Wissenschaft und Politik. In: Meulemann, H. & Elting, A. (Hg.), Lebensverhältnisse und soziale Konflikte im neuen Europa. 26. Deutscher Soziologentag Düsseldorf, 1992, Tagungsband II, Opladen: Westdeutscher Verlag, 1993, S. 725-727.

Aretz, H.-J., Zur Konstitution gesellschaftlicher Diskurse. In: Nennen, H.-U. (Hg.), Diskurs. Annäherungen an einen Begriff. Erscheint im Herbst 1999.

Bacon, F., Neues Organon der Wissenschaften, Darmstadt: Wissenschaftliche Buchgesellschaft, 1981.

Baerns, B., Macht der Öffentlichkeit und Macht der Medien. In: In: Sarcinelli, U. (Hg.), Politikvermittlung, Bonn: Bundeszentrale für politische Bildung, 1987, S. 147-160.

Bandelow, N., Ausweitung politischer Strategien im Mehrebenensystem. Schutz vor Risiken der Gentechnologie als Aushandlungsmaterie zwischen Bundesländern, Bund und EU. In: Martinsen, R. (Hg.), Politik und Biotechnologie. Die Zumutung der Zukunft, Baden-Baden: Nomos, 1997, S. 153-168.

Barnes, S.H. & Kaase, M., Political Action. Mass Participation in Five Western Democracies, Beverly Hills: Sage, 1979.

Bärsch, C.-E., Die Rechtspersönlichkeit des Staates in der deutschen Staatslehre des 19. und beginnenden 20. Jahrhunderts. In: Göhler, G., Lenk, K., Schmalz-Bruns, R. (Hg.), Die Rationalität politischer Institutionen, Baden-Baden: Nomos Verlagsgesellschaft, 1991, S. 423-442.

Bateson, G., Steps to an Ecology of Mind, New York: Ballantine Books, 1972.

Baumann-Hölze, R., Bondolfi, A. & Ruth, H. (Hg.), Genetische Testmöglichkeiten. Ethische und rechtliche Fragen, Frankfurt/New York: Campus, 1990.

Bayer AG (Hg.), Molekularbiologie und Gentechnik – Fortschritt und Verantwortung, 1990.

Bayertz, K., GenEthik. Probleme der Technisierung menschlicher Fortpflanzung, Reinbek: Rowohlt, 1987.

Beaucamp, K., Die Verantwortung liegt bei uns. In: Boehringer Mannheim (Hg.), Perspektiven (Gesundheit, Gechnologie, Gesellsschaft) Heft 1, 1990, S. 4-8.

Beaucamp, K., Ohne Gentechnik kein Fortschritt in der Medizin. Boehringer Mannheim (Hg.), Gesundheit, Technologie, Gesellschaft: Perspektiven Heft 1, 1990, S. 26-31.

Bechmann, G. (Hg.), Risiko und Gesellschaft, Opladen: Westdeutscher Verlag, 1993.

Beck, U., Risikogesellschaft, Frankfurt: Suhrkamp, 1986.

Beck, U., Die Selbstwiderlegung der Bürokratie: Über Gefahrenverwaltung und Verwaltungsgefährdung. Merkur 42, 1988, S. 629-646.

Beck, U., Gegengifte, Frankfurt: Suhrkamp, 1988.

Beck, U., Politik in der Risikogesellschaft, Frankfurt: Suhrkamp, 1991.

Beck, U., Die Erfindung des Politischen, Frankfurt: Suhrkamp, 1993.

Beck, U., Risikogesellschaft und Vorsorgestaat – Zwischenbilanz einer Diskussion. In: Ewald, F., Der Vorsorgestaat, Frankfurt: Suhrkamp, 1993, S. 535-558.

Beck-Gernsheim, E., Technik, Markt und Moral, Frankfurt: Fischer, 1991.

Beck-Gernsheim, E., Normative Ziele, vielschichtige Motive und konkurrierende Klienteninteressen. Ethik und Sozialwissenschaften 3, 1992, S. 277-288.

Becktepe, Ch. & Jacob, S. (Hg.), Genüsse aus dem Gen-Labor? Neue Techniken – neue Lebensmittel, 1991.

Behinderte gegen Philosophen. Bericht über die Singer-Affäre. Information Philosophie 4, 1990, S. 18-30.

Bell, D., Die nachindustrielle Gesellschaft, Frankfurt/New York: Campus, 1975.

Benda, E., Technische Risiken und Grundgesetz. In: Blümel, W. & Wagner, H. (Hg.), Technische Risiken und Recht, Karlsruhe: Kernforschungszentrum Karlsruhe, 1981, S. 5-11.

Ben-David, J., The Scientist´s Role in Society, Englewood Cliffs, N.J.: Prentice Hall, 1971.

Berg, P. et al., Potential Biohazards of Recombinant DNA Molecules. Science 185, 1974, S. 303.

Berger, P. & Luckmann, T.L., Die gesellschaftliche Konstruktion der Wirklichkeit, Frankfurt: Fischer, 1980 (1966).

Bergsdorf, W., Öffentliche Meinung und politisches Argument: Zu Begriff und Funktion der pluralistischen Kommunikation. In: Willke, J. (Hg.), Öffentliche Meinung. Theorie, Methoden, Befunde, Freiburg/München: Karl Alber, 1992, S. 41-50.

Berking, H., Die neuen Protestbewegungen als zivilisatorische Instanz im Modernisierungsprozeß? In: Dreitzel, H.P. & Stenger, H. (Hg.), Ungewollte Selbstzerstörung. Reflexionen über den Umgang mit katastrophalen Entwicklungen, Frankfurt/New York: Campus, 1990, S. 47-61.

Berman, M., All That is Solid Melts into Air, London: Verso, 1991 (1983).

Bernhard, J., Methoden und Projekte der Gentechnologie in der Pflanzenzucht. In: Altner, G., Krauth, W., &, I., Vogtmann, H. (Hg.), Gentechnik und Landwirtschaft, Karlsruhe: Verlag C.F. Müller, 1990, S. 25-37.

Bernhardt, M., Tappeser, B. & Weber, B., Kurzstellungnahme des Öko-Instituts zur Klassifikation der Organismen in Risikogruppen unter besonderer Berücksichtigung ökologischer Aspekte, erstellt für die vom Bundesministerium für Jugend, Familie, Frauen und Gesundheit am 18.4.1990 anberaumte Beratung über die Gentechnik-Sicherheitsverordnung, Freiburg, 1990.

Betz, H.-G., Krise oder Wandel? Zur Zukunft der Politik in der postindustriellen Moderne. Aus Politik und Zeitgeschichte B11, 1993, S. 3-13.

Beyme, K. von, Neue soziale Bewegungen und politische Parteien. Aus Politik und Zeitgeschichte B44, 1986, S. 30-39.

Bideco AG/Holinger AG, Vergleichende Analyse der rechtlichen Rahmenbedingungen für die Genehmigung biotechnologischer Produktionsanlagen und die Zulassung biotechnologisch hergestellter Produkte in der Bundesrepublik Deutschland und im Ausland, Studie im Auftrag des BMFT, Schlußbericht Mai 1989.

Binder, N., Richtlinien für die Genforschung im Spannungsfeld zwischen Gefahrenschutz und Forschungsfreiheit. In: Klingmüller, W. (Hg.), Genforschung im Widerstreit, Stuttgart: Wissenschaftliche Verlagsgesellschaft, 1980, S. 101-115.

Birnbacher, D., Welche Ethik ist als Bioethik tauglich? Information Philosophie 5, 1993, S. 4-18.

Bizer, J., VGH Kassel stoppt Gentechnik. Kritische Justiz 23, 1990, S. 127-129.

Blumenthal, D., Gluck, M., Louis, K.S. & Wise, D., Industrial Support of University Research in Biotechnology. Science 231, 1986, S. 242-246.

BMFT (Hg.), Bericht der Arbeitsgruppe In-vitro-Fertilisation, Genomanalyse und Gentherapie, Ms.

BMFT (Hg.), Grundlagenforschung. Bilanz des Bundesministers für Forschung und Technologie, Bonn, 1986.

BMFT (Hg.), Programm Angewandte Biologie und Biotechnologie. Jahresbericht 1987.

BMFT (Hg.), Zwischenbilanz Genzentren, Bonn, 1988.

BMFT (Hg.), Genforschung – Gentechnik, 1989.

BMFT (Hg.), Biotechnologie 2000, 1991.

BMFT (Hg.), Programmreport Biotechnologie, Bonn, 1991 (3).

BMFT (Hg.), Die Erforschung des menschlichen Genoms. Ethische und soziale Aspekte, Frankfurt/New York: Campus, 1991.

BMFT (Hg.), Bundesbericht Forschung 1993, Bonn, 1993.

Bock, M., Vorüberlegungen zur rechtspolitischen Bewältigung der Risikogesellschaft. Zeitschrift für Rechtssoziologie 2, 1989, S. 255-264.

Bockenförde, E.-W., Staat, Verfassung, Demokratie. Studien zur Verfassungstheorie und zum Verfasungsrecht, Frankfurt: Suhrkamp, 1991.

Böckle, F., Wo die Gentechnologie ihre Grenzen finden muß. Ethische Verantwortung und Notwendigkeit einer Selbstbeschränkung. In: Max-Planck-Gesellschaft (München) (Hg.), Gentechnologie und Verantwortung, 1985, S. 65-77.

Böckle, F., Sicherheit aufgrund einer „neuen Ethik"? In: Fischer, E.P. (Hg.), Auf der Suche nach der verlorenen Sicherheit, München, Zürich: Piper, 1991, S. 119-130.

Boehringer Mannheim (Hg.), Zwölf Jahre Gentechnik bei Boehringer Mannheim. Bilanz und Ausblick, Fakten und Diskussionsbeiträge. Boehringer Mannheim Kreis 2, 1989.

Boehringer Mannheim (Hg.), Gentechnik. Fragen und Antworten, 1991.

Böhret, C., Folgen. Entwurf für eine aktive Politik gegen schleichende Katastrophen, Opladen: Leske+ Budrich, 1990.

Böhret, C. & Franz, P., Die Technikfolgenabschätzung (technology assessment) als Instrument der politischen Steuerung des technischen Wandels. In: Ropohl, G. (Hg.), Schlüsseltexte zur Technikbewertung, Institut für Landes- und Stadtentwicklungsforschung des Landes Nordrhein-Westfalen, Duisburg, 1990, S. 107-135.

Bongert, E., Towards a „European Bio-Society"? Zur Europäisierung der neuen Biotechnologie. In: Martinsen, R. (Hg.), Politik und Biotechnologie. Die Zumutung der Zukunft, Baden-Baden: Nomos, 1997, S. 117-134.

Bonß, W., Zwischen Emanzipation und Entverantwortlichung – Zum Umgang mit den Risiken der Gentechnologie. In: Grosch, K., Hampe, P. & Schmidt, J. (Hg.), Herstellung der Natur? Stellungnahmen zum Bericht der Enquetekommission „Chancen und Risiken der Gentechnologie", Frankfurt: Campus, 1990, S. 183-205.

Bonß, W., Unsicherheit und Gesellschaft – Argumente für eine soziologische Risikoforschung. Soziale Welt 42,2, 1991, S. 258-277.

Bora, A., Schwierigkeiten mit der Öffentlichkeit. Zum Wegfall des Erörterungstermins bei Freisetzungen nach dem novellierten Gentechnikgesetz. Kritische Justiz 27,3, 1994, S. 306-322.

Borchert, J., Gentechnik und Dritte Welt: Kakao aus dem Labor. Globus 12, 1991, S. 350-351.

Boss, A., Laaser, C.-F. & Schatz, K.-W., Deregulierung in Deutschland. Eine empirische Analyse, Tübingen: Mohr, 1996.

Bourdieu, P., Ökonomisches Kapital, kulturelles Kapital, soziales Kapital. In: Kreckel, R. (Hg.), Soziale Ungleichheiten. Soziale Welt Sonderband 2, Göttingen: Otto Schwartz & Co., 1983, S. 183-198.

Bourdieu, P., Die feinen Unterschiede, Frankfurt: Suhrkamp, 1987 (1979).

Bradbury, J.A., The Policy Implications of Differing Concepts of Risk. Science, Technology, and Human Values, 14,4, 1989, S. 380-399.

Bradish, P., Infos, Inis, wer macht was? In: Rosenbladt, S., Biotopia, München: Droemersche Verlagsanstalt Th. Knaur Nachf., 1988, S. 281-297.

Brand, K.-W., Büsser, D. & Rucht, D., Aufbruch in eine andere Gesellschaft. Neue soziale Bewegungen in der Bundesrepublik, Frankfurt/New York: Campus, 1986.

Brand, K.-W., Zur politischen Kultur der neuen sozialen Bewegungen. In: Berg-Schlosser, D. & Schissler, J. (Hg.), Politische Kultur in Deutschland, Opladen: Westdeutscher Verlag, 1987, S. 331-343.

Brauer, D., Biotechnologie und Gentechnik in der Praxis, Hoechst AG, o.J.

Brauer, D., Die Risiken der Gentechnik müssen nüchtern bewertet werden. Gesellschaftspolitische Kommentare 3, Sonderausgabe: Das Gentechnikgesetz, 1990, S. 139-142.

Brauer, D., Schriftliche Stellungnahme der Hoechst AG vom 31.01.1992 zur öffentlichen Anhörung zum Thema „Erfahrungen mit dem Gesetz zur Regelung von Fragen zur Gentechnik".

Braun, D., Politische Steuerungsfähigkeit in intermediären Systemen am Beispiel der Forschungsförderung. Politische Vierteljahresschrift 34, 1993, S. 249-271.

Braverman, H., Die Arbeit im modernen Produktionsprozeß, Frankfurt: Campus, 1977;

Brickman, R., Jasanoff, S. & Ilgen Th., Controlling Chemicals. The Politics of Regulation in Europe and the United States, Ithaca und London: Cornell University Press, 1985.

Brocks, H. & Schulte, S., Gentechnologie – eine Chance für die Zukunft?, Regensburg: S. Roderer Verlag, 1987.

Brodde, K., Wer hat Angst vor DNS? Frankfurt: Peter Lang, 1992.

Bruder, W. & Dose, N., Zur Bedeutung der Forschungs- und Technologiepolitik (FuTP) für die Entwicklung und den Wandel unserer Gesellschaft. In: Bruder, W. (Hg.), Forschungs- und Technologiepolitik in der Bundesrepublik Deutschland, Opladen: Westdeutscher Verlag, 1986, S. 11-75.

BT 10/1543 vom 4.6.1984.

BT 10/2199 vom 25.10.1984.

BT-Drs. 11/856.

Buchholz, K., Die gezielte Förderung und Entwicklung der Biotechnologie. In: Daele, W. van den, Krohn, W. & Weingart, P. (Hg.), Geplante Forschung, Frankfurt: Suhrkamp, 1979, S. 64-116.

Bud, R., Biotechnology in the Twentieth Century. Social Studies of Science 21, 1991, S. 415-457.

Bühl, W.L., Strukturkrise und Strukturwandel. Zur Situation der Bundesrepublik. In: Berger, J. (Hg.), Die Moderne. Kontinuität und Zäsuren, Soziale Welt Sonderband 4, Göttingen: Schwartz, 1986, S. 141-166.

Bujard, H., Vorwort des Geschäftsführenden Direktors. In: Zentrum für Molekulare Biologie der Universität Heidelberg (Hg.), ZMBH Report 1990/1991, S. 8-15.

BUKO-Agrar-Koordination, Dossier I, 1989.

Bull, A.T., Holt, G. & Lilly, M.D., Biotechnologie. Internationale Trends und Perspektiven, Köln : Verlag TÜV Rheinland, 1984.

BUND (Hg.), Ethik contra Risiken? Gentechnologie in Medizin und Pharmazie, 1991.

BUND, Essen aus dem Gen-Labor. Globus 12, 1991, S. 360-361.

Bundesarbeitskreis Christlich-Demokratischer Juristen (BACDJ), Leitsätze zur Genomanalyse. In: Seesing, H. (Hg.), Technologischer Fortschritt und menschliches Leben, Teil 2, Rechtspolitiche Grundsätze von CDU und CSU zur Gentechnik am Menschen, Frankfurt/München: J. Schweitzer Verlag, 1988, S. 103-107.

Bundesgeschäftsführung des Familienbundes der Deutschen Katholiken (Hg.), Kinder aus der Retorte? Fortpflanzungsmedizin beim Menschen, 1989.

Bundesminister für Justiz (Hg.), Der Umgang mit dem Leben. Fortpflanzungsmedizin und Recht, Bonn, 1987.

Bundesstelle der Katholischen Landjugendbewegung e.V. (Hg.), Genmanipulierte Zukunft – Zur Gentechnologie-Diskussion in der KLJB, Rhöndorfer Hefte Nr.4, 1989.

Bundesverband Bürgerinitiativen Umweltschutz e.V. (BBU), Memorandum zum Gentechnikgesetz (neue Fassung), 1990.

Bundesverband Bürgerinitiativen Umweltschutz e.V. (Hg.), BBU Bundesverband Bürgerinitiativen Umweltschutz, o.O., o.J.

Bundesverband Bürgerinitiativen Umweltschutz e.V., Brief an die Deutschen Mitglieder des Europäischen Parlaments vom 9.3.1990.

Bundesverband Deutscher Pflanzenzüchter e.V., Geschäftsbericht 1991.

Bundeszentrale für politische Bildung (Hg.), Informationen zur politischen Bildung 208/209, Massenmedien, Bonn, 1990.

Burns, T.R. & Dietz, Th., Technology, sociotechnical systems, technological development: An evolutionary perspective. In: Dierkes, M. & Hoffmann, U. (Hg.), New technology at the Outset. Social Forces in the Shaping of Technological Innovations, Frankfurt/New York: Campus, 1992, S. 206-238.

Buß, E. & Schöps, M., Die gesellschaftliche Entdifferenzierung. Zeitschrift für Soziologie 8,4, 1979, S. 315-329.

Catenhusen, W.-M., Aus der Arbeit der Enquete-Kommission „Chancen und Risiken der Gentechnologie„ des Deutschen Bundestages. In: Max-Planck-Gesellschaft (München) (Hg.), Gentechnologie und Verantwortung, 1985, S. 45-52.

Catenhusen, W.-M., Schutz vor Mensch und Umwelt. In: Industriegewerkschaft Chemie-Papier-Keramik (Hg.), Gentechnologie. Ein Nachschlagewerk für Arbeitnehmer, 1990, S. 73-77.

Catenhusen, W.-M. & Neumeister, H. (Hg.), Chancen und Risiken der Gentechnologie. Enquete-Kommission des Deutschen Bundestages – Dokumentation des Berichts an den Deutschen Bundestag, München: J. Schweitzer Verlag, 1987.

Christmann, G.B., Wissenschaftlichkeit und Religion: Über die Janusköpfigkeit der Sinnwelt von Umwelt- und Naturschützern, Zeitschrift für Soziologie 21,3, 1992, S. 200-211.

Clarke, L., Explaining Choices Among Technological Risks. Social Problems 35,1, 1988, S. 22-35.

Cohen, A., Two-Dimensional Man. An essay on the anthropology of power and symbolism in complex society, Berkeley und Los Angeles: University of California Press, 1974.

Cole, G.A., & Withey, S.B., Perspectives on Risk Perceptions. Risk Analysis 1,2, 1981, S. 143-163.

Colomy, P. (Hg.), Neofunctional Sociology, Aldershot: Edward Elgar Publishing, 1990.

Conrad, J., Zum Stand der Risikoforschung. Kritische Analyse der theoretischen Ansätze im Bereich des Risk Assessment, Frankfurt: Battelle, 1978.

Conrad, J., Gesellschaft und Risikoforschung – Ein Interpretationsversuch. In: Ders. (Hg.), Gesellschaft, Technik und Risikopolitik, Berlin: Springer, 1983, S. 217-248.

Coser, L.A., The Functions of Social Conflict, New York: Free Press, 1956.

Coser, L.A., Continuities in the Study of Social Conflict, New York: Free Press, 1967.

Covello, V.T., The Perception of Technological Risks: A Literature Review. Technological Forecasting and Social Change 23, 1983, S. 285-297.

Covello, V.T., Social and Behavioral Research on Risk: Its Use in Policy Formulation and Decision-Making. In: Homburger, F. (Hg.), Safety Evaluation and Regulation of Chemicals 2, Basel: Karger, 1985, S. 209-217.

Covello, V.T. & Mumpower, J., Risk Analysis and Risk Management: An Historical Perspective. Risk Analysis 5,2, 1985, S. 103-120.

Cozzens, S.E. & Woodhouse, E.J., Science, Government, and the Politics of Knowledge. In: Jasanoff, S., Markle, G.E., Petersen, J.C. & Pinch, T. (Hg.), Handbook of Science and Technology Studies, Thousand Oaks: Sage, 1995, S. 533-553.

Crawford, M., Biotech Market Changing Rapidly. Science 231, 1986, S. 12-14.

Czada, R., Wirtschaftsstrukturpolitik: Institutionen, Strategien, Konfliktlinien. In: Beyme, K. von & Schmidt, M.G. (Hg.), Politik in der Bundesrepublik Deutschland, Opladen: Westdeutscher Verlag, 1990, S. 283-308.

D'Agostino, F., The Idea and the Ideal of Public Justification. Social Theory and Practice 18,2, 1992, S. 143-164.

Daele, W. van den, Mensch nach Maß?, München: Beck, 1985.

Daele, W. van den, Restriktive oder konstruktive Technikpolitik? In: Hesse, J.J., Kreibich, R. & Zöpel, Ch. (Hg.), Zukunftsoptionen – Technikentwicklung in der Wissenschafts- und Risikogesellschaft, Baden-Baden: Nomos, 1987, S. 91-115.

Daele, W. van den, Kulturelle Bedingungen der Technikkontrolle durch regulative Politik. In: Weingart, P. (Hg.), Technik als sozialer Prozeß, Frankfurt: Suhrkamp, 1989, S. 197-230.

Daele, W. van den, Regeldurchsetzung und Normbildung bei der Kontrolle biomedizinischer Forschung. Zur Funktion von Ethikkommissionen in der Bundesrepublik Deutschland. Kölner Zeitschrift für Soziologie und Sozialpsychologie 42, 1990, S. 428-451.

Daele, W. van den, Risiko-Kommunikation: Gentechnologie. In: Jungermann, H., Rohrmann, B. und Wiedemann, P.M. (Hg.), Risiko-Konzepte, Risiko-Konflikte, Risiko-Kommunikation, Jülich: Forschungszentrum Jülich, 1990, S. 11-58.

Daele, W. van den, Zum Forschungsprogramm der Abteilung „Normbildung und Umwelt". Wissenschaftszentrum für Sozialforschung Berlin, FS II 91-301, Berlin, 1991.

Daele, W. van den, Schwierigkeiten mit Legitimationen. Ethik und Sozialwissenschaften, 3, 1992, S. 297-298.

Daele, W. van den, Risikodiskussionen am „Runden Tisch". Partizipative Technikfolgenabschätzung zu gentechnisch erzeugten herbizidresistenten Pflanzen. In: Martinsen, R. (Hg.), Politik und Biotechnologie. Die Zumutung der Zukunft, Baden-Baden: Nomos, 1997, S. 281-301.

Daele, W. van den & Bora, A., Technikfolgenabschätzung als Diskurs – Das WZB-Verfahren zu Kulturpflanzen mit gentechnisch erzeugter Herbizidresistenz. In: Torgersen, H. (Hg.), Biotechnologie in der Öffentlichkeit. Von der Risikodiskussion zur Technikgestaltung, Wien: Verlag der Österreichischen Akademie der Wissenschaften, 1996, S. 3-22.

Daele, W. van den & Krohn, W., Legitimationsprobleme der Grundlagenforschung, Merkur 34, 1980, S. 16-28.

Dahrendorf, R., Gesellschaft und Demokratie in Deutschland, München: Piper, 1975 (1968).

Das Parlament Nr.20, 20.5.1994.

Däubler-Gmelin, H. (Hg.), Forschungsobjekt Mensch: Zwischen Hilfe und Manipulation, München: J. Schweitzer Verlag, 1986.

DER SPIEGEL vom 21.11.1983.

DER SPIEGEL vom 05.01.1987.

DER SPIEGEL vom 27.04.1987.

DER SPIEGEL vom 19.10.1987.

DER SPIEGEL vom 09.01.1989.

DER SPIEGEL vom 17.04.1989.

DER SPIEGEL vom 22.05.1989.

Deutsch, E., Juristische Stellungnahme zu den „Überlegungen zur Anwendung gentechnischer Methoden am Menschen". In: BMFT (Hg.), Ethische und rechtliche Probleme der Anwendung zellbiologischer und gentechnischer Methoden am Menschen, München: J. Schweitzer, 1984, S. 17-19.

Deutsch, E., Rechtsfragen der Genomanalyse. In: Ellermann, R. & Opolka, U. (Hg.), Genomanalyse. Ihre biochemischen, medizinischen und politischen Aspekte, Frankfurt/New York: Campus, 1991, S. 78-91.

Deutsche Forschungsgemeinschaft: Kurzkommentare und Wertungen von Instititionen und Verbänden zum Bericht der Enquete-Kommission: Deutsche Forschungsgemeinschaft, vertreten durch Peter Starlinger. In: Grosch, K., Hampe, P. & Schmidt, J. (Hg.), Herstellung der Natur? Stellungnahmen zum Bericht der Enquete-Kommission „Chancen und Risiken der Gentechnologie", Frankfurt/New York: Campus, 1990, S. 21-23.

Deutsche Postgewerkschaft (DPG), Bio- und Gentechnik. Beitrag der Deutschen Postgewerkschaft zur Positionsbestimmung der Gewerkschaften, 1991.

Deutscher Ärztetag, Entschließungen des 88. Deutschen Ärztetages am 15. Mai 1985 in Lübeck-Travemünde. In: Flöhl, R. (Hg.), Genforschung – Fluch oder Segen? Interdisziplinäre Stellungsnahmen, München: J. Schweitzer Verlag, 1985, S. 364-366.

Deutscher Bauernverband, Kurzkommentare und Stellungnahme zum Bericht der Enquete-Kommission. In Grosch, K., Hampe, P. & Schmidt, J. (Hg.), Herstellung der Natur? Stellungnahmen zum Bericht der Enquete-Kommission „Chancen und Risiken der Gentechnologie", Frankfurt/New York: Campus, 1990, S. 23-25.

Deutscher Gewerkschaftsbund: DGB-Bundesvorstand, Abt. Technologie/HdA, Vorschläge des DGB zur sozialen Steuerung des technischen Wandels (Auszüge). In: Hans-Böckler-Stiftung (Hg.), Biotechnologie. Herrschaft oder Beherrschbarkeit einer Schlüsseltechnologie, München: J. Schweitzer Verlag, 1985, S. 169-175.

Deutscher Gewerkschaftsbund: Beschlüsse des DGB. In: Industriegewerkschaft Chemie-Papier-Keramik (Hg.), Gentechnologie. Ein Nachschlagewerk für Arbeitnehmer, 1990, S. 136-138.

Deutscher Gewerkschaftsbund, Memorandum des DGB zur Bio- und Gentechnologie, 1990.

Deutscher Juristinnenbund, Thesen einer Arbeitsgruppe des Deutschen Juristinnenbundes zu künstlichen Befruchtungen, abgedruckt in Lanz-Zumstein, M. (Hg.), Embryonenschutz und Befruchtungstechnik, München: J. Schweitzer Verlag, 1986, S. 210-211.

Deutscher Naturschutzring/Bundesverband Umweltschutz e.V. (Hg.), Memorandum zum Gentechnikgesetz, Dezember 1989.

Deutscher Richterbund, Thesen des Deutschen Richterbundes zur Fortpflanzungsmedizin und zur Humangenetik – beschlossen auf der Bundesvertreterversammlung des DRB am 17. April 1986 -, abgedruckt in: Lanz-Zumstein, M. (Hg.), Embryonenschutz und Befruchtungstechnik, München: J. Schweitzer Verlag, S. 212-215.

Deutscher Tierschutzbund e.V., Problembereich Gentechnologie – Grundsatzposition, o.O., o.J.

Dickson, D., German Firms Move into Biotechnology. Science 218, 1982, S. 1287-1289.

Dickson, D., Europe Splits over Gene Regulation. Science 238, 1987, S. 18-19.

Die Grünen, „Wehret den Anfängen". Bio- und Gentechnologie in der Lebensmittelverarbeitung, 1990.

Die Grünen, Wer die Patentierung von Lebewesen fordert will die Ab-Schöpfung der Natur – 12 Argumente gegen die Patentierung von Lebewesen, o.O., o.J.

Die Grünen, Pressemitteilung Nr. 829/86: Ökonomische Interessen im Vordergrund – Enquete-Kommission wird ihrer Verantwortung nicht gerecht, 1986.

DIE WELT vom 15.09.1983.

DIE WELT vom 12.09.1988.

DIE WELT vom 01.12.1988.

DIE ZEIT vom 21.08.1981.

DIE ZEIT vom 15.10.1982.

DIE ZEIT vom 08.04.1988.

DIE ZEIT vom 15.04.1988.

DIE ZEIT vom 18.11.1988.

DIE ZEIT vom 08.09.1989.

DIE ZEIT vom 17.11.1989.

DIE ZEIT vom 06.04.1990.

DIE ZEIT vom 05.11.1993.

DIE ZEIT vom 17.12.1993.

DIE ZEIT vom 28.01.1994.

Dierkes, M., Technikfolgen-Abschätzung als Interaktion von Sozialwissenschaften und Politik – die Institutionalisierungsdiskussion im historischen Kontext. In: Dierkes, M., Petermann, Th. & Thienen, V. von (Hg.), Technik und Parlament. Technikfolgen-Abschätzung: Konzepte, Erfahrungen, Chancen, Berlin: edition sigma, 1986, S. 115-145.

Dierkes, M. & Thienen, V. von, Strategien und Defizite bei der politischen Behandlung technischer Risiken. In: Becker, U. (Hg.), Staatliche Gefahrenabwehr in der Industriegesellschaft, Bonn: Deutsche Sektion des Internationalen Instituts für Verwaltungswissenschaften, 1982, S. 73-91.

Dolata, U., Polische Ökonomie der Gentechnik, Berlin: edition sigma, 1996.

Dolata, U., Riskante Beschleunigung. Gentechnik in Deutschland: Eine politisch-ökonomische Bilanz. Blätter für deutsche und internationale Politik 41,5, 1996, S. 577-586.

Domenach, M., Le monde des intellectuels. In: Santoni, G. (Hg.), Société et culture de la France contemporaine, Albany: State University of New York Press, 1981, S. 321-372.

Donner, H. & Simon, J., Genomanalyse und Verfassung. Die öffentliche Verwaltung 43, 21, 1990, S. 907-918.

Donsbach, W., Inhalte, Nutzung und Wirkung politischer Kommunikation. Österreichische Zeitschrift für Politikwissenshcaft 22,4, 1993, S. 389-407.

Dörfler, W., Die weitere Entwicklung der Molekularbiologie. Möglichkeiten und Probleme. Rede am 30.11.1990 vor ehemaligen Stipendiaten der Boehringer Ingelheim Fonds in Schloß Gracht, abgedruckt in: Futura 4, 1991, Informationen aus dem Boehringer Ingelheim Fonds, Sonderdruck.

Dörner, A., Politische Sprache – Instrument und Institution der Politik. Aus Politik und Zeitgeschichte B17, 1991, S. 3-11.

Dosi, G., Technological Paradigmas and technological Trajectories. Research Policy, vol.11, 1982, S. 147-163.

Douglas, J.D., Deviance and Respectability: The Social Construction of Moral Meanings. In: Douglas, J.D. (Hg.), Deviance & Respectability. The Social Construction of Moral Meanings, New York/London: Basic Books, 1970, S. 3-30.

Douglas, M., (Hg.), Essays in the Sociology of Perception, London: Routledge & Kegan Paul, 1982.

Douglas, M., Wie Institutionen denken, Frankfurt: Suhrkamp, 1991.

Douglas, M. & Wildavsky, A., Risk and Culture, Berkeley: University of California Press, 1983.

Drews, J., Medizin und Gentechnik. Brauchen wir eine neue Ethik? Swiss Biotech 8,1, 1990, S. 17-20.

Driesel, A.J., Genforschung – Eine Herausforderung für die pharmazeutische Industrie. Die Pharmazeutische Industrie 52,1, 1990, S. 59-68.

Driesel, A.J. (Hg.), Sicherheit in der Biotechnologie. Rechtliche Grundlagen, Heidelberg: Hüthig Buch Verlag, 1992.

Dubiel, H., Was, bitte, ist heute noch links? DIE ZEIT vom 18.3.1994, S. 12.

Durkheim, E., Der Selbstmord, Neuwied und Berlin: Luchterhand, 1973 (1887).

Durkheim, E., The Elementary Forms of the Religious Life, London: Allen & Unwin, 1976 (1915).

Durkheim, E., Soziologie und Philosophie, Frankfurt: Suhrkamp, 1976 (1924).

Durkheim, E., Über die Teilung der sozialen Arbeit, Frankfurt: Suhrkamp, 1977 (1893).

Durkheim, E., Physik der Sitten und des Rechts, Vorlesungen zur Soziologie der Moral, Frankfurt: Suhrkamp, 1991 (1950)

Dyson, K., West Germany: The Search for a Rationalist Consensus. In: Richardson, J. (Hg.), Policy Styles in Western Europe, London: Allen & Unwin, 1982, S. 17-46.

Edelman, M., Politik als Ritual. Die symbolische Funktion staatlicher Institutionen und politischen Handelns, Frankfurt/New York: Campus, 1976.

Edelman, M., Constructing the political spectacle, Chicago: The University of Chicago Press, 1988.

Eder, K., Prozedurale Rationalität. Zeitschrift für Rechtssoziologie 7,1, 1986, S. 1-30.

Eder, K., Die Vergesellschaftung der Natur. Studien zur sozialen Evolution der praktischen Vernunft, Frankfurt: Suhrkamp, 1988.

Eder, K., Prozedurales Recht und Prozeduralisierung des Rechts. Einige begriffliche Klärungen. In Grimm, D. (Hg.), Wachsende Staatsaufgaben – sinkende Steuerungsfähigkeit des Rechts, Baden-Baden: Nomos, 1990, S. 155-185.

Eder, K., The Public Construction of Ecological Discourse, Ms. European University Institute, San Domenico di Fiesole (Firenze), 1992.

Edwards, R., Herrschaft im modernen Produktionsprozeß, Frankfurt: Campus, 1981.

Eibach, U., Gentechnik – der Griff nach dem Leben, Wuppertal: R. Brockhaus Verlag, 1988.

Eibach, U., Soll der Mensch Schöpfer spielen? Forstw. Cbl. 107, 1988, S. 302-313.

Eichborn, J.-F. von, Perspektiven industrieller Nutzung der Gentechnologie. In: Steger, U. (Hg.), Die Herstellung der Natur. Chancen und Risiken der Gentechnologie, Bonn: Verlag Neue Gesellschaft, 1985, S. 153-164.

Eisenstadt, S.N., Tradition, Wandel und Modernität, Frankfurt: Suhrkamp, 1979 (1973).

Elias, N., Über den Prozeß der Zivilisation, 2 Bde., Frankfurt: Suhrkamp, 1976

Elkington, J., The Gene Factory. Inside the Biotechnology Business, London: Century Publishing, 1985.

Ellul, J., The Technological Society, New York: Vintage, 1964 (1954).

Engelhard, H.A., Die Würde des Menschen ist das Maß aller Dinge. DIE WELT vom 28.08.1986, S. 7.

Eser, A., Genetik, Gen-Ethik, Gen-Recht?. Rechtspolitische Überlegungen zum Umgang mit menschlichen Embryonen. In: Flöhl, R. (Hg.), Genforschung – Fluch oder Segen? Interdisziplinäre Stellungsnahmen, München: J. Schweitzer Verlag, 1985, S. 248-258.

Eser, A., Gentechnologie – Rechtspolitische Aspekte aus internationaler Sicht. Bericht und Stellungnahme zu Ergebnissen der Réunion Internationale de Bioéthique in Rambouillet, April 1985. In: Max-Planck-Gesellschaft (München) (Hg.), Gentechnologie und Verantwortung, 1985, S. 53-64.

Eser, A., Koch, H.-G. & Wiesenbart, Th., Regelungen der Fortpflanzungsmedizin und Humangenetik, Frankfurt/New York: Campus, 1990.

Etzioni, A., Die aktive Gesellschaft. Eine Theorie gesellschaftlicher und politischer Prozesse, Opladen: Westdeutscher Verlag, 1975 (1968).

Etzkowitz, H., Entrepreneurial Scientists and Entrepreneurial Universities in American Academic Science. Minerva 21, 1983, S. 198-233.

Etzkowitz, H., Entrepreneurial Science in Academy: A Case of the Transformation of Norms. Social Problems 36,1, 1989, S. 14-29.

Evangelische Akademie Berlin (West) (Hg.), Für die Vielfalt des Lebens – gegen Normierungsversuche in Biologie und Medizin, 1991, S. 119-127.

Evangelische Kirche in Deutschland (Hg.), Von der Würde werdenden Lebens, Hannover, November 1985; abgedruckt in: Lanz-Zumstein, M. (Hg.), Embryonenschutz und Befruchtungstechnik, München: J. Schweitzer Verlag,1986, S. 216-223.

Evangelische Kirche in Deutschland (Hg.), Zur Achtung vor dem Leben. Maßstäbe für Gentechnik und Fortpflanzungsmedizin, 1987.

Evangelische Kirche in Deutschland (Hg.), Einverständnis mit der Schöpfung. Ein Beitrag zur ethischen Urteilsbildung im Blick auf die Gentechnik, 1991.

Evangelische Zentralstelle für Weltanschauungsfragen (Hg.), Gentechnik und christliche Ethik. Information Nr. 95 VIII, 1985.

Evers, A., Umgang mit Unsicherheit. Zur sozialwissenschaftlichen Problematisierung einer sozialen Herausforderung. In: Bechmann, G. (Hg.), Risiko und Gesellschaft, Opladen: Westdeutscher Verlag, 1993, S. 339-374.

Evers, A. & Nowotny, H., Über den Umgang mit Unsicherheit, Frankfurt: Suhrkamp, 1987.

Ewald, F., Der Vorsorgestaat, Frankfurt: Suhrkamp, 1993.

Familienbund der Deutschen Katholiken e.V. (Hg.), Stimme der Familie 37,6, 1990.

FAST-Gruppe, Kommission der Europäischen Gemeinschaften, Die Zukunft Europas. Gestaltung durch Innovationen, Berlin, Heidelberg, New York, London, Paris, Tokyo: Springer Verlag, 1987.

FAZ vom 22.03.1978.

FAZ vom 21.03.1979.

FAZ vom 11.08.1982.

FAZ vom 30.03.1984.

FAZ vom 01.08.1984.

FAZ vom 26.11.1985.

FAZ vom 13.01.1986.

FAZ vom 18.02.1986.

FAZ vom 09.09.1986.

FAZ vom 01.04.1987.

FAZ vom 29.04.1987

FAZ vom 27.05.1987.

FAZ vom 04.10.1988.

FAZ vom 09.05.1989.

FAZ vom 20.02.1993.

FAZ vom 02.10.1993.

FAZ vom 12.01.1994.

FAZ vom 05.02.1994.

FAZ vom 24.05.1994.

Ferguson, Th. & Rogers, J. (Hg.), The Hidden Election. Politics and Economics in the 1980 Presidential Campaign, New York: Pantheon Books, 1981.

Fetscher, I., Wieviel Konsens gehört zur Demokratie? In: Guggenberger, B. & Offe, C. (Hg.), An den Grenzen der Mehrheitsdemokratie, Opladen: Westdeutscher Verlag, 1984, S. 196-206.

FINRAGE, Declaration of Comilla, 1989.

FINRAGE-UBINIG, Erklärung von Comilla, 1989 (UBINIG = Forschungsgruppe für Entwicklungsalternativen aus Bangladesh).

Fischer, F./Forester, J., The Argumentative Turn in Policy Analysis and Planning, Durham/London: Duke University Press, 1993.

Fischer, K., Die Risiken des wissenschaftlichen und technischen Fortschritts. Aus Politik und Zeitgeschichte B15, 1992, S. 26-38.

Fischhoff, B., Lichtenstein, S. Slovic, P., Derby, S.L. & Keeney, R.L., Acceptable Risk, New York: Cambridge University Press, 1981.

Fischoff, B., Slovic, P. & Lichtenstein, S., The public vs. „the experts". In: Covello, V.T., Flamm, W.G., Rodricks, J.V. & Tardiff, R.G. (Hg.), The analysis of actual vs. perceived risks, New York: Plenum, 1983, S. 235-249.

Fischhoff, B., Watson, S.R. & Hope, C., Defining Risk. Policy Sciences 17, 1984, S. 123-139.

Fleck, L., Die Entstehung einer wissenschaftlichen Tatsache. Einführung in die Lehre vom Denkstil und Denkkollektiv, Frankfurt: Suhrkamp, 1980 (1935).

Fleck, L., Erfahrung und Tatsache. Gesammelte Aufsätze, Frankfurt: Suhrkamp, 1983.

Fonds der Chemischen Industrie (Hg.), Folienserie des Fonds der Chemischen Industrie 20: Biotechnologie/Gentechnik, 1989 (1985).

Foucault, M., Die Ordnung des Diskurses, Frankfurt: Fischer, 1991 (1972).

FR vom 03.12.1984.

FR vom 03.12.1988.

FR vom 28.01.1989.

FR vom 25.03.1989.

FR vom 27.01.1990.

FR vom 24.03.1990.

FR vom 10.05.1990.

FR vom 13.10.1990.

Frauenkongreß: Resolution auf dem 2. bundesweiten Kongreß, Frankfurt, 28.-30.10.1988. In: Bradish, P., Feyerabend, E., Winkler, U. (Hg.), Frauen gegen Gen- und Reproduktionstechnologien, München: Verlag Frauenoffensive, 1989, S. 277-279.

Frauenkongreß: Resolution des Frauenkongresses vom 19.-21.4.1985 in Bonn. In: Die Grünen im Bundestag (Hg.), Frauen gegen Gentechnik und Reproduktionstechnik, Köln: Kölner Volksblatt Verlags GmbH & Co., 1986, S. 16-19.

Frederichs, G., Die „Problemgemeinschaft" der Risikoforschung und ihre gesellschaftliche Rolle. In: Conrad, J. (Hg.), Gesellschaft, Technik und Risikopolitik, Berlin, Heidelberg, New York: Springer Verlag, 1983, S. 117-123.

Frederickson, D.S., The Recombinant DNA Controversy: The NIH Viewpoint. In: Zilinskas, R.A. & Zimmermann, B.K. (Hg.), The gene-splicing wars, New York/London: MacMillan, 1986, S. 13-26.

Freie Demokratische Partei Deutschlands, Beschluß: Ethik der Gentechnologie und der Fortpflanzungsmedizin, Mai 1989.

Fremuth, W., Strukturwandel und Biodesign. Gentechnik – Eine neue Revolution in der Landwirtschaft? In: Fremuth, H. (Hg.), Das manipulierte Leben, Köln: Kölner Verlagsblatt, 1988, S. 63-75.

Freyer, H., Über das Dominantwerden technischer Kategorien in der Lebenswelt der industriellen Gesellschaft, Mainz: Steiner Verlag, 1961.

Friedrich-Naumann-Stiftung (Hg.), Biotechnik und Gentechnologie – Freiheitsrisiko oder Zukunftschance?, München: J. Schweitzer, 1985.

Friedrichsen, G., Gentechnologie. Chancen und Gefahren, Heidelberg: R.v. Decker & C.F. Müller, 1988.

Frommer, W., Beitrag zum Themenkreis 2: Anwendung in der Industrie. In: Eckart, H. & Hübner, S. (Hg.), Chancen und Gefahren der Genforschung. Protokolle und Materialien zur Anhörung des Bundesministers für Forschung und Technologie in Bonn, 19. bis 21. September 1979, München/Wien: R. Oldenbourg Verlag, 1980, S. 51-55.

Führ, M., Das bundesdeutsche Gentechnikgesetz. Deutsches Verwaltungsblatt 11, 1991, S. 559-567.

Gamson, W.A., Political Discourse and Collective Action. International Social Movement Research 1, 1988, S. 219-244.

Gamson, W.A. & Lasch, K.E., The Political Culture of Social Welfare Policy. In: Spiro, S.E. & Yuchtman-Yaar (Hg.), Evaluating the Welfare State: Social and Political Perspectives, New York: Academic Press, 1983, S. 397-415.

Gamson, W.A. & Modigliani, A., The Changing Culture of Affirmative Action. In: Braungart, R.D. (Hg.), Research in Political Sociology, vol.3, Greenwich, Conn.: JAI-Press, 1987, S. 137-177.

Gamson, W.A. & Modigliani, A., Media Discourse and Public Opinion on Nuclear Power: A Constructivist Approach. American Journal of Sociology 5,1, 1989, S. 1-37.

Gareis, H.G., Industrielle Nutzung der Biotechnologie und rechtliche Regelungen. In: Nicklisch, F. und Schettler, G. (Hg.), Regelungsprobleme der Gen- und Biotechnologie sowie der Humangenetik, Heidelberg: C.F. Müller Juristischer Verlag, 1990, S. 27-36.

Gassen, H.G., Sachse, Zinke, H., Gentechnik: Aktuelle Bestandaufnahme einer Methode. Hoechst High Chem Magazin 9, Vom genetischen Code, 1990, S. 8-16.

Gehlen, A. Urmensch und Spätkultur, Wiesbaden: AULA-Verlag, 1986.

Gehrmann, W., Gen-Technik. Das Geschäft des Lebens. Verschlafen die Deutschen eine Zukunftsindustrie?, München: Goldmann Verlag, 1984.

Gemeinschaft zur Förderung der privaten Pflanzenzüchtung e.V., Geschäftsbericht 1992.

Gen-ethisches Netzwerk e.V., Die Mischpulte für das Leben im nächsten Jahrtausend. o.O., o.J.

Genscher, H.-D., Brief des Bundesvorsitzenden Hans-Dietrich Genscher an die Funktions- und Mandatsträger der F.D.P. vom 18.7.1984. In: Friedrich-Naumann-Stiftung (Hg.), Genforschung und Genmanipulation, München: J. Schweitzer Verlag, 1985, S. 117-120.

Gephart, W., Die zwei Naturen. Zur Differenz im deutschen und französischen Naturverhältnis, Ms. Düsseldorf, 1985.

Gerhards, J., Dimensionen und Strategien öffentlicher Diskurse. Journal für Sozialforschung 32, 3/4, 1992, S. 307-318.

Gerhards, J., Neue Konfliktlinien in der Mobilisierung öffentlicher Meinung, Opladen: Westdeutscher Verlag, 1993.

Gerhards, J. & Neidhardt, F., Strukturen und Funktionen moderner Öffentlichkeit. Fragestellungen und Ansätze, FS III 90-101, Berlin: Wissenschaftszentrum Berlin für Sozialforschung, 1990.

Gesellschaft für Biotechnologische Forschung (GBF), Gentec update, Nr.4, März 1991.

Gesellschaft für Virologie (Hg.), Stellungnahme zum Vollzug des Gentechnik-Gesetzes, 1992.

Gewerkschaft Gartenbau, Land- und Forstwirtschaft (GGLF), Stellungnahme zum 1. Entwurf des Gesetzes zur Regelung der Gentechnik, 1989.

Gewerkschaft Öffentliche Dienste, Transport und Verkehr (ÖTV), Bio-/Gentechnologie. Genetische Daten, Persönlichkeitsrecht und Datenschutz, 1990.

Gewerkschaft Öffentliche Dienste, Transport und Verkehr (ÖTV), Bio-/Gentechnologie. Anwendung von Bio- und Gentechnologie im öffentlichen Dienst, 1992.

Gibbons, J.H. & Gwin, H.L., Technik und parlamentarische Kontrolle – Zur Entstehung und Arbeit des Office of Technology Assessment. In: Dierkes, M., Petermann, Th. & Thienen, V. von (Hg.), Technik und Parlament. Technikfolgen-Abschätzung: Konzepte, Erfahrungen, Chancen, Berlin: edition sigma, 1986, S. 239-275.

Giddens, A., Consequences of Modernity, Stanford: Stanford University Press, 1990.

Giesen, B., Der Herbst der Moderne? Zum zeitgenössischen Potential neuer sozialer Bewegungen. In: Berger, J. (Hg.), Die Moderne. Kontinuität und Zäsuren, Soziale Welt Sonderband 4, Göttingen: Schwartz, 1986, S. 359-375.

Giesen, B., Die Entdinglichung des Sozialen, Frankfurt: Suhrkamp, 1991.

Gill, B., Gentechnik ohne Politik, Frankfurt/New York: Campus, 1991.

Gillessen, G., Die Tatsachen und die Meinungen. Zur Sprache der Nachrichten. In: Baier, H., Kepplinger, H.M. & Reumann, K. (Hg.), Öffentliche Meinung und sozialer Wandel, Opladen: Westdeutscher Verlag, 1981, S. 291-301.

Glagow, M. & Schimank, U., Korporatistische Verwaltung: Das Beispiel Entwicklungspolitik. Politische Vierteljahresschrift 24, 1983, S. 253-274.

Gloede, F., Der TA-Prozeß zur Gentechnik in der Bundesrepublik Deutschland – zu früh, zu spät oder überflüssig? In: Meulemann, H. & Elting, A. (Hg.), Lebensverhältnisse und soziale Konflikte im neuen Europa. 26. Deutscher Soziologentag Düsseldorf, 1992, Tagungsband II, Opladen: Westdeutscher Verlag, 1993, S. 417-420.

Gloede, F., Bechmann, G., Hennen, L. & Schmitt, J.J., Biologische Sicherheit bei der Nutzung der Gentechnik, TAB-Arbeitsbericht Nr. 20, August 1993.

Gnekow-Metz, A., Herbizidtoleranz – eine Tugend mit Tücken. Bauernstimme November 1991, S. 14.

Goffman, E., Rahmen-Analyse. Ein Versuch über die Organisation von Alltagserfahrungen, Frankfurt: Suhrkamp, 1980.

Goldoftas, B., Recombinant DNA: The Ups and Downs of Regulation. Technology Review, Mai/Juni 1982, S. 29-32.

Gottweis, H., German Politics of Genetic Engineering and its Deconstruction. Social Studies of Science 25, 1995, S. 195-235

Gouldner, A.W., The Dialectic of Ideology and Technology, New York: Seabury Press, 1976.

Greiffenhagen, M., Vom Obrigkeitsstaat zur Demokratie: Die politische Kultur in der Bundesrepublik Deutschland. In: Reichel, P. (Hg.), Politische Kultur in Westeuropa. Bürger und Staaten in der Europäischen Gemeinschaft. Schriftenreihe der Bundeszentrale für politische Bildung, Bonn, 1984, S. 52-76.

Gross, J. & Rayner, St., Measuring Culture. A Paradigm for the Analysis of Social Organization, New York: Columbia University Press, 1985.

Gründel, J., Der menschliche Mittelweg. In: Buckel, P., Fischer, E.P. & Nord, D. (Hg.), Das Handwerk der Gentechnik, München/Zürich: Piper, 1991, S. 163-184.

Guggenberger, B. & Offe, C., Politik aus der Basis – Herausforderung der parlamentarischen Mehrheitsdemokratie. In: Guggenberger, B. & Offe, C. (Hg.), An den Grenzen der Mehrheitsdemokratie. Politik und Soziologie der Mehrheitsregel, Opladen: Westdeutscher Verlag, 1984, S. 8-19.

Günther, K., Der Wandel der Staatsaufgaben und die Krise des regulativen Rechts. In: Grimm, D. (Hg.), Wachsende Staatsaufgaben – sinkende Steuerungsfähigkeit des Rechts, Baden-Baden: Nomos, 1990, S. 51-68.

Gusfield, J.A., Moral Passage: The Symbolic Process in Public Designations of Deviance. Social Problems 15,2, 1967, S. 175-188.

Gusfield, J.A., Symbolic Crusade, Urbana, Ill.: University of Illinois Press, 1969 (2).

Gusy, Ch., Das Mehrheitsprinzip im demokratischen Staat. In: Guggenberger, B. & Offe, C. (Hg.), An den Grenzen der Mehrheitsdemokratie. Politik und Soziologie der Mehrheitsregel, Opladen: Westdeutscher Verlag, 1984, S. 61-82.

Häberle, P., Struktur und Funktion der Öffentlichkeit im demokratischen Staat. Politische Bildung 3, 1970, S. 3-33.

Habermas, J., Strukturwandel der Öffentlichkeit. Untersuchungen zu einer Kategorie der bürgerlichen Gesellschaft, Darmstadt und Neuwied: Luchterhand, 1978 (1962).

Habermas, J., Theorie des kommunikativen Handelns, 2 Bde., Frankfurt: Suhrkamp, 1981.

Habermas, J., Wahrheitstheorien. In: Habermas, J., Vorstudien und Ergänzungen zur Theorie des kommunikativen Handelns, Frankfurt: Suhrkamp, 1984.

Habermas, J., Die Krise des Wohlfahrtsstaates und die Erschöpfung utopischer Theorien. In: Habermas, J., Die Neue Unübersichtlichkeit, Frankfurt: Suhrkamp, 1985, S. 141-163.

Habermas, J., Die Kulturkritik der Neokonservativen in den USA und in der Bundesrepublik. In: Habermas, J., Die Neue Unübersichtlichkeit, Frankfurt: Suhrkamp, 1985, S. 30-56.

Habermas, J., Faktizität und Geltung, Frankfurt: Suhrkamp, 1992.

Habermas, J., Die Einbeziehung des Anderen, Frankfurt: Suhrkamp, 1996.

Hack, L. & Hack, I., Der neue akademisch-industrielle Komplex. In: Express-Redaktion (Hg.), Bio- und Gentechnologie, Berlin: Verlag Die Arbeitswelt, 1986, S. 35-44.

Hacking, A.J., Economic Aspects of Biotechnology, Cambridge: Cambridge University Press, 1986.

Hahn, A., Verständigung als Strategie. In: Haller, M., Hoffmann-Nowottny, H.-J. & Zapf, W. (Hg.), Kultur und Gesellschaft, Frankfurt/New York: Campus, 1989, S. 346-359.

Halvorson, H.O., The impact of the recombinant DNA controversy on a professional scientific society. In: Zilinskas, R.A. & Zimmermann, B.K. (Hg.), The gene-splicing wars, New York/London: MacMillan, 1986, S. 73-91.

Hamm-Brücher, H., Wege in die und Wege aus der Politik(er)verdrossenheit. Aus Politik und Zeitgeschichte B31, 1993, S. 3-6.

Handbuch der Weltpresse, Bd.1: Die Pressesysteme der Welt, Opladen, 1970.

HANDELSBLATT vom 16.01.1990.

Hansen, F., Ökogenetik oder die Manipulation von Arbeitsplatzrisiken. In: Hansen, F. & Kollek, R. (Hg.), Gen-Technologie. Die neue soziale Waffe, Hamburg: Konkret Literatur Verlag, 1987, S. 35-52.

Hart, D., Rechtspolitik und Gentechnologie. Kritische Justiz 22, 1989, S. 99-109.

Hasskarl, H. (Hg.), Gentechnikrecht. Textsammlung (Gentechnikgesetz und Rechtsverordnungen). Zweite überarbeitete Aufl., Aulendorf: Ed. Cantor, 1991.

Hasskarl, H., (Hg.), Gentechnikrecht. Materialiensammlung. Amtliche Begründungen zum Gentechnikgesetz und zu den Gentechnikrechtsverordnungen., Aulendorf: Ed. Cantor Verlag, 1991.

Hasskarl, H., Gentechnik-Gesetz: Risikolos entschärfbar. EG-Richtlinien sollen angepaßt werden, Chemische Rundschau vom 11.09.1992.

Hauff, V. & Scharpf, F.W., Modernisierung der Volkswirtschaft, Frankfurt/Köln: Europäische Verlagsanstalt, 1975.

Hausen, H. zur & Staab, H.A., Stellungnahme zum Entwurf eines Gesetzes zur Regelung der Gentechnik. AGF Forschungsthemen 3. Gentechnik und Medizin, 1989, S. 33-34.

Hegel, G.W.F., Grundlinien der Philosophie des Rechts. Theorie Werkausgabe, Werke in zwanzig Bänden, Bd.7, Frankfurt: Suhrkamp, 1982.

Heilmann, J., Arbeitsrechtliche Probleme der Genomanalyse. In: Industriegewerkschaft Chemie-Papier-Keramik (Hg.), Genetische Analysen in der Arbeitswelt, 1991, S. 67-80.

Heinze, R.G., Neokorporatistische Strategien in Politikarenen und die Herausforderung durch neue Konfliktpotentiale. In: Aleman, U. von (Hg.), Neokorporatismus, Frankfurt/New York: Campus, 1981, S. 137-157.

Heinze, R.G., Elitenkooperation und Basisproteste: Grenzen neokorporatistischer Steuerung. Journal für Sozialforschung 22,4, 1982, S. 429-446.

Hellman, A., Oxman, M. & Pollack, R. (Hg.), Biohazards in Biological Research: Proceedings of a Conference on Biohazards in Cancer Research, at the Asilomar Conference Center, Pacific Grove, California, 22-24 January 1973, Cold Spring Harbor Laboratory, 1973.

Herbig, J., Die Gen-Ingenieure. Durch Revolutionierung der Natur zum neuen Menschen?, München/Wien: Carl Hanser Verlag, 1978.

Herbig, J., Der domestizierte Mensch. In: DIE ZEIT vom 10.10.1980.

Herbig, J., Der Bio-Boom. Möglichkeiten und Gefahren der Gen-Manipulation, Hamburg: Gruner und Jahr, 1982.

421

Héritier, A., Mingers, S., Knill, Ch. & Becka, M., Staatlichkeit in Europa. Ein regulativer Wettbewerb: Deutschland, Großbritannien und Frankreich in der Europäischen Union, Baden-Baden: Nomos, 1994.

Hildebrandt, K. & Dalton, R.J., Die Neue Politik. Politische Vierteljahresschrift 18, 1977, S. 230-256.

Hobbelink, H., Bio-Industrie gegen die Hungernden, Reinbek bei Hamburg: Rowohlt, 1989 (1987).

Hobbelink, H., Ein gefundenes Fressen: Biotechnologie und „Dritte Welt". Dossier IV, 1989.

Hobom, G., Antworten zum Fragenkatalog zur Anhörung „Erfahrungen mit dem Gesetz zur Regelung von Fragen der Gentechnik" am 12.02.1992.

Hochschulrektorenkonferenz, Stellungnahme der Hochschulrektorenkonferenz, vertreten durch deren Vizepräsidenten für Forschung und wissenschaftlichen Nachwuchs, Prof. Dr. Helmut Altner, Rektor der Universität Regensburg, zur Anhörung „Erfahrungen mit dem Gesetz zur Regelung von Fragen der Gentechnik" des Ausschusses für Forschung, Technologie und Technikfolgenabschätzung und des Ausschusses für Gesundheit des Deutschen Bundestages am 12.02.1992.

Hoechst AG (Hg.), Hoechst Landwirtschaft Deutschland. Service und Sicherheit für den heimischen Pflanzenbau, o.J.

Hoechst AG, Hoechst informiert, 1990.

Hoechst High Chem Magazin 9, 1990.

Höfer, M.A., Die Natur als neuer Mythos. Aus Politik und Zeitgeschichte B6, 1990, S. 35-45.

Höffe, O., Sittlich-politische Diskurse. Philosophische Grundlagen. Politische Ethik. Biomedizinische Ethik, Frankfurt: Suhrkamp, 1981.

Hoffmann, D., Barrieren für eine Anti-Gen-Bewegung. Entwicklung und Struktur des kollektiven Widerstandes gegen Forschungs- und Anwendungsbereiche der Gentechnologie in der Bundesrepublik Deutschland. In: Martinsen, R. (Hg.), Politik und Biotechnologie. Die Zumutung der Zukunft, Baden-Baden: Nomos, 1997, S. 235-255.

Hoffmann-Lange, U., Eliten als Hüter der Demokratie? Zur Akzeptanz demokratischer Institutionen und freiheitlicher Werte bei Eliten und Bevölkerung in der Bundesrepublik. In: Berg-Schlosser, D. & Schissler, J. (Hg.), Politische Kultur in Deutschland, Opladen: Westdeutscher Verlag, 1987, S. 378-389.

Hohlfeld, R., Auswirkung der Gentechnologie auf Krankheitsverständnis und -definition. In: Hansen, F. & Kollek, R., (Hg.), Gen-Technologie. Die neue soziale Waffe, Hamburg: Konkret Literatur Verlag, 1987, S. 53-63.

Hohlfeld, R, Biologie als Ingenieurskunst. Zur Dialektik von Naturbeherrschung und synthetischer Biologie. Ästhetik und Kommunikation 69,18, 1988, S. 61-69.

Holub, R., Antonio Gramsci. Beyond Marxism and Postmodernism, London/New York: Routledge, 1992.

Horkheimer, M., Interesse am Körper. In: Horkheimer, M., Gesammelte Schriften, Bd. 5, Frankfurt: Fischer, 1987, S. 263-268.

Horkheimer, M. & Adorno, T.W., Dialektik der Aufklärung. In: Horkheimer, M., Gesammelte Schriften, Bd. 5, Frankfurt: Fischer, 1987, S. 13-196.

Hornblower Fischer AG, Nachrichten-Ticker. Analyse: Deutsche Chemie in der Krise. Online-Datenbankabfrage, 14.10.1993.

Hornig, S., Reading Risk: public response to print media accounts of technological risk. Public Understanding of Science, 2, 1993, S. 95-109.

Huber, J., Technikbilder. Weltanschauliche Weichenstellungen der Technik- und Umweltpolitik, Opladen: Westdeutscher Verlag, 1989.

Humboldt, W. von, Ueber die Innere und Äussere Organisation der Höheren Wissenschaftlichen Anstalten in Berlin. In: Werke, Bd. IV, hrsg. von Flitner, A. und Giel, K., Darmstadt: Wissenschaftliche Buchgesellschaft, 1982, S. 255-266.

Idel, A., Gentechnik an landwirtschaftlichen Nutztieren. In: Altner, G., Krauth, W., Lünzer, I. & Vogtmann, H. (Hg.), Gentechnik und Landwirtschaft, Karlsruhe: Verlag C.F. Müller, 1990, S. 71-82.

Idel, A., Das Tier auf dem Weg zur Maschine. Bauernstimme Mai 1991.

Industriegewerkschaft Chemie-Paper-Keramik (Hg.), Gentechnologie. Ein Nachlagewerk für Arbeitnehmer: Beschluß der IG CPK 1988, 1990.

Industriegewerkschaft Chemie-Papier-Keramik, Gentechnologie, Ein Nachschlagewerk für Arbeitnehmer: Beschlüsse des DGB: Antragsteller IG Metall, 1990.

Industriegewerkschaft Chemie-Papier-Keramik (Hg.), Gentechnologie. Ein Nachschlagewerk für Arbeitnehmer: Die gewerkschaftliche Auseinandersetzung um die Gentechnologie, 1990.

Industriegewerkschaft Chemie-Papier-Keramik (Hg.), Genetische Analysen in der Arbeitswelt, 1991.

Inglehart, R., The Silent Revolution. Changing Values and Political Styles among Western Publics, Princeton, N.J.: Princeton University Press, 1977.

Innanone, P., Technology, Ethics, Technology Ethics. In: Innanone, P. (Hg.), Contemporary Moral Controversies in Technology, New York, Oxford: Oxford University Press, 1987, S. 9-15.

Isensee, J., Das Grundrecht auf Sicherheit. Zu den Schutzpflichten des freiheitlichen Verfassungsstaates, Berlin/New York: de Gruyter, 1983.

Iwand, W.M., Paradigma Politische Kultur. Konzepte, Methoden, Ergebnisse der Political-Culture-Forschung in der Bundesrepublik, Opladen: Leske & Budrich, 1985.

Jann, W., Vier Kulturtypen, die alles erklären? Kulturelle und institutionelle Ansätze der neueren amerikanischen Politikwissenschaft. Politische Vierteljahresschrift 27,4, 1986, S. 361-377.

Japp, K.P., Selbsterzeugung oder Fremdverschulden. Thesen zum Rationalismus in den Theorien sozialer Bewegungen. Soziale Welt 35, 1984, S. 313-329.

Japp, K.P., Das Risiko der Rationalität für technisch-ökologische Systeme. In: Halfmann, J. & Japp, K.P. (Hg.), Riskante Entscheidungen und Katastrophenpotentiale: Elemente einer soziologischen Risikoforschung, Opladen: Westdeutscher Verlag, 1990, S. 34-60.

Jarren, O., Medien und Macht. Politische Bildung 21, 1988, S. 4-18.

Jasanoff, S., Risk Management and Political Culture, New York: Russell Sage Foundation, 1986.

Jasanoff, S., Cultural Aspects of Risk Assessment in Britain and the United States. In: Johnson, B.B. & Covello, V.T. (Hg.), The Social and Cultural Construction of Risk, Dordrecht: Reidel, 1987, S. 359-397.

Jasanoff, S., American Exeptionalism and the Political Acknowledgement of Risk, in: Daedalus 119, 1990, S. 61-81.

Jasanoff, S., Cross-National Differences in Policy Implementation. Evaluation Review 15,1, 1991, S. 103-119.

Johnston, R., Charakteristische Merkmale der Risikoforschung. In: Conrad, J. (Hg.), Gesellschaft, Technik und Risikopolitik, Berlin, Heidelberg, New York: Springer Verlag, 1983, S. 101-116.

Jonas, H., Das Prinzip Verantwortung, Frankfurt: Suhrkamp, 1984 (1979).

Jonas, H., Technik, Ethik und Biogenetische Kunst. In: Flöhl, R. (Hg.), Genforschung – Fluch oder Segen? Interdisziplinäre Stellungsnahmen, München: J. Schweitzer Verlag, 1985, S. 1-15.

Jonas, H., Technik, Medizin und Ethik. Zur Praxis des Prinzips Verantwortung, Frankfurt: Insel Verlag, 1985, S. 42-52.

Joss, S., Die dänische Öffentlichkeitsdebatte zur Biotechnologie – Die Funktion von Konsens Konferenzen. In: Torgersen, H. (Hg.), Biotechnologie in der Öffentlichkeit. Von der Risikodiskussion zur Technikgestaltung, Wien: Verlag der Österreichischen Akademie der Wissenschaften, 1996, S. 63-72.

Joyce, Ch., New company could turn academics into tycoons. New Scientist 28, 1981, S. 542.

Jungermann, H. & Slovic, P., Charakteristika individueller Risikowahrnehmung. In: Bayerische Rück (Hg.), Risiko ist ein Konstrukt, München: Knesebeck, 1993, S. 89-107.

Kahneman, D. & Tversky, A., Subjective probability: A judgment of representativeness. Cognitive Psychology 3, 1972, S. 430-454.

Kaiser, M., Entstehung, Entwicklung und Struktur der Anitgen-Bewegung. Forschungsjournal Neue Soziale Bewegungen 3, 1990, S. 85-94.

Kant, I. Grundlegung zur Metaphysik der Sitten. Werkausgabe Band VII, Frankfurt: Suhrkamp, 1978.

Kant, I., Kritik der reinen Vernunft, Werkausgabe Bd. III und IV, Frankfurt: Suhrkamp, 1982.

Kaplan, S. & Garrick, B.J., Die quantitative Bestimmung von Risiko. In: Bechmann, G. (Hg.), Risiko und Gesellschaft, Opladen: Westdeutscher Verlag, 1993, S. 91-123.

Katalyse e.V. Institut für angewandte Umweltforschung, Katalyse – Verbraucherinformation Nr. 5. Gentechnik im Supermarkt. Bio- und gentechnisch erzeugte Lebensmittel, o.O., o.J.

Katholische Landjugendbewegung (Hg.), Bundesforum-Serie: Gentechnologie (Teil 1) „Schöne neue Welt". Grundlagenpapier der KLJB zur Gentechnologie, 1988.

Kaufmann, A., Rechtsphilosophische Reflexionen über Biotechnologie und Bioethik an der Schwelle zum dritten Jahrtausend. In: Campbell, T.D., Moffat, R.C., Sato, S. & Varga, C. (Hg.), Biotechnologie. Ethik und Recht im wissenschaftlichen Zeitalter, Stuttgart: Franz Steiner Verlag, 1991, S. 14-33.

Kaufmann, F.X., Sicherheit als soziologisches und sozialpolitisches System, Stuttgart: Enke, 1973.

Kazcor, M., Anmerkungen zum Führungspersonal deutscher Umweltverbände. In: Leif, Th. & Legrand, H.-J. (Hg.), Die politische Klasse in Deutschland. Eliten auf dem Prüfstand, Bonn/Berlin: Bouvier, 1992, S. 339-361.

Keller, R., Probleme der Humangenetik und der verbrauchenden Embryonenforschung aus rechtlicher Sicht. In: Niklisch, F. & Schettler, G. (Hg.), Regelungsprobleme der Gen- und Biotechnologie sowie der Humangenetik, Heidelberg: C.F. Müller Juristischer Verlag, 1990, S. 171-191.

Kenis, P. & Schneider, V., Policy Networks and Policy Analysis: Scrutinizing a New Analytical Toolbox. In: Marin, B. & Mayntz, R. (Hg.), Policy Networks. Empirical Evidence and Theoretical Considerations, Frankfurt/Boulder, Col.: Campus/Westview Press, 1991, S. 25-59.

Kenney, M., Biotechnology. The University-Industrial Complex, New Haven und London: Yale University Press, 1986.

Kepplinger, H.M., Systemtheoretische Aspekte politischer Kommunikation. Publizistik 30, 1985, S. 247-264.

Kepplinger, H.M., Theorien der Nachrichtenauswahl als Theorien der Realität. Aus Politik und Zeitgeschichte B15, 1989, S. 3-16.

Kepplinger, H.M., Ehmig, S.Ch. & Alheim, Ch., Gentechnik im Widerstreit. Zum Verhältnis von Wissenschaft und Journalismus, Frankfurt/New York: Campus, 1991.

Kiper, M., Pestizidresistente Kulturpflanzen – Das Bündnis von Chemie und Gentechnik im Landbau. In: Altner, G., Krauth, W., Lünzer, I. & Vogtmann, H. (Hg.), Gentechnik und Landwirtschaft, Karlsruhe: Verlag C.F. Müller, 1990, S. 38-53.

Kirst, G.-O., Gentechnologische Forschungsförderung in der Bundesrepublik Deutschland und der Europäischen Gemeinschaft. In: Steger, U. (Hg.), Die Herstellung der Natur, Chancen und Risiken der Gentechnologie, Bonn: Verlag Neue Gesellschaft, 1985, S. 49-64.

Kitschelt, H., Kernenergiepolitik. Arena eines gesellschaftlichen Konflikts, Frankfurt: Campus, 1980.

Kitschelt, H., New Social Movements in West Germany and the United States. Political Power and Social Theory 5, 1986, S. 286-324.

Kitsuse, J.I. & Spector, M., Toward a Sociology of Social Problems: Social Conditions, Value-Judgements, and Social Problems. Social Problems 20,4, 1973, S. 407-419.

Klein, R.D. (Hg.), Das Geschäft mit der Hoffnung. Erfahrungen mit der Fortpflanzungsmedizin. Frauen berichten, Berlin: Orlanda Frauenverlag, 1989.

Kleinwanzlebener Saatzucht AG, Zur experimentellen Freisetzung von gentechnisch veränderten Pflanzen, 1992.

Klems, W., Die unbewältigte Moderne. Geschichte und Kontinuität der Technikkritik, Frankfurt: Gesellschaft zur Förderung Arbeitsorientierter Forschung und Bildung, 1988.

Klingemann, H.-D. & Wattenberg, M.P., Zerfall und Entwicklung von Parteiensystemen: Ein Vergleich der Vorstellungsbilder von den politischen Parteien in den Vereinigten Staaten und der Bundesrepublik Deutschland. In: Kaase, M. & Klingemann, H.-D. (Hg.), Wahlen und Wähler. Analysen aus Anlaß der Bundestagswahl 1987, Opladen: Westdeutscher Verlag, 1990, S. 325-344.

Kloepfer, M. & Delbrück, K., Zum neuen Gentechnikgesetz (GenTG). Die öffentliche Verwaltung 43,21, 1990, S. 897-906.

Klopfleisch, R., Bauernfang im Gentechnik-Labor. Natur Nr.8, 1989, S. 54-63.

Köcher, R., Nachhut oder Vorhut? Dem Christentum mangelt es an Selbstbewußtsein und Strahlkraft. FAZ vom 5.4.1995, S. 5.

Köck, W., Die rechtliche Bewältigung technischer Risiken. Kritische Justiz 26, 1993, S. 125-145.

Kohl, H., Ethische Grundsätze und Maßstäbe für Forschung und Technologie. In: Seesing, H. (Hg.), Technologischer Fortschritt und menschliches Leben. Die Menschenwürde als Maßstab der Rechtspolitik. Teil 1: Rechtspolitische Grundsätze von CDU und CSU zur Fortpflanzungsmedizin, München: J. Schweitzer, 1987, S. 3-11.

Kollek, R., Sicherheitsaspekte der experimentellen Arbeit mit Retroviren. In: Kollek, R., Tappeser, B. & Altner, G. (Hg.), Die ungeklärten Gefahrenpotentiale der Gentechnologie. Dokumentation eines öffentlichen Fachsymposions vom 7.-9. März 1986 in Heidelberg, München: J. Schweitzer Verlag, 1986, S. 49-69.

Kollek, R., Ver-rückte Gene. Die inhärenten Risiken der Gentechnologie und die Defizite der Risikodebatte. Ästhetik und Kommunikation 69,18, 1988, S. 29-38.

Kollek, R., Neue Kriterien für die Abschätzung des Risikos. In: Thurau, M. (Hg.), Gentechnik – Wer kontrolliert die Industrie?, Frankfurt: Fischer, 1989, S. 173-191.

Kollek, R., Sicherheitsphilosophien: Erfassung und Bewertung gentechnischer Risiken. In: Grosch, K., Hampe, P. & Schmidt, J. (Hg.), Herstellung der Natur? Stellungnahmen zum Bericht der Enquete-Kommission „Chancen und Risiken der Gentechnologie", Frankfurt/New York: Campus, 1990, S. 82-98.

Kollek, R., Tappeser, B. & Altner, G. (Hg.), Die ungeklärten Gefahrenpotentiale der Gentechnologie. Dokumentation eines öffentlichen Fachsymposions vom 7.-9. März 1986 in Heidelberg, München: J. Schweitzer Verlag, 1986, S. 177-187.

Koolmann, St., Biotechnologie. Ökonomische Aspekte und Perspektiven, Köln: Verlag TÜV Rheinland, 1986.

Koordinationsbüro „Kein Patent auf Leben", Kein Patent auf Leben, München, 1992.

Koselleck, R., Kritik und Krise, Frankfurt: Suhrkamp, 1973.

Kötz, H., Im Interesse der Forschung. DFG und MPG: Verschiedene Aufgaben, gemeinsame Ziele. Forschung – Mittelungen der DFG 3, 1989, S. 3 und 30.

Kreibich, R., Die Wissenschaftsgesellschaft, Frankfurt: Suhrkamp, 1986.

Kretschmer, W., Soziale Konstruktion technischer Risiken. Bericht an das Wissenschaftszentrum Berlin (WZB), Forschungsschwerpunkt III, 1989.

Krimsky, S., Genetic Alchemy. The Social History of the Recombinant DNA Controversy, Cambridge, Mass.: The MIT Press, 1982.

Krimsky, S., Biotechnics and Society. The Rise of Industrial Genetics, New York: Praeger, 1991.

Krimsky, S., Ennis, J.G. & Weissman, R., Academic-Corporate Ties in Biotechnology: A Quantitative Study. Science, Technology, & Human Values 16,3, 1991, S. 275-287.

Krohn, W., Die Verschiedenheit der Technik und die Einheit der Techniksoziologie. In: Weingart, P. (Hg.), Technik als sozialer Prozeß, Frankfurt: Suhrkamp, 1989, S. 15-43.

Krohn, W. & Rammert, W., Technologieentwicklung: Autonomer Prozeß und industrielle Strategie. In: Soziologie und gesellschaftliche Entwicklung. Verhandlungen des 22. Deutschen Soziologentages in Dortmund 1984, hrsg. im Auftrag der Deutschen Gesellschaft für Soziologie von B. Lutz, Frankfurt/New York: Campus, 1985.

Künzeler, I., Macht der Technik – Ohnmacht des Rechts? Regelungsbedarf und Regelungsmöglichkeiten im Bereich Gentechnologie, Frankfurt: Peter Lang, 1990.

Küppers, G., Lundgreen P. & Weingart, P., Umweltforschung – die gesteuerte Wissenschaft?, Frankfurt: Suhrkamp, 1978.

Lange, K., Abbildung oder Konstruktion der Wirklichkeit? Politik in Nachrichtenmedien, Stuttgart: Klett, 1980.

Lang-Pfaff, Ch., „Dem Gen auf der Spur": Biotechnologiepolitik und Sprache in der Bundesrepublik Deutschland. Eine politikwissenschaftliche Analyse der Biotechnologiedebatte 1984-1988. In: Opp de Hipt, M. & Latniak, E. (Hg.), Sprache statt Politik?, Opladen: Westdeutscher Verlag, 1991, S. 91-121.

Lanz-Zumstein, M., Embryonenschutz. Juristische und rechtspolitische Überlegungen. In: Lanz-Zumstein, M. (Hg.), Embryonenschutz und Befruchtungstechnik, München: J. Schweitzer Verlag, 1986, S. 93-114.

Lau, Ch., Risikodiskurse: Gesellschaftliche Auseinandersetzungen um die Definition von Risiken. Soziale Welt 40,3, 1989, S. 418-436.

Lehmbruch, G., Administrative Interessenverflechtung. In: Windhoff-Héritier, A. (Hg.), Verwaltung und ihre Umwelt, Opladen: Westdeutscher Verlag, 1987, S. 11-43.

Lehner, F., Pluralistische Interessenvermittlung und staatliche Handlungsfähigkeit: Eine ordnungsanalytische Analyse. In: Aleman, U. von & Forndran, E. (Hg.), Interessenvermittlung und Politik. Interesse als Grundbegriff sozialwissenschaftlicher Lehre und Analyse, Opladen: Westdeutscher Verlag, 1983, S. 102-115.

Lenk, H., Interpretationskonstrukte: Zur Methodologie der Sozialwissenschaften. Soziologie 1-2, 1995, S. 71-87.

Lepsius, M.R. (Hg.), Bildungsbürgertum im 19. Jahrhundert. Teil III: Lebensführung und ständische Vergesellschaftung, Stuttgart: Klett-Cotta, 1992.

Lepsius, M.R., Demokratie in Deutschland. Soziologisch-historische Konstellationsanalysen, Göttingen: Vandenhoeck & Ruprecht, 1993.

Lerner, R. & Rothman, S., The Media, the Polity and Public Opinion. Political Behavior Annual 2, 1989, S. 39-74.

Linde, C. van der, Deutsche Wettbewerbsvorteile, Düsseldorf, Wien, New York, Moskau: Econ Verlag, 1992.

Little, A.D., Review and Analysis of International Biotechnology Regulations, U.S. Department of Commerce, National Technical Information Service, 1986.

Loo, H. van der & Reijen, W. van, Modernisierung. Projekt und Paradox, München: Deutscher Taschenbuch Verlag, 1992 (1990).

Lorenz, A., Ernährungsprobleme in den Entwicklungsländern und Biotechnologie. In: Paech, N. & Albrecht, St. (Hg.), Biotechnologie in der Lebensmittelindustrie und der Landwirtschaft unter besonderer Berücksichtigung der Nord-Süd-Beziehungen, Hamburg: Hochschule für Wirtschaft und Politik, 1991.

Löw, R., „Brave new world" oder heiligt der Zweck die Mittel? Einige Überlegungen zu den Fortschritten der Human-Gentechnologie. Süddeutsche Zeitung vom 29./30. 10.1983.

Löw, R., Leben aus dem Labor. Gentechnologie und Verantwortung – Biologie und Moral, München: Bertelsmann, 1985.

Löw, R., Stichwort Gentechnik – Der ethische Aspekt. In: Fischer, E.P. & Schleuning, W.-D. (Hg.), Vom richtigen Umgang mit den Genen, München/Zürich: Piper, 1991, S. 20-25.

Lowi, Th.J., Ein neuer Bezugsrahmen für die Analyse von Machtstrukturen. In: Narr, W.-D. & Offe, C. (Hg.), Wohlfahrtsstaat und Massenloyalität, Köln: Kiepenheuer & Witsch, 1975, S. 133-143.

Lübbe, H., Sicherheit. Risikowahrnehmung im Zivilisationsprozeß. In: Bayerische Rück (Hg.), Risiko ist ein Konstrukt, München: Knesebeck, 1993, S. 23-41.

Luf, G., Probleme der Verrechtlichung am Beispiel der Gentechnologie. In: Koller, P., Varga, C. & Weinberger, O., Theoretische Grundlagen der Rechtspolitik, Stuttgart: Franz Steiner Verlag, 1992, S. 28-36.

Luhmann, N., Öffentliche Meinung. In: Politische Planung. Aufsätze zur Politik und Verwaltung, Opladen: Westdeutscher Verlag, 1975.

Luhmann, N., Legitimation durch Verfahren, Frankfurt: Suhrkamp, 1983 (1975).

Luhmann, N., Positivität des Rechts als Voraussetzung einer modernen Gesellschaft. In: Luhmann, N., Ausdifferenzierung des Rechts, Frankfurt: Suhrkamp, 1981, S. 113-152.

Luhmann, N., Veränderungen im System gesellschaftlicher Kommunikation und die Massenmedien, In: Soziologische Aufklärung Bd.3, Opladen: Westdeutscher Verlag, 1981, S. 309-320.

Luhmann, N., Soziale Systeme, Frankfurt: Suhrkamp, 1984.

Luhmann, N., Ökologische Kommunikation, Opladen: Westdeutscher Verlag, 1986.

Luhmann, N., Systeme verstehen Systeme. In: Luhmann, N. & Schorr, K.E. (Hg.), Zwischen Intransparenz und Verstehen, Frankfurt: Suhrkamp, 1986, S. 72-117.

Luhmann, N., Machtkreislauf und Recht in Demokratien. In: Luhmann, N., Soziologische Aufklärung, Bd.4, Opladen: Westdeutscher Verlag, 1987, S. 142-151.

Luhmann, N., Der medizinische Code. In: Luhmann, N., Soziologische Aufklärung, Bd. 5, Opladen: Westdeutscher Verlag, 1990, S. 183-195.

Luhmann, N., Gesellschaftliche Komplexität und öffentliche Meinung. In: Soziologische Aufklärung, Bd. 5, Opladen: Westdeutscher Verlag, 1990, S. 170-182.

Luhmann, N., Risiko und Gefahr. In: Soziologische Aufklärung, Bd.5, Opladen: Westdeutscher Verlag, 1990.

Luhmann, N., Soziologie des Risikos, Berlin, New York: de Gruyter, 1991.

Luhmann, N., Verständigung über Risiken und Gefahren. Die Politische Meinung 36, Mai 1991, S. 86-95.

Luhmann, N., Das Recht der Gesellschaft, Frankfurt: Suhrkamp, 1993.

Luhmann, N., Die Moral des Risikos und das Risiko der Moral. In: Bechmann, G. (Hg.), Risiko und Gesellschaft, Opladen: Westdeutscher Verlag, 1993, S. 327-338.

Luhmann, N., Die Realität der Massenmedien, Opladen: Westdeutscher Verlag, 1996.

Luhmann, N., Die Gesellschaft der Gesellschaft, Frankfurt: Suhrkamp, 1997.

Lukes, R., Der Entwurf eines Gesetzes zur Regelung von Fragen der Gentechnik. Deutsches Verwaltungsblatt 105,6, 1990, S. 273-278.

Lutz, B., Technology research and technology policy. Impacts of a paradigm shift. In: Dierkes, M. & Hoffmann, U. (Hg.), New technology at the Outset. Social Forces in the Shaping of Technological Innovations, Frankfurt/New York: Campus, 1992, S. 14-27.

Mai, M., Die Rolle technisch-wissenschaftlicher Verbände in der Technkgestaltung und -bewertung. In: Mai, M. (Hg.), Sozialwissenschaften und Technik. Beispiele aus der Praxis, Bern, Frankfurt, New York: Land, 1990, S. 155-178.

Mai, M., Technikgestaltung als Problem dezentraler Gesellschaftssteuerung. In: Tschiedel, R. (Hg.), Die technische Konstruktion der gesellschaftlichen Wirklichkeit. Gestaltungsperspektiven der Techniksoziologie, München: Profil, 1990, S. 69-88.

Mai, M., Parlamentarische Technikfolgenabschätzung und Verbraucherinteressen. Verbraucherpolitische Hefte 15, 1992, S. 87-102.

Mai, M., Technik als Herausforderung der Politik – über die unterschiedlichen Nutzungsformen der Technikfolgenabschätzung in Exekutive und Legislative. In: Eichener, V. & Mai, M. (Hg.), Sozialverträgliche Technik – Gestaltung und Bewertung, Wiesbaden: Deutscher Universitätsverlag, 1993, S. 48-71.

Mai, M., Technikbewertung im Parlament. Gesellschaftlicher Steuerungsbedarf und parlamentarische Eigenrationalität. In: Weyer, J. (Hg.), Theorien und Praktiken der Technikfolgenabschätzung, München/Wien: Profil Verlag, 1994, S. 51-68.

Marcuse, H., Studie über Autorität und Familie, In: Marcuse, H., Ideen zu einer kritischen Theorie der Gesellschaft, Frankfurt: Suhrkamp, 1976 (1969), S. 55-156.

Marcuse, H., Der eindimensionale Mensch, Neuwied und Berlin: Luchterhand, 1978 (1964).

Marglin, S.A., Was tun die Vorgesetzten? Ursprünge und Funktionen der Hierarchie in der kapitalistischen Produktion. Technologie und Politik, 8, Reinbek: Rowohlt, 1977, S. 148-203.

Markl, H., Beitrag zum Themenkreis 8: Regularien: Richtlinien, Gesetze. In: Herweg, E. & Hübner, S. (Hg.), Chancen und Gefahren der Genforschung. Protokolle und Materialien zur Anhörung des Bundesministers für Forschung und Technologie in Bonn, 19. bis 21. September 1979, München, Wien: R. Oldenbourg Verlag, 1980, S. 294-296.

Markl, H., Die ethische Herausforderung der Molekularbiologie. Pharmazie in unserer Zeit 19,6, 1990, S. 238-246.

Marris, R., Beitrag zum Themenkreis 2: Anwendung in der Industrie. In Herweg, E. & Hübner, S. (Hg.), Chancen und Gefahren der Genforschung. Protokolle und Materialien zur Anhörung des Bundesministers für Forschung und Technologie in Bonn, 19. bis 21. September 1979, München, Wien: R. Oldenbourg Verlag, 1980, S. 55-56.

Martin, B. & Richards, E., Scientific Knowledge, Controversy, and Public Decision Making. In: Jasanoff, S., Markle, G.E., Petersen, J.C. & Pinch, T. (Hg.), Handbook of Science and Technology Studies, Thousand Oaks: Sage, 1995, S. 506-526.

Max-Planck-Gesellschaft, Auszug: Stellungnahme der Max-Planck-Gesellschaft zum Gentechnikrecht: Schwerwiegende Folgen für Wissenschaft und Wirtschaft befürchtet. BioEngineering 4, 1992, S. 6-7.

Max-Planck-Institut für Züchtungsforschung (Köln) (Hg.), Pflanzenzüchtung aus der Nähe gesehen, 1991

Mayntz, R., Soziologie der öffentlichen Verwaltung, Heidelberg: C.F. Müller, 1985.

Mayntz, R., Lernprozesse: Probleme der Akzeptanz von TA bei politischen Entscheidungsträgern. In Dierkes, M., Petermann, Th. & Thienen, V. von (Hg.), Technik und Parlament. Technikfolgen-Abschätzung: Konzepte, Erfahrungen, Chancen, Berlin: edition sigma, 1986, S. 183-203.

Mayntz, R., Entscheidungsprozesse bei der Entwicklung von Umweltstandards. Die Verwaltung 2, 1990, S. 137-151.

Mayntz, R. & Scharpf, F.W., Policy-Making in the German Federal Bureaucracy, Amsterdam: Elsevier, 1975.

Mazur, A., Gesellschaftliche und wissenschaftliche Ursachen der historischen Entwicklung der Risikoforschung. In: Conrad, J. (Hg), Gesellschaft, Technik und Risikopolitik, Berlin, Heidelberg, New York: Springer Verlag, 1983, S. 141-155.

McCombs, M.E., Newspapers versus Television. In: Shaw, D.L. & McCombs, M.E. (Hg.), The Emergence of American Political Issues: The Agenda-Setting Function of the Press, St. Paul: West Publishing Co., 1977, S. 89-106.

McCombs, M.E., The Emergence of American Political Issues: The Agenda-Setting Approach. In: Nimmo, D.D. & Sanders, K.R. (Hg.), Handbook of Political Communication, Beverly Hills, London: Sage, 1981, S. 121-140.

McCombs, M.E. & Shaw, D.L., The Agenda-Setting Function of Mass Media. Public Opinion Quarterly 36, 1972, S. 176-187.

Meier, B., Innovations- und Wachstumsfeld Biotechnologie, Köln: Institut der deutschen Wirtschaft Köln, 1992.

Meier, K., Emile Durkheims Konzeption der Berufsgruppen. Eine Rekonstruktion und Diskussion ihrer Bedeutung für die Neokorporatismus-Debatte, Berlin: Duncker & Humblot, 1987.

Mennicken, J.-B., Die Forschungs- und Technologiepolitik der Bundesregierung. In: Bruder, W. (Hg.), Forschungs- und Technologiepolitik in der Bundesrepublik Deutschland, Opladen: Westdeutscher Verlag, 1986, S. 76-104.

Merten, K., Die Struktur der Berichterstattung in der deutschen Tagespresse, München, 1982.

Merton, R.K. & Nisbet, R. (Hg.), Contemporary Social Problems, New York: Harcourt, 1976 (4).

Meulemann, H., Säkularisierung und Politik. Wertwandel und Wertstruktur in der Bundesrepublik Deutschland. Politische Vierteljahresschrift 26, 1985, S. 29-51.

Meyer-Abich, K.M., Von der Wohlstandsgesellschaft zur Risikogesellschaft. Aus Politik und Zeitgeschichte B36, 1989, S. 31-42.

Mietzsch, A. (Hg.), BioTechnologie. Das Jahr- und Adreßbuch 92/93, Berlin: polycom Verlagsgesellschaft, 1992.

Miller, M., Rationaler Dissens. Zur gesellschaftlichen Funktion sozialer Konflikte. In: Giegel, H.-J. (Hg.), Kommunikation und Konsens in modernen Gesellschaften, Frankfurt: Suhrkamp, 1992, S. 31-58.

Mittelstraß, J., Leonardo-Welt. Über Wissenschaft, Forschung und Verantwortung, Frankfurt: Suhrkamp, 1992.

Motor Columbus Ingenieurunternehmung AG/Booz, Allen & Hamilton/IFO Institut für Wirtschaftsforschung, Biotechnologie. Abbau von Innovationshemmnissen im staatlichen Einflußbereich, Köln: Verlag TÜV Rheinland, 1989.

Mulkay, M., Science and the Sociology of Knowldege, London: Allen & Unwin, 1979.

Müller, G., Falsch und frauenpolitisch naiv. Kommune 12, o.O., o.J.

Müller, H.-P., Social structure and civil religion: legitimation crisis in a later Durkheimian perspective. In: Alexander, J.C. (Hg.), Durkheimian sociology: cultural studies, Cambridge/New York: Cambridge University Press, 1988, S. 129-158.

Münch, R., Theorie des Handelns, Frankfurt: Suhrkamp, 1982.

Münch, R., Die Struktur der Moderne, Frankfurt: Suhrkamp, 1984.

Münch, R., Die Kultur der Moderne, 2 Bde., Frankfurt: Suhrkamp, 1986.

Münch, R., Dialektik der Kommunikationsgesellschaft, Frankfurt: Suhrkamp, 1991.

Münch, R., Die gesellschaftliche Kontrolle technisch produzierter Risiken, Ms. Düsseldorf, 1992.

Münch, R., The Law as a Medium of Communication. Cardozo Law Review 13,5, 1992, S. 1655-1680.

Münch, R., Das Projekt Europa, Frankfurt: Suhrkamp, 1993.

Münch, R., Politik und Nichtpolitik. Politische Steuerung als schöpferischer Prozeß. Kölner Zeitschrift für Soziologie und Sozialpsychologie 3, 1994, S. 381-405.

Münch, R., Sociological Theory, vol.2, Chicago: Nelson-Hall Publishers, 1994.

Münch, R., Soziale Integration als dynamischer Prozeß, Ms. Düsseldorf, 1994.

Münch, R., Globale Dynamik, lokale Lebenswelten, Frankfurt: Suhrkamp, 1998.

Nahamowitz, P., Autopoietische Rechtstheorie: mit dem baldigen Ableben ist zu rechnen. Zeitschrift für Rechtssoziologie 11,1 1990, S. 137-155.

Narr, W.-D., Das unpolitisierte Politikum der Gentechnologie. Ein Kapitel aus der Dialektik der Aufklärung. Ästhetik und Kommunikation 69, 18, 1988, S. 93-104.

Naschold, F., Technologiekontrolle durch Technologiefolgeabschätzung?, Köln: Bund-Verlag, 1987.

Nawata, Y., Das Grundrecht und das Staat-Bürger-Verhältnis in der modernen Gesellschaft. In: Campbell, T.D., Moffat, R.C., Sato, S. & Varga, C. (Hg.), Biotechnologie, Ethik und Recht im wissenschaftlichen Zeitalter, Stuttgart: Franz Steiner Verlag, 1991, S. 108-113.

Nedelmann, B., New political movements and changes in process of intermediation. Social Science Information 23,6, 1984, S. 1029-1048.

Nedelmann, B., Das kulturelle Milieu politischer Konflikte. In: Neidhardt, F., Lepsius, M.R. & Weiß, J. (Hg.), Kultur und Gesellschaft. Kölner Zeitschrift für Soziologie und Sozialpsychologie, Sonderheft 27, Opladen: Westdeutscher Verlag, 1986, S. 397-414.

Nelkin, D., Scientists in an environmental controversy. Science Studies 1, 1971, S. 245-261.

Nelkin, D., The political impact of technical expertise. Social Studies of Science 5, 1975, S. 35-54.

Nelkin, D., Science Controversies. The Dynamics of Public Disputes in the United States. In: Jasanoff, S., Markle, G.E., Petersen, J.C. & Pinch, T. (Hg.), Handbook of Science and Technology Studies, Thousand Oaks: Sage, 1995, S. 444-456.

Nemitz, R., Technik als Ideologie. Das Argument 103, 1977, S. 360-381.

Neumeister, H., Gentechnologie – eine Herausforderung für die Politik. In: Steger, U. (Hg.), Die Herstellung der Natur, Chancen und Risiken der Gentechnologie, Bonn: Verlag Neue Gesellschaft, 1985, S. 65-77.

Nicklisch, F., Rechtsfragen der Biotechnologie – Regelungsbedarf und Regelungssätze. In: Niklisch, F. und Schettler, G., Regelungsprobleme der Gen- und Biotechnologie sowie der Humangenetik, Heidelberg: C.F. Müller Juristischer Verlag, 1990, S. 37-46.

Nowitzki, K.-D., Konzepte zur Risiko-Abschätzung und -bewertung. In: Bechmann, G. (Hg.), Risiko und Gesellschaft, Opladen: Westdeutscher Verlag, 1993, S. 125-144.

Nullmeier, F., Institutionelle Innovationen und neue soziale Bewegungen. Aus Politik und Zeitgeschichte B26, 1989, S. 3-16.

Oberreuter, H., Legitimität und Kommunikation. In: Schreiber, E., Langenbucher, W.R. und Hömberg, W. (Hg.), Kommunikation im Wandel der Gesellschaft, Düsseldorf: Droste Verlag, 1980, S. 61-76.

OECD (Hg.), Bio Technology and Patent Protection. An International Review, Paris: OECD, 1985.

OECD (Hg.), Recombinant DNA Safety Considerations, Paris: OECD, 1986.

OECD (Hg.), Biotechnology and the Changing Role of Government, Paris: OECD, 1988.

OECD (Hg.), Biotechnology. Economic and Wider Impacts, Paris: OECD, 1989.

Oeckl, Taschenbuch des öffentlichen Lebens/Deutschland, 40. und 41. Jg., 1990/1991, 1991/1992, Bonn: Festland Verlag, 1990 und 1991.

Offe, C., Editorial. In: Edelman, M., Politik als Ritual. Die symbolische Funktion staatlicher Institutionen und politischen Handelns, Frankfurt/New York: Campus, 1976, S. VII-X.

Offe, C., The Attribution of Public Status to Interest Groups: Observations on the West German Case. In: Berger, S. (Hg.), Organizing Interests in Western Europe, Cambridge: Cambridge University Press, 1981, S. 123-158.

Offe, C., Politische Legitimation durch Mehrheitsentscheidung? In: Guggenberger, B. & Offe, C. (Hg.), An den Grenzen der Mehrheitsdemokratie. Politik und Soziologie der Mehrheitsregel, Opladen: Westdeutscher Verlag, 1984, S. 150-183.

Offe, C., New Social Movements: Challenging the Boundaries of Institutional Politics. Social Research 52, 1985, S. 817-868.

Offe, C., Die Utopie der Null-Option. In: Berger, J. (Hg.), Die Moderne – Kontinuitäten und Zäsuren, Soziale Welt Sonderband 4, Göttingen: Schwarz, 1986, S. 97-117.

Offe, C., Selbstbeschränkung als Methode und Resultat. In: Beck, U. (Hg.), Politik in der Risikogesellschaft, Frankfurt: Suhrkamp, 1991, S. 225-231.

Office of Technology Assessment (OTA) (Hg.), Commercial Biotechnology. An International Analysis, New York: Pergamon Press, 1984.

Office of Technology Assessment (OTA), New Developments in Biotechnology – Background Paper: Public Perceptions of Biotechnology, OTA-BP-BA-45, Washington: U.S. Government Printing Office, 1987.

Office of Technology Assessment (OTA) (Hg.), New Developments in Biotechnology: Ownership of Human Tissues and Cells, Philadelphia: J.B. Lippincott Company, 1988.

Olson, M., Aufstieg und Niedergang von Nationen, Tübingen: Mohr Siebeck, 1991 (1985).

Olson, St., Biotechnology. An Industry Comes of Age, Washington, D.C.: National Academy Press, 1986.

Otway, H.J., The Perception of Technological Risiks: A Psychological Perspective. In: Dierkes, M. et al. (Hg.), Technological Risk, Königstein/Ts.: Verlag Anton Hain, 1980, S. 35-44.

Otway, H.J. & Thomas, K., Reflections on Risk Perception and Policy. Risk Analysis 2,2, 1982, S. 69-82.

Parsons, T., An Approach to Psychological Theory in Terms of the Theory of Action. In: Koch, S. (Hg.), Psychology: A Study of a Science, Bd. 3, New York: McGraw Hill, 1959, S. 612-711.

Parsons, T., Definitions of Health and Illness in the Light of American Values and Social Structure. In: Parsons, T., Social Structure and Personality, New York: Free Press, 1964, S. 257-291.

Parsons, T., An Outline of the Social System. In: Parsons, T., Shils, E., Naegele, K.D. & Pitts, J.R. (Hg.), Theories of Society, New York: Free Press, 1965 (1961), S. 30-79.

Parsons, T., Durkheim´s Contribution to the Theory of Integration of Social Systems. In: Parsons, T., Sociological Theory and Modern Society, New York: Free Press, 1967, S. 3-34.

Parsons, T., Introduction to Max Weber´s *The Sociology of Religion.* In: Parsons, T., Sociological Theory and Modern Society, New York: Free Press, 1967, S. 35-78.

Parsons, T., Pattern Variables Revisited: A Response to Robert Dubin. In: Parsons, T., Sociological Theory and Modern Society, New York: Free Press, 1967, S. 192-219.

Parsons, T., The Structure of Social Action, 2 Bde., New York: Free Press, 1968 (1937).

Parsons, T., On the Concept of Political Power. In: Parsons, T., Politics and Social Structure, New York: Free Press, 1969, S. 352-404.

Parsons, T., On the Concept of Value-Commitments. In: Parsons, T., Politics and Social Structure, New York: Free Press, 1969, S. 439-472.

Parsons, T., On the Concept of Influence. In: Parsons, T., Politics and Social Structure, New York: Free Press, 1969, 405-438.

Parsons, T., Polity and Society: Some General Considerations. In: Parsons, T., Politics and Social Structure, New York: Free Press, 1969, S. 473-522.

Parsons, T., The Political Aspect of Social Structure and Process. In: Parsons, T., Politics and Social Structure, New York: Free Press, 1969, S. 317-351.

Parsons, T., Law as an Intellectual Stepchild. Sociological Inquiry 47,3, 1971, S. 11-58.

Parsons, T., Gesellschaften, Frankfurt: Suhrkamp, 1975 (1966).

Parsons, T., Social Structure and the Symbolic Media of Interchange, In: Parsons, T., Social Systems and the Evolution of Action Theory, New York: Free Press, 1977, S. 204-228.

Parsons, T., Social Systems and the Evolution of Action Theory, New York: Free Press, 1977.

Parsons, T. The Social System, London & Henley: Routledge & Kegan Paul, 1979 (1951).

Parsons, T., Bales, R.F. & Shils, E.A., Working Papers in the Theory of Action, New York: Free Press, 1953

Parsons, T. & Shils, E.A. (Hg.), Toward a General Theory of Action, Cambridge, Mass.: Harvard University Press, 1967.

Parsons, T. & Smelser, N.J., Economy and Society, London: Routledge & Kegan Paul, 1966 (1956).

Paschen, H., Bechmann, G. & Wingert, B., Funktion und Leistungsfähigkeit des Technology Assessment (TA) im Rahmen der Technologiepolitik. In: Ropohl, G., Schuchardt, W. & Wolf, R. (Hg.), Schlüsseltexte zur Technikbewertung, Dortmund: ILS, 1990, S. 51-62.

Paschen, H., Gressner, K. & Conrad, F., Technology Assessment: Technologiefolgenabschätzung, Frankfurt/New York: Campus, 1978.

Patterson, T.E., The Mass Election. How Americans Choose Their President, New York: Praeger, 1980.

Perrin, J., The „contextual" approach to technology in France. In Dierkes, M. & Hoffmann, U. (Hg.), New technology at the Outset. Social Forces in the Shaping of Technological Innovations, Frankfurt/New York: Campus, 1992, S. 90-118.

Perrow, Ch., Lernen wir etwas aus den jüngsten Katastrophen? Soziale Welt 37, 1986, S. 390-401.

Perrow, Ch., Normale Katastrophen. Die unvermeidbaren Risiken der Großtechnik, Frankfurt/New York: Campus, 1989 (1984).

Pestizid Aktions-Netzwerk (PAN) Germany, Gentechnik und Pflanzenschutz in der Landwirtschaft (Dossier No.1), o.O., o.J.

Petermann, Th., Zur Akzeptanz neuer Technologien in der BRD. In: Bechmann, G. & Meyer-Krahmer, F. (Hg.), Technologiepolitik und Sozialwissenschaft, Frankfurt/New York: Campus, 1986, S. 221-245.

Peters, B., Rationalität, Recht und Gesellschaft, Frankfurt: Suhrkamp, 1991.

Peters, H. P., Risikokommunikation in den Medien. In: Merten, K., Schmidt, S.J. & Weischenberg, S. (Hg.), Die Wirklichkeit der Medien, Opladen: Westdeutscher Verlag, 1994, S. 329-351.

Philipson, L.L., Risk Evaluation. A Review of the Literature. In: Covello, V.T., Menkes, J. & Mumpower, J. (Hg.), Contemporary Issues in Risk Analysis 2. Risk Evaluation and Management, New York/London: Plenum Press, 1986, S. 319-333.

Pizzorno, A., Interests and parties in pluralism. In: Berger, S. (Hg.), Organizing interests in Western Europe. Pluralism, corporatism, and the transformation of politics, Cambridge: Cambridge University Press, 1981, S. 249-284.

Plough, A. & Krimsky, S., The Emergence of Risk Communication Studies: Social and Political Context. Science, Technology and Human Values 12, 1987, S. 4-10.

Pohlmann, A., Gentechnische Industrieanlagen und rechtliche Regelungen. Betriebs-Berater, 44, 18, 1989, S. 1205-1213.

Popper, K.R., Objektive Erkenntnis, Hamburg: Hoffmann und Campe, 1974 (1972).

Popper, K.R., Auf der Suche nach einer besseren Welt, München: Piper, 1989 (1984).

Preuß, U., Rationality Potentials of Law – Allocative, Distributive and Communicative Rationality. In: Joerges, Ch. & Trubeck, D.M. (Hg.), Critical Legal Thought: An American-German Debate, Baden-Baden: Nomos, 1989, S. 525-555.

Pühler, A., Gentechnikgesetz. Stellungnahme bei der Anhörung im Bundestag, Biologie heute 396, 1992, S. 9-10.

Pye, L.W. & Verba, S. (Hg.), Political Culture and Political Development, Princeton, N.J.: Princeton University Press, 1965.

Quadbeck-Seeger, H.-J., Gentechnologie als neue Methode biologischer, medizinischer und chemischer Grundlagenforschung – erste Anwendungen. In: Max-Planck-Gesellschaft (München) (Hg.), Gentechnologie und Verantwortung, 1985, S. 27-36.

Radkau, J., Hiroshima und Asilomar. Die Inszenierung des Diskurses über die Gentechhnik vor dem Hintergrund der Kernenergie-Kontroverse. Geschichte und Gesellschaft 14, 1988, S. 329-363.

Radkau, J. Technik in Deutschland. Vom 18. Jahrhundert bis zur Gegenwart, Frankfurt: Suhrkamp, 1989.

Rammert, W., Soziotechnische Evolution: Sozialstruktureller Wandel und Strategien der Technisierung. Analytische Perspektiven einer Soziologie der Technik. In: Jokisch, R., (Hg.), Techniksoziologie, Frankfurt: Suhrkamp, 1982; S. 32-81.

Rammert, W., Technisierung und Medien in Sozialsystemen – Annäherungen an eine soziologische Theorie der Technik. In: Weingart, P. (Hg.), Technik als sozialer Prozeß, Frankfurt: Suhrkamp, 1989, S. 128-173.

Rammert, W., Research on the generation and development of technology: The state of art in Germany. In: Dierkes, M. & Hoffmann, U. (Hg.), New technology at the Outset. Social Forces in the Shaping of Technological Innovations, Frankfurt/New York: Campus, 1992, S. 62-89.

Rammert, W., Wer oder was steuert den technischen Fortschritt? Soziale Welt 43,1, 1992, S. 7-25.

Raschke, J., Politik und Wertwandel in den westlichen Demokratien. Aus Politik und Zeitgeschichte 36, 1980, S. 23-46.

Rawls, J., Politischer Liberalismus, Frankfurt: Suhrkamp, 1998.

Rayner, St., Disagreeing about Risk: The Institutional Cultures of Risk Management and Planning for Future Generations. In: Hadden, S.G. (Hg.), Risk Analysis, Institutions and Public Policy, Washington, New York: Associated Faculty Press, 1984, S. 150-169.

Rayner, St., Risk and Relativsm in Science for Policy. In: Johnson, B.B. & Covello, V.T., The Social and Cultural Construction of Risk, Dordrecht: Reidel, 1987, S. 5-23.

Rayner, St., Risikowahrnehmung, Technologieakzeptanz und institutionelle Kultur: Fallstudien für einige neue Definitionen. In: Bayerische Rück (Hg.), Risiko ist ein Konstrukt, München: Knesebeck, 1993, S. 213-243.

Regenbogen-Fraktion im Europäischen Parlament GRAEL (Hg.), Freisetzung genetisch veränderter Organismen in die Natur ... dann machen Sie doch mal die Flasche auf ... bisher ist noch nichts passiert, o.O., o.J.

Reiter, J., Macht und Verantwortung. In: Industriegewerkschaft Chemie-Papier-Keramik (Hg.), Gentechnologie. Ein Nachschlagewerk für Arbeitnehmer, 1990, S. 41-51.

Renn, O., Die alternative Bewegung: Eine historisch-soziologische Analyse des Protestes gegen die Industriegesellschaft. Zeitschrift für Politik 32, 1985, S. 153-193.

Renn, O., Concepts of Risk: A Classification. In: Krimsky, S. & Golding, D. (Hg.), Social Theories of Risk, Westport, Conn.: Praeger, 1992, S. 53-79.

Renn, O., The Social Arena Concept of Risk Debates. In: Krimsky, S. & Golding, D. (Hg.), Social Theories of Risk, Westport, Conn.: Praeger, 1992, S. 179-196.

Reutter, W., Korporatismustheorien, Frankfurt: Peter Lang, 1991.

Rheinische Post vom 09.02.1993.

Ribbe, L., Tag für Tag passiert der Wahn. Landwirtschaft im Industriezeitalter. In: Fremuth, W. (Hg.), Das manipulierte Leben, Köln: Kölner Verlagsblatt, 1988, S. 39-61.

Richtlinie 90/219/EWG, Abl L 117/1 vom 8.5.1990

Richtlinien zur Durchführung von In-vitro-Fertilisation (IVF) und Embryotransfer (ET) als Behandlungsmethode der menschlichen Strilität. In: Flöhl, R. (Hg.), Genforschung – Fluch oder Segen? Interdisziplinäre Stellungsnahmen, München: J. Schweitzer Verlag, 1985, S. 354-364.

Riedel, U., Führ, M. & Tappeser, B., Stellungnahme des Öko-Instituts zum Entwurf der Bundesregierung für ein Gentechnikgesetz in der vom Bundeskabinett am 12.7.1989 beschlossenen Fassung, Öko-Institut, Werkstattreihe Nr. 55, 1989.

Ringer, F.K., Die Gelehrten. Der Niedergang der deutschen Mandarine 1890-1933, Stuttgart: Klett-Cotta, 1983 (1969).

Rippe, K.P., The God Committees. ZEIT-Punkte 2, 1995, S. 94-96.

Röckle, G., Es frommt nicht alles – wenn´s ums Leben geht. Bio- und Gentechnologie. Eine Orientierung aus dem Diakonischen Werk der EKD, Stuttgart, 1986.

Roellcke, G., Zum Einfluß der öffentlichen Meinung auf die Rechtsanwendung. In: Baier, H., Kepplinger, H.M., Reumann, K. (Hg.), Öffentliche Meinung und sozialer Wandel. Für Elisabeth Noelle-Neumann, Opladen: Westdeutscher Verlag, 1981, S. 71-85.

Roemheld, R., Politikvermittlung als Problem demokratischer Minderheiten. In: Sarcinelli, U. (Hg.), Politikvermittlung, Bonn: Bundeszentrale für politische Bildung, 1987, S. 219-231.

Rogers, M., Genmanipulation, Bern und Stuttgart: Hallweg Verlag, 1978.

Rohe, K., Staatskulturen und Krise der Industriegesellschaft. Sociologica Internationalis, 1982, S. 31-52.

Rohe, K., Zur Typologie politischer Kulturen in westlichen Demokratien. Überlegungen am Beispiel Deutschlands. In: Dollinger, H., Gründer, H. & Hanschmidt, A. (Hg.), Weltpolitik – Europagedanke – Regionalismus. Festschrift für Heinz Gollwitzer zum 65. Geburtstag, Münster: Aschendorff, 1982, S. 581-596.

Rohe, K., Politische Kultur und kulturelle Aspekte von politischer Wirklichkeit. In: Berg-Schlosser, D. & Schissler, H. (Hg.), Politische Kultur in Deutschland, PVS Sonderheft 18, Opladen: Westdeutscher Verlag, 1987, S. 39-48.

Ronge, V., Die Forschungspolitik im politischen Gesamtprozeß. In: Bruder, W. (Hg.), Forschungs- und Technologiepolitik in der Bundesrepublik Deutschland, Opladen: Westdeutscher Verlag, 1986, S. 321-348.

Ronge, V., Instrumentelles Staatsverständnis und die Rationalität von Macht, Markt und Technik. In: Hartwich, H.-H. (Hg.), Politik und die Macht der Technik, Opladen: Westdeutscher Verlag, 1986, S. 84-101.

Ronit, K., Wirtschaftsverbände in den Bioindustrien. Stabilität und Dynamik deutscher und europäischer Interessenvermittlung. In: Martinsen, R. (Hg.), Politik und Biotechnologie. Die Zumutung der Zukunft, Baden-Baden: Nomos, 1997, S. 81-97.

Ropohl, G., Risikoverantwortung im technischen Handeln. In: Fischer, E.P. (Hg.), Auf der Suche nach der verlorenen Sicherheit, München, Zürich: Piper, 1991, S. 95-105.

Ropohl, G., Technologische Aufklärung, Frankfurt: Suhrkamp, 1991.

Roßnagel, A., Auf der Suche nach einem zeitgemäßen Verhältnis von Recht und Technik. In: Roßnagel, A. (Hg.), Recht und Technik im Spannungsfeld der Kernenergiekontroverse, Opladen: Westdeutscher Verlag, 1984, S. 13-34.

Rothmann, S., Expertenurteil und Medienberichterstattung. In: Willke, J. (Hg.), Öffentliche Meinung. Theorie, Methoden, Befunde, Freiburg/München: Karl Alber, 1992, S. 143-155.

Rottleuthner, H., Aspekte der Rechtsentwicklung in Deutschland – Ein soziologischer Vergleich deutscher Rechtskulturen. Zeitschrift für Rechtssoziologie 6,2, 1985, S. 206-254.

Rowe, W.D., Ansätze und Methoden der Risikoforschung. In: Conrad, J. (Hg.), Gesellschaft, Technik und Risikopolitik, Berlin, Heidelberg, New York: Springer Verlag, 1983, S. 15-38.

Rübsamen-Waigmann, H., Gene, Computer und ethische Grenzen. Kultur und Technik im 21. Jahrhundert, 1991, S. 22-25.

Rucht, D., Gegenöffentlichkeit und Gegenexperten. Zur Institutionalisierung des Widerspruchs in Politik und Recht. Zeitschrift für Rechtssoziologie 9, 1988, S. 290-305.

Rucht, D., The Study of Social Movements in West Germany: Between Activism and Social Science. In: Rucht, D. (Hg.), Research on Social Movements, Frankfurt: Campus & Boulder: Westview Press, 1991, S. 175-202.

Ruhrmann, G., Stöckle, Th., Krämer, F. & Peter, Ch., Das Bild der „Biotechnischen Sicherheit" und der „Genomanalyse" in der deutschen Tagespresse (1988-1990), TAB 1990.

Rutz, Ch., Biotechnologie in der konventionellen Landwirtschaft und die Alternative Ökologischer Landbau. In: Paech, N. & Albrecht, St. (Hg.), Biotechnologie in der Lebensmittelindustrie und der Landwirtschaft unter besonderer Berücksichtigung der Nord-Süd-Beziehungen, Hamburg: Hochschule für Wirtschaft und Politik, 1991, 44 Seiten.

Sacchi, St., Politische Orientierungen und soziale Schichtung im verselbständigten Handlungssystem. In: Bornschier, V. (Hg.), Das Ende der sozialen Schichtung? Zürich: Seismo, 1991, S. 235-273.

Sacchi, St., Politische Aktivierung und Protest in Industrieländern – Stille Revolution oder Kolonisierung der Lebenswelt? Zeitschrift für Soziologie 23,4, 1994, S. 323-338.

Sarcinelli, U., Politikvermittlung und demokratische Kommunikationskultur. In: Sarcinelli, U. (Hg.), Politikvermittlung, Bonn: Bundeszentrale für politische Bildung, 1987, S. 19-45.

Sarcinelli, U., Massenmedien und Politikvermittlung – Eine Problem- und Forschungsskizze. In: Wittkämper, G.W. (Hg.), Medien und Politik, Darmstadt: Wissenschaftliche Buchgesellschaft, 1992, S. 37-62.

Sartori, G., Demokratietheorie, Darmstadt: Wissenschaftliche Buchgesellschaft, 1992.

Sass, H.-M., Extrakorporale Fertilisation und Embryotransfer. In: Flöhl, R. (Hg.), Genforschung – Fluch oder Segen? Interdisziplinäre Stellungnahmen, München: J. Schweitzer Verlag, 1985, S. 30-58.

Scharpf, F.W., Politische Steuerung und politische Institutionen. Politische Vierteljahresschrift 30,1, 1989, S. 10-21.

Scharpf, F.W., Versuch über Demokratie im verhandelnden Staat. In: Czada, R. & Schmidt, M.G. (Hg.), Verhandlungsdemokratie, Interessenvermittlung, Regierbarkeit. Festschrift für Gerhard Lehmbruch, Opladen: Westdeutscher Verlag, 1993, S. 25-50.

Schattke, H., Wechselbeziehungen zwischen Recht, Technik und Wissenschaft – am Beispiel des Atomrechts. In: Roßnagel, A. (Hg.), Recht und Technik im Spannungsfeld der Kernenergiekontroverse, Opladen: Westdeutscher Verlag, 1984, S. 100-137.

Schell, Th. von, Die Diskussion um die Freisetzung gentechnisch veränderter Mikroorganismen als Beispiel einer interdisziplinären Urteilsbildung, Hannover: Diss., Fakultät für Biologie, 1992.

Schelsky, H., Der Mensch in der wissenschaftlich-technischen Zivilisation, Köln: Westdeutscher Verlag, 1961.

Schimank, U., Gesellschaftliche Teilsysteme als Akteursfiktionen, Kölner Zeitschrift für Soziologie und Sozialpsychologie 40,2, 1988, S. 619-639.

Schimank, U., Science as a Societal Risk Producer: A General Model of Intersystemic Dynamics, and some Specific Institutional Determinants of Research Behavior. In: Stehr, N. & Ericson, R.V. (Hg.), The Culture and Power of Knowledge, Berlin/New York: de Gruyter, 1992, S. 215-233.

Schimank, U., Spezifische Interessenkonsense trotz generellem Orientierungsdissens. In: Giegel, H.-J. (Hg.), Kommunikation und Konsens in modernen Gesellschaften, Frankfurt: Suhrkamp, 1992, S. 236-275.

Schirmer, D., Mythos – Heilshoffnung – Modernität. Politisch-kulturelle Deutungscodes in der Weimarer Republik, Opladen: Westdeutscher Verlag, 1992.

Schlöder, B., Soziale Werte und Werthaltungen, Opladen: Leske & Budrich, 1993.

Schluchter, W., Die Entwicklung des okzidentalen Rationalismus, Tübingen: Mohr Siebeck, 1979.

Schluchter, W., Aspekte bürokratischer Herrschaft, Frankfurt: Suhrkamp, 1985 (1972).

Schmiede, R., Rationalisierung und reelle Subsumtion. Leviathan 4,8, 1980, S. 472-497.

Schmitt-Beck, R., Über die Bedeutung der Massenmedien für soziale Bewegungen. Kölner Zeitschrift für Soziologie und Sozialpsychologie 42, 1990, S. 642-662.

Schneider, R., Ökologische Prinzipien einer sozialverträglichen Bio- und Gentechnologie. In: Hans-Böckler-Stiftung (Hg.), Arbeit-Umwelt-Gesellschaft. Für eine sozialverträgliche Bio- und Gentechnologie, Frankfurt/München: J. Schweitzer Verlag, 1988, S. 112-121.

Schneider, V., Corporatist and Pluralist Patterns of Policy Making for Chemical Control: A Comparison between West Germany and the USA. In: Cawson, A. (Hg.), Organized Interests and the State, London: Sage, 1985, S. 174-191.

Schneider, V., Politiknetzwerke der Chemikalienkontrolle, New York: de Gruyter, 1988.

Schneider, W. (Hg.), Unsere tägliche Desinformation. Wie die Massenmedien uns in die Irre führen, Hamburg: Gruner & Jahr, 1984.

Schönbach, K., Trennung von Nachricht und Meinung. Empirische Untersuchungen eines journalistischen Qualitätskriteriums, Freiburg: Alber, 1977.

Schönbach, K., „The Issues of the Seventies". Computerunterstützte Inhaltsanalyse und die langfristige Beobachtung von Agenda-Setting-Wirkungen der Massenmedien. In: Klingemann, H.-D. (Hg.), Computerunterstützte Inhaltsanalyse in der empirischen Sozialforschung, Frankfurt, New York: Campus, 1984, S. 131-151.

Schubert, G., Regelungsfragen der Biotechnologie aus rechtspolitischer Sicht. In: Niklisch, F. & Schettler, G., Regelungsprobleme der Gen- und Biotechnologie sowie der Humangenetik, Heidelberg: C.F. Müller Juristischer Verlag, 1990, S. 97-111.

Schubert, H. von, Evangelische Ethik und Biotechnologie, Frankfurt/New York: Campus, 1991.

Schulz, W., Das Weltbild der Nachrichtenmedien. Politische Bildung 13, 1980, S. 33-45.

Schumann, W., EG-Forschung und Policy-Analyse. Zur Notwendigkeit, den ganzen Elefanten zu erfassen. Politische Vierteljahresschrift 32,2, 1991, S. 232-257.

Schuster, Schriftliche Stellungnahme der Boehringer Mannheim vom 13.2.1992 zur öffentlichen Anhörung zum Thema „Erfahrungen mit dem Gesetz zur Regelung von Fragen zur Gentechnik".

Schüz, M., Werte und Wertwandel in der Risiko-Beurteilung. In: Schüz, M. (Hg.), Risiko und Wagnis. Die Herausforderung der industriellen Welt, Bd. 2, Pfullingen: Neske, 1990, S. 217-242.

Schwab, B., Patentschutz im Bereich der Biotechnologie. In: Nicklisch, F. & Schettler, G. (Hg.), Regelungsprobleme der Gen- und Biotechnologie sowie der Humangenetik, Heidelberg: C.F. Müller Juristischer Verlag, 1990, S. 113-120.

Schwarz, M. & Thompson, M., Divided We Stand: Redefining Politics, Technology, and Social Choice, London: Harvester Wheatsheaf, 1990.

Science 181, 21.9.1973.

Seelmann, K., Die „Unbestimmtheit" des Rechts. Universitas 11, 1994, S. 1066-1075.

Seesing, H. (Hg.), Technologischer Fortschritt und menschliches Leben. Die Menschenwürde als Maßstab der Rechtspolitik. Teil 1: Rechtspolitische Grundsätze von CDU und CSU zur Fortpflanzungsmedizin, München: J. Schweitzer, 1987.

Seesing, H. (Hg.), Technologischer Fortschritt und menschliches Leben. Die Menschenwürde als Maßstab der Rechtspolitik. Teil 2: Rechtspolitiche Grundsätze von CDU und CSU zur Gentechnik am Menschen, Frankfurt/München: J. Schweitzer Verlag, 1988.

Seesing, H., Einheitliches Stammgesetz erforderlich. In: Industriegewerkschaft Chemie-Papier-Keramik (Hg.), Gentechnologie. Ein Nachschlagewerk für Arbeitnehmer, 1990, S. 70-73.

Seesing, H., Einige offene Fragen bedürfen noch der Regelung. Gesellschaftspolitische Kommentare 3, Sonderausgabe: Das Gentechnikgesetz. Die Chancen nutzen, 1990, S. 150-152.

Seitz, K., Die japanisch-amerikanische Herausforderung. Europas Hochtechnologieindustrien kämpfen ums Überleben. Aus Politik und Zeitgeschichte B 10/11, 1992, S. 3-15.

Simmel, G., Der Streit. In: Simmel, G., Soziologie, Berlin: Duncker & Humblot, 1968 (1908), S. 186-255.

Simmel, G., Philosophie des Geldes, Frankfurt: Suhrkamp, 1989 (1900).

Simmel, G., Über sociale Differenzierung. In: Simmel, G., Gesamtausgabe Bd. 2, Frankfurt: Suhrkamp, 1989 (1890), S. 109-295.

Singer, M. & Soll, D., Brief von Maxine Singer und Dieter Soll vom 17.7.1973 an Dr. Philip Handler, Präsident der National Academy of Sciences, abgedruckt in: Watson, J.D. & Tooze, J., The DNA Story. A Documentary History of Gene Cloning, San Francisco: W.H. Freeman and Company, 1981, S. 5.

Sinsheimer, R.L., Genetic Engineering: Life as a Plaything. In: Iannone, A.P. (Hg.), Contemporary Moral Controversies in Technology, New York: Oxford Univ. Press, 1987, S. 128-131.

Slovic, P., Fischhoff, B. & Lichtenstein, S., Facts and Fears: Understanding Perceived Risk. In: Schwing, R.C. & Albers, W.A. Jr. (Hg.), Societal Risk Assessment. How Safe is Safe Enough?, New York/London: Plenum Press, 1980, S. 181-214.

Smelser, N.J., Theorien des kollektiven Verhaltens, Köln, 1972 (1963).

Snow, C.P., Die zwei Kulturen. Literarische und Naturwissenschaftliche Intelligenz, Stuttgart: Klett-Cotta, 1987 (1967).

Snow, D.A., Rochford, E.B. Jr., Worden, S.W. & Benford, R.D., Frame alignment processes, micromobilization, and movement participation. American Sociological Review 51, 1986, S. 464-481.

Snow, D.A. & Benford, R.D., Ideology, Frame Resonance and Participant Mobilization. International Social Movement Research 1, 1988, S. 197-217.

Sombart, W., Technik und Kultur. Archiv für Sozialwissenschaft 33, 1911, S. 305-347.

Sombart, W., Der moderne Kapitalismus, Bd.I,2, München: Deutscher Taschenbuchverlag, 1987 (1916).

Sombart, W., Der moderne Kapitalismus, Bd.III,1, München: Deutscher Taschenbuchverlag, 1987 (1927).

Sozialdemokratische Partei Deutschlands: Politik. Aktuelle Information der Sozialdemokratischen Partei Deutschlands, Nr. 9: Forschungs-Objekt Mensch: Zwischen Hilfe und Manipulation, Oktober 1985.

Sozialdemokratische Partei Deutschalnds, Mitteilung für die Presse vom 24.10.1985.

Sozialdemokratische Partei Deutschlands: Die SPD im Deutschen Bundestag, Catenhusen: Ist der Standort Bundesrepublik für die Gentechnologie in Gefahr?, 22.09.1988.

Sozialdemokratische Partei Deutschlands, Presseservice der SPD, Beschlußbericht Nr.9, 1991.

Sozialdemokratischer Pressedienst 44/57 vom 22.3.1989.

Sozialdemokratischer Pressedienst 43/86 vom 05.05.1989.

Sozialdemokratischer Pressedienst 44/96 vom 23.5.1989.

Spangenberg, J., Auswirkungen der Bio- und Gentechnik auf die „dritte Welt". In: Altner, G., Krauth, W., Lünzer, I. & Vogtmann, H. (Hg.), Gentechnik und Landwirtschaft, Karlsruhe: Verlag C.F. Müller, 1990, S. 127-156.

Spangenberg, J., Das grüne Gold der Gene. Vom Angriff der Gentechnik auf das Leben in der Dritten Welt, Wuppertal: Peter Hammer Verlag, 1992.

Spector, M. & Kitsuse, J.I., Constructing Social Problems, New York: de Gruyter, 1987 (1977).

Spencer, H., First Principles, Osnabrück: Zeller, 1966 (1904).

Stadler, P., Gentechnik bei Bayer: Gewährleistung der Sicherheit. In: Bayer AG (Hg.), Gentechnik bei Bayer, 1989, S. 36-45.

Stadler, P.W. & Wehlmann, H., Gentechnik bei Bayer. BioTec Sonderdruck, 1990.

Stallings, R.A., Media Discourse and the Social Construction of Risk. Social Problems 37,1, 1990, S. 80-95.

Stamm, K.-H., Alternative Öffentlichkeit. Die Erfahrungsproduktion neuer sozialer Bewegungen, Frankfurt/New York: Campus, 1988.

Starlinger, P., Zur Arbeit der Zentralen Kommission für die Biologische Sicherheit (ZKBS). In: Arbeitsgemeinschaft der Großforschungseinrichtungen (AGF) (Hg.), AGF Forschungsthemen 3. Gentechnik und Medizin, 1989, S. 32-33.

Starlinger, P., Probleme der Gentechnologie. Ethik und Sozialwissenschaften, 2,4, 1991, S. 573-582.

Starr, C., Social Benefit versus Technological Risk. Science 165,19, 1969, S. 1232-1238.

Starr, Ch., Rudman, R. & Whipple, Ch., Philosophical Basis for Risk Analysis. Annual Review of Energy 1, 1976, S. 629-662.

Statistisches Bundesamt (Hg.), Datenreport 1994, Bonn: Bundeszentrale für politische Bildung, 1994.

Streeck, W., Organizational Consequences of Neo-Corporatist Co-operation in West German Labour Unions. In: Lehmbruch, G. & Schmitter, Ph.C. (Hg.), Patterns of Corporatist Policy Making, London: Sage, 1982, S. 29-81.

Streeck, W., Vielfalt und Interdependenz. Überlegungen zur Rolle von intermediären Organisationen in sich ändernden Umwelten. Kölner Zeitschrift für Soziologie und Sozialpsychologie 39, 1987, S. 471-495.

Strehlow, K., Gentechnik zwischen Sonntagsreden und Forschungslabor, Konstanz: WISSLIT Verlag, 1988.

Strenger, H.J., Gentechnik bei Bayer, 1989.

Sullivan, J.L., Vorbereiteter Beitrag zum Themenkreis 7: Wissenschaft, Staat, Gesellschaft. In: Herweg, E. & Hübner, S. (Hg.), Chancen und Gefahren der Genforschung. Protokolle und Materialien zur Anhörung des Bundesministers für Forschung und Technologie in Bonn, 19. bis 21. September 1979, München, Wien: R. Oldenbourg Verlag, 1980, S. 241-246.

Swidler, A., Culture in Action: Symbols and Strategies. American Sociological Review, vol.51, 1986, S. 273-285.

SZ vom 13.02.1980.

SZ vom 21.07.1983.

SZ vom 20.03.1986.

SZ vom 11.03.1987.

Talbot, B., Development of the National Institutes of Health Guidelines for Recombinant DNA Research. In: Iannone, A.P. (Hg.), Contemporary Moral Controversities in Technology, New York: Oxford University Press, 1987, S. 119-127.

Tappeser, B., Kurzkommentare und Wertungen von Institutionen und Verbänden zum Bericht der Enquete-Kommission: Arbeitsgemeinschaft ökologischer Forschungsinstitute. In:

Grosch, K., Hampe, P. & Schmidt, J. (Hg.), Herstellung der Natur? Stellungnahmen zum Bericht der Enquete-Kommission „Chancen und Risiken der Gentechnologie", Frankfurt/New York: Campus, 1990, S. 11-17.

Tappeser, B. & Bradish, P., Food Design: Gen- und Biotechnologie in der Verarbeitung und Produktion von Nahrungsmitteln. In: Altner, G., Krauth, W., Lünzer, I. & Vogtmann, H. (Hg.), Gentechnik und Landwirtschaft, Karlsruhe: Verlag C.F. Müller, 1990, S. 89-113.

Tarrow, S., Kollektives Handeln und politische Gelegenheitsstruktur in Mobilisierungswellen. Kölner Zeitschrift für Soziologie und Sozialpsychologie 43,4, 1991, S. 647-670.

taz vom 07.08.1981.

taz vom 23.11.1981.

taz vom 27.08.1984.

taz vom 18.04.1985.

taz vom 22.04.1985.

taz vom 11.01.1986.

taz vom 20.01.1986.

taz vom 30.04.1986.

taz vom 13.09.1986.

taz vom 20.01.1987.

taz vom 14.03.1988.

taz vom 17.05.1988.

taz vom 12.09.1988.

taz vom 28.09.1988.

taz vom 01.12.1988.

taz vom 04.01.1989.

taz vom 10.03.1989.

taz vom 18.05.1989.

taz vom 08.06.1989.

taz vom 22.09.1989.

taz vom 27.10.1989.

taz vom 09.11.1989.

taz vom 10.11.1989.

taz vom 16.11.1989.

taz vom 19.01.1990.

taz vom 20.01.1990.

taz vom 24.01.1990.

taz vom 01.02.1990.

taz vom 30.03.1990.

taz vom 23.04.1990.

taz vom 28.09.1990.

Teitelmann, R., Gene Dreams. Wall Street, Academia, and the Rise of Biotechnology, New York: Basic Books, 1989.

Tenbruck, F.H., Der Traum der säkularen Ökumene. Sinn und Grenze der Entwicklungsvision. Annali di Sociologia/Soziologisches Jahrbuch 3,1, 1987, S. 11-36.

Teubner, G., Reflexives Recht. Archiv für Rechts- und Sozialphilosophie 68, 1982, S. 13-59;

Teubner, G. & Willke, H., Kontext und Autonomie. Gesellschaftliche Selbststeuerung durch reflexives Recht. Zeitschrift für Rechtssoziolgie 1, 1984, S. 4-35.

Theisen, H., Bio- und Gentechnologie – Eine politische Herausforderung, Stuttgart, Berlin, Köln: Kohlhammer, 1991.

Theisen, H., Zur Demokratieverträglichkeit der Bio- und Gentechnologie. Soziale Welt 42, 1991, S. 109-130.

Thienen, V. von, Technischer Wandel und parlamentarische Gestaltungskompetenz – das Beispiel der Enquete-Kommission. In: Bechmann, G. & Rammert, W. (Hg.), Technik und Gesellschaft. Jahrbuch 4, Frankfurt/New York: Campus, 1987, S. 84-106.

Thompson, K., Secularization and sacralization. In: Alexander, J.C. & Sztompka, P. (Hg.), Rethinking Progress, Boston: Unwin Hyman, 1990, S. 161-181.

Thompson, M., Aesthetics of Risk: Culture or Context. In: Schwing, R.C. & Albers, W.A. Jr. (Hg.), Societal Risk Assessment. How Safe is Safe Enough?, New York/London: Plenum Press, 1980, S. 273-285.

Thompson, M., Postscript: A Cultural Basis for Comparison. In: Kunreuther, H.C. & Linnerooth, J., Risk Analysis and Decision Processes, Berlin, Heidelberg, New York, Tokyo: Springer, 1983, S. 232-262.

Thompson, M., Welche Gesellschaftsklassen sind potent genug, anderen ihre Zukunft aufzuoktroyieren? In: Burckhardt, L. (Hg.), Design der Zukunft, Köln: DuMont Buchverlag, 1987, S. 58-87.

Thompson, M., Ellis, R. & Wildavsky, A., Cultural Theory, Boulder, San Francisco & Oxford: Westview Press, 1990.

Thurau, M., Gute Argumente: Gentechnologie?, München: Beck, 1990.

Tilly, Ch., Clio und Minerva. In: Wehler, H.-U. (Hg.), Geschichte und Soziologie, Köln: Kiepenheuer & Witsch, 1972, S. 97-131.

Touraine, A., Krise und Wandel des sozialen Denkens. In: Berger, J. (Hg.), Die Moderne – Kontinuitäten und Zäsuren, Göttingen: Otto Schwarz & Co., 1986, S. 15-39.

Touraine, A. et al., Die antinukleare Prophetie. Zukunftsentwürfe einer sozialen Bewegung, Frankfurt: Suhrkamp, 1982.

Trautner, Th.A., Gentechnologie und Humanbiologie. In: Max-Planck-Gesellschaft (München) (Hg.), Gentechnologie und Verantwortung, 1985, S. 37-44.

Truscheit, E., Die Bedeutung der Gentechnologie für die pharmazeutische Industrie und die Realisierung ihrer Zukunftschancen. In: Hesse, J.J., Kreibich, R. & Zöpel, Ch. (Hg.), Zukunftsoptionen – Technologieentwicklung in der Wissenschafts- und Risikogesellschaft, Baden-Baden: Nomos, 1989, S. 63-89.

Tugendhat, E., Die Hilflosigkeit der Philosophie angesichts der moralischen Herausforderung unserer Zeit. Information Philosophie 2, 1990, S. 5-15.

Tversky, A. & Kahneman, D., Judgment under uncertainty: Heuristics and Biases. Science 185, 1974, S. 1124-1131.

Ueberhorst, R., Positionelle und diskursive Politik – Die Bewährung einer demokratischen Technologiepolitik an den Chancen kritischer Argumente zur Brütertechnik (1). In: Meyer-Abich, K.M. & Ueberhorst, R. (Hg.), AUSgebrütet – Argumente zur Brutreaktorpolitik, Basel, Boston, Stuttgart: Birkhäuser Verlag, 1985, S. 356-395.

Ueberhorst, R., Der versäumte Verständigungsprozeß der Gentechnologie-Kontroverse. In: Grosch, K., Hampe, P. & Schmidt, J. (Hg.), Herstellung der Natur? Stellungnahmen zum Bericht der Enquete-Kommission „Chancen und Risiken der Gentechnologie", Frankfurt/New York: Campus, 1990, S 206-223.

Ueberhorst, R., Perspektiven gelingender Risikopolitik. Universitas 4, 1994, S. 319-331.

Ullrich, O., Technik und Herrschaft, Frankfurt: Suhrkamp, 1979 (1977).

VDI-Nachrichten vom 11.10.1991, Online-Abfrage der Handelsblatt GENIOS Datenbank.

Verband der Chemischen Industrie e.V. (Hg.), Gentechnik-Leitlinien, 1990.

Verband der Diagnostica-Industrie e.V., Diagnostik im Gespräch, 1992.

Verein demokratischer Pharmazeutinnen und Pharmazeuten (Hg.), Auszug aus dem Programm des VDPP, o.O., o.J..

Vereinigung Ärzte gegen Tierversuche e.V. (Hg.), Patentierung von gentechnisch veränderten Tieren, o.O., o.J.

Vitzthum, W. Graf & Geddert-Steinacher, T., Der Zweck im Gentechnikrecht. Zur Schutz- und Förderfunktion von Umwelt- und Technikgesetzen, Berlin: Duncker & Humblot, 1990.

Voelzkow, H., Hilbert, J. & Bolenz, E., Wettbewerb durch Kooperation – Kooperation durch Wettbewerb. Zur Funktion und Funktionsweise der Normungsverbände. In: Glagow, M. & Willke, H. (Hg.), Dezentrale Gesellschaftssteuerung, Pfaffenweiler: Centaurus, 1987, S. 93-116.

Voelzkow, H., Hilbert, J. & Heinze, R.G., Regierung durch Verbände am Beispiel der umweltschutzbezogenen Techniksteuerung. Politische Vierteljahresschrift 28, 1987, S. 80-100.

Vogel, D., National Styles of Regulation, Ithaca, N.Y.: Cornell University Press, 1986.

Vossenkuhl, W., Ökologische Ethik. Über den moralischen Charakter der Natur. Information Philosophie 1, 1993, S. 6-19.

Vowe, G., Die Sicherung öffentlicher Akzeptanz. Verlauf, Struktur und Funktion der Enquete-Kommission „Chancen und Risiken der Gentechnologie". Politische Bildung 22, 1989, S. 49-62.

Waarden, F. van, Über die Beständigkeit nationaler Politikstile und Politiknetzwerke. In: Czada, R. & Schmidt, M.G. (Hg.), Verhandlungsdemokratie, Interessenvermittlung, Regierbarkeit, Opladen: Westdeutscher Verlag, 1993, S. 191-212.

Wade, N., Gefahren der Genmanipulation. Das letzte Experiment, Frankfurt/Wien: Ullstein, 1979.

Walch, R., Reproduktionstechniken. Erschütterung der Institution Mutterschaft? Kommune 12, 1985, S. 63-66.

Walch, R., Reproduktionstechnologien. Eine weitere Medikalisierung des Lebens und des Körpers der Frau. Kommune 1-2, 1986, S. 52-55.

Walter, J., Die Sicht der Enquete-Kommission. In: Industriegewerkschaft Chemie-Papier-Keramik (Hg.), Gentechnologie. Ein Nachschlagewerk für Arbeitnehmer, 1990, S. 53-56.

Walter, J., Ja zur sozialverträglichen Gestaltung der Gentechnik. In: Industriegewerkschaft Chemie-Papier-Keramik (Hg.), Gentechnologie. Ein Nachschlagewerk für Arbeitnehmer, 1990, S. 57-63.

Walter, J., Vorwort. In: Industriegewerkschaft Chemie-Papier-Keramik (Hg.), Gentechnologie. Ein Nachschlagewerk für Arbeitnehmer, 1990.

Walter, J., Rudel, A. & Weber, A., Diskussion zur Gentechnologie auf dem 14. Ordentlichen DGB-Kongreß in Hamburg. In: Industriegewerkschaft Chemie-Papier-Keramik (Hg.), Gentechnologie. Ein Nachschlagewerk für Arbeitnehmer, 1990, S. 145-151.

Walter, J. & Wolf, E., Gentechnologie und Arbeitsplätze – die gewerkschaftliche Sicht. In: Steger, U. (Hg.), Herstellung der Natur, Chancen und Risiken der Gentechnologie, Bonn: Verlag Neue Gesellschaft, 1985, S. 165-185.

Wartofsky, M.W., Risk, Relativism, and Rationality. In: Covello, V.T., Menkes, J. & Mumpower, J. (Hg.), Contemporary Issues in Risk Analysis 2. Risk Evaluation and Management, New York/London: Plenum Press, S. 131-153.

Watson, J. & Tooze, J., The DNA Story. Prologue, San Francisco: W.H. Freeman and Company, 1981.

Weber, H., Technokorporatismus. Die Steuerung des technologischen Wandels durch Staat, Wirtschaftsverbände und Gewerkschaft. In: Hartwich, H.-H. (Hg.), Politik und die Macht der Technik, Opladen: Westdeutscher Verlag, 1986, S. 278-297.

Weber, H., Zwischen Markt und Staat. Aspekte japanischer und deutscher Technologiepolitik. In: Bechmann, G. & Rammert, W. (Hg.), Technik und Gesellschaft, Jahrbuch 4, Frankfurt/New York: Campus, 1987, S. 61-83.

Weber, M., Wirtschaft und Gesellschaft, Tübingen: Mohr Siebeck, 1976 (1922).

Weber, M., Gesammelte Aufsätze zur Religionssoziologie, Bd.1, Tübingen: Mohr Siebeck, 1978 (1920).

Weber, M., Der Sinn der „Wertfreiheit" der soziologischen und ökonomischen Wissenschaften. In: Weber, M., Gesammelte Aufsätze zur Wissenschaftslehre, Tübingen: Mohr Siebeck, 1985 (1922), S. 489-540

Weber, M., Die „Objektivität" sozialwissenschaftlicher und sozialpolitischer Erkenntnis. In: Weber, M., Gesammelte Aufsätze zur Wissenschaftslehre, Tübingen: Mohr Siebeck, 1985 (1922), S. 146-214.

Weber, M., Wissenschaft als Beruf. In: Gesammelte Aufsätze zur Wissenschaftslehre, Tübingen: Mohr Siebeck, 1985 (1922), S. 582-613.

Weidenbach, Th. & Tappeser, B., Der achte Tag der Schöpfung, Köln: Kiepenheuer & Witsch, 1989.

Weiner, Ch., Universities, Professors, and Patents: A Continuing Controversy. Technology Review, Februar/März, 1986, S. 33-43.

Weingart, P., Strukturen technologischen Wandels. Zu einer soziologischen Analyse der Technik. In: Jokisch, R. (Hg.), Techniksoziologie, Frankfurt: Suhrkamp, 1982; S. 112-141.

Weingart, P., „Großtechnische Systeme" – ein Paradigma der Verknüpfung von Technikentwicklung und sozialem Wandel? In: Weingart, P. (Hg.), Technik als sozialer Prozeß, Frankfurt: Suhrkamp, 1989, S. 174-196.

Weingart, P., Kroll, J. & Bayertz, K., Rasse, Blut und Gene. Geschichte der Eugenik und Rassenhygiene in Deutschland, Frankfurt: Suhrkamp, 1992 (1988).

Weiß, H.-J., Öffentliche Streitfragen und massenmediale Argumentationsstrategien. Ein Ansatz zur Analyse der inhaltlichen Dimension im Agenda Setting-Prozeß. In: Kaase, M. & Schulz, W. (Hg.), Massenkommunikation. Theorien, Methoden, Befunde. Kölner Zeitschrift für Soziologie und Sozialpsychologie, Sonderheft 30, Opladen: Westdeutscher Verlag, 1989, S. 473-489.

Weiß, J., Wiederverzauberung der Welt? In: Neidhardt, F., Lepsius, M.R. & Weiß, J. (Hg.), Kultur und Gesellschaft. Kölner Zeitschrift für Soziologie und Sozialpsychologie. Sonderheft 27, Opladen: Westdeutscher Verlag, 1986, S. 286-301.

Weizsäcker, Ch. von, Fehlerfreundliche Koevolution als Gegenbild zu einer genetischen Wettbewerbs- und Wegwerfgesellschaft. In: Maier, I. (Hg.), Gentechnologie: Natur aus dem Reagenzglas, Öko-Bericht 3, 1990, S. 18-21.

Wiedemann, P.M. & Hannen, L., Schwierigkeiten bei der Kommunikation über technische Risiken. Programmgruppe Mensch, Umwelt, Technik. Arbeiten zur Risiko-Kommunikation, Heft 9, Jülich: Forschungszentrum Jülich, 1989.

Wiesenthal, H., Die Konzertierte Aktion im Gesundheitswesen: Ein korporatistisches Verhandlungssystem der Sozialpolitik. In: Aleman, U. von (Hg.), Neokorporatismus, Frankfurt/New York: Campus, 1981, S. 180-206.

Wiesenthal, H., Ist Sozialverträglichkeit gleich Betroffenenpartizipation? Soziale Welt 41, 1990, S. 28-46.

Wildavsky, A., Frames of Reference Comes From Cultures: A Predictive Theory. In: Freilich, M. (Hg.), The Relevance of Culture, South Hadley: Bergin & Garvey, 1989, S. 58-74.

Wildavsky, A., Vergleichende Untersuchung zur Risikowahrnehmung: Ein Anfang. In: Bayerische Rück (Hg.), Risiko ist ein Konstrukt, München: Knesebeck, 1993, S. 191-211.

Williams, R. & Edge, D., The social shaping of technology: Research concepts and findings in Great Britain. In Dierkes, M. & Hoffmann, U. (Hg.), New technology at the Outset. Social Forces in the Shaping of Technological Innovations, Frankfurt/New York: Campus, 1992, S. 31-61.

Willke, H., Ironie des Staates, Frankfurt: Suhrkamp, 1996.

Windhoff-Héritier, A., Policy-Analyse, Frankfurt/New York: Campus 1987.

Winnacker, E.-L., Grundlagen und Methoden der Gentechnologie. In: Max-Planck-Gesellschaft München (Hg.), Gentechnologie und Verantwortung, 1985, S. 14-21.

Winnacker, E.-L., Interview in der WELT vom 11.7.1988.

Winnacker, E.-L., Konzertierte Aktion von Wissenschaft und Wirtschaft. Forschung – Mitteilungen der DFG 3, 1988, S. 3 und 23.

Winnacker, E.-L., Schreiben an W.-M. Catenhusen, Mitglied des Bundestages, Ausschuß für Forschung, Technologie und Technikfolgenabschätzung, vom 31.1.1992.

Winter, G., Entfesselungskunst. Eine Kritik des Gentechnikgesetzes. Kritische Justiz 24, 1991, S. 18- 30.

Winter, G., Mahro, G. & Ginzky, H., Zentrum für Europäische Rechtspolitik an der Universität Bremen, Das Gentechnik-Gesetz – rechstpolitisch, verfassungs- und europarechtlich gesehen. Gutachten im Auftrag des Büros für Technikfolgen-Abschätzung des Deutschen Bundestages, Bremen, Februar 1992.

Wolf, R., Zur Antiquiertheit des Rechts in der Risikogesellschaft. In: Beck, U. (Hg.), Politik in der Risikogesellschaft, Frankfurt: Suhrkamp, 1991, S. 378-423.

Wright, S., Recombinant DNA Technology and Its Social Transformation, 1972-1982. Osiris 2, 1986, S. 303-360.

Wright, S., Die Sozialgeschichte der Kontroverse um die rekombinante DNS in den USA. In: Kollek, R., Tappeser, B. & Altner, G. (Hg.), Die ungeklärten Gefahrenpotentiale der Gentechnologie, München: J. Schweitzer Verlag, 1986, S. 177-187.

Wurzel, G. & Merz, E., Gesetzliche Regelungen von Fragen der Gentechnik und Humangenetik, Aus Politik und Zeitgeschichte B6, 1991, S. 12-24.

Yanchinski, St., Universities take to the market place. New Scientist 3, 1981, S. 675-677.

Zentrale Kommission für die Biologische Sicherheit, Bericht über die zurückliegende Amtsperiode der Zentalen Kommission für die Biologische Sicherheit, ZKBS, (29.09.81 bis 30.06.88).

Ziehr, H., Chancen und Risiken der Gentechnik, hrsg. von der Gesellschaft für Biotechnologische Forschung mbH (GBF), 1989.

Zilsel, E., Die sozialen Ursprünge der neuzeitlichen Wissenschaft, Frankfurt: Suhrkamp, 1976.

Zimmerli, W.Ch., Dürfen wir, was wir können? In: Fischer, E.P. & Schleuning, W.-D. (Hg.), Vom richtigen Umgang mit den Genen, München/Zürich: Piper, 1991, S. 35-71.

Zimmermann, B.K., Science and Politics: DNA comes to Washington, In: Zilinskas, R.A. & Zimmermann, B.K. (Hg.), The gene-splicing wars, New York/London: MacMillan, 1986, S. 33-54.

Zinder, N.D., A Personal View of the Media´s Role in the Recombinant DNA War. In: Zilinskas, R.A. & Zimmermann, B.K. (Hg.), The gene-splicing wars, New York/London: MacMillan, 1986, S. 109-118.

ZMBH Report 1988/1989, Zentrum für Molekulare Biologie der Universität Heidelberg, 1990.

Zöpel, Ch., Technischer Fortschritt und ökonomische Entwicklung. In: Hesse, J.J., Kreibisch, R. & Zöpel, Ch. (Hg.), Zukunftsoptionen – Technikentwicklung in der Wissenschafts- und Risikogesellschaft, Baden-Baden: Nomos Verlagsgesellschaft, 1989, S. 13-23.

Zweck, A., Die Entwicklung der Technikbewertung zum gesellschaftlichen Vermittlungsinstrument. Phil. Diss., Düsseldorf, 1991.

Gerhard Grossmann

Das langsame Sterben

Eine medizinsoziologische Ökologiestudie über den Zusammenhang zwischen Wohnumfeldbelastung und Krankheit

Frankfurt/M., Berlin, Bern, New York, Paris, Wien, 1998.
238 S., 4 Abb., zahlr. Tab. u. Graf.
ISBN 3-631-47223-4 · br. DM 79.–*

Die „Medizinsoziologische Ökologiestudie" untersucht die Auswirkungen der Wohnumfeldbelastung auf das aktuelle Notfallgeschehen. Zu diesem Zweck wurden 20 425 Rettungs- und Notarztprotokolle einer Analyse unterzogen und mit der Wohnqualität, der Luftqualität und der Lärmbelästigung der Wohnung, in welcher der Notfallpatient aufgefunden wurde, in Beziehung gesetzt. Die Ergebnisse dieser umfangreichen Untersuchung lassen in belasteten Wohnregionen auffallende Zunahmen bestimmter akuter, umweltindizierter Erkrankungen erkennen. Ein weiterer Schwerpunkt ist auch die intensive Diskussion über gesundheitspolitische und stadtplanerische Maßnahmen zur Reduktion umweltbedingter Erkrankungen.

Aus dem Inhalt: Wohnqualität und Krankheit – ein historischer Abriß · Tuberkulose und Wohnqualität · Medizinsoziologie und Sozialökologie · Stadtplanung und Ökologie · Soziologische Krankheitstheorien · Erkrankungen und Umweltbelastung · Notfallgeschehen und Wohnumfeldbelastung

Frankfurt/M · Berlin · Bern · New York · Paris · Wien
Auslieferung: Verlag Peter Lang AG
Jupiterstr. 15, CH-3000 Bern 15
Telefax (004131) 9402131
*inklusive Mehrwertsteuer
Preisänderungen vorbehalten

Peter Lang · Europäischer Verlag der Wissenschaften